Fédération Internationale des Instituts d'Études Médiévales
TEXTES ET ÉTUDES DU MOYEN ÂGE, 85

INDIVIDUI UNIVERSALI

IL REALISMO DI GUALTIERO DI MORTAGNE NEL XII SECOLO

IV Premio Internacional de Tesis Doctorales
Fundación Ana María Aldama Roy de Estudios Latinos

Caterina TARLAZZI

FÉDÉRATION INTERNATIONALE DES INSTITUTS D'ÉTUDES MÉDIÉVALES

Présidents honoraires :
L.E. BOYLE (†) (Biblioteca Apostolica Vaticana et Commissio Leonina, 1987-1999)
L. HOLTZ (Institut de Recherche et d'Histoire des Textes, Paris, 1999-)

Président :
J. HAMESSE (Université Catholique de Louvain, Louvain-la-Neuve)

Vice-Président :
G. DINKOVA BRUUN (Pontifical Institute of Mediaeval Studies, Toronto)

Membres du Comité :
A. BAUMGARTEN (Universitatea Babeş-Bolyai, Cluj-Napoca)
P. CAÑIZARES FERRIZ (Universidad Complutense de Madrid)
M. HOENEN (Universität Basel)
M.J. MUÑOZ JIMÉNEZ (Universidad Complutense de Madrid)
R.H. PICH (Pontificia Universidade Católica do Rio Grande do Sul, Porto Alegre)
C. VIRCILLO-FRANKLIN (Columbia University, New York)

Secrétaire :
M. PAVÓN RAMÍREZ (Centro Español de Estudios Eclesiásticos, Roma)

Éditeur responsable :
A. GÓMEZ RABAL (Institución Milá y Fontanals, CSIC, Barcelona)

Coordinateur du Diplôme Européen d'Études Médiévales :
G. SPINOSA (Università degli Studi di Cassino)

Fédération Internationale des Instituts d'Études Médiévales
TEXTES ET ÉTUDES DU MOYEN ÂGE, 85

INDIVIDUI UNIVERSALI

IL REALISMO DI GUALTIERO DI MORTAGNE NEL XII SECOLO

IV Premio Internacional de Tesis Doctorales (2014)
Fundación Ana María Aldama Roy de Estudios Latinos

Caterina Tarlazzi

Barcelona - Roma
2018

La edición de este libro ha contado con la financiación de la FUNDACIÓN ANA MARÍA ALDAMA ROY DE ESTUDIOS LATINOS, que tiene como fines la promoción y difusión de la investigación en Filología Latina, con especial atención al estudio del latín cristiano, medieval y renacentista, así como el fomento de los estudios latinos y la defensa y preservación del legado cultural latino y de la tradición clásica.

ANA MARÍA ALDAMA ROY se licenció en Filología Clásica en la Universidad de Barcelona, donde se doctoró en 1983. Fue profesora de Filología Latina de la Universidad de Zaragoza (1974-1982) y desde 1983 hasta 2009, año en que nos dejó, Profesora Titular de Filología Latina del Departamento de Filología Latina de la Universidad Complutense de Madrid.

Sus principales líneas de investigación fueron el latín cristiano, el latín medieval, los florilegios latinos y los libros de emblemas.

ISBN: 978-2-503-57565-0

All rights reserved. No part of this publication may be reproduced, stored in a retrieval system or transmitted, in any form or by any means, electronic, mechanical, photocopying, recording or otherwise, without the prior permission of the publisher.

© 2018 Fédération Internationale des Instituts d'Études Médiévales.
Largo Giorgio Manganelli, 3
00142 Roma (Italia)

*Magistri carissimi Ricardi Quinti memoriae
parvus hic liber grate dicatur*

INDICE

Ringraziamenti	XI
Abbreviazioni	XIII
Catalogo degli argomenti sollevati contro la teoria dell'*individuum*	XVII
Introduzione	XIX

PARTE PRIMA

1. Gualtiero di Mortagne, *magister* e vescovo	3
1.1. Cenni biografici	3
1.2. Gli scritti di Gualtiero di Mortagne e le testimonianze sul suo insegnamento	17
2. Giovanni di Salisbury e la teoria sugli universali di Gualtiero di Mortagne	29
2.1. *Metalogicon* II, 17	35
2.1.1. «Una litania di errori»: caratteristiche generali di *Metalogicon* II, 17	35
2.1.2. Nove (?) teorie sugli universali	37
2.2. *Metalogicon* II, 20	66
2.3. *Policraticus* VII, 12	67
2.4. Tre interpretazioni problematiche	70
2.4.1. Gualtiero di Mortagne seguace di Bernardo di Chartres?	71
2.4.2. «Omne quod unum est, numero est» oppure «omne quod est, unum numero est»?	73
2.4.3. Sugli universali come *substantialia*	74

PARTE SECONDA

3. La teoria dell'*individuum* nei testi logici degli anni 1110-1130: le fonti	79
4. Le descrizioni della teoria dell'*individuum*	107

4.1. Osservazioni sulla teoria dell'essenza materiale (TEM) nelle fonti che descrivono la teoria dell'*individuum*   110
4.2. I principi di distinzione personale e di identità per non-differenza   131
4.3. Le descrizioni della teoria dell'*individuum*   138
5. Gli argomenti contro la teoria dell'*individuum*   167
    5.1. Nella *Logica 'Ingredientibus'* (pp. 15.23-16.18)   169
    5.2. Nella *Logica 'Nostrorum Petitioni Sociorum'* (pp. 518.28-521.20)   179
    5.3. Nel *'De generibus et speciebus'* (§§ 51-73)   196
    5.4. In *'Quoniam de generali'* (§§ 36-51), con risposte   205
    5.5. Nel commento *P17* ff. 123vb-124rb, 125va-126ra, con risposte   217

PARTE TERZA

6. La teoria di Gualtiero e la teoria dell'*individuum*: una sintesi   235
    6.1. Il nome 'teoria dell'*individuum*'   236
    6.2. Le tesi fondamentali della teoria dell'*individuum*   244
        6.2.1. Roberto Pinzani sul paradosso dell'identità di cose differenti   249
        6.2.2. Wojciech Wciórka sugli *status* del predicato nella teoria dell'*individuum*   252
        6.2.3. La teoria dell'*individuum* e la teoria del soggetto unico di Boezio secondo Alain de Libera   260
    6.3. Elementi abelardiani per una soluzione anti-abelardiana   264
        6.3.1. Distinzione personale e individualità   265
        6.3.2. Sensi di 'identico' (e 'diverso')   267
        6.3.3. *Status*   270
        6.3.4. *Attentio*   275
        6.3.5. "Predicati abelardiani" e strategie per predicare, della stessa cosa, predicati opposti   279
7. La teoria dell'*individuum* e alcuni maestri della prima metà del XII secolo   285

7.1.	Attribuzione a Gualtiero di Mortagne	285
7.2.	Guglielmo di Champeaux	291
7.3.	Adelardo di Bath	326
7.4.	Gilberto di Poitiers	333
Conclusione		343
Bibliografia		349
Indice degli autori antichi e medievali e delle opere anonime		413
Indice dei nomi moderni		417
Indice dei manoscritti		425

RINGRAZIAMENTI

Con alcune modifiche, questo volume contiene la tesi di dottorato da me realizzata dal 2010 al 2013 in cotutela tra la Scuola di Dottorato di Ricerca in Filosofia dell'Università degli Studi di Padova e l'École doctorale V "Concepts et Langages" dell'Université Paris IV Sorbonne, e che durante l'A.A. 2010/2011 è stata condotta presso la Faculty of Divinity, University of Cambridge. Il titolo originale del lavoro era *Il secondo realismo del XII secolo: Gualtiero di Mortagne e la teoria dell'*individuum. La pubblicazione è resa possibile dal supporto della Fundación Ana María Aldama Roy de Estudios Latinos, che ha conferito al lavoro il Premio Internacional de Tesis Doctorales (IV edizione) per tesi di dottorato di argomento medievistico.

Vorrei esprimere la mia riconoscenza alle istituzioni entro le quali è stata condotta la ricerca, ossia il Dipartimento di Filosofia dell'Università di Padova, l'UFR-Philosophie di Paris IV e l'Università di Cambridge. La ricerca ha beneficiato di una borsa di studio triennale dell'Università di Padova, del contributo di mobilità per tesi in cotutela "Bando Vinci" dell'Università Italo-Francese, della borsa di mobilità "Aires Culturelles" dell'Université Paris IV, di un *travel grant* conferito da Medium Aevum (Society for the Study of Medieval Literature and Language, Oxford), e più recentemente, del supporto della British Academy e del St John's College, Cambridge. Altri finanziamenti per attività di formazione e viaggi di ricerca si devono al progetto strategico di Ateneo "Medioevo Veneto-Medioevo Europeo. Identità e Alterità" dell'Università di Padova (unità di ricerca coordinata da Francesco Bottin), al centro GrAL (Centro per lo studio della trasmissione dei testi filosofici e scientifici della tarda antichità al medioevo islamico e cristiano) delle Università di Pisa e Padova, e al progetto COST (European Cooperation in Science and Technology).

Esprimo qui la mia sentita riconoscenza a Yukio Iwakuma, Christopher Martin e Peter King per aver condiviso con me edizioni critiche di testi logici del XII secolo da loro realizzate e non ancora pubblicate e a Christophe Erismann per aver accettato di valutare la tesi per il titolo di *Doctor Europaeus*. Ho potuto discutere varie parti del lavoro con Anne Grondeux, Irène Rosier-Catach, Luisa Valente e Wojciech Wciórka, e consultare loro ricerche inedite. Rodney Thomson e Patricia Stirnemann mi hanno generosamente aiutato nell'esame dei manoscritti. Ringrazio inoltre Magdalena Bieniak, Irene Binini, Julie Brumberg, Cédric Giraud, Iliana Kasarska, Constant Mews, Francesco Siri e Ineke van 't Spijker per consigli su differenti punti del lavoro e aiuto nel reperire materiale. Ricordo con gratitudine l'aiuto ricevuto da Francesco Bottin, Claudia Brunello, Morgane Cariou, Mark Clark, Massimiliano d'Alessandro, Jérémy Delmulle, Michael Embach, Marco Forlivesi, Chiara Pasqualin, Gregorio Piaia, Riccardo Saccenti. Infine, vorrei esprimere due ringraziamenti più particolari. Uno va ai maestri che, con acribia pari solo alla loro generosità, hanno guidato e incoraggiato il mio studio: Giovanni Catapano, Ruedi Imbach, John Marenbon, Claudio Mazzotti e, prima che la malattia lo sottraesse alla ricerca e all'affetto anche dei suoi studenti, Riccardo Quinto. L'altro va alla mia famiglia, in particolare a Giuseppe, Maria Rosanna, Elena e Bruno.

Cambridge, 30 Novembre 2015

ABBREVIAZIONI

Collane

AL	Aristoteles Latinus
BGPTM	Beiträge zur Geschichte der Philosophie und Theologie des Mittelalters
CCL	Corpus Christianorum, Series Latina
CCM	Corpus Christianorum, Continuatio Mediaeualis
CSEL	Corpus Scriptorum Ecclesiasticorum Latinorum
PL	Patrologia Latina
MGH SS	Monumenta Germaniae Historica, Scriptores

Fonti

GS   '*De generibus et speciebus*', in P. KING, «Pseudo-Joscelin: Treatise on Genera and Species», *Oxford Studies in Medieval Philosophy*, 2 (2014) 104-211, a partire dai mss. Orléans, Bibliothèque municipale, 266, pp. 154b-163a e Paris, Bibliothèque nationale de France, lat. 13368, ff. 169rb-174rb (*cf. infra*, capitolo 3). Il testo è citato dal ms. di Orléans e confrontato con l'edizione King.

GSV   *Glossae secundum Vocales*, edizione integrale in *Testi medioevali inediti. Alcuino – Avendanth – Raterio – S. Anselmo – Abelardo – Incertus auctor*, a cura di C. OTTAVIANO, Olschki, Firenze 1933, pp. 106-207 (Fontes Ambrosiani, 3), a partire dal ms. unico Milano, Biblioteca Ambrosiana, M 63 sup., 73ra-81vb. L'edizione di Carmelo Ottaviano è estremamente imperfetta; una migliore trascrizione di due brevi passaggi (ff. 73ra-va e 79rb, corrispondenti alle pagine 106-115 e 178-179 nell'edizione Ottaviano) si trova in *Peter Abaelards Philosophische Schriften*, hrsg. B. GEYER, Aschendorff, Münster 1919-1933, pp. 583-588 (*BGPTM*, 21). Una nuova edizione è in corso, a cura di Peter King e Christopher Martin, che mi hanno consentito di consultarne una versione provvisoria.

HC Petrus Abaelardus, *Epistola I Abaelardi ad amicuum suum consolatoria* in *The Letter Collection of Peter Abelard and Heloise*, edited with a revised translation by D. LUSCOMBE after the translation by B. RADICE, Clarendon Press, Oxford 2013, pp. 2-121. L'edizione Luscombe sostituisce la precedente in: Petrus Abaelardus, *Historia calamitatum*, texte critique avec une introduction publié par J. MONFRIN, Vrin, Paris 1959.

LI Petrus Abaelardus, *Logica 'Ingredientibus'*: commenta *Isagoge*, *Categoriae*, *De interpretatione* e parte del *De topicis differentiis*.

(i-ii) I commenti all'*Isagoge* e alle *Categoriae* sono editi in *Peter Abaelards Philosophische Schriften*, hrsg. B. GEYER, Aschendorff, Münster 1919-1933, pp. 1-305 (*BGPTM*, 21), sulla base del ms. unico Milano, Biblioteca Ambrosiana, M 63 sup., ff. 1ra-43vb. Per la sezione sugli universali (Geyer pp. 1.1-32.12) si è confrontata l'edizione Geyer con la nuova edizione critica: C. LAFLEUR – J. CARRIER, «Abélard et les universaux: édition et traduction du début de la *Logica "Ingredientibus": Super Porphyrium*», *Laval théologique et philosophique*, 68 (2012) 129-210.

(iii) Il commento al *De interpretatione* è ora edito in *Petri Abaelardi Glossae super Peri Hermeneias*, ed. K. JACOBI et Ch. STRUB, Brepols, Turnhout 2010 (*CCM*, 206), a partire dai mss. Milano, Biblioteca Ambrosiana, M 63 sup., ff. 44ra-72rb e Berlin, Staatsbibliothek, lat. fol. 624, ff. 97ra-146ra (i due manoscritti differiscono nella parte finale, e il finale autentico è quello del manoscritto berolinense). L'edizione Jacobi-Strub sostituisce la precedente, basata solo sul manoscritto milanese, in *Peter Abaelards Philosophische Schriften*, hrsg. B. GEYER, Aschendorff, Münster 1919-1933, pp. 307-503 (*BGPTM*, 21).

(iv) Il commento al *De topicis differentiis* (incompleto: il testo commenta solo il primo e l'inizio del secondo dei quattro libri che compongono il *De topicis differentii*s, e in particolare commenta *PL* 64, coll. 1173 B-1183 D; ed. NIKITAS, The Academy of Athens – Vrin, Athens – Paris 1990, I, 1-II, 2) è edito in Pietro Abelardo, *Scritti di Logica*, ed. M. DAL PRA, La Nuova Italia, Firenze 1969, pp. 205-330 (Pubblicazioni della Facoltà di Lettere e Filosofia dell'Università di Milano, 34) (precedente edizione: M. DAL PRA [ed.], *Pietro Abelardo. Scritti filosofici*, Fratelli Bocca, Milano 1954, pp. 205-330) a partire dal ms. Paris, Bibliothèque nationale de France, lat. 7493, ff. 168ra-183vb. Si tratta del commento *B12* nella lista di Niels Jørgen Green-Pedersen: come segnalato dallo studioso, un frammento del testo trasmesso dal ms. 7493 si trova anche nel ms. Paris, Bibliothèque de l'Arsenal, 910, ff. 120vb-121rb, sconosciuto a Mario Dal Pra (*cf.* N.J. GREEN-PEDERSEN, *The Tradition of the Topics in the Middle Ages. The Commentaries on Aristotle's and Boethius' 'Topics'*, Philosophia Verlag, München – Wien 1984, pp. 424-425). La sezione comune ai due manoscritti è stata poi edita da Karin Margareta Fredborg (*cf.* K. M. FREDBORG, «Abelard on Rhetoric», in C. MEWS – C. NEDERMAN – R. THOMSON [edd.], *Rhetoric and Renewal in the Latin West 1100-1540. Essays in Honour of John O. Ward*, Brepols, Turnhout 2003, pp. 55-80).

LNPS   *Logica 'Nostrorum Petitioni Sociorum'*: edizione, sulla base del ms. unico Lunel, Bibliothèque municipale, 6, ff. 8ra-41rb in *Peter Abaelards Philosophische Schriften*, hrsg. B. GEYER, Aschendorff, Münster 1919-1933, pp. 505-580 (*BGPTM*, 21). Una nuova edizione è stata annunciata da Peter King e Christopher Martin, che mi hanno gentilmente consentito di consultarne una versione provvisoria.

Met.   Ioannes Saresberiensis, *Metalogicon*, ed. J. B. HALL auxiliata K.S.B. KEATS-ROHAN, Brepols, Turnhout 1991 (*CCM*, 98); l'edizione di John Barrie Hall e Katharine Keats-Rohan sostituisce la precedente edizione, di Clement Webb (*Ioannis Saresberiensis episcopi Carnotensis Metalogicon Libri IIII*, ed. C. WEBB, Clarendon Press, Oxford 1929).

P17   Commento *P17* all'*Isagoge*, ms. Paris, Bibliothèque nationale de France, lat. 3237, ff. 123ra-124va (incompleto) e di nuovo, in forma completa, ai ff. 125ra-130rb; il testo è citato da una trascrizione privata del prof. Yukio Iwakuma.

Pol.   Ioannes Saresberiensis, *Policraticus*. Per i libri I-IV, si cita da Ioannes Saresberiensis, *Policraticus I-IV*, ed. K.S.B. KEATS-ROHAN, Brepols, Turnhout 1993 (*CCM*, 118); per i libri

V-VIII, si cita da *Ioannis Saresberiensis episcopi Carnotensis Policratici sive De nugis curialium et vestigiis philosophorum libri VIII*, ed. C. C. J. WEBB, 2 voll., Clarendon Press, Oxford 1909.

QG *'Quoniam de generali'*, in J. DIJS, «Two Anonymous 12th-Century Tracts on Universals», *Vivarium*, 28 (1990) 93-113, a partire dal ms. Paris, Bibliothèque nationale de France, lat. 17813, ff. 16va-19ra. L'edizione di Judith Dijs è stata confrontata con B. HAURÉAU, *Notices et extraits de quelques manuscrits latins de la Bibliothèque Nationale*, V, Klincksieck, Paris 1892, pp. 298-320 e F. ROMANO, *Una soluzione originale della questione degli universali nel XII secolo. Gualtiero di Mortagne:* Sullo stato di genere e di specie delle cose universali, Aracne, Roma 2007, pp. 91-113.

CATALOGO DEGLI ARGOMENTI SOLLEVATI CONTRO LA TEORIA DELL'*INDIVIDVVM*

1. *LI*, argomento della predicazione
2. *LI*, argomento della cosa diversa da sé
3. *LI*, argomento del *convenire*

4. *LNPS*, argomento della predicazione di molti
5. *LNPS*, argomento dell'"*homo ambulat*"
6. *LNPS*, argomento della predicazione accidentale dell'individualità
7. *LNPS*, argomento della predicazione di opposti
8. *LNPS*, argomento del '*praedicari*' nella definizione del genere

9. *GS*, primo argomento di autorità
10. *GS*, secondo argomento di autorità
11. *GS*, terzo argomento di autorità
12. *GS*, quarto argomento di autorità
13. *GS*, quinto argomento di autorità
14. *GS*, argomento del singolare che è universale (o di Socrate che non è Socrate)
15. *GS*, argomento del tutto e della parte
16. *GS*, argomento dell'inerenza a sé

17. *QG*, argomento dell'inferiore-superiore, con risposta
18. *QG*, argomento di Socrate che si predica di più ed è materia di molti, con risposta
19. *QG*, argomento del genere che è e non è, con risposta
20. *QG*, argomento della proposizione molteplice, con risposta
21. *QG*, argomento del sillogismo, con risposta
22. *QG*, argomento di Socrate che si predica di molti e non si predica di molti, con risposta
23. *QG*, argomento della predicazione di molti come proprietà, con risposta
24. *QG*, argomento della distruzione della razionalità, con risposta

25. *P17*, argomento del numero dei generi generalissimi (da Porfirio), con risposte

26. *P17*, argomento del genere ripartito (da Boezio), con risposta
27. *P17*, argomento del genere che contiene due specie (da Boezio), con risposte
28. *P17*, argomento della divisione del genere (da Boezio), con risposte
29. *P17*, argomento del *convenire* di Socrate e Platone, con risposta
30. *P17*, argomento della somiglianza di due uomini, con risposta
31. *P17*, argomento delle unità, con risposta
32. *P17*, argomento della non-differenza della sostanza pura e della qualità pura, con risposta
33. *P17*, argomento dell'intellezione di 'uomo', con risposta
34. *P17*, argomento dell'uomo predicato di Socrate, con risposta
35. *P17*, argomento dell'opposizione tra singolare e universale (da Boezio), con risposta
36. *P17*, argomento delle differenze in relazione al genere (da Porfirio), con risposta
37. *P17*, "argomento" della materia di sé, della parte di sé e della precedenza a sé

INTRODUZIONE

Il dibattito sugli universali che fiorì nei primi decenni del XII secolo nelle scuole del Nord della Francia è un argomento celebre nella storia della filosofia medievale. Già nel XIX secolo, gli studi di Victor Cousin e Barthélemy Hauréau selezionavano la discussione sulla natura di generi e specie all'epoca di Pietro Abelardo (una discussione giudicata puramente "filosofica") per l'attenzione dello storico della filosofia: l'analisi della disputa sugli universali contribuiva così a definire la fisionomia dei primi studi di storia della filosofia medievale[1]. Nella loro attenzione per la *querelle*

---

[1] Per gli studi realizzati tra Ottocento e inizio Novecento, *cf.* V. COUSIN, «Introduction», in *Ouvrages inédits d'Abélard pour servir à l'histoire de la philosophie scolastique en France*, Imprimerie Royale, Paris 1836; ID., *Fragments philosophiques. Philosophie Scholastique*, 2ª ed., Ladrange, Paris 1840; X. ROUSSELOT, *Études sur la philosophie dans le Moyen-Âge*, 3 voll., Joubert, Paris 1840-1842; H. RITTER, *Geschichte der christlichen Philosophie*, III, Perthes, Hamburg 1844, pp. 354-474; Ch. DE RÉMUSAT, *Abélard*, 2 voll., Ladrange, Paris 1845; *Petri Abaelardi opera hactenus seorsim edita nunc primum in unum collegit* [...] VICTOR COUSIN *adjuvantibus* C. JOURDAIN *et* E. DESPOIS, 2 voll., Durand, Paris 1849; B. HAURÉAU, *De la philosophie scolastique*, Mémoire couronné par l'Académie des Sciences Morales et Politiques, 2 voll., Pagnerre, Paris 1850; H. O. KŒHLER, *Realismus und Nominalismus in ihrem Einfluss auf die dogmatischen Systeme des Mittelalters*, Perthes, Gotha 1858; C. UBAGHS, *Du problème ontologique des universaux et de la veritable signification du réalisme*, Vanlinthout, Louvain 1861; C. PRANTL, *Geschichte der Logik im Abendlande*, II, Hirzel, Leipzig 1861, pp. 116-152 (2ª ed., Leipzig 1885; traduzione italiana: C. PRANTL, *Storia della logica in Occidente*, II. *Età medievale. Parte Prima. Dal secolo VII al secolo XII*, versione italiana di L. LIMENTANI, La Nuova Italia, Firenze 1937, pp. 215-278); A. STÖCKL, *Geschichte der Philosophie des Mittelalters*, 2 voll., Kirchheim, Mainz 1864-1866; C. Z. BARACH, *Zur Geschichte des Nominalismus vor Roscellin. Nach bisher unbenützten handschriftlichen Quellen der Wiener Kaiserlichen Hofbibliothek*, Braumüller, Wien 1866; B. HAURÉAU, *Histoire de la philosophie scolastique. Première partie (de Charlemagne à la fin du XIIᵉ siècle)*, Durand et Pedone-Lauriel, Paris 1872; J. H. LOEWE, *Der Kampf zwischen dem Realismus und Nominalismus im Mittelalter*, Kosmack – Neugebauer, Prag 1876; B. HAURÉAU, *Notices et extraits de quelques manuscrits latins de la Bibliothèque Nationale*, V, Klincksieck, Paris 1892, pp. 290-338; M. DE WULF, «Le Problème des Universaux dans son évolution historique du IXᵉ au XIIIᵉ siècle», *Archiv für Geschichte der Philosophie*, 9 (1896) 427-444; ID., *Histoire de la philosophie médiévale précédée d'un aperçu sur la philosophie ancienne*, Institut Supérieur de Philosophie – Alcan

des universaux, gli studiosi dell'Ottocento facevano proprio un interesse per la questione che sembra essere stato sentito genuinamente anche dai maestri medievali che essi studiavano. Così, almeno, sembra si possa giudicare dalla critica che Giovanni di Salisbury rivolge alla discussione sui generi e le specie, presentata come eccessiva e onnipresente tra i contemporanei; un'impressione simile si ricava dalla pagina dell'*Historia Calamitatum* che descrive il confronto tra Guglielmo di Champeaux

– Schepens, Louvain – Paris – Bruxelles 1900 (in particolare pp. 167-178, 190-208); G. CANELLA, *Della dialettica nelle scuole dopo la Rinascenza carolingia e dell'Origine della Controversia degli Universali (VIII a XI secolo)*, Rossetti, Pavia 1904; ID., «Per lo studio del problema degli universali nella Scolastica», *La scuola cattolica*, 32 (1904) 305-313; 541-556; 33 (1905) 160-173; 556-577; 35 (1907) 56-66; 160-171; 392-397; 509-515; 621-631; J. REINERS, *Der aristotelische Realismus in der Frühscholastik*, Inaugural-Dissertation zur Erlangung der Doktorwürde genehmigt von der philosophischen Fakultät der Rheinischen Friedrich-Wilhelms-Universität zu Bonn, Trapp, Bonn 1907; H. DEHOVE, *Qui praecipui fuerint labente XII saeculo ante introductam Arabum philosophiam temperati realismi antecessores*, Lefebvre-Ducrocq, Insulis 1908; J. REINERS, *Der Nominalismus in der Früscholastik*, Aschendorff, Münster 1910 (*BGPTM*, 8); F. PICAVET, *Roscelin philosophe et théologien d'après la légende et d'après l'histoire. Sa place dans l'histoire générale et comparée des philosophies médiévales*, Alcan, Paris 1911 (revisione, ampliata, della precedente edizione del 1896); É. GILSON, *La philosophie au Moyen Âge. Des origines patristiques à la fin du XIVe siècle*, deuxième édition revue et augmentée, Payot, Paris 1944, pp. 238-240, 282-288, 292-296. Per una valutazione di questi studi, *cf.* G. SANTINELLO – G. PIAIA (a cura di), *Storia delle storie generali della filosofia*, 5 voll., Editrice La Scuola – Antenore, Brescia – Padova 1981-2004; J. JOLIVET, «Les études de philosophie médiévale en France de Victor Cousin à Étienne Gilson», in R. IMBACH – A. MAIERÙ (a cura di), *Gli studi di filosofia medievale fra Otto e Novecento. Contributo a un bilancio storiografico*, Atti del convegno internazionale, Roma, 21-23 settembre 1989, Edizioni di Storia e Letteratura, Roma 1991, pp. 1-20 (Storia e Letteratura, 179); W. J. COURTENAY, «In Search of Nominalism: Two Centuries of Historical Debate», *ibi*, pp. 233-251; A. DE LIBERA, *La querelle des universaux. De Platon à la fin du Moyen Âge*, Seuil, Paris 1996, pp. 11-12 (tr. it.: *Il problema degli universali da Platone alla fine del Medioevo*, traduzione di R. CHIARADONNA, La Nuova Italia, Firenze 1999); G. PIAIA, «La 'svolta francese' (1800-1820) nell'approccio alla filosofia medievale», in J. MEIRINHOS – O. WEIJERS (éds.), Florilegium Mediaevale. *Études offertes à Jacqueline Hamesse à l'occasion de son éméritat*, Fédération Internationale des Instituts d'Études Médiévales, Louvain-la-Neuve 2009, pp. 451-467; J. MARENBON, «Préface», in Ch. ERISMANN, *L'Homme commun. La genèse du réalisme ontologique durant le haut Moyen Âge*, Vrin, Paris 2011, pp. V-XI; ERISMANN, *L'Homme commun*, pp. 1-3.

e Abelardo sul tema, che vi appare cruciale, degli universali[2]. Studi più recenti hanno continuato a interessarsi al dibattito sugli universali nel XII secolo, a partire da prospettive diverse. Problema esegetico consegnato al medioevo dalle prime righe dell'*Isagoge* di Porfirio e dai commenti di Boezio all'*Isagoge* (in particolare il secondo commento)[3]? Questione perenne, definibile astoricamente, sullo status ontologico di generi e specie e sulla predicabilità dei termini[4]? Dibattito che si è formato all'interno di

---

[2] *Cf.* Ioannes Saresberiensis, *Metalogicon*, ed. J. B. HALL auxiliata K. S. B. KEATS-ROHAN, Brepols, Turnhout 1991 (*CCM*, 98) (= *Met.*), II, 16-19 (*cf. infra*, capitolo 2); Petrus Abaelardus, *Historia Calamitatum*, in *The Letter Collection of Peter Abelard and Heloise*, edited with a revised translation by D. LUSCOMBE after the translation by B. RADICE, Clarendon Press, Oxford 2013, § 6.

[3] Porphyrius, *Isagoge*, ed. A. BUSSE, Reimer, Berlin 1887, p. 1.8-13 (Commentaria in Aristotelem Graeca, 4/1); Porphyre, *Isagoge*, traduction par A. DE LIBERA et A.-Ph. SEGONDS, introduction et notes par A. DE LIBERA, Vrin, Paris 1998, p. 1 (Sic et Non); Porphyrius, *Isagoge*, tr. Boethii, Desclée De Brouwer, Bruxelles – Paris 1966 (*AL*, 1, 6-7), p. 5.10-15: «Mox de generibus et speciebus illud quidem siue subsistunt siue in solis nudis purisque intellectibus posita sunt siue subsistentia corporalia sunt an incorporalia, et utrum separata an in sensibilibus et circa ea constantia, dicere recusabo (altissimum enim est huiusmodi negotium et maioris egens inquisitionis)»; *Anicii Manlii Severini Boethii In Isagogen Porphyrii Commenta*, ed. S. BRANDT, Tempsky – Freitag, Wien – Leipzig 1906 (*CSEL*, 48), *editio prima*: I, 10 (pp. 23-30); *editio secunda*: I, 9-11 (pp. 159-167).

[4] A questa domanda sembra dare risposta positiva Bruno Maioli nel suo *Gli universali. Storia antologica del problema da Socrate al XII secolo*, Bulzoni, Roma 1974, pp. XI-LXX (Biblioteca di cultura, 63); *cf.* anche ID., *Gli universali. Alle origini del problema*, Bulzoni, Roma 1973 (Biblioteca di cultura, 40). Secondo Maioli, il problema degli universali si caratterizza per la sua «persistenza» nella storia del pensiero: il tema, afferma lo studioso, si sviluppa dalla filosofia socratica sino a quella contemporanea e mostra una costanza sia nei quesiti che nelle soluzioni di fondo (*cf.* MAIOLI, *Gli universali. Storia antologica*, p. XIII). Più che di un unico problema sugli universali, si tratta secondo lo studioso di «un nodo di problemi di filosofia del linguaggio, di filosofia della logica, di epistemologia e di ontologia» (*ibi*, p. IX), dalla grande ricchezza teorica, e che si può definire come «il persistente tentativo di sciogliere, comunque, la ricorrente aporia di stabilire e fissare il rapporto fra sensibile e intelligibile, tra dato esperienziale e concetto, tra a posteriori e a priori, tra il molteplice dell'esperienza e l'universale appunto; ed anche, stante *[sic]* le sue immediate implicazioni semantiche, il permanente tentativo di darsi una ragione del rapporto tra parole e cose, tra linguaggio e mondo, connesso al problema – emergente dall'analisi della struttura logica della proposizione e della natura della predicazione – della fondazione logica e del valore dell'universale» (*ibi*, p. XV). Maioli individua dunque «i problemi del problema» degli universali, che secondo la sua analisi sono

precise coordinate epistemiche? Nodo problematico in cui si stringono questioni di natura non solo ontologica, logica, epistemologica, ma anche mereologica, semantica e teologica? La ricchezza degli studi recenti in questo ambito può essere ricordata ripercorrendo brevemente le ricerche svolte negli ultimi decenni da Alain de Libera, Gabriele Galluzzo, Christophe Erismann e Irène Rosier-Catach.

Nelle due monografie del 1996 e 1999 Alain de Libera ha messo in luce la componente esegetica della discussione. Secondo lo studioso, bisogna liberarsi dell'«illusion anhistorique» con cui il problema è stato affrontato, e che ha fatto della questione degli universali una sorta di archetipo trascendente che si sarebbe a un tratto manifestato nel tempo[5]. Al contrario, si deve riconoscere che il problema sugli universali che si è configurato nel medioevo non ha nulla di naturale nel suo porsi: è un problema che si è formato all'interno di una precisa ἐπιστήμη, cioè all'interno delle coordinate di sapere di un'epoca, rappresentate da un insieme di enunciati ammissibili e da un archivio di testi giudicati autorevoli[6]. Secondo de Libera, il compito dello storico della filosofia è di carattere archeologico: mostrare la discontinuità delle ἐπιστῆμαι e la genesi dei problemi che si sono formati all'interno di ciascuna di esse. A tal fine, lo storico della filosofia deve in primo luogo considerare l'archivio di testi disponibili e

in numero di quattro (*ibi*, pp. XVI-XLV): un aspetto linguistico-semantico (spiegare come certi nomi, in particolare i nomi comuni e astratti, siano capaci di significare); un aspetto logico (indagare la predicabilità dei termini universali, ossia la «primaria funzione» dell'universale di fungere da predicato in un enunciato assertivo: *ibi*, p. XXXIII); un aspetto epistemologico («domandarsi come il concetto, per natura universale, possa rapportarsi ed esprimere una realtà individuale»: *ibi*, pp. XXXIV-XXXV); infine, dei «riflessi metafisici» (indagare la costituzione del mondo, che viene concepito ed espresso linguisticamente: *ibi*, p. XXXVIII).

[5] *Cf.* DE LIBERA, *La querelle*, pp. 17-20, 33. In *La querelle*, pp. 17-20, de Libera critica un tentativo di illustrare il problema degli universali effettuato da Paul Vincent Spade. Secondo la presentazione di Spade, il problema degli universali consisterebbe nel rispondere alla domanda "Quanti colori vedo?", posto che io abbia davanti due penne nere: il realismo sarebbe quella teoria che afferma l'esistenza di un solo colore nero, condiviso dalle due penne, mentre il nominalismo sosterrebbe che ne esistono due. Per l'originale formulazione di Spade, *cf.* P.V. SPADE, «Introduction», in John Wyclif, *On Universals*, Clarendon Press, Oxford 1985, [pp. VII-L] pp. XII-XIII, e anche ID., «Introduction», in *Five Texts on the Mediaeval Problem of Universals: Porphyry, Boethius, Abelard, Duns Scotus, Ockham*, Hackett, Indianapolis 1994, [pp. VII-XVI] pp. VII-VIII, dove è ripetuto un esempio simile.

[6] *Cf.* DE LIBERA, *La querelle*, pp. 11-65.

autorevoli per una data epoca, e «décrire autant que possible le jeu complexe des reprises, des transformations et des ruptures qui travaillent l'apparence du *déroulement* historique»[7]. Entro tali coordinate, si riconoscerà che il problema medievale degli universali in particolare si è formato, «a précipité en problème», all'interno dell'aristotelismo nella sua tradizione interpretativa neoplatonica: è una delle figure che si potevano trarre (e che effettivamente è stata formata) a partire dal confronto tardoantico tra aristotelismo e platonismo[8].

Differenti sono i presupposti metodologici che hanno guidato l'organizzazione di una serie di seminari sugli universali presso la Scuola Normale Superiore di Pisa, di cui dà notizia Gabriele Galluzzo[9]. Secondo Galluzzo, «the traditional problem of universals» si può definire sia come (a) «the question of understanding what, if anything, corresponds in reality to our general concepts and terms»[10] sia come (b) «the problem of understanding why things agree in their fundamental attributes or characters»[11]. Egli ritiene che nello studio di questo problema si debba cercare il giusto equilibrio tra un approccio esclusivamente storicizzante e uno puramente teoretico, evitando i rischi di deriva insiti in ciascuno dei due metodi. Un modo di procedere storicizzante nega che esista *il* problema degli universali, perché non accetta che quest'ultimo sia un unico problema affrontato attraverso i secoli, e concede unicamente che con il nome di 'questione degli universali' si indichi tutta una rete di problematiche che variano e si modificano[12]. A questo modo di considerare la questione lo

---

[7] *Ibi*, pp. 25-27.

[8] *Ibi*, pp. 33, 63.

[9] *Cf.* G. GALLUZZO, «The Problem of Universals and Its History. Some General Considerations», *Documenti e studi sulla tradizione filosofica medievale*, 19 (2008) 335-369. Si vedano inoltre gli articoli raccolti in *Documenti e studi sulla tradizione filosofica medievale*, 18 (2007) e 19 (2008) e, per il convegno più recente, G. GALLUZZO, «Report of the International Conference "The Problem of Universals in the XIIIth Century"», *Bulletin de Philosophie Médiévale*, 53 (2011) 477-487. *Cf.* anche G. GALLUZZO, *Breve storia dell'ontologia*, Carocci, Roma 2011, pp. 55-113.

[10] GALLUZZO, «The Problem of Universals and Its History», p. 352 (*cf.* anche p. 336).

[11] *Ibi*, p. 350.

[12] *Ibi*, pp. 335-336: «In the workshop, we have tried to strike the right balance between two opposed and potentially misleading approaches to the problem of universals. One possibility is to endorse a highly historicist understanding of the problem. On this view, there is no such a thing as *the* problem of universals, but only a vast net of sometimes very different issues. Such a thesis should not be understood

studioso obietta che una certa uniformità all'interno della trattazione è innegabile, dal momento che argomenti analoghi sono utilizzati in epoche diverse con fini analoghi; egli sostiene inoltre che modifiche nella terminologia o nella cornice entro cui una questione si presenta non sempre implicano cambiamenti della questione stessa[13]. L'impostazione teoretica, d'altra parte, afferma la sostanziale unità del problema degli universali attraverso il tempo, e si impegna in un confronto tra le posizioni antiche, medievali e contemporanee al riguardo[14]. Il rischio, in questo caso, è

only in the weak sense that the history of the problem of universals includes much more than what we are used to calling the *tràditional* problem of universals, i.e. presumably the problem of understanding what corresponds in reality to general concepts and terms. These include, for instance, problems which are simply different from the traditional one, such as the problem of individuation and that of the knowledge of both particulars and universals, as well as issues focusing on specific kinds of universals which for some reasons deserve particular attention [...]. However, supporters of this approach insist that there is no such a thing as the problem of universals in a stronger, more pregnant sense. It is not only the case that we are not confronted with one single problem, but it is also true that we are not allowed to talk of the same issues being tackled and discussed in different ages. In other words, even if we focus on only one of the many problems circulating under the label of 'problem of universals', we have to realise that such a problem takes very different, and sometimes irreconcilable, forms in different epochs. This is presumably due to the different frameworks in which the problem is formulated as well as to the different cultural influences that come to affect it over time».

[13] *Cf. ibi*, pp. 343-345.

[14] *Ibi*, p. 345: «another possibility consists in endorsing a theoretical approach to the problem of universals. Supporters of this view believe in the fundamental identity and unity of the problem of universals through the different ages. According to them, it makes perfectly sense to say that ancient, medieval and contemporary philosophers all discuss the very same issue in spite of the radical differences in their conceptual frameworks and in the very philosophical tools they use to solve it. The point, of course, may be conceded that often we are not confronted with just one problem, but rather with a net of related and yet slightly different issues. However, supporters of the theoretical approach insist that such a net of problems is the same for all ages. Thus, once we have singled out the different issues and their mutual relations we should start evaluating and comparing the different answers provided by the different ages. Moreover, although we are confronted with a net of related problems rather than with one single issue, it should be recognised that such different problems revolve around one fundamental question, i.e. the question of explaining why different things agree or are similar in their fundamental characters and attributes. And this is, after all, the traditional problem of universals».

quello di interpretare il passato esclusivamente alla luce del dibattito contemporaneo, limitandosi a ricercare in testi scritti secoli fa le tesi e gli argomenti sostenuti oggigiorno. Vi è anche il pericolo di trascurare alcune differenze che effettivamente caratterizzano la discussione in un'epoca e la distinguono da quella in un'altra (Galluzzo ricorda, ad esempio, che l'accettazione della distinzione aristotelica tra aspetti essenziali e aspetti accidentali di una cosa fonda la discussione in epoca medievale, mentre è marginale in epoca contemporanea)[15]. Un'analisi adeguata del problema richiede che entrambi gli elementi, quello storico e quello astorico o teoretico, vengano combinati[16].

Riguardano direttamente il periodo e i testi studiati in questo volume le ricerche di Christophe Erismann e Irène Rosier-Catach. In una serie di articoli e nella monografia *L'Homme commun. La genèse du réalisme ontologique durant le Haut Moyen Âge* Erismann ha investigato lo sviluppo del «réalisme ontologique» altomedievale, ricercandone le origini nella patristica greca, e analizzandone poi le forme assunte negli autori della «famille réaliste»: Giovanni Scoto Eriugena, Anselmo di Canterbury, Odone di Cambrai (o di Tournai) e Guglielmo di Champeaux[17].

---

[15] *Cf. ibi*, pp. 346-349.

[16] Meno sfumato è quanto si legge in GALLUZZO, «Report», p. 478: «The general assumption behind such a methodological option *[scil. quella adottata nella conferenza "The Problem of Universals in the XIIIth Century"]* is that philosophical issues remain fundamentally the same through the different epochs in spite of the significant differences in philosophical techniques and technical jargon that the different historical moments present».

[17] *Cf.* Ch. ERISMANN, *L'Homme commun. La genèse du réalisme ontologique durant le haut Moyen Âge*, Vrin, Paris 2011 (Sic et Non); *cf.* anche ID., «*Generalis essentia*. La théorie érigénienne de l'ousia et le problème des universaux», *Archives d'histoire doctrinale et littéraire du Moyen Âge*, 69 (2002) 7-37; ID., «*Proprietatum collectio*. Anselme de Canterbury et le problème de l'individuation», *Mediaevalia. Textos e estudos*, 22 (2003) 55-71; ID., «*Processio idest multiplicatio*. L'influence latine de l'ontologie de Porphyre: le cas de Jean Scot Erigène», *Revue des Sciences Philosophiques et Théologiques*, 88 (2004) 401-460; ID., «Un autre aristotélisme? La problématique métaphysique durant le haut Moyen Âge latin. À propos d'Anselme, Monologion 27», *Quaestio*, 5 (2005) 145-162; ID., «Dialectique, universaux et intellect chez Jean Scot Erigène», in M. C. PACHECO – J. F. MEIRINHOS (éds.), *Intellect et imagination dans la Philosophie Médiévale. Intellect and Imagination in Medieval Philosophy. Intelecto e imaginação na Filosofia Medieval*, Actes du XIe Congrès International de Philosophie Médiévale de la S.I.E.P.M., II, Brepols, Turnhout 2006, pp. 827-839; ID., «Immanent Realism. A Reconstruction of an Early Medieval Solution

Secondo Erismann, il realismo altomedievale è «une tentative ontologique d'explication de la structure de la réalité et du mobilier ontologique du monde»[18]. Va studiato come «la forme altomédiévale de la métaphysique»[19], che si sviluppa non a partire dalla *Metaphysica* di Aristotele (all'epoca non disponibile), ma dalle *Categoriae* di Aristotele e *Categoriae Decem* pseudo-agostiniane e dall'*Isagoge* di Porfirio, e presuppone un parallelismo tra ambito ontologico e ambito logico-predicativo[20]. Il realismo ontologico altomedievale si articola in sette tesi fondamentali che si possono individuare (in forma più o meno esplicita)[21] negli scritti di ciascuno dei quattro autori

to the Problem of Universals», *Documenti e studi sulla tradizione filosofica medievale*, 18 (2007) 211-229; ID., «The Logic of Being. Eriugena's Dialectical Ontology», *Vivarium*, 45 (2007) 203-218; ID., «L'individualité expliquée par les accidents. Remarques sur la destinée "chrétienne" de Porphyre», in Ch. ERISMANN – A. SCHNIEWIND (éds.), *Compléments de substance. Études sur les propriétés accidentelles offertes à Alain de Libera*, Vrin, Paris 2008, pp. 51-66; ID., «*Singularitas*. Éléments pour une histoire du concept: la contribution d'Odon de Cambrai», in MEIRINHOS – WEIJERS (éds.), *Florilegium Mediaevale*, pp. 175-183; ID., «Penser le commun. Le problème de l'universalité métaphysique aux XIe et XIIe siècles», in I. ROSIER-CATACH (éd.), *Arts du langage et théologie aux confins des XIe-XIIe siècles. Textes, maîtres, débats*, Brepols, Turnhout 2011, pp. 373-392 (Studia Artistarum, 26); ID., «*Non Est Natura Sine Persona*. The Issue of Uninstantiated Universals from Late Antiquity to the Early Middle Ages», in J. MARENBON – M. CAMERON (edd.), *Methods and Methodologies. Aristotelian Logic East and West, 500-1500*, Brill, Leiden – Boston 2011, pp. 75-91; ID., «Un péché de nature. Péché originel et réalisme des universaux selon Odon de Cambrai», in G. D'ONOFRIO (ed.), *The Medieval Paradigm. Religious Thought and Philosophy. Papers of the International Congress (Rome, 29 October – 1 November 2005)*, I, Brepols, Turnhout 2012, pp. 289-307.

[18] ERISMANN, *L'Homme commun*, p. 3; *cf.* anche *ibi*, pp. 25-26, 30-31.

[19] *Ibi*, p. 11.

[20] *Cf. ibi*, pp. 3-13.

[21] Erismann parla a questo proposito di «réalisme tacite», intendendo con ciò che un autore fa ricorso a entità universali, senza dibattere esplicitamente della loro esistenza contro posizioni alternative: «ne pas développer de discours sur le statut ontologique des universaux ne veut pas dire que l'auteur n'utilise pas d'universaux dans son système métaphysique. On doit admettre une forme de réalisme tacite qui consiste non pas en la théorisation explicite du statut des universaux génériques et spécifiques comme *res*, mais en une utilisation plus ou moins massive d'entités universelles dotées d'un statut ontologique fort dans une construction métaphysique. L'usage d'entités universelles dans l'élaboration d'une métaphysique est une forme de réalisme. [...] Si la théorisation du problème en tant que controverse, et donc la constitution de deux champs opposés, est tardive, le

citati: la tesi del naturalismo, condivisa anche dai non realisti, più sei tesi proprie del realismo (1. tesi dell'universalismo; 2. tesi dell'universale come costituente metafisico delle proprie suddivisioni; 3. tesi dell'immanenza degli universali; 4. tesi dell'onnipresenza dell'universale; 5. tesi della sostanza specifica comune; 6. tesi dell'individualità accidentale). Il realismo ontologico altomedievale è un realismo dell'immanenza: afferma l'esistenza di universali negli individui, come loro costituenti metafisici, e nega la possibilità di universali non istanziati. Come tale, si tratta di una teoria dell'universale *in re*, dell'εἶδος, e deve essere distinto da ogni teoria platonica dell'ἰδέα, che postuli universali separati, *ante rem* (quest'ultima teoria, scrive Erismann, *stricto sensu* non è presente nel medioevo o esiste, accettata da pressoché tutti gli autori medievali, nella forma che egli chiama «réalisme théologique» o «réalisme de la transcendence», ossia la teoria delle idee nella mente divina intese come archetipi della creazione)[22]. Secondo lo studioso, il realismo ontologico dell'immanenza non è dunque una teoria platonica, come a volte è stata presentata, ma semmai una teoria aristotelica[23] o, più precisamente, il frutto di una lettura concordista tra platonismo e aristotelismo realizzato nel medioplatonismo ed ereditato, e veicolato al medioevo, dall'*Isagoge* di Porfirio: una teoria, dunque, aristotelico-porfiriana[24]. Se Erismann distingue il realismo ontologico da quello che si è chiamato il realismo «teologico» delle idee nella mente divina, ciò non significa che il realismo ontologico non abbia a sua volta

réalisme n'a pas besoin du vocalisme ou du nominalisme pour exister» (*ibi*, p. 37; *cf.* anche pp. 195, 294, 382).

[22] *Cf. ibi*, pp. 36, 38-62, 78-79, 134-145.

[23] *Cf. ibi*, pp. 14-18, *et passim*. Ispirandosi alla tesi di Daniel W. Graham sui due sistemi di Aristotele, *Atomic Substantialism* dell'*Organon* e *Hylomorphic Substantialism* di *Metaphysica* e *Physica* (*cf.* D. W. GRAHAM, *Aristotle's Two Systems*, Oxford University Press, Oxford 1987), Erismann afferma che il realismo ontologico altomedievale è da accostare all'aristotelismo del primo gruppo (in particolare attraverso le *Categoriae*). In questa prospettiva, ammettere o meno la possibilità di universali non istanziati sarebbe la cartina di tornasole per distinguere teorie platoniche e aristoteliche e il realismo altomedievale, che non li ammette, una teoria «di obbedienza aristotelica». Erismann nota però che, se si segue Antony C. Lloyd nel ritenere che l'universale aristotelico sia *post rem* e non *in re*, il realismo altomedievale non può essere qualificato né come platonico né come aristotelico: *cf.* ERISMANN, *L'Homme commun*, pp. 80, 143-148 e A. C. LLOYD, *Form and Universal in Aristotle*, Cairns, Liverpool 1981.

[24] *Cf.* ERISMANN, *L'Homme commun*, pp. 59, 62-64.

una dimensione teologica: anzi, uno degli aspetti che emergono dalla sua ricerca è che una delle origini del realismo ontologico altomedievale può essere rintracciata nei testi dei padri cappadoci; il realismo si esprime in scritti di natura teologica, come il *Monologion* di Anselmo o il *De peccato originali* di Odone di Cambrai, e viene in più occasioni valutato per le sue conseguenze teologiche (ad esempio in campo trinitario, cristologico e in merito alla dottrina del peccato originale)[25]. La ricerca di Erismann si conclude analizzando la forma di realismo altomedievale sostenuta da Guglielmo di Champeaux, nota come teoria dell'essenza materiale, che, come vedremo, sarà invece il nostro punto di partenza[26].

Gli studi di Irène Rosier-Catach, infine, mostrano che le teorie sugli universali della fine dell'XI e della prima metà del XII secolo, o perlomeno posizioni simili a quelle rinvenibili nel dibattito sugli universali, si possono individuare anche nel campo della grammatica: anzi, più precisamente in discussioni che si intrecciano tra grammatica e dialettica, ritrovandosi sia in commenti alle *Institutiones* di Prisciano sia nelle versioni del commento *C8* alle *Categoriae* sia nella *Dialectica* di Abelardo[27]. Rosier-Catach ha

---

[25] *Cf. ibi*, pp. 64-68, 149-192; si veda anche Id., «The Trinity, Universals, and Particular Substances: Philoponus and Roscelin», *Traditio*, 63 (2008) 277-305; Id., «Non est natura sine persona»; Id., «Penser le commun».

[26] Il volume di Erismann, dedicato alla *genesi* del realismo ontologico, riserva solo poche osservazioni al declino della dottrina dopo Guglielmo di Champeaux, riferendosi a un *logical turn* o *tournant logico-linguistique* della discussione con Abelardo: *cf.* Erismann, *L'Homme commun*, p. 14 n. 1; pp. 27, 71, 379. La situazione è più complessa – come mostra, spero, questo studio, nonché le osservazioni dello stesso Erismann sulla permanenza di una forma di teoria dell'essenza materiale negli scritti di Teodorico di Chartres e Clarembaldo di Arras, in contrapposizione a Gilberto di Poitiers: Gilberto viene poi ripreso da Alano di Lilla, che recupera peraltro anche elementi di Eriugena. Si veda su questo Ch. Erismann, «Alain de Lille, la métaphysique érigénienne et la pluralité des formes», in J.-L. Solère – A. Vasiliu – A. Galonnier (éds.), *Alain de Lille, le docteur universel. Philosophie, théologie et littérature au XIIe siècle*, Actes du XIe Colloque international de la Société Internationale pour l'Étude de la Philosophie Médiévale, Paris 23-25 octobre 2003, Brepols, Turnhout 2005, pp. 19-46.

[27] *Cf.* in particolare: I. Rosier-Catach, «Le commentaire des *Glosulae* et des *Glosae* de Guillaume de Conches sur le chapitre *De Voce* des *Institutiones Grammaticae* de Priscian», *Cahiers de l'Institut du Moyen-Âge Grec et Latin*, 63 (1993) 115-144; Ead., «Abélard et les grammairiens: sur le verbe substantif et la prédication», *Vivarium*, 41 (2003) 175-248; Ead., «Priscian on Divine Ideas and Mental Conceptions: The Discussions in the *Glosulae in Priscianum*, the *Notae Dunelmenses*, William of

individuato in più casi una posizione realista dell'immanenza simile alla teoria dell'essenza materiale, ma ha reperito anche elementi di altre teorie realiste, in particolare di una teoria basata sull'indifferenza o sulla somiglianza e di teorie della *collectio*[28]. Più in dettaglio, posizioni sugli universali sembrano riscontrabili in discussioni riguardanti i temi seguenti: (i) la teoria della predicazione, in particolare della copula, nei casi in cui venga predicato un termine accidentale (come nella proposizione "*Socrates*

Champeaux and Abelard», *Vivarium*, 45 (2007) 219-237; EAD., «Les *Glosulae in Priscianum*: sémantique et universaux», *Documenti e studi sulla tradizione filosofica medievale*, 19 (2008) 123-177; EAD., «*Vox* and *Oratio* in Early Twelfth-century Grammar and Dialectics», *Archives d'histoire doctrinale et littéraire du Moyen Âge*, 78 (2011) 47-129; A. GRONDEUX – I. ROSIER-CATACH, «Sur la nature catégorielle de la *uox* au XIIe siècle. Trois versions des *Glosulae in Priscianum*», *Archives d'histoire doctrinale et littéraire du Moyen Âge*, 78 (2011) 259-333; I. ROSIER-CATACH, articolo sulla teoria della *collectio* e la semantica dei nomi collettivi, in preparazione; A. GRONDEUX – I. ROSIER-CATACH, introduzione all'edizione delle *Notae Dunelmenses*, in preparazione.

[28] Su questi stessi testi, *cf.* inoltre: I. ROSIER-CATACH, «La notion de *translatio*, le principe de compositionalité, et l'analyse de la prédication accidentelle chez Abélard», in J. BIARD (éd.), *Langage, sciences, philosophie au XIIe siècle*, Actes de la table ronde internationale organisée les 25 et 26 mars 1998, Vrin, Paris 1999, pp. 125-164; EAD., «Priscian, Boèce, les *Glosulae in Priscianum*, Abélard: les enjeux des discussions autour de la notion de consignification», *Histoire Épistémologie Langage*, 25 (2003) 55-84; EAD., «Abélard et les grammairiens: sur la définition du verbe et la notion d'inhérence», in P. LARDET (éd.), *La tradition vive. Mélanges d'histoire des textes en l'honneur de Louis Holtz*, Brepols, Paris – Turnhout 2003, pp. 143-159 (Bibliologia, 20); EAD., «Les discussions sur le signifié des propositions chez Abélard et ses contemporains», in A. MAIERÙ – L. VALENTE (edd.), *Medieval Theories on Assertive and Non-Assertive Language*, Acts of the 14th European Symposium on Medieval Logic and Semantics (Rome, June 11-15, 2002), Olschki, Firenze 2004, pp. 1-34; EAD., «The *Glosulae in Priscianum* and Its Tradition», in N. MCLELLAND – A. R. LINN (edd.), Flores Grammaticae. *Essays in Memory of Vivien Law*, Nodus Publikationen, Münster 2005, pp. 81-99; EAD., «Les controverses logico-grammaticales sur la signification des paronymes au début du XIIe siècle», in ERISMANN – SCHNIEWIND (éds.), *Compléments de substance*, pp. 103-125; EAD., «Sur le verbe substantif, la prédication et la consignification. *Peri hermeneias* 16b 20-25 dans les traductions et commentaires en latin», in S. HUSSON (éd.), *Interpréter le* De interpretatione, Vrin, Paris 2009, pp. 97-131; A. GRONDEUX – I. ROSIER-CATACH, «Les *Glosulae super Priscianum* et leur tradition», in ROSIER-CATACH (éd.), *Arts du langage et théologie*, pp. 107-179; e I. ROSIER-CATACH – F. GOUBIER, «*Trivium* au XIIe siècle», articolo in preparazione per F. ÜBERWEG, *Grundriss der Geschichte der Philosophie*, nuova edizione.

est albus")[29]; (ii) la semantica del nome, in particolare le discussioni riguardanti il proprio del nome in *Institutiones* II, 18, e la definizione del nome in *Institutiones* II, 22[30], in opposizione a quella del pronome[31]; (iii) la trattazione del nome comune o appellativo, soprattutto quando, seguendo Prisciano, viene inteso come nome proprio della specie (*cf. Institutiones* XVII, 35 e XVII, 44)[32]; (iv) la trattazione dell'unità della *vox* proferita nelle orecchie degli ascoltatori che la ricevono, una discussione che emerge nel corso della trattazione della natura categoriale della *vox* (se cioè la *vox* sia sostanza, qualità, quantità o non appartenga a nessuna categoria)[33]; (v) la

---

[29] Una teoria realista degli universali sembrerebbe emergere quando la copula è spiegata non a partire da una teoria dell'identità ma a partire da una teoria dell'inerenza di una qualità (significata dal predicato) nell'individuo denotato dal soggetto. *Cf.* ROSIER-CATACH, «Abélard et les grammairiens: sur le verbe substantif», pp. 212-224; e anche EAD., «Abélard et les grammairiens: sur la définition du verbe», pp. 157-158; EAD., «Les *Glosulae in Priscianum*: sémantique et universaux», pp. 129-130. Il collegamento tra l'analisi della copula e teorie degli universali si trova già in L.-M. DE RIJK, *Logica modernorum. A Contribution to the History of Early Terminist Logic*, 2 voll., Van Gorcum, Assen 1962-1967, II.1, pp. 101-108; J. MALCOLM, «A Reconsideration of the Identity and Inherence Theories of the Copula», *Journal of the History of Philosophy*, 17 (1979) 383-400; *cf.* su tutto questo anche *infra*, capitolo 7, pp. 307-309.

[30] Priscianus, *Institutionum grammaticarum libri XVIII*, ed. M. HERTZ, 2 voll., Teubner, Leipzig 1855-1859, II, 18 (vol. 1, p. 55.6): «Proprium est nominis substantiam et qualitatem significare»; II, 22 (vol. 1, pp. 56.29-57.1): «Nomen est pars orationis, quae unicuique subiectorum corporum seu rerum communem uel propriam qualitatem distribuit».

[31] *Cf.* ROSIER-CATACH, «Les *Glosulae in Priscianum*: sémantique et universaux», pp. 132-144, con edizione del testo delle *GPma* di riferimento (*ad* II, 18) nell'appendice (pp. 175-177); *cf.* anche EAD., «Priscian on Divine Ideas», pp. 222-224, su *GPma ad* II, 22; l'introduzione di A. Grondeux e I. Rosier-Catach all'edizione delle *Notae Dunelmenses*, in preparazione; e *infra*, capitolo 7, pp. 310-311. Rosier-Catach individua una forma di realismo degli universali nel commento delle *GPma* a II, 18.

[32] *Cf.* ROSIER-CATACH, «Priscian on Divine Ideas», pp. 225-231; EAD., «Les *Glosulae in Priscianum*: sémantique et universaux», pp. 144-156. Nelle *GPmi*, a commento di *Institutiones* XVII, 35 e XVII, 43-44, si leggono passi che secondo Rosier-Catach ricordano la teoria dell'essenza materiale; un passo delle *Notae Dunelmenses* invece (purtroppo molto corrotto) sembra ricordare una teoria dell'indifferenza, forse contrapposta a una teoria realista simile alla teoria dell'essenza materiale. *Cf.* anche *infra*, capitolo 7, pp. 311-315 e l'introduzione di Anne Grondeux e Irène Rosier-Catach all'edizione della *Notae Dunelmenses*, in preparazione.

[33] *Cf.* ROSIER-CATACH, «Le commentaire des *Glosulae* et des *Glosae* de Guillaume de Conches sur le chapitre *De Voce*», pp. 116-117; EAD., «Les *Glosulae in Priscianum*: sémantique et universaux», pp. 156-169; EAD., «*Vox and Oratio*»; GRONDEUX – ROSIER-

discussione sul carattere indivisibile e individuale della *vox*[34]; (vi) infine, almeno quattro ulteriori discussioni che si possono mettere in relazione alla teoria dell'universale inteso come *collectio*: se *numerus* sia un genere (di cui *binarius*, *ternarius etc.* sono le specie e *hic binarius*, *hic ternarius etc.* gli individui) oppure no; in che modo la coniugazione sia un accidente del verbo, e quale sia il fondamento in cui tale accidente inserisce (ad esempio, l'insieme delle diverse forme verbali di una certa coniugazione, l'insieme delle diverse forme verbali di un certo verbo, oppure ciascuna singola forma verbale); la semantica dei nomi collettivi come '*populus*', '*grex*', '*exercitus*', in particolare quali siano la sostanza e la qualità significate dai nomi collettivi[35]; la

CATACH, «Sur la nature catégorielle de la *uox*»; *cf. infra*, capitolo 7, pp. 315-321. In particolare, la soluzione che afferma l'identità formale della *vox* nelle orecchie dei diversi uditori può essere confrontata con teorie degli universali che criticano la teoria dell'essenza materiale facendo uso del principio di identità per non-differenza o somiglianza.

[34] In questa discussione, collegata a quella sull'unità della *vox* nelle orecchie degli ascoltatori, si ritrova la soluzione che afferma l'unità sulla base della conformità/somiglianza, ma anche una soluzione che si può accostare a una teoria della *collectio*, secondo la quale è individuo la «massa» delle *voces* consimili; *cf.* ROSIER-CATACH, «*Vox and Oratio*», pp. 103-105; GRONDEUX – ROSIER-CATACH, «Sur la nature catégorielle de la *uox*», pp. 275-281 e *infra*, capitolo 7, pp. 318-319.

[35] Le prime tre discussioni, che presentano legami con la teoria dell'essenza materiale oltre che con la teoria della *collectio*, sono analizzate da Irène Rosier-Catach in un articolo sulla *collectio* in preparazione e nell'introduzione (con Anne Grondeux) all'edizione delle *Notae Dunelmenses*, in preparazione. Rosier-Catach individua due tipi fondamentali di teorie della *collectio*: quella (che chiama *C1*) in cui la collezione è intesa come un tutto integrale e si compone e predica di tutte le parti prese insieme (una posizione in cui la *collectio* ha una forma di unità reale), e quella (*C2*) in cui la collezione si predica *per partes* di ciascuna delle sue parti costitutive (una posizione che sembra presupporre un'ontologia particolarista, in cui solo gli individui esistono realmente, e non le collezioni di individui, anche se queste hanno un'unità per convenzione); sottolinea inoltre l'importanza di distinguere tra *collectio rerum* e *collectio vocum*. L'intero dossier collega la discussione dei nomi collettivi nelle *Institutiones* di Prisciano, la discussione della categoria di quantità nelle *Categoriae* di Aristotele, e la trattazione della relazione tutto/parti del *De divisione* di Boezio. Per la discussione sul *numerus* come genere, si veda anche il dossier di testi raccolti in A. GRONDEUX, «Sainteté et grammaire: figures d'une mésentente. Gosvin d'Anchin, Bernard d'Anchin et les *Notae Dunelmenses*», in M. GOULLET (éd.), Parva pro magnis munera. *Études de littérature tardo-antique et médiévale offertes à François Dolbeau par ses élèves*, Brepols, Turnhout 2009, pp. 883-918 (Instrumenta Patristica et Mediaevalia), specialmente pp. 914-918, con le osservazioni delle pp. 904-908.

trattazione che analizza il tempo del verbo (o il tempo delle azioni e passioni significate dal verbo)[36].

La presente ricerca si accosta al dibattito sugli universali nel XII secolo da due prospettive differenti e, direi, inedite. (i) Da un lato, si indaga qui quale posizione sugli universali abbia sostenuto Gualtiero di Mortagne, che fu maestro a Reims e Laon nella prima metà del Millecento e si spense nel 1174 come vescovo di Laon. A questo fine, si raccolgono informazioni sull'opera e l'insegnamento del *magister*, e si indagano le testimonianze che attribuiscono a Gualtiero una teoria sugli universali. Come si vedrà, si tratta in special modo di una testimonianza fornita da Giovanni di Salisbury nel suo *Metalogicon*. In un passo del secondo libro del *Metalogicon*, infatti, il Saresberiense ricorda diverse posizioni del dibattito sugli universali insieme al nome del loro principale sostenitore (e uno di questi è, appunto, Gualtiero), in un contesto che intende criticare l'intero modo in cui la discussione è impostata. (ii) D'altra parte, vengono analizzati commenti all'*Isagoge* di Porfirio e trattati sui generi e le specie databili ai primi decenni del Millecento, ossia testi che partecipavano direttamente alla discussione sugli universali dell'inizio del XII secolo. In questi scritti, le diverse posizioni non sono classificate sulla base dei maestri che le professavano, ma piuttosto sulla base del loro contenuto dottrinale. Prenderemo in esame la trattazione che tali scritti riservano alle posizioni *realiste* e, in modo particolare, a una teoria per la quale propongo la denominazione di 'teoria dell'*individuum*'. Secondo la prima prospettiva, dunque, si indaga la teoria sugli universali di Gualtiero di Mortagne; secondo la seconda, la teoria sugli universali 'dell'*individuum*'. La teoria di Gualtiero e la teoria dell'*individuum* sono, per molti versi, due entità differenti, perché le fonti che le descrivono sono – come si vedrà – differenti. Solo in un terzo momento, e tenendo presenti le differenze evidenziate,

---

[36] *Cf.* GRONDEUX – ROSIER-CATACH, introduzione all'edizione delle *Notae Dunelmenses*, in preparazione. Ad esempio, Rosier-Catach ricorda un'accezione collettiva e vocalista del tempo (inteso come la collezione delle forme verbali di un certo tempo – passato, presente o futuro); esiste anche la discussione (simile a quella che chiede se *numerus* è un genere), che indaga se il tempo sia una *res generalis* e *specialis* e abbia rispettivamente delle specie e degli individui. Qui si legge anche una concezione, che Rosier-Catach giudica simile alla teoria dell'essenza materiale, secondo cui il giorno è una specie di tempo che esiste identica in tutti i giorni-individui. La cosa è ulteriormente complicata dal fatto che gli *individua temporis* sono adiacenti alle cose/azioni che hanno una certa durata temporale.

si suggerirà che esse possano essere identificate: che, in altri termini, la teoria che Giovanni di Salisbury attribuisce a Gualtiero di Mortagne per mostrare la futilità dell'intera discussione sugli universali coincida con quella che si legge, sostenuta o criticata, negli scritti che direttamente partecipano alla disputa sugli universali negli anni 1110-1130*ca*.

I materiali che vengono così percorsi sono di natura diversa. Gualtiero di Mortagne è conosciuto per una produzione principalmente teologica e anche per la sua lunga e varia carriera (probabilmente membro di una nobile famiglia di Tournai, lo ritroviamo studente a Reims, poi maestro a Reims e Laon, e infine vescovo di Laon). I manoscritti gli attribuiscono dieci lettere di argomento principalmente teologico, indirizzate a diversi maestri contemporanei tra cui Ugo di San Vittore e Abelardo, un *De trinitate* e un *De coniugio* che circolò in seguito come settimo libro della *Summa Sententiarum* (una *sententia de caritate* resta invece di attribuzione più incerta). Nessuno di questi scritti sostiene una posizione sugli universali né consente al lettore di ricavarla indirettamente. Solo, come si è detto, il *Metalogicon* di Giovanni di Salisbury menziona brevemente Gualtiero come il principale sostenitore di una teoria sugli universali, la quale viene ricordata anche (questa volta senza che sia ricollegata al nome di alcun maestro) nel *Policraticus* del Saresberiense.

D'altra parte, la teoria dell'*individuum* è rintracciabile in commenti all'*Isagoge* di Porfirio e trattati sulla natura di generi e specie databili alla prima metà del secolo dodicesimo: alcuni di questi scritti sostengono tale teoria, mentre altri la descrivono per criticarla. La teoria dell'*individuum* è criticata nel commento all'*Isagoge* della *Logica 'Ingredientibus'* di Abelardo (MS Milano, Biblioteca Ambrosiana, M 63 sup., ff. 1r-15v); nel commento all'*Isagoge* noto come *Logica 'Nostrorum petitioni sociorum'* (MS Lunel, Bibliothèque municipale, 6, ff. 8r-41r), in passato attribuito direttamente ad Abelardo e oggi ritenuto di scuola abelardiana[37]; infine, nel trattato *'De generibus et speciebus'* (MSS Orléans, Bibliothèque municipale, 266, pp. 154b-163a e Paris, Bibliothèque nationale de France, lat. 13368, ff. 169rb-174rb), collegabile a Joscelin di Soissons. È sostenuta dal trattato *'Quoniam de generali'* del manoscritto Paris, Bibliothèque nationale de France, lat. 17813, ff. 16va-19ra e, con un'adesione dal carattere più ambiguo, dal commento all'*Isagoge* del manoscritto Paris, Bibliothèque nationale de France, lat. 3237 (commento *P17*), ff. 123ra-

---

[37] *Cf. infra*, capitolo 3.

124va e 125ra-130rb[38]. Nonostante le numerose menzioni, si tratta di una delle teorie forse meno conosciute del dibattito sugli universali del Millecento, come dimostra la varietà confusa di denominazioni con cui essa è stata indicata dagli studiosi ('teoria dell'identità', 'teoria della convenienza', 'seconda teoria della *collectio*', 'teoria dello/degli *status*', 'teoria dell'indifferenza') o la scarsità di ricerche che, con l'eccezione di alcuni contributi di Francesco Romano, Roberto Pinzani e Wojciech Wciórka, le sono state dedicate recentemente[39].

La forma di realismo che tale teoria propugna è, in effetti, una posizione «audace»[40] e per molti aspetti paradossale. Si tratta di una posizione *realista*, perché sostiene che l'universale è una *res*, o almeno *anche* una *res*[41]. Anche secondo le fonti contemporanee alla teoria, ciò

---

[38] Per la sigla '*P17*', *cf. infra*, capitolo 3, p. 79 n.1.

[39] *Cf.* F. ROMANO, *Una soluzione originale della questione degli universali nel XII secolo. Gualtiero di Mortagne:* Sullo stato di genere e di specie delle cose universali, Aracne, Roma 2007; R. PINZANI, «Alberto non è diverso da Søren. Una teoria dell'identità parziale nel BN 17813», in F. ROSSI (a cura di), *Cristianesimo teologia filosofia. Studi in onore di Alberto Siclari*, Franco Angeli, Milano 2010, pp. 307-326; W. WCIÓRKA, «Is Socrates a Universal? Walter of Mortagne on Generality», *Medioevo. Rivista di Storia della Filosofia*, 39 (2014) 57-88, edizione inglese rivista di ID., «Czy Sokrates jest powszechnikiem? Teoria uniwersaliów Waltera z Mortagne», *Studia Antyczne i Mediewistyczne*, 7 [42] (2009) 137-158.

[40] WCIÓRKA, «Is Socrates a Universal?», p. 57.

[41] Si intende qui con '*res*' ciò che ha esistenza effettiva, extra-mentale. *Cf.* le relazioni tra *res*, *intellectus*, *vox*, *littera* in Aristoteles, *Liber periermenias*, tr. Boethii, ed. L. MINIO-PALUELLO, Desclée De Brouwer, Bruxelles – Paris 1965 (*AL*, 2, 1-2), p. 5.4-9: «Sunt ergo ea quae sunt in uoce earum quae sunt in anima passionum notae, et ea quae scribuntur eorum quae sunt in uoce. Et quemadmodum nec litterae omnibus eaedem, sic nec eaedem uoces; quorum autem hae primorum notae, eaedem omnibus passiones animae sunt, et quorum hae similitudine, res etiam eaedem»; Boethius, *Commentarii in librum Aristotelis PERI ERMHNEIAS editio prima*, I, 1, ed. C. MEISER, Teubner, Leipzig 1877, p. 37.5-14: «tria sunt ex quibus omnis conlocutio disputatioque perficitur: res, intellectus, uoces. res sunt quas animi ratione percipimus intellectuque discernimus, intellectus uero quibus res ipsas addiscimus, uoces quibus id quod intellectu capimus significamus. praeter haec autem tria est aliud quiddam quod significat uoces, hae sunt litterae, harum enim scriptio uocum significatio est. cum igitur haec sint quattuor: res, intellectus, uox, littera, rem concipit intellectus, intellectum uero uoces designant, ipsas uero uoces litterae significant» (con i commenti di E. LORENZETTI, «Parole, concetti, cose: alcune teorie semantiche tra Severino Boezio e Pietro Abelardo», in M. LENZI – C. MUSATTI – L. VALENTE [a cura di], *Medioevo e filosofia. Per Alfonso Maierù*, Viella, Roma 2013, pp. 55-86); e la serie *verbum, dicibile, dictio, res* di Augustinus, *De*

consente di classificarla e distinguerla da altre posizioni sugli universali (secondo le quali, per esempio, l'universalità appartiene alle *voces* o agli *intellectus*). Nel *Metalogicon* di Giovanni di Salisbury, la teoria di Gualtiero è presentata come una delle tesi «di coloro che stanno attaccati alle cose» (*eorum qui rebus inhaerent*)⁴². Nella *Logica 'Ingredientibus'* di Abelardo, è elencata tra le posizioni secondo cui gli universali sono non solo suoni o espressioni (*voces*), ma anche cose (*res*): un gruppo di soluzioni che l'autore contrappone a quelle secondo cui gli universali sono *voces* soltanto. Nella *Logica 'Nostrorum petitioni sociorum'*, la teoria compare tra quelle secondo cui gli universali sono *res*: le altre opzioni sono che gli universali siano *intellectus* («concetti») o che siano *sermones* («parole»). Infine, nel commento all'*Isagoge* del ms. Paris, BnF, lat. 3237 (*P17*) la teoria dell'*individuum* è trattata come una delle posizioni secondo cui gli universali sono principalmente *res* e secondariamente *voces*⁴³. La teoria dell'*individuum* può dunque essere definita realista⁴⁴. In particolare,

dialectica, v, ed. J. PINBORG, Reidel, Dordrecht – Boston 1975, pp. 86-90. Si noti inoltre che esiste una tradizione grammaticale, dipendente da Donato, in cui '*res*' ha il significato di "cosa incorporea" e di "cosa pensata" (e non di "cosa materiale"), e che il termine '*res*' è a volte contato tra i nomi trascendentali (nomi che hanno la proprietà di poter essere detti di tutto, ossia che possono essere predicati di *items* di ciascuna categoria), insieme a '*ens*', '*unum*', '*aliquid*' (tra gli altri casi, è menzionato come trascendentale nella *Dialectica* di Garlando, ma anche nella *Logica 'Ingredientibus'* di Abelardo): *cf.* su questo A. GRONDEUX, «*Res* Meaning a Thing Thought: The Influence of the *Ars donati*», *Vivarium*, 45 (2007) 189-202; L. VALENTE, «Names That Can Be Said of Everything: Porphyrian Tradition and 'Transcendental' Terms in Twelfth-Century Logic», *ibi*, pp. 298-310; si veda inoltre J. HAMESSE, «*Res* chez les auteurs philosophiques des 12ᵉ et 13ᵉ siècles ou le passage de la neutralité à la spécificité», in M. FATTORI – M. L. BIANCHI (a cura di), *Res, III Colloquio Internazionale del Lessico Intellettuale Europeo (Roma, 7-9 Gennaio 1990)*, Edizioni dell'Ateneo, Roma 1982, pp. 91-104; J. JOLIVET, «Notes de lexicographie abélardienne», in *Pierre Abélard. Pierre le Vénérable. Les courants philosophiques, littéraires et artistiques en Occident au milieu du XIIᵉ siècle. Abbaye de Cluny, 2-9 Juillet 1972*, CNRS, Paris 1975, pp. 531-543 (in particolare pp. 534-538, su '*res*'); P. KING, *Peter Abailard and the Problem of Universals*, 2 voll., Ph.D. dissertation, Princeton University 1982, I, pp. 180-181; ERISMANN, *L'Homme commun*, pp. 85-89.

⁴² *Met*. II, 17, ed. HALL, Brepols, Turnhout 1991 (*CCM*, 98), p. 81.37; *cf. infra*, capitolo 2.

⁴³ *LI* pp. 9.12-16.22; *LNPS* pp. 512.19-522.13; *P17* in ms. Paris, BnF, lat. 3237, ff. 123rb-124rb e 125va-126ra; *cf. infra*, capitolo 3.

⁴⁴ La mia definizione si basa dunque sulla classificazione della teoria all'interno dei testi, a essa contemporanei, che la sostengono o criticano; *cf.* KING, *Peter Abailard*,

sembra si possa adottare la definizione di realismo proposta da Christophe Erismann, secondo la quale sono realiste quelle teorie sugli universali «secondo cui l'universalità è un modo d'essere delle cose e non una proprietà dei termini del linguaggio»[45].

È però una forma singolare di realismo, perché afferma che l'universale è sì una cosa: la cosa individuale. In questo modo, la teoria dell'*individuum* abbraccia la tesi generalmente considerata *anti-realista*, secondo cui tutto ciò che esiste è individuale. Il cuore della teoria dell'*individuum* è dunque l'affermazione paradossale che l'universale è l'individuo[46]. La

---

I, pp. 179-181, per considerazioni sul realismo di questa teoria. Di diverso avviso Roberto Pinzani, che non la ritiene una teoria realista: «Non mi sentirei di derivare da questo *[ossia dal fatto che l'universale, se vuole essere qualcosa, deve coincidere con l'individuo stesso, secondo la teoria di Gualtiero]* - come fa Dijs in *op.cit.* [J. Dijs, «Two Anonymous 12*th*-Century Tracts on Universals», Vivarium, 28 (1990) 93-113] 87-88, che l'autore crede negli universali *in re*. Il punto di vista di Dijs è che basti una (ri)definizione del concetto di universale per giustificare la credenza negli universali. Si può capire e condividere quanto dice questo autore, per esempio Abelardo è un filosofo che la pensa nello stesso modo; la mia perplessità è dovuta al fatto che per universale solitamente s'intende un qualcosa (proprietà o altro) comune a più particolari, laddove gli universali di Gualtiero sono *per definizione* gli stessi enti particolari. Sono invece del tutto d'accordo nel ritenere che l'attribuzione di etichette come "realismo moderato" o "irrealismo" sia del tutto arbitraria» (Pinzani, «Alberto non è diverso da Søren», p. 310 n. 8; *cf.* anche Id., «Giovanni di Salisbury sugli universali», *Documenti e studi sulla tradizione filosofica medievale*, 25 [2014] 463-491, specialmente p. 469).

[45] Ch. Erismann, «Realism», in H. Lagerlund (ed.), *Encyclopedia of Medieval Philosophy. Philosophy Between 500 and 1500*, Springer, Dordrecht – Heidelberg – London – New York 2011, pp. 1108-1112, in particolare p. 1109: «The question can be formulated in the following terms: is universality a mode of being or is it only a property of language? The realist holds that it is a mode of being; however, this is about the only thesis we can attribute to all realists, as there are a number of different realist theories that cannot be reduced to each other». Erismann insiste sulla polisemia del termine 'realismo' (realismo *vs* idealismo; realismo della percezione; realismo morale, *etc.*). *Cf.* anche Erismann, *L'Homme commun*, pp. 33-37; de Libera, *La querelle*, pp. 20-24.

[46] I termini 'individuale', 'particolare' e 'singolare' vengono qui usati come sinonimi. Tale scelta è dovuta al fatto che nei testi presi qui in considerazione si riscontra un uso sinonimico; *cf.* ad esempio *LI* p. 9.20: «singulare quidem, id est indiuiduum»; *LI* p. 16.24-25: «particulares, scilicet singulares»; *LNPS* p. 512.12: «singulare, idest particulare siue indiuiduum»; '*De generibus et speciebus*', ms. Orléans, Bibliothèque Municipale, 266, p. 154b: «singularia indiuidua esse species et genera» (King § 32); *cf.* J. Marenbon, *The Philosophy of Peter Abelard*, Cambridge University Press, Cambridge 1997, pp. 102-103 n. 6. Il più importante studio a questo proposito è quello di J. J.

teoria non sostiene soltanto che l'universale sia *in atto nell'*individuo (senza che l'universale sia identico con l'individuo); o che sia universale quell'essenza che è anche individuale (dove l'essenza resta in qualche modo neutra rispetto a universalità e individualità). La teoria sembra aver voluto sostenere invece, più radicalmente, che l'universale è l'individuo stesso. In altre parole, intende sostenere che Socrate è individuo, ma anche

E. GRACIA, *Introduction to the Problem of Individuation in the Early Middle Ages*, 2nd edition, Philosophia Verlag, München – Wien 1988. Dopo un capitolo iniziale dedicato alla terminologia dell'individuazione e ai diversi aspetti che compongono il problema (intensione ed estensione dell'individualità; status ontologico dell'individualità; principio di individuazione; principio di discernibilità degli individui; funzione di nomi propri e indessicali), Gracia analizza la trattazione della questione nell'*Isagoge* di Porfirio da un lato e nei testi di Boezio (commenti all'*Isagoge*, alle *Categoriae* e al *De interpretatione*; *De trinitate*) dall'altro. Boezio è all'origine di due tradizioni: una, che prende avvio dal suo *De trinitate*, sostiene la "Standard Theory of Individuality" (ossia una teoria dell'individualità che include il principio di individuazione per accidenti) ed è rappresentata da Eriugena, Odone di Tournai (si legga 'Odo of Tournai' invece che 'Odo of Tours' in tutto il volume), Teodorico di Chartres e Gilberto di Poitiers; l'altra, che dipende dai commenti logici di Boezio, è rappresentata invece da Abelardo e Giovanni di Salisbury. Sui tre termini 'individuale', 'singolare' e 'particolare' scrive GRACIA, *Introduction*, pp. 25-26: «Also in use are the terms 'singularity' and 'particularity'. The extension of these and that of 'individuality' are usually taken to be the same, but conceptually the terms can be distinguished. For particularity has to do with an individual's "participation in" or "partaking of" a universal. In this sense the individual is considered as being a part of something else, or as partaking of it. Thus a man, for example, is particular (*particularis*) in that it participates in man, which itself is not particular. The case with singularity is similar. An individual is called singular (*singularis*) or is said to have singularity because it is not many ('plural' or 'multiple' are also used). A singular tree, unlike the species tree, is not a plurality or collection but a "single" tree»; *cf.* anche *ibi*, pp. 197 e 243 n. 8. Come è noto, la cosa sta diversamente nelle opere di Odone di Tournai e di Gilberto di Poitiers, per i quali 'singolare' e 'individuale' non sono sinonimi: si veda, per Odone, *ibi*, pp. 135-141 e ERISMANN, «Singularitas» (singolare è ciò che si può discernere grazie a una certa proprietà: comprende sia l'individuo che l'universale); per Gilberto, *cf.* K. JACOBI, «Einzelnes – Individuum – Person. Gilbert von Poitiers' Philosophie des Individuellen», in J. A. AERTSEN – A. SPEER (hrsg.), *Individuum und Individualität im Mittelalter*, Gruyter, Berlin – New York 1996, pp. 3-21 (sono individui solo alcuni dei singolari) e quanto ricordato *infra*, capitolo 7, pp. 333-342. A quanto si legge in *Introduction to the Problem of Individuation* si può inoltre aggiungere J. J. E. GRACIA (ed.), *Individuation in Scholasticism. The Later Middle Ages and the Counter-Reformation 1150-1650*, State University of New York Press, Albany 1994, e anche ERISMANN, «Proprietatum collectio», che completa la trattazione di *Introduction to the Problem of Individuation* considerando il caso di Anselmo di Canterbury.

specie ultima, genere intermedio, genere generalissimo. Ciò comporta che predicati opposti (come 'non si predica di molti', in quanto individuo, e 'si predica di molti', in quanto universale) siano predicati della stessa e identica cosa. La teoria svilupperà dunque una strategia per rendere conto dell'attribuzione, alla stessa cosa, di caratteristiche contraddittorie. Come vedremo, l'aspetto centrale di tale strategia sarà la moltiplicazione di *status* diversi dell'individuo (e dei predicati che secondo la teoria sono detti con verità dell'individuo) per rendere conto delle caratteristiche contraddittorie da attribuirgli.

Ci si può domandare perché una forma tanto paradossale e controintuitiva di realismo fu proposta. Una prima risposta potrebbe argomentare che, nel dibattito dei primi decenni del Millecento, posizioni controintuitive e difficili da sostenere sembrano a volte venire predilette proprio per la loro implausibilità, che richiede virtuosismo nell'argomentazione. Più in generale, si tratta di una teoria realista che sembra essere emersa per difendere il terreno realista dalle critiche mosse a una precedente forma di realismo, la teoria dell'essenza materiale (come si è visto, a sua volta erede della tradizione del realismo ontologico altomedievale). Secondo l'interpretazione che qui viene proposta, la teoria dell'*individuum* fa propria la critica alla teoria dell'essenza materiale. Anzi, la nostra teoria sembra essersi servita di strategie non-realiste, e in particolare strategie rinvenibili anche nelle opere di Pietro Abelardo, per difendere la sua posizione.

Poiché in tutte le fonti che descrivono la teoria dell'*individuum* essa si contrappone alla precedente teoria dell'essenza materiale, potremmo chiamare questa più recente posizione un "secondo realismo" del XII secolo, a sottolineare la natura derivata di tale posizione, emersa dal contrasto con una precedente forma di realismo. Ciò non significa che altre forme di realismo non possano anch'esse essere nate dalla critica alla teoria dell'essenza materiale, e non intende suggerire un ordine cronologico tra di esse. Ad esempio, la teoria della *collectio*, o almeno una sua versione che viene descritta da Abelardo nella *Logica 'Ingredientibus'*, condivide con la teoria dell'*individuum* un punto di partenza in opposizione alla teoria dell'essenza materiale, consistente in due principi (il principio di distinzione personale e il principio di non-differenza)[47]. Anch'essa potrebbe forse essere qualificata come un "secondo realismo" del XII secolo[48].

---

[47] *Cf. infra*, capitoli 3 e 4, pp. 88, 131-138.
[48] Ringrazio Irène Rosier-Catach per discussioni su questo punto.

Come già accennato, nel corso della nostra indagine cercheremo di tenere distinti elementi che provengono da fonti distinte. In altre parole, si terrà conto in prima battuta di fonti tra loro omogenee (le testimonianze su Gualtiero di Mortagne da un lato; i testi che direttamente partecipano al dibattito sugli universali dall'altro); solo secondariamente si confronteranno i risultati ottenuti in un campo con quelli ottenuti nell'altro. La ricerca si regge così su una struttura di tipo chiastico, risultante dall'intreccio di due componenti: un maestro in cerca di una teoria (Gualtiero di Mortagne, e la sua teoria sugli universali); una teoria in cerca di un maestro (la teoria dell'*individuum*, e il maestro che l'ha sostenuta)[49]. Più in dettaglio, il lavoro si compone di tre parti.

La prima parte, suddivisa in due capitoli, segue la prima componente del chiasmo: Gualtiero di Mortagne e la sua teoria sugli universali. Il capitolo 1 ripercorre gli elementi della biografia del maestro, soffermandosi in particolare sulle informazioni concernenti il suo insegnamento, e presenta inoltre le opere che gli sono attribuite dai manoscritti o dagli studiosi moderni. Il capitolo 2, invece, analizza la testimonianza di Giovanni di Salisbury sulla teoria di Gualtiero in *Metalogicon* II, 17, confrontandola con altri passi dove il Saresberiense cita la stessa teoria.

La seconda parte analizza la teoria dell'*individuum* nel quadro delle teorie realiste assieme alle quali essa viene presentata nel dibattito sugli universali della prima metà del dodicesimo secolo. La teoria, come si è visto, è identificabile in cinque fonti (i commenti della *Logica 'Ingredientibus'*, *Logica 'Nostrorum petitioni sociorum'*, e il commento inedito all'*Isagoge* classificato da John Marenbon con la sigla *P17*; i trattati sugli universali *'De generibus et speciebus'* e *'Quoniam de generali'*). Tali fonti sono descritte in dettaglio nel capitolo 3, con particolare attenzione per la struttura delle trattazioni del realismo in ciascuna di esse. Si tiene conto anche della distinzione tra testi che criticano la teoria (*LI*, *LNPS*, *GS*) e testi che invece la sostengono (*QG*, *P17*). Tutte queste fonti si caratterizzano per la presenza, nel testo, di due elementi ben distinti: descrizione della teoria in questione; critica della teoria stessa, affidata una serie di argomenti, che spesso includono anche contro-obiezioni all'argomento e risposte alle contro-obiezioni (nel caso in cui la teoria sia sostenuta positivamente dal testo, gli argomenti di critica sono comunque presenti ma sono seguiti da risposte,

---

[49] Devo l'idea a una discussione con Julie Brumberg, cui esprimo la mia gratitudine.

le quali non vengono confutate). Il capitolo 4 presenta le descrizioni della teoria dell'*individuum* nei cinque testi in esame (e presenta anche alcuni elementi della teoria dell'essenza materiale, cui la teoria dell'*individuum* è contrapposta in tutte le fonti). Nel capitolo 5, invece, viene analizzato ciascuno degli argomenti contro la teoria dell'*individuum* che ognuno dei cinque testi presenta dopo la parte descrittiva. Il catalogo conta, in totale, 37 argomenti contro la teoria dell'*individuum*[50].

La terza e ultima parte congiunge i due elementi (la teoria del maestro Gualtiero e la teoria dell'*individuum*) che sono stati considerati nelle due parti precedenti, e si compone di due capitoli. Il capitolo 6 riprende le informazioni sulla teoria dell'*individuum*/ di Gualtiero, a partire sia dalla testimonianza di Giovanni di Salisbury sia dall'analisi delle fonti logiche intrapresa nella seconda parte: esso contiene anche una discussione del nome della teoria, confrontato con le denominazioni proposte in precedenza; lo studio di interpretazioni recenti di alcuni elementi della teoria; e un'indagine degli elementi abelardiani che vi si possono individuare. Il capitolo 7, invece, indaga il rapporto tra la teoria dell'*individuum* e alcuni maestri del XII secolo, prendendo in considerazione non solo Gualtiero di Mortagne, ma anche altri autori con le cui dottrine la teoria è stata collegata o confrontata già in passato, in particolare Guglielmo di Champeaux, Adelardo di Bath e Gilberto di Poitiers[51].

---

[50] *Cf. supra*.

[51] Termini latini vengono citati secondo la grafia classica quando usati in modo generale (così ad esempio '*individuum*' nel titolo) o in citazioni da testi moderni. Per citazioni da edizioni di testi medievali o trascrizioni dal manoscritto adotto invece la grafia medievale nell'evitare le *v* minuscole, mentre per i dittonghi seguo la scelta dell'editore e/o le caratteristiche del manoscritto in questione.

Parte Prima

1. GUALTIERO DI MORTAGNE, *MAGISTER* E VESCOVO

Il presente capitolo si propone di ricostruire alcuni tratti del profilo biografico e intellettuale di Gualtiero di Mortagne e si compone di due paragrafi. Il primo raccoglie informazioni sulla vita di Gualtiero, con particolare attenzione per le notizie relative alla sua carriera di *magister*; il secondo ripercorre gli scritti di questo maestro e vescovo, nonché testimonianze indirette sulle dottrine da lui sostenute.

1.1. Cenni biografici

Già a partire dal Seicento, notizie concernenti la vita di Gualtiero di Mortagne sono state raccolte in sedi molteplici[1]. Questi era interessante

---

[1] Tra le ricostruzioni più antiche, si segnalano: *Gallia Christiana* [...]. *Opus Fratrum Gemellorum Scaevolae et Ludovici Sammarthanorum*, II, Guignard, Paris 1656, f. 622r; C.-E. DU BOULAY, *Historia Universitatis Parisiensis*, II, Noel, Paris 1665, pp. 69-77 e 739-740 (ma *cf.* anche pp. 64-65, dove si legge la lettera di Gualtiero a Ugo di S. Vittore, attribuita da César-Egasse du Boulay, che segue su questo Hugues Mathoud, a un *Guillemus de Mauritania*); L. E. DUPIN, *Nouvelle Bibliothèque des auteurs ecclésiastiques*, IX, Pralard, Paris 1697, pp. 184-185; C. OUDIN, *Commentarius de scriptoribus ecclesiae antiquae* [...], II, Weidmann, Leipzig 1722, coll. 1199-1201; W. CAVE, *Scriptorum Ecclesiasticorum Historia Literaria, A Christo Nato usque ad Saeculum XIV Facili Methodo digesta* [...], II, Sheldon, Oxford 1743, p. 217; *Gallia Christiana, in provincias ecclesiasticas distributa* [...], opera et studio Monachorum Congregationis S. Mauri Ordinis S. Benedicti, IX, Ex Typographia Regia, Paris 1751, pp. 533-534; J. A. FABRICIUS, *Bibliotheca Latina Mediae et Infimae Aetatis*, III, Baracchi, Firenze 1758, p. 110; R. CEILLIER, *Histoire générale des auteurs sacrés et ecclésiastiques*, XXIII, Pierres-Butard, Paris 1763, pp. 202-206; *Histoire littéraire de la France. Ouvrage commencé par des religieux bénédictins de la Congrégation de Saint-Maur et continué par une Commission prise dans la Classe d'Histoire et de Littérature ancienne de l'Institut*, 13. *Suite du douzième siècle*, Didot, Paris 1814 (nouvelle édition conforme à la précédente: Palmé, Paris 1869), pp. 511-515; Th. LEBRETON, *Biographie normande. Recueil de notices biographiques et bibliographiques sur les personnages célèbres nés en Normandie et sur ceux qui se sont seulement distingués par leurs actions ou par leurs écrits*, II, Le Brument, Rouen 1858, p. 106; A. WAUTERS, *Table chronologique des chartes et diplômes imprimés concernant l'histoire de la Belgique*, II, Hayez, Bruxelles 1868, pp. 239, 392, 402, 412, 530-531, 551; *Biographie nationale publiée par l'Académie Royale des Sciences, des Lettres et des Beaux-Arts de Belgique*, VII, Bruylant, Brussell

agli occhi degli studiosi sia in quanto vescovo della città di Laon (1155-1174) sia a motivo dei suoi scritti, che proprio allora cominciavano a essere pubblicati da Hugues Mathoud e Luc d'Achery[2]. Dalla fine dell'Ottocento, poi, la biografia di Gualtiero è stata oggetto di analisi più dettagliate. Sebbene motivate, in genere, dall'interesse per un aspetto particolare della vita del nostro autore, esse fornivano spesso una ricostruzione più ampia delle sue vicende biografiche: si devono ricordare a questo proposito gli studi di Charles-Joseph Voisin (che mostra particolare attenzione per i legami di Gualtiero con la città di Tournai), Ludwig Ott (nell'ambito di uno studio della letteratura teologica epistolare), François Petit (che si concentra sui rapporti con l'ordine dei Premostratensi), Suzanne Martinet (interessata soprattutto ai legami con la città di Laon), Jacques Pycke (all'interno di uno studio sui canonici di Tournai) e, più recentemente, Iliana Kasarska (che ha analizzato il ruolo di Gualtiero, vescovo di Laon, nella committenza della cattedrale della città) e Cédric Giraud (all'interno di un'indagine dedicata ad Anselmo di Laon e alla sua scuola)[3].

1883, pp. 509-511. Più recenti, e che riservano particolare attenzione per il pensiero di Gualtiero e il suo ruolo nella storia della filosofia e della teologia, sono: HAURÉAU, *Histoire de la philosophie scolastique*, I, pp. 341, 345-346; P. FERET, *La faculté de théologie de Paris et ses docteurs les plus célèbres. Moyen Âge*, I, Picard, Paris 1894, pp. 94-99; H. HURTER, *Nomenclator literarius theologiae catholicae*, II, Burt Franklin, New York [senza indicazione di data; ed. or. Innsbruck 1906], p. 177 nr. 99; M. DE WULF, *Histoire de la philosophie en Belgique*, Dewit – Alcan, Bruxelles – Paris 1910, pp. 34-36; M. CHOSSAT, *La Somme des Sentences. Œuvre de Hugues de Mortagne vers 1155*, Spicilegium Sacrum Lovaniense – Champion, Louvain – Paris 1923, pp. 78-89; B. GEYER, *Friedrich Ueberwegs Grundriss der Geschichte der Philosophie*, II. *Die patristische und scholastische Philosophie*, Mittler & Sohn, Berlin 1928, pp. 211, 704; J. DE GHELLINCK, *L'essor de la littérature latine au XII*[e] *siècle*, 2ª ed., Desclée De Brouwer, Bruxelles – Bruges – Paris 1954.

[2] Per la storia della pubblicazione a stampa delle opere di Gualtiero, *cf. infra*.

[3] *Cf.* [Ch.-J. VOISIN], «Notice sur Walter de Mortagne, évêque de Laon», *Bulletins de la Société historique et littéraire de Tournai*, 14 (1870) 272-284; L. OTT, *Untersuchungen zur theologischen Briefliteratur der Frühscholastik*, Aschendorff, Münster 1937, pp. 126-138 (*BGPTM*, 34); F. PETIT, «Professions canoniales d'évêques au XIIe siècle», *Analecta Praemonstratensia*, 37 (1961) 232-242 (in particolare pp. 235-236); ID., «Gauthier de Mortagne», *Analecta Praemonstratensia*, 50 (1974) 158-170; ID., «Gauthier de Mortagne», in *Dictionnaire d'Histoire et Géographie Ecclésiastiques*, XX, Letouzey et Ané, Paris 1984, coll. 100-102; S. MARTINET, «Un Evêque bâtisseur: Gautier de Mortagne», *Mémoires de la Fédération des Sociétés d'histoire et d'archéologie de l'Aisne*, 8 (1961-1962) 81-92 (ripubblicato anche in

1. GUALTIERO DI MORTAGNE, *MAGISTER* E VESCOVO

Tra le ricerche citate, merita una menzione speciale quella di Ludwig Ott: pur datata al 1937, essa resta lo studio d'insieme più importante sulla vita di Gualtiero sia per la completezza che per l'accuratezza con cui lo studioso ha indicato le proprie fonti. Negli ultimi anni, i pregevoli contributi di Iliana Kasarska e di Cédric Giraud hanno fatto luce su alcuni aspetti del legame tra Gualtiero e la città di Laon. Una ricostruzione più accurata della biografia di Gualtiero, però, dovrebbe comportare lo studio di tutti i documenti originali disponibili, e soprattutto degli atti relativi al suo episcopato, la cui conoscenza è ancora piuttosto confusa e frammentaria[4]. A questo proposito, non ci si può che rammaricare del fatto che l'eccellente indagine di Annie Dufour-Malbezin sugli atti dei vescovi di Laon, con pubblicazione dei relativi documenti, si interrompa all'anno 1151 e non prenda dunque in esame l'episcopato del nostro, iniziato nel 1155[5].

I centri fondamentali della vita dell'autore, secondo le fonti a nostra disposizione, sono Tournai, Reims e Laon. Tournai sembra essere soprattutto il luogo dell'infanzia e della giovinezza di Gualtiero. Si possono collegare a Tournai anche Mortagne e Antoing, situate a poca distanza dalla prima: Mortagne (oggi Château-l'Abbaye) è il centro da dove Gualtiero

---

EAD., *Montloon, reflet fidèle de la montagne et des environs de Laon de 1100 à 1300*, Courrier de l'Aisne, Laon 1972); J. PYCKE, *Répertoire biographique des chanoines de Notre-Dame de Tournai, 1080-1300*, Collège Érasme – Éditions Neuwelaerts, Louvain-la-Neuve – Bruxelles 1988, pp. 201-202; I. KASARSKA, *La sculpture de la façade de la cathédrale de Laon. Eschatologie et humanisme*, Picard, Paris 2008, pp. 28-29 e *passim*; C. GIRAUD, *Per verba magistri. Anselme de Laon et son école au XIIe siècle*, Brepols, Turnhout 2010, pp. 424-430. Gli articoli di François Petit e Suzanne Martinet purtroppo contengono più di una informazione erronea o non documentata.

[4] *Cf.* OTT, *Untersuchungen*, pp. 132-138; VOISIN, «Notice», p. 276. Si veda in particolare il ms. Laon, Bibliothèque municipale, 341, p. 168, che contiene l'obituario di Gualtiero (e non ms. 344, come segnalato da Martinet, «Un Evêque», p. 81).

[5] *Cf.* A. DUFOUR-MALBEZIN, *Actes des évêques de Laon des origines à 1151*, CNRS, Paris 2001. Gualtiero è citato in questo volume per la controversia che lo contrappose a Barthélémy di Jur, vescovo di Laon dal 1113 al 1151, in seguito ritiratosi nell'abbazia cistercense di Foigny. Barthélémy è ancora vivente quando sale al seggio vescovile Gualtiero, che lo accusa di cattiva gestione dei beni episcopali in favore dei Premostratensi; la questione vede l'intervento del papa Adriano IV e del re di Francia Luigi VI: *cf. ibi*, pp. 18-20 e PETIT, «Gauthier de Mortagne»; per i documenti, *cf.* J. LE PAIGE, *Bibliotheca Praemonstratensis Ordinis omnibus religiosis, praesertim vero sancti Augustini Regulam profitentibus, utilis maximeque necessaria*, [senza indicazione dell'editore], Paris 1633, pp. 430-435 e Th. GOUSSET, *Les actes de la province ecclésiastique de Reims*, II, Jacquet, Reims 1843, pp. 291-292.

è originario[6] e da dove senz'altro proveniva la sua famiglia (la casa di Mortagne, appunto), la quale con Everardo I negli ultimi decenni dell'XI secolo aveva esteso il proprio controllo, oltre che al borgo di Mortagne, anche a Tournai[7]; ad Antoing, invece, Gualtiero possedeva un canonicato, probabilmente negli anni cinquanta del XII secolo[8]. Il legame tra Gualtiero e Reims, d'altra parte, ci è noto grazie alla testimonianza della *Vita Hugonis Marchianensis*, che analizzeremo tra poco. Essa descrive un Gualtiero che, giunto a Reims a capo di un gruppo di studenti proveniente da Tournai ed egli stesso alunno alla scuola di Alberico, riparte dalla città (anzi, ne

---

[6] Nelle fonti Gualtiero è chiamato *Mauritanensis* o *de Mauritania*. Nell'epistola dedicatoria del *De sapientia animae Christi*, Ugo di San Vittore si rivolge a Gualtiero chiamandolo «de Mauritania flaua»: *cf.* OTT, *Untersuchungen*, pp. 127 n. 3, e 353-354 per l'edizione della lettera.

[7] Secondo l'*Histoire de la ville et cité de Tournai* di Joseph Alexis Poutrain, pubblicata nel 1750, si può ricavare «da varie fonti» che il nostro Gualtiero sarebbe stato uno dei figli del castellano omonimo, figlio di Everardo I: queste fonti, però, non vengono menzionate; *cf.* [J.-A. POUTRAIN], *Histoire de la ville et cité de Tournai, capitale des Nerviens et premier siège de la monarchie françoise* [...], 2 voll., Moetjens, La Haye 1750, II, p. 607. Ernest Warlop, in *The Flemish Nobility Before 1300*, collega senz'altro il nostro Gualtiero alla famiglia di Gualtiero castellano, ma lo segnala solo in maniera dubitativa tra i figli di quest'ultimo: *cf.* E. WARLOP, *The Flemish Nobility Before 1300*, 2 voll., Desmet-Huysman, Kortrijk 1976, II, p. 1159 n. 5 e 11. Su Gualtiero castellano, *cf.* anche A. D'HERBOMEZ, «Histoire des chatelains de Tournai de la maison de Mortagne», 2 voll., *Mémoires de la Société Historique et Littéraire de Tournai*, 24-25 (1895), in particolare 24 (1895), pp. 44-49.

[8] L'informazione che Gualtiero fu canonico di Antoing proviene dai *Gesta abbatum Lobbiensium* (ed. W. ARNDT, in *Monumenta Germaniae Historica, Scriptores*, 21, Impensis Bibliopolii Hahniani, Hannover 1869, pp. 307-333, in particolare p. 331). Gualtiero, definito come «summus quidam inter Franciae magistros, nunc Anthoniensis canonicus postea Laudunensis episcopus», è inviato a Roma presso il papa Eugenio III per difendere gli interessi dei canonici di Antoing contro l'abate di Lobbes, Francus. *Cf. ibi*, pp. 331.44-332.1: «Vnde et clerici Anthonienses anno ordinationis eius secundo in eum insurgunt substituendorum in eadem Anthoniensi ecclesia in 3. prebenda electione, que abbatis arbitrio semper subiacuerat, usurpantes sibi, nec prius ab eis uexatione desistunt, donec appellatione facta, Romani super hoc pontificis adire iudicium decernunt. Quid plura? Itum est et reditum, sed nihil finitum. Nam et abbas et qui contra abbatem ierat Walterus de Mauritanea – est ille summus quidam inter Francie magistros, nunc Anthoniensis canonicus postea Laudunensis episcopus – a papa Eugenio ad Santonem Remorum archiepiscopum sua ipsorum petitione remissi sunt, ut qua maiore posset diligentia rei ueritatem probare faceret et absque preiudicio causam terminaret».

viene cacciato) come un maestro che ha alunni propri. A Laon, infine, che spicca come il centro più importante per la sua carriera, il nostro approdò dopo essersi allontanato da Reims, e qui fu prima decano e infine vescovo della città dal 1155 al 1174. Si noti che questa lista non include Parigi: le affermazioni che Gualtiero insegnò a Parigi si basano, perlomeno allo stato attuale della documentazione, su un fraintendimento[9].

Si deduce dalle fonti che Gualtiero visse una vita molto lunga: l'autore si sarebbe spento in età avanzata, forse più che ottuagenario, nel 1174. Il suo episcopato si colloca dal 1155 al 1174, ma d'altro canto la *Vita Hugonis Marchianensis* descrive Gualtiero in un ruolo di maestro già all'inizio del terzo decennio del XII secolo e sembra suggerire che egli fosse più anziano del protagonista Ugo, nato nel 1102/03; anche gli scritti di Gualtiero indirizzati ad Abelardo e a Ugo di S. Vittore, maestri appartenenti a una

---

[9] Nel secondo volume della *Historia Universitatis Parisiensis* (1665), César-Egasse du Boulay afferma che Gualtiero sarebbe stato uno dei maestri di Giovanni di Salisbury, e in particolare professore di retorica sul monte St. Geneviève dal 1136 al 1148: cf. DU BOULAY, *Historia Universitatis Parisiensis*, II, p. 77: «Haec Gualterus terse, nitide & Latine *[si riferisce alle lettere di Gualtiero, che du Boulay ripubblica a partire dall'edizione d'Achery: cf. su questo infra]*: vnde intelligitur quanto studio Magistri affectarent latine loqui. Reuera haud scio an vllo alio seculo magis, quam isto floruerint Musae Parisienses; idque euidenter agnoscitur ex scriptis Magistrorum eiusdem aetatis, quos Nostri vix hodie assequantur. At hoc habebat supra caeteros Gualterus, quod Rhetoricam diu in monte San-Genouesiano professus fuisset teste Ioanne Saresberiensi: nec dubito quin ad Theologiam deinde se contulerit»; e *ibi*, p. 739 (all'interno di una lista di accademici illustri dell'università): «Gualterus de Mauritania insignis in Monte San-Genouesiano Professor Rhetorices, quem in numero Professorum sui temporis ponit Ioannes Saresberiensis, eorum scilicet a quibus litteris informatus est ab an. 1136 ad an. 1148 ad Philosophiam deinde & ad Theologiam se contulit». L'informazione, che du Boulay attribuisce a Giovanni di Salisbury, sembra derivare da una confusione tra *Metalogicon* II, 10 (dove Giovanni descrive i suoi maestri, anche a Parigi) e II, 17 (dove ricorda Gualtiero, nella lista delle posizioni sugli universali). L'informazione è diffusa nella letteratura secondaria, con variazioni sulle date del presunto insegnamento parigino: invece del periodo 1136-1148 proposto da du Boulay (e ripreso da FERET, *La faculté*, p. 95), si trova anche il periodo che va dal 1126 al 1144 (*cf.* M. DE WULF, *Histoire de la philosophie médiévale*, Alcan, Paris 1900, p. 194; ID., *Histoire de la philosophie en Belgique*, p. 34; J. DE GHELLINCK, *Le mouvement théologique du XIIe siècle*, 2e édition, De Tempel – Édition universelle – Desclée De Brouwer, Bruges – Bruxelles – Paris 1948, p. 182); uno dal 1126 al 1146 (*cf.* DE GHELLINCK, *L'essor*, p. 57); o anche «un court séjour à Paris avec un probable enseignement à Sainte-Geneviève aux alentours de 1120» (KASARSKA, *La sculpture*, p. 28).

generazione che si estingue nel quinto decennio del secolo, fanno pensare che la sua nascita debba essere collocata non più tardi dell'ultimo decennio dell'XI secolo[10].

L'analisi che presentiamo qui si concentra sugli elementi della vita di Gualtiero che risultano di particolare interesse per la storia della filosofia, e si limita dunque a quattro "pennellate", dedicate rispettivamente a: 1) i rapporti di Gualtiero con Tournai; 2) la testimonianza della *Vita Hugonis Marchianensis*; 3) i legami del maestro con la città di Laon e 4) le sue relazioni con altre personalità intellettuali dell'epoca.

1. Mortagne e Tournai. È probabile che Gualtiero abbia ricevuto la sua prima formazione a Tournai (centro di cui la sua famiglia, come si è ricordato, deteneva il controllo e nei pressi del quale, a Mortagne, l'autore sarebbe nato). In una donazione al decano e al capitolo di Tournai nell'anno 1173 l'autore, ormai vescovo di Laon, afferma infatti di «ricordare i benefici della santa chiesa di Tournai, nostra nutrice»[11]. La sua presenza a Tournai con un ruolo che implica già una certa statura culturale (e forse, come si vedrà, anche un compito di maestro) si può dedurre dalla *Vita Hugonis Marchianensis*, mentre un suo canonicato a Tournai è attestato, ma di datazione più incerta[12]. Il legame tra Gualtiero e Tournai è particolarmente interessante se si considera che alla fine dell'XI secolo la scuola di Tournai godeva di grande prestigio, grazie in particolare all'insegnamento di Odone di Tournai (databile agli anni 1092-1105)[13].

---

[10] Così anche OTT, *Untersuchungen*, p. 128. Sembra dunque da anticipare di qualche anno la data suggerita da GIRAUD, *Per verba magistri*, p. 424, che colloca la nascita «vers le début du XIIe siècle».

[11] VOISIN, «Notice», pp. 282-283 (donazione di Gualtiero alla cattedrale di Tournai): «Walterus de Mauritania, Dei gratia Laudunensis episcopus, dilectis dominis et amicis decano et capitulo Tornacensi. Altricis nostrae sanctae Tornacensis ecclesiae beneficia recolentes, damus uobis in perpetuum quotquot habemus in partibus illis seruos et ancillas [...]». Meno decisivo, a mio avviso, il riferimento ai *clericuli* nell'altra carta di donazione alla cattedrale di Tournai (riportata in VOISIN, «Notice», pp. 283-284, in particolare p. 284), che secondo Voisin proverebbe che Gualtiero avrebbe ricoperto il ruolo di *clericulus*, appunto, a Tournai (*ibi*, pp. 272 e 277).

[12] PYCKE, *Répertoire*, p. 201, segnala che oltre al canonicato (decanato) a Laon e ad Antoing, Gualtiero fu anche canonico a Tournai «si l'on croit une note du Grand Répertoire de 1422-1533, qui le dit "olim canonicus Tornacensis" par rapport à un acte de 1173 (Tournai, A.C.T., Registre 42, f. 204v; Cartul. C, f. 24r; Cartul. D, f. 27r)».

[13] Odone, divenuto vescovo di Cambrai nel 1105, muore nel 1113. La sua opera fondamentale è il già citato *De peccato originali* (*PL* 160, coll. 1071 A-1102 D:

2. *La testimonianza della* Vita Hugonis Marchianensis. Alcuni episodi relativi ai primi decenni della vita di Gualtiero possono essere ricostruiti grazie a una fonte di grande interesse, la *Vita Hugonis Marchianensis*[14]. La *Vita* è una cronaca delle vicende biografiche di Ugo, abate di Marchiennes (non lontano da Tournai e Mortagne), nato in una famiglia nobile di Tournai[15]. L'opera fu redatta negli anni immediatamente successivi alla morte dell'abate (avvenuta l'11 giugno 1158) da un autore anonimo, che si

---

sulla tradizione manoscritta, *cf.* ERISMANN, *L'Homme commun*, pp. 331-332 n. 3); *cf.* inoltre Herimannus, *Liber de restauratione monasterii Sancti Martini Tornacensis*, ed. G. WAITZ, *MGH SS* 14, Impensis Bibliopolii Hahniani, Hannover 1883, pp. 274-317 (pp. 274-275). Gli studi più recenti su Odone di Tournai sono quelli di Christophe Erismann (*cf. L'Homme commun*, pp. 331-362; ID., «Singularitas»; ID., «Un peché de nature»), che lo considera uno dei sostenitori del realismo dell'immanenza altomedievale (*cf. supra*, introduzione, pp. XXV-XXVIII). A tali ricerche si può aggiungere: DE WULF, *Histoire de la philosophie en Belgique*, pp. 24-32; T. GREGORY, «La dottrina del peccato originale e il realismo platonico: Oddone di Tournai», *Studi Storici*, 26-27 (1958) 31-51; E. BERTOLA, «Odone di Tournai (o di Cambrai) ed il problema degli universali», *Rivista di Filosofia neoscolastica*, 69 (1977) 20-35; KING, *Peter Abailard*, I, pp. 124-128; GRACIA, *Introduction*, pp. 135-141; I. M. RESNICK, «Odo of Tournai's *De peccato originali* and the Problem of Original Sin», *Medieval Philosophy and Theology*, 1 (1991) 18-38; Odo of Tournai, *On Original Sin and A Disputation with the Jew, Leo, Concerning the Advent of Christ, the Son Of God. Two Theological Treatises*, translated with an introduction and notes by I. M. RESNICK, University of Pennsylvania Press, Philadelphia 1994; G. D'ONOFRIO, «L'"età boeziana" della teologia», in *Storia della Teologia nel Medioevo*, II. *La grande fioritura*, Piemme, Casale Monferrato, 1996, pp. 283-391, specialmente pp. 295-298; I. M. RESNICK, «Odo of Tournai, the Phoenix and the Problem of Universals», *Journal of the History of Philosophy*, 35 (1997) 355-374; P. KING, «Damaged Goods: Human Nature and Original Sin», *Faith and Philosophy*, 24 (2007) 247-267, specialmente pp. 255-259.

[14] L'edizione (con introduzione, traduzione francese e note di commento) si legge in H. PLATELLE – R. GODDING, «Vita Hugonis Marchianensis († 1158). Présentation, édition critique et traduction française», *Analecta Bollandiana*, 111 (1993) 301-384 (ed. alle pp. 312-374) e sostituisce la precedente edizione in E. MARTÈNE – U. DURAND, *Thesaurus novus anecdotorum*, III, Delaulne – Foucault – Clouzier – Nyon – Ganeau – Gosselin, Paris 1717, pp. 1709-1736. *Cf.* inoltre: H. PLATELLE, «La vie d'Hugues de Marchiennes (†1158). Les différentes facettes d'un document hagiographique», *Bulletin de la Classe des Lettres et des Sciences Morales et Politiques*, 6ᵉ série, 3 (1992) 73-97 e I. VAN 'T SPIJKER, «Saints and despair. Twelfth-century hagiography as 'intimate biography'», in A. B. MULDER-BAKKER (ed.), *The Invention of Saintliness*, Routledge, London – New York 2002, pp. 185-205.

[15] *Cf.* PLATELLE – GODDING, «Vita Hugonis Marchianensis», cap. 1, pp. 314-316.

dipinge come un amico intimo di Ugo e sembra ben informato[16]. Gli eventi che coinvolgono Gualtiero di Mortagne sono narrati ai capitoli 2-3 della *Vita* e con tutta probabilità sono da datare al periodo che va dal 1117*ca* al 1122/23*ca*[17].

I primi tre capitoli della *Vita* raccontano gli studi di Ugo, tracciando un itinerario che si snoda da Tournai a Reims a Laon. Il capitolo 1 ritrae un Ugo bambino (*puer*) che, nato a Tournai da famiglia nobile e ricca, qui compie i primi studi, appassionandosi in particolare alle lettere[18]. Al capitolo 2 Ugo,

---

[16] Come suggerisce Henri Platelle (*cf.* PLATELLE – GODDING, «Vita Hugonis Marchianensis», pp. 304-305), si tratta probabilmente di un monaco di Marchiennes. La *Vita* fa pensare che l'autore del testo non abbia assistito personalmente alle vicende narrate ai capitoli 2 e 3, riguardanti il giovane Ugo prima dell'ingresso nella vita monastica: *cf.* al cap. 2 «aiunt qui uiderunt» e al cap. 3 «Testantur multi de hoc, et hi qui de ipsis erant» (*ibi*, pp. 316-318).

[17] Dato l'andamento cronologico della *Vita*, gli eventi narrati ai capitoli 2 e 3 risalgono senz'altro a prima del ritorno a casa di Ugo, della sua conversione e del suo ingresso in monastero, databile in modo convincente all'anno 1122 o 1123; il *terminus post quem*, invece, è dato dal fatto che Ugo, nato nel 1102/1103, è descritto in questi capitoli come un *adulescens*: potrebbe dunque avere circa quindici anni (*cf.* anche PLATELLE – GODDING, «Vita Hugonis Marchianensis», p. 307; si veda anche Isidorus Hispalensis, *Etymologiae*, XI, ii, 4, ed. W. M. LINDSAY, Clarendon Press, Oxford 1911, secondo cui l'*adulescentia* è l'età che va dai 15 ai 28 anni, e Augustinus, *Confessionum libri XIII*, quos post M. Skutella iterum edidit L. VERHEIJEN, Brepols, Turnhout 1981 [*CCL*, 27], II, i, 1; ii, 4; VI, xi, 18; VII, i, 1, alle pp. 18.7-8, 19.39, 86.1, 92.1, con il commento di G. CATAPANO, *Agostino*, Carocci, Roma 2010, pp. 124 e 127: nel racconto di Agostino l'*adulescentia* va dai 15 ai 30 anni). Il periodo che va dal 1117 al 1122/23 si accorda col fatto che Alberico abbia insegnato a Reims dopo la morte di Anselmo di Laon (1117), suo maestro: *cf.* J. R. WILLIAMS, «The Cathedral School of Reims in the Time of Master Alberic, 1118-1136», *Traditio*, 20 (1964) 93-114 (in particolare p. 96). Un neo che persiste nella ricostruzione, però, è il fatto che il capitolo 2 della *Vita* a più riprese designi Alberico come arcidiacono, attribuendogli così un ruolo che questi non ricoprì prima del 1131: *cf. ibi*, pp. 99-100 (Williams è portato a ridimensionare l'entità dell'opposizione tra Gualtiero e Alberico, perché identifica in quest'ultimo il destinatario delle lettere di Gualtiero sul matrimonio: questa identificazione è però stata confutata da Wacław Uruszczak: *cf. infra*).

[18] PLATELLE – GODDING, «Vita Hugonis Marchianensis», cap. 1, p. 314: «Prosapiam uirorum fortium, quoniam cum gratia natura communiter operatur, huic operi satis inditum sit, quod uenerabilis pater Hugo in Tornaco urbe regia bene natus, ibi pueritie sue tempus impleuit, puer bonus et docilis [...]. Sane litteras quam plurimum amabat. Verum quamquam omnem pene, que tunc temporis eius competebat etati, litteraturam percurreret, studiosius tamen inflexit pedem in uia morum».

1. GUALTIERO DI MORTAGNE, *MAGISTER* E VESCOVO

ormai *adulescens*, per proseguire la sua formazione si sposta a Reims con un gruppetto di compagni di Tournai ben selezionati: «si scelse per sé dei compagni che fossero più dei maestri che dei compagni, affidabili per la loro onestà e seri per la loro maturità»[19]. A capo del gruppo che si reca a Reims vi è Gualtiero: «Unitosi ai quali *[scil. i compagni affidabili e seri]*, con il maestro Gualtiero di Mortagne, che ora è vescovo di Laon ed era conosciuto dal ragazzo, andò a Reims». In questo capitolo, Gualtiero sembra già godere di

---

[19] PLATELLE – GODDING, «Vita Hugonis Marchianensis», cap. 2 (riportato nella sua interezza), pp. 316-318: «Deinde *[il soggetto è Hugo]* cum adoleuisset et ei iam adolescenti expedire uideretur terram alienam ad discendum expetere, ne in sua, qua diues erat, fallacia diuitiarum bone spei seminarium suffocaret, quod de illo habebant omnes, ut multis contigit, exiit de terra sua et de cognatione sua, sed non nesciens quo iret et cum quibus. Legerat quippe puer quid nunc obseruare deberet tempore accepto: "Cum uiro innocente innocens eris". Propter hoc elegit sibi socios, qui magis essent magistri quam socii, honestate probabiles, graues maturitate. Quibus ascitis cum magistro Galtero de Mauritania, qui nunc Lauduno episcopatur et erat notus adolescenti, Remis uenit. Feruebat eo temporis et eo loci grandis ardor discendi et ciuitas illa requisita tunc nimis, propter eruditos et erudiendos corde in sapientia, qui multi conuenerant; tam multos, aiunt qui uiderunt, ut clericis cum laicis aliquando altercantibus, clerici ciues multitudine uicissent, nisi mox pace facta inter eos, isti scholas, illi fora repeterent. Magister Albricus eiusdem urbis archidiaconus magistrabat et magna magnorum uirorum apud eum eruditio, nec minor pene districtio discipline, tum pro archidiaconi docentis reuerentia, tum pro archiepiscopi presidentis in urbe quem, ut uere decebat, omnes reuerebantur. Sed ut de illo quod ad rem attinet aliquid inferamus, erat homo in lectione satis diffusus, gratus, facundus, sed non adeo in questionum solutione. Verum ille Mauritanensis unus de suis auditoribus ingenio preuolans, utpote argutus et acutus, ei frequenter opponebat et non respondebat ei uerbum. Quid igitur? Stomachatus magister, hec in dies illo agente, auertit omnino faciem suam ab eo et iam cum illo non loquebatur. Quam ob rem quia hic erat alienigena, ut daret locum ire, ad Sanctum Remigium in eadem urbe se contulit et ibi scholam fecit. Et factum est dum iret, secuti sunt eum multi, tam de illius discipulis quam de suis, qui nouerant eum et uenerant cum eo, cum quibus et uenerabilis adolescens suus compatriota et de condiscipulo ante, modo factus discipulus quemadmodum et illi. Factaque est in breui discentium sub illo docente turba non modica. Nec destitit doctor predictus *[ossia Alberico]*, in hoc non bene seipsum docens, ire liuorem addere, persequens et prohibens eum scholari, utique uolens expellere eum de finibus suis. At ille archidiacono non ualens resistere ut dicere posset: "Principes persecuti sunt me gratis", persecutionem passus in una ciuitate uenit in aliam, cum multo comitatu suorum, inter quos et noster iste, id est Laudunum; coadunatis clericis tam domesticis quam exteris qui sequebantur eum, fecit quod uoluerunt et ibi legit similiter».

un ruolo di *magister* e avere alunni propri[20]: d'altro canto, anch'egli frequenta le scuole di Reims, che l'autore descrive come particolarmente rinomate, e in particolare quella di Alberico[21]. Quest'ultimo è presentato come «fluente, piacevole, eloquente nella spiegazione, ma non altrettanto <valido> nella risposta ai quesiti», tanto che Gualtiero, «quel suo ascoltatore di Mortagne che superava gli altri in ingegno (*ingenio prevolans*), in quanto arguto e acuto, di frequente gli si opponeva». Al protrarsi dello scontro, Alberico toglie la parola a Gualtiero, e questi impianta una scuola concorrenziale a St. Remi nella stessa città di Reims. La scuola gode di successo ed è frequentata da una «folla non piccola», che comprende allievi di Alberico e altri che già erano allievi di Gualtiero (e anche Ugo, «che da compagno di scuola <era> divenuto ora discepolo»). Il capitolo 2 si conclude dipingendo un Alberico che, al colmo dell'ira e del rancore, fa cacciare Gualtiero da Reims; questi, seguito dai suoi discepoli (tra cui Ugo), si trasferisce allora a Laon e lì riprende il suo insegnamento. Nel capitolo 3 si ripercorrono gli studi di Ugo a Laon. Gran parte del capitolo è dedicata a un altro maestro, Roberto, dal quale il futuro abate di Marchiennes sembra prendere lezioni private. Solo alla fine del capitolo l'autore ritorna su Gualtiero (il maestro che Ugo seguì «dalla propria terra in un'altra, e da una città all'altra»), della cui scuola si sottolineano ancora la disciplina e la buona reputazione morale[22].

---

[20] Ciò sembra deducibile sia dall'espressione «cum magistro Galtero de Mauritania» con cui Gualtiero viene introdotto nella *Vita*, sia soprattutto dall'espressione «secuti sunt eum multi, tam de illius discipulis *[ossia di Alberico]* quam de suis, qui nouerant eum et uenerant cum eo», dove *de suis <discipulis>* indica coloro che già erano discepoli di Gualtiero ed erano venuti con lui a Reims. Dalla precisazione «et de condiscipulo ante, modo factus discipulus quemadmodum et illi» si deve invece dedurre che Ugo non era stato un allievo di Gualtiero prima dell'insegnamento di questi a Reims.

[21] Su Reims e la sua scuola, *cf.* WILLIAMS, «The Cathedral School of Reims» e anche ID., «The Cathedral School of Rheims in the Eleventh Century», *Speculum*, 29 (1954) 661-677; C. MEWS, «*Logica* in the Service of Philosophy: William of Champeaux and his Influence», in R. BERNDT (hrsg.), *Schrift, Schreiber, Schenker. Studien zur Abtei Sankt Viktor in Paris und den Viktorinern*, Akademie Verlag, Berlin 2005, pp. 77-117, specialmente p. 92; GIRAUD, *Per verba magistri*, pp. 430-434.

[22] PLATELLE – GODDING, «Vita Hugonis Marchianensis», cap. 3 (riportato nella sua interezza), p. 318: «Erat inter ceteros illic philosophantes uir probus et bonorum morum Robertus, tunc clericus, post monachus de Claraualle et abbas secundus, et in Dunis ante claruerat, nuper autem de medio factus. Hic adolescentem domi docebat et magister extitit ei non communi lectione contento cum ceteris. Et huius grauitas illi nonnihil profuit in etate non graui. Potabat de pectore uiri cum aqua sapientie

Il racconto che la *Vita* ci consegna, in particolare al capitolo 2, può essere confrontato con quello della *Vita prima Gosvini* e dell'*Historia calamitatum* perché tutte e tre queste fonti della prima metà del secolo descrivono la trasformazione di un giovane e brillante studente (spesso già con esperienze di insegnamento) in maestro attraverso l'opposizione violenta a un maestro più affermato: nel caso più noto dell'*Historia calamitatum*, si tratta di Abelardo contro Anselmo di Laon e Guglielmo di Champeaux; nel caso della *Vita prima Gosvini*, di Gosvino d'Anchin contro Abelardo; nel caso della *Vita Hugonis Marchianensis*, infine, protagonista dello scontro è Gualtiero, che come abbiamo visto si oppone ad Alberico di Reims[23].

lac doctrine, cuius et affatus et aspectus ad emulationem uirtutum fiebat discipulo non parum salutaris. Et amabant se inuicem multum ex tunc et deinceps, et denique quomodo in uita sua dilexerunt se, ita et in morte non sunt separati. Precessit ad Christum ille et iste secutus est tempore modico et ordine recto, uidelicet magistrum discipulus. Hec hactenus, ut attendas sub quibus tutoribus et doctoribus actus et alitus est usque ad debitum tempus et reditum suum in propria urbe. Non uacauit otio, non sine socio usquam iuit, qui et pudicos informaret ad mores et impudicas remoueret opiniones. Nec immerito propter hoc prefatum preceptorem suum de terra sua in alienam et de ciuitate in ciuitatem secutus est. In uirga ferrea regebat quos legebat. Testantur multi de hoc, et hi qui de ipsis erant. Consuetudo ei in Gallia, non Gallorum, erat gymnasium habere non male infamatum. Legens sub eo aut honeste omnino se ageret, aut omnino fieret extra scholam. Sed custodia ab homine pro nihilo haberetur, nisi Dominus custodisset adolescentem».

[23] Per l'episodio della *Vita prima Gosvini*, *cf.* la splendida ricostruzione di A. GRONDEUX, «Guillaume de Champeaux, Joscelin de Soissons, Abélard et Gosvin d'Anchin: étude d'un milieu intellectuel», in ROSIER-CATACH (éd.), *Arts du langage et théologie*, pp. 3-43 e anche EAD., «Sainteté et grammaire», pp. 884-899; C. MEWS, «Philosophy, Communities of Learning and Theological Dissent in the Twelfth Century», in D'ONOFRIO (ed.), *The Medieval Paradigm*, I, pp. 309-326, specialmente pp. 320-321; la *Vita* si legge in edizione integrale in *Beati Gosvini Vita celeberrimi Aquicinctensis monasterii abbatis septimi a duobus diversis eiusdem cœnobij Monachis separatim exarata, e veteribus ms. nunc primum edita*, Cura R. P. RICHARDI GIBBONI, Wyon, Douai 1620. Sul più celebre caso dell'opposizione tra Abelardo e Guglielmo di Champeaux e Anselmo di Laon nell'*Historia calamitatum*, *cf.* M. T. CLANCHY, *Abelard. A Mediaeval Life*, Blackwell, Oxford – Cambridge 1997, pp. 65-94; MARENBON, *The Philosophy*, pp. 9-13; C. MEWS, *Abelard and Heloise*, Oxford University Press, Oxford 2005, pp. 28-42. Sulla litigiosità e le dispute nelle scuole di logica dell'epoca, *cf.* anche J. MARENBON, «Life, milieu, and intellectual contexts», in J. BROWER – K. GUILFOY (edd.), *The Cambridge Companion to Abelard*, Cambridge University Press, Cambridge 2004, pp. 13-44, in particolare pp. 21-23.

3. I legami con Laon: la scuola e la cattedrale. A partire dall'arrivo a Laon descritto nella *Vita Hugonis Marchianensis*, la carriera di Gualtiero appare sempre più legata a questa città. Laon, com'è noto, era sede di una scuola importante, fiorita in particolare sotto il *magister* Anselmo; morto questi nel 1117, la scuola aveva continuato la sua attività con il fratello di Anselmo, Raoul, e vi erano inoltre (come già segnalato dalla stessa *Vita*, a proposito di Roberto) altri maestri in città[24]. Un errore da correggere è l'affermazione, che si legge negli *Annales* di Jean Mabillon[25] e da lì in numerose altre ricostruzioni, secondo cui Gualtiero sarebbe stato lo *scholasticus* della scuola di Laon dopo Anselmo e Raoul: come ha sottolineato Cédric Giraud recentemente, l'affermazione non poggia su alcuna base documentaria, anche se dalla *Vita* sappiamo che senz'altro Gualtiero insegnò in questo centro[26]. Ben documentato è inoltre il fatto che egli fu a lungo decano della città[27]; vescovo dal 1155 al 1174[28]; e anche canonico di St. Martin di Laon dell'ordine dei Premostratensi (abbazia

---

[24] Su Anselmo e la sua fama, con particolare attenzione alle raccolte di sentenze di Anselmo, *cf.* GIRAUD, *Per verba magistri*; su Raoul (morto dopo il 1133), *cf. ibi*, pp. 406-423. Si ha notizia anche del maestro Arnulfo di Laon, spentosi prima del 1125: *cf.* H. HANSEN, «*In Voce/In Re* in a Late XIth century commentary on Boethius' Topics», in ROSIER-CATACH (éd.), *Arts du langage et théologie*, pp. 663-676 (in particolare p. 664).

[25] J. MABILLON – E. MARTÈNE, *Annales Ordinis S. Benedicti Occidentalium monachorum Patriarchae. In quibus non modo res monasticae, sed etiam ecclesiasticae historiae non minima pars continetur. Auctore domno Johanne Mabillon [...], absolvit & variis additamentis ad tomos praecedentes exornavit Domnus Edmundus Martene*, VI, Venturini, Lucca 1745, p. 212: «Florebat eodem tempore *[scil. ann. chr. 1133]* in urbe Lauduno magister Gualterus de Mauritania, ejusdem urbis decanus & post medium saeculum duodecimum episcopus, quem Radulfo, Anselmi Laudunensis germano fratri, in scholarum magistratu successisse puto».

[26] *Cf.* GIRAUD, *Per verba magistri*, pp. 424-425.

[27] *Cf. Venerabilis Guiberti Abbatis B. Mariae de Novigento opera omnia [...] studio et opera Domni* LUCAE D'ACHERY *[...]*, Billaine, Lutetiae Parisiorum 1651, pp. 818-826 (catalogo dei decani di Laon), in particolare pp. 819-820 (su Gualtiero), ripubblicato in *PL* 156, coll. 1153-1166 (catalogo), 1155-1157 (sezione su Gualtiero); lo stesso volume di d'Achery riporta un catalogo dei canonici di St. Martin di Laon dove ugualmente è citato Gualtiero, per il quale *cf. infra*. Si vedano inoltre gli atti in cui è coinvolto Gualtiero decano pubblicati in DUFOUR-MALBEZIN, *Actes des évêques*.

[28] Gualtiero viene consacrato vescovo nel 1155, succedendo così a un precedente Gualtiero (1151-1155) e, prima di questi, al già citato Barthélémy di Jur (1113-1151); per l'ordinazione vescovile, *cf.* OTT, *Untersuchungen*, p. 132 e nn. 18-19. Per le notizie concernenti la morte, *cf. ibi*, pp. 136-137.

dove fu poi seppellito)²⁹. Un aspetto del legame tra Gualtiero e Laon che recentemente è stato oggetto di attenzione è il suo coinvolgimento nell'edificazione della cattedrale della città, di cui Gualtiero, durante l'episcopato e probabilmente già durante il decanato, può essere considerato il committente³⁰. Gli studi di Iliana Kasarska sulla scultura della facciata della cattedrale di Laon hanno sottolineato l'interesse dell'iconografia dei tre portali e delle finestre della facciata³¹. Il programma che è alla base del ciclo scultoreo delle finestre è particolarmente originale e si ispira direttamente a Ugo di S. Vittore, autore che la studiosa ricollega all'ambiente laudunense soprattutto grazie alla mediazione di Gualtiero³².

4. *Gualtiero e i maestri suoi contemporanei.* Un aspetto importante della biografia di Gualtiero sono i legami da lui intessuti con altri maestri della prima metà del secolo. Si sono già citati Alberico di Reims e Raoul di Laon: l'epistolario mostrerà contatti con Ugo di S. Vittore, Abelardo, un monaco *Guillelmus*, un *magister Crisantus*, un *magister Theodoricus*, un *magister Gillebertus*, un *magister Albericus*, un *magister A.* distinto da

---

[29] Il canonicato a St. Martin di Laon si deduce dall'obituario dell'abbazia, ove si legge: «II Idus Julii obiit dominus Galterus de Mauritania *hujus Ecclesiae canonicus quondam episcopus Laudunensis*» (corsivo mio; citato in D'ACHERY, *Venerabilis Guiberti Abbatis B. Mariae de Novigento opera omnia*, p. 833, all'interno di un *Illustrium Quorundam S. Martini Laudunens. Canonicorum Indiculus* che si trova alle pp. 833-834; ripubblicato in *PL* 156, col. 1185; d'Achery riporta in questa sede anche l'epitaffio di Gualtiero che si trovava nella chiesa di St. Martin: «Hic tego Galterum, quod detego, mutaque petra / Praesulis acta loquor, pro lingua sunt mihi metra. / Consilio, monitis, virtutibus, hoc modo vitae / Rexit, correxit, erexit oves et ovile. / Infuit huic pietas, sale sed condita rigoris, / Torpida ne fieret virtus & egena saporis. / Abstulit hunc mundo divisio Discipulorum. / Vivat in aeternum meritis adiutus eorum»). *Cf.* anche Ch. GOMART, *Notice sur l'abbaye de Saint-Martin de Laon (de l'ordre de Prémontré)*, Coquet-Stenger, Laon 1869, pp. 15-16.

[30] *Cf.* KASARSKA, *La sculpture*, pp. 17, 28-29, 31, 117-118. L'obituario (conservato nel manoscritto Laon, Bibliothèque municipale, 341, p. 168; citato da KASARSKA, *ibi*, p. 29 n. 15) segnala inoltre che Gualtiero, alla sua morte, lasciò una somma considerevole per i lavori di edificazione, oltre a due arazzi raffiguranti i dodici mesi dell'anno e i dodici segni zodiacali. *Cf.* inoltre A. BOUXIN, *La cathédrale Notre-Dame de Laon. Historique et description*, 2ª ed., Journal de l'Aisne, Laon 1902.

[31] I portali laterali raffigurano il giudizio universale e l'incarnazione rispettivamente, mentre nel portale centrale si trova il trionfo della Vergine. Le due finestre raffigurano, l'una, creazione e redenzione, l'altra, le arti liberali (incluse le arti meccaniche).

[32] *Cf.* KASARKA, *La sculpture*, pp. 99-118.

Alberico di Reims e dal succitato *magister Albericus*, oltre che con una folla di studenti e altre personalità oggi anonime che trasmettevano l'un l'altro informazioni, opinioni di maestri, o quesiti[33]. Si è intravista inoltre la possibilità che, insegnando a Reims, Gualtiero abbia avuto tra i suoi alunni anche Pier Lombardo[34], mentre eventuali legami con Giovanni di Salisbury non sembrano poter essere precisati più dettagliatamente[35]. A questa lista si può aggiungere il fatto che Gualtiero partecipò al concilio di Reims del 1148, in occasione del quale fu processato Gilberto di Poitiers[36].

[33] *Cf.* in particolare C. GIRAUD, «*Per verba magistri*. La langue des maîtres théologiens au premier XIIe siècle», in P. VON MOOS (hrsg.), *Zwischen Babel und Pfingsten / Entre Babel et Pentecôte, Sprachdifferenzen und Gesprächsverständigung in der Vormoderne (8.-16. Jahrhundert). Différences linguistiques et communication orale avant la modernité (VIIIe-XVIe siècle)*, LIT Verlag, Zürich – Berlin 2008, pp. 357-373.

[34] *Cf.* M. COLISH, *Peter Lombard*, 2 voll., Brill, Leiden – New York – Köln 1994, I, pp. 17, 113-114.

[35] Nessun dato supporta le affermazioni di PETIT, «Gauthier de Mortagne», p. 169: «De tout son coeur Gauthier soutient saint Thomas Becket qu'il reçoit à Laon en 1168 et, tandis que le primat gagne Sens, il retient le secrétaire de Thomas, son ami Jean de Salisbury. Aussitôt après la canonisation de Thomas en 1173 il lui ménagea une chapelle dans la nouvelle cathédrale».

[36] *Cf.* MABILLON-MARTÈNE, *Annales*, VI, p. 401 (a partire da un *codex Ottobonianus* probabilmente da identificare nel ms. Città del Vaticano, Biblioteca Apostolica Vaticana, Reg. lat. 278); J. LECLERCQ, «Textes sur Saint Bernard et Gilbert de la Porrée», *Mediaeval Studies*, 14 (1952) 107-128; F. PELSTER, «Petrus Lombardus und die Verhandlungen über die Streitfrage des Gilbertus Porreta in Paris (1147) und Reims (1148)», in *Miscellanea Lombardiana*, Istituto Geografico De Agostini, Novara 1957, pp. 65-73; N. M. HÄRING, «Notes on the Council and the Consistory of Rheims (1148)», *Mediaeval Studies*, 28 (1966) 39-59; ID., «San Bernardo e Gilberto vescovo di Poitiers», in *Studi su San Bernardo di Chiaravalle nell'ottavo centenario della canonizzazione*, Editiones Cistercienses, Roma 1975, pp. 75-91 (Bibliotheca Cisterciensis, 6); L. O. NIELSEN, *Theology and Philosophy in the Twelfth Century. A Study of Gilbert Porreta's Thinking and the Theological Expositions of the Doctrine of the Incarnation during the Period 1130-1180*, Brill, Leiden 1982, pp. 30-39; J. MIETHKE, *Studieren an mittelalterlichen Universitäten. Chancen und Risiken*, Brill, Leiden – Boston 2004, pp. 275-311; GIRAUD, *Per verba magistri*, pp. 444-454; L. VALENTE, «Forme, contesti e interpretazioni. La filosofia di Gilberto di Poitiers (†1154)», *Medioevo. Rivista di storia della filosofia*, 39 (2014) 89-134, specialmente pp. 95-100. Come segnalato da VOISIN, «Notice», p. 276, Gualtiero partecipò anche al concilio di Tours del 1163 (una notizia riportata in *Gallia Christiana* [...]. *Opus Fratrum* [...] *Sammarthanorum*, II, f. 622r) e prese parte alla condanna degli eretici catari

1.2. Gli scritti di Gualtiero di Mortagne e le testimonianze sul suo insegnamento

I manoscritti ci hanno trasmesso dodici opere attribuite con sicurezza a Gualtiero: si tratta di dieci lettere[37], un trattato *De trinitate* e un *De coniugio*. A queste va aggiunta una *sententia de caritate* (composta di tre parti distinte), che gli è stata attribuita da Robert Wielockx e che certo ha legami stretti con la lettera di Gualtiero al *magister Crisantus*. Esistono inoltre alcune testimonianze sul suo insegnamento sia in campo teologico che in campo logico, la più famosa delle quali è quella di Giovanni di Salisbury nel suo *Metalogicon*[38]. Si presenteranno qui brevemente la natura e le edizioni di questi scritti, con attenzione anche per la tradizione manoscritta degli stessi, che risulta particolarmente varia[39].

"*Deonarii*" o "*Poplicani*" a Vézelay nel 1167 (fonte dell'informazione è l'*Historia Vizeliacensis monasterii auctore Hugone Pictavino*, ed. L. D'ACHERY in *Veterum aliquot scriptorum Qui in Galliae Bibliothecis, maxime Benedictorum, latuerant, Spicilegium*, III, Savreux, Paris 1659, p. 644; *cf.* anche OTT, *Untersuchungen*, p. 135).

[37] L'epistolario completo di Gualtiero dovrebbe includere, oltre alle dieci lettere da lui scritte, anche la risposta di Ugo di S. Vittore a Gualtiero, dedicatoria del *De sapientia animae Christi*, e la risposta del *magister A*. alle due lettere di Gualtiero sul matrimonio. L'epistola di Ugo a Gualtiero è edita in OTT, *Untersuchungen*, pp. 353-354; il *De sapientia animae Christi* in *PL* 176, coll. 845-856; la risposta del *magister A*. si legge invece in *Veterum scriptorum et monumentorum historicorum, dogmaticorum, moralium; Amplissima Collectio*, I, studio et opera Domni E. MARTÈNE et Domni U. DURAND, Montalant, Paris 1724, pp. 838-839. Propongo una numerazione delle epistole di Gualtiero a partire dall'ordine di pubblicazione a stampa (*cf. infra*). Risulta il seguente ordine: epistola 1 a Ugo di S. Vittore; epistola 2 al monaco *Guillelmus*; epistola 3 '*Omnibus fidelibus*'; epistola 4 al *magister Theodoricus*; epistola 5 al *magister Albericus*; epistola 6 ad Abelardo; epistola 7, prima lettera al *magister A*.; epistola 8, seconda lettera al *magister A*.; epistola 9 ai discepoli del *magister Gillebertus*; epistola 10 al *magister Crisantus*.

[38] Attenendomi a un canone più tradizionale, non prendo qui in considerazione gli atti della cancelleria vescovile. Cédric Giraud, in *Per verba magistri* (pp. 55-69), ha però mostrato che gli atti vescovili, e in particolare i loro preamboli, mostrano a volte originalità e possono dare testimonianza degli ideali e del contesto entro cui si inserisce l'azione del vescovo e del suo *entourage*.

[39] La tradizione manoscritta delle opere di Gualtiero è stata oggetto di studi diversi. Ludwig Ott nelle sue *Untersuchungen* fornì un primo elenco di manoscritti per ciascuna delle opere di Gualtiero (per il *De trinitate*: *cf.* OTT, *Untersuchungen*, pp. 138-140; per il *De coniugio*: *ibi*, pp. 140-142; per l'epistola 1 a Ugo di S. Vittore:

1. Le epistole. Gualtiero è l'autore di dieci epistole. La tradizione manoscritta di tale epistolario mostra due caratteristiche notevoli. (i) In primo luogo, solo due lettere (quella a Ugo di S. Vittore sulla sapienza di Cristo e quella *'Omnibus fidelibus'*, ossia la n. 1 e la n. 3) hanno goduto di un'ampia circolazione manoscritta: le altre sono trasmesse da pochi manoscritti (da due a quattro), o frequentemente da uno solo. (ii) Secondariamente, due manoscritti sono da segnalare nel gruppo di quelli che trasmettono le lettere di Gualtiero, perché essi contengono un'intera raccolta di epistole dell'autore: si tratta dei codici Paris, Bibliothèque nationale de France, lat. 14193, ff. 2r-6v (che contiene, nell'ordine, le epistole 2, 3, 4, 5, 1, 6)[40] e Città del Vaticano, Biblioteca Apostolica Vaticana, ottob. 284, 1ra-7rb (epistole 7 e 8 al *magister A.*, seguite dalla

ibi, p. 341 n. 3; per l'epistola 2 al monaco *Guillelmus*: *ibi*, p. 146 n. 1; per l'epistola 3 *'Omnibus fidelibus'*: *ibi*, pp. 162-163 n. 1; per l'epistola 4 al *magister Theodoricus*: *ibi*, p. 188 n. 1; per l'epistola 5 al *magister Albericus*: *ibi*, p. 213 n. 1; per l'epistola 6 ad Abelardo: *ibi*, p. 234 n. 2; per le epistole 7 e 8 al *magister A.*: *ibi*, p. 267 n. 1; per l'epistola 9 ai discepoli del *magister Gillebertus*: *ibi*, p. 292 n. 1; per l'epistola 10 al *magister Crisantus*: *ibi*, p. 313 n. 1). Informazioni sulla tradizione della lettera 1 a Ugo di S. Vittore si trovano anche in R. Goy, *Die Überlieferung der Werke Hugos von St. Viktor. Ein Beitrag zur Kommunikationsgeschichte des Mittelalters*, Hiersemann, Stuttgart 1976, nella sezione dedicata al *De sapientia animae Christi* (pp. 124-133), e in P. Sicard, Iter Victorinum. *La tradition manuscrite des œuvres de Hugues et de Richard de Saint-Victor*, Brepols, Turnhout 2015, pp. 165-168. Un articolo prezioso, purtroppo poco conosciuto, di Rudolf Weigand («Die Überlieferung des Ehetraktats Walters von Mortagne», *Würzburger Diözesan-Geschichtsblätter*, 56 [1994] 27-44) descrive la tradizione manoscritta del *De coniugio* di Gualtiero. Il prof. Riccardo Quinto mi ha gentilmente comunicato una lista inedita di manoscritti della *Summa Sententiarum* da lui compilata in passato, anch'essa utile per l'elenco dei manoscritti del *De coniugio* (dal momento che questo circolò anche come settimo libro della *Summa*).

[40] Il manoscritto è anche il miglior testimone della *Confessio fidei 'Universis'* di Abelardo, trasmessa al seguito delle lettere di Gualtiero: *cf.* Ch. Burnett, «Peter Abelard, *Confessio fidei 'Universis'*: A Critical Edition of Abelard's Reply to Accusations of Heresy», *Mediaeval Studies*, 48 (1986) 111-138 (si veda in particolare p. 117) e, sul manoscritto, anche J. Barrow – Ch. Burnett – D. E. Luscombe, «A Checklist of the Manuscripts Containing the Writings of Peter Abelard and Heloise and Other Works Closely Associated With Abelard and His School», *Revue d'Histoire des Textes*, 14-15 (1984-1985) 183-302, specialmente pp. 243 n. 273, 282 n. 398; C. Mews, «Abelard, Heloise, and Discussion of Love in the Twelfth-Century Schools», in B. S. Hellemans (ed.), *Rethinking Abelard. A Collection of Critical Essays*, Brill, Leiden – Boston 2014, pp. 11-36, specialmente p. 34 e nn. 83-84.

risposta di questi e dalle epistole 9, 4, 10, 1, 2)[41]. Il manoscritto di Parigi è l'unico testimone per l'epistola 6 ad Abelardo, mentre quello vaticano è il codice unico per le lettere 7, 8 e 9 (oltre che per la risposta del *magister A.*). Una caratteristica del manoscritto parigino, inoltre, per quei testi rispetto ai quali può essere confrontato con altri testimoni (ossia le lettere 2, 3, 4, 5 e 1), è quella di presentare un testo sistematicamente ridotto rispetto a quello trasmesso dagli altri codici[42]. Il manoscritto parigino e quello vaticano sono anche alla base delle edizioni a stampa di queste lettere, edizioni che conviene ora esaminare, in ordine cronologico.

La prima lettera di Gualtiero a essere pubblicata a stampa è quella a Ugo di S. Vittore. Fu edita da Hugues Mathoud nel 1655 tra le sue osservazioni alle *Sententiae* di Robert Pullen[43], a partire da un manoscritto di St. Germain-des-Prés probabilmente da identificare con il già citato Paris, BnF, lat. 14193, ff. 4v-5r[44]. La lettera, indirizzata a Ugo di S. Vittore, esprime dei dubbi sull'opinione di Ugo a proposito della sapienza di Cristo (se, cioè, il Verbo e l'anima di Cristo abbiano una sapienza comune), riportata a Gualtiero da Arnulfo arcidiacono di Séez[45]. Ugo risponde con una breve lettera indirizzata a Gualtiero, la

---

[41] Si potrebbe aggiungere a questi due mss. il codice Oxford, Bodleian Library, Laud. misc. 277, che contiene, in quest'ordine: la lettera 10 al *magister Crisantus* (ff. 75va-78rb); il *De trinitate* (ff. 78rb-86ra); la lettera 1 a Ugo di S. Vittore (ff. 86ra-87ra); la lettera dedicatoria di Ugo a Gualtiero (f. 87ra-va); il prologo del *De sapientia* (ff. 87va-88ra); il *De sapientia animae Christi* di Ugo (ff. 88ra-93vb).

[42] Si tratta di una caratteristica particolarmente importante anche per la sesta lettera, quella a Pietro Abelardo, di cui questo codice è l'unico testimone, perché ciò potrebbe significare che la lettera vi è trasmessa in una forma abbreviata.

[43] *Cf. Roberti Pulli S. R. E. Cardinalis et Cancellarii Theologorum (ut vocant) Scholasticorum Antiquissimi, Sententiarum libri VIII. Item Petri Pictaviensis Academiae Parisiensis olim Cancellarii Sententiarum libri V [...] Opera et studio Domni* Hvgonis Mathovd *Monachi Benedictini Congregationis S. Mauri*, Piget, Pariis 1655, pp. 332-334.

[44] *Cf.* Ott, *Untersuchungen*, p. 340.

[45] *Cf. ibi*, pp. 340-347 e anche 351-385. Gli studi più importanti su questo tema sono quelli di Horacio Santiago Otero: *cf.* in particolare H. Santiago-Otero, «Gualterio de Mortagne († 1174) y las controversias cristológicas del siglo XII», *Revista Española de Teología*, 27 (1967) 271-283; Id., «La actividad sapiencial de Cristo en cuanto hombre en la "Suma de las sentencias"», *Revista Española de Teología*, 28 (1968) 77-91; Id., *El conocimiento de Cristo en cuanto hombre en la teologia de la primera mitad del siglo XII. De la exclusiva ciencia divina del alma de Cristo (escuela de Laon) a los primeros interrogantes sobre su saber experimental (corriente monastica)*, presentacion

quale introduce lo scritto ugoniano *De sapientia animae Christi*, dedicato espressamente alla questione[46].

Dieci anni più tardi, nel 1665, Luc d'Achery pubblicò le altre cinque lettere di Gualtiero che si trovano nel ms. Paris, BnF, lat. 14193 (ossia le lettere 2, 3, 4, 5, 6) nel secondo volume del suo *Spicilegium*[47], notando esplicitamente al termine della collezione che la lettera 1 a Ugo di S. Vittore, «che sarebbe dovuta seguire» alle cinque pubblicate, era già stata pubblicata da Mathoud[48]. Con tutta probabilità anche d'Achery si servì del manoscritto parigino 14193 per la sua edizione[49]. Le cinque lettere sono tutte di argomento teologico: la lettera 2, indirizzata al monaco *Guillelmus*, risponde a una domanda riguardante la validità del battesimo impartito da un eretico a un infante[50]; la lettera 3, rivolta a tutti i fedeli e probabilmente risalente al periodo dell'episcopato, è una spiegazione della formula "*Assumptus homo est deus*"[51]; l'epistola 4, al *magister Theodoricus*, concerne l'ubiquità divina[52]; l'epistola 5, il cui destinatario è un *magister Albericus*, affronta il tema del timore provato da Cristo[53]; la lettera 6, infine, indirizzata ad Abelardo, tratta di diverse questioni problematiche (la conoscenza che l'uomo può avere della Trinità, le proprietà delle Persone trinitarie), che Gualtiero solleva a partire dalla lettura di una prima versione della *Theologia 'Scholarium'* e dalle testimonianze di studenti del maestro

---

de J. CHÂTILLON, Ediciones Universidad de Navarra, Pamplona 1970; e ID., «Pedro Lombardo: su tesis acerca del saber de Cristo hombre», in *Miscelanea José Zunzunegui (1911-1974). I. Estudios históricos*, I, Seminario Diocesano, Vitoria 1975, pp. 115-125.

[46] Pubblicati rispettivamente in OTT, *Untersuchungen*, pp. 353-354 e in *PL* 176, coll. 845-856.

[47] *Cf. Veterum aliquot scriptorum Qui in Galliae Bibliothecis, maxime Benedictorum, latuerant, Spicilegium*, Tomus Secundus [...] Opera et Studio Domni LUCAE DACHERII [...], Savreux, Paris 1657, pp. 459-461 (epistola 2); 462-466 (epistola 3); 467-469 (epistola 4); 469-473 (epistola 5); 473-479 (epistola 6).

[48] *Cf.* D'ACHERY, *Veterum aliquot scriptorum* [...] *Spicilegium*, II, p. 479: «Edidit quae sequi debuerat epistolam Gualteri ad Hugonem à S. Victore noster Hugo Mathoud in suis ad Robertum Pullum eruditissimis Obseruationibus pag. 332».

[49] D'Achery dichiara di essersi servito di un manoscritto di St. Vincent di Laon (*cf. ibi*, II, *Elenchus contentorum in secundo tomo Spicilegii*, nn. 38-42: «Ex Ms. S. Vincentij, Laudu. O. B.»; si noti che in questa lista l'indicazione del manoscritto utilizzato *segue* l'elenco delle opere che ne sono state tratte).

[50] *Cf.* OTT, *Untersuchungen*, pp. 146-162.

[51] *Cf. ibi*, pp. 162-187.

[52] *Cf. ibi*, pp. 188-213.

[53] *Cf. ibi*, pp. 213-234.

di Le Pallet[54]. Nello stesso 1665 la lettera a Ugo di S. Vittore nell'edizione Mathoud e quattro delle cinque epistole dell'edizione d'Achery furono ripubblicate da César-Égasse du Boulay nella sua *Historia Universitatis Parisiensis*[55], mentre una nuova edizione dello *Spicilegium* di d'Achery, a cura di Étienne Baluze, Edmond Martène e Louis François Joseph de la Barre, fu data alle stampe nel 1723 (le lettere di Gualtiero si trovano in questo caso nel volume terzo)[56].

Infine, le lettere 7-10 (insieme alla risposta del *magister A.* a Gualtiero) furono edite da Edmond Martène e Ursin Durand nel 1724, nel primo volume della loro *Amplissima Collectio*[57]. L'edizione si basa sul già citato manoscritto Città del Vaticano, Biblioteca Apostolica Vaticana, ottob. 284, 1ra-7rb[58]. Le lettere 7 e 8 sono indirizzate a uno stesso *magister A.* (di cui segue la risposta), al quale Gualtiero chiede chiarimenti in merito a una questione matrimoniale: se, cioè, un uomo che giuri a una certa donna di sposarla in futuro possa o meno sposarne un'altra finché la prima è in vita e, qualora così avvenisse, se l'unione con la seconda debba essere considerata

---

[54] *Cf. ibi*, pp. 234-266; J. JOLIVET, «Sur quelques critiques de la théologie d'Abélard», *Archives d'histoire doctrinale et littéraire du Moyen Âge*, 30 (1963) 7-51 (in particolare pp. 16-22). La lettera cita una *recensio brevis* della *Theologia 'Scholarium'* di Abelardo, e sembra che questi abbia tenuto conto delle osservazioni di Gualtiero nella propria revisione; *cf.* E. M. BUYTAERT, «Introduction», in *Petri Abaelardi Opera theologica*, II, Brepols, Turnhout 1969 (*CCM*, 12), p. 42; C. MEWS, «Introduction», in *Petri Abaelardi Opera theologica*, III, Turnhout, Brepols 1987 (*CCM*, 13), pp. 217-218.

[55] *Cf.* DU BOULAY, *Historia Universitatis Parisiensis*, II, pp. 64-65 (epistola 1 a Ugo di S. Vittore); 69-72 (epistola 6 ad Abelardo); 73-74 (epistola 4 a Teodorico); 74-75 (epistola 2 al monaco *Guillelmus*); 75-77 (epistola 5 al *magister Albericus*).

[56] *Cf. Spicilegium siue collectio veterum aliquot scriptorum qui in Galliae bibliothecis delituerant olim editum Opera ac studio D. Lucae d'Achery [...]. Nova editio priori accuratior, & infinitis prope mendis ad fidem MSS. Codicum, quorum varias lectiones V. C. STEPHANUS BALUZE, ac R. P. D. EDMUNDUS MARTENE collegerunt, expurgata, per Ludovicum-Franciscum-Joseph de la Barre, Tornacensem*, III, Montalant, Paris 1723, pp. 520-526.

[57] *Cf.* MARTÈNE – DURAND (edd.), *Veterum scriptorum [...] Amplissima Collectio*, I, pp. 834-836 (epistola 7); 836-837 (epistola 8); 838-839 (risposta del *magister A.* a Gualtiero); 839-843 (epistola 9); 843-848 (epistola 10).

[58] A partire da una trascrizione di Jean Mabillon; *cf. ibi*, pp. 834, 838-839, 843: «Ex ms. reginae Sueciae eruit Mabillonius». Il manoscritto, come già segnalato, contiene anche le lettere 1, 2, 4, che non sono riprodotte nell'edizione Martène-Durand.

illegittima[59]. Ugualmente matrimoniale è la tematica dell'epistola 9, indirizzata ai discepoli di un *magister Gillebertus*. In questo caso Gualtiero confuta l'opinione, a lui riportata da quegli allievi, che un abate e una badessa, dopo la professione monastica, possano legittimamente contrarre matrimonio[60]. L'ultima lettera, la numero 10, risponde a quattro questioni poste a Gualtiero dal *magister Crisantus*: le prime due, riguardanti il termine '*ingenitus*' (se esso si possa predicare solo del Padre o anche dello Spirito Santo), sono seguite da una trattazione del libero arbitrio e della grazia e, nell'ultima parte, da un'esposizione dei gradi della carità[61].

Alcune delle lettere di Gualtiero furono ripubblicate nell'Otto e nel Novecento, sempre però a partire dal testo a stampa. Gli *Actes de la province ecclésiastique de Reims* (1843), in particolare, ripubblicano le cinque lettere dell'edizione d'Achery e tre delle quattro dell'edizione Martène-Durand[62]; nella *Patrologia Latina* del Migne confluisce la lettera 1 a Ugo di S. Vittore, nell'edizione Mathoud[63]; da ultimo, Heinrich Ostlender in appendice all'edizione delle *Sententiae Florianenses* di scuola abelardiana pubblica nuovamente la lettera 6 a Pietro Abelardo. Si noti, però, che in quest'ultimo caso non si tratta di un'edizione critica condotta a partire da una rilettura del manoscritto (il quale, in realtà, non è nemmeno citato), bensì di una ripubblicazione del testo di d'Achery con alcune correzioni, come segnalato dallo stesso Ostlender[64].

---

[59] Quanto si legge in OTT, *Untersuchungen*, pp. 266-291 è da rivedere alla luce dei due seguenti studi di Wacław Uruszczak: «Une polémique juridique entre deux savants français au XIIᵉ siècle», *Recueil de mémoires et travaux publiés par la Société d'histoire du droit et des institutions des anciens pays de droit écrit (Montpellier)*, 13 (1985) 17-38; ID., «Maître A. et Gauthier de Mortagne, deux lettrés français au XIIᵉ siècle», *Recueil de mémoires et travaux publiés par la Société d'histoire du droit et des institutions des anciens pays de droit écrit (Montpellier)*, 15 (1991) 121-131.

[60] *Cf.* OTT, *Untersuchungen*, pp. 292-313.

[61] *Cf. ibi*, pp. 313-340.

[62] *Cf.* GOUSSET, *Les actes de la province ecclésiastique de Reims*, II, pp. 264-266 (lettera 7); 267-268 (lettera 8: mancano la risposta del *magister A.* e anche la lettera 9); 268-272 (lettera 10); 272-274 (lettera 2); 274-277 (lettera 3); 277-279 (lettera 4); 279-282 (lettera 5); 282-287 (lettera 6).

[63] *Cf. PL* 186, coll. 1052 B-1054 B.

[64] *Cf.* H. OSTLENDER (ed.), *Sententiae Florianenses*, Hanstein, Bonn 1929, pp. 34-40; si veda anche quanto si legge a p. 34: «Textum huius epistolae a d'Achery editum [...] emendavi aliqua ex parte notisque instruxi». Nell'introduzione generale al primo volume degli *Opera theologica* di Abelardo, Eligius M. Buytaert includeva

2. *I trattati*. Gualtiero è l'autore di due trattati: un *De trinitate*, diffuso in circa due decine di manoscritti, e un *De coniugio*, trasmesso da più di settanta[65]. Il *De trinitate* fu pubblicato per la prima volta nel 1721 da Bernhard Pez a partire da un manoscritto di Salzburg probabilmente da identificare con l'attuale Salzburg, Archiv von St. Peter, a VI 8[66]. Lo scritto, di cui è stata investigata l'influenza sulla *Summa Sententiarum* e sulle *Sententiae* del Lombardo[67], si apre con i toni di una *confessio fidei*, e contiene una presentazione generale di teologia trinitaria che sembra avere sullo sfondo una critica alla posizione abelardiana (soprattutto per quanto riguarda le proprietà delle Persone)[68]. Dal canto suo il *De coniugio*, che affronta i diversi aspetti del sacramento matrimoniale, ha goduto di una circolazione manoscritta sia indipendente, sia (e soprattutto) come settimo libro della *Summa Sententiarum*, a sua volta attribuita (erroneamente) a Ugo di S. Vittore. È in questa veste che lo scritto fu pubblicato, nel 1648,

l'*Epistola* di Gualtiero ad Abelardo nel piano dell'edizione, al terzo volume (*cf.* E. M. BUYTAERT, «General Introduction», in *Petri Abaelardi Opera theologica*, I, Brepols, Turnhout 1969 [*CCM*, 12], p. XXVII). La lettera, però, non fu pubblicata in quel volume e Constant J. Mews mi ha gentilmente informato del fatto che non è a conoscenza di trascrizioni o edizioni di tale epistola preparate da Buytaert.

[65] *Cf. supra*, p. 17 n. 39 per indicazioni sulla tradizione manoscritta delle opere di Gualtiero.

[66] *Cf. Thesaurus anecdotorum novissimus: Seu Veterum Monumentorum, praecipue Ecclesiasticorum, ex Germanicis potissimum Bibliothecis adornata Collectio recentissima, tomus II* [...] *A. R. P.* BERNARDO PEZIO, *Benedictino & Bibliothecario Mellicensi, operam et studium conferentibus aliis pluribus tum sui, tum aliorum Ordinum & Monasteriorum eruditis Viris, quorum nomina suis quaeque opusculis praefixa sunt* [...], Sumptibus Philippi, Martini, & Joannis Veith Fratrum, Augustae 1721, pars II, coll. 53-72. Alle colonne 51-52 si legge l'intestazione: «Galtheri Veteris Theologi Liber de Trinitate. Eruit, & communicavit ex MS. Cod. Inclyti Monasterii ad S. Petrum Salisburgi Ord. S. Bened. Adm. R. D. P. Michaël Böckn, ejusdem Coenobii Presbyter, & Bibliothecarius»; *cf.* inoltre la presentazione dello scritto alle pagine XXII-XXIII dell'introduzione. L'edizione Pez è stata poi ripubblicata in *PL* 209, coll. 573-590.

[67] *Cf.* L. OTT, «Die Trinitätstraktat Walters von Mortagne als Quelle der *Summa Sententiarum*», *Scholastik*, 18 (1943) 78-90, 213-239; ID., «Walter von Mortagne und Petrus Lombardus in ihrem Verhältnis zueinander», in *Mélanges Joseph de Ghellinck*, II, Duculot, Gembloux 1951, pp. 647-697; COLISH, *Peter Lombard*, I, pp. 113-131.

[68] *Cf.* D. POIREL, *Livre de la nature et débat trinitaire au XIIe siècle. Le* De tribus diebus *de Hugues de Saint-Victor*, Brepols, Turnhout 2002, pp. 306-307.

nell'edizione delle opere di Ugo, e da qui ripreso nel volume 176 della *Patrologia Latina*[69].

3. Sententia de caritate. Apparentata all'epistola 10 al *magister Crisantus*, e in particolare alla sezione della lettera che tratta dei gradi della carità, è anche una *sententia de caritate* oggetto di un importante studio di Robert Wielockx. Si tratta in realtà di tre diverse *sententiae* del *Liber Pancrisis*, per le quali lo studioso propone di ravvisare l'autore in Gualtiero: secondo Wielockx i tre testi fanno parte dello stesso scritto, e perlomeno due delle *sententiae* circolano anche unite, al di fuori del *Liber*, e insieme a opere di Gualtiero[70].

[69] *Cf.* M. *Hugonis de S. Victore, Canonici Regularis Sancti Victoris Parisiensis, tum pietate, tum doctrina insignis; Opera Omnia tribus tomis digesta ex manuscriptis eiusdem operibus quae in Bibliotheca Victorina seruantur, accurate castigata et emendata* [...] *studio et industria Canonicorum Regularium Regalis Abbatiae Sancti Victoris Parisiensis Tomus Tertius*, Berthelin, Rothomagi 1648, pp. 472-481; i libri I-VI della *Summa Sententiarum* si trovano alle pp. 417-472; il *De coniugio* è ripubblicato in *PL* 176, coll. 153-174. Sulla problematica matrimoniale in questi testi, *cf.* in particolare H. J. F. REINHARDT, *Die Ehelehre der Schule des Anselm von Laon. Eine theologie- und kirchenrechtsgeschichtliche Untersuchung zu den Ehetexten der frühen Pariser Schule des 12. Jahrhunderts*, Aschendorff, Münster 1974 (*BGPTM*, Neue Folge, 14) e H. ZEIMENTZ, *Ehe nach der Lehre der Frühscholastik: eine moralgeschichtliche Untersuchung zur Antropologie und Theologie der Ehe in der Schule Anselms von Laon und Wilhelms von Champeaux, bei Hugo von St. Viktor, Walter von Mortagne und Petrus Lombardus*, Patmos, Düsseldorf 1973. Sulla *Summa Sententiarum*, *cf.* D. E. LUSCOMBE, *The School of Peter Abelard. The Influence of Abelard's Thought in the Early Scholastic Period*, Cambridge University Press, Cambridge 1969, pp. 198-213.

[70] *Cf.* su tutto questo R. WIELOCKX, «La sentence *de caritate* et la discussion scolastique sur l'amour», *Ephemerides theologicae lovanienses*, 58 (1982) 50-86, 334-56; 59 (1983), 26-45. Si veda inoltre MARENBON, *The Philosophy*, pp. 298-303 (a p. 299 n. 4 Marenbon suggerisce che la *sententia* debba essere datata a prima del 1126, sulla base sia del fatto che la *Theologia Christiana* di Abelardo sembra tenerne conto sia della circolazione nel *Liber Pancrisis*); M. PERKAMS, *Liebe als Zentralbegriff der Ethik nach Peter Abaelard*, Aschendorff, Münster 2001; I. VAN 'T SPIJKER, «Hugh of Saint Victor's Virtue: Ambivalence and Gratuity», in I. P. BEJCZY – R. G. NEWHAUSER (edd.), *Virtue and Ethics in the Twelfth Century*, Brill, Leiden – Boston 2005, pp. 75-94, specialmente pp. 87-88; GIRAUD, *Per verba magistri*, pp. 314-317; C. MEWS, «Patristic Notions of *Caritas* in the Writings of Abelard and Heloise and Their Contemporaries», in N. BÉRIOU – R. BERNDT – M. FÉDOU – A. OLIVA – A. VAUCHEZ (éds.), *Les receptions des Pères de l'Église au Moyen Âge: le devenir de la tradition ecclesiale*, II, Aschendorff, Münster 2013, pp. 689-706; ID., «Abelard, Heloise, and Discussion of Love», pp. 21-24, 30-34.

4. Testimonianze indirette. Oltre agli scritti attribuiti direttamente a Gualtiero, si possono individuare almeno sette testimonianze indirette sul suo insegnamento. La più celebre è quella di *Metalogicon* II, 17 sulla posizione di Gualtiero sugli universali, che analizzeremo diffusamente nel capitolo 2. Gualtiero potrebbe anche nascondersi dietro il '*magister Wal.*' di cui riporta un'opinione il commento *P9* all'*Isagoge* (ms. Paris, Bibliothèque nationale de France, lat. 13368) al f. 178va[71]. Similmente, il manoscritto Orléans, Bibliothèque municipale, 266, contiene quattro menzioni che potrebbero riferirsi a Gualtiero: nel commento al *De syllogismis hypotheticis SH4*, a p. 272 del manoscritto, si legge un'opinione di *m. Walterus* ('*-alterus*' si legge in interlinea, di mano del copista)[72]; nella collezione di *sophismata* delle pp. 281a-289b sono menzionati prima *m. Gauterus et sui*, poi *m. Gauterus* (entrambe le menzioni alla p. 287b)[73]; *magister Galterius* è poi citato nel

---

[71] Ms. Paris, Bibliothèque nationale de France, lat. 13368, f. 178va (commento *P9*): «Hic innuitur talem fieri diuisionem: substantia alia corporea, alia incorporea. Ad cuius insufficientiam osten<den>dam opponitur de Socrate constante ex anima et corpore. <Sed dicimus> secundum magistrum Wal. quod Socrates est corpus non propter illud corpus quod illud integraliter constituit, sed propter corporeitatem quae ipsum formaliter constituit». Devo questa e le seguenti segnalazioni alla gentilezza del prof. Yukio Iwakuma.

[72] Ms. Orléans, Bibliothèque municipale, 266, p. 272: «Alii dicunt consequentiam illam necessariam, sicut ma. Pe., si consequentis *[Iwakuma* consequentia *MS]* sententia clauditur in antecedenti, et uocat et sententiam consequentis et antecedentis earum propositionum intellectus, ut intellectus "Socrates est homo" componitur ex his intellectibus "Socrates est animal" "Socrates est corpus"; et sic de ceteris. Cui potest opponi quod tunc sit *[Iwakuma* fit *MS]* multi. Quod tamen non concedunt, <dicens quod> significat [?] illos plures ut unum. A quibus quaeritur, non deest quid sit significare ut unum in haec, sic non est necessaria "si non est animal, non est homo"; et haec est necessaria "si non est homo, non est animal", quae falsa est. Magister W*[alterus in interlinea]* fere idem sentit de necessitate consequentiae, qui non attribuit tantum ueris, sed etiam falsas dicit necessarias, sed in alio modo» (trascr. Iwakuma).

[73] Ms. Orléans, Bibliothèque municipale, 266, p. 287b: «Quidam sunt qui nolunt 'albus' et 'niger' esse nomina Socratis, ut m. Gauterus et sui. Qui tamen concedunt quod hoc album est Socrates et Socrates est hoc album. Et iterum concedunt quod Socrates potest esse niger. Qui, <si> postea concluderet: ergo hoc album potest esse nigrum, non concedunt. Quibus nos, concedentes 'album' et 'nigrum' nomina unius esse, ita opponimus. Vos conceditis: quicquid est hoc album est Socrates, et quicquid est Socrates est hoc album; hoc album est Socrates, sed Socrates erit niger, ergo hoc album erit niger. Si dicunt "non sequitur", dicamus primum modum primae figurae. Amplius. Concedunt "hoc album est Socrates" et "Socrates est hoc album"; et postea Socrates potest esse niger de Socrate albo. Ad quod ita obicitur. Si Socrates potest esse niger, tunc uel Socrates qui

trattato *De dissimilitudine terminorum*, a p. 291a del manoscritto[74]. Infine, un'opinione cristologica attribuita a un *magister Galterus*, citato insieme al *magister Albericus Remensis* e probabilmente da identificare con il nostro autore, si leggeva nel manoscritto Warszawa, Biblioteka Narodowa, Cod. Lat. O.1.16, f. 105r-v. Si tratta purtroppo di un manoscritto distrutto durante il secondo conflitto mondiale, di cui però dà notizia (a partire da riproduzioni fotostatiche) John R. Williams, con queste parole: «We have one other refe-

---

nihil est aliud quam hoc album uel alius. Concedunt de illo qui nil est aliud quam hoc album. Et si hoc est, tunc hoc album potest esse nigrum. Amplius. Si Socrates potest esse niger, Socrates habet potentiam illam proprie; ex alia parte, Socrates est albus, et ita habet albedinem; sed omnia coaccidentia praedicantur de se par<ticulariter>, testante magistro H<e>nrico; quare oportet concedi "hoc album potest esse nigrum", concesso hoc "Socrates potest esse niger"»; segue poi immediatamente, dopo segno di paragrafo che indica un diverso *sophisma*: «Quaero si "Socrates est homo" est propositio an non. Est propositio. Est categorica uel hypothetica? Categorica. Quare dicitur categorica? Quia habet praedicatum et subiectum principales partes. Quare dicuntur principales partes? Propter principalitatem. Secundum sententiam M. Gauteri fit talis responsio. Ita opponimus. Sicut tu dicis praedicatum et subiectum esse principales partes propter principalitatem, ita dico ego praedicatum et subiectum principales partes propositionis propter accidentalitatem. Ad quod respondent ita. Non est uerum, quia principalitas est exigentior causa quare praedicatum et subiectum sint principales partes propositionis quam accidentalitas, et ideo quia destructis omnibus rebus praeter Socratem et principalitatem Socrates esset principalis pars, sed si res omnes destruerentur praeter Socratem et accidentalitatem non esset principalis pars Socrates. Quibus errantibus secundum positionem suam tale inconueniens trahimus. Si destruerentur omnes res praeter Socratem et principalitatem Socrates non esset pars principalis. Quod tali modo probatur. Si destruerentur omnes res praeter Socratem et principalitatem, tunc deus destrueretur; et si hoc est, tunc Socrates destrueretur; et si hoc est, tunc non esset Socrates principalis pars. Amplius si omnes res destruerentur praeter Socratem et principalitatem, tunc destrueretur corporeitas; et si hoc esset, nullum esset corporeum; si nullum esset corporeum, Socrates non esset corporeus; et ita Socrates non esset principalis pars» (trascr. Iwakuma).

[74] Ms. Orléans, Bibliothèque municipale, 266, p. 291a-b: «M. autem Petrus non omnem ueram reputat esse necessariam, quia illam tantum necessariam arbitratur cuius antecedentis sententia consequentis claudit sententiam (sententiam uero idem esse quod intellectum dicit), ut "si est homo, est animal". Hanc enim propositionem "Socrates est homo" tres intellectus putat habere, id est "Socrates est animal" "Socrates est rationalis" "Socrates est mortalis"; et sic istius propositionis intellectus, quae est "Socrates est homo", huius alterius, quae est "Socrates est animal", intellectum sicut et reliquarum duarum quas continet, dicit continere. Sed m. Galterius, ut dictum est, relictis quibus in hac uti solebat solutione circumlocutionibus, ad meliorem se contulit sententia<m>, quam nos tenemus. Nos autem [p. 291b] illam ueram consequentiam siue necessariam esse dicimus, cuius diuidentis uerus esse nequit intellectus» (trascr. Iwakuma).

rence to Alberic's[75] theological views. Professor Stegmüller has noted the citation of 'Magister Albericus Remensis' in a twelfth-century manuscript of the National Library of Warsaw [...]. This citation occurs in a discussion of the Christological problem that so agitated theologians of the second half of the century. The anonymous author examines the three concepts of the God-Man relationship current in his day. His method is syllogistic and his distinctions are fine-spun and not always very clear. He seems to reject the view that Christ as man is an *aliquid* (the so-called '*assumptus* theory'). This would lead to the conclusion that God had created himself, the view that Abelard attributes to Alberic. Nor is the anonymous author satisfied with the view that Christ's manhood was only an external garment (the so-called '*habitus* theory'). He himself seems to favor, with some qualifications, the view that divinity, originally of a single nature and simple, at the incarnation became a composite of two natures and three substances, divinity, soul, and body (the so-called 'subsistence theory'). He concludes his discussion of this topic with the statement 'Magister Albericus Remensis et Magister Galterus id quod nos de hoc sentit'. Magister Galterus is probably no other than Walter of Mortagne»[76].

[75] Si tratta di Alberico di Reims.
[76] WILLIAMS, «The Cathedral School of Reims», p. 107. Williams chiaramente utilizzava riproduzioni del manoscritto di Varsavia, oggi distrutto, perché dichiara (*ibidem* n. 90): «I am greatly indebited to Professor P. O. Kristeller of Columbia University, to Professor F. Stegmüller of the University of Freiburg i. B., and to Father J. N. Garvin of Notre Dame University for assistance in obtaining photostats of Warsaw MS Cod. Lat. O.1.16. I am especially grateful to Father Garvin, who kindly allowed me to have his photostats, taken from Professor Stegmüller's originals, reproduced». I miei sforzi per ritrovare le riproduzioni di Williams o di Garvin nei loro lasciti al Dartmouth College e a Notre Dame si sono però sinora rivelati infruttuosi. Il lascito di Garvin è descritto in K. EMERY - Ch. M. JONES – A. I. IRVING – V. KOTUSENKO, «*Quaestiones, Sententiae* and *Summae* from the Later Twelfth and Early Thirteenth Centuries: The Joseph N. Garvin Papers (I)», *Bulletin de Philosophie Médiévale*, 47 (2005) 11-68 e K. EMERY – A. I. IRVING – S. M. METZGER – Ch. M. JONES, «*Quaestiones, Sententiae* and *Summae* from the Later Twelfth and Early Thirteenth Centuries: The Joseph N. Garvin Papers (II)», *Bulletin de Philosophie Médiévale*, 48 (2006) 15-81, ma la descrizione non include le riproduzioni fotostatiche che erano a disposizione dello studioso. Sono grata al dott. Riccardo Saccenti e al prof. Michael Embach che mi hanno assistito nella ricerca, che mi auguro in futuro possa condurre al ritrovamento delle riproduzioni di questo manoscritto altrimenti perduto. Sul ms. Warszawa, Biblioteka Narodowa, Cod. Lat. O.1.16, *cf.* anche C. MEWS, «Manuscripts in Polish Libraries Copied Before 1200 and the Expansion of Latin Christendom in the Eleventh and Twelfth Century», *Scriptorium*, 56 (2002) 80-118, in particolare p. 113 n. 84.

***

Dall'analisi della vita di Gualtiero emerge il profilo di un autore la cui carriera si svolse in tre centri principali (Tournai, Reims e Laon) e in cui all'impegno dell'insegnamento, attestato nei primi decenni del XII secolo, fece seguito quello legato all'episcopato a Laon dopo la metà del secolo. Gualtiero è l'autore di lettere e di trattati di argomento teologico, che rendono testimonianza di contatti numerosi con gli altri maestri a lui contemporanei. Da tali opere, però, non sembra si possa arguire alcuna posizione sugli universali[77]. È dunque solo per testimonianza indiretta che gli si può attribuire una certa teoria sugli universali: si tratta della testimonianza di Giovanni di Salisbury, che occorre ora esaminare.

---

[77] A differenza di quanto, ad esempio, avviene negli scritti degli autori studiati da Erismann in *L'Homme commun*, dove posizioni sugli universali si trovano in testi di natura teologica: *cf. supra*, introduzione, pp. XXV-XXVIII.

2. GIOVANNI DI SALISBURY E LA TEORIA SUGLI UNIVERSALI DI GUALTIERO DI MORTAGNE

Quanto sappiamo sulla teoria degli universali di Gualtiero dipende, in ultima analisi, da un unico passo del *Metalogicon* di Giovanni di Salisbury[1]. In quest'opera, precisamente in *Metalogicon* II, 17, Giovanni elenca una serie di posizioni sullo status ontologico degli universali le quali erano, o erano state, avanzate da maestri a lui contemporanei, o dai loro predecessori, nel commentare l'*Isagoge* di Porfirio: in tale contesto, anche *Gauterus de Mauritania* è citato come l'esponente di una teoria. Se Giovanni avesse omesso questa menzione, credo che nulla nelle opere di Gualtiero avrebbe permesso di attribuirgli la teoria che così gli viene assegnata, né secondo la presentazione del Saresberiense né secondo quella dei testi logici della prima metà del XII secolo che, come vedremo, la descrivono.

Metalogicon II, 17 non è l'unica sede in cui Giovanni si riferisce alla teoria di Gualtiero, anche se è l'unica in cui egli associa esplicitamente il nome di un maestro, Gualtiero appunto, a tale teoria: altri due passaggi si possono aggiungere per ricostruire la teoria di Gualtiero secondo la presentazione datane dal Saresberiense. Il primo è *Metalogicon* II, 20, e precisamente la sezione iniziale del capitolo, in cui Giovanni riassume gran parte delle posizioni già ricordate in II, 17, citandole ciascuna con una brevissima espressione. Il secondo è *Policraticus* VII, 12, dove l'autore presenta un'altra lista di posizioni sugli universali (questa volta, però, in una forma più sintetica che in *Metalogicon* II, 17 e senza menzione dei nomi dei maestri corrispondenti): la teoria che in *Metalogicon* II, 17

---

[1] *Cf.* Ioannes Saresberiensis, *Metalogicon*, ed. J. B. HALL auxiliata K.S.B. KEATS-ROHAN, Brepols, Turnhout 1991 (*CCM*, 98); la precedente edizione si doveva a Clement Webb (*Ioannis Saresberiensis episcopi Carnotensis Metalogicon Libri IIII*, ed. C. WEBB, Clarendon, Oxford 1929). Traduzioni complete sono: *The Metalogicon of John of Salisbury. A Twelfth-Century Defense of the Verbal and Logical Arts of the Trivium*, Translated with an Introduction and Notes by D. MCGARRY, University of California Press, Berkeley – Los Angeles 1955; Jean de Salisbury, *Metalogicon*, presentation, traduction, chronologie, index et notes par F. LEJEUNE, Les Presses de l'Université Laval – Vrin, Quebec – Paris 2009; John of Salisbury, *Metalogicon*, Translation and Notes by J. B. HALL. Introduction by J. P. HASELDINE, Brepols, Turnhout 2013 (Corpus Christianorum in Translation).

era stata attribuita a Gualtiero, così come molte delle teorie descritte in *Metalogicon* II, 17, può essere individuata anche in questo catalogo. In quanto segue prenderemo in considerazione i tre testi, fornendo un'analisi dettagliata di ciascuno.

Prima di procedere in tal senso, però, è opportuno ricordare brevemente il contesto in cui Giovanni colloca le sue descrizioni di posizioni sugli universali, considerando in particolare i fini che egli si proponeva e i tratti di quella che sembra una soluzione avanzata dallo stesso Giovanni al problema degli universali[2].

Nel descrivere il dibattito sugli universali della sua epoca, il Saresberiense non intende riferire sull'argomento in maniera neutrale, né inserirsi nel dibattito come chi condivida i termini in cui esso è posto: al contrario, Giovanni si propone di denunciare ciò che, ai suoi occhi, rappresenta una forma degenerata di insegnamento (nel *Metalogicon*) o un falso tipo di sapienza (nel *Policraticus*), di cui la discussione dei suoi contemporanei e predecessori sugli universali costituirebbe un esempio emblematico. In *Metalogicon* II, 19 in particolare (ma le stesse critiche sono riprese in altri passi) Giovanni indica chiaramente le ragioni per cui, a suo avviso, il dibattito sugli universali dei suoi contemporanei e predecessori è inaccettabile. Le sue obiezioni possono essere raggruppate in due istanze: sproporzione rispetto ai destinatari e inadeguatezza rispetto alle fonti. Da un lato, secondo Giovanni la trattazione è inadeguata ai destinatari, gli studenti: l'argomento è troppo astruso e difficile per i principianti ai quali si rivolge, che finiscono per essere spaventati e scoraggiati da un tale fardello (*Met*. II, 19.4-5). Dall'altro, essa non si adatta neppure ai testi autorevoli che dovrebbe spiegare, in particolare l'*Isagoge* di Porfirio. Giovanni lamenta che, mentre questa è stata concepita dal suo autore come

---

[2] Per un'introduzione a Giovanni di Salisbury, si può consultare: *A Companion to John of Salisbury*, edited by Ch. GRELLARD and F. LACHAUD, Leiden – Boston, Brill 2015; C. NEDERMAN, *John of Salisbury*, Arizona Centre for Medieval and Renaissance Studies, Tempe 2005 (Medieval and Renaissance Texts and Studies, 288); il volume collettivo M. WILKS (ed.), *The World of John of Salisbury*, Blackwell, Oxford 1984; M. DAL PRA, *Giovanni di Salisbury*, Fratelli Bocca, Milano 1951; e l'ormai classico, ma per certi aspetti ancora interessante, C. C. J. WEBB, *John of Salisbury*, Russell & Russell, New York 1971 (ed. or. 1932). Per una trattazione recente e aggiornata di aspetti più specifici del pensiero del Saresberiense, *cf.* D. BLOCH, *John of Salisbury on Aristotelian Science*, Brepols, Turnhout 2012 e Ch. GRELLARD, *Jean de Salisbury et la renaissance médiévale du scepticisme*, Les Belles Lettres, Paris 2013.

un trattato introduttivo (*Met.* II, 19.5-9), i contemporanei spendano la vita intera su tale testo, senza mai passare agli argomenti cui esso dovrebbe introdurre (*Met.* II, 16.27-34; *cf. Pol.* VII, 12.664d) e che, per dare sfoggio del loro sapere, i maestri si ingegnino a trovare difficoltà in ogni minimo passaggio dell'opuscolo, facendone quasi un testo sacro, più difficile di quanto sia in realtà (*Pol.* VII, 12.666a-c). Molte delle posizioni sostenute, poi, contraddicono apertamente i testi autorevoli, specialmente quelli di Aristotele: ridotta ormai in uno stato compassionevole, la lettera del testo è distorta per trarne le conclusioni che ciascuno intende provare (*cf. Met.* II, 17, citato *infra*)[3]. Infine, Giovanni sembra considerare l'intero dibattito sugli universali come una questione meramente verbale, che nasconde una sostanziale uniformità delle opinioni sostenute (*Met.* II, 18.13-15).

Dopo così aspra critica al modo in cui i maestri contemporanei hanno affrontato il problema degli universali, può suscitare stupore che, in un lungo capitolo del *Metalogicon* (II, 20), Giovanni sembri impegnato a fornire a sua volta una soluzione della questione[4]. Il senso complessivo di questo importante capitolo, significativamente più esteso degli altri del *Metalogicon*[5], non è facile da cogliere e ha suscitato interpretazioni diverse, che oscillano tra il considerarlo una posizione del dibattito, eventualmente da accostare alla teoria dell'*intellectus* descritta in II, 17[6],

---

[3] Altrove si trovano anche altre osservazioni critiche: ad esempio, Giovanni afferma che la questione degli universali è uno spreco di tempo e di denaro (*Pol.* VII, 12.664c), e che i maestri non riescono a farsi capire dai loro alunni più per la loro verbosità che per la sottigliezza di quanto dicono (*Met.* II, 17.7-8).

[4] Il capitolo è da confrontare con *Pol.* II, 18.

[5] François Lejeune si spinge sino ad affermare, a proposito di *Met.* II, 20: «Ce long chapitre qui clôt le second livre, pourrait bien être à l'origine de ce livre, sinon de l'œuvre entière» (Jean de Salisbury, *Metalogicon*, ed. LEJEUNE, p. 203 n. 140). *Cf.* inoltre GRACIA, *Introduction*, pp. 236-240, per un'analisi delle parti di *Met.* II, 20 che riguardano l'individuazione, tema in cui il contributo di Giovanni (come mostra Gracia) è però piuttosto marginale.

[6] *Cf.* l'analisi di Brian Hendley nel suo «John of Salisbury and the Problem of Universals», *Journal of the History of Philosophy*, 8 (1970) 289-302; a pp. 289-290 e n. 3, Hendley elenca varie interpretazioni della posizione di Giovanni, intesa come una «common sense solution» (Shapiro); aristotelica (Webb); «Platonistic nominalism» (Peirce); nessuna vera soluzione offerta (Prantl); una posizione originale (Denis); realismo moderato (De Wulf); una posizione che vorrebbe essere non-realista ma è realista se giudicata secondo i criteri di Quine (Henry); Hendley, dal canto suo, ritiene che la posizione di *Met.* II, 20 sia da accostare a quella di John Locke. *Cf.* anche É. GILSON, «Le platonisme de Bernard de Chartres», *Revue néo-scolastique de*

e il vedervi invece una prova del fatto che, come scrive Kevin Guilfoy, «John's purpose for entering the fray was to criticize and chronicle, not to contribute»[7]. Due contributi recenti, di Christophe Grellard e Roberto Pinzani, indipendenti l'uno dall'altro, hanno gettato nuova luce sulla questione. Secondo Grellard, la posizione di Giovanni sul problema degli universali è un esempio dello scetticismo del Saresberiense e va compresa nel quadro della sua *épistémologie faillibiliste*[8]. L'universale è un'idea, e nella produzione di Giovanni coesistono sia la concezione dell'idea come archetipo nella mente divina sia la comprensione dell'idea come pura costruzione mentale umana. L'idea-archetipo è erede del platonismo cristiano del Saresberiense: l'idea (*forma*, *ratio*, *exemplar*) è immutabile e svolge una funzione sia ontologica che epistemologica[9]. Questa posizione di stampo agostiniano e realista ha però dei limiti: in ultima istanza, la conoscenza dell'idea-archetipo è al di sopra delle capacità umane. Secondo Giovanni, come scrive Grellard, «nous savons, donc, indubitablement, par la foi, qu'il y a dans l'entendement divin des idées qui déterminent la structure ontologique de la réalité mais il est impossible pour nous de les connaître. En outre, la raison nous prouve que les idées ne peuvent exister à l'état séparé. Ainsi, l'ignorance de notre raison, éclairée par la foi, doit nous inciter, prudemment, à adopter sur la question des idées un

---

philosophie, 25 (1923) 5-19, soprattutto pp. 16-19 (secondo Gilson, Giovanni nega la legittimità della questione *de statu universalium*, che domanda quale genere di esistenza possieda l'universale e quale ne sia il fondamento *in re*, e ammette solo la questione *de cognitione universalium*, che domanda come si formi un'idea generale a partire dall'esperienza sensibile di cose particolari); L. DENIS, «La question des universaux d'après Jean de Salisbury», *Revue des sciences philosophiques et théologiques*, 16 (1927) 425-434 (secondo l'autore, Giovanni avrebbe una posizione originale, che anticipa il cosiddetto "realismo moderato" di Tommaso d'Aquino) e MAIOLI, *Gli universali. Storia antologica*, pp. LXIII, 349-374 (secondo il quale, come si legge alla p. LXIII, la trattazione di Giovanni in *Met*. II, 20 sarebbe «una ulteriore e ben caratterizzata posizione tra le molte da lui ricordate»; si veda anche pp. 357-358 n. 21, sulla varietà delle interpretazioni di *Met*. II, 20). L'articolo di César Raña Dafonte («El tema de los universales en Juan de Salisbury», *Revista Española de Filosofía Medieval*, 6 [1999] 233-239) si limita a una presentazione molto generale e poco aggiornata.

[7] K. GUILFOY, «John of Salisbury», *Stanford Encyclopedia of Philosophy*, 2005, http://plato.stanford.edu/entries/john-salisbury/ § 4. 2.

[8] Su tutto questo, *cf*. GRELLARD, *Jean de Salisbury*, pp. 71-85.

[9] *Cf. Met*. II, 20.351-359.

point de vue plus proche de celui d'Aristote»[10]. Il punto di vista aristotelico è quello delle idee astratte, costruzioni ottenute a partire dal confronto tra cose sensibili e dall'identificazione di somiglianze tra le cose. Anche il procedimento di astrazione, però, possiede dei limiti: nulla garantisce l'oggettività e affidabilità dei nostri concetti (se cioè essi siano adeguati alla realtà che descrivono, o no). La questione degli universali resta dunque aperta al dubbio e può ricevere solo una risposta probabile: considerando da un lato che vi sono delle idee nella mente di Dio, ma che non possiamo conoscerle (se non per fede); dall'altro che le conoscenze ottenute per via astrattiva sono fallibili, Giovanni elabora una definizione scettica di idea come *figmentum*[11]. Con il termine '*figmentum*', da accostare alla creazione in ambito poetico e giuridico, egli esprime il tentativo umano di inferire per via astrattiva le nature delle cose a partire dalle qualità che ci appaiono, e di dare un nome a tali nature (come i nomi di generi e specie). La conoscenza probabile è necessaria per avere scienza nel campo della filosofia naturale, dove tutto è contingente e mutevole; si tratta però di una conoscenza *solo* probabile appunto, dato che l'oggettività dei nostri concetti non è pienamente assicurata. In conclusione, secondo Grellard si può recuperare la formula, avanzata già da Charles S. Peirce, di un «platonismo nominalista» per caratterizzare la posizione di Giovanni[12]. In tale formula si fondono un'adesione di fede all'idea agostiniana (idea che resta però inconoscibile) e un nominalismo dettato dalle nostre capacità conoscitive, le quali ci consentono unicamente di elaborare per astrazione delle costruzioni sempre fallibili[13]. Mi sembra che in una direzione per

---

[10] GRELLARD, *Jean de Salisbury*, p. 77.

[11] Grellard propone di tradurre '*figmentum*' con «fiction» o anche «création»: *ibi*, pp. 82 e 249 n. 128.

[12] *Cf.* Ch. S. PEIRCE, «Fraser's Edition of *The Works of George Berkeley*», in ID., *Collected papers*, VIII. *Reviews, Correspondence, and Bibliography*, edited by A. W. BURKS, Harvard University Press, Cambridge 1958, § 30. Grellard recupera la formula ma non l'interpretazione di Peirce, la quale, accostando Giovanni di Salisbury a Berkeley, è secondo Grellard «assez contestable» (GRELLARD, *Jean de Salisbury*, pp. 71, 85).

[13] GRELLARD, *Jean de Salisbury*, p. 85: «D'une part, en effet, l'autorité de la foi nous enjoint à adhérer à une forme augustinienne de platonisme chrétien, où l'idée revêt un statut d'exemplaire, à la fois dans son être et dans son action causale; d'autre part, néanmoins, cette injonction à être augustinien est limitée par l'impossibilité où nous nous trouvons, en tant que mortels faillibles, à nous élever jusqu'à la connaissance d'objets si hauts. C'est donc la structure de fait de nos facultés qui nous contraint à

alcuni aspetti simile vada anche il contributo di Roberto Pinzani, che analizza in dettaglio *Metalogicon* II, 20[14], anche se lo studioso non si rifà esplicitamente allo scetticismo del Saresberiense. Pinzani ritiene che vi sia un duplice movimento nelle spiegazioni di Giovanni: da un lato, la ricerca di un fondamento ontologico per le nostre concezioni; dall'altro, la riduzione psicologica o concettualista di quanto di positivo viene detto sugli universali[15]. A conclusione del percorso si può affermare che «Giovanni abbia cercato di consolidare una posizione di rigido nominalismo (in senso moderno) su un'isola circondata da cose più o meno mostruose»: fantasie, similitudini, esemplari nella mente dell'uomo, *cogitabilia*, *monstra*, tipi esemplari, cose per così dire, *qualia*, *quale quid*, relazioni, *conformitates*, *imagines*, *figmenta*, *cicadationes*, esemplari[16].

être nominalistes, et à réduire l'idée à une construction de l'esprit dont la fonction est principalement instrumentale, en ce qu'elle autorise l'enquête scientifique sur la nature en permettant la formation d'énoncés universels révisables. L'accord potentiel entre la vérité platonicienne et la méthode nominaliste restant hors de notre portée, l'idée archétype n'est rien d'autre que l'idéal régulateur d'une science de part en part empiriste et nominaliste, qui fait de l'idée une fiction».

[14] *Cf.* R. PINZANI, «Giovanni di Salisbury sugli universali», *Documenti e studi sulla tradizione filosofica medievale*, 25 (2014) 463-491, specialmente pp. 474-491.

[15] *Cf. ibi*, pp. 478-479.

[16] *Ibi*, pp. 489-490; *cf.* anche *ibi*, p. 490: «tutto questo elaborato percorso può avere un senso solo se lo si considera una ricerca di un *quid* (*quale*) correlato all'immagine o al concetto mentale». Il termine φαντασίαι è utilizzato nel primo commento di Boezio all'*Isagoge*, in particolare nell'analisi della prima delle questioni di Porfirio: *cf.* Boethius, *In Isagogen Porphyrii editio prima*, ed. BRANDT, I, 10, p. 25.10. Quanto a '*monstra*', traduzione del termine aristotelico τερετίσματα (*Analytica Posteriora*, I, 22, 83a33, ed. W. D. ROSS, Clarendon Press, Oxford 1949; *Analytica Posteriora*, translatio Iacobi, ed. L. MINIO-PALUELLO et B. G. DOD, Desclée De Brouwer, Bruxelles – Paris 1968 [*AL*, 4, 1-4], pp. 1-107, in particolare p. 46.23), il termine compare in un passo famoso di *Met*. II, 20, nel quale si citano (anche se il termine 'citare' potrebbe non essere del tutto esatto) due traduzioni degli *Analitici posteriori* (quella di Giacomo Veneto, in '*monstra*', e una seconda traduzione, di un certo "Giovanni", dove τερετίσματα è reso con '*cicadationes*': *Analytica Posteriora*, tr. anonyma siue 'Ioannis', ed. L. MINIO-PALUELLO, Desclée De Brouwer, Bruxelles – Paris 1968 [*AL*, 4, 1-4], pp. 109-183, in particolare p. 141.10): *cf. Met*. II, 20.397-399: «Gaudeant – inquit Aristotiles – species. Monstra enim sunt, uel secundum nouam translationem cicadationes, aut si sunt nihil ad rationem» (punteggiatura modificata). *Cf.* su questo BLOCH, *John of Salisbury*, pp. 33-43 e 123-173 (secondo Bloch, è probabile che Giovanni non avesse letto l'interezza degli *Analitici posteriori* e disponesse invece di un compendio); ID., «Monstrosities and

2. GIOVANNI DI SALISBURY

È in questo contesto, e in confronto con questa trattazione, che si devono considerare le descrizioni di posizioni sugli universali di *Metalogicon* II, 17 e 20 e di *Policraticus* VII, 12.

2.1. Metalogicon *II, 17*

L'analisi di *Metalogicon* II, 17 che qui si propone è suddivisa in due parti: in primo luogo si prenderanno in considerazione alcune caratteristiche generali del passo, e in seguito si procederà a un'analisi più dettagliata delle posizioni che Giovanni vi presenta[17].

2.1.1. «Una litania di errori»: caratteristiche generali di Metalogicon *II, 17*

Metalogicon II, 17 comprende una lista di opinioni sugli universali: generalmente, si contano nove opinioni, a ciascuna delle quali è dedicato un paragrafo di lunghezza variabile. Nel seguito, si utilizzeranno le sigle M1-M9 per riferirsi sia a ciascuna delle posizioni citate nel capitolo sia alla sezione di testo che la presenta. La lista di Giovanni segue, almeno grosso modo, una struttura costante, della quale si possono individuare cinque caratteristiche.

Twitterings: A Note on the Early Reception of the *Posterior Analytics*», *Cahiers de l'Institut du Moyen-Âge Grec et Latin*, 79 (2010) 1-6.

[17] Alcuni articoli recenti propongono uno studio di questo celebre capitolo: *cf.* C. GIRAUD – C. MEWS, «John of Salisbury and the Schools of the 12th Century», in GRELLARD – LACHAUD (edd.), *A Companion to John of Salisbury*, pp. 31-62, specialmente pp. 56-57; PINZANI, «Giovanni di Salisbury», pp. 466-473; A. TURSI, «Nueve tesis sobre los universales según *Policraticus* y *Metalogicon* de Juan de Salisbury», *Patristica et Mediaevalia*, 32 (2011) 38-50 e Y. IWAKUMA, «Influence», in BROWER – GUILFOY (edd.), *The Cambridge Companion to Abelard*, pp. 305-335 (in particolare pp. 307-314). Per studi precedenti, *cf.* PRANTL, *Storia della logica in Occidente*, II, pp. 216-219; HENDLEY, «John of Salisbury», pp. 290-292; MAIOLI, *Gli universali. Storia antologica*, pp. 349-374 (con traduzione in italiano). Oltre alle traduzioni integrali del *Metalogicon* citate *supra*, p. 29 n. 1, e a quella di Maioli appena ricordata, esiste anche una traduzione di *Met.* II, 17, realizzata da Sofia Vanni Rovighi, in *Grande Antologia Filosofia*, diretta da U. A. PADOVANI, IV. *Il pensiero cristiano (La scolastica)*, Marzorati Editore, Milano 1954, pp. 719-721.

La prima caratteristica è che Giovanni apre la descrizione di ciascuna posizione con un pronome indefinito o dimostrativo (ad esempio 'un altro', 'questo', 'quello')[18], che senza farne il nome si riferisce a un maestro, anonimo o generico, sostenitore dell'opinione in questione. Nel presentare la teoria, poi, Giovanni oscilla tra il singolare del pronome indefinito e un plurale generico, che sembra fare riferimento a un gruppo di persone sostenitrici della tesi. I pronomi utilizzati all'inizio di ciascuna posizione sono: M1) *alius*; M2) *alius*; M3) *alius*; M4) *hic*; M5) *ille*; M6) *alius* (nell'espressione "*porro alius*"); M7) *alius* (nell'espressione "*est et alius qui*"); M8) *aliquis* (nell' espressione "*est aliquis qui*"); M9) *qui* (nell'espressione "*nec deest qui*").

In secondo luogo, il Saresberiense fornisce in genere una breve presentazione dell'opinione: segnala alcune parole chiave, e in alcuni casi riporta citazioni dalle autorità in favore della teoria, o brevi argomenti dei sostenitori.

In terzo luogo, la posizione dell'anonimo maestro indicato dal pronome indefinito o dimostrativo è collegata al nome di un maestro famoso, presentato come il rappresentante principale dell'opinione. Sono citati: Roscellino (*Roscelinus*), Abelardo (*Peripateticus Palatinus Abaelardus noster*), Gualtiero di Mortagne (*Gauterus de Mauritania*), Bernardo di Chartres (*Bernardus Carnotensis*), Gilberto di Poitiers (*Gillebertus episcopus Pictavensis*) e Joscelin di Soissons (*Gauslenus Suessionensis*). Il minimo che si possa affermare riguardo a questa lista di nomi è che Giovanni cita alcuni tra i maestri più celebri della prima metà del XII secolo. Tuttavia, uno sguardo alla cronologia evidenzia che, all'epoca in cui Giovanni scriveva il *Metalogicon*, questi erano nomi di maestri del passato. Nel 1158/1159, anni a cui è datata la composizione dell'opera[19], erano passati quasi vent'anni dalla morte di Abelardo e dalla fine dell'insegnamento di Gilberto di Poitiers, entrambi maestri di Giovanni negli anni Trenta-Quaranta; altri fra i personaggi citati, come Bernardo di Chartres e Roscellino, risalgono a più addietro ancora, ed erano stati maestri dei maestri di Giovanni[20]. La lista del *Metalogicon* descrive

---

[18] L'ultimo caso, M9, che si apre con un pronome relativo, è incerto: *cf. infra*, pp. 61-65.

[19] *Cf.* NEDERMAN, *John of Salisbury*, p. 63 e Ch. GRELLARD – F. LACHAUD, «Introduction», in GRELLARD – LACHAUD (edd.), *A Companion to John of Salisbury*, pp. 1-28, specialmente p. 17.

[20] Bernardo di Chartres, in particolare, è ricordato come maestro di Guglielmo di Conches e di Riccardo 'Vescovo', maestri di Giovanni, in *Met.* I, 24 (p. 54.116-120); Roscellino, com'è noto, era stato maestro di Abelardo.

dunque una situazione contemporanea, o addirittura anteriore, all'epoca in cui Giovanni studiò a Parigi (1136-1147)[21].

Una quarta caratteristica della lista del *Metalogicon* è il frequente riferimento al successo (scarso) di cui la posizione descritta gode all'epoca in cui l'autore scrive. A parte il caso di Abelardo, Giovanni in genere sottolinea che l'opinione ha del tutto perso credibilità e manca di sostenitori.

Infine, in diversi casi si individua la presenza di un quinto elemento, vale a dire alcune brevi osservazioni personali dell'autore (in genere critiche) sulla posizione in esame. Come ha giustamente notato Guilfoy, e alla luce delle precedenti osservazioni, l'intera lista è già una «litania di errori» che i maestri citati avrebbero commesso[22]; sembra dunque che Giovanni riservi l'aggiunta di un'ulteriore nota critica a quelle posizioni con le quali era particolarmente in disaccordo.

Queste cinque caratteristiche (apertura con pronome indefinito o dimostrativo; parole chiave; menzione di un maestro; successo presente; critica) non sono presenti nella descrizione di ogni opinione, né sempre nello stesso ordine. Passiamo ora a un esame più particolareggiato di ciascuna delle opinioni.

2.1.2. Nove (?) teorie sugli universali

Metalogicon II, 17 comprende, come si è detto, una lista di diverse posizioni, sul cui numero vi è qualche ambiguità: si tratta infatti o di nove o di otto (il dubbio riguarda l'ultima, M9). Consideriamole più nel dettaglio.

(M1) TEORIA DELLE *VOCES* (*Met*. II, 17, ed. HALL, p. 81.18-20). La prima delle teorie citate è associata a Roscellino. Giovanni si limita ad affermare che «uno» (maestro anonimo) «si colloca sul piano dei suoni vocali»

---

[21] Sui maestri di Giovanni di Salisbury, descritti in *Met*. II, 10 (e la dibattuta questione dell'esistenza della scuola di Chartres), *cf.* GIRAUD – MEWS, «John of Salisbury and the Schools», pp. 32-47; NEDERMAN, *John of Salisbury*, pp. 4-11; BLOCH, *John of Salisbury*, pp. 1-25; K. S. B. KEATS-ROHAN, «The Chronology of John of Salisbury's Studies in France: a Reading of *Metalogicon* II.10», *Studi Medievali*, 3ª serie, 28 (1987) 193-203; EAD., «John of Salisbury and Education in Twelfth-Century Paris from the Account of his *Metalogicon*», *History of Universities*, 6 (1986-1987) 1-45; O. WEIJERS, «The Chronology of John of Salisbury's Studies in France (*Metalogicon*, II.10)», in WILKS (ed.), *The World of John of Salisbury*, pp. 109-116.

[22] GUILFOY, «John of Salisbury», § 4.2.

(*consistit in vocibus*), e che tale posizione «ormai è quasi completamente scomparsa con il suo Roscellino»[23]. Secondo il passo, dunque: la tesi descritta afferma che gli universali sono *voces*, ossia suoni vocali; il maestro di riferimento è Roscellino; la teoria scompare pressoché del tutto con la morte di Roscellino e quando Giovanni scrive, alla fine degli anni Cinquanta, appartiene ormai al passato[24]. La descrizione della posizione di Roscellino fornita dal passo è in accordo con le altre fonti che discutono la dottrina degli universali del maestro, e in particolare con l'*Epistola de incarnatione Verbi ad Vrbanum Papam* di Anselmo di Canterbury (dove, in un passo famoso, Anselmo descrive la posizione di quei «dialettici del nostro tempo» o «eretici della dialettica», con cui intende riferirsi a Roscellino, che sostengono che gli universali sono *flatus vocis*) e con la *Dialectica* di Abelardo (dove, parlando di Roscellino, Abelardo afferma che considerava le specie come *voces* soltanto: «solis uocibus species [...] adscribebat»)[25].

---

[23] *Met.* II, 17 (ed. HALL, p. 81.18-20) *[M1: teoria delle voces]*: «Alius ergo consistit in uocibus, licet haec opinio cum Roscelino suo fere omnino iam euanuerit» (punteggiatura modificata).

[24] Ponendo l'accento sul 'quasi', Jean Jolivet afferma («Trois variations médiévales sur l'universel et l'individu: Roscelin, Abélard, Gilbert de la Porrée», *Revue de Métaphysique et de Morale*, 1 [1992] 111-155, in particolare p. 116): «Jean de Salisbury écrivait avant 1160 qu'elle avait "*presque* entièrement disparu", ce qui veut dire qu'elle existait encore du vivant d'Abélard et même quelque temps après sa mort»; complessivamente, però, l'espressione di Giovanni intende sottolineare più la scomparsa che il permanere della teoria.

[25] *Cf.* Anselmus Cantuariensis, *Epistola de incarnatione verbi*, recensio secunda, ed. F. S. SCHMITT in *S. Anselmi Cantuariensis archiepiscopi opera omnia*, II, Nelson, Edinburgh 1946, pp. 3-35, in particolare p. 9.21-22: «illi utique nostri temporis dialectici, immo dialecticae haeretici, qui non nisi flatum uocis putant uniuersales esse substantias»; Petrus Abaelardus, *Dialectica*, ed. L.-M. DE RIJK, Van Gorcum – Hak – Prakke, Assen 1956, pp. 554.37-555.2: «Fuit autem, memini, magistri nostri Roscellini tam insana sententia ut nullam rem partibus constare uellet, sed sicut solis uocibus species, ita et partes adscribebat». Si veda inoltre la lettera di Roscellino ad Abelardo (edita in REINERS, *Der Nominalismus*, pp. 63-80); le fonti raccolte e tradotte da MAIOLI, *Gli universali. Storia antologica*, pp. 163-179 e da L. GENTILE, *Roscellino di Compiègne e il problema degli universali*, Editrice Itinerari, Lanciano 1975, pp. 174-269; e il commento *P7*, che Yukio Iwakuma ritiene sia l'opera di un *vocalis*, forse Roscellino, in Y. IWAKUMA, «'Vocales,' or Early Nominalists», *Traditio*, 47 (1992) 37-111, specialmente pp. 57-62, 74-102. *Cf.* inoltre, F. PICAVET, *Roscelin philosophe et théologien d'après la légende et d'après l'histoire. Sa place dans l'histoire générale*

2. GIOVANNI DI SALISBURY

(M2) TEORIA DEI *SERMONES* (*Met.* II, 17, ed. HALL, p. 81.20-29)[26]. La seconda posizione è collegata al nome di Abelardo e il termine chiave della teoria è '*sermones*', «parole». Solo poche informazioni sono riportate sulle tesi della teoria: i suoi sostenitori non accettano che *una cosa* sia predicata di una cosa, ossia che il predicato di una proposizione sia una cosa. Giovanni ammette però un legame con questa posizione: i seguaci della teoria sono definiti «amici mei» e Abelardo è chiamato «noster» (perché, come si sa da *Metalogicon* II, 10.4-6, Abelardo fu uno dei maestri di Giovanni). Ciononostante, il giudizio del Saresberiense è del tutto negativo: egli insiste che la posizione distorce il senso letterale dei testi

---

et comparée des philosophies médiévales, Alcan, Paris 1911 (edizione ampliata rispetto all'originale del 1896); H. C. MEIER, *Macht und Wahnwitz der Begriffe. Der Ketzer Roscellinus*, Ebertin Verlag, Aalen 1974; GENTILE, *Roscellino di Compiègne*; E.-H. W. KLUGE, «Roscelin and the Medieval Problem of Universals», *Journal of the History of Philosophy*, 14 (1976) 405-414; JOLIVET, «Trois variations», pp. 114-128; C. MEWS, «St Anselm and Roscelin: Some New Texts and their Implications. I. The *De incarnatione Verbi* and the *Disputatio inter christianum et gentilem*», *Archives d'histoire doctrinale et littéraire du Moyen Âge*, 58 (1991) 55-98; ID., «Nominalism and Theology before Abaelard: New Light on Roscelin of Compiègne», *Vivarium*, 30 (1992) 4-34; ID., «St Anselm, Roscelin and the See of Beauvais», in D. E. LUSCOMBE – G. R. EVANS (edd.), *Anselm. Aosta, Bec and Canterbury*, Papers in Commemoration of the Nine-Hundredth Anniversary of Anselm's Enthronement as Archbishop, 25 September 1093, Sheffield Academic Press, Sheffield 1996, pp. 106-199; ID., «The Trinitarian Doctrine of Roscelin of Compiègne and its Influence: Twelfth-century Nominalism and Theology Re-considered», in A. DE LIBERA – A. ELAMRANI-JAMAL – A. GALONNIER (éds.), *Langages et philosophie. Hommage à Jean Jolivet*, Vrin, Paris 1997, pp. 347-364; ID., «St Anselm and Roscelin of Compiègne: Some New Texts and their Implications. II. A Vocalist Essay on the Trinity and Intellectual Debate c. 1080-1120», *Archives d'histoire doctrinale et littéraire du Moyen Âge*, 65 (1998) 39-90 (i cinque articoli di Constant Mews sono stati ripubblicati in ID., *Reason and Belief in the Age of Roscelin and Abelard*, Ashgate, Aldershot 2002, VI-X); ERISMANN, «The Trinity, Universals, and Particular Substances»; LORENZETTI, «Parole, concetti, cose», pp. 58-64.

[26] *Met.* II, 17 (ed. HALL, p. 81.20-29) *[M2: teoria dei sermones]*: «Alius sermones intuetur, et ad illos detorquet quicquid alicubi de uniuersalibus meminit scriptum. In hac autem opinione deprehensus est Peripateticus Palatinus Abaelardus noster, qui multos reliquit, et adhuc quidem aliquos habet professionis huius sectatores et testes. Amici mei sunt, licet ita plerumque captiuatam detorqueant litteram, ut uel durior animus miseratione illius moueatur. Rem de re praedicari monstrum ducunt, licet Aristotiles monstruositatis huius auctor sit, et rem de re saepissime asserat praedicari. Quod palam est, nisi dissimulent, familiaribus eius».

(*cf.* il verbo '*detorquere*', usato due volte) ed è in contraddizione con Aristotele, dato che proprio a questi si deve l'affermazione che una cosa è predicata di una cosa[27]. In conclusione, i sostenitori della teoria dei *sermones* «fingono»: o una familiarità con Aristotele che non possiedono, o che Aristotele abbia sostenuto la loro teoria, quando invece ha fatto il contrario. Giovanni aggiunge che Abelardo «lasciò molti <seguaci>» (alla sua morte, o al termine del suo insegnamento) e che ancora oggi, cioè alla fine degli anni Cinquanta, vi sono seguaci o perlomeno testimoni della sua posizione: si tratta dell'unica teoria della lista della quale Giovanni affermi che gode ancora di un certo successo.

L'attribuzione ad Abelardo di una teoria degli universali come *sermones* non solleva difficoltà: ciò, anzi, è in accordo con quanto si legge sugli universali nella *Logica 'Nostrorum Petitioni Sociorum'* (opera oggi non più ascritta direttamente ad Abelardo, ma che riporta materiale abelardiano, in modo particolarmente fedele per la sezione sugli universali: *cf.* capitolo 3). In opere cronologicamente precedenti, in particolare nella *Logica 'Ingredientibus'*, Abelardo aveva definito gli universali come *voces*; in seguito, la *LNPS* precisa che gli universali non sono *voces*, ma *sermones*. Con questo nuovo termine, si intende sottolineare il fatto che gli universali sono parole in quanto *portatrici di significato*, mentre il termine '*vox*' viene riservato a indicare l'aspetto materiale della parola (la parola come suono vocale, proferito). *Vox* e *sermo* sono una stessa cosa *in essentia*, perché nella realtà esiste un'unica cosa che è al contempo suono vocale ed espressione dotata di significato: il primo termine, però, sottolinea la materialità della parola, aspetto per cui essa è una cosa naturale; con il secondo, invece, si pone l'accento sulla capacità di quel suono materiale di significare qualcosa (caratteristica che non è naturale, ma il frutto di una convenzione). Secondo l'interpretazione di John Marenbon e già di Jean Jolivet, l'evoluzione della terminologia di Abelardo sugli universali da '*voces*' a '*sermones*' non segna una svolta nella teoria di Abelardo, ma solo il definirsi e precisarsi di un pensiero che rimane sostanzialmente coerente[28].

---

[27] *Cf.* Aristoteles, *De interpretatione*, 7, 17a38-17b2, un passo spesso citato fra le autorità che supportano le tesi realiste (tr. Boethii, *AL*, pp. 9.21-10.3): «Quoniam autem sunt haec quidem *rerum* uniuersalia, illa uero singillatim (dico autem uniuersale quod in pluribus natum est praedicari, singulare uero quod non, ut 'homo' quidem uniuersale, 'Plato' uero eorum quae sunt singularia) [...]» (corsivo mio); si veda anche *Met.* II, 20.494-496.

[28] *LNPS* p. 522.17-31: «Quid enim aliud est natiuitas sermonum siue nominum, quam hominum institutio? Hoc enim quod est nomen siue sermo, ex hominum

La soluzione del problema degli universali di *LI* pp. 16.19-32.12 e *LNPS* pp. 522.10-533.9 ha suscitato grande attenzione da parte degli studiosi[29], che tendono a essere concordi nel definirla una soluzione "non-realista"[30]. Riassumiamo brevemente alcuni degli aspetti fondamentali

institutione contrahit. Vocis uero, siue rei natiuitas quid aliud est quam naturae creatio, cum proprium esse rei siue uocis sola operatione naturae consistat? Itaque natiuitas uocis et sermonis diuersitas, etsi penitus in essentia identitas. Quod diligentius exemplo declarari potest. Cum idem penitus sit hic lapis et haec imago, alterius tamen opus est iste lapis et alterius haec imago. Constat enim a diuina substantia statum lapidis solummodo posse conferri, statum uero imaginis hominum comparatione posse formari. Sic ergo sermones uniuersales esse dicimus, cum ex natiuitate, id est ex hominum institutione, praedicari de pluribus habeant; uoces uero siue res nullatenus uniuersales esse, etsi omnes sermones uoces esse constat». Sulla distinzione *vox/sermo* in Abelardo, *cf.* in particolare J. Jolivet, *Arts du langage et théologie chez Abélard*, Vrin, Paris 1982² (ed. or. 1969), pp. 69-71; Id., *Abélard ou la philosophie dans le langage*, Seghers, Paris 1969, pp. 55-58; King, *Peter Abailard*, I, pp. 288-301; I. Wilks, «Peter Abelard and the Metaphysics of Essential Predication», *Journal of the History of Philosophy*, 36 (1998) 365-385, in particolare pp. 373-376; Marenbon, *The Philosophy*, pp. 176-180; Id., «Life, milieu», p. 34; P. King, «Metaphysics», in Brower – Guilfoy (edd.), *The Cambridge Companion to Abelard*, pp. 65-125, specialmente pp. 91-92; K. Jacobi, «Philosophy of language», *ibi*, pp. 126-157, in particolare p. 135; J. Marenbon, «Abelard's Theory of Universals», in Gh. Guigon – G. Rodríguez-Pereyra (edd.), *Nominalism about Properties. New Essays*, Routledge, New York – London 2015, pp. 38-62, specialmente pp. 51-52. Il cambiamento da '*voces*' a '*sermones*' è invece ritenuto cruciale in L.-M. De Rijk, «The Semantical Impact of Abailard's Solution of the Problem of Universals», in R. Thomas (hrsg.), *Petrus Abaelardus (1079-1142). Person, Werk und Wirkung*, Paulinus Verlag, Trier 1980, pp. 139-151; T. Shimizu, «From Vocalism to Nominalism: Progression in Abaelard's Theory of Signification», *Didascalia*, 1 (1995) 15-46.

[29] *Cf.* in particolare Marenbon, *The Philosophy*, pp. 174-209 (quanto si legge alle pp. 195-201 è stato oggetto di una ritrattazione in Id., «Abelard on *Differentiae*: How Consistent is His Nominalism?», *Documenti e studi sulla tradizione filosofica medievale*, 19 [2008] 179-190) e Id., «Abelard's Theory of Universals»; *cf.* inoltre M. M. Tweedale, *Abailard on Universals*, North-Holland Publishing Company, Amsterdam – New York – Oxford 1976, pp. 135-304; Ch. Maloney, «Abailard's Theory of Universals», *Notre Dame Journal of Formal Logic*, 23 (1982) 27-38; de Libera, *L'Art des généralités*, pp. 281-498; Marenbon, «Life, milieu», pp. 27-34; Jacobi, «Philosophy of language», pp. 134-137; King, *Peter Abailard*, I, pp. 273-515; Id., «Abelard's Answers to Porphyry», *Documenti e studi sulla tradizione filosofica medievale*, 18 (2007) 249-270; B. Michel, «Abélard face à Boèce. Entre nominalisme et réalisme, une réponse singulière au questionnaire de Porphyre», *Archives d'histoire doctrinale et littéraire du Moyen Âge*, 78 (2011) 131-178.

[30] La soluzione di Abelardo al problema degli universali, dopo essere stata qualificata come "concettualista", "nominalista" e "vocalista", è oggi spesso definita

della soluzione abelardiana. Secondo il maestro palatino l'universale è una parola significativa, ossia un suono vocale che (attraverso una *impositio*) è stato investito della capacità di significare. Il termine universale *significa* x, ossia produce un pensiero (*intellectus*) di x nella mente dell'ascoltatore, ma *nomina* le cose individuali, che sono le sole cose esistenti nel mondo (si può anche affermare che *significa nominando* le cose individuali, prendendo in un'accezione più ampia il termine 'significare', che in senso stretto dovrebbe essere riservato alla generazione di *intellectus*, e non alla significazione delle cose)[31]. Che cosa esattamente sia lo x di cui il termine universale genera un pensiero, ossia che cosa sia il *contenuto* del pensiero generato dal termine universale, è oggetto di due diverse teorie, molto controverse, che possiamo descrivere a grandi linee. In una prima versione della discussione, nella *LI*, Abelardo afferma che x è una *communis conceptio* (*cf. LI* p. 24.1), ossia un'immagine o forma, confusa e comune, di più (*LI* p. 21.30: «communem et confusam imaginem multorum»); secondo la teoria di *LNPS*, invece, x è un contenuto *astratto* a partire dalle cose sensibili[32]. Ora, la giustificazione più importante che una teoria secondo la quale gli universali sono parole deve fornire è proprio quella del legame con la realtà effettiva, extra-mentale. (Gli universali sono parole che sono predicate con verità di alcuni individui: il punto non è spiegare

con il termine negativo di "non-realista", che si è imposto in particolare grazie agli studi di Jean Jolivet, e sottolinea l'insistenza del maestro di Le Pallet nel negare che esistano res in alcun modo universali. *Cf.* JOLIVET, *Arts du langage et théologie*, pp. 85-105 (in particolare p. 89); ID., «Non-réalisme et platonisme chez Abélard. Essai d'interprétation», in *Abélard en son temps*, Actes du Colloque International organisé à l'occasion du 9ᵉ centenaire de la naissance de Pierre Abélard (14-19 Mai 1979), Les Belles Lettres, Paris 1981, pp. 175-195; ID., «Note sur le "non-réalisme" d'Abélard», in ID., *Perspectives médiévales et arabes*, Vrin, Paris 2006, pp. 85-92. Marenbon in «Abelard's Theory of Universals», p. 47, propone che la teoria di Abelardo sia una sorta di "resemblance nominalism" (con espressione ispirata a G. RODRÍGUEZ-PEREYRA, *Resemblance Nominalism. A Solution to the Problem of Universals*, Oxford University Press, Oxford 2002).

[31] *LI* p. 19.7-13: «Nam et res diuersas per nominationem quodammodo *[il soggetto è uniuersalia]* significant, non constituendo tamen intellectum de eis surgentem, sed ad singulas pertinentem. Vt haec uox 'homo' et singulos nominat ex communi causa, quod scilicet homines sunt, propter quam uniuersale dicitur, et intellectum quendam constituit communem, non proprium, ad singulos scilicet pertinentem, quorum communem concipit similitudinem».

[32] *Cf.* MARENBON, *The Philosophy*, pp. 184-190.

una frase grammaticalmente corretta, ma falsa, come "Socrate è una pietra", ma il fatto che alcuni termini universali si predichino di un individuo o delle specie inferiori con verità, come in "Socrate è uomo".) La referenza dei termini universali secondo una teoria realista non è difficile da giustificare: la parola universale si riferisce alla *res* universale. Ma in una teoria dove gli universali sono parole, cosa garantisce che il pensiero generato dal termine universale sia valido, ossia che l'*intellectus* che il termine universale produce non sia vano o casso? Secondo Abelardo, tale validità è garantita dagli *status* delle cose individuali. Lo *status* è la causa comune per la quale un nome universale è imposto (con validità) a una data cosa individuale. Ad esempio, lo *status hominis*, o esser-uomo (*esse hominem*) è lo *status* di certe cose (individuali) nel mondo, e la causa per cui esse sono correttamente chiamate 'uomini'[33]. Si può dire che gli *status* sono modi di essere delle cose[34]. Lo

---

[33] *LI* pp. 19.21-20.14: «Singuli homines discreti ab inuicem, cum in propriis differant tam essentiis quam formis, ut supra meminimus rei physicam inquirentes, in eo tamen conueniunt, quod homines sunt. Non dico in homine, cum res nulla sit homo nisi discreta, sed in esse hominem. Esse autem hominem non est homo nec res aliqua, si diligentius consideremus, sicut nec non esse in subiecto res est aliqua nec non suscipere contrarietatem uel non suscipere magis et minus, secundum quae tamen Aristoteles omnes substantias conuenire dicit. Cum enim in re, ut supra monstratum, nulla possit esse conuenientia, si qua est aliquorum conuenientia, secundum id accipienda est, quod non est res aliqua, ut in esse hominem Socrates et Plato similes sunt, sicut in non esse hominem equus et asinus, secundum quod utrumque non-homo uocatur. Est itaque res diuersas conuenire eas singulas idem esse uel non esse, ut esse hominem uel album uel non esse hominem uel non esse album. Abhorrendum autem uidetur, quod conuenientiam rerum secundum id accipiamus, quod non est res aliqua, tamquam in nihilo ea quae sunt uniamus, cum scilicet hunc et illum in statu hominis, id est in eo quod sunt homines, conuenire dicimus. Sed nihil aliud sentimus, nisi eos homines esse, et secundum hoc nullatenus differre, secundum hoc, inquam, quod homines sunt, licet ad nullam uocemus essentiam. Statum autem hominis ipsum esse hominem, quod non est res, uocamus, quod etiam diximus communem causam impositionis nominis ad singulos, secundum quod ipsi ad inuicem conueniunt. Saepe autem causae nomine ea quoque quae res aliqua non sunt, appellamus, ut cum dicitur: Verberatus est, quia non uult ad forum. Non uult ad forum, quod ut causa ponitur, nulla est essentia. Statum quoque hominis res ipsas in natura hominis statutas possumus appellare, quarum communem similitudinem ille concepit, qui uocabulum imposuit».

[34] Secondo l'espressione di KLUGE, «Roscelin and the Medieval Problem», p. 413: «Abelard asserts that there are no universals *in re*; that whatever exists is particular; and that things agree not in having a common constituent or factor responsible for the application of one and the same term, but in the manner of their being: their *status*».

status, in altre parole, è la controparte ontologica del termine universale e soprattutto, precisa Abelardo, lo *status* non è una cosa (non vi sono dunque in alcun modo cose universali o comuni: tutto ciò che esiste è individuale).

(M3) TEORIA DELL'*INTELLECTVS* (O DELLA *NOTIO*) (*Met*. II, 17, ed. HALL, p. 81.29-36)[35]. A differenza delle altre posizioni della lista (eccezion fatta per M8-M9), la terza teoria non è collegata al nome di nessun maestro celebre. La parola chiave è '*intellectus*': secondo la descrizione del *Metalogicon*, i sostenitori di questa teoria affermano che gli universali sono degli *intellectus*. Giovanni riporta anche una sorta di ragionamento che si potrebbe attribuire ai sostenitori della teoria, e che comporta una seconda parola chiave, '*notio*'. Tale ragionamento si può suddividere in tre parti (a-c): (a) Cicerone e Boezio affermano che, secondo Aristotele, le specie sono «nozioni» (*notiones*); (b) prima definizione di *notio*: «nozione è la conoscenza, bisognosa di esplicitazione, di ciascuna cosa, a partire da una forma percepita in precedenza»; (c) seconda definizione di *notio*: «la nozione è un concetto (*intellectus*) e una semplice concezione dell'animo»[36].

Maioli spiega che lo *status* non è una cosa ma una «condizione ontologica» (MAIOLI, *Gli universali. Storia antologica*, p. 239; *ibidem*: «Lo "status" quindi fa riferimento e rimando ad una "natura". Per "natura" Abelardo, alquanto genericamente, intende la "costituzione delle cose", il fondamento non del loro essere questo, o quest'altro, ma del loro essere tale o tal'altro [essere uomo, essere cavallo, ecc.]. "A ciascuna cosa la sua natura permette di essere uomo o di non esserlo"»; Maioli ritiene che vi sia qui una carenza nella spiegazione di Abelardo, la quale a suo avviso non è sufficientemente sviluppata sul piano della metafisica del concreto, ossia dell'analisi ontologica della struttura del reale, e non fornisce dunque delucidazioni su che cosa si intenda per natura delle cose: *cf.* anche *ibi*, pp. 263-264). Su *status*, *cf.* anche *infra*, capitolo 6, pp. 270-274.

[35] *Met*. II, 17 (ed. HALL, p. 81.29-36) *[M3: teoria dell'*intellectus *(o della* notio*)]*: «Alius uersatur in intellectibus, et eos dumtaxat genera dicit esse et species. Sumunt enim occasionem a Cicerone et Boetio, qui Aristotilem laudant auctorem, quod hae credi et dici debeant notiones. Est autem ut aiunt notio ex ante percepta forma cuiusque rei cognitio, enodatione indigens. Et alibi. Notio est quidam intellectus, et simplex animi conceptio. Eo ergo deflectitur quicquid scriptum est, ut intellectus aut notio uniuersitatem uniuersalium claudat».

[36] *Notio* è la resa latina del termine greco ἔννοια; *cf.* Cicero, *Topica*, 7, 31, ed. T. REINHARDT, Oxford University Press, Oxford 2003, p. 130.13-14 («Notionem appello quod Graeci tum ἔννοιαν tum πρόληψιν»); Id., *Tusculanae Disputationes*, I, 24, 57, ed. M. GIUSTA, Paravia, Torino 1984, p. 44.15 («notiones, quas ἐννοίας uocant»); Boethius, *In Topica Ciceronis commentariorum libri sex*, III, *PL* 64, col. 1106 A-C; Id., *Consolatio philosophiae*, V, pr. 4, 36, ed. C. MORESCHINI, editio altera,

Da questo, e in particolare da (a) e (c), si può trarre la conseguenza che gli universali sono concetti, *intellectus*[37]. In modo simile a quanto avviene in M2, Giovanni critica i sostenitori della teoria dell'*intellectus* con l'accusa di piegare il testo scritto «in modo che il concetto (*intellectus*) o la nozione (*notio*) racchiudano l'insieme degli universali».

Nonostante le critiche mosse da Giovanni alla teoria, essa è per certi aspetti simile a quanto egli stesso sostiene sugli universali in *Metalogicon* II, 20[38], ove insiste sul fatto che gli universali non sono cose, ma concetti e astrazioni. Questa constatazione, unita al fatto che la teoria M3 non ha un propugnatore esplicito, e che in II, 20 il Saresberiense si riferisce di nuovo alle teorie di II, 17 per criticarle, ma senza citare la teoria M3[39], ha fatto pensare che la teoria dell'*intellectus* qui descritta possa coincidere con la posizione dello stesso Giovanni di Salisbury[40]. Contro questa interpretazione, però, si può ricordare che la teoria M3 è descritta nel contesto di una lista di posizioni erronee e costituisce l'esempio di un metodo di insegnamento fallace: sembra improbabile che Giovanni intendesse includere se stesso in tale elenco. Una teoria che sostiene che gli universali sono concetti (*intellectus*) è ricordata, come si vedrà più in dettaglio, sia nella *Logica 'Nostrorum Petitioni Sociorum'*, sia nel commento anonimo all'*Isagoge P17*[41]. Un riferimento a una teoria che considera gli universali come *notiones* si trova nelle *Glosse* di Guglielmo di

Saur, München – Leipzig 2005, p. 150.105 (*cf. infra*, p. 46 n. 42) e Augustinus, *De civitate dei*, VIII, 7, ed. B. DOMBART et A. KALB, Brepols, Turnhout 1955 (*CCL*, 47), p. 224.9-10. Per osservazioni su queste fonti, si veda C. H. KNEEPKENS, «Clarembald of Arras and the *Notionistae*», in J. BIARD – I. ROSIER-CATACH (éds.), *La tradition médiévale des Catégories (XIIe-XIVe siècles)*, Actes du XIIIe Symposium européen de logique et de sémantique médiévales (Avignon, 6-10 juin 2000), Éditions de l'Institut Supérieur de Philosophie – Peeters, Louvain-la-Neuve – Paris 2003, pp. 105-126, specialmente pp. 106-108.

[37] Secondo Jean Jolivet, il termine sottolinea l'aspetto psicologico della conoscenza: *cf.* JOLIVET, *Abélard ou la philosophie*, p. 49.

[38] *Cf. supra*, pp. 31-34.

[39] *Cf. infra*, pp. 66-67.

[40] *Cf.* PRANTL, *Storia della logica in Occidente*, II, p. 223; GUILFOY, «John of Salisbury», § 4.2. Oltre all'ipotesi che M3 si riferisca alla posizione di Giovanni, Bruno Maioli (*Gli universali. Storia antologica*, p. 360 n. 26) ricorda anche altre due ipotesi, a mio avviso meno plausibili: (i) che la teoria sia solo una variante di altre posizioni antirealiste, e non una teoria distinta; (ii) che si riferisca al trattato *De intellectibus* di Abelardo.

[41] *Cf. infra*, capitolo 3.

Conches a *Consolatio* V, pr. 4 (e il termine *notio* si trova nel testo stesso di Boezio) e sembra essere abbracciata da Clarembaldo di Arras[42]. Giovanni potrebbe dunque riferirsi a una di queste posizioni.

[42] Per il legame tra M3, Guglielmo di Conches e Clarembaldo di Arras, si veda in particolare KNEEPKENS, «Clarembald of Arras and the *Notionistae*», pp. 108-126 (come spiega Kneepkens, la posizione descritta da Giovanni si legge in Guglielmo di Conches per esservi criticata: non è infatti condivisa da Guglielmo, che muove da un approccio realista); Guillelmus de Conchis, *Glosae super Boetium*, ed. L. NAUTA, Brepols, Turnhout 1999 (*CCM*, 158), *in Consolationem*, V, pr. 4, p. 329.363-371: «quidam praue intelligentes 'notionem' uocant speciem uel genus, 'rem' uero indiuiduum, et dicunt QVAE NOTIO id est species, CVM SIT VNIVERSALIS, REM id est indiuiduum, TVM ESSE IMAGINABILEM ET SENSIBILEM. Et ita secundum illos haec species homo est quaedam notio, REM uero hic homo. QVOD, id est notionem et rem, ILLA scilicet ratio, CONSIDERAT NON id est nec, quia, quamuis non uideat hominem neque imaginationem eius, id est figuram, tamen considerat quid sit uniuersale et quid non» (punteggiatura modificata); Clarenbaldus Atrebatensis, *Tractatus super librum Boetii* De trinitate, in N. M. HÄRING, *Life and Works of Clarembald of Arras. A Twelfth-Century Master of the School of Chartres*, Pontifical Institute of Mediaeval Studies, Toronto 1965, pp. 63-186, p. 148, § 4. Si veda inoltre Boethius, *Consolatio philosophiae*, ed. MORESCHINI, editio altera, V, pr. 4, §§ 27-37 (pp. 149.80-150.111): «Ipsum quoque hominem aliter sensus, aliter imaginatio, aliter ratio, aliter intellegentia contuetur. Sensus enim figuram in subiecta materia constitutam, imaginatio uero solam sine materia iudicat figuram; ratio uero hanc quoque transcendit speciemque ipsam, quae singularibus inest, uniuersali consideratione perpendit. Intellegentiae uero celsior oculus exsistit; supergressa namque uniuersitatis ambitum, ipsam illam simplicem formam pura mentis acie contuetur. In quo illud maxime considerandum est: nam superior comprehendendi uis amplectitur inferiorem, inferior uero ad superiorem nullo modo consurgit. Neque enim sensus aliquid extra materiam ualet uel uniuersales species imaginatio contuetur uel ratio capit simplicem formam; sed intellegentia quasi desuper spectans concepta forma quae subsunt etiam cuncta diiudicat, sed eo modo quo formam ipsam, quae nulli alii nota esse poterat, comprehendit. Nam et rationis uniuersum et imaginationis figuram et materiale sensibile cognoscit nec ratione utens nec imaginatione nec sensibus, sed illo uno ictu mentis formaliter, ut ita dicam, cuncta prospiciens. Ratio quoque, cum quid uniuersale respicit, nec imaginatione nec sensibus utens imaginabilia uel sensibilia comprehendit. Haec est enim quae conceptionis suae uniuersale ita definit: homo est animal bipes rationale. Quae cum uniuersalis notio sit, tum imaginabilem sensibilemque esse rem nullus ignorat, quod illa non imaginatione uel sensu sed in rationali conceptione considerat. Imaginatio quoque, tametsi ex sensibus uisendi formandique figuras sumpsit exordium, sensu tamen absente sensibilia quaeque conlustrat, non sensibili sed imaginaria ratione iudicandi». *Cf.* anche L. NAUTA, «Introduction», in *Guillelmi de Conchis Glosae super Boetium*, Brepols, Turnhout 1999 (*CCM*, 158), pp. LXX-LXXIV e IWAKUMA, «Influence», p. 331 n. 32. L'importanza

(M4) RIFERIMENTO AL REALISMO E TEORIA DEL *SINGVLARE* (O DELLE *RES SENSIBILES*) (*Met.* II, 17, ed. HALL, pp. 81.37-82.47). Subito dopo la presentazione della teoria dell'*intellectus* o della *notio* in M3, e prima di considerare altre posizioni, Giovanni aggiunge la seguente osservazione, di carattere più generale:

> Eorum uero qui rebus inhaerent multae sunt et diuersae opiniones
> (*Met.* II, 17, p. 81.37-38).

Le posizioni che seguono, dunque, sono accomunate dal fatto di considerare gli universali nell'ambito delle cose (*res*), differenziandosi in questo dalle prime tre posizioni: in effetti, M1, M2 e M3 si riferiscono piuttosto ad aspetti linguistici o mentali (*voces*, *sermones*, *intellectus*), anche se il testo di Giovanni non fornisce elementi ulteriori per raccoglierle entro un genere unico.

A quali posizioni si riferisce Giovanni di Salisbury quando afferma che «Quelli che, invece, stanno attaccati alle cose hanno molte e diverse opinioni»? A tutte le posizioni che seguono (M4-M9), che vengono così qualificate come "realiste", o soltanto ad alcune di esse? Senz'altro, la frase si riferisce a M4 e M5: le due posizioni, infatti, sono collegate tra loro (dall'espressione "questo sostiene..." e "quello sostiene...") e, seguendo immediatamente l'affermazione di Giovanni, ne costituiscono un riferimento indubbio. Più difficile è capire se la qualifica di realista si applichi anche alle posizioni successive: M6 e M7, però, potrebbero anch'esse essere significate dall'affermazione di Giovanni perché, come vedremo, esse presentano gli universali come, rispettivamente, forme native immanenti *alle cose* e collezioni *di cose*. Lo stesso vale per M8 e M9 (per la quale, come si vedrà, può sorgere il dubbio che non si tratti di una posizione autonoma, distinta da M8): sembra infatti che, agli occhi di Giovanni, M8 sia una teoria di scarsa originalità, non del tutto differente da M7, mentre d'altra parte M9, se è effettivamente una posizione a sé stante, si riferisce a stati *di cose*. La caratterizzazione delle posizioni che seguono

---

di *Consolatio* V, pr. 4 nel dibattito degli universali è stata sottolineata in più sedi: *cf.* MICHEL, «Abélard face à Boèce», pp. 144-148; DE LIBERA, *L'Art des généralités*, pp. 244-249; Ch. BURNETT, «Adelard of Bath's Doctrine on Universals and the *Consolatio Philosophiae* of Boethius», *Didascalia*, 1 (1995) 1-13; si veda inoltre la *Sententia de universalibus secundum magistrum R.* pubblicata in DIJS, «Two Anonymous», pp. 113-117 (in particolare §§ 7-8).

come realiste, che Giovanni opera in *Met.* II, 17, p. 81.37-38, potrebbe dunque applicarsi a tutte le posizioni che seguono nel capitolo, anche se è fuor di dubbio solo il fatto che essa si applichi a M4 e a M5.

La sezione M4, in cui Giovanni presenta la quarta teoria della lista (che si può chiamare teoria del *singulare*, o delle *res sensibiles*, o anche, come si vedrà al capitolo 6, dell'*individuum*) può essere suddivisa in due parti, che chiameremo M4-i e M4-ii:

> *[M4, teoria del* singulare*]* M4-i: Siquidem hic ideo quod omne quod est, unum numero est *[così Webb; cf. infra, pp. 73-74, per il testo dell'edizione Hall]*, rem uniuersalem aut unam numero esse aut omnino non esse concludit. Sed quia impossibile est, substantialia non esse existentibus his quorum sunt substantialia, denuo colligunt uniuersalia singularibus quod ad essentiam unienda (*Met.* II, 17, ed. HALL, p. 81.38-42; ed. WEBB, p. 93.3-8).
>
> M4-ii: Partiuntur itaque status duce Gautero de Mauritania, et Platonem in eo quod Plato est, dicunt indiuiduum; in eo quod homo, speciem; in eo quod animal, genus, sed subalternum; in eo quod substantia, generalissimum. Habuit haec opinio aliquos assertores; sed pridem nullus hanc profitetur (*Met.* II, 17, ed. HALL, pp. 81.42-82.47).

In M4-i, Giovanni descrive un maestro anonimo (*hic*) e un gruppo di sostenitori (plurale generico) avanzare un argomento di cui si distinguono due momenti (1-2). (1) Il primo momento trae la conclusione *c1* dalla premessa implicita *p1* e dalla premessa esplicita *p2*:

> (*p1*) La cosa universale o esiste o non esiste;
> (*p2*) Tutto ciò che esiste, è uno di numero [«omne quod est, unum numero est»][43];
> (*c1*) La cosa universale o è una di numero o non esiste [«rem uniuersalem aut unam numero esse aut omnino non esse concludit»].

(2) Il secondo momento del ragionamento parte da qui e intende escludere la seconda alternativa di *c1*, ossia che la cosa universale non sia (non esista). Ciò è ottenuto grazie al ragionamento che segue. L'universale è il *substantiale* (che si potrebbe rendere, in mancanza di un termine più adatto, con «sostanziale» o «elemento sostanziale») di una cosa

---

[43] *Cf. infra*, pp. 73-74, su questo principio boeziano.

individuale: un *substantiale* y è ciò che è richiesto dalla cosa individuale x per esistere e per essere conosciuta, mentre y non richiede x per esistere ed essere conosciuto[44]; data la definizione di sostanziale, è impossibile che, se y è *substantiale* di x e x esiste, y non esista; le cose individuali esistono; pertanto anche la cosa universale esiste. In altre parole:

> (*p3*) Se qualcosa è un *substantiale* di x, è impossibile che non esista se x esiste [«impossibile est, substantialia non esse existentibus his quorum sunt substantialia»];
> (*p4*) La cosa universale è un *substantiale* della cosa individuale x, e x esiste [implicita];
> (*c2*) La cosa universale esiste.

In questo modo, rimane solo uno dei due rami dell'alternativa di *c1*:

---

[44] *Cf.* la definizione di *substantiale* offerta in *Met.* II, 20, ed. HALL, p. 87.72-88: «Quod autem uniuersalia dicuntur esse substantialia singularibus, ad causam cognitionis referendum est, singulariumque natura. Hoc enim in singulis patet. Siquidem inferiora sine superioribus nec esse nec intelligi possunt. Homo namque non est nisi sit animal, sed nec intelligitur homo, quin cointelligatur animal, quoniam homo est animal tale. Sic in Platone homo, quoniam Plato, et est et intelligitur, talis aut iste homo. Ad hoc autem ut sit homo exigitur esse animal, nec conuertitur ut animal esse non possit aut intelligi, si non sit, aut non intelligatur homo. Nam in ratione hominis animal sed non in animalis ratione est homo. Quia ergo tale exigit tale, et non exigitur a tali, tam ad essentiam quam ad notitiam, ideo hoc illi substantiale dicitur esse. Idem est in indiuiduis quae exigunt species et genera, sed nequaquam exiguntur ab eis. Hoc enim nec substantiam habebit, nec in notitiam ueniet, nisi sit species aut genus, id est nisi quid sit aut innotescat tale, uel tale». Si noti in particolare la coppia *essentia-notitia*, sulla quale si tornerà *infra*, p. 53. I *substantialia* sono i livelli superiori dell'albero di Porfirio rispetto ai livelli che sottostanno ad essi: ad esempio, Animale è un *substantiale* di Uomo, perché Uomo, per esistere ed essere conosciuto, richiede Animale, ma non viceversa. Questa relazione di dipendenza è solo parzialmente espressa dalla traduzione «elemento sostanziale»: se infatti, da un lato, l'universale potrebbe esistere anche senza l'individuo (ma non il contrario), ci si può domandare se l'elemento di qualcosa esiste senza il qualcosa di cui esso è elemento. *Cf.* anche Boethius, *In Isagogen Porphyrii editio prima*, ed. BRANDT, I, 10, pp. 25.21-26.4: «scienda enim sunt utrum /genus, species, differentia, proprium, accidens/ uere sint, nec esse de his disputationem considerationemque, si non sint. sed si rerum ueritatem atque integritatem perpendas, non est dubium quin uere sint. nam cum res omnes quae uere sunt, sine his quinque esse non possint, has ipsas quinque res uere intellectas esse non dubites. sunt autem in rebus omnibus conglutinatae et quodammodo coniunctae atque compactae».

(*c3*) La cosa universale è una di numero [da *c1* e *c2*].

La frase che conclude M4-i intende spiegare in che modo, secondo i sostenitori della teoria, si realizzi *c3*, ossia che la cosa universale è una di numero: «concludono che gli universali devono essere uniti ai singolari per quanto concerne l'*essentia*» («colligunt uniuersalia singularibus quod ad essentiam unienda»)[45]. L'affermazione centrale della teoria descritta in M4, dunque, è che l'universale è *unito* al singolo individuo (*singulare*): ciò sembra presupporre una differenza tra l'universale e il singolo individuo. Ciononostante, da M4-ii e *Met.* II, 20, come vedremo, sembra si debba intendere che l'universale *è* il singolo individuo in certi suoi *status* (ad esempio Platone in M4-ii) ovvero è la *res sensibilis* (*Met.* II, 20).

Il termine '*essentia*', qui utilizzato, richiede qualche parola di commento[46]. Nei testi di dialettica della prima metà del XII secolo il significato di tale termine non è sempre nitido e prevale, come scrive Luisa Valente, una certa «vaghezza» nell'uso[47]. Ciononostante, come nota la studiosa, il significato di '*essentia*' nella prima metà del XII secolo è sicuramente diverso dal senso che si impone a partire dal XIII grazie ad esempio al *De ente et essentia* di Tommaso. Nel testo di Tommaso l'*essentia* è la risposta alla domanda "che cos'è?" (*quiditas*), ossia è ciò che è significato dalla definizione, e l'*esse* inteso come esistere nella realtà non fa parte dell'*essentia*[48]. Nei testi di Abelardo, ad esempio in

---

[45] Diversa mi sembra la relazione tra i due momenti del ragionamento secondo PINZANI, «Giovanni di Salisbury», p. 468, secondo cui la seconda parte «c'entra poco» con la prima: «Boezio dice che tutto ciò che esiste è uno di numero e conclude che gli universali per esistere devono essere numericamente unitari. A questo punto un realista dovrebbe fornire delle ragioni per considerarli tali. Invece il realista evocato da Giovanni ragiona sulla sostanzialità degli universali. Si può certamente fare questo passo, ma c'entra poco con la richiesta appena formulata, a meno di ulteriori assunzioni».

[46] *Cf.* anche *infra*, capitolo 4, pp. 110-131, e capitolo 6, pp. 267-269, 279-283.

[47] *Cf.* L. VALENTE, «*Essentiae*. Forme sostanziali ed "esistenza" nella filosofia porretana (XII sec.)», in I. ATUCHA – D. CALMA – C. KÖNIG-PRALONG – I. ZAVATTERO (éds.), *Mots médiévaux offerts à Ruedi Imbach*, Fédération Internationale des Instituts d'Études Médiévales, Porto 2011, pp. 255-266, in particolare p. 257 (Textes et études du Moyen Âge, 57).

[48] Luisa Valente nota che, nei testi di scuola porretana della seconda metà del XII secolo, '*essentia*' indica una «una proprietà o determinazione formale non accidentale [...] di una singolare sostanza concreta» (VALENTE, «Essentiae», p. 255): in tal caso,

quelli analizzati da Jean Jolivet in un'indagine sul significato del termine in questo autore, '*essentia*' può significare «le fond de l'être» o essere semplicemente sinonimo di 'materia'[49]; altre volte si contrappone a esistenza; può significare "essere" implicando sia il concetto di natura che quello di esistenza; infine può avere il significato di "esistenza" e di "cosa esistente", come sinonimo di '*substantia*'[50]. Un significato ben attestato, e che ritroveremo nei testi che analizzeremo nella seconda parte

dunque, *essentia* è la forma sostanziale, ossia ogni forma non accidentale delle cose. Erismann nota invece che nella terminologia altomedievale, in particolare erigeniana, '*essentia*' è usato di preferenza per indicare un'entità generale e universale, mentre per l'entità particolare e individuale è preferito '*substantia*': ERISMANN, *L'Homme commun*, pp. 156, 237-248, 306, 386-387. Si vedano inoltre J. DE GHELLINCK, «L'entrée d'*essentia*, *substantia* et autres mots apparentés, dans le latin médiéval», *Bulletin Du Cange: Archivium Latinitatis Medii Aevi*, 16 (1942) 77-112; É. GILSON, «Notes sur le Vocabulaire de l'Être», *Mediaeval Studies*, 7 (1946) 150-158; J.-F. COURTINE, «Note complémentaire pour l'histoire du vocabulaire de l'être. Les traductions latines d'ΟΥΣΙΑ et la compréhension romano-stoïcienne de l'être», in *Concepts et catégories dans la pensée antique*, études publiées sous la direction de P. AUBENQUE, Vrin, Paris 1980, pp. 33-87.

[49] Questo sembra il significato, in particolare, dell'espressione '*materialis essentia*' che nella *Logica 'Ingredientibus'* caratterizza una delle più importanti teorie realiste della prima metà del secolo, di cui si parlerà *infra*, pp. 110-131: *cf.* JOLIVET, «Notes de lexicographie», in particolare p. 540; ID., *Abélard ou la philosophie*, p. 47, parlando della teoria dell'essenza materiale: «On notera les mots "essence", "essentiellement", qu'il ne faut pas opposer ici à "existence" ou à "étant"; nous ne sommes pas au XIIIe siècle: ces termes qu'emploie Abélard dans deux textes que vingt ans séparent *[si riferisce a LI e HC]* appartiennent au premier vocabulaire médiéval; ils remontent à saint Augustin, qui donne *essentia* comme un "nom nouveau", tiré de *esse* pour correspondre au grec οὐσία. La formule "essence matérielle" ne doit pas non plus nous étonner: au XIIe siècle certains prennent "essence" au sens de "matière", et "matière" est ici le fond commun, par opposition à la "forme". L'essence, c'est donc la substance, à la fois existence et substrat»; ID., «Non-réalisme et platonisme», p. 186: «pour Abélard le mot *essentia* ne désigne pas spécialement la nature, la quiddité conçue au terme d'un processus d'abstraction, comme il le fera plus tard: *essentia* chez lui signifie souvent "nature existante", voire "existence"».

[50] *Cf.* JOLIVET, «Notes de lexicographie», pp. 538-543 (su '*essentia*'). Il significato di "what is of a non-adjacent nature" o "what is a selfcontained unity" o anche "existence, or independent, substantial existence" è segnalato anche da Lambertus-Maria De Rijk come significato di '*essentia*' quando contrapposto a '*adiacentia*': L.-M. DE RIJK, «Peter Abelard's Semantics and His Doctrine of Being», *Vivarium*, 24 (1986) 85-127, in particolare p. 110.

della ricerca, è proprio quello per cui *'essentia'* significa una sostanza prima, una "cosa concreta esistente", "cosa che è"[51]: ad esempio, nel *'De generibus et speciebus'*, *essentia* è uno degli elementi della collezione (*collectio*) che è l'universale, e sembra senz'altro da intendere come una cosa che è venuta a esistere (l'autore fa l'esempio di una collezione di uomini composta da dieci *essentiae* che, dopo la nascita di un ulteriore individuo, è composta da undici *essentiae*)[52].

Anche nel passo del *Metalogicon* di cui ci stiamo occupando *'essentia'* potrebbe avere il significato di "cosa esistente": in tal caso,

---

[51] Secondo Yukio Iwakuma, il termine *'essentia'* fu introdotto nel contesto realista da Anselmo d'Aosta con il duplice significato di "esistere" e di "essere qualcosa", mentre con Guglielmo di Champeaux si assiste a un impoverimento del suo significato al solo "essere qualcosa": *cf.* Y. IWAKUMA, «The Realism of Anselm and his Contemporaries», in LUSCOMBE – EVANS (edd.), *Anselm. Aosta, Bec and Canterbury*, pp. 120-135 (in particolare pp. 125-126 e 130-132). *Cf.* anche IWAKUMA, «Influence», p. 308: «In any case, Anselm has no problem introducing the term "essence" (*essentia*) to explain how one and the same universal (or essence) can be in many different individuals that exist only in the sensible world. Now it is possible to distinguish two meanings of the term "essence," corresponding to each of the two meanings of the verb "to be" (*esse*): (i) *to be or to exist*, when it is used as a free-standing predicate, and (ii) *to be something*, when it is used as a copula. Now, for Anselm, it is only God who *exists* in a pure sense, whereas creatures always exist in a qualified or a restricted way as *being something*. In respect of God, therefore, "essence" can only mean *some existing thing*, whereas in respect of creatures it can only mean *being something*. Thus, according to Anselm, a species, such as *man*, is a universal essence derived from a qualified or restricted way of being, such as Socrates's being *man*, Plato's being *man*, and so on. In this way, he suggests, a universal essence (that is, a species or genus), such as *man* or *animal*, can be one and the same thing even while existing in many different individuals»; *ibi*, p. 309: «[William] clearly borrowed the term "essence" from Anselm of Canterbury. We should note, however, that William's use of "essence" loses the subtle distinction that Anselm had drawn between the existence of God and that of creatures. William's use of "essence" is ambiguous, or rather it seems simply to mean *some existing thing*».

[52] *GS*, Ms. Orléans, Bibliothèque municipale, 266, p. 159b (si tratta di uno degli argomenti contro la teoria della *collectio*): «Item contra dicitur. Si nichil aliud est species quam illud quod conficitur ex multis essenciis, quociens et illud mutabitur mutabitur et species. Illud autem singulis horis mutatur. Verbi gratia. Ponamus humanitatem constare tantum ex decem essenciis in momento nascetur aliquis homo et iam conficietur alia humanitas. Non est idem aceruus constans ex undecim essenciis et decem» (ed. KING, § 115).

la frase di *Met.* II, 17, p. 81.41-42 («colligunt uniuersalia singularibus quod ad essentiam unienda») sarebbe da tradurre con: «concludono che gli universali devono essere uniti ai singolari in una cosa concreta esistente». Tuttavia, l'espressione non è molto felice, soprattutto nella resa di '*quod ad*', che significa «per quanto concerne». È più probabile che '*essentia*' abbia qui il significato più generico di "esistenza" (e non di "cosa esistente"), ossia che abbia lo stesso significato che ha nel passo che si è citato a proposito della definizione di *substantiale* (*Met.* II, 20, p. 87.72-88). Lì *essentia* è abbinato a *notitia* e significa *esse*, «esistere» (contrapposto all'*intelligi*, «essere conosciuto», di *notitia*) e *substantiam habere* (opposto a *venire in notitiam*): si dice infatti che il *substantiale* di *x* è ciò che è necessario affinché *x* esista e sia conosciuto. Se "esistenza" è il significato di '*essentia*' anche in *Met.* II, 17, p. 81.41-42 , allora quella frase andrebbe tradotta «concludono che gli universali devono essere uniti ai singolari per quanto concerne l'esistenza». Ciò però crea un conflitto proprio con la definizione di *substantiale* che si è appena ricordata: da un lato, infatti, l'universale è il *substantiale* della cosa individuale *x* e (secondo la definizione di *Met.* II, 20) è ciò che è necessario *per l'esistenza di x*; dall'altro secondo la teoria l'universale sarebbe unito alla cosa singolare per quanto concerne l'esistenza *dell'universale* (è sull'esistenza dell'universale, infatti, che verte tutto il ragionamento *p1-c3*, di cui la frase in esame è la conclusione). Vi è dunque una circolarità: da un lato l'universale è necessario per l'esistenza dell'individuo, dall'altro è unito all'individuo per la propria esistenza.

La posizione così descritta solleva anche altre domande: che differenza c'è tra una cosa universale e una singolare, secondo questa teoria? In che senso i concetti stessi di singolare e universale differiscono, se si accettano le tesi proposte? M4-ii sembra voler rispondere proprio a tali domande; è in tale sezione, inoltre, che troviamo il riferimento esplicito a Gualtiero di Mortagne e ai suoi sostenitori. Per incominciare, però, si deve notare che la sezione M4-ii è unita a M4-i tramite '*itaque*'. '*Itaque*' segna una tappa successiva nel ragionamento: ciò può significare che M4-ii segue logicamente da M4-i, e che l'insieme M4 costituisce la teoria di Gualtiero di Mortagne; oppure che M4-ii è una delle diverse possibili conseguenze che derivano da M4-i. In questo secondo caso, M4-i potrebbe essere un punto di partenza che Gualtiero condivideva con altri maestri, i quali ne avrebbero poi tratto conseguenze diverse da M4-ii. In entrambi i casi, comunque, sia M4-i che M4-ii appartengono all'insegnamento di Gualtiero sugli universali, anche se M4-i potrebbe essere stato sostenuto anche da altri maestri[53].

Secondo M4-ii, Gualtiero affrontava le domande suscitate dalle tesi descritte in M4-i distinguendo (*partiuntur*) diversi «stati» (*status*) di una cosa individuale: l'universale sarebbe la cosa in un certo *status* o considerata da un certo punto di vista (*in eo quod*, «nel fatto che»), mentre l'individuo sarebbe la stessa cosa, ma in un altro *status* o considerata da un altro punto di vista. Secondo questo passo di Giovanni, l'esempio di Gualtiero sarebbe il seguente: Platone, considerato in quanto è Platone, è un individuo (*individuum*); considerato in quanto è uomo, è specie; considerato in quanto è animale, è genere subalterno; considerato in quanto è sostanza, è genere generalissimo (con ovvio riferimento al lessico porfiriano). Si deve notare che lo *status* di *individuum* non sembra qui avere una preminenza sugli altri *status* (ad esempio quelli di *species* e di *genus*).

Per riassumere, secondo la caratterizzazione complessiva della posizione descritta in M4, Gualtiero di Mortagne è il sostenitore di una teoria in cui l'universale è unito al singolo individuo (*singulare*) per poter esistere; di tale *singulare* si possono distinguere diversi *status*: come individuo, come specie, come genere, sì che il singolo individuo, considerato da diversi punti di vista, racchiude in sé (o meglio, costituisce)

---

[53] Per l'interpretazione di '*itaque*', *cf.* anche ROMANO, *Una soluzione*, pp. 54, 57-58. Lo studioso, in parte fuorviato da un'interpretazione del termine '*substantialia*' a mio avviso erronea (per la quale *cf. infra*, pp. 74-75), postula una netta distinzione tra M4-i e M4-ii, e ravvisa in M4-i la seconda teoria di Guglielmo di Champeaux, mentre soltanto in M4-ii si troverebbe la teoria di Gualtiero (*ibi*, pp. 51-52). Ciò, però, contrasta con la struttura del catalogo di Giovanni, dove M4-i ed M4-ii costituiscono senz'altro un'unica posizione (senza contare che l'identificazione di M4-i con la seconda teoria di Guglielmo di Champeaux descritta in *HC* è perlomeno problematica). Si deve notare che la ricerca della posizione di Guglielmo di Champeaux all'interno della lista di *Met*. II, 17 costituisce un *topos* della letteratura secondaria su questo capitolo del *Metalogicon*. In altre parole, gli studiosi sono stati colpiti dall'assenza delle celebri opinioni di Guglielmo descritte da Abelardo in *HC*; Maioli, ad esempio, afferma che l'assenza di Guglielmo di Champeaux costituirebbe l'unico caso di omissione nella lista di Giovanni e tenta di ricondurre la prima posizione di Guglielmo alla posizione M5 di Bernardo di Chartres (un accostamento che però non sembra accettabile), identificando poi la seconda teoria di Guglielmo con la posizione di Gualtiero in M4 (*cf.* MAIOLI, *Gli universali. Storia antologica*, p. LXIII e n. 64 e, in precedenza, PRANTL, *Storia della logica in Occidente*, II, p. 220, che nota l'omissione di Guglielmo ma non cerca di rintracciarlo all'interno della lista di Giovanni).

i diversi livelli dell'albero di Porfirio. La teoria del *singulare* era una teoria della prima metà del XII secolo, ormai avvertita come sorpassata alla fine degli anni Cinquanta: Giovanni conclude la sua descrizione affermando che la posizione aveva avuto dei sostenitori in passato, ma che «da qualche tempo» (*pridem*) non la abbraccia più nessuno.

(M5) TEORIA DELLE *IDEAE* (*Met.* II, 17, ed. HALL, pp. 82.47-83.84). In M5 Giovanni descrive una teoria secondo cui gli universali sono idee (*ideae*), collegandola a Bernardo di Chartres (e a Platone)[54]. Nella lunga presentazione di Giovanni si possono individuare tre sezioni (a-c)[55].

---

[54] Per l'*'ille'* che apre la posizione M5, e che alcuni ritengono da riferire a Gualtiero (credo a torto), *cf. infra* in questo capitolo, pp. 71-72.

[55] *Met.* II, 17 (ed. HALL, pp. 82.47-83.84) *[M5, teoria delle* ideae*]*: «[a] Ille ideas ponit, Platonem aemulatus, et imitans Bernardum Carnotensem, et nihil praeter eas genus dicit esse uel speciem. Est autem idea sicut Seneca definit "eorum quae natura fiunt exemplar aeternum" *[Seneca,* Epistula 58, *§ 19].* Et quoniam uniuersalia corruptioni non subiacent, nec motibus alterantur, quibus mouentur singularia, et quasi ad momentum aliis succedentibus alia defluunt, proprie et uere dicuntur esse uniuersalia. Siquidem res singulae uerbi substantiui nuncupatione creduntur indignae, cum nequaquam stent, sed fugiant, nec expectent appellationem. Adeo namque uariantur qualitatibus, temporibus, locis, et multimodis proprietatibus, ut totum esse eorum non status stabilis, sed mutabilis quidam transitus uideatur. "Esse autem – inquit Boetius – ea dicimus quae neque intensione crescunt, nec retractione minuuntur, sed semper suae naturae subnixa subsidiis, sese custodiunt. Haec autem sunt qualitates, quantitates, relationes, loca, tempora, habitudines, et quicquid quodam modo adunatum corporibus inuenitur" *[Boethius,* De arithmetica, *I, 1, ed.* OOSTHOUT - SCHILLING, *p. 9.9-15].* Quae quidem corporibus adiuncta mutari uidentur, sed in natura sui immutabilia permanent. Sic et rerum species, transeuntibus indiuiduis permanent eaedem, quemadmodum praeterfluentibus undis, notus amnis manet in flumine. Nam et idem dicitur. Vnde illud apud Senecam, alienum tamen: "Bis in idem flumen descendimus, et non descendimus" *[Seneca,* Epistula 58, *§ 23, attribuito ad Eraclito].* Hae autem ideae id est exemplares formae, rerum primaeuae omnium rationes sunt, quae nec diminutionem suscipiunt, nec augmentum, stabiles et perpetuae, ut et si mundus totus corporalis pereat, nequeant interire. [b] Rerum omnium numerus consistit in his; et sicut in libro de libero arbitrio uidetur astruere Augustinus, quia hae semper sunt, etiam si temporalia perire contingat, rerum numerus nec minuitur, nec augetur *[cf. Augustinus,* De libero arbitrio, *II, xvi-xvii, 41-46].* [c] Magnum profecto est, et notum philosophis contemplantibus altiora quod isti pollicentur. Sed sicut Boetius *[cf. Boethius,* In Isagogen Porphyrii editio secunda, *ed.* BRANDT, *I, p. 11.12-20],* et alii multi testantur auctores, a sententia Aristotilis penitus alienum est. Nam et ipse huic sententiae sicut euidens est, in libris suis, saepius aduersatur. Egerunt operosius Bernardus Carnotensis, et auditores eius, ut componerent inter Aristotilem, et Platonem, sed eos tarde uenisse arbitror, et laborasse in uanum, ut reconciliarent mortuos, qui quamdiu in uita licuit dissenserunt».

(a) In primo luogo, Giovanni cita la definizione di idea di Seneca, *Epistola 58* (che Seneca, a sua volta, attribuiva a Platone): idea è «eorum quae natura fiunt exemplar aeternum»[56]. Inoltre, insiste sulla distinzione tra idee (delle quali, essendo immutabili, si può dire che sono realmente) e cose individuali (le quali, soggette a continua mutazione, non sono realmente). Non solo due citazioni dirette, ma l'intero passaggio è debitore dei paragrafi centrali dell'*Epistola 58* di Seneca: con la differenza, però, che Seneca istituisce un confronto tra idee e realtà sensibili, mentre Giovanni (o meglio, i sostenitori della teoria delle *ideae*, secondo la sua presentazione) confronta universali e particolari, ossia applica le affermazioni di Seneca alla questione degli universali. Inoltre, un'osservazione nella successiva sezione M6 (che come si vedrà fa da contraltare a M5) fa pensare che le idee a cui si fa qui riferimento debbano essere intese come idee o forme esemplari *nella mente divina*, secondo una teoria ben attestata nel Medioevo[57].

(b) Nella sezione successiva, con un ragionamento che si richiama al *De libero arbitrio* di Agostino, si solleva la questione del numero totale delle cose. Secondo i sostenitori della teoria, il numero totale delle cose è quello delle idee-universali, ed esso non varia nonostante il variare continuo delle realtà individuali sensibili[58].

---

[56] *Cf.* L.A. Seneca, *Ad Lucilium Epistulae Morales. Epistula 58*, §§ 18-21, recognovit et adnotatione critica instruxit L. D. REYNOLDS, E Typographeo Clarendoniano, Oxonii 1965, I, pp. 157-158 ; si veda anche Id., *Epistula 65*, §§ 7-9, ed. REYNOLDS, I, pp. 176-177.

[57] *Cf.* Augustinus, *Quaestio 46. De ideis* in Id., *De diuersis quaestionibus octoginta tribus*, ed. A. MUTZENBECHER, Brepols, Turnhout 1975 (*CCL*, 44 A), pp. 70-73; Priscianus, *Institutiones*, XVII, 44, ed. HERTZ, vol. 2, p. 135.6-10. *Cf.* inoltre M. GRABMANN, «Des hl. Augustinus *quaestio* "De ideis" in ihrer inhaltlichen und geschichtlichen Bedeutung», *Philosophisches Jahrbuch*, 43 (1930) 297-307; J. PÉPIN, «Ἰδέα/idea dans la Patristique grecque et latine. Un dossier», in M. FATTORI – M. L. BIANCHI (a cura di), *Idea. VI Colloquio Internazionale. Roma, 5-7 gennaio 1989. Atti*, Edizioni dell'Ateneo, Roma 1990, pp. 13-42; G. SPINOSA, «*Idea* e *idos* nella tradizione latina medievale», *ibi*, pp. 43-61; J. HAMESSE, «*Idea* chez les auteurs philosophiques des 12e et 13e siècles», *ibi*, pp. 99-135; S. LILLA, *Dionigi l'Areopagita e il platonismo cristiano*, Morcelliana, Brescia 2005, pp. 17-39; ERISMANN, *L'Homme commun*, pp. 39-45.

[58] *Cf.* Augustinus, *De libero arbitrio*, ed. W. M. GREEN, Brepols, Turnhout 1970 (*CCL*, 29), II, xvi-xvii, 41-46. Scrive su questo PINZANI, «Giovanni di Salisbury», p. 471: «Vedo almeno due motivi d'interesse nel riferimento alla numerazione. Uno – logico – ha a che fare con la teoria del significato. Non so se Giovanni, o il personaggio

(c) Infine, nell'ultima parte della presentazione Giovanni fornisce un giudizio sulla teoria qui descritta. Facendo eco al secondo commento all'*Isagoge* di Boezio (ed. BRANDT, I, 11.12-20), Giovanni sembra disposto ad ammettere che la posizione abbia un certo valore («ciò che questi promettono è senza dubbio qualcosa di grande e ben conosciuto dai filosofi che contemplano realtà più alte»); da ultimo, però, essa risulta inaccettabile, perché è completamente contraria alla posizione di Aristotele. L'intero progetto, sostenuto dalla teoria, di armonizzare Platone e Aristotele sembra al Saresberiense destinato a fallire.

Insieme ad altri passi del *Metalogicon*, M5 costituisce una delle fonti principali per ricostruire l'insegnamento di Bernardo di Chartres, di cui non ci sono pervenute opere[59]. Il passo, inoltre, è da collegare alla successiva posizione M6: come M5 sostiene che l'universale è l'*idea* (nella mente

di cui riferisce, abbiano considerato la cosa, ma alcuni autori (tra cui Gualtiero e Abelardo) parlano della difficoltà di considerare le cose denotate come significato dei termini a causa della loro instabilità; un altro – metafisico – si può collegare ancora a un testo di Scoto, dove l'autore irlandese distingue essenze individuali immutabili e corpi individuali mutabili. Se la mia lettura è corretta [...] la teoria comporta una presa di posizione *non* standard sull'individuazione delle sostanze».

[59] *Cf.* in particolare *Met.* I, 11, ed. HALL, p. 30.39; I, 24, p. 52.48; III, 2, p. 106.30; III, 4, p. 116.47; IV, 35, p. 173.36, oltre a una breve menzione in I, 5, ed. HALL, p. 20.12. Paul Edward Dutton ha attribuito a Bernardo delle glosse al *Timeo* (*inc.* 'Socrates de re publica'): *cf.* P. E. DUTTON, «The Uncovering of the *Glosae super Platonem* of Bernard of Chartres», *Mediaeval Studies*, 46 (1984) 192-221; ID., «Introduction», in *The* Glosae super Platonem *of Bernard of Chartres*, Edited with an Introduction by P. E. DUTTON, Pontifical Institute of Mediaeval Studies, Toronto 1991, pp. 1-135 (Studies and Texts, 107). L'attribuzione, però, non riscuote un consenso unanime tra gli studiosi e anzi è molto controversa (*cf.* I. CAIAZZO, *Lectures médiévales de Macrobe. Les* Glosae Colonienses super Macrobium, Vrin, Paris 2002, pp. 135-141). Su Bernardo di Chartres, si veda inoltre GILSON, «Le platonisme de Bernard de Chartres»; T. GREGORY, «Note sul platonismo della scuola di Chartres. La dottrina delle *specie native*», *Giornale critico della Filosofia Italiana*, 3ª serie, 7 (1953) 358-362; ID., Anima mundi. *La filosofia di Guglielmo di Conches et la scuola di Chartres*, Sansoni, Firenze 1955, pp. 76-79; ID., *Platonismo medievale. Studi e ricerche*, Istituto Storico Italiano per il Medio Evo, Roma 1958, pp. 112-117; JOLIVET, «Non-réalisme et platonisme», pp. 179-180; J. JOLIVET, «Platonisme et sémantique, de Bernard de Chartres aux Porrétains», in C. MARMO (ed.), Vestigia, Imagines, Verba. *Semiotics and Logic in Medieval Theological Texts (XIIth- XIVth Century)*, Brepols, Turnhout 1997, pp. 9-18; P. ANNALA, «The Function of the *formae nativae* in the Refinement Process of Matter: A Study of Bernard of Chartres's Concept of Matter», *Vivarium*, 35 (1997) 1-20; CAIAZZO, *Lectures*, pp. 132-141.

divina), così M5 sostiene che l'universale è l'*idos* (ossia la forma calata nella materia)⁶⁰.

(M6) TEORIA DELLE *FORMAE NATIVAE* (*Met.* II, 17, ed. HALL, p. 83.84-91). La teoria descritta in M6 è collegata al nome di Gilberto di Poitiers, e riporta due dei termini chiave della sua posizione sugli universali: *formae nativae* e *conformitas*⁶¹. Secondo la presentazione di Giovanni, chi sostiene

⁶⁰ *Cf.* I. CAIAZZO, «Sur la distinction sénéchienne *idea/idos* au XII⁰ siècle», χώρα. *Revue d'études anciennes et médiévales*, 3-4 (2005-2006) 91-116 (l'articolo analizza la presenza della distinzione *idea/idos*, derivata dall'*Epistola 58*, in numerosi testi del XII secolo e in particolare nell'*Apparatus super Thimeum* del ms. Salamanca, Biblioteca Universitaria, 2311, ff. 158r-191r e nel *De unitate dei et pluralitate creaturarum* di Acardo di S. Vittore).

⁶¹ M6 e l'espressione '*porro alius*' sembrano intese con qualche differenza negli studi dedicati principalmente a Gilberto di Poitiers (che in genere intendono '*porro alius*' come l'inizio di una nuova opinione nella lista: *cf.* B. MAIOLI, *Gilberto Porretano. Dalla grammatica speculativa alla metafisica del concreto*, Bulzoni, Roma 1979, pp. 259-268; JOLIVET, «Trois variations», pp. 142-144) e in quelli dedicati a Bernardo di Chartres, dove la posizione M6 è collegata più strettamente a M5. Paul E. Dutton, ad esempio, vede nell'espressione '*porro alius*' un riferimento a Bernardo di Chartres; *cf.* DUTTON, «Introduction», p. 88: «The sentence that begins, "Porro alius, ut Aristotilem exprimat, cum Gilleberto..." [...] refers not to some anonymous other, but to the aforementioned other, Bernard of Chartres». Questa lettura tiene conto anche della presentazione dell'insegnamento di Bernardo in *Met.* IV, 35 (ed. HALL, p. 173.27-38): «Materiam quippe aduenientes formae disponunt et quodam modo motui reddunt obnoxiam, et item formae materiei contactu quadam ratione uariantur, et ut ait Boetius in arismeticis "in uertibilem transeunt inconstantiam" *[Boethius, De arithmetica, I, 1, ed. OOSTHOUT - SCHILLING, p. 9.18]*. Ideas tamen quas post Deum primas essentias ponit, negat in se ipsis materiae admisceri, aut aliquem sortiri motum. Sed ex his formae prodeunt natiuae, scilicet imagines exemplarium, quas natura rebus singulis concreauit. Hinc in libro de Trinitate Boetius *[cf. Boethius,* De trinitate, *2, ed. MORESCHINI, pp. 168-171]*. Ex his formis quae praeter materiam sunt illae formae uenerunt quae in materia sunt, et corpus efficiunt. Bernardus quoque Carnotensis perfectissimus inter Platonicos saeculi nostri, hanc fere sententiam metro complexus est: Non dico esse quod est gemina quod parte coactum, / materiae formam continet implicitam. / Sed dico esse quod est una quod constat earum: / hoc uocat idean, illud Achaeus ylen». Sulla base di questo brano, è stata spesso attribuita a Bernardo una dottrina delle forme native; ma si vedano al riguardo le osservazioni di CAIAZZO, *Lectures*, pp. 138-141, che conclude (p. 140): «Le plus parfait des platoniciens a donc bien soutenu la théorie de Idées de Platon, sans nous indiquer de quelle manière la forme est enlacée à la matière. Nous croyons alors que rien ne nous autorise à conclure, sans exprimer beaucoup d'hésitations, que Bernard de Chartres, d'après le *Metalogicon*, a élaboré la doctrine des formes natives».

questa teoria «attribuisce l'universalità alle forme native e si affatica sulla loro *conformitas*».

La teoria descritta in M6 sembra fare da contraltare a quella di M5: se la teoria di M5 sosteneva che l'universale è una *idea*, quella descritta in M6 afferma che è una forma nativa o *idos*; se la prima era attribuita a Platone, questa deve «esprimere Aristotele». Nell'*Epistola 58*, Seneca distingue tra *idea* e *idos*, affermando che la prima è un modello situato al di fuori di ciò di cui è modello, mentre la seconda è una forma situata all'interno della cosa: le forme native, dunque, si trovano all'interno delle cose, e non (come le idee) nella mente divina (*cf. supra*, p. 56). La forma situata all'interno della cosa sensibile si può chiamare *idos* (distinguendola da *idea*), o anche *exemplum* (distinguendola da *exemplar*): una tale forma è sia sensibile, perché è situata nelle cose sensibili, sia non sensibile, in quanto concepita dalla mente; è sia singolare, perché si trova in cose singole, sia universale, perché si trova in tutte le cose[62]. Queste osservazioni, in particolare, derivano dalla caratterizzazione degli universali nel *Secondo Commento all'Isagoge* di Boezio[63].

La teoria degli universali contenuta nei commenti di Gilberto di Poitiers agli *opuscula sacra* di Boezio è stata oggetto di studi importanti[64]. Nei testi

---

[62] *Met.* II, 17 (ed. HALL, p. 83.84-91) *[M6, teoria delle formae nativae]*: «Porro alius ut Aristotelem exprimat, cum Gilleberto episcopo Pictauensi, uniuersalitatem formis natiuis attribuit, et in earum conformitate laborat. Est autem forma natiua, originalis exemplum, et quae non in mente Dei consistit, sed rebus creatis inhaeret. Haec Graeco eloquio dicitur idos, habens se ad ideam, ut exemplum ad exemplar. Sensibilis quidem in re sensibili, sed mente concipitur insensibilis. Singularis quoque in singulis, sed in omnibus uniuersalis».

[63] *Cf.* Boethius, *In Isagogen Porphyrii editio secunda*, ed. BRANDT, I, 11, pp. 166.14-167.7, citato *infra*, p. 262.

[64] L'edizione dei commenti di Gilberto a Boezio si legge in N. M. HÄRING, *The Commentaries on Boethius by Gilbert of Poitiers*, Pontifical Institute of Mediaeval Studies, Toronto 1966; per gli studi della sua posizione sugli universali, *cf.* in particolare MAIOLI, *Gli universali. Storia antologica*, pp. 302-348; ID., *Gilberto Porretano*, pp. 259-268, 341-364; NIELSEN, *Theology and Philosophy*, pp. 65-69; JOLIVET, «Trois variations», pp. 141-155; L. VALENTE, «Un realismo singolare: forme e universali in Gilberto di Poitiers e nella Scuola Porretana», *Documenti e studi sulla tradizione filosofica medievale*, 19 (2008) 191-246; R. PINZANI, «Sull'ontologia di Gilberto Porretano», *Noctua*, 1 (2014), rivista on-line disponibile al sito http://www.didaschein.net/ojs/index.php/noctua; Ch. ERISMANN, «Explaining Exact Resemblance. Gilbert of Poitiers' *Conformitas* Theory Reconsidered», *Oxford Studies in Medieval Philosophy*, 2 (2014) 1-24 e la bibliografia ulteriore segnalata *infra*, capitolo 7, pp. 333-342. Secondo Gilson («Le platonisme de Bernard de Chartres», pp. 15-16) la relazione di *conformitas* o somiglianza tra gli enti si

di Gilberto, in realtà, non si trova l'espressione '*forma nativa*', ma piuttosto '*nativorum forma*'[65]. La *forma nativorum* è la sussistenza o *id quo est* boeziano: ossia è la «forma in quanto immagine o copia calata nella materia (*nativorum forma*) dell'idea divina (*exemplar*, *idea*)»[66]. Anche *conformitas* è un concetto chiave della metafisica di Gilberto. Secondo Gilberto, tutto ciò che è (sia i sussistenti o *id quod est*, come ad esempio l'individuo Platone, sia le sussistenze o *id quo est* o forme) è singolare, ma non tutto ciò che è singolare è individuo. Sono singolari e individui i sussistenti che non sono parti di altri sussistenti (Platone, ma non la sua anima o il suo corpo, che sono sussistenti ma non individui) e, tra le forme, sono individui solo le *totae formae* o forme complete (ad esempio *platonitas*) che essendone la forma propria danno vita ai sussistenti (ad esempio Platone)[67]. Le forme semplici (ad esempio razionalità) e quelle composte ma incomplete (ad esempio umanità) sono tutte singolari ma non individue: sono conformi, e perciò non sono dette un *individuum* bensì un *dividuum*. La *conformitas* o *similitudo* esprime dunque la somiglianza che esiste tra le sussistenze non individue; può anche essere usata per esprimere la somiglianza tra i sussistenti (individui), ma solo se considerati parzialmente: i sussistenti infatti, «seppure individui e dunque differenti da ogni altro ente, sono tuttavia simili a diversi gruppi di altri individui se si considerano separatamente le loro determinazioni formali parziali (Socrate è simile a Platone e a Cicerone se si considerano le loro rispettive bianchezze e razionalità ecc.)»[68].

spiega con il rapporto di somiglianza delle *formae nativae* rispetto alle idee divine: ma la tesi è stata criticata da vari studiosi, che ritengono la somiglianza degli enti tra loro un dato di partenza, non ulteriormente giustificato, in Gilberto: così ad esempio VALENTE, «Un realismo singolare», p. 207 e n. 37; *cf.* MAIOLI, *Gilberto Porretano*, pp. 344-346.

[65] Come notato da Irene Caiazzo in *Lectures*, p. 133 (*cf.* anche JOLIVET, «Platonisme et sémantique», p. 13 e I. CAIAZZO, «Le glosse a Macrobio del codice Vaticano lat. 3874: un testimone delle *formae nativae* nel secolo XII», *Archives d'histoire doctrinale et littéraire du Moyen Âge*, 64 [1997] 213-234, specialmente pp. 220-221). Al contrario, la dottrina delle *formae nativae* si trova in diversi testi del XII secolo: nelle *Glosae Colonienses super Macrobium* (edite in CAIAZZO, *Lectures*, pp. 165-275), nelle *Glosae* del ms. Città del Vaticano, BAV, Vat. lat. 3874 (edite in EAD., «Le glosse a Macrobio», pp. 225-234), in quelle che Paul Dutton attribuisce a Bernardo di Chartres, *etc.* (*cf.* EAD., *Lectures*, pp. 138-139).

[66] VALENTE, «Un realismo singolare», p. 194. *Cf.* anche JOLIVET, «Trois variations», p. 146.

[67] *Cf.* VALENTE, «Un realismo singolare», p. 202.

[68] *Ibi*, p. 207.

(M7) TEORIA DELLA RERVM COLLECTIO (*Met.* II, 17, ed. HALL, p. 83.91-96). La posizione descritta in M7 attribuisce l'universalità non alle cose singole (*singulis*), ma «alle cose raccolte in uno» (*rebus in unum collectis*) ossia, da quanto Giovanni scrive in M8 e in *Met.* II, 20, a una «raccolta di cose» (*rerum collectio*). La teoria è attribuita a Joscelin di Soissons, ossia Joscelin di Vierzy, vescovo di Soissons dal 1126/1127 al 1152, che, come racconta la *Vita prima Gosvini*, fu maestro di Gosvino d'Anchin a Parigi nei primi decenni del XII secolo[69]. Giovanni conclude la propria presentazione con la sua consueta osservazione critica, affermando che la teoria fatica a rendere conto del senso letterale dei testi delle autorità[70]. La teoria della *collectio* è descritta anche da Abelardo, nella *Logica 'Ingredientibus'*, tra le teorie realiste che egli intende criticare; è invece sostenuta dal trattato *'De generibus et speciebus'*, che, sulla base anche di questa testimonianza di Giovanni di Salisbury, è stato attribuito a Joscelin o a un suo allievo[71].

(M8-M9) TEORIA DELLE MANERIES E TEORIA DELLO STATVS (?) (*Met.* II, 17, ed. HALL, p. 83.96-107). Consideriamo ora l'ultima sezione del catalogo, ossia M8 e quella che potrebbe essere una nona posizione (in M9). In M8, Giovanni non cita nessun autore celebre, limitandosi a segnalare che un anonimo sostenitore (*aliquis*) cerca rifugio in una nuova lingua perché non

---

[69] Su Joscelin, *cf.* R. QUINTO, «Gauslenus Suessionensis episcopus», inedito; GRONDEUX, «Guillaume de Champeaux, Joscelin de Soissons»; C. MEWS, «William of Champeaux, the Foundation of Saint-Victor (Easter, 1111), and the Evolution of Abelard's Early Career», in ROSIER-CATACH (éd.), *Arts du langage et théologie*, pp. 83-104 (in particolare pp. 99-101); C. H. KNEEPKENS, «Orléans 266 and the *Sophismata* Collection: Master Joscelin of Soissons and the Infinite Words in the Early Twelfth Century», in S. READ (ed.), *Sophisms in Medieval Logic and Grammar*, Acts of the Ninth European Symposium for Medieval Logic and Semantics, held at St Andrews, June 1990, Kluwer, Dordrecht – Boston – London 1993, pp. 64-85; P. KING, «Pseudo-Joscelin: Treatise on Genera and Species», *Oxford Studies in Medieval Philosophy*, 2 (2014) 104-211. Il MS Orléans, Bibliothèque municipale, 266, già ricordato al capitolo 1, pp. 25-26 e su cui torneremo in più occasioni (contiene anche una delle due copie di *GS*), è un importante testimone delle opinioni del «magister Goslenus», che vi viene menzionato a più riprese (insieme ad altri maestri, tra cui Gualtiero e Guglielmo di Champeaux).

[70] *Met.* II, 17 (ed. HALL, p. 83.91-96) *[M7, teoria della rerum collectio]*: «Est et alius qui cum Gausleno Suessionensi episcopo uniuersalitatem rebus in unum collectis attribuit, et eandem singulis demit. Exinde cum ad interpretandas auctoritates uentum est, laborat prae dolore, quia in locis pluribus rictum litterae indignantis ferre non sustinet».

[71] *Cf. infra*, capitoli 3 e 4, pp. 91-98, 107-110, anche sulla differenza tra la teoria della *collectio* criticata da Abelardo e quella sostenuta da *GS*.

padroneggia il latino a sufficienza, e dunque intende i generi e le specie in due modi: (a) a volte afferma che sono *res universales*, (aa) a volte invece che sono *rerum maneries*. Secondo Giovanni sia la distinzione (a)-(aa) tra *res universales* e *rerum maneries*, sia soprattutto l'uso dell'espressione '*maneries*' mancano di appigli nei testi autorevoli: egli afferma infatti di non sapere in quale degli autori si trovi una tale distinzione o tale termine (*maneries*), se non forse «nei glossemi o nel gergo dei dotti moderni»[72].

Il termine '*maneries*' e la variante '*maneria*', collegati al francese '*manière*'[73], si trovano effettivamente nei testi filosofici del periodo con il significato di "tipo" o "categoria": sono utilizzati ad esempio da Abelardo nella *Logica 'Ingredientibus'*, nella *Logica 'Nostrorum petitioni sociorum'*, dall'autore del *'De generibus et speciebus'*, da Guglielmo di Conches e da Ugo di S. Vittore. Come ha mostrato Dragos Calma in un articolo recente, il termine è utilizzato anche al di fuori del contesto filosofico: ad esempio, nel romanzo francese tra la fine del XII e l'inizio XIII secolo ('*maneries*', '*maniere*'); in ambito musicale; negli scritti di Bernardo di Clairvaux; in testi grammaticali, dove *maneries* è un esempio di nome della quinta declinazione (mentre la forma *maneria* tende a scomparire)[74]. Nei testi

---

[72] *Met.* II, 17 (ed. HALL, p. 83.96-107) *[M8, M9 (?), teoria delle maneries e teoria (?) dello status]*: «Est aliquis qui confugiat ad subsidium nouae linguae, quia Latinae peritiam non satis habet. Nunc enim cum genus audit uel species, res quidem dicit intelligendas uniuersales, nunc rerum maneries interpretatur. Hoc autem nomen in quo auctorum inuenerit uel hanc distinctionem incertum habeo, nisi forte in glosematibus aut modernorum linguis doctorum. Sed et ibi quid significet non uideo, nisi rerum collectionem cum Gausleno, aut rem uniuersalem, quod tamen fugit maneriem dici. Nam ad utrumque potest ab interpretatione nomen referri, eo quod maneries rerum numerus aut status dici potest in quo talis permanet res. [M9?] Nec deest qui rerum status attendat, et eos genera dicat esse et species».

[73] L'etimologia non è del tutto certa perché il termine potrebbe anche derivare dal latino *manere* (in questa direzione sembra andare Giovanni di Salisbury quando scrive che «maneries rerum numerus aut status dici potest in quo talis *permanet* res»: *cf.* già PRANTL, *Storia della logica in Occidente*, II, p. 219 n. 69). Più recentemente, la parola è stata studiata anche da Giorgio Agamben in *La comunità che viene*, Bollati Boringhieri, Torino 2001 (ed. or. Einaudi, Torino 1990), pp. 27-29 (§ 7) entrando così nel lessico filosofico contemporaneo; Agamben ha proposto una etimologia da *manare* (inaccettabile: *cf.* D. CALMA, «Maneries», in ATUCHA – CALMA – KÖNIG-PRALONG – ZAVATTERO [éds.], *Mots médiévaux*, pp. 433-444, in particolare pp. 433-434 e TURSI, «Nueve tesis», p. 50).

[74] *Cf.* CALMA, «Maneries», p. 444: «ce mot a été employé dans plusieurs domaines (littérature, philosophie, logique, musique, rhétorique, grammaire) et a servi pour rendre

di Abelardo 'maneria' viene utilizzato o quale sinonimo più comune di 'genere' e 'specie', oppure, in modo più tecnico, a significare "tipo" o "categoria" laddove i termini 'genere' o 'specie' sarebbero stati inadatti[75].

Nelle linee di M8 che seguono, Giovanni si focalizza in particolare sulla seconda parte della distinzione (a)-(aa) ossia, appunto, sul termine 'maneries'. A suo avviso, questa parola è oscura e anche poco originale, poiché il suo significato finisce per coincidere con quello di altre espressioni già in uso: la teoria che sostiene che gli universali sono *maneries*, pertanto, viene sempre a identificarsi con altre posizioni del dibattito. Il passo, però, è piuttosto ambiguo:

> In quale autore abbia trovato questo nome *[scil. 'maneries']* o questa distinzione *[scil. tra res universales e rerum maneries]*, non lo so: forse nei glossemi o nel gergo dei dotti moderni. Ma anche in questo caso, non capisco cosa significhi: se una raccolta di cose (*rerum collectio*), come per Joscelin, oppure una cosa universale (*res universalis*), <significato> che però sfugge all'essere detto *maneries*. Il termine infatti può essere interpretato riconducendolo all'uno o all'altro significato, dato che si può dire *maneries* delle cose o un numero o uno stato (*numerus aut status*) in cui la cosa permanga tale e quale. E non manca chi rivolge la sua attenzione agli stati delle cose (*rerum status*), e afferma che sono essi i generi e le specie.

Maneries, dunque, può significare (b) *rerum collectio*, sì che la teoria M8 viene a coincidere con la teoria della *collectio* di Joscelin di Soissons, descritta in M7[76]. Oppure, *maneries* può significare (bb) *res universalis*:

divers mots arabes dans les traductions latines d'Avicenne, d'Averroès, d'Algazel et d'Avicebron. Il avait à la fois un sens technique (en musique, par exemple) et un sens commun (comme synonyme de *modus*); souvent il est utilisé indistinctement comme synonyme de *genus* ou *species* ou pour désigner une collection d'objet ou de qualités (en littérature)».

[75] *Cf.* JOLIVET, «Notes de lexicographie abélardienne», pp. 531-534 (su '*maneria*'). *Cf.* inoltre CALMA, «Maneries», pp. 433-444 e TURSI, «Nueve tesis», pp. 46-47; M. GRABMANN, «Ein *Tractatus de Universalibus* und andere logische Inedita aus dem 12. Jahrhundert im Cod. lat. 2486 der Nationalbibliothek in Wien», *Mediaeval Studies*, 9 (1947) 56-70, in particolare pp. 64-65 e all'interno del trattato (pp. 65-70); MARENBON, *The Philosophy*, p. 116. Si veda anche *infra*, capitolo 5, argomento del numero dei generi generalissimi, n. 25, dove il termine ricorre: «manerias, idest collectiones».

[76] Con questo, è senz'altro troppo rapida l'attribuzione di M8 *simpliciter* a Joscelin, che propone Calma in «Maneries», p. 434.

ciò sembra implicare che la stessa distinzione tra (a) e (aa) venga a cadere. Giovanni sembra voler spiegare l'alternativa (b)-(bb) sul significato di '*maneries*' servendosi di un'altra alternativa ancora: «il termine infatti può essere interpretato riconducendolo all'uno o all'altro significato, dato che si può dire *maneries* delle cose o (c) un numero o (cc) uno stato (*numerus aut status*) in cui la cosa permanga tale e quale». Come l'alternativa (c)-(cc), secondo cui *maneries* significa il numero o lo stato di una cosa, possa aiutare a spiegare che tale termine significhi o *rerum collectio* o *res universalis* (b)-(bb) non è del tutto chiaro: forse il fatto che *maneries* indichi un numero della cosa (c) può aiutare a spiegare il fatto che significhi una *collectio* (b), e il fatto che significhi uno stato della cosa (cc) può spiegare che indichi una *res universalis* (bb)? Se così fosse, allora anche l'ultima frase del catalogo di *Metalogicon* II, 17, solitamente intesa come una nona posizione (M9), potrebbe fare parte di questa spiegazione. Se, infatti, *numerus* (c) è collegato a *collectio* (b) e questo termine a sua volta è collegato a Joscelin di Soissons mostrando che la teoria delle *maneries* è priva di originalità, allora Giovanni potrebbe voler sottolineare ugualmente che, anche quando *maneries* indica lo stato di una cosa (cc) e dunque la *res universalis* (bb), la teoria manca di originalità, scrivendo: (M9?) «E non manca chi rivolge la sua attenzione agli stati delle cose (*rerum status*), e afferma che sono essi i generi e le specie». Questa interpretazione da un lato renderebbe conto del fatto che la presunta teoria M9 non segue la struttura del catalogo di Giovanni, e dall'altro si armonizza con il discorso sulla non originalità della teoria M8[77].

D'altro canto, è pur vero che l'ultima frase, M9 («E non manca chi rivolge la sua attenzione agli stati delle cose, e afferma che sono essi i generi e le specie»), sembra riferirsi a maestri che non sono stati citati in precedenza e in qualche modo, dunque, essa rappresenta una posizione che si aggiunge a quelle del catalogo, pur non facendone parte *sic et simpliciter*. Si potrebbe ipotizzare che la frase si riferisca a Gualtiero di Mortagne e ai suoi seguaci citati in M4 per l'identica menzione di *status* (e che, in

---

[77] Antonio Tursi conta nove tesi (*cf.* TURSI, «Nueve tesis»), e lo stesso si può dedurre da IWAKUMA, «Influence», pp. 313-314 (Iwakuma distingue infatti tra la teoria delle *maneries* di M8 e la teoria degli *status* di M9). In passato si contavano solo otto posizioni, considerando M8 e M9 come un'unica posizione: così ad esempio Prantl (*cf.* PRANTL, *Storia della logica in Occidente*, II, pp. 218-219, 228-229: Prantl considera M8 e M9 insieme, come la posizione n. 8, che si sviluppa da M7) e MAIOLI, *Gli universali. Storia antologica*, pp. 351, 358-363.

tal caso, il totale delle posizioni descritte sia solo di otto). Contro questa interpretazione, però, vi è il fatto che in M4 non si descrivono gli universali come *status*, ma semmai come i *singularia* stessi, di cui si distinguono determinati stati[78]. Inoltre, *status* in M9 sembra utilizzato in modo diverso da quanto avveniva in M4: alla riga 43 (M4), infatti, *status* significa "modo d'essere" o "aspetto" di una cosa; alla riga 106 (M9), invece, *status* sembra avere lo stesso significato che il termine ha alla riga 105 (M8), dove esso sembra indicare un significato di *maneries* legato al proprio etimo, da *stare*, e indicare il "restare" o "permanere stabilmente" in una certa condizione (*cf. permanet* alla linea 106; *cf.* anche «status stabilis», opposto a «mutabilis quidam transitus» alla linea 58). Questa seconda accezione di *status* evidenzierebbe la presenza di un legame (etimologico o almeno semantico) tra *maneries* e il verbo *manere*, "restare". L'ultima riga di *Metalogicon* II, 17 (M9) sembra dunque riferirsi a una posizione sì diversa da quelle ricordate in precedenza, che però viene introdotta non come una vera posizione del catalogo, ma soprattutto per ribadire la scarsa originalità di M8: di fatto, la novità di M8 si riduce al neologismo '*maneries*', e la teoria può essere assimilata o alla teoria M7 di Joscelin o alla teoria M9 degli *status*[79].

---

[78] IWAKUMA, «Influence», p. 313, riferendosi a M9: «John of Salisbury (*Metalogicon* II. 17) reports that some teachers focus on the *status* of things, identifying them with genera and species. (Note that this theory is different from the aforementioned *status* theory of Walter of Mortagne *[ossia M4]*, which does not identify *status* as universals)».

[79] Alcune ipotesi sull'identità dei sostenitori di M8 e di M9 sono state avanzate da Yukio Iwakuma, «Influence», pp. 313-314. A proposito di M8 (teoria delle *maneries*), Iwakuma scrive che essa è esposta nei commenti all'*Isagoge P20* e *P21* e afferma che i sostenitori di tale teoria sarebbero i Parvipontani e anche Guglielmo di Conches: *cf. ibi*, pp. 313 e 331 n. 31: «The *maneria* theory is also held by William of Conches. See his *Glossae super Platonem*, 149 *[con riferimento a Guillaume de Conches*, Glosae super Platonem, *texte critique avec introduction, notes et tables par É.* JEANEAU, *Vrin, Paris 1965; cf. ed. É.* JEANEAU, *Brepols, Turnhout 2006 (CCM, 203), p. 129]* and *Glossae super Boethium*, 326.290–292 *[con riferimento a Guilelmi de Conchis*, Glosae super Boethium, *cura et studio L.* NAUTA, *Brepols, Turnhout 1999 (CCM, 158)]*. Adam of the Petit-Pont, the founder of the school of Parvipontani, never uses the term *maneria*. Did Parvipontani learn the *maneria* theory from William, not from Adam?», e anche Y. IWAKUMA, «Alberic of Paris on Mont Ste Geneviève Against Peter Abelard», in J. L. FINK – H. HANSEN –A. M. MORA-MÁRQUEZ (edd.), *Logic and Language in the Middle Ages. A Volume in Honour of Sten Ebbesen*, Brill, Leiden – Boston 2013, pp. 27-47, in particolare p. 36. La teoria degli *status* di M9 sarebbe invece quella di Roberto di

2.2. Metalogicon II, 20

> Quare aut ab Aristotile recedendum est concedendo ut uniuersalia sint, aut refragandum opinionibus quae eadem uocibus, sermonibus, sensibilibus rebus, ideis, formis natiuis, collectionibus aggregant, cum singula horum esse non dubitentur (*Met.* II, 20, ed. HALL, p. 85.13-16).

In questo passo di *Metalogicon* II, 20 sembra sia da riconoscere un riferimento al catalogo di posizioni descritte in II, 17. Tutte le posizioni da M1 a M7 (con la sola eccezione di M3) sono citate, ed esattamente nello stesso ordine. Anche il contesto sembra favorire tale interpretazione: prima di presentare la propria soluzione, Giovanni liquida rapidamente le posizioni degli altri autori con la tradizionale critica che esse contraddicono Aristotele. Due aspetti di questo fulmineo riassunto di *Metalogicon* II, 17 sono particolarmente interessanti: da un lato, le posizioni che Giovanni omette di citare (M3, M8, M9) e dall'altro le parole chiave che utilizza per riassumere le posizioni citate (M1, M2, M4-M7).

Consideriamo in primo luogo le posizioni omesse. Si tratta di tre teorie: la teoria dell'*intellectus* o *notio* (M3), quella delle *maneries* (M8) e quella, dubbia, degli *status* (M9). L'omissione di M3 potrebbe essere dovuta al fatto che, nel seguito di *Metalogicon* II, 20, Giovanni effettivamente accetta che gli universali si dicano *intellectus*: come si è visto, ciò non significa che in M3 Giovanni stia citando la propria opinione (e la cosa sembra anzi improbabile alla luce delle caratteristiche di *Metalogicon* II, 17). Il Saresberiense potrebbe aver evitato di criticare il termine '*intellectus*' nella lista di *Metalogicon* II, 20, perché riteneva tale termine accettabile nell'ambito di una trattazione sugli universali. M8, invece, potrebbe essere stata omessa alla luce della sua caratterizzazione come posizione poco originale, che si riduce a M7 (e a M9). L'omissione di M9, infine, rafforza

---

Melun e dei suoi seguaci; *cf. ibi*, p. 313: «In all probability these are the Meludinenses, followers of Robert of Melun. According to the *Ars Meliduna [ed.* DE RIJK *1967]* words (*dictiones*) signify common and private *status*, which are able to be participated in by many (namely, in the case of common nouns) or by one (namely, in the case of proper nouns) – though in reading these works it is important to recognize that "signifying" (*significare*) is being used in such a way as to contrast with "referring" (*appellare*). The same work also asserts that universals are things able to be grasped by intellect and to be participated in by many».

l'interpretazione secondo cui la teoria non sia da intendere come una vera e propria posizione della lista, ma piuttosto come un riferimento cursorio all'interno della trattazione che riguarda M8. Si può però anche pensare che la lista di *Metalogicon* II, 20 semplicemente non sia esaustiva.

Anche le parole che Giovanni utilizza per riferirsi alle teorie citate sono degne di nota. Ciascuna posizione è riassunta da una o due parole. *Voces* (M1), *sermones* (M2), *ideae* (M5), *formae nativae* (M6) e *collectiones* (M7) non suscitano difficoltà: si tratta infatti delle parole chiave già individuate per ciascuna delle rispettive teorie nel corso dell'analisi di *Metalogicon* II, 17. È invece estremamente interessante notare che, per riferirsi a M4 (la teoria del *singulare*), Giovanni non usi il termine *status*, con cui spesso si identifica questa teoria (*cf. infra*, capitolo 6, pp. 236-244), ma «cose sensibili» (*sensibiles res*). Tale scelta rafforza l'idea che l'aspetto più importante della teoria descritta in M4 non sia la presunta affermazione che gli universali sono *status*, ma quella che gli universali sono le singole cose individuali o (come qui si dice) le stesse cose sensibili. L'analisi della teoria che si condurrà in quanto segue sembra incoraggiare questa interpretazione.

2.3. Policraticus VII, 12

Anche nel settimo libro del *Policraticus* Giovanni riporta una lista di posizioni sugli universali. Pur essendo più breve, tale lista è molto simile a quella di *Metalogicon* II, 17: essa è costituita da cinque opinioni differenti (P1-P5), che possono tutte essere identificate tra le opinioni descritte nel *Metalogicon*[80].

---

[80] Per questa sezione del *Policraticus*, l'edizione di riferimento è ancora *Ioannis Saresberiensis episcopi Carnotensis Policratici sive De nugis curialium et vestigiis philosophorum libri VIII*, ed. C. C. J. WEBB, 2 voll., Clarendon Press, Oxford 1909; la nuova edizione di Katharine S. B. Keats-Rohan si ferma infatti al quarto libro dell'opera (*cf.* Ioannes Saresberiensis, *Policraticus I-IV*, ed. K. S. B. KEATS-ROHAN, Brepols, Turnhout 1993 [*CCM*, 118]). L'unica traduzione integrale del *Policraticus* è, a mia conoscenza, quella di Ugo Dotti, in lingua italiana: *cf.* Giovanni di Salisbury, *Il Policratico ossia delle vanità di curia e degli insegnamenti dei filosofi*, 4 tomi, traduzione e cura di U. DOTTI, Nino Aragno Editore, Torino 2011 (la traduzione di VII, 12 si trova al tomo terzo, pp. 1305-1321); tra le traduzioni parziali, si segnala quella di Joseph B. Pike, che include questo capitolo: *cf.* J. PIKE, *Frivolities of Courtiers*

(P1: *Pol.*, VII, 12, ed. WEBB, p. 141.25-29) In P1 Giovanni descrive un maestro che «còlte le cose sensibili e gli altri singolari (*sensibilibus aliisque singularibus apprehensis*), poiché solo di tali realtà si dice con verità che "sono", le trasporta a stati (*status*) diversi, a causa dei quali pone in tali realtà singolari le specie specialissime e i generi sommi»[81]. Nonostante qualche differenza nella formulazione (il termine *res* non è citato, anche se è implicito nell'espressione *sensibilibus aliisque singularibus*; il verbo *subvehere*, «trasportare», è utilizzato qui per la prima volta in relazione a stati delle cose), non è difficile riconoscere in P1 la quarta posizione del *Metalogicon* (M4), lì attribuita a Gualtiero di Mortagne. I termini chiave <*res*> *singularis*, <*res*> *sensibilis* e *status* sono tutti presenti.

(P2: *Pol.*, VII, 12, ed. WEBB, pp. 141.29-142.1) La teoria descritta brevemente in P2 sembra corrispondere a quella di cui è questione in M6, ossia la teoria di Gilberto di Poitiers sugli universali come *formae nativae*. Rispetto alla trattazione in M6, si deve notare che Giovanni insiste sull'aspetto di *astrazione* delle forme, che non era citato nel *Metalogicon* (*abstrahunt*, *more mathematicorum*)[82].

(P3: *Pol.*, VII, 12, ed. WEBB, p. 142.1-2) Come P2, anche P3 è estremamente breve. Il termine chiave '*intellectus*', però, permette di identificare la teoria che Giovanni aveva già descritto in M3. Secondo la descrizione del *Policraticus*, i sostenitori di questa teoria «spargono intellezioni» e affermano che siano intellezioni ciò che «i nomi degli universali» esprimono[83].

---

and Footprints of Philosophers. Being a Translation of the First, Second, and Third Books and Selections from the Seventh and Eighth Books of the Policraticus *of John of Salisbury*, The University of Minnesota Press, London 1938, pp. 257-264.

[81] *Pol.*, VII, 12 (ed. WEBB, p. 141.25-29) *[P1]*: «Inde est quod, sensibilibus aliisque singularibus apprehensis, quoniam haec sola ueraciter esse dicuntur, ea in diuersos status subuehit, pro quorum ratione in ipsis singularibus specialissima generalissimaque constituit». Ugo Dotti traduce: «Di qui il risultato che, apprese le cose sensibili e specifiche, dato che esse sole vengono ritenute come reali, c'è chi le classifica in diverse condizioni, in ragione delle quali, nelle stesse cose singole, stabilisce concetti speciali e generali» (Giovanni di Salisbury, *Il Policratico*, III, p. 1315).

[82] *Pol.*, VII, 12 (ed. WEBB, pp. 141.29-142.1) *[P2]*: «Sunt qui more mathematicorum formas abstrahunt, et ad illas quicquid de uniuersalibus dicitur referunt». PRANTL, *Storia della logica in Occidente*, II, pp. 220 e 223 conta P2 separatamente da M6 (senza però poter aggiungere nulla su P2).

[83] *Pol.*, VII, 12 (ed. WEBB, p. 142.1-2) *[P3]*: «Alii discutiunt intellectus et eos uniuersalium nominibus censeri confirmant». Il termine '*discutiunt*', che ho reso

(P4: *Pol.*, VII, 12, ed. WEBB, p. 142.2-4) La posizione descritta in P4 riecheggia quella presentata in M1, ossia la teoria di Roscellino. Giovanni scrive che «ci furono persone che sostenevano che i generi e le specie sono suoni vocali (*voces*)» e che tale posizione fu confutata e scomparve alla morte del suo autore[84]. Non solo la parola chiave '*voces*', ma anche altre espressioni come '*fuerunt*' e '*evanuit*' ricordano chiaramente il *Metalogicon* (*cf.* «haec opinio cum Roscelino suo fere omnino iam euanuerit»). Una piccola differenza è rappresentata dal fatto che in M1 si dice che l'opinione è *quasi* scomparsa alla morte di Roscellino, mentre qui si dice che è *facilmente* scomparsa con la morte del suo autore.

(P5: *Pol.*, VII, 12, ed. WEBB, p. 142.5-8) Nell'ultima posizione descritta in *Policraticus* VII, 12, infine, è probabilmente da riconoscere la teoria di Abelardo, presentata in M2. Coloro che seguono la posizione P5, infatti, attribuiscono ai *sermones* ciò che rifiutano sia alle cose (*res*) che alle intellezioni (*intellectus*): una frase che, come vedremo, riassume la trattazione sugli universali della *Logica 'Nostrorum Petitioni Sociorum'*. Rispetto a M2, la descrizione di P5 aggiunge alcuni elementi. In primo luogo, si afferma che i sostenitori di questa posizione aderiscono ai soli nomi (*solis nominibus inherentes*): nei testi sugli universali di Abelardo, in effetti, si ricorre a '*nomen*' come sinonimo più accessibile di '*sermo*'[85]. In secondo luogo, Giovanni aggiunge che i sostenitori della teoria «sono còlti» (*deprehenduntur*; *cf.* «deprehensus est» di M3) sulle tracce della teoria P4, ossia della teoria di Roscellino, anche se si vergognano di menzionare tale teoria e il suo principale esponente[86]. Quest'ultima osservazione ricorda l'inizio della lettera di Roscellino ad Abelardo, e in particolare il passo in

---

con «spargono», suscita qualche perplessità nella traduzione; non condivido però la traduzione di Pike, che rende con «banish»: «others banish concepts and maintain that they come under the names of universals» (*cf.* PIKE, *Frivolities of Courtiers*, pp. 257-264). Dotti (Giovanni di Salisbury, *Il Policratico*, III, p. 1315) traduce: «altri dividono i concetti e confermano che essi vanno censiti sotto il nome di universali».

[84] *Pol.*, VII, 12 (ed. WEBB, p. 142.2-4) *[P4]*: «Fuerunt et qui uoces ipsas genera dicerent esse et species; sed eorum iam explosa sententia est et facile cum auctore suo euanuit».

[85] *Cf.* MARENBON, *The Philosophy*, pp. 179-180.

[86] *Pol.*, VII, 12 (ed. WEBB, p. 142.5-8) *[P5]*: «Sunt tamen adhuc qui deprehenduntur in uestigiis eorum, licet erubescant auctorem uel sententiam profiteri, solis nominibus inherentes, quod rebus et intellectibus subtrahunt sermonibus asscribunt».

cui il primo rimprovera Abelardo per avere dimenticato i benefici ricevuti, in qualità di allievo, dallo stesso Roscellino[87].

Le posizioni descritte in *Metalogicon* II, 17 e II, 20 e in *Policraticus* VII, 12 possono essere riassunte e comparate nella seguente tabella:

	Metalogicon II, 17	*Metalogicon* II, 20	*Policraticus* VII, 12
M1	teoria delle *voces*	*vocibus*	P4
M2	teoria dei *sermones*	*sermonibus*	P5
M3	teoria dell'*intellectus* o della *notio*	[deest]	P3
M4	teoria del *singulare*	*sensibilibus rebus*	P1
M5	teoria delle *ideae*	*ideis*	[deest]
M6	teoria delle *formae nativae*	*formis nativis*	P2
M7	teoria della *rerum collectio*	*collectionibus*	[deest]
M8	teoria delle *maneries*	[deest]	[deest]
M9	teoria degli *status*	[deest]	[deest]

2.4. Tre interpretazioni problematiche

Si è visto, perlomeno in certa misura, che la celebre lista di *Metalogicon* II, 17 suscita domande molteplici e permette interpretazioni differenti. Se un esame accurato di tutte le difficoltà sollevate da questo passo eccederebbe i limiti della presente ricerca, è però opportuno considerare tre interpretazioni, concernenti la posizione M4 e Gualtiero di Mortagne, che differiscono da quanto si è sin qui presentato.

---

[87] *Cf.* Roscellinus, *Epistola ad Abaelardum*, 3-5: «beneficiorum, quae tibi tot et tanta a puero usque ad iuuenem sub magistri nomine et actu exhibui, oblitus»; la lettera è pubblicata in REINERS, *Der Nominalismus in der Frühscholastik*, pp. 63-80.

2.4.1. *Gualtiero di Mortagne seguace di Bernardo di Chartres?*

In primo luogo, si deve notare che la traduzione inglese di *Metalogicon* II, 17 dovuta a Daniel D. McGarry comporta una descrizione della posizione di Gualtiero di Mortagne profondamente differente da quanto si è presentato sopra. Secondo il traduttore, infatti, l'*'ille'* che apre la sezione M5 non si riferisce ad altri che a Gualtiero, appena menzionato nella sezione M4: di fatto, McGarry traduce *'ille'* con «Walter of Mortagne». Seguendo questa traduzione, Gualtiero avrebbe dapprima sostenuto la teoria dell'universale come singolare (o teoria della *res sensibilis* o dell'*individuum*: M4) e avrebbe in seguito abbracciato la teoria delle *ideae* di Bernardo di Chartres e dei suoi sostenitori (M5). Nessun dubbio può sorgere sul fatto che McGarry intendesse il passo in questo modo, perché anche in una delle note egli fa riferimento alla «conversione di Gualtiero alla posizione di Platone e Bernardo di Chartres»[88].

Benché non siano mancate critiche[89], l'interpretazione è stata seguita da illustri studiosi (anche se in genere senza discuterne direttamente)[90]. A

---

[88] *Cf.* McGarry, *The Metalogicon of John of Salisbury*, p. 113 e n. 284. Altre traduzioni sono quella di François Lejeune in Jean de Salisbury, *Metalogicon*, ed. Lejeune, pp. 196-201 (che rende la coppia '*hic... ille*' con «celui-ci... celui-là»); di Sofia Vanni Rovighi, in *Grande Antologia Filosofica*, IV, pp. 719-721 (che rende '*ille*' con «un altro»); di John B. Hall (John of Salisbury, *Metalogicon*, tr. Hall, p. 82), che traduce '*ille*' con «another scholar». *Medieval Philosophy. Essential Readings with Commentary*, edited by G. Klima, F. Allhoff, A. Jayprakash Vaidya, Blackwell, Oxford 2007, pp. 63-65, ripubblica la traduzione di McGarry.

[89] L'errore fu notato da Romano (*Una soluzione*, p. 55: un «madornale errore»), il quale però lo attribuisce a King senza individuarne l'origine nella traduzione di McGarry; e da Tursi, «Nueve tesis», p. 43 n. 17. In favore dell'interpretazione che propongo anche Pinzani, «Giovanni di Salisbury», p. 470 n. 14 e Hall (John of Salisbury, *Metalogicon*, tr. Hall, p. 82), che, come detto, traduce '*ille*' con «another scholar»: «Another scholar, emulating Plato and imitating Bernard of Chartres, posits ideas, declaring that nothing except ideas is genus or species».

[90] *Cf.* ad esempio King, *Peter Abailard*, I, pp. 215, 218-219; Guilfoy, «John of Salisbury», § 4.2 («John tells us Walter converted to the Platonism of Bernard of Chartres»); Dutton, «Introduction», p. 87 («He [scil. *John of Salisbury*] tells us that Walter of Mortagne, having emulated Plato, and in imitation of Bernard of Chartres, now supported the doctrine of Ideas»); p. 102 («Walter of Mortagne in the mid-twelfth century was known to be an outright imitator of Bernard's philosophy of the Platonic Ideas, but whether this included the *formae natiuae* we are not told *[segue riferimento al passo M5-M6]*. If, as John reports, Walter changed his mind on the universals in

prima vista, e se ci si limita a considerare solo la frase in cui *'ille'* è inserito, la si può giudicare un'interpretazione perlomeno possibile. Quando però si consideri l'intero contesto, l'interpretazione non può che apparire come un errore. Infatti, l'*'ille'* (linea 47) con cui si apre la posizione M5 è correlato all'*'hic'* (linea 38) con cui si apre la posizione M4, e i due pronomi costituiscono un'espressione parallela, «questo sostiene... e quello sostiene...». Si tratta di una *variatio* del modo più comune con cui Giovanni apre ciascuna delle posizioni della lista, con il pronome indefinito *'alius'*, e tale *variatio* sembra dovuta alla frase che precede: «Anche quelli che aderiscono alle cose hanno molte opinioni». Anche il ritmo con cui la lista di *Metalogicon* II, 17 è costruita smentisce l'interpretazione di McGarry. Come si è visto, la lista di Giovanni segue infatti una precisa struttura, che comprende, tra le altre cose, la presentazione di ciascuna opinione come sostenuta da un maestro anonimo, indicato da un pronome indefinito o dimostrativo; la menzione del nome di un maestro celebre, che guida la posizione; e infine una nota sul successo presente della teoria. Se si segue la traduzione di McGarry, si ammette che in quest'unico caso Giovanni sia interessato a seguire l'evoluzione della teoria di Gualtiero piuttosto che a introdurre una nuova, diversa, opinione. Il pronome dimostrativo, inoltre, si riferirebbe non (come in tutti gli altri casi) a un maestro anonimo, ma a uno già menzionato, Gualtiero appunto. Infine, la posizione M5 sarebbe assegnata a due diversi maestri, Gualtiero di Mortagne e Bernardo di Chartres. A mio avviso, questa interpretazione è talmente contraria sia al contesto che al ritmo della lista da mostrarsi come inaccettabile. Pertanto, dalle informazioni forniteci da Giovanni di Salisbury, non possiamo ricavare che Gualtiero di Mortagne «si convertì» a una diversa teoria sugli universali né che abbracciò la teoria di Bernardo di Chartres al riguardo.

---

mid-career, perhaps even he was unable to establish a tradition of interest in Bernard's Platonism»); p. 246 (introducendo M5-M6: «on Bernard, the belief in the Ideas and the *formae natiuae*, and the attempted reconciliation by Bernard and his followers of Aristotle with Plato. While Gilbert of Poitiers subscribed to the notion of the *formae natiuae*, it was Walter of Mortagne who emulated Plato and imitated Bernard of Chartres on the doctrine of the Ideas»); IWAKUMA, «Influence», p. 329 n. 8; CAIAZZO, «Sur la distinction sénéchiennne *idea/idos*», p. 97.

2.4.2. «Omne quod unum est, numero est» oppure «omne quod est, unum numero est»?

Un secondo punto problematico riguarda una differenza, nel testo di M4, che si riscontra tra l'edizione del *Metalogicon* di Clement C. J. Webb, pubblicata nel 1929, e l'edizione critica di John B. Hall e Katharine S. B. Keats-Rohan, pubblicata nel 1991. Secondo il testo pubblicato da Webb, l'anonimo maestro (*hic*) che sostiene l'opinione M4 trarrebbe la seguente inferenza:

> Siquidem hic [*p2*] ideo quod omne quod est, unum numero est, [*c1*] rem uniuersalem aut unam numero esse aut omnino non esse concludit (ed. WEBB, p. 93.3-5).

Come si è ricordato sopra, la conclusione *c1* «una cosa universale o è una di numero o non è affatto» segue effettivamente dalla premessa *p2* «tutto ciò che è, è uno di numero», insieme alla premessa implicita *p1*, «la cosa universale o esiste (è) o non esiste (è)». Inoltre *p2* esprime la convertibilità tra ente e uno, ed è un principio ricordato da Boezio nel suo *Secondo Commento all'Isagoge* e nel *Contra Eutychen et Nestorium*[91]. *P2*, tuttavia, non si legge nei manoscritti del *Metalogicon*: si tratta di una correzione, proposta da Webb, là dove invece i manoscritti leggono «omne

---

[91] Il principio è citato da Boezio in *In Isagogen Porphyrii editio secunda*, ed. BRANDT, I, 10, p. 162.2-3: «omne enim quod est, idcirco est, quia unum est»; *ibi*, III, 7, p. 224.8-9; Id., *Contra Eutychen et Nestorium*, ed. MORESCHINI, p. 220.298-300: «quod enim non est unum, nec esse omnino potest; esse enim atque unum conuertitur et quodcumque unum est, est» (si confronti con Aristoteles, *Metaphysica*, B, 3, 998b22). Come studiato da Luisa Valente, il principio è attestato in vari autori del XII secolo, quali Gilberto di Poitiers, Teodorico di Chartres (nella formula, vicina a quella di Giovanni, «omne quod est ideo est quia unum numero est»), Gundissalino, Alano di Lilla: si veda L. VALENTE, «*Ens, unum, bonum*: elementi per una storia dei trascendentali in Boezio e nella tradizione boeziana del XII secolo», in S. CAROTI – R. IMBACH – Z. KALUZA – G. STABILE – L. STURLESE (edd.), «*Ad ingenii acuitionem*». *Studies in honour of Alfonso Maierù*, Brepols, Louvain-la-Neuve 2006, pp. 483–545; EAD., «*Illa quae transcendunt generalissima*: elementi per una storia latina dei termini trascendentali (XII secolo)», *Quaestio*, 5 (2005) 217-239; EAD., «Names That Can Be Said of Everything: Porphyrian Tradition and 'Transcendental' Terms in Twelfth-Century Logic», *Vivarium*, 45 (2007) 298-310; *cf.* inoltre J. J. E. GRACIA, «The Transcendentals in the Middle Ages: An Introduction», *Topoi*, 11 (1992) 113-120 e J. MARENBON, «Abelard, *ens* and Unity», *Topoi*, 11 (1992) 149-158.

quod unum est numero est». Hall e Keats-Rohan si attengono al testo della tradizione manoscritta e nella loro edizione critica pubblicano dunque il testo seguente[92]:

> Siquidem hic [p^*] ideo quod omne quod unum est, numero est, [$c1$] rem uniuersalem aut unam numero esse aut omnino non esse concludit (ed. HALL, p. 81.38-40).

La difficoltà consiste nel fatto che la conclusione $c1$ non può più essere ricavata dalla premessa p^*, «tutto ciò che è uno, è <uno> per il numero». Da p^* si potrebbe eventualmente ricavare una conclusione c^* («una cosa universale, o è <una> per il numero o non è una»), ma certamente non $c1$. È interessante notare che, in un articolo preparatorio alla pubblicazione dell'edizione, Hall citava la correzione di Webb come necessaria[93]. La variante, però, non è citata in un successivo articolo di Keats-Rohan sullo stesso tema[94], né nell'edizione, dove si accetta la lettura dei manoscritti. Dato, però, che questi non forniscono un testo logicamente accettabile, a mio avviso su questo punto si deve accogliere la correzione di Webb[95].

2.4.3. Sugli universali come substantialia

Infine, un'interpretazione differente di M4 è stata avanzata da Francesco Romano in un libro recente. Secondo lo studioso, la frase

> Sed quia impossibile est substantialia non esse existentibus his quorum sunt substantialia, denuo colligunt uniuersalia singularibus quod ad essentiam unienda (ed. HALL, p. 81.40-42, punteggiatura modificata).

---

[92] Il testo è conservato nella recente traduzione di Hall (John of Salisbury, *Metalogicon*, tr. HALL, p. 81), che legge: «This man, for instance, because all that is one is one in number, concludes that a universal either is one in number or else does not exist at all».

[93] *Cf.* J. B. HALL, «Towards a Text of John of Salisbury's *Metalogicon*», Studi Medievali, 3ª serie, 24 (1983) 791-816, in particolare p. 799.

[94] *Cf.* K. S. B. KEATS-ROHAN, «The Textual Tradition of John of Salisbury's *Metalogicon*», Revue d'Histoire des Textes, 16 (1986) 229-282.

[95] *Cf.* anche PINZANI, «Giovanni di Salisbury», p. 468 (che corregge in modo simile, traducendo: «se è vero che qui ogni cosa, in quanto è [una], è numericamente unitaria», con suggerimento di espungere 'una').

va tradotta:

> Ma poiché è impossibile che <gli universali> non siano sostanziali, se esistono queste cose di cui essi sono sostanziali, <i sostenitori di questa opinione> di nuovo mettono insieme gli universali con gli individuali, perché ritengono che siano da unirsi quanto all'essenza[96].

L'interpretazione è accettabile dal punto di vista grammaticale, per quanto sia un po' faticosa: secondo il traduttore, infatti, il primo '*substantialia*' sarebbe il nome del predicato e sarebbe dunque da riferire a un soggetto sottinteso, *universalia*, che occorre reintegrare nella traduzione. Anche ammesso ciò, la traduzione non sembra però avere un senso accettabile, dal momento che nella seconda parte della frase («se esistono queste cose di cui essi sono sostanziali») '*substantialia*' avrebbe un significato diverso da '*substantialia*' nella prima parte della frase («è impossibile che gli universali non siano sostanziali»): nella prima parte della frase sarebbe usato assolutamente, nella seconda sarebbe usato nel senso di essere i sostanziali di qualcosa. In realtà, generi e specie si possono chiamare i *substantialia* delle cose individuali, ossia i loro elementi sostanziali (opposti a quelli accidentali). Ciò che è qui in questione non è il fatto che gli universali siano gli elementi sostanziali delle cose, il che è concesso, ma la loro esistenza, come è chiaro dalla frase appena esaminata («una cosa universale o è una di numero, o non è affatto»). Giovanni di Salisbury, riportando l'opinione M4, afferma che è impossibile che gli aspetti essenziali non esistano (*esse*) se/quando quelle cose individuali di cui essi sono i *substantialia* esistono (*existentibus*).

***

Ricapitolando, in *Metalogicon* II, 17 Giovanni di Salisbury descrive una teoria sugli universali, attribuendola a Gualtiero di Mortagne; la stessa teoria è descritta in *Policraticus* VII, 12 e citata in *Metalogicon* II, 20. Secondo tale teoria, gli universali sono le stesse cose singole e sensibili (*singularia*; *res sensibiles*), di cui si distinguono diversi stati (*status*) a seconda dei quali la cosa può essere considerata individuo, specie, genere

---

[96] ROMANO, *Una soluzione*, p. 53.

o genere generalissimo. Tra i punti problematici che sono stati discussi nel capitolo, si possono ricordare i tre che seguono: (i) il rapporto tra la posizione di Gualtiero descritta in M4 e la nona posizione della stessa lista (M9), la quale, se si tratta effettivamente di una posizione distinta dalle altre, concerne anch'essa gli *status* delle cose, così come fa M4; (ii) il testo dell'edizione Hall e Keats-Rohan alle righe II,17.38-40, che sembra dover essere corretto seguendo la lettura del precedente editore, Clement Webb; (iii) l'erronea traduzione di Daniel McGarry, che indebitamente trae dal testo di Giovanni una conversione di Gualtiero di Mortagne alla posizione di Bernardo di Chartres.

Parte Seconda

3. LA TEORIA DELL'*INDIVIDVVM* NEI TESTI LOGICI DEGLI ANNI 1110-1130: LE FONTI

La teoria descritta da Giovanni di Salisbury in M4 e P1 può essere identificata in testi sugli universali della prima metà del XII secolo. In particolare, la si individua in cinque fonti: la *Logica 'Ingredientibus'* di Abelardo e l'abelardiana *Logica 'Nostrorum Petitioni Sociorum'* (*LI* e *LNPS*), rispettivamente nelle sezioni delle pp. 9.12-32.12 (trasmessa dal manoscritto unico Milano, Biblioteca Ambrosiana, M 63 sup., ff. 2rb-5rb) e pp. 512.19-533.9 (trasmessa dal solo manoscritto Lunel, Bibliothèque municipale, 6, ff. 11ra-21ra); il trattato *'De generibus et speciebus'* conservato nei due manoscritti Orléans, Bibliothèque municipale, 266, pp. 154b-163a e Paris, Bibliothèque nationale de France, lat. 13368, ff. 169rb-174rb (*GS*); il trattato *'Quoniam de generali'* conservato nel manoscritto Paris, Bibliothèque nationale de France, lat. 17813, ff. 16va-19ra (*QG*); e il commento all'*Isagoge* '*P17*' conservato nel codice Paris, Bibliothèque nationale de France, lat. 3237, ff. 123ra-124va e 125ra-130rb (*P17*)[1].

---

[1] Lo stesso testo si trova nel manoscritto due volte: in forma completa ai ff. 125ra-130rb e in forma incompleta ai ff. 123ra-124va. Sono grata al prof. Yukio Iwakuma per avermi fornito la sua trascrizione inedita del testo. La denominazione '*P17*', come ormai usuale, fa riferimento al catalogo di fonti logiche pubblicato da John Marenbon, dove '*P*' indica un commento all'*Isagoge*, '*C*' alle *Categoriae* e '*H*' al *De interpretatione* (*cf.* J. MARENBON, «Medieval Latin Commentaries and Glosses on Aristotelian Logical Texts, Before c. 1150 AD», in Ch. BURNETT [ed.], *Glosses and Commentaries on Aristotelian Logical Texts: The Syriac, Arabic and Medieval Latin Traditions*, The Warburg Institute, London 1993, pp. 77-127; lo stesso articolo è ripubblicato, con un supplemento, nella raccolta: J. MARENBON, *Aristotelian Logic, Platonism, and the Context of Early Medieval Philosophy in the West*, Ashgate, Aldershot – Burlington 2000, I [Variorum Collected Studies Series]; *cf.* anche ID., «Glosses and Commentaries on the *Categories* and *De interpretatione* before Abelard», in J. FRIED [ed.], *Dialektik und Rhetorik im früheren und hohen Mittelalter*, Oldenbourg, München 1997, pp. 21-49, ripubblicato in MARENBON, *Aristotelian Logic*, IX; una nuova versione della sezione del catalogo che riguarda i commenti alle *Categoriae* si legge in J. MARENBON, «The Tradition of Studying the *Categories* in the early Middle Ages (until c. 1200): a revised working catalogue of glosses, commentaries and treatises», in S. EBBESEN – J. MARENBON – P. THOM [edd.], *Aristotle's Categories in the Byzantine, Arabic and Latin Traditions*, The Royal Danish Academy of Sciences and Letters, Copenhagen 2013, pp. 139-173). Il catalogo di John Marenbon si aggiunge a quello già pubblicato da Niels Jørgen Green-Pedersen, che elenca commenti ai *Topici* di Aristotele (indicati

In tre casi, si tratta di commenti all'*Isagoge* del tipo '*problem/question*' o '*composite*' (*LI* e *LNPS* per le sezioni di cui è qui questione; *P17*)[2]; negli altri due, di trattati indipendenti sugli universali (*GS, QG*). Per i commenti all'*Isagoge*, si prende qui in considerazione in particolare la parte che commenta le tre domande di Porfirio e che costituisce una lunga riflessione sugli universali (*LI* pp. 9.12-32.12; *LNPS* pp. 512.19-533.9; *P17* ff. 123rb-124rb e 125rb-126rb), mentre per i trattati sugli universali si considera l'interezza del testo. Così delimitate, le cinque fonti presentano caratteri assai omogenei, al punto che la distinzione tra commenti e trattati richiede forse di essere riconsiderata[3]. Ciascuna fonte comprende una parte negativa e una positiva; e (con una distinzione che si sovrappone alla precedente) una parte descrittiva e una argomentativa. In ciascun testo, infatti, l'autore afferma che esistono varie posizioni sugli universali, e prima di sostenere la propria

---

dalla lettera '*A*') e al *De differentiis topicis* di Boezio (indicati dalla lettera '*B*'): *cf*. N. J. GREEN-PEDERSEN, *The Tradition of the Topics in the Middle Ages. The Commentaries on Aristotle's and Boethius' 'Topics'*, Philosophia Verlag, München – Wien 1984, pp. 382-431. La sigla '*SE*' indica commenti ai *Sophistici elenchi* in S. EBBESEN, «Medieval Latin Glosses and Commentaries on Aristotelian Logical Texts of the Twelfth and Thirteenth Centuries», in BURNETT (ed.), *Glosses and Commentaries*, pp. 129-177. Nelle sue ricerche inedite, infine, Yukio Iwakuma utilizza le sigle '*D*' per commenti al *De divisione*, '*SC*' per commenti al *De syllogismis categoricis*, '*SH*' per commenti al *De syllogismis hypotheticis*, e '*U*' per trattati indipendenti sugli universali.

[2] La terminologia per descrivere i diversi tipi di commento logico dell'inizio del XII secolo è stata proposta da John Marenbon, che distingue '*literal commentaries*' (commenti, cioè, che si concentrano su una spiegazione letterale del testo, analizzato parola per parola); '*problem/question commentaries*' (che contengono trattazioni più ampie e dettagliate non della lettera, ma degli argomenti affrontati dal testo commentato); '*composite commentaries*' (dove i due aspetti sono entrambi presenti): *cf*. MARENBON, «Medieval Latin Commentaries», pp. 85-91; ID., «Glosses and Commentaries», pp. 31-32; ID., «The Tradition», pp. 141-143 e le osservazioni raccolte in J. MARENBON – C. TARLAZZI, «Logic» in E. KWAKKEL – R. THOMSON (edd.), *The European Book in the Twelfth Century*, Cambridge University Press, Cambridge, in corso di stampa.

[3] Marenbon ipotizza che i trattati sugli universali, e in particolare *GS*, *QG* e la *Sententia de universalibus secundum magistrum R.*, siano forse estratti da sezioni discorsive di commenti all'*Isagoge* (del tipo *problem/question* o *composite*) ancora non identificati o ora perduti (*cf*. MARENBON, «Medieval Latin Commentaries», pp. 91-92 n. 79). Il commento *P17*, che come si è detto è riportato due volte nel manoscritto che lo trasmette, potrebbe forse fornire un indizio in questo senso, perché è duplicata proprio la parte iniziale del commento, quella sugli universali, e una situazione simile si verifica anche per i commenti *P20* e *P21* (quest'ultimo è l'estratto sugli universali del più ampio commento *P20*): *cf. ibi*, p. 91.

posizione al riguardo (parte positiva), presenta e critica le posizioni altrui sul medesimo tema (parte negativa); tanto la parte negativa quanto la parte positiva comprendono un momento di esposizione della teoria da criticare o da sostenere (parte descrittiva) e un ben distinto momento critico-dialettico (parte argomentativa), nel quale si adducono argomenti contro la teoria che si intende criticare (nella parte negativa), oppure obiezioni contro la teoria che si intende sostenere, seguite dalle relative repliche (nella parte positiva). Tale struttura, individuabile in ciascuna delle cinque fonti citate, presenta un maggiore o minore grado di complessità nei diversi casi: ad esempio, gli argomenti contro le teorie avversarie possono a volte comportare contro-obiezioni, reali o fittizie, dei sostenitori della teoria, che vengono anch'esse criticate; la presentazione delle teorie può includere raggruppamenti di determinate teorie in un unico insieme; gli argomenti possono essere distinti in argomenti di ragione e argomenti di autorità, *etc*. Come è stato evidenziato da Jean Jolivet, una simile struttura assolve una ben precisa funzione teoretica: si intende infatti provare la tesi dell'autore non solo direttamente, attraverso la difesa della tesi stessa, ma anche indirettamente, attraverso l'eliminazione di (idealmente) ogni altra tesi possibile[4].

Le cinque fonti citate sono omogenee non solo nella loro struttura, ma anche nel loro contenuto: ciò significa che le posizioni che esse descrivono (criticandole o sostenendole) possono essere confrontate tra di loro (e, in parte, con le posizioni sugli universali descritte da Giovanni di Salisbury nei testi sopra considerati). Ciò suggerisce che i cinque scritti testimonino dell'insegnamento sugli universali in un periodo ben determinato, e che abbiano perciò una datazione vicina. Solo nel caso della *LI* e della *LNPS* si dispone di una datazione accurata: secondo gli studi di Constant Mews, la *LI* risale a prima del concilio di Soissons (1121), più in particolare agli anni 1117-1120, mentre la *LNPS* è un'opera di qualche anno più tarda, databile al 1120-1124[5]. La vicinanza dottrinale degli altri testi alle *Logicae*

---

[4] *Cf.* JOLIVET, *Arts du langage*, p. 219.

[5] Per la datazione delle opere di Abelardo, *cf.* C. MEWS, «On Dating the Works of Peter Abelard», *Archives d'histoire doctrinale et littéraire du Moyen Âge*, 52 (1985) 73-134 (ripubblicato in ID., *Abelard and his Legacy*, Ashgate, Aldershot – Burlington 2001, VII); *cf.* anche MARENBON, *The Philosophy*, pp. 46-50; ID., «Life, milieu», pp. 18-19; e, per una riconsiderazione estremamente cauta delle informazioni disponibili, ID., *Abelard in Four Dimensions. A Twelfth-Century Philosopher in His Context and Ours*, University of Notre Dame Press, Notre Dame 2013, pp. 39-43, in particolare p. 43: «*LI* is based on the same teaching *[scil. the same teaching of the* Dialectica*]*, but in a more

abelardiane e alla testimonianza di Giovanni di Salisbury (che, come si è visto, descrive una situazione anteriore non solo al periodo di scrittura, ma in parte anche al periodo di studi dell'autore in Francia) consente perlomeno una datazione sommaria al periodo 1110-1140 circa. Come si vedrà, anche i manoscritti che trasmettono queste opere sono databili a tale periodo, cioè al secondo quarto o alla metà del XII secolo; il manoscritto che trasmette *QG* si segnala come particolarmente antico, insieme forse a quello che trasmette *P17*.

La teoria dell'*individuum* è presentata, in modi diversi, da tutte e cinque le fonti e vi è descritta come una teoria realista[6]. Prima di analizzare nel dettaglio la testimonianza dei testi, è opportuno che ci soffermiamo ora sulle caratteristiche peculiari di ciascuna fonte.

1. *Logica 'Ingredientibus'*, pp. 9.12-32.12. Con il titolo di *Logica 'Ingredientibus'* ci si riferisce a quattro diversi commenti che gli studiosi ritengono attribuibili direttamente ad Abelardo e appartenenti a un unico insieme di scritti[7]. Si tratta di tre commenti completi (all'*Isagoge*, alle *Categoriae* e al *De interpretatione* rispettivamente) conservati nel manoscritto Milano, Biblioteca Ambrosiana, M 63 sup., ff. 1r-72r (e, per il

---

developed form. The *Isagoge* commentary in it might have been composed at any time between circa 1110 and 1120, but after the *Dialectica* and very possibly after 1117 [...]. *LNPS* may well not be an unadulterated work by Abelard, but it clearly contains new Abelardian material, especially in the treatment of universals at its start. This new material dates from after the *Theologia Summi Boni* – that is to say after 1120, and most plausibly belongs to the mid-1120s». Inoltre, la datazione della contrapposizione tra Abelardo e Guglielmo di Champeaux, in cui il primo costrinse il secondo a modificare la propria posizione sugli universali, è stata recentemente riconsiderata: *cf. infra*, capitolo 7, p. 292. KING, *Peter Abailard*, I, p. 188 suggerisce per il '*De generibus et speciebus*' una data di composizione tra *c.* 1110 e 1125; e nella recente edizione di *GS* curata dallo studioso si legge: «The above description of GS should show that it is firmly embedded in metaphysical debates in the early twelfth century. A more precise date cannot be determined, but an attractive hypothesis is to see Pseudo-Joscelin as writing GS in response to a conflict between Abailard and Joscelin, perhaps as early as 1115» (KING, «Pseudo-Joscelin», p. 118).

[6] *Cf. supra*, introduzione, pp. XXXIV-XXXVI.

[7] Per una presentazione recente di questi scritti, si veda MARENBON, *Abelard in Four Dimensions*, pp. 27-38, specialmente p. 28. La *Logica 'Ingredientibus'* comprendeva anche un quinto commento, al *De syllogismis hypotheticis*, ora perduto: *cf.* B. GEYER, «Untersuchungen», in *Peter Abaelards Philosophische Schriften*, Aschendorff, Münster 1919-1933, pp. 589-633 (*BGPTM*, 21), in particolare p. 598, con riferimento a *LI* pp. 291.25-26 e 389.7.

solo commento al *De interpretatione*, anche in un secondo testimone: Berlin, Staatsbibliothek, lat. fol. 624, ff. 97ra-146ra) e di un commento incompleto (al primo libro e a parte del secondo libro del *De topicis differentiis*), il quale è conservato nel ms. Paris, Bibliothèque nationale de France, lat. 7493, 168r-183v[8]. La sezione che ci interessa si trova nel commento

---

[8] (i) Per il commento all'*Isagoge*, *cf. infra*. (ii) Il commento alle *Categoriae* è edito da Bernhard Geyer in *Peter Abaelards Philosophische Schriften*, pp. 111-305. (iii) Del commento al *De interpretatione* esiste oggi un'edizione critica in *Petri Abaelardi Glossae super Peri Hermeneias*, ed. K. JACOBI et Ch. STRUB, Brepols, Turnhout 2010 (*CCM*, 206). L'edizione Jacobi-Strub sostituisce la precedente, in *Peter Abaelards Philosophische Schriften*, hrsg. GEYER, pp. 307-503, che si basava unicamente sul manoscritto Milano, Biblioteca Ambrosiana, M 63 sup., ff. 44r-72r: un secondo testimone del commento, che differisce da quello di Milano per la parte finale, fu scoperto nel 1938 da Martin Grabmann nel ms. Berlin, Staatsbibliothek, lat. fol. 624, ff. 97ra-146ra, mentre Lorenzo Minio-Paluello mostrò che è proprio il manoscritto berolinense a conservare il finale autentico del commento e fornì una prima edizione di tale sezione conclusiva (*cf.* L. MINIO-PALUELLO, *Twelfth Century Logic. Texts and Studies*, II. *Abaelardiana inedita*, Edizioni di Storia e Letteratura, Roma 1958, pp. XI-XXX, 3-108, con una prima edizione dei ff. 135rb-146ra). (iv) Il commento al *De topicis differentiis* si legge in M. DAL PRA (ed.), *Pietro Abelardo. Scritti di Logica*, La Nuova Italia, Firenze 1969, pp. 205-330 (precedente edizione: M. DAL PRA [ed.], *Pietro Abelardo. Scritti filosofici*, Fratelli Bocca, Milano 1954, pp. 205-330) a partire dal ms. Paris, Bibliothèque nationale de France, lat. 7493, ff. 168r-183v; un breve frammento di questo commento (non segnalato da Dal Pra) si trova anche in Paris, Bibliothèque de l'Arsenal, 910, ff. 120vb-121rb, come indicato in GREEN-PEDERSEN, *The Tradition of the Topics*, pp. 424-425 ('*B12*'): la sezione comune ai due manoscritti è stata edita in K. M. FREDBORG, «Abelard on Rhetoric», in C. MEWS – C. NEDERMAN – R. THOMSON (edd.), *Rhetoric and Renewal in the Latin West 1100-1540. Essays in Honour of John O. Ward*, Brepols, Turnhout 2003, pp. 55-80. Il testo, anche nella versione del MS 7493, è incompleto e commenta solo il primo e l'inizio del secondo dei quattro libri che compongono il *De topicis differentiis* (in particolare la sezione *PL* 64, coll. 1173 B-1183 D; ed. NIKITAS, The Academy of Athens – Vrin, Athens – Paris 1990, I, 1-II, 2: si noti però che nel XII secolo non si commentava in genere il quarto libro del *De topicis differentiis*). Sulla struttura dei commenti logici di Abelardo, e in particolare della *Logica 'Ingredientibus'*, *cf.* anche K. JACOBI – Ch. STRUB, «Peter Abaelard als Kommentator», in F. DOMÍNGUEZ – R. IMBACH – Th. PINDL – P. WALTER (edd.), *Aristotelica et Lulliana magistro doctissimo Charles H. Lohr septuagesimum annum feliciter agenti dedicata*, Sint Pietersabdij, Steenbrugge 1995, pp. 11-34. Per la tradizione manoscritta delle opere di Abelardo, *cf.* anche J. BARROW – Ch. BURNETT – D. E. LUSCOMBE, «A Checklist of the Manuscripts Containing the Writings of Peter Abelard and Heloise and Other Works Closely Associated With Abelard and His School», *Revue d'Histoire des Textes*, 14-15 (1984-1985) 183-302.

all'*Isagoge* (ed è conservata, dunque, nel manoscritto milanese). Rodney Thomson ha gentilmente esaminato alcune immagini di questa sezione del manoscritto milanese e ritiene sia scritta da una mano del secondo quarto o della metà del XII secolo, forse del Nord Italia. Dopo una prima trascrizione parziale già pubblicata da Antonio Rosmini, il commento all'*Isagoge* fu edito nella sua interezza da Bernhard Geyer e recentemente la sezione sugli universali, di cui è qui questione, è stata riedita da Claude Lafleur e Joanne Carrier. Nel seguito, si citerà dall'edizione Geyer, confrontata (quando ciò è possibile) con quella Lafleur-Carrier[9].

Il commento all'*Isagoge* della *Logica 'Ingredientibus'* descrive la teoria dell'*individuum* in un contesto particolarmente ricco e complesso. Nell'ambito del commento a *Isagoge* i, 1 (le tre questioni di Porfirio)[10], Abelardo costruisce la propria trattazione su una duplice alternativa: da un lato, che gli universali siano *sia parole che cose* (*voces* e *res*); dall'altro che siano *soltanto parole* (*voces*)[11]. In forma semplificata, si può intendere

---

[9] Le prime trascrizioni parziali del manoscritto della Biblioteca Ambrosiana si leggono in A. Rosmini, *Psicologia*, 4 voll., a cura di G. Rossi, Fratelli Bocca, Milano 1941-1951 (Edizione Nazionale delle Opere Edite ed Inedite di A. Rosmini-Serbati, 15-18) (ed. or. 1850), *Appendice alla Prima Parte. Delle sentenze dei filosofi intorno alla natura dell'anima. Libro unico a Giuseppe Toscani*, § 178 n. 6 e §§ 191-204 (vol. III, pp. 409-411, 424-433) e Id., *Aristotele esposto ed esaminato*, a cura di E. Turolla, 2 voll., Cedam, Padova 1963-1964 (Opere edite e inedite di Antonio Rosmini-Serbati, 29-30) (ed. or. Torino 1858), § 15 n. 3 (vol. I, pp. 15-18). L'edizione di riferimento del commento all'*Isagoge* è *Peter Abaelards Philosophische Schriften*, hrsg. Geyer, pp. 1-109. La sezione sugli universali è stata recentemente riedita in C. Lafleur – J. Carrier, «Abélard et les universaux: édition et traduction du début de la *Logica «Ingredientibus»: Super Porphyrium*», *Laval théologique et philosophique*, 68 (2012) 129-210.

[10] *Cf. supra*, introduzione, p. xxi n. 3.

[11] *LI* p. 9.11-17: «Nunc autem ad suprapositas quaestiones, ut promisimus, redeamus easque diligenter et perquiramus et soluamus. Et quoniam genera et species uniuersalia esse constat, in quibus omnium generaliter uniuersalium naturam tangit, nos hic communiter uniuersalium per singularium proprietates distinguamus et utrum hae *solis uocibus seu etiam rebus* conueniant perquiramus» (corsivo mio). Questo piccolo dettaglio non è irrilevante, perché Guglielmo di Champeaux sosteneva effettivamente che le categorie sono sia cose (*res*) che parole (*voces*): esse sono in primo luogo cose, e secondariamente parole, *gratia rerum*. Tale aspetto è stato sottolineato da Yukio Iwakuma, che ha parlato di un «*gratia rerum* principle», soprattutto in relazione al commento *C8* (*cf.* Iwakuma, «Vocales Revisited», pp. 95, 97-98, 130, 166); *cf.* anche quanto Irène Rosier-Catach e Anne Grondeux scrivono sul «principe G.» come

3. LE FONTI

l'alternativa anche nel senso di universali come *res vs* universali come *voces*: anche Abelardo sembra andare in questa direzione quando, subito dopo aver presentato l'alternativa e aver citato una definizione di universale e una di singolare, riporta da un lato autorità in favore del fatto che gli universali siano *res*, dall'altro autorità in favore del fatto che siano *nomina* (*LI* pp. 9.21-10.7)[12]. Nel seguito, Abelardo considera in primo luogo l'ipotesi che gli universali siano (anche) cose, ricavandone una completa distruzione del realismo (*LI* pp. 10.8-16.18). Ne consegue che gli universali sono unicamente *voces*: è questa la soluzione anti-realista di Abelardo, che egli sviluppa nelle pagine successive (*LI* pp. 16.19-32.12). In questa

---

caratteristico dell'insegnamento di Guglielmo di Champeaux nell'introduzione all'edizione delle *Notae Dunelmenses*, § 2.1 (distinguendo due accezioni del principio: una secondo la quale si distingue tra significato primo o sostanziale di un termine e significato secondo o accidentale; e una seconda accezione che distingue tra il significato di una parola corrispondente alla sua *impositio*, e il significato che la parola acquisisce in un certo uso).

[12] *LI* pp. 9.18-10.7 (seguito del passo citato *supra*, p. 84 n. 11): «Definit autem uniuersale Aristoteles in *Peri ermeneias*: "quod de pluribus natum est aptum praedicari" *[Aristoteles*, De interpretatione, *7, 17a39-b1, tr. Boethii, AL, p. 10.1-2]*, Porphyrius uero singulare quidem, id est indiuiduum: "quod de uno solo praedicatur" *[Porphyrius*, Isagoge, *tr. Boethii, AL, p. 7.2-4]*. Quod tam rebus quam uocibus adscribere uidetur auctoritas, rebus quidem ipse Aristoteles, ubi ante uniuersalis definitionem statim praemiserat sic dicens: "Quoniam autem haec quidem rerum sunt uniuersalia, illa uero singularia; dico autem uniuersale quod de pluribus natum est praedicari, singulare uero quod non" etc. *[Aristoteles*, De interpretatione, *7, 17a38-b1, tr. Boethii, AL, pp. 9.21-10.2]*. Ipse etiam Porphyrius, cum uoluit speciem ex genere et differentia confici, haec in rerum natura assignauit *[Porphyrius*, Isagoge, *tr. Boethii, AL, p. 18.9-15]*. Ex quibus manifestum est uniuersali nomine res ipsas contineri. Vniuersalia quoque nomina dicuntur. Vnde Aristoteles: "Genus, inquit, qualitatem circa substantiam determinat; quale enim quiddam significat" *[Aristoteles*, Categoriae, *3b20-21, ed. composita, AL, p. 52.12-13]*. Et Boethius in libro diuisionum: "Illud autem, inquit, scire perutile est quod genus una quodammodo multarum specierum similitudo est, quae earum omnium substantialem conuenientiam monstrat" *[Boethius*, De divisione, *885c, ed. MAGEE, p. 32.8-10]*. Significare autem uel monstrare uocum est, significari uero rerum. Et rursus: "Vocabulum, inquit, nominis de pluribus nominibus praedicatur et quodammodo species sub se continens indiuidua" *[Boethius*, De divisione, *886b, ed. MAGEE, p. 34.17-19]*. Non autem proprie species dicitur, cum non sit substantiale, sed accidentale uocabulum, uniuersale autem indubitanter est, cui uniuersalis definitio conuenit. Ex quo uoces quoque uniuersales esse conuincitur, quibus tantum praedicatos terminos propositionum esse adscribitur».

sede, siamo particolarmente interessati alla sezione di critica del realismo, perché è in tale sezione che viene presentata la teoria dell'*individuum*.

Prima di descrivere (e poi criticare) ciascuna delle posizioni realiste, Abelardo solleva un'obiezione di portata più ampia contro il realismo in genere, che è la seguente (*LI* p. 10.8-11): la definizione stessa di universale che Aristotele dà nel capitolo 7 del *De interpretatione* (17a 39-b1) sembra escludere che gli universali siano cose. Lì infatti si definisce l'universale come ciò che «per natura si predica di più»[13]. Ora, né una *res* né una *collectio rerum* si predicano di molti ciascuno preso singolarmente, perché a essere predicati sono *termini*, non *cose* o *collezioni di cose*[14]. Due elementi appaiono immediatamente interessanti in questo passo di Abelardo: in primo luogo, si deve notare la coppia *res–collectio rerum*, che ritroveremo anche in seguito a marcare le due varianti di realismo che fanno uso dei principi di distinzione personale e di identità per non-differenza (rispettivamente la teoria dell'*individuum* e la teoria della *collectio*). In secondo luogo, scegliendo come punto di partenza *questa* definizione aristotelica di universale (già citata in *LI* p. 9.18-19), Abelardo si sta già, implicitamente, collocando in un orizzonte in conflitto con il realismo. Come ha mostrato Christophe Erismann, infatti, due diverse accezioni di universalità coesistono nell'alto medioevo e nei testi del XII secolo: l'universale predicativo (secondo cui «un universale è un *item* predicabile di più»: concetto basato appunto sulla definizione del *De interpretatione*)

---

[13] Nella traduzione di Boezio, ed. MINIO-PALUELLO, *AL*, p. 10.1-3: «dico autem uniuersale quod in pluribus natum est praedicari, singulare uero quod non, ut 'homo' quidem uniuersale, 'Plato' uero eorum quae sunt singularia» (*cf.* anche *supra*, p. 85 n. 12). Per il senso di questo passo in Aristotele, *cf.* P. CRIVELLI, «Aristotle's Definitions of Universals and Individuals in *de interpretatione* 7», in GUIGON – RODRÍGUEZ-PEREYRA (edd.), *Nominalism about Properties*, pp. 19-37.

[14] *LI* p. 10.8-16: «Cum autem tam res quam uoces uniuersales dici uideantur, quaerendum est, qualiter rebus definitio uniuersalis possit aptari. Nulla enim res nec ulla collectio rerum de pluribus singillatim praedicari uidetur, quod proprietas uniuersalis exigit. Nam etsi hic populus uel haec domus uel Socrates de omnibus simul partibus suis dicatur, nemo tamen omnino ea uniuersalia dicit cum ad singularia praedicatio eorum non ueniat. Vna autem res multo minus quam collectio de pluribus praedicatur. Quomodo ergo uel rem unam uel collectionem uniuersale appellant, audiamus atque omnes omnium opiniones ponamus». Alla definizione del *De interpretatione*, 7 si può dunque aggiungere l'avverbio '*singillatim*', come Abelardo effettivamente fa in *LI* p. 16.25-26: «Est autem uniuersale uocabulum quod de pluribus singillatim habile est ex inuentione sua praedicari».

e l'universale ontologico (secondo cui l'universale è un'entità comune, «un'entità che esiste in più individui» spazio-temporalmente distinti – un concetto già presente in *Metaphysica* VII, 13, 1038b10-13 e veicolato da Boezio)[15]. Mentre le teorie realiste, e in particolare la teoria dell'essenza materiale, partono dall'accezione ontologica di universale, Abelardo muove invece, come è evidente già dal passo in esame, da un concetto logico-predicativo. Abelardo ricorda a questo punto una replica maldestra all'obiezione da lui avanzata. La replica cercherebbe di affermare che anche l'universale inteso come *res* o *collectio rerum* può essere predicato di molti individui, interpretando la relazione di predicazione come una relazione tra il tutto e le sue parti: 'popolo', 'casa', 'Socrate' infatti si predicano ciascuno delle proprie parti. Anche lasciando da parte il fatto che si predica il termine 'popolo', e non il tutto, la soluzione è inaccettabile, precisamente perché la relazione tra l'universale e i suoi individui non è una relazione tutto–parti: un insieme è predicato delle sue parti *tutte insieme*, mentre l'universale è predicato di ciascuno degli individui *presi singolarmente*[16]. È interessante notare che questa critica di Abelardo ritornerà pressoché identica tra i suoi argomenti contro la teoria della *collectio*[17].

[15] *Cf.* ERISMANN, «Penser le commun», *passim*; si veda in particolare la p. 377, dove si leggono le seguenti considerazioni: «Les deux définitions de l'universalité sont différentes sur deux points. La première, basée sur la prédicabilité, est extensionnelle (elle permet de classer les individus dans des ensembles), alors que la deuxième est intensionnelle: l'universel ainsi compris exprime l'essence d'une chose. La seconde différence réside en ceci: selon le premier sens de l'universalité, l'universel se prédique de plusieurs, alors que pour la deuxième acception, comme nous le verrons avec Odon et le cas du phénix, le *koinon* peut exister dans un seul individu, tout en étant quand même un universel».

[16] *Cf.* Boethius, *De divisione*, 879 b-880a, ed. MAGEE, pp. 12.7-14.20 (e commento alle pp. 82-85) sulla differenza tra la divisione del genere in specie e quella del tutto nelle parti.

[17] Si veda in particolare quello che si può chiamare l'"argomento della predicazione per parti" contro la teoria della *collectio*, in *LI* pp. 14.32-15.1: «Nunc autem prius infirmemus sententiam quae prior posita est de collectione et quomodo tota simul hominum collectio quae una dicitur species, de pluribus praedicari habeat, ut uniuersalis sit, perquiramus, tota autem de singulis non dicitur. Quod si per partes de diuersis praedicari concedatur, in eo scilicet quod singulae eius partes sibi ipsis aptentur, nihil ad communitatem uniuersalis, quod totum in singulis teste Boethio esse debet atque in hoc ab illo communi diuiditur quod per partes commune est, sicut ager cuius diuersae partes sunt diuersorum. Praeterea et Socrates similiter de pluribus per partes diuersas diceretur, ut ipse uniuersalis esset» (questo argomento in particolare

Così concluse le osservazioni preliminari, Abelardo passa a considerare le teorie realiste più da vicino. Di fatto, le teorie che egli discute sono tre: secondo la sua presentazione, però, la seconda e la terza sono raggruppabili in un'unica *sententia*, perché traggono origine da un comune punto di partenza fatto di due aspetti, che propongo di chiamare 'principio di distinzione personale' e 'principio di identità per non-differenza'. Più in dettaglio, Abelardo esordisce con la descrizione di una teoria che gli studiosi sono ormai concordi nel chiamare (sulla base in primo luogo proprio di questo passo) 'teoria dell'essenza materiale' (TEM). Alla descrizione della teoria (*LI* pp. 10.17-11.9) seguono quattro obiezioni contro di essa (*LI* pp. 11.10-13.17). Al termine della sezione descrittiva, Abelardo precisa che «questa è una di due teorie» (*LI* p. 11.10: «Et haec est una de duabus sententiis») e dopo le obiezioni passa dunque a considerare la seconda *sententia*, che come si è detto ha due varianti. La descrizione della seconda *sententia* è piuttosto complessa. Dapprima, infatti, si presentano alcuni elementi della *sententia*, per la quale essa si differenzia dalla teoria dell'essenza materiale, poiché implica un nuovo modo di concepire l'individuo e l'universale e ha come acquisizione fondamentale il concetto di *indifferentia* (*LI* pp. 13.18-14.6: tali elementi sono, appunto, i principi di distinzione personale e di identità per non-differenza). Poi, Abelardo prosegue affermando che «anche qui c'è disaccordo» e presentando prima la teoria che, a partire dai principi citati, sviluppano alcuni, la teoria della *collectio* (*LI* p. 14.7-17), e poi quella che sviluppano altri, la teoria dell'*individuum* (*LI* p. 14.18-31). Nel seguito, Abelardo avanza in primo luogo argomenti contro la teoria della *collectio* (*LI* pp. 14.32-15.22), poi argomenti contro la teoria dell'*individuum* (*LI* pp. 15.23-16.18). Anche se nella letteratura secondaria esiste una certa tradizione di riferirsi alla prima parte del brano (quella comune alle due teorie della *collectio* e dell'*individuum*, ossia *LI* pp. 13.18-14.6) come a una descrizione della 'teoria dell'indifferenza', alla luce della struttura del passo credo sia più opportuno chiamarla descrizione dei principi di distinzione personale e di identità per non-differenza. Si tratta, infatti, di un punto di partenza comune sia alla teoria della *collectio* che alla teoria dell'*individuum*, ma che non è esso stesso una teoria completa, come è evidente dal fatto che

è al centro dell'articolo di A. J. FREDDOSO, «Abailard on Collective Realism», *The Journal of Philosophy*, 75 [1978] 527-538, e viene studiato anche da Irène Rosier-Catach nel suo articolo sulla teoria della *collectio*, in preparazione).

3. LE FONTI

Abelardo non adduce argomenti per confutarlo. Come vedremo, l'*Historia calamitatum* collega questo nuovo punto di partenza (e in particolare il principio di identità per non-differenza) a Guglielmo di Champeaux[18].

Riassumendo, nella *Logica 'Ingredientibus'* si leggono, nell'ordine: un argomento comune contro il realismo; la teoria dell'essenza materiale (con argomenti per criticarla); i principi di distinzione personale e di identità per non-differenza, e due teorie che ne dipendono, ossia la teoria della *collectio* e la teoria dell'*individuum* (con argomenti per criticare prima l'una e poi l'altra).

2. *Logica 'Nostrorum Petitioni Sociorum'*, pp. 512.19-533.9. Con il nome di *Logica 'Nostrorum Petitioni Sociorum'* ci si riferisce a un commento all'*Isagoge* di Porfirio conservato nel manoscritto unico Lunel, Bibliothèque municipale, 6, ff. 8r-41r[19]. La *LNPS* veniva in passato attribuita direttamente ad Abelardo, ma ricerche più recenti e in parte ancora inedite hanno concluso che l'opera riporta l'insegnamento abelardiano (e, a quanto sembra, in modo particolarmente fedele per la sezione sugli universali), ma non è da attribuire direttamente al maestro palatino (a differenza della *Logica 'Ingredientibus'*, che è invece un'opera senz'altro di Abelardo)[20]. Rodney Thomson ha gentilmente esaminato alcune immagini del MS di Lunel, concludendone che si tratta di un manoscritto del Sud della Francia, di mano libraria databile alla prima metà del XII secolo; la decorazione in rosso e giallo, tipica del Sud della Francia, è dello stesso periodo.

---

[18] *Cf. infra*, capitolo 7, pp. 300-302.

[19] L'edizione di riferimento è *Peter Abaelards Philosophische Schriften*, hrsg. GEYER, pp. 505-580; è in corso di preparazione una nuova edizione a cura di Peter King e Christopher Martin: ringrazio gli editori, che mi hanno permesso di consultarne una versione provvisoria.

[20] *Cf.* MARENBON, *Abelard in Four Dimensions*, pp. 27-38, in particolare p. 38 (rifacendosi, per la disattribuzione di *LNPS*, anche ad alcune conclusioni inedite raggiunte da King e Martin): «it would be unduly sceptical to claim that the preface to *LNPS* and the ideas about universals (and probably what follows on genera) – nearly half the work – are not Abelard's, though they may not be entirely as set down by him; and it would be justifiedly sceptical to have concerns about the authenticity of the rest». *LNPS* è un commento "composito", ossia comprende sia sezioni di commento letterale ai lemmi, sia discussioni più ampie. Si devono segnalare, inoltre, gli stretti legami di *LNPS* con le *Glossae secundum vocales* (*GSV*) edite da Carmelo Ottaviano e (parzialmente) da Bernhard Geyer (e conservate nel manoscritto di Milano che trasmette anche anche la *LI*): *LNPS* e *GSV* condividono molti passi *verbatim* e presentano trattazioni simili di altri punti.

Confrontata con quella della *Logica 'Ingredientibus'*, la struttura del passo della *Logica 'Nostrorum Petitioni Sociorum'* che ci interessa, ossia le pp. 512.19-533.9, è più semplice; lo stile, invece, è nel complesso meno limpido di quello della *LI*.

In maniera simile a quanto avviene nella *LI*, Abelardo incomincia col ricordare la definizione di universale (e di singolare, per negazione): anche in questo caso la sua preferenza va alla definizione "predicativa" dell'universale tratta dal *De interpretatione* di Aristotele («quod in pluribus natum est praedicari» 17a 39-b1), cui si aggiunge quella delle *Categoriae* («quod de subiecto dicitur»; *cf. Categoriae*, 1a20, ed. composita, *AL* I 1-5, p. 47.19) (*LNPS* p. 512.10-18)[21]. Così definiti i termini della questione, Abelardo afferma che tali definizioni vengono applicate a *items* diversi: cose (*res*), concetti (*intellectus*) e parole (*sermones*). Egli cita quindi autorità in favore di ciascuna opzione: in favore di *res* (*LNPS* pp. 512.23-513.14), di *intellectus* (*LNPS* pp. 513.15-514.6) e di *sermones* (*LNPS* pp. 514.7-515.9)[22]. A questo punto, Abelardo passa a considerare le opinioni

---

[21] *LNPS* p. 512.7-18: «De generibus et speciebus quaestiones enodare compellimur, quas nec ipse Porphyrius ausus est soluere, cum eas tamen tangendo ad earum inquisitionem accendat lectorem. Cum ista praedicta constet esse uniuersalia, ab uniuersalibus inchoandum est, diffiniendo scilicet quid proprie uniuersale, quid singulare, idest particulare siue indiuiduum, dicendum sit. Vniuersale Aristoteles describere dicitur in Categoriis: quod de subiecto dicitur *[Aristoteles, Categoriae, 1a20, ed. composita, AL, p. 47.19]*, uel in Peri ermenias: quod natum praedicari de pluribus *[Aristoteles, De interpretatione, 7, 17a39-b1, tr. Boethii, AL, p. 10.1-2]*. Similiter et indiuiduum, cum in Categoriis, ut: quod non dicitur de subiecto, in Peri ermenias uero: quod non est aptum natum praedicari de pluribus, immo de uno solo». Di per sé, "ciò che si dice di un soggetto" non è una definizione dell'universale nel testo di Aristotele; già Boezio però aveva identificato ciò che si dice *de subiecto* ed è *in subiecto* come l'accidente universale: *cf. In Categorias Aristotelis*, *PL* 64, coll. 169 C-177 A.

[22] In particolare il passo che riporta autorità in favore degli universali come *res* è il seguente (*LNPS* pp. 512.23-513.14): «Quandoquidem res uniuersales in pluribus locis reperitur quod sint, ut in eo loco, ubi Aristoteles dicit "quoniam haec rerum uniuersalia sunt" etc. *[Aristoteles, De interpretatione, 7, 17a38, tr. Boethii, AL, p. 9.21]*. Et rursus Boethius in Diuisionibus: "Rerum aliae superiores" etc. *[Boethius, De divisione, 885D, ed. MAGEE, p. 32.23-24]*. Et non solummodo hic, sed etiam cum dicimus speciem constare ex genere et differentia, utpote hominem, ipsam rem, ex animalitate et rationalitate, sicut statuam ipsam ex aere et figura *[Porphyrius, Isagoge, tr. Boethii, AL, p. 18.9-15]*. Et in Hypotheticis dicitur: "Causa speciei genus est" *[Boethius, De hypotheticis syllogismis, I, III, 7, ed. OBERTELLO, p. 220.67]*. Et sic ipsam rem quae

3. LE FONTI

secondo cui gli universali sono «cose» (*res*). Egli descrive tre teorie, ciascuna seguita da argomenti per criticarla. La prima è la teoria dell'essenza materiale (descrizione: *LNPS* p. 515.14-31; obiezioni: *LNPS* pp. 515.32-518.8), cui fa seguito quella che chiamo la teoria dell'*individuum* (descrizione: *LNPS* p. 518.9-27; obiezioni: *LNPS* pp. 518.28-521.20), e infine una terza teoria realista, la cui identificazione è controversa (descrizione: *LNPS* p. 521.21-29; obiezioni: *LNPS* pp. 521.30-522.9). Nel seguito del passo, Abelardo considera la posizione secondo cui gli universali sono *sermones*: questa è anche la soluzione da lui adottata (che segna dunque un'evoluzione, se non nel suo pensiero, per lo meno nella scelta espressiva, dal termine chiave '*voces*' a '*sermones*')[23]. La teoria precedentemente ricordata e in favore della quale si erano citate autorità, quella secondo cui gli universali sarebbero *intellectus*, non è più menzionata.

In breve, nella *Logica 'Nostrorum Petitioni Sociorum'* la teoria dell'*individuum* è presentata, dopo la teoria dell'essenza materiale e prima di un'altra teoria realista, nel gruppo delle teorie secondo cui gli universali sono *res*; altre opzioni sono che gli universali siano *sermones* (adottata da Abelardo) o che siano *intellectus* (posizione citata, ma non sviluppata).

3. '*De generibus et speciebus*'. Prima di analizzare la struttura entro la quale il '*De generibus et speciebus*' presenta la teoria dell'*individuum*, occorre sciogliere alcune ambiguità riguardo delimitazione, denominazione

---

est animal in ipso homine tamquam materiam praeiacentem appellare uidetur. Cui et illud consonat quod Boethius ait in Diuisionibus "genus in quasdam procreationes diuidi" *[Boethius*, De divisione, *878D, ed. MAGEE, p. 12.1-2]*, et multis speciebus nomina deesse *[Boethius*, De divisione, *884C, ed. MAGEE, p. 28.30]* et illud Aristotelis: "Eorum quae de subiecto dicuntur, necesse est" etc. *[Aristoteles*, Categoriae, *2a20, ed. composita, AL, p. 49.6]*, et rursus: "Omnis non significat uniuersale" *[Aristoteles*, De interpretatione, *7, 17b12-13, tr. Boethii, AL, p. 10.14-15]* et rursus "cetera uero omnia aut de subiectis dicuntur substantiis aut in subiectis eisdem sunt" *[Aristoteles*, Categoriae, *2b3-8, ed. composita, AL, p. 49.21-25]*; et iterum: "non existentibus primis substantiis impossibile aliquid aliorum esse" *[ibidem]*, et illud Boethii: "quaecumque secundis substantiis fundantur, et in primis" *[cf. Boethius*, In Categorias Aristotelis, PL *64, col. 186]*, et illud quod ait Boethius: "Generis diuisionem pertinere ad naturam et diuisionem aequiuocationis ad hominum impositionem" *[Boethius*, De divisione, *879A, ed. MAGEE, p. 12.13-14]*. Et rursus: "Omne genus est aliquid eorum quae sunt species et quamlibet speciem esse suum proprium genus" *[Boethius*, De divisione, *885B, ed. MAGEE, p. 30.27-28]*, sed "non idem esse partem quod totum" *[Boethius*, De divisione, *879D, ed. MAGEE, p. 14.14]*. Non solum ista, sed etiam plura alia testimonia occurrere uidentur, quae res uniuersales esse ostendant».

[23] *Cf. supra*, capitolo 2, pp. 40-41.

e attribuzione di questo testo. Con il titolo di *'De generibus et speciebus'* si intende qui unicamente il testo conservato nei due manoscritti Orléans, Bibliothèque municipale, 266 e Paris, Bibliothèque nationale de France, lat. 13368, rispettivamente alle pp. 154b-163a e ai ff. 169rb-174rb, il cui *incipit* è «De generibus et speciebus diuersi diuersa sentiunt» e l'*explicit* è «constantes dixit. Et haec hactenus», corrispondenti dunque ai §§ 32-157 della recente edizione di Peter King[24]. La denominazione che si utilizza è un riferimento all'*incipit* del testo, e per questo è scritta tra apici. Nella storia del testo, però, con il termine *De generibus et speciebus* (senza apici) si è intesa una porzione del testo dei manoscritti più ampia, e anche l'attribuzione del trattato è stata motivo di controversia.

Lo scritto fu pubblicato per la prima volta da Victor Cousin nel 1836, a partire dal solo manoscritto parigino. In questa occasione, lo studioso non pubblicò solo il *'De generibus et speciebus'* che si è sopra delimitato, bensì, con il nome di *Fragmentum Sangermanense de generibus et speciebus*, tutto il contenuto dei ff. 168ra-175va del manoscritto attualmente alla Bibliothèque nationale de France[25]. Ciò comprende, oltre al nostro testo, quelli che si possono identificare come altri tre testi, nell'ordine: (1) *inc.* «Totum integrum

---

[24] *Cf.* KING, «Pseudo-Joscelin», pp. 132-190. Per una descrizione del contenuto del ms. Orléans, Bibliothèque municipale, 266, *cf.* MINIO-PALUELLO, *Twelfth Century Logic. Texts and Studies*, II. *Abaelardiana inedita*, pp. XLI-XLVI e LUSCOMBE, *The school*, pp. 72-74. Per il ms. Paris, Bibliothèque nationale de France, lat. 13368, si veda: COUSIN, *Ouvrages inédits*, pp. X-XVIII; GEYER, «Untersuchungen», pp. 593-597; Mario Dal Pra in Abelardo, *Scritti filosofici*, pp. XIV-XVII; LUSCOMBE, *The school*, p. 72; Y. IWAKUMA, «Pseudo-Rabanus super Porphyrium (P3)», *Archives d'histoire doctrinale et littéraire du Moyen Âge*, 75 (2008) 43-196, in particolare pp. 45-47. Rodney Thomson ha esaminato con me alcune immagini tratte dalla sezione comune a Orléans 266 e Paris 13368, ossia le pp. 153-170 del manoscritto di Orléans e i ff. 168r-179v del manoscritto di Parigi. Secondo Thomson, questa sezione dell'Orléans è scritta da mano libraria, di qualità piuttosto bassa, databile al secondo quarto del XII secolo (non prima di 1120ca). La mano del MS di Parigi è molto informale e a suo avviso un po' più tarda, databile a metà o terzo quarto del XII secolo. Anche Patricia Stirnemann ha gentilmente voluto esaminare con me alcune immagini di questa sezione, in una diversa occasione; a suo avviso le due mani dei mss. di Orléans e di Parigi sono grosso modo contemporanee, databili al 1140-1150 circa; quella del MS di Parigi è una copia di bassa qualità, forse parigina.

[25] *Cf.* COUSIN, *Ouvrages inédits*, pp. 507-550. La denominazione '*Fragmentum Sangermanense*' fa riferimento al fatto che il manoscritto 13368 apparteneva a Saint-Germain-des-Prés. I ff. in questione erano precedentemente numerati 41ra-48va, ed è a questa numerazione che si rifà Cousin.

aliud continuum» (ff. 168ra-vb); (2) *rubr.* «De destructione Socratis», *inc.* «Si quelibet duo puncta» (ff. 168vb-169rb); (3) *inc.* «De generibus et speciebus diuersi diuersa sentiunt» (ff. 169rb-174rb); (4) *inc.* «Supradictis[26] prout rationabilibus potuimus». Anche a una lettura superficiale si constata che i quattro testi non costituiscono affatto un'opera sola: i primi due sono di argomento mereologico[27]; il terzo concerne gli universali; il quarto tratta della differenza. Per quanto vi si leggano richiami a trattazioni precedenti, sulla cui identificazione andrebbe fatta più luce, e non sia escluso (e anzi sia probabile) che più frammenti riflettano l'insegnamento di uno stesso autore o scuola, non c'è dubbio che essi non costituiscano un trattato unitario. Il testo pubblicato da Cousin, inoltre, si conclude con una frase che l'editore lascia in sospeso, e che nel manoscritto è l'inizio di un frammento successivo, sulle proposizioni modali, la cui distinzione dal testo precedente è segnalata nel manoscritto da una riga bianca[28]. In breve, Cousin ha trascritto e pubblicato sotto il titolo di *Fragmentum Sangermanense de generibus et speciebus* quella che è in realtà una raccolta eterogenea di testi nel manoscritto Bibliothèque nationale de France, lat. 13368. Si deve riconoscere, però, che alcuni elementi della pubblicazione di Cousin permettono ancora di riconoscere la raccolta come tale: le suddivisioni del manoscritto sono segnalate da rubriche (per il testo 4, come si è visto, addirittura una rubrica introdotta dallo stesso Cousin); il testo si conclude con dei puntini di sospensione; il tutto è chiamato '*fragmentum*'.

Nel 1982 Peter King, in appendice alla propria tesi di dottorato[29], ripubblicò l'insieme testuale a partire non solo dal manoscritto Paris,

---

[26] Prima di '*supradictis*', Cousin aggiunge il titolo «De differentia» (*cf.* COUSIN, *Ouvrages inédits*, p. 541); come si vedrà *infra*, p. 94 n. 30, nel manoscritto di Orléans è qui presente una rubrica, «De substantialibus differentiis» (p. 163a).

[27] Uno studio accurato dei testi (1) e (2) si legge in A. ARLIG, «Early Medieval Solutions to some Mereological Puzzles: the Content and Unity of the *De generibus et speciebus*», in ROSIER-CATACH (éd.), *Arts du langage et théologie*, pp. 485-508 e in ID., «Some Twelfth-Century Reflections on Mereological Essentialism», *Oxford Studies in Medieval Philosophy*, 1 (2013) 83-112, specialmente pp. 96-110.

[28] *Cf.* COUSIN, *Ouvrages inédits*, p. 550: «Modalium propositionum alie sunt cum aduerbiali modo, alie cum causali; sed ille de aduerbiali modo, quia parum distant ab illis de simplici esse, nullam ambiguitatem habent...» (dal ms. Paris, BnF, lat. 13368, f. 175va; i puntini di sospensione sono dello stesso Cousin).

[29] *Cf.* KING, *Peter Abailard*, II, pp. 146*-185* (con una traduzione in inglese alle pp. 186*-212*). La tesi è disponibile su University Microfilms International e, pur essendo inedita, è frequentemente citata e consultata.

Bibliothèque nationale de France, lat. 13368 utilizzato da Cousin, ma anche dal manoscritto Orléans, Bibliothèque municipale, 266, pp. 153a-166a, che lo conserva nella stessa forma[30]. Anche se rimangono le suddivisioni tramite rubriche, che rendono conto dell'eterogeneità del contenuto[31], si assiste, rispetto all'edizione di Cousin, a un'uniformizzazione, che tende a presentare il testo come un trattato unico: l'inizio del frammento sulle proposizioni modali che Cousin trascriveva e lasciava in sospeso è ora omesso; il testo è diviso in 190 paragrafi successivi; tutto l'insieme ha come titolo *De generibus et speciebus*. In questo modo, quello che è in realtà l'*incipit* del terzo frammento, e che in Cousin era rimasto come una qualifica generale del termine *fragmentum*, è elevato a titolo di un vero e proprio trattato. In altre parole, partendo da una suddivisione nel manoscritto, esistente ma forse non molto perspicua, passando per la pubblicazione di un *fragmentum* dai confini tutto sommato male selezionati, si è ottenuto un trattato "unitario", il *De generibus et speciebus*.

Recentemente Andrew Arlig ha riconsiderato il contenuto del presunto "trattato" e ha mostrato che i primi due testi, (1) *'Totum integrum'* e (2) *De destructione Socratis*, devono essere distinti dal resto, con i quali non costituiscono un'unità. Lo studioso non considera in special modo le relazioni tra (3) e (4), che egli sembra considerare ancora come un'unità (anche se questo punto non è tematizzato)[32]. La recente edizione di Peter

---

[30] Nel manoscritto di Orléans (un manoscritto paginato), i quattro testi sono conservati alle pagine seguenti: (1) *inc*. «Totum integrum», pp. 153a-154a; (2) *rubr*. «De destructione Socratis», *inc*. «Si quelibet duo puncta», pp. 154a-b; (3) *inc*. «De generibus et speciebus diuersi diuersa sentiunt», pp. 154b-163a; (4) *rubr*. «De substantialibus differentiis» (assente nel ms. parigino: Cousin integrava con «De differentia»), *inc*. «Supradictis prout rationabilius potuimus», pp. 163a-166a.

[31] In *Peter Abailard*, II, pp. 146*-185*, King suddivide il testo il 190 paragrafi così raccolti: (1) *De toto* (rubrica inserita dallo stesso King), *inc*. «Totum integrum» (§§ 1-20); (2) *De destructione Socratis* (§§ 21-31); (3) *De generibus et speciebus* (§§ 32-147); (4) *De substantialibus differentiis* (§§ 148-190); come titolo generale, l'editore sceglie nuovamente «De generibus et speciebus». Si può notare che, in questa sede, King considera l'espressione '*de generibus et speciebus*' con cui si apre (3) come una rubrica, mentre a mio avviso è l'inizio della frase che segue: «De generibus et speciebus diuersi diuersa sentiunt» (così ora anche per lo stesso King in «Pseudo-Joscelin», p. 132, § 32).

[32] *Cf.* ARLIG, «Early Medieval Solutions», p. 486. Un'incoerenza persiste nel fatto che, nel testo dell'articolo (a partire in primo luogo dal titolo), Arlig si riferisce all'insieme dei testi (1)-(4) con il titolo *De generibus et speciebus*; ma egli è esplicito

King, pubblicata nel 2014, mi sembra conservare le ambiguità del lavoro dottorale rispetto alla delimitazione del testo. King segnala al lettore che il *Tractatus de generibus et speciebus* si compone di sei parti, ma l'insieme è numerato in maniera continua (i 190 paragrafi dell'edizione dottorale sono ora 208) e ha il titolo complessivo, appunto, di *Tractatus de generibus et speciebus*[33]. Alla luce delle considerazioni di Arlig su (1) e (2), che ne hanno mostrato il carattere non unitario, e della storia della pubblicazione del testo sopra ricostruita, mi sembra opportuno attenersi a una scelta di prudenza, e considerare anche l'ultima porzione, (4), come distinta da (3)[34]. Sulla unitarietà del testo (3), invece, come risulterà evidente anche

nel distinguere (1) e (2) da (3-4) nel suo «Some Mereological Reflections», pp. 96-97. Si può ricordare, come notato anche da Arlig, che Lorenzo Minio-Paluello, nella sua descrizione del contenuto del ms. di Orléans, già classificava i testi (1), (2) e (3-4) come distinti e notava esplicitamente di seguire l'edizione di Cousin nel considerare i testi (3) e (4) insieme, dando peraltro *incipit* e *explicit* di ciascuno dei due: *cf.* MINIO-PALUELLO, *Twelfth Century Logic. Texts and Studies*, II. *Abaelardiana inedita*, pp. XLIII-XLIV.

[33] Le sei parti individuate da King sono (*cf.* KING, «Pseudo-Joscelin», pp. 122-211): i §§ 1-20 (= testo [1] nella mia presentazione); §§ 21-31 *De destructione Socratis* (= testo [2] nella mia presentazione); §§ 32-147, §§ 148-157 (che insieme costituiscono ciò che qui chiamo '*De generibus et speciebus*'); §§ 158-182 e §§ 183-208 (che insieme costituiscono il testo [4] nella mia presentazione). Lo studioso scrive inoltre (KING, «Pseudo-Joscelin», pp. 106-107): «There is no question that [3]-[6] belong together. Matters are less clear for grouping the initial sections [1] and [2] with the later sections. The manuscript evidence supports taking [1]-[6] as a unity, but does not require it. The best reasons for seeing the initial sections as part of a unified larger whole, and indeed for thinking that the treatise has its source in systematic reflections on the nature of wholes, are internal».

[34] L'insieme di questi scritti forse ha un'origine comune nella scuola di Joscelin di Soissons: la delimitazione delle varie parti mi sembrerebbe dunque ancora più importante per un'eventuale attribuzione di alcune sezioni a Joscelin stesso. L'esame dovrebbe però essere esteso a tutta la sezione comune dei due manoscritti (cioè, come si è visto *supra*, le pp. 153-170 del manoscritto di Orléans e i ff. 168r-179v del MS di Parigi: la sezione è dunque più estesa del *Fragmentum Sangermanense* pubblicato da Cousin o del *Tractatus* pubblicato da King, che si arresta alla p. 166a e al f. 175va). Secondo Andrew Arlig, i testi (2) e (3) (testo, quest'ultimo, che come si è detto egli non distingue da [4], anche se il punto non è oggetto di analisi particolare) potrebbero forse essere da attribuire al medesimo autore; non è però detto che appartengano alla stessa opera: *cf.* ARLIG, «Early Medieval Solutions», pp. 507-508; nel più recente «Some mereological Reflections», p. 97, però, Arlig arriva a rifiutare ogni collegamento di (1) e (2) con Joscelin, sulla base del fatto che tali testi sono distinti da (3-4). Il caso

dalla successiva analisi, non sorgono dubbi. È dunque solo questo lo scritto che chiamo *'De generibus et speciebus'* (con apici).

Non solo la delimitazione, ma anche l'attribuzione del testo è stata controversa. Nel 1836, Cousin attribuiva tutto il *Fragmentum Sangermanense* a Pietro Abelardo. L'attribuzione svolse un ruolo molto importante, per certi versi quasi paradossale, nella definizione della posizione di Abelardo come "concettualista". Com'è noto, secondo Cousin il concettualismo si caratterizza come una posizione mediana tra nominalismo e realismo (salvo poi rivelarsi come un nominalismo mascherato). Ora, l'idea che la posizione di Abelardo sia "intermedia" tra realismo e nominalismo viene proprio dalla sezione sugli universali del *Fragmentum*, cioè il *'De generibus et speciebus'*, dove, come si vedrà, si criticano sia la teoria degli universali come *voces* sia le due teorie realiste dell'essenza materiale e dell'*individuum*[35]. Mentre la categoria storiografica di concettualismo ha continuato ad avere grande fortuna nella letteratura secondaria[36], l'attribuzione ad Abelardo di questo testo fu rapidamente contestata. Già Heinrich Ritter, nel 1844, e Carl Prantl, nel 1861, la ritenevano inaccettabile[37]. Ritter, in particolare, notò somiglianze tra la sezione positiva del *'De generibus et speciebus'*, quella cioè in cui l'autore espone la propria teoria sugli universali, e la teoria della *collectio* descritta e attribuita a Joscelin di Soissons in *Metalogicon* II, 17 (M7) e propose di attribuire a Joscelin il *De generibus*[38]. Più recentemente, Peter King ha sostenuto che il trattato deve essere attribuito non direttamente

---

qui discusso, nel suo complesso, mi sembra simile a quello delle *Notae Dunelmenses*, conservate nel solo manoscritto Durham, Cathedral Library, C.IV.29, dove la corretta delimitazione delle sei sezioni ha consentito di attribuirne due a Guglielmo di Champeaux, mentre altre sezioni hanno anch'esse origine nella scuola di Guglielmo, ma ricordano per via indiretta l'insegnamento del maestro (menzionandolo spesso come *magister G.*) e non sono dunque da attribuirgli direttamente: *cf. infra*, capitolo 7, pp. 294-298.

[35] Cousin considera soprattutto la parte *negativa* del trattato, tralasciando la parte *positiva*, la quale, poiché propone una teoria della *collectio*, avrebbe fornito una descrizione piuttosto diversa della teoria ritenuta di Abelardo. A partire da questa parte positiva il *'De generibus et speciebus'* è oggi attribuito a Joscelin di Soissons o alla sua scuola (*cf. infra*).

[36] *Cf. supra*, capitolo 2, pp. 39-44, per la posizione di Abelardo, che oggi si preferisce qualificare come vocalista o non-realista.

[37] *Cf.* RITTER, *Geschichte der christlichen Philosophie*, III, pp. 362-363; PRANTL, *Geschichte der Logik im Abendlande*, II, pp. 143-150.

[38] *Cf.* RITTER, *Geschichte der christlichen Philosophie*, III, pp. 363-364.

a Joscelin, ma a un suo allievo. Lo studioso si basa sul fatto che, a p. 163a, il ms. di Orléans cita esplicitamente Joscelin[39] e ne trae dunque la conclusione che l'opera non può essere dello stesso Joscelin, ma semmai di un suo discepolo[40]. La citazione, però, è inserita in quello che è stato ora individuato come il testo (4): se questo è effettivamente, come sembra, distinto dal testo (3), la citazione potrebbe non dire nulla sull'autore della parte sugli universali[41]. In attesa che su questo punto venga fatta più luce, mi limiterò all'osservazione che il *'De generibus et speciebus'* presenta una teoria simile a quella attribuita a Joscelin da Giovanni di Salisbury (M7).

Nel 2014, come si è detto, Peter King ha fornito un'edizione critica del testo a partire dai due manoscritti che lo conservano: tale edizione sostituisce la precedente edizione di Cousin, basata sul solo manoscritto di Parigi, e quella inedita realizzata dallo stesso King nella sua tesi di dottorato, che conteneva alcune imperfezioni. Come già segnalato da King, il manoscritto di Orléans è di qualità superiore a quello di Parigi, il quale potrebbe esserne una copia[42]. In questa ricerca, *GS* è citato direttamente dal manoscritto di Orléans, da me trascritto prima della pubblicazione dell'edizione King; riporterò però anche il numero di paragrafo nella nuova edizione critica. Il *'De generibus et speciebus'* si caratterizza per uno stile molto diretto, e vi abbondano espressioni tipiche dell'orale[43].

Passando ora alla struttura del testo e al contesto entro cui la teoria dell'*individuum* è descritta, si può notare che il *'De generibus et speciebus'* (=*GS*) si compone di due sezioni principali: la critica delle teorie altrui, seguita dalla difesa della propria. Lo scritto si apre con un breve sommario delle opinioni che l'autore intende criticare: prima, l'opinione che sostiene

---

[39] Orléans, Bibliothèque municipale, 266, p. 163a: «dicit m. Gos.», da sciogliere in *magister Goslenus*. Il ms. di Parigi su questo punto ha solo «dicit» (f. 174rb). *Cf.* KING, *Peter Abailard*, I, p. 188; II, p. 144*; ID., «Pseudo-Joscelin», pp. 105 e 190, § 159.

[40] Che King indica con l'espressione '*pseudo-Joscelin*': *cf.* KING, «Pseudo-Joscelin», pp. 105-106 n. 5.

[41] Il ms. di Orléans, come nota KING, *Peter Abailard*, II, p. 144*, e ID., «Pseudo-Joscelin», p. 105 n. 5, contiene vari trattati associati a Joscelin: ad esempio, alle pp. 149a-151b si legge un trattato che porta il titolo *Notulae De divisionibus secundum Magistrum Goslenum*.

[42] *Cf.* KING, *Peter Abailard*, II, p. 144*; ID., «Pseudo-Joscelin», p. 104 n. 1: la questione merita di essere esaminata più in dettaglio e per tutta la parte comune ai due manoscritti.

[43] Ad esempio: «Attende!», «Audi uigilanter!», «Vtinam se uideant!» *etc.*

che i generi e le specie siano *voces* e non *res*; poi la tesi dei realisti. Anche questi, però, differiscono tra di loro: alcuni affermano «che i singoli individui, considerati in un modo o in un altro, sono anche specie, generi subalterni e generi generalissimi» (teoria dell'*individuum*), mentre altri «inventano delle essenze universali, che credono essere tutte intere essenzialmente nei singoli individui» (teoria dell'essenza materiale)[44]. Nel seguito, le tre teorie sono presentate e discusse nell'ordine inverso: teoria dell'essenza materiale (descrizione: § 33; critica: §§ 34-49), teoria dell'*individuum* (descrizione: § 50; critica: §§ 51-73, suddivisa in argomenti di autorità e argomenti di ragione), teoria delle *voces* (descrizione: § 74; critica: §§ 75-85, suddivisa in argomenti di autorità e argomenti di ragione). Al termine di questa sezione, l'autore presenta la propria teoria, la teoria della *collectio* (descrizione: §§ 86-90); riporta poi argomenti contrari sia di ragione sia di autorità, che vengono tutti confutati (§§ 91-145), autorità in favore (§ 146-147) e infine un'ultima obiezione, con risposta (§ 148-157).

Ricapitolando, in *GS* la teoria dell'*individuum* è presentata insieme alla teoria dell'essenza materiale, come una teoria realista da criticare; alle teorie criticate si aggiunge poi la teoria delle *voces*; l'autore sostiene invece la teoria della *collectio*.

4. '*Quoniam de generali*'. Il trattato '*Quoniam de generali*' è conservato nel manoscritto Paris, Bibliothèque nationale de France, lat. 17813, ff. 16va-19ra[45]. Patricia Stirnemann ha gentilmente esaminato alcune immagini del manoscritto e lo ritiene un testimone antico, databile al primo terzo del XII secolo; ho potuto discuterne anche con Rodney Thomson, che ha espresso un'opinione concorde, datandolo al 1120; le iniziali fito- o zoomorfe, forse di mano del copista, imitano a suo avviso lo stile normanno. Una prima trascrizione del testo fu assicurata da Barthélemy Hauréau nel suo *Notices*

---

[44] Ms. Orléans, Bibliothèque municipale, 266, p. 154b: «De generibus et speciebus diuersi diuersa sentiunt. Alii namque uoces solas genera et species uniuersales et singulares esse affirmant, in rebus uero nichil horum assignant. Alii uero res generales et speciales uniuersales et singulares esse dicunt. Sed et ipsi inter se dissentiunt [dissentiunt *ex* diuersa sentiunt]. Quidam enim dicunt singularia indiuidua esse [esse *in interlinea, di mano del correttore*] et species et genera subalterna et generalissima alio et alio modo attenta. Alii uero quasdam essentias uniuersales fingunt quas in singulis indiuiduis totas essentialiter esse credunt. Harum ergo si qua rationabiliter stare possit discutiamus» (KING § 32).

[45] Un'analisi del contenuto del manoscritto si legge in PINZANI, «Alberto non è diverso da Søren», pp. 307-309.

et extraits de quelques manuscrits latins de la Bibliothèque Nationale[46]; nel 1990, Judith Dijs pubblicò un'edizione critica del testo[47]; più recentemente, infine, Francesco Romano ha realizzato una nuova edizione con traduzione italiana[48]. Prenderemo come riferimento l'edizione di Dijs, che mi sembra preferibile a quella di Romano[49].

'*Quoniam de generali*' si caratterizza per uno stile estremamente limpido e una struttura ben riconoscibile, fondamentalmente bipartita: nella prima sezione, si descrivono e criticano le teorie altrui, e in particolare la teoria dell'essenza materiale; nella seconda sezione, l'autore descrive la propria teoria, quella che chiamo dell'*individuum*, e risponde ad argomenti contro di essa. Più nel dettaglio, il testo comprende: introduzione (§ 1); presentazione di TEM (§§ 2-3); presentazione di una variante di TEM (§§ 4-6); critica di TEM (§§ 7-8: introduzione alla critica; §§ 9-25: nove argomenti contro TEM); presentazione della teoria dell'autore, cioè la teoria dell'*individuum* (§§ 26-32); descrizione e critica dell'opinione del *magister W*. all'interno della teoria (§§ 33-35); argomenti contro la teoria dell'*individuum* (con risposte) (§§ 36-51).

Di fatto, dunque, '*Quoniam de generali*' si limita a presentare solo due teorie: la teoria dell'*individuum*, che vi è sostenuta, e la teoria dell'essenza materiale, che vi è criticata. La presentazione delle due teorie, però, è più sfaccettata che altrove: nel caso della teoria dell'essenza materiale, si ricorda anche una variante; nel caso della teoria dell'*individuum*, viene riferita e criticata anche un'opinione specifica all'interno della teoria.

5. *Commento P17 all'*Isagoge. *P17* è un commento all'*Isagoge* di Porfirio, conservato (due volte, la prima in forma mutila) nel ms. lat. 3237 della Bibliothèque nationale de France, ai ff. 123ra-124va (incompleto) e

---

[46] *Cf.* HAURÉAU, *Notices et extraits*, V, pp. 298-320.

[47] *Cf.* DIJS, «Two Anonymous», pp. 93-113 (il testo è suddiviso in 51 paragrafi).

[48] *Cf.* ROMANO, *Una soluzione*. L'edizione si trova alle pp. 91-113 (con una nuova numerazione dei paragrafi), mentre la traduzione si legge alle pp. 115-146.

[49] Si sono individuati i seguenti casi in cui l'edizione Dijs è da correggere: § 32, «<non> secundum statum Socratis»: non è necessario aggiungere il '*non*', e in «et eo destructo, secundum statum hominis non potest remanere Socrates» la punteggiatura è a mio avviso da modificare in «et eo destructo secundum statum hominis, non potest remanere Socrates»; § 34: '*Socates*' è da correggere in '*Socrates*'; § 45: '*praedicatio*' (con il ms.) e non '*praedicta*'; § 48: omissione per *saut du même au même*, *cf. infra*, p. 213 n. 86.

125ra-130rb: la discussione delle diverse teorie sugli universali si trova ai ff. 123rb-124rb e 125va-126ra. Patricia Stirnemann ha esaminato alcune immagini di questo fascicolo del manoscritto: si tratta di un fascicolo scritto su pergamena di bassa qualità ed è databile alla metà del XII secolo. Rodney Thomson, con cui ho potuto discuterne in una diversa occasione, lo ritiene più antico: si tratta di una buona mano informale che egli, sulla base della presenza di iniziali di paragrafo nei margini, non daterebbe a più tardi degli anni Venti del XII secolo. Inedito, il commento è stato sinora oggetto di un'attenzione limitata, testimoniata in particolare dagli studi di Yukio Iwakuma e di Irène Rosier-Catach[50].

La presentazione di *P17* è ambigua e potrebbe forse essere il risultato di due strati di scrittura. Da un lato la teoria dell'*individuum* è presentata come la teoria «di altri» (*aliorum*): «altri» rispetto a quanti già sono stati citati, e che sono stati tutti oggetto di critica, ma anche «altri» rispetto all'autore, come sembra si debba concludere. D'altro canto, *P17* fornisce anche una soluzione per ciascuna delle obiezioni sollevate contro la teoria dell'*individuum*: considerato che ciò avviene solo per questa *sententia*, sembra allora che la teoria dell'*individuum* goda di una posizione privilegiata rispetto alle altre, o che perlomeno un secondo strato del testo testimoni di un favore per questa teoria in particolare. Più nel dettaglio, nella sezione che ci interessa il testo si struttura nel modo che segue. In primo luogo, l'autore afferma che «alcuni sostengono la teoria che i generi, le specie e gli universali sono soltanto voci, e affermano che nessuno di essi invece è cosa»: si riportano poi quattro autorità *contro* questa teoria vocalista[51], e si individuano tre tesi di alcuni vocalisti (*quorundam*

---

[50] Si veda in particolare IWAKUMA, «'*Vocales*,' or Early Nominalists», pp. 38 e 46; ID., «Influence», pp. 310, 312, 330 nn. 17 e 21 (Iwakuma segnala che *P17* contiene, così come *QG*, una teoria dello *status*); ROSIER-CATACH, «Les *Glosulae in Priscianum*: sémantique et universaux», pp. 162-163; *cf.* anche MARENBON, «Medieval Latin Commentaries», pp. 106-107. Il testo era già stato segnalato nella recensione di Ch. THUROT a E. MICHAUD, *Guillaume de Champeaux et les écoles de Paris au XII*ᵉ *siècle*, Didier, Paris 1867, *Revue critique d'histoire et de littérature*, 2/35 (1867) 132-136, in particolare p. 135 n. 2. Al prof. Yukio Iwakuma si deve anche la trascrizione del testo che utilizzo in questo studio.

[51] *P17* ff. 123rb, 125rb, trascr. Iwakuma: «Quorundam est sententia uoces tantum esse genera et species et uniuersalia; res autem nihil horum esse confirmant. Quibus potest opponi ex auctoritatibus sic. Aristoteles dicit in Periermeniis, "rerum alia sunt uniuersalia, alia singularia etc." [*Aristoteles, De interpretatione, 7, 17a38-b1, tr. Boethii, AL, pp. 9.21-10.2*], ubi Aristoteles aperte uidetur ipsas res appellare uniuersales.

vocalium), con argomenti contro ciascuna di esse (ff. 123rb-va, 125rb-va)[52]. Così completata la critica alla teoria vocalista, l'autore passa a considerare altri (*alii*), secondo cui i generi e le specie sono principalmente

> Item dicit Boethius in Commento super Porphyrium, "in eodem fundamento esse uniuersalitatem et singularitatem" *[Boethius, In Isagogen Porphyrii editio secunda, ed. BRANDT, I, 11, p. 167.4-5]*, quod secundum illam sententiam non est uerum, cum alia uox sit uniuersalis tantum ut 'animal' 'homo', alia sit singularis tantum ut 'Socrates'. Item dicit Boethius genera per abstrahentem intellectum recte intelligi et circa indiuidua subsistere *[cf. Boethius, In Isagogen Porphyrii editio secunda, ed. BRANDT, I, 11, pp. 164.12-166.23]*, sed hoc falsum est penitus de uocibus quae non sunt. Item dicit Boethius super Categorias intentionem Aristotelis esse agere de decem uocibus decem prima rerum genera significantibus *[cf. Boethius, In Categorias Aristotelis, PL 64, col. 160 B]*, illa autem rerum genera quae significantur a uocibus nihil aliud esse quam res manifestum est. Cum autem ex auctoritatibus multa possint opponi, haec praemissa sufficiant».
>
> [52] *P17* ff. 123rb-va, 125rb-va, trascr. Iwakuma: «*(1)* Notandum est quod quorundam uocalium sententia est, immo error potius est, quod uniuersales uoces significant intellectus aliquo modo ad res pertinentes, sed ita quod per eos nec repraesentatio nec cogitatio nec cognitio habeatur de rebus, et dicunt per eos animas nihil penitus concipere. Quibus opponitur quare 'animal' uox generalis de pluribus in quid praedicatur, id est ad interrogationem factam de materia respondeatur, cum per eam nulla materia cognoscatur. Si uero dicant nec per interrogationem factam in quid quaeri de materia nec in responsione certificari materiam, tunc iterum quaeri potest quid in illa quaestione "quid est homo?" et in similibus dubitetur et quaeratur. Ad quod eos nihil responsuros puto nisi dicant dubitationem et quaestionem de nihilo fieri, id est nec de eo quod est nec de eo quod non est; quod absurdum est, quia tunc quaestio de materia appellari non posset. *(2)* Item error eorundem asserit solas substantias substantiales habere differentias, res uero accidentales nullis informari differentiis. Sed secundum hoc quaeri potest quomodo color et cetera genera accidentium de suis speciebus in quid, id est ut materia, praedicentur; cum ex rebus generum nullo modo res specierum materialiter componantur, quia nec per adiunctionem formarum praedicamentaliter nec integraliter. Si autem respondeant quod color est genus quia est substantiuum plura significans, albedo uero species quia pauciora significat, licet in notatione diuersi status non differant; potest obici quod, si unum substantiuum nomen uni albedini et uni nigredini tantum imponeretur, species coloris esset ut albedo, et ita idem indiuiduum esset diuersis speciebus specialissimis suppositum, quod ratione caret. Item si propter praedictam causam albedo est species coloris, tunc si inueniatur unum nomen ad medietatem hominum significandam in statu speciali, eodem modo erit species ut albedo et homo erit genus ut color. *(3)* Item eorundem error est uoces uniuersales non esse communes quia communem proprietatem significent, sed ideo quod ex communi causa sint impositae in qua eorum significata conueniant, quam tamen causam nihil esse confirmant. Sed mirum est quare potius propter nihilum quam propter aliquid uoces sint impositae; nec irrationabilius aliquid uidetur quam confiteri res in tali causa quae nihil est conuenire».

res e secondariamente *voces*, *gratia rerum*[53]. Seguono autorità in favore dell'affermazione che siano *res* e autorità in favore dell'affermazione che siano *voces* (ff. 123va, 125va)[54]. A questo punto, l'autore scrive che

---

[53] L'affermazione che i generi e le specie sono «principalmente *res* e secondariamente *voces*» ricorda l'alternativa presentata in *LI* tra universali come sia cose che parole *vs* universali come parole soltanto (*cf*. *supra* in questo capitolo, pp. 84-85). Qui, in aggiunta, si afferma che gli universali sono *principalmente* cose e *secondariamente* parole, *gratia rerum*: ciò ricorda *verbatim* il principio «gratia rerum» studiato da Yukio Iwakuma in relazione a Guglielmo di Champeaux e al commento *C8* e già ricordato, ossia precisamente l'affermazione che le categorie sono principalmente cose, e parole in virtù del fatto di essere cose (*cf*. IWAKUMA, «*Vocales* Revisited», pp. 95, 97-98, 130, 166; in particolare p. 95: «*Res* themselves have the categorial order, and only for this reason [*gratia rerum*] can the *voces* signifying them also be called categories»). Un'affinità esiste anche con ciò che Irène Rosier-Catach e Anne Grondeux, nella loro introduzione alle *Notae Dunelmenses*, in preparazione, chiamano «*principe G.*». Il "*principe G.*" è uno degli aspetti più distintivi dell'insegnamento di Guglielmo di Champeaux, una strategia cui egli fa ricorso in contesti e occasioni differenti. Le due studiose individuano due accezioni del principio: (i) nella prima accezione si distingue tra la *significatio* prima/principale o sostanziale di un termine e la sua significazione seconda o accidentale; (ii) nella seconda accezione si distingue invece tra *significatio* per natura e *significatio* per uso, dove la significazione propria o naturale di un termine è quella che gli viene dalla *impositio* originaria (*ex inventione*), ed è distinta dalla significazione che il termine può acquisire occasionalmente in un dato uso, impropriamente (*ex usu*). Il *principe G.* è usato, ad esempio, per mostrare che un termine, supposto equivoco perché ha due significati, non lo è se tra i due significati c'è una gerarchia (come quella appunto tra *significatio* prima o sostanziale e *significatio* seconda o accidentale). Ora, *P17* qui non tratta di *significatio* e dunque non applica questo principio, ma un'affinità esiste nel constatare (come per il principio *gratia rerum*) un ordine tra le due affermazioni che (1) gli universali sono cose, e che (2) sono parole.

[54] *P17* ff. 123va, 125va, trascr. Iwakuma: «Alii autem aliter de uniuersalium natura confirmant, quibus res principaliter uidentur esse genera et species et cetera uniuersalia de pluribus praedicabilia, uoces autem genera et species et cetera secundario gratia rerum esse dicunt, et secundum eos aliud ponunt praedicta uocabula in rebus et aliud in uocibus. Habent autem auctoritatem de utroque. De rebus, ubi dicit Aristoteles, "rerum alia sunt uniuersalia, alia singularia" *[Aristoteles*, De interpretatione, *7, 17a38-b1, tr. Boethii, AL, pp. 9.21-10.2]*; et ubi dicit Porphyrius genera praeiacere et postea ad constituendas species differentiis informari specificis – res enim non uoces differentiis informantur *[Porphyrius*, Isagoge, *tr. Boethii, AL, p. 18.9-15]*; et ubi dicit Boethius genus per abstractionem intelligi et idem in indiuiduo subsistere, quod tantum potest de rebus dici *[cf. Boethius*, In Isagogen Porphyrii editio secunda, *ed.* BRANDT, *I, 11, pp. 164.12-167.20, spec. p. 166.18-22]*. De uocibus autem habetur auctoritas, ubi

3. LE FONTI

anche all'interno di tale posizione si riscontra non poca diversità («non parua eorum diuersitas reperitur»)[55], e descrive due teorie. La prima è la teoria dell'essenza materiale (più precisamente, come si vedrà al capitolo 4, sembra si tratti di una precisa variante ricordata anche da *QG*): viene prima descritta la teoria, e in seguito si portano argomenti contro due delle sue tesi (ff. 123va-b, 125va). La seconda teoria a essere presentata è la teoria dell'*individuum*: prima questa viene descritta, e in seguito si portano dodici obiezioni contro di essa, ciascuna seguita dalla rispettiva soluzione (ff. 123vb, 125va-b).

In breve, in *P17* la teoria dell'*individuum* e la teoria dell'essenza materiale sono descritte insieme, come due teorie che affermano che gli universali sono principalmente *res* e secondariamente *voces*. Mentre la teoria dell'essenza materiale (così come una teoria vocalista) viene criticata, gli argomenti contro la teoria dell'*individuum* sono seguiti da soluzioni (anche se l'autore, nella misura in cui si può parlare di un unico autore per un testo forse scritto a più mani, sembra comunque descrivere la teoria come sostenuta da un gruppo di persone di cui non dichiara esplicitamente di far parte).

***

Riassumendo, le cinque fonti qui oggetto di analisi si dividono in due categorie: quelle in cui la teoria dell'*individuum* è descritta e criticata (*LI*, *LNPS*, *GS*), e quelle in cui essa è adottata come la posizione dell'autore e le obiezioni alla teoria ricevono dei contro-argomenti (pur con qualche differenza, *QG* e *P17* appartengono a questa seconda categoria). Nei due capitoli che seguono analizzeremo prima le descrizioni della teoria dell'*individuum* (capitolo 4), e poi gli argomenti contro tale teoria (capitolo 5).

Ci si potrebbe senz'altro domandare, a questo punto, come si può essere certi che la teoria descritta da un testo sia effettivamente la stessa

---

dicit Aristoteles, "euidentius assignabit proferens speciem quam genus" [*Aristoteles*, Categoriae, *2b10-11, ed. composita,* AL*, p. 49.28-29]* – uoces enim tantum modo proferuntur; et ibi genus et species circa substantiam qualitatem determinant [*Aristoteles*, Categoriae, *3b20-21, ed. composita,* AL*, p. 52.12-13]*».

[55] *P17* ff. 123va, 125va, trascr. Iwakuma: «Cum autem in praedictis de uniuersalitate rerum et uocum omnes fere conueniant, tamen in sequentibus non parua eorum diuersitas reperitur».

che si legge anche in un altro. Le diverse opinioni sono tutte esposte in forma anonima: non hanno un nome codificato né l'esplicita menzione di un maestro che permetta, o perlomeno faciliti, l'identificazione. Casi recenti come quello del commento *P3* (inizialmente ritenuto abbracciare la teoria dell'essenza materiale, ma che in seguito si è mostrato sostenere una teoria di matrice boeziana non esattamente coincidente con la teoria dell'essenza materiale) consigliano di essere prudenti[56]. Ciononostante, mi sembra possibile identificare la medesima teoria da un testo all'altro con un certo grado di sicurezza. I manoscritti che trasmettono le nostre fonti sono tutti databili (su base paleografica) a un periodo ristretto corrispondente grosso modo al secondo quarto o alla metà del XII secolo; e i contenuti dei manoscritti di logica di questo periodo sono spesso interrelati gli uni gli altri in modo complesso[57]. A ciò si aggiunga che i passi in cui una data teoria è descritta mostrano affinità sia terminologiche che concettuali notevoli con i passi che la descrivono altrove; gli argomenti sollevati contro una certa teoria sono spesso paragonabili da un testo all'altro; e anche l'insieme delle teorie descritte e criticate è simile. Il confronto è particolarmente riuscito, ai miei occhi, se si sceglie un insieme di fonti *omogeneo*, come è avvenuto in questo caso: quelle che si utilizzano sono tutte fonti logiche, e in particolare commenti all'*Isagoge* e trattati sugli universali (che potrebbero essere estratti da commenti all'*Isagoge*)[58]. Le

---

[56] *Cf.* in particolare J. BRUMBERG, «Les universaux dans le commentaire du Pseudo-Raban à l'Isagoge (*P3*): entre Boèce et la théorie de l'essence matérielle», in ROSIER-CATACH (éd.), *Arts du langage et théologie*, pp. 417-451; *cf.* EAD., «Le problème du substrat des accidents constitutifs dans les commentaires à l'*Isagoge* d'Abélard et du Pseudo-Raban (*P3*)», in ERISMANN – SCHNIEWIND (edd.), *Compléments de substance*, pp. 67-84.

[57] Si veda quanto scrivo sui manoscritti che trasmettono commenti logici in MARENBON – TARLAZZI, «Logic».

[58] Vi sono altri passi della *Logica 'Ingredientibus'* in cui Abelardo sembra far riferimento a teorie realiste: *cf.* in particolare *LI* pp. 37.3-29; 46.42-47.17; 63.31-65.15; 125.7-126.7; 140.39-141.37; 399.16-400.18. Il primo di questi passi è analizzato in DE LIBERA, *L'Art des généralités*, pp. 358-363 (e contiene un argomento contro la teoria dell'*individuum* simile all'argomento della predicazione, n. 1, di *LI*; *cf. infra*, capitolo 5, pp. 170-172); il terzo è studiato *ibi*, pp. 329-334 (e descrive la teoria dell'essenza materiale). Un argomento contro il realismo si trova anche nella *Dialectica*, ed. DE RIJK, pp. 544.22-546.17. La teoria dell'essenza materiale, il principio di non-differenza, teorie della *collectio* si trovano anche altrove: si veda ad esempio il materiale ricordato *infra*, al capitolo 7. Una teoria della *collectio* e dell'*indifferentia* è menzionata nell'*Ars*

cinque fonti presentano tutte una struttura simile, con un elenco di tesi sugli universali e di argomenti contro le opinioni elencate, e l'intero contesto facilita così l'identificazione della teoria. Più difficile è confrontare fonti logiche e fonti letterarie, o passi che provengono da discussioni differenti, e i risultati sono forse meno solidamente raggiunti[59].

La struttura della trattazione in ciascuno dei testi che si prende qui in considerazione più essere riassunta secondo lo schema che segue:

Logica 'Ingredientibus' pp. 9.12-32.12
Gli universali sono *res* e *voces* oppure gli universali sono *voces* soltanto A. Gli universali sono *res* e *voces*: *LI* pp. 10.8-16.18 Critica generale contro il realismo: *LI* p. 10.8-16 1. Teoria dell'essenza materiale: *LI* pp. 10.7-13.17 2. Principio di distinzione personale e di identità per non-differenza: *LI* pp. 13.18-14.6 2.1. Teoria della *collectio*: *LI* p. 14.7-17 (critica in *LI* pp. 14.32-15.22) 2.2. Teoria dell'*individuum*: *LI* p. 14.18-31 (critica in *LI* pp. 15.23-16.18) B. Gli universali sono *voces* soltanto: *LI* pp. 16.19-32.12
Logica 'Nostrorum Petitioni Sociorum' pp. 512.19-533.9
Gli universali sono o *res* o *intellectus* o *sermones*: *LNPS* pp. 512.23-515.9 A. Gli universali sono *res*: *LNPS* pp. 515.10-13 1. Teoria dell'essenza materiale: *LNPS* pp. 515.14-518.8 2. Teoria dell'*individuum*: *LNPS* pp. 518.9-521.20 3. Terza teoria realista: *LNPS* pp. 521.21-522.9 B. Gli universali sono *sermones*: *LNPS* pp. 522.10-533.9 (Omessa: C. Gli universali sono *intellectus*)

Meliduna del MS Oxford, Bodleian Library, Digby 174, ff. 211ra-241rb; edizione di estratti in DE RIJK, *Logica modernorum*, II.1, pp. 292-390, in particolare pp. 306-308 (f. 219rb); *cf.* DE LIBERA, *La querelle*, pp. 158-167; ID., *L'Art des généralités*, p. 347; KING, «Metaphysics», pp. 111 nn. 16-17, 112 n. 23 (King segnala che una teoria della *collectio* è descritta nell'*Ars Meliduna* al f. 219ra, non trascritto da De Rijk); IWAKUMA, «Influence», p. 313.

[59] Per un esempio di confronto con un testo di natura diversa, si veda il caso di Adelardo di Bath citato *infra*, al capitolo 7; per i rischi di un confronto tra passi provenienti da discussioni differenti, *cf.* MARENBON, «Abelard on *Differentiae*».

'De generibus et speciebus'
Gli universali sono *voces* (A): § 32
Gli universali sono *res*: teoria dell'*individuum* (B) e teoria dell'essenza materiale (C): § 32
C. Teoria dell'essenza materiale: §§ 33-49
B. Teoria dell'*individuum*: §§ 50-73
A. Teoria delle *voces*: §§ 74-85
Teoria della *collectio* (sostenuta dall'autore): §§ 86-157
'Quoniam de generali'
Antiqua sententia, ossia la teoria dell'essenza materiale: §§ 2-3
Variante nella teoria dell'essenza materiale: §§ 4-6
Argomenti contro la teoria dell'essenza materiale: §§ 7-25
Teoria dell'*individuum*: §§ 26-32
Opinione del *magister W.* all'interno della teoria dell'*individuum*: §§ 33-35
Argomenti contro la teoria dell'*individuum* (con risposte): §§ 36-51
P17 ff. 123rb-124rb e 125rb-126rb
A. Gli universali sono *voces*: ff. 123rb, 125rb
Autorità contro la teoria delle *voces* e argomenti contro tre tesi di "alcuni vocalisti": ff. 123rb-va, 125rb-va
B. Gli universali sono principalmente *res* e secondariamente *voces*: ff. 123va, 125va
Autorità in favore di *res*; autorità in favore di *voces*: ff. 123va, 125va
B.1. Teoria dell'essenza materiale (con critica): ff. 123va-b, 125va
B.2. Teoria dell'*individuum* (con critica e risposte): ff. 123vb, 125va-b

4. LE DESCRIZIONI DELLA TEORIA DELL'*INDIVIDVVM*

Diverse forme di realismo sono presentate accanto alla teoria dell'*individuum* nelle fonti analizzate al capitolo 3. La teoria dell'essenza materiale è descritta in tutte le fonti che stiamo considerando, cioè *LI*, *LNPS*, *GS*, *QG* e *P17*, e sempre per esservi criticata; *QG* menziona anche una variante all'interno di tale teoria, così come ricorda un'opinione particolare, del «magister W.», all'interno della teoria dell'*individuum*. Una teoria della *collectio* è ricordata sia da *LI* (per criticarla) sia da *GS* (per sostenerla), e le due non sembrano coincidere: la teoria di *LI* afferma infatti che l'universale è una *collectio* di individui, mentre quella di *GS* afferma che è una *collectio* delle *essentiae* o materie degli individui[1]. *LNPS* ricorda anche, dopo le teorie

---

[1] *LI* p. 14.7-17 *[descrizione della teoria della* collectio *in* LI*]*: «Nam quidam uniuersalem rem non nisi in collectione plurium sumunt. Qui Socratem et Platonem per se nullo modo speciem uocant, sed omnes homines simul collectos speciem illam quae est homo dicunt et omnia animalia simul accepta genus illud quod est animal, et ita de ceteris. Quibus illud Boethii consentire uidetur: "Species nil aliud esse putanda est nisi cogitatio collecta ex indiuiduorum substantiali similitudine, genus uero ex specierum similitudine" *[Boethius,* In Isagogen Porphyrii editio secunda, *ed.* BRANDT, *I, 11, p. 166.16-18]*. Cum enim ait 'collecta similitudine', plura colligentem insinuat. Alioquin nullo modo praedicationem de pluribus uel multorum continentiam in uniuersali re haberent nec pauciora uniuersalia quam singularia essent»; *GS*, Orléans, Bibliothèque municipale, 266, p. 158a-b *[descrizione della teoria della* collectio *in* GS*]*: «Quoniam supradictas sentencias rationibus et auctoritatibus confutauimus, quid nobis potius tenendum uideatur de his, deo annuente, amodo ostendemus *(ostendemus]* ostemdemus *ms.) [1: da Socrate a Uomo] [spazio bianco nel ms.]* et unumquodque indiuiduum ex materia et forma compositum est, ut Socrates ex homine materia et socracitate forma. Sic Plato ex simili materia, scilicet homine, et forma diuersa, scilicet platonitate, componitur. Sic et singuli homines. Et sicut socracitas que formaliter constituit Socratem nusquam est extra Socratem, sic illa hominis essencia que socracitatem sustinet in Socrate nusquam est nisi in Socrate. Ita de singulis. Speciem igitur dico esse non illam essenciam hominis solum que est in Socrate uel que est in aliquo alio indiuiduorum sed totam illam collectionem ex singulis illis materiis factam idest unum quasi gregem de essentia hominis que Socratem sustinet et singulis *[illis... singulis in marg. nel ms.]* aliis huius nature coniunctum. Que tota collectio, quamuis essencialiter multa sit, ab a<u>ctoritatibus tamen una species unum uniuersale una natura appellatur, sicut populus, quamuis ex multis personis collectus sit, unus dicitur. *[2: da Uomo a Animale]* Item unaqueque essencia huius collectionis que humanitas ap<p>ellatur ex materia et forma constat, scilicet ex animali materia, forma autem non una sed pluribus: rationalitate et mortalitate et bipedalitate et si que sunt ei alie

dell'essenza materiale e dell'*individuum*, una terza e più oscura posizione realista, che non sembra ritrovarsi in altri testi. Infine, nella presentazione di *LI* la teoria dell'*individuum* è abbinata alla teoria della *collectio* come due teorie che derivano entrambe da due principi (di distinzione personale e di identità per non-differenza) in contrasto con la teoria dell'essenza materiale. Oltre alla descrizione delle teorie, sono proposti anche argomenti contro ciascuna delle teorie realiste: in tutto, ne ho contati 78[2]. In tre casi, ossia per la teoria dell'*individuum* in *QG* e *P17* e per la teoria della *collectio* in *GS*, gli argomenti sono seguiti da contro-obiezioni a favore della teoria stessa.

sustantiales. Et sicut de homine dictum est, scilicet quod illud hominis quod sustinet socracitatem illud essencialiter non sustinet platonitatem, ita de animali. Nam illud animal quod formas humanitatis que in me est sustinet, illud essencialiter alibi non est sed illi indif<f>erens est in singulis materiis singulorum indiuiduorum animalis. Hanc itaque multitudinem essenciarum animalis que singularum specierum animalis formas sustinet genus appellandum esse dico. Que in hoc diuersa est ab illa multitudine que speciem facit. Illa enim ex solis illis essenciis que indiuiduorum formas sustine<n>t collecta est. Ista uero que genus est ex his que diuersarum specierum substanciales differentias recipiunt. Et hoc est quod uoluit Boethius in secundo commento super Porphirium his uerbis: "Nichil aliud species esse putanda est" et ceteris. *[Boethius*, In Isagogen Porphyrii editio secunda, ed. BRANDT, I, 11, p. *166.16-18] [3: da Animale a Corpo]* Item ut usque ad primum principium perducatur, sciendum est quod singule essencie illius multitudinis que animal genus dicitur ex materia aliqua essencia corporis et formis substantialibus animacione et sensibilitate consta<n>t que, sicut de animali dictum est, nusquam alibi essencialiter sunt. Sed ille indifferentes formas sustinent omnium specierum corporis. Et hec talium corporis essenciarum multitudo genus dicitur illius nature quam ex multitudine essenciarum animalis confectam diximus. *[4: da Corpo a Sostanza]* Et singule corporis quod genus est essencie ex materia scilicet aliqua essencia substantie et forma *[forma corr. ex forme]* corporeitate constant. *[5: da Sostanza alla Mera Materia]* Quibus indifferentes essencie incorporeitatem que forma est species *[forse* species *è da correggere in* speciei*]* sustinent et illa talium essenciarum *[p. 158b]* multitudo substantia generalissimum dicitur que tamen nondum est simplex, sed ex materia mera essencia, ut ita dicam, et susceptibilitate contrariorum forma constat. Que mera essencia an genus sit et quare non sit postea discutietur. Quod autem in substantia dictum est simile in aliis predicamentis intelligatur» (KING §§ 86-90).

[2] Una prima versione di questo lavoro comprendeva analisi provvisorie di tutti i 78 argomenti; l'elenco non è però esaustivo perché ho individuato altrove ulteriori argomenti contro le teorie realiste (ad esempio, in altri passi della *Logica 'Ingredientibus'* e anche della *Dialectica*). Mi limito dunque qui a discutere, al capitolo 5, i 37 argomenti sollevati contro la teoria dell'*individuum* nei passi che stiamo analizzando, proponendomi di riprendere l'analisi degli altri argomenti (e delle rispettive teorie) in una pubblicazione futura.

4. LE DESCRIZIONI DELLA TEORIA DELL'*INDIVIDVVM* 109

Questo ricco materiale, in parte ancora inedito, non è sinora stato studiato nella sua interezza. La descrizione e la critica delle teorie realiste nella *LI* è senz'altro ciò che, delle cinque fonti qui presentate, ha ricevuto maggior attenzione[3]. La teoria dell'essenza materiale, come vedremo subito, è stata studiata da diverse prospettive e anche a partire da altre fonti, ma almeno una delle nostre cinque fonti al riguardo (*P17*), inedita, è stata oggetto sinora di scarsa attenzione[4]. La teoria della *collectio* (nelle forme di *LI* e di *GS*) è stata oggetto di studi puntuali di Alfred Freddoso, Desmond Paul Henry e, più recentemente, Andrew Arlig e Roberto Pinzani[5]. In questa sede, ci limiteremo a svolgere un'analisi che getti luce in particolare sulla teoria dell'*individuum*. Ora, le cinque fonti prese in esame concordano nel presentare la teoria dell'*individuum* in opposizione alla teoria dell'essenza materiale; inoltre *LI* la indica come derivata dai principi di distinzione personale e di identità per non-differenza. Pertanto presenteremo prima alcune osservazioni sulle descrizioni della

---

[3] La sezione di *LI* che trasmette la descrizione e critica del realismo, seguita dalla soluzione di Abelardo (*LI* pp. 9.12-32.12), è tradotta in: R. McKeon, *Selections from Medieval Philosophers*, I, Ch. Scribner's Sons, New York 1929, pp. 218-258 (traduzione ripubblicata in *Philosophy in the Middle Ages. The Christian, Islamic, and Jewish Traditions*, 2nd ed., ed. A. Hyman – J. J. Walsh, Hackett, Indianapolis – Cambridge 1973, pp. 169-188); M. de Gandillac, *Œuvres choisies d'Abélard. Logique (1ère partie) – Éthique – Dialogue entre un philosophe, un juif et un chrétien*, Aubier, Paris 1945, pp. 77-127; Jolivet, *Abélard ou la philosophie*, pp. 111-122; Maioli, *Gli universali. Storia antologica*, pp. 215-229; King, *Peter Abailard*, II, pp. 1*-28*; Spade, *Five Texts*, pp. 29-37; Pedro Abelardo, *Lógica para principiantes*, tradução do original em latim C.A. Ribeiro do Nascimento, 2ª ed., Unesp, São Paulo 2005; Lafleur – Carrier, «Abélard et les universaux», pp. 151-162; per gli studi, si veda *infra* in questo capitolo e al capitolo 5.

[4] *Cf. infra*, p. 161 n. 110 per la bibliografia su *P17*.

[5] *Cf.* Freddoso, «Abailard on Collective Realism»; D. P. Henry, *That Most Subtle Question* (Quaestio Subtilissima). *The Metaphysical Bearing of Medieval and Contemporary Linguistic Disciplines*, Manchester University Press, Manchester 1984, pp. 235-248; A. Arlig, *A Study in Early Medieval Mereology: Boethius, Abelard, and Pseudo-Joscelin*, Ph.D. thesis, The Ohio State University, 2005, pp. 271-275 (analisi della teoria in *LI*) e 283-302 (analisi della teoria in *GS*); R. Pinzani, «Il *De Generibus et Speciebus* e la teoria della *collectio*», Dianoia, 16 (2011) 47-88, oltre a Tweedale, *Abailard on Universals*, pp. 113-115; King, *Peter Abailard*, I, pp. 187-214; de Libera, *L'Art des généralités*, pp. 339-340; King, «Damaged Goods», pp. 259-261; e Irène Rosier-Catach, articolo sulle teorie della *collectio*, in preparazione (su cui *cf.* anche *supra*, introduzione, p. xxxi n. 35).

teoria dell'essenza materiale nelle cinque fonti in esame; poi i principi di distinzione personale e di identità per non-differenza; e infine le descrizioni della teoria dell'*individuum*.

4.1. *Osservazioni sulla teoria dell'essenza materiale (TEM) nelle fonti che descrivono la teoria dell'***individuum**

La teoria dell'essenza materiale (TEM)[6] è stata oggetto di importanti ricerche nell'ultimo decennio, dovute in particolare a Irène Rosier-Catach, Christophe Erismann e Julie Brumberg[7]. Questi lavori hanno percorso strade differenti e sono giunti a conclusioni non sempre concordanti: raccoglierne tutti i diversi risultati richiederebbe uno studio espressamente dedicato alla questione (che prenda in considerazione anche le testimonianze sulla teoria dell'essenza materiale che sinora non sono state oggetto di attenzione, come quella di *P17* o la variante descritta in *QG*, così come gli argomenti usati per criticare la teoria)[8]. Rosier-Catach individua la presenza di soluzioni simili

---

[6] L'espressione 'material essence realism', basata su *LI* p. 10.19, si trova per la prima volta in TWEEDALE, *Abailard on Universals*, p. 95 ed è stata poi largamente adottata nella letteratura.

[7] Altri studi di TEM sono: M. T. BEONIO BROCCHIERI FUMAGALLI, *La logica di Abelardo*, 2ª ed., La Nuova Italia, Firenze 1969, p. 50; MAIOLI, *Gli universali. Storia antologica*, pp. 180-186, 215-221; TWEEDALE, *Abailard on Universals*, pp. 95-98; JOLIVET, *Arts du langage*, p. 215; KING, *Peter Abailard*, I, pp. 138-150; GRACIA, *Introduction*, pp. 198-204 («Accidental Theory of Substantial Individuation»); F. BERTELLONI, «*Pars destruens*. Las críticas de Abelardo al realismo en la 1.ª parte de la *Logica "Ingredientibus"*», *Patristica et Mediaevalia*, 7 (1986) 49-64 specialmente pp. 56-57; IWAKUMA, «The Realism of Anselm», pp. 128-130; DE LIBERA, *La querelle*, p. 150; ID., *L'Art des généralités*, pp. 309-319; MARENBON, «Life, milieu», pp. 32-34; KING, «Metaphysics», pp. 66-69.

[8] Sulla base di ricerche preliminari, molti degli argomenti contro TEM sono varianti di due argomenti (non necessariamente i più forti contro TEM). Il primo afferma che, se si segue TEM, la cosa universale postulata dalla teoria dovrà essere il soggetto di proprietà contrarie, che essa riceve allo stesso tempo, e ciò è inaccettabile (ad esempio, sono contrarie differenze come razionale e irrazionale, che il genere Animale riceve allo stesso tempo per produrre le diverse specie; sono contrari anche alcuni accidenti dei singoli individui, come essere malato, proprio di questo individuo, e essere in buona salute, proprio di un altro individuo, che la specie dei due individui dovrebbe ricevere al medesimo tempo se si segue TEM): *cf. LI* pp. 11.10-12.26; *LNPS* p. 517.25-41; *GS* §§ 35-44; *QG* §§ 12-13. Il secondo argomento nota invece che, se si

4. LE DESCRIZIONI DELLA TEORIA DELL'*INDIVIDVVM*

alla teoria dell'essenza materiale (e in alcuni casi forme più generiche di realismo degli universali) anche in altri dossier collegati a Guglielmo di Champeaux, riguardanti la teoria della predicazione; la semantica del nome (in relazione a *Institutiones* II, 18 e II, 22); la trattazione del nome comune inteso come nome proprio della specie (in riferimento a *Institutiones* XVII, 44); la discussione su *numerus* come genere di cui *binarius*, *ternarius etc.* sono le specie e *hic binarius*, *hic ternarius etc.* gli individui; il tempo del verbo; la qualità significata da nomi collettivi come '*populus*'[9]. Le ricerche di Christophe Erismann invece esaminano la teoria dell'essenza materiale nel quadro della tradizione del realismo ontologico altomedievale: egli mostra che TEM (intesa come la forma di realismo di inizio XII secolo sostenuta da Guglielmo di Champeaux e criticata da Abelardo) prosegue una tradizione di realismo ontologico che conta tra i suoi esponenti Eriugena, Anselmo di Canterbury e Odone di Cambrai[10]. Julie Brumberg, infine, analizza TEM nel quadro delle fonti logiche di inizio XII secolo, confrontandola in particolare con la posizione del commento all'*Isagoge* P3[11]. Erismann e Brumberg riassumono le posizioni principali di TEM in un elenco di tesi[12].

adotta TEM, si dovrà ammettere l'affermazione inaccettabile che una *res* (l'universale) esista interamente e contemporaneamente in due posti diversi, anche distanti l'uno dall'altro: *cf.* GS § 34; QG §§ 9-10, 14.

[9] *Cf. supra*, introduzione, pp. XXVIII-XXXI e *infra*, capitolo 7, pp. 303-325. Come lì ricordato, altri dossier (ad esempio quello sulla *vox*) mostrano affinità con posizioni successive a TEM, basate sulla somiglianza o *indifferentia*, e con teorie della *collectio*.

[10] *Cf. supra*, introduzione, pp. XXV-XXVIII, e in particolare ERISMANN, *L'Homme commun*; ID., «Generalis essentia», pp. 32-37; ID., «Penser le commun».

[11] *Cf.* BRUMBERG, «Le problème du substrat» e soprattutto EAD., «Les universaux dans le commentaire».

[12] *Cf.* anche le cinque tesi identificate da Peter King in *Peter Abailard*, I, p. 141: «(1) The material essence is itself in different things. (2) The material essence is contracted by the addition of forms accidental to it. (3) Individuals are made up of the material essence plus varying forms (Principle of Individuation by Accidents). (4) There is only one material essence per category (Unity of the Substantial Form). (5) Analysis of predication: F is predicated of many ≡ F is essentially present in some things diversified by opposing forms, so "*x* is F" is true either essentially or adjacently»; KING, «Metaphysics», pp. 66-67 riduce la lista a tre tesi principali: «First, it *[scil. Material Essence Realism]* holds that the material essence – that is, the genus with regard to its subordinate species, or the species with regard to its subordinate individuals – is a Boethian universal, since it is simultaneously present as a whole in distinct items, making them what they are as the "material" of their essential being:

Secondo Erismann, la tradizione del realismo ontologico medievale comporta complessivamente sette tesi, la prima comune anche a teorie non realiste e le altre sei proprie del realismo, così definite[13]:

> (1) Thèse du naturalisme. Le monde sensible est ordonné selon une hiérarchie de genres et d'espèces naturels. Chaque individu peut être défini par l'espèce et les genres auxquels il appartient.
>
> (2 = 1re thèse réaliste) Thèse de l'universalisme. Cette hiérarchie des genres et des espèces est *réelle*. Chacun des genres et des espèces qui la composent existe. Le mobilier ontologique du monde est formé de particuliers *et* d'universaux (= rejet du particularisme ontologique).
>
> (3 = 2e thèse réaliste) Thèse de l'universel comme constituant métaphysique de ses subdivisions. Chaque genre ou espèce est cause et principe des réalités qui lui sont subordonnées. La réalité est vue par un réaliste selon une conception hiérarchique et divisive, qui s'étend du général au particulier, de l'un au multiple. L'universel générique ou spécifique est le constituant métaphysique de l'individu, d'où une analogie fréquente entre le genre et la matière. L'universel est cause de l'être tel de l'individu.
>
> (4 = 3e thèse réaliste) Thèse de l'immanence des universaux. Les genres et les espèces n'existent pas séparément des individus, mais en eux. Ils existent aussi réellement que les individus eux-mêmes. Un même individu comporte un aspect particulier propre (un faisceau unique de propriétés accidentelles) et un aspect universel, son espèce.

the material essence *animal* is present in the species *man* and *ass*, the material essence *man* is present in Socrates and Plato. Second, it holds that the material essence is "contracted" (made metaphysically less general) by the addition of forms accidental to it; since it is essentially the same in distinct items, whatever differentiates those items cannot be essential to it, and hence must be accidental. For individuals, this reduces to the claim that accidents individuate substances. Third, it holds that individuals are metaphysically composed of the material essence in combination with the forms that serve to individuate them. Hence Socrates is composed of the material essence *man* plus his particular height, weight, and so on; likewise for Plato». *Cf.* anche Brumberg, «Les universaux dans le commentaire», p. 432 nn. 35-37, che riassume in liste di tesi anche gli studi di John Marenbon («Life, milieu», pp. 32-34) e Alain de Libera (*L'Art des généralités*, pp. 309-319).

[13] Erismann, *L'Homme commun*, pp. 76-77, e *cf.* l'analisi che Erismann svolge in tutto il capitolo 2, «Les thèses cardinales du réalisme ontologique» (*ibi*, pp. 73-148).

(5 = 4e thèse réaliste) Thèse de l'omniprésence de l'universel. Un genre ou une espèce est *intégralement* et *simultanément* présent dans chacune de ses subdivisions. Il existe donc quelque chose de réel, commun à tous les individus d'une même espèce ou d'un même genre, présent simultanément et complètement en chacun d'eux, à savoir la substance spécifique ou générique.

(6 = 5e thèse réaliste) Thèse de la substance spécifique commune. L'espèce exprime tout l'être substantiel des individus qui lui sont subordonnés, si bien que, pour autant que Pierre soit un homme, substantiellement, il n'y a pas de différence entre Pierre et homme.

(7 = 6e thèse réaliste) Thèse de l'individualité accidentelle. Les individus d'une même espèce sont discernables et individués par un faisceau unique d'accidents (accidents particuliers ou universels?). Pierre et Paul, qui ont la substance homme en commun, ne diffèrent que par des accidents.

Lo studio di Erismann mostra che (con enfasi diverse) le sette tesi si ritrovano nel realismo altomedievale di Eriugena, Anselmo e Odone, prima di essere sostenute da Guglielmo di Champeaux secondo le testimonianze che riportano il suo insegnamento (ad esempio quella abelardiana) o i testi che gli sono attribuiti direttamente[14].

Diverso è l'approccio seguito da Julie Brumberg, la cui indagine riguarda in particolare testi del XII secolo. A partire dai passi di *LI*, *LNPS*, *QG* (=*TQG* in Brumberg), *GS* (= *DGS*) che riportiamo in questo capitolo e da *HC*[15], Brumberg individua invece otto tesi di TEM, delle quali una esiste in due varianti, 7 e 7' (tra parentesi ella indica il testo che menziona esplicitamente la tesi):

---

[14] *Cf.* Erismann, *L'Homme commun*, pp. 363-379 e soprattutto pp. 377-378, dove egli ritrova le sei tesi realiste nella dottrina di Guglielmo; si vedano anche i cinque punti di confronto tra Eriugena e Guglielmo in Id., «Generalis Essentia», pp. 35-36 e *infra*, capitolo 7, pp. 291-325, su Guglielmo di Champeaux.

[15] *HC* § 6 (*cf. infra*, capitolo 7, pp. 300-302): «Tum ego ad eum reuersus ut ab ipso rethoricam audirem, inter cetera disputationum nostrarum conamina antiquam eius de uniuersalibus sententiam patentissimis argumentorum rationibus ipsum commutare, immo destruere compuli. Erat autem in ea sententia de communitate uniuersalium, ut eamdem essentialiter rem totam simul singulis suis inesse astrueret indiuiduis, quorum quidem nulla esset in essentia diuersitas sed sola multitudine accidentium uarietas. Sic autem istam tunc suam correxit sententiam, ut deinceps rem eamdem non essentialiter sed indifferenter diceret».

1. Le genre est la matière des espèces comme l'espèce est la matière des individus (LI, LNPS, TQG, DGS).

2. La notion de "forme" décrit les différences spécifiques comme les propriétés accidentelles individuelles (LI, LNPS, TQG, DGS).

3. Les formes qui s'ajoutent à la matière sont accidentelles, y compris les différences spécifiques (LI*, LNPS*, TQG) *[come indicato in nota da Brumberg, l'asterisco segnala che la tesi è presente «de manière moins explicite dans les textes d'Abélard mentionnés que dans le TQG»].*

4. Il y a une seule et même substance, toute entière, en même temps, identique et inchangée par les formes qui s'y ajoutent (=l'espèce/ le genre), dans chacun des individus, une *res universalis* (HC, LI, LNPS, TQG, DGS).

5. Cette substance commune est une essence matérielle (LI, LNPS, TQG).

6. L'individuation se fait par les accidents (HC), et il y a identité des individus si les formes sont supprimées (LI, LNPS, TQG, DGS).

7. Les genres et les espèces existent dans les individus en tant qu'universels, sans pouvoir exister en acte indépendamment des individus (LI, TQG).

7'. Les genres et les espèces existent *en acte* dans les individus en tant qu'universels, sans pouvoir exister en acte indépendamment des individus (TQG).

8. Seuls les individus existent en acte (LI, TQG)[16].

La ricostruzione della teoria dell'essenza materiale è compiuta da Brumberg con lo scopo di indagare se il commento *P3* sostenga TEM, o no[17]. A questo fine, Brumberg confronta il contenuto di *P3* con una descrizione di TEM che ella ricava dai passi di *HC, LI, LNPS, GS* e *QG* che riguardano tale teoria (il fatto che queste cinque fonti descrivano un'unica teoria è derivato dalla storiografia e non è sottoposto a indagine: *cf. infra*). A partire

---

[16] BRUMBERG, «Les universaux dans le commentaire», pp. 432-433.

[17] Si veda per tutto questo BRUMBERG, «Les universaux dans le commentaire». *P3* è edito in IWAKUMA, «Pseudo-Rabanus super Porphyrium (*P3*)», pp. 60-196; *cf.* inoltre su *P3* IWAKUMA, «The Realism of Anselm», pp. 120-122; BRUMBERG, «Le problème du substrat»; ROSIER-CATACH, «Les *Glosulae in Priscianum*: sémantique et universaux», pp. 170-172. Il commento *P3* era stato citato come sostenitore diretto di TEM in MARENBON, «Life, milieu», pp. 32-33.

4. LE DESCRIZIONI DELLA TEORIA DELL'*INDIVIDVVM*

da queste cinque fonti, Brumberg identifica le otto tesi caratteristiche di TEM sopra riportate, tra le quali ella distingue poi tesi semplicemente boeziane e tesi specifiche di TEM; ritiene poi che il commento *P3* contenga tutti gli elementi boeziani, ma nessuno degli elementi innovativi di TEM, e che pertanto sostenga una teoria neo-boeziana sugli universali, ma non TEM[18]. La studiosa insiste in particolare su due tesi: la tesi 3 (che afferma il carattere accidentale delle differenze specifiche)[19] e la tesi 7' (che sostiene non solo l'esistenza degli universali in quanto universali negli individui, cioè la tesi 7, ma l'esistenza *in atto* degli universali in quanto universali negli individui). Queste due tesi vengono considerate elementi definitori e caratteristici di TEM. Le due tesi sulle quali Brumberg concentra la propria attenzione, 3 e 7', svolgono in particolare le funzioni seguenti. Da un lato, la tesi 3 (che afferma il carattere accidentale delle differenze specifiche) consegue dall'affermazione di TEM secondo cui esiste una uniformità lungo tutto l'albero di Porfirio, sì che la struttura forma-materia vale per tutto l'albero e si applica non solo alla relazione tra i generi e le specie ma anche all'ultimo livello (dalla specie ultima agli individui): contro Boezio, TEM afferma cioè che la specie ultima è la materia degli individui[20]. La tesi 7', d'altro canto, (affermando l'esistenza *in atto* degli universali in quanto universali negli individui) mette in luce la struttura "a matrioska", come la chiama Brumberg, dell'ontologia secondo TEM, con cose universali esistenti in atto all'interno delle cose individuali in atto[21]. Gli elementi su cui Brumberg pone l'accento meritano senz'altro particolare attenzione. Ad esempio, in relazione alla tesi 3 si può ricordare anche il passo della *Dialectica* dove si legge che, secondo Guglielmo di

---

[18] *Cf.* anche ERISMANN, «Generalis essentia», p. 34; ERISMANN, *L'Homme commun*, p. 364 n. 3, che abbraccia le conclusioni di Brumberg.

[19] *Cf.* su questo anche KING, *Peter Abailard*, I, pp. 144-145 e DE LIBERA, *L'Art des généralités*, pp. 315-316.

[20] *Cf.* BRUMBERG, «Les universaux dans le commentarie», pp. 441-447.

[21] BRUMBERG, «Les universaux dans le commentarie», p. 439: «Nous aurions donc affaire à un système de poupées russes, où une chose universelle existant en acte existerait à l'intérieur d'une substance individuelle, selon une existence cependant "parasitaire" à l'égard de cette dernière – car seuls les individus existent en acte séparément [...]. Seule l'adoption de cette thèse précise permet notamment de comprendre les attaques d'Abélard contre l'idée qu'une même substance (le genre) puisse exister dans deux individus d'espèces différentes (Socrate, Brunellus) de sorte qu'il soit le substrat simultané de deux propriétés contraires (rationnel, irrationnel)».

Champeaux, la differenza inerisce al genere *per accidens*²². Non bisogna però dimenticare che queste tesi, che Brumberg identifica come proprie e caratteristiche di TEM (3 e 7'), sono trasmesse in modo esplicito solo dalla descrizione di TEM di *QG*²³. Di conseguenza la descrizione di TEM fornita da Brumberg è piuttosto peculiare e non corrisponde a quanto si legge nella gran parte dei testi che descrivono la teoria in questione. Anzi, si potrebbe notare che, adottando il criterio della stessa Brumberg per verificare se un testo abbraccia o no TEM (l'adozione delle tesi 3 e 7'), *proprio gran parte dei testi su cui ella basa la propria ricostruzione di TEM* non trasmetterebbero tale teoria, perché non trasmettono in modo esplicito le tesi 3 e 7'. Trovo dunque la ricostruzione problematica, soprattutto se essa viene adottata ai fini di identificare TEM anche in altre fonti, ad esempio in altri passi della *Logica 'Ingredientibus'*²⁴. A mio avviso, tali tesi specifiche

---

²² Abaelardus, *Dialectica*, ed. DE RIJK, p. 541.36-37: «Alioquin subiecti in accidentia diuisio dici posset secundum ipsius [scil. W. *magistri nostri*] sententiam, qui differentias generi per accidens inesse uolebat» (citato più ampiamente *infra*, capitolo 7, pp. 306-307 n. 49); si possono segnalare anche altri due passi (anche se non è affatto chiaro che si riferiscano ai partigiani di TEM), cioè *LI* p. 84.3-7: «Sunt autem qui uelint rationalitatem animali non homini ita etiam accidens esse ut abesse ei possit praeter corruptionem eius, in quantum est animal, sed non in quantum est homo. Sic enim, inquiunt, albedo accidens est corpori et abesse sic potest, in quantum est corpus, non in quantum album corpus»; *LI* p. 154.6-11: «Dicunt tamen quod differentiae omnino subiecto carent, in quantum sunt differentiae scilicet substantiales. Sed illud 'in quantum' duobus modis accipi potest. Si enim indicatur, quod id quod sunt differentiae substantiales aufert eis ex toto subiectum nec ullo modo permitti eas esse in subiecto, falsum est quia simul et differentiae sunt speciebus et accidentia conceduntur generibus» (*cf.* anche *LNPS* p. 572.35-36: «Notandum est quod bene potest concedi: rationalitas est accidens animali, nec tamen simpliciter est accidens»; e anche *QG* § 10, dove *corporeitas* e *incorporeitas* sono chiamate accidenti, e *QG* § 17, dove sono chiamate accidenti *rationalitas* e *irrationalitas*); *cf.* MARENBON, *The Philosophy*, pp. 123-133, 195-201; ID., «Abelard on *Differentiae*»; W. WCIÓRKA, «Abelard on Porphyry's Definition of Accident», *Mediaevalia Philosophica Polonorum*, 37 (2008) 168-181 e anche ERISMANN, *L'Homme commun*, pp. 374-375 n. 2. Sono grata a Wojtek Wciórka per discussioni sul tema.

²³ Brumberg ritiene, come si legge in «Les universaux dans le commentaire», pp. 438-439, e come suggeritomi in una discussione orale, che solo l'adozione di queste tesi in particolare possa spiegare alcune delle critiche mosse alla teoria dell'essenza materiale da Abelardo e dalle altre fonti.

²⁴ Ad esempio, *LI* p. 63.31-36: «Notandum uero quod ex hoc loco, ubi scilicet ait indiuidua constare ex proprietatibus, quidam conuincunt ita indiuidua per accidentia effici, sicut species per differentias, nisi quod differentiae substantialiter informant,

sono forse da considerare conseguenze di TEM esplicitate in alcune versioni della presentazione. Mi atterrei invece a una ricostruzione più ampia basata sugli elementi della teoria che si trovano nella maggior parte delle fonti (ad esempio l'uso dei concetti di forma e materia; il senso di 'idem essentialiter'; l'universale presentato secondo i caratteri del comune di Boezio; l'individuazione per accidenti) – in altre parole, mi pare si debba rivelare e seguire proprio quel criterio non esplicitato per cui i passi di HC, LI, LNPS, GS e QG erano stati individuati come fonti che descrivono tutte la teoria dell'essenza materiale: se infatti HC, LI, LNPS e GS fossero stati valutati sulla base della presenza delle tesi innovative 3 e 7', si sarebbe dovuto concludere che anch'essi, come P3, non descrivono affatto TEM.

Riportiamo ora i testi che, nelle fonti che stiamo considerando, descrivono la teoria dell'essenza materiale, sempre per criticarla, con alcune osservazioni. Si tratta, ad eccezione di P17, proprio dei testi analizzati anche da Brumberg (la quale aggiunge il passo di HC già ricordato):

> [*Descrizione di TEM nella* Logica 'Ingredientibus'] *[LI-A]* Quidam enim ita rem uniuersalem accipiunt, ut in rebus diuersis ab inuicem per formas eandem essentialiter substantiam collocent, quae singularium, in quibus est, materialis sit essentia et, in se ipsa una, tantum per formas inferiorum sit diuersa. *[LI-B]* Quas quidem formas si separari contingeret, nulla penitus differentia rerum esset, quae formarum tantum diuersitate ab inuicem distant, cum sit penitus eadem essentialiter materia. Verbi gratia in singulis hominibus numero differentibus eadem est hominis substantia, quae hic Plato per haec accidentia fit, ibi Socrates per illa. *[LI-C]* Quibus quidem

accidentia uero non. Sed tamen et accidentia indiuidua faciunt et ea quoque in nomine indiuiduali intelligi uolunt, sicut rationale, mortale in nomine speciali». Brumberg («Les universaux dans le commentaire», pp. 434-435 e n. 42 e EAD., «Le problème du substrat», p. 81 n. 23) ritiene che il passo citato non descriva TEM: il realismo che Abelardo presenta postula infatti una distinzione tra differenze specifiche (che informano la materia in maniera sostanziale) e accidenti (che informano in maniera non sostanziale) e secondo la studiosa sarebbe un tratto caratterizzante di TEM rifiutare tale distinzione, sulla base della tesi 3. A mio avviso è più corretto seguire de Libera su questo punto (*L'Art des généralités*, pp. 329-334), che vede in *LI* p. 63.31-36 una descrizione di TEM (*cf.* anche *infra*, sui legami tra TEM e l'affermazione di Porfirio che l'individuo consta di una *collectio proprietatum* che non si trova identica in nessun altro individuo, cui questo passo fa riferimento).

Porphyrius assentire maxime uidetur, cum ait: "Participatione speciei plures homines unus, in particularibus autem unus et communis plures" *[Porphyrius, Isagoge, tr. Boethii, AL, p. 12.18-20]*. Et rursus: "Indiuidua, inquit, dicuntur huiusmodi, quoniam unumquodque eorum consistit ex proprietatibus, quarum collectio non est in alio" *[Porphyrius, Isagoge, tr. Boethii, AL, pp. 13.24-14.2]*. *[LI-D]* Similiter et in singulis animalibus specie differentibus unam et eandem essentialiter animalis substantiam ponunt, quam per diuersarum differentiarum susceptionem in diuersas species trahunt, ueluti si ex hac cera modo statuam hominis, modo bouis faciam diuersas eidem penitus essentiae manenti formas aptando. Hoc tamen refert quod eodem tempore cera eadem statuas non constituit, sicut in uniuersali conceditur, *[LI-E]* quod scilicet uniuersale ita commune Boethius dicit *[Boethius, In Isagogen Porphyrii editio secunda, ed.* BRANDT, *I, 10, pp. 162.23-163.3]*, ut eodem tempore idem totum sit in diuersis quorum substantiam materialiter constituat, et cum in se sit uniuersale, idem per aduenientes formas singulare sit, sine quibus naturaliter in se subsistit et absque eis nullatenus actualiter permanet, uniuersale quidem in natura, singulare uero actu et incorporeum quidem et insensibile in simplicitate uniuersalitatis suae intelligitur, corporeum uero atque sensibile idem per accidentia in actu subsistit et eadem teste Boethio et subsistunt singularia et intelliguntur uniuersalia *[Boethius, In Isagogen Porphyrii editio secunda, ed.* BRANDT, *I, 11, p. 166.18-23, p. 167.8-9]* (*LI* pp. 10.17-11.9).

[Descrizione di TEM nella Logica 'Nostrorum Petitioni Sociorum'*]*
[LNPS-A] Nonnulli enim ponunt decem res diuersas esse naturaliter secundum decem praedicamentorum uel generalissimorum distinctionem, cum uidelicet ita dicant res esse uniuersales, hoc est naturaliter communicabiles pluribus, quod eandem rem essentialiter in pluribus ita ponunt ut eadem quae est in hac re, essentialiter sit in illa, diuersis tamen formis affecta. *[LNPS-B]* Verbi gratia ut animal, natura scilicet substantia animata sensibilis, ita est in Socrate et Brunello[25] et in aliis, quod eadem quae est in Socrate et per aduenientes formas effecta est Socrates, et essentialiter tota est in Brunello ita quod Socrates nullo modo a Brunello in essentia diuersus est sed in formis, cum eadem essentia penitus materialiter aliis formis in isto, aliis formis in illo sit occupata. *[LNPS-C]* Quibus illud Porphyrii

---

[25] 'Brunello', com'è noto, è il nome tipico di un asino o un cavallo nei testi di logica.

consentire uidetur, scilicet: "Participatione speciei plures homines unus, unus autem et communis plures" *[Porphyrius, Isagoge, tr. Boethii, AL, p. 12.18-20].* *[LNPS-D]* Et iuxta hanc sententiam praedicari de pluribus tale est, ac si diceremus: idem essentialiter ita inesse aliquibus rebus, per formas oppositas diuersificatis, ut singulis essentialiter uel adiacenter conueniat (*LNPS* p. 515.14-31).

[Descrizione di TEM nel 'De generibus et speciebus'] *[GS-A]* Harum *[scil. le teorie che l'autore non abbraccia]* ergo si qua rationabiliter stare possit discutiamus, et primum hanc sententiam inquiramus cuius hec est positio: homo quedam species est, res una essentialiter cui adueniunt forme quedam et efficiunt Socratem; illam eamdem essentialiter eodem modo informant forme facientes Platonem et cetera indiuidua hominis. *[GS-B]* Nec aliquid est in Socrate preter illas formas informantes illam *[illam in interlinea]* materiam ad faciendum Socratem, quin illud idem eodem tempore in Platone informatum sit formis Platonis. *[GS-C]* Et hoc intelligunt de singulis speciebus ad indiuidua et de generibus ad species (Ms. Orléans, Bibliothèque municipale, 266, p. 154b; KING § 33).

[Descrizione di TEM in 'Quoniam de generali': descrizione principale] *[QG-A]* Est autem antiqua sententia et quasi antiquis erroribus inueterata, quod unumquodque genus naturaliter praeiacet suis inferioribus, cui naturaliter praeiacenti superueniunt formae quaedam, quae redigunt ipsam generalem naturam ad inferiora; *[QG-B]* sicut in animali genere uidere possumus quod in natura praeiacet, cui superueniunt hae differentiae, rationale et irrationale, mortale et immortale, quae animal diuidunt et ipsum diuisum specificant; nec tamen quaelibet diuidunt uel constituunt, quippe oppositae diuidunt, cohaerentes constituunt; quod per se quilibet perspicere poterit. *[QG-C]* Quemadmodum autem animal est una res naturaliter praeiacens ante susceptionem accidentium, sic eadem natura animalis, si omnia accidentia per quae inferioratur ab ea separarentur, una et eadem quae prius ante susceptionem accidentium remanere posset. Ideo dico 'posset' quia, nisi prorsus desipiant, non concedunt actu remanere animal destructis omnibus accidentibus quibus inferioratur. *[QG-D]* Si enim rationale et irrationale etc. quae accidunt animali destruerentur, necessario quodlibet indiuiduum animalis destrueretur; quod si fieret, nec animal actu remaneret, cum dicat Aristoteles: "Destructis primis substantiis, impossibile est aliquid aliorum remanere" *[Aristoteles, Categoriae, 5, 2b6-7, tr. Boethii, AL, p. 8.12-13].* *[QG-E]* Cum autem, ut supra dictum est,

animal sit una essentia naturalis, est etiam materia omnium suorum inferiorum, et eadem essentia tota et essentialiter in singulis suis inferioribus existit (*QG* §§ 2-3, ed. DIJS)[26].

[26] Immediatamente dopo la descrizione principale, *QG* descrive una variante all'interno di TEM, fondata sulla distinzione tra *homo simplex*, *homo circa inferiora* e *homo inferioratus*: «Sunt autem alii qui non concedunt in hac sentenzia antiqua eandem rem actualem esse in Socrate et in Platone, quia, cum homo sit res naturalis per se, suscepta socratitate non est aliud homo quam Socrates, et suscepta platonitate non est aliud quam Plato. Sed tamen concedunt eandem rem naturalem esse in diuersis, non eandem personaliter; et est aliud agere de homine simplici, aliud de homine circa inferiora, aliud de homine inferiorato. Quando agitur de homine in sua simplicitate, nec ad ipsius hominis indiuidua nec ad formas inferiores respicitur; ut cum dicimus: "Homo est species", de homine simplici agimus, nullo modo de homine circa inferiora. Cum uero agimus de homine circa inferiora, non simplicitatem hominis attendimus, sed hominem in inferioribus; ut cum "Homo est animal" dicimus, hominem circa inferiora subicimus. Item, cum agimus de inferiorato per socratitatem uel per platonitatem, iam de ipso Socrate uel Platone agimus. Et secundum hanc sententiam est oppositio inter Socratem et hominem simplicem, ita quod homo simplex nec est Socrates nec Socrates homo simplex. Quodsi cohaererent homo simplex et Socrates, consequeretur et Socratem esse praedicabilem de pluribus et esse materiam multorum et habere specialitatem in ui relationis, sicut et homo simplex; quod secundum hanc sententiam non procedit. Item, homo simplex esset et Socrates, iam non communis pluribus nec materia multorum, sed quoddam discretum in actu rei et de uno solo praedicabile. Quoniam ex concessione illa quod ipsum simplex est indiuiduum, supradicta sequuntur inconuenientia, dicunt oppositionem esse inter simplex et indiuiduum; uerumtamen, quia ipsum superius est materia inferioris, propter hanc affinitatem non habetur in usu auctorum ut dicantur opposita» (*QG* §§ 4-5, ed. DIJS). *Homo simplex* è uomo nella proposizione "*Homo est species*", ossia uomo preso a prescindere dalle forme che lo informano. *Homo circa inferiora* è uomo nella proposizione "*Homo est animal*", ossia quando considerato come inferiore del suo genere. Infine, *homo inferioratus* è Socrate o Platone, ossia uomo compromesso con le forme di Socrate (o di Platone). Secondo questa variante della teoria dell'essenza materiale, non vi è dunque la stessa *res actualis* in Socrate e in Platone, perché (in atto) in Socrate (o in Platone) vi è *homo inferioratus*: una volta ricevuta la forma di Socrate l'uomo non è altro che Socrate, e una volta ricevuta la forma di Platone non è altro che Platone (anche se si può dire che vi è nei due la stessa *res naturalis*). La distinzione tra *homo in sua simplicitate* e *homo in inferioribus suis* si legge anche nella *Sententia secundum magistrum R.* conservata nello stesso manoscritto che trasmette *QG*, al seguito di questo (edita in DIJS, «Two Anonymous», pp. 113-117), dove è esplicitamente collegata all'affermazione di Prisciano (*Institutiones* XVII, 35; XVII, 43-44: *cf.* anche *QG* § 6) che il nome appellativo è nome proprio della specie: quando è preso come proprio, ad esempio nella proposizione "*Homo est species*", '*homo*' significa l'uomo *in sua simplicitate*. L'opposizione tra l'universale *in simplici natura* e l'universale «vestito delle forme

4. LE DESCRIZIONI DELLA TEORIA DELL'*INDIVIDVVM* 121

[Descrizione di TEM in P17] [P17-A] Quorundam enim eorum [ossia, coloro che sostengono che gli universali sono in primo luogo res *e secondariamente* uoces*]* est sententia eandem rem uniuersalem totam indiuisam in diuersis et oppositis indiuiduis esse, ut uere dici possit idem animal in essentia est materia Socratis et Brunelli. *[P17-B]* Ponunt etiam genus et quodlibet uniuersale in simplici natura acceptum rei singulari oppositum esse, inferioribus uero formis uestitum idem esse cum singulari (*P17* ff. 123va, 125va).

La teoria dell'essenza materiale è una teoria che cerca di spiegare *sia* cosa è comune a individui della stessa specie o a specie dello stesso genere, *sia* cosa è proprio di ciascuno di essi: non assume dunque come primitiva né la somiglianza né l'individualità[27]. Ciascun individuo si compone di due costituenti: uno è l'universale, la specie (ad esempio, la specie Uomo per l'individuo Socrate); l'altro è un costituente proprio di quell'individuo soltanto, i suoi accidenti (ad esempio, il particolare colore di Socrate). A sua volta, ciascuna specie può essere scomposta in due costituenti: un costituente universale, il genere cui quella specie appartiene (nel caso di Uomo, il genere immediatamente superiore, Animale) e un costituente proprio di quella specie soltanto, la sua differenza specifica (razionale e mortale per Uomo). A sua volta, un genere è specie di un genere superiore, e può dunque essere scomposto nel costituente universale (il genere superiore) e nella sua differenza specifica: ad esempio, per Animale il genere superiore è Corpo Animato e la differenza è sensibile. L'universale è il costituente dei suoi inferiori (cioè le specie inferiori nel caso del genere, gli individui nel caso della specie ultima). La teoria dell'essenza materiale

---

inferiori» è presente anche nella presentazione di TEM in *P17*-B; la descrizione di TEM in *P17* mi sembra dunque da accostare a questa particolare variante di TEM; si veda anche *LI*-E, che (riprendendo la teoria del soggetto unico di Boezio, sulla quale *cf.* anche *infra*, capitolo 6, pp. 260-264) contrasta l'universale *in natura, in se, in simplicitate universalitatis suae* con l'universale *in actu* (che è allora non universale ma singolare, corporeo e soggetto ai sensi). *Cf.* inoltre Abaelardus, *Dialectica*, p. 181.25-34; *LI* pp. 59.24-60.40; ROSIER-CATACH, «Priscian on Divine Ideas», p. 230; EAD., «Les *Glosulae in Priscianum*: sémantique et universaux», p. 155.

[27] *Cf.* GALLUZZO, *Breve storia*, pp. 84-85; ERISMANN, *L'Homme commun*, pp. 27, 31-33. Ho riassunto alcuni aspetti della teoria anche in C. TARLAZZI, «*Iam Corpus* or *Non Corpus*? On Abelard's First Argument Against Material Essence Realism in the *Logica 'Ingredientibus'*», *Vivarium*, 52 (2014) 1-22, specialmente pp. 3-6.

sottolinea quest'ultimo punto affermando che l'universale è la *materia* dei suoi inferiori[28], cui si aggiungono le *forme* (differenze specifiche o accidenti) per produrre, rispettivamente, le specie e gli individui[29]. Nella

[28] DE LIBERA, *L'Art des généralités*, pp. 310-311: «ThEm *[= la teoria dell'essenza materiale]* est difficile a interpréter du fait de l'équivoque qui, comme souvent au Moyen Âge, s'attache au terme de "matière". L'espression d'"essence matérielle" est trompeuse, car elle suggère une sorte de principe unique, de matière universelle – l'Essence matérielle – modalisée par des formes. En fait, rien n'oblige de poser que, selon ThEm, il y a en tout et pour tout une seule Essence. Ce que soutient ThEm, c'est qu'il y a *chaque fois* une même essence pour une pluralité d'individus de même type (par exemple l'essence *animal* pour les animaux). ThEm n'est pas commise à l'unicité de l'Essence matérielle en général, mais à l'unité de l'essence (ou à l'unité d'essence) pour tous les individus qui sont subordonnés à un même genre. Le terme "matière" doit donc être compris dans le sens où un genre G1 est une essence matérielle identiquement la même pour tout ce qui est subordonné à G1; G2 une essence matérielle identiquement la même pour tout ce qui est subordonné à G2, et ainsi de suite. Autrement dit: le "réalisme de l'essence matérielle" n'est pas un réalisme de la matière, mais un réalisme des essences entendues comme matière logique. C'est ainsi qu'il faut comprendre les diverses expressions employées pour présenter ThEm: la *Logica* parle d'une "matière essentiellement la même"; l'*Historia calamitatum*, d'une "chose essentiellement la même"; le *De generibus et speciebus*, d'une "espèce essentiellement la même" et d'"essences universelles" (*essentias universales*); le traité *Quoniam universali [*sic! cf. *QG-E]*, d'une "essence qui est la matière de tous ses inférieurs et qui existe en tous essentiellement". Bref, il doit être clair que, dans toute la discussion qui suit, le mot "matière" s'entend d'abord au sens (aristotélicien) où un genre est la *matière logique* de différences (elles-mêmes assimilées à des formes). Sous cet angle, on pourrait peut-être dire que ThEm est une réalisation de l'Arbre de Porphyre. En tout état de cause, ce n'est pas un "matérialisme" au sens habituel du terme».

[29] Cf. *LI*-A, *LI*-B, *LI*-D; *LNPS*-B; *GS*-A, *GS*-C; *QG*-A, *QG*-B, *QG*-E; *P17*-A, *P17*-B. Cf. Porphyrius, *Isagoge,* tr. Boethii, *AL*, p. 18.9-15: «Rebus enim ex materia et forma constantibus uel ad similitudinem materiae specieique constitutionem habentibus (quemadmodum statua ex materia est aeris, forma autem figura), sic et homo communis et specialis ex materia quidem similiter consistit genere, ex forma autem differentia, totum autem hoc animal rationale mortale homo est quemadmodum illic statua»; Boethius, *De divisione*, 879 C, ed. MAGEE, p. 14.6-7: «genus speciebus materia est, nam sicut aes accepta forma transit in statuam ita genus accepta differentia transit in speciem»; 880 B, ed. MAGEE, p. 16.12-14: «omnis enim differentia in genus proprium ueniens speciem facit, unde fit ut materia quaedam genus sit, forma differentia». In *LI*-D Abelardo porta l'esempio della cera: l'universale secondo TEM è come un blocco di cera dal quale si ottenga la statua di un uomo e in seguito, rimodellando lo stesso pezzo, la statua di un bue. Il pezzo di cera ha infatti due dei caratteri dell'ente comune a molti segnalati da Boezio (*cf. infra*): è interamente nei suoi individui (le due statue)

descrizione di *QG* si legge che il genere sottostà naturalmente (*naturaliter/ in natura praeiacet*) alle forme, che vi si aggiungono (*superveniunt*)[30]. La materia (l'universale) spiega la somiglianza, le forme (differenze specifiche e accidenti) spiegano invece la differenziazione[31]. Consideriamo ora più da vicino quanto la teoria afferma sull'individuo, e poi quanto afferma sull'universale.

Non solo, come si è affermato poco fa, i suoi accidenti sono un costituente di un dato individuo: per essere più precisi, secondo la teoria dell'essenza materiale essi lo *individuano*, ossia sono il principio o causa di individuazione[32]. Con questa affermazione (che, cioè, l'individuo è individuato dai suoi accidenti) la teoria abbraccia uno dei tratti fondamentali di quella che Gracia ha chiamato la *Standard Theory of Individuality* (STI)

e ne costituisce la sostanza; per avere l'universale secondo TEM, bisogna in aggiunta immaginare che il pezzo di cera possa ricevere allo stesso tempo (*simul*) le forme di entrambe le statue, producendole entrambe allo stesso tempo. Sull'uso di «statuary examples» in Abelardo, *cf.* WILKS, «Peter Abelard and the Metaphysics of Essential Predication».

[30] *Cf. QG*-A, *QG*-B, *QG*-C; si vedano anche le *advenientes formae* citate in *LI*-E e *LNPS*-B e le forme che *adveniunt* in *GS*-A. La materia è *affecta* dalle forme (*LNPS*-A), *occupata* (*LNPS*-B), *vestita* (*P17*-B), *informata* (*GS*-B) e insieme alle forme diventa/produce qualcos'altro («effecta est Socrates» *LNPS*-B; «efficiunt Socratem» *GS*-A; «informant forme facientes Platonem» *GS*-A; «formas informantes illam materiam ad faciendum Socratem» *GS*-B): tale produzione è descritta nei termini di un movimento («trahunt» *LI*-D) verso il basso («naturaliter praeiacenti superueniunt formae quaedam, quae redigunt ipsam generalem naturam ad inferiora» *QG*-A; «inferioratur» *QG*-C).

[31] *Cf. LI*-A e *LI*-B: «in rebus diuersis ab inuicem per formas eandem substantiam collocent»; «in se ipsa una, tantum per formas inferiorum sit diuersa. Quas quidem formas si separari contingeret, nulla penitus differentia rerum esset, quae formarum tantum diuersitate ab inuicem distant»; *LNPS*-B: «Socrates nullo modo a Brunello in essentia diuersus est sed in formis»; *LNPS*-D: «idem essentialiter ita inesse aliquibus rebus, per formas oppositas diuersificatis, ut singulis essentialiter uel adiacenter conueniat».

[32] *Cf.* GRACIA, *Introduction*, pp. 198-204 e 40-42; P. KING, «The Problem of Individuation in the Middle Ages», *Theoria*, 66 (2000) 159-184. Gracia distingue il *principle or cause of individuation* (rispetto al quale TEM sostiene, appunto, una teoria dell'individuazione per accidenti) da almeno altri cinque distinti problemi riguardanti l'individuazione: (i) *intension of individuality*; (ii) *extension of individuality*; (iii) *ontological status of individuality*; (iv) *discernibility of individuality*; (v) *function of proper names and indexicals*: *cf.* GRACIA, *Introduction*, pp. 17-63.

dell'alto medioevo[33]. Ciascun individuo è numericamente uno e si differenzia dagli individui della stessa specie solo per i propri accidenti (che, dunque, non solo forniscono un criterio epistemologico per conoscere l'individuo, ossia un principio di discernibilità dell'individuo in quanto tale, ma lo causano in quanto individuo)[34]. Si tratta di un'idea collegata al *De trinitate* di Boezio, anche se è oggetto di dibattito il fatto che Boezio in quel passo abbia sostenuto effettivamente una teoria dell'individuazione per accidenti[35],

---

[33] *Cf. ibi*, pp. 111, 125-127 e ID., «Thierry of Chartres and the Theory of Individuation», *The New Scholasticism*, 58 (1984) 1-23. Gracia individua quattro tesi fondamentali per STI (*Introduction*, p. 125): «STI is a theory of individuality which was widely accepted, entirely or in diversely modified forms, in the early Middle Ages. It was the most common position between the period which extends from Boethius to the middle of the twelfth century [...]. This view of individuality had four basic tenets: (1) the understanding of individuality as a kind of difference or distinction; (2) the restriction of the extension of individuality to substances; (3) the lack of distinction between the problem of individuation and the problem of individual discernibility; and (4) the acceptance of an accidental and/or bundle view of individuation».

[34] *Cf.* in particolare Boethius, *De trinitate*, ed. C. Moreschini, editio altera, Saur, München – Leipzig 2005, 1, pp. 167.39-168.63: «Cuius haec de Trinitatis unitate sententia est: "Pater", inquiunt, "Deus Filius Deus Spiritus sanctus Deus". Igitur Pater Filius Spiritus sanctus unus, non tres dii. Cuius coniunctionis ratio est indifferentia. Eos enim differentia comitatur qui uel augent uel minuunt, ut Arriani, qui gradibus meritorum Trinitatem uariantes distrahunt atque in pluralitatem diducunt. Principium enim pluralitatis alteritas est; praeter alteritatem enim nec pluralitas quid sit intellegi potest. Trium namque rerum uel quotlibet tum genere tum specie tum numero diuersitas constat; quotiens enim idem dicitur totiens diuersum etiam praedicatur. Idem uero dicitur tribus modis: aut genere, ut idem homo quod equus, quia idem genus, ut animal; uel specie, ut idem Cato quod Cicero, quia eadem species, ut homo; uel numero, ut Tullius et Cicero, quia unus est numero. Quare diuersum etiam uel genere uel specie uel numero dicitur. Sed numero differentiam accidentium uarietas facit. Nam tres homines neque genere neque specie, sed suis accidentibus distant; nam uel si animo cuncta ab his accidentia separemus, tamen locus cunctis diuersus est, quem unum fingere nullo modo possumus: duo enim corpora unum locum non obtinebunt, qui est accidens. Atque ideo sunt numero plures, quoniam accidentibus plures fiunt»; Id., *In Isagogen Porphyrii editio secunda*, ed. Brandt, III, 2, p. 200.5-7; IV, 1, p. 241.9-10; IV, 13, p. 271.18-20.

[35] *Cf.* Gracia, *Introduction*, pp. 97-104 e, per due trattazioni recenti, J. Marenbon, *Boethius*, Oxford University Press, Oxford 2003, p. 82 (secondo cui Boezio non sostiene la teoria dell'individuazione tramite accidenti) e A. Arlig, «The metaphysics of individuals in the *Opuscula sacra*», in J. Marenbon (ed.), *The Cambridge Companion to Boethius*, Cambridge University Press, Cambridge 2009, pp. 129-154, specialmente pp. 139-141 (che invece abbraccia tale interpretazione). La questione è da collegare

4. LE DESCRIZIONI DELLA TEORIA DELL'*INDIVIDVVM*   125

così come sono stati sottolineati i limiti di una simile teoria dell'individuazione[36].

Consideriamo ora quanto si legge sull'universale. Come Socrate condivide la propria specie con tutti gli altri uomini, così Uomo condivide il proprio genere con tutti gli altri animali (intesi sia come specie che come individui). In più testi si legge l'affermazione che, se si togliessero le forme, cioè differenze specifiche o accidenti, nel caso di individui

anche al passo dell'*Isagoge* di Porfirio in cui si afferma che un individuo consiste in una *collectio proprietatum* che non si trova identica in alcun altro individuo: Porphyrius, *Isagoge*, tr. Boethii, *AL*, pp. 13.21-14.6: «indiuiduum autem dicitur Socrates et hoc album et hic ueniens, ut Sophronisci filius, si solus ei sit Socrates filius. Indiuidua ergo dicuntur huiusmodi quoniam ex proprietatibus consistit unumquodque eorum quorum collectio numquam in alio eadem erit; Socratis enim proprietates numquam in alio quolibet erunt particularium; hae uero quae sunt hominis (dico autem eius qui est communis) proprietates erunt eaedem in pluribus, magis autem et in omnibus particularibus hominibus in eo quod homines sunt»; *cf.* ERISMANN, «L'individualité expliquée par les accidents»; ID., «Proprietatum collectio»; ID., *L'Homme commun*, pp. 31-33, 126-133.

[36] *Cf.* l'argomento dell'anteriorità degli accidenti contro la teoria dell'essenza materiale in *LI* p. 13.5-15: «Illud quoque stare non potest quod indiuidua per ipsorum accidentia effici uolunt. Si enim ex accidentibus indiuidua esse suum contrahunt, profecto priora sunt eis naturaliter accidentia sicut et differentiae speciebus quas ad esse conducunt. Nam sicut homo ex formatione differentiae distat *[su questo* distat, *nota Geyer, p. 13 ad 9:*«post distat *forte addendum est* ab animali *vel legendum* constat»; *l'edizione Lafleur-Carrier non segnala difficoltà al riguardo]*, ita Socratem ex accidentium susceptione appellant. Vnde nec Socrates praeter accidentia sicut nec homo praeter differentias esse potest. Quare eorum fundamentum non est sicut nec homo differentiarum. Si autem in indiuiduis substantiis ut in subiectis accidentia non sunt, profecto nec in uniuersalibus. Quaecumque enim in secundis substantiis ut in subiectis sunt, eadem in primis ut in subiectis esse uniuersaliter monstrat». Si veda anche *LI* p. 64.7-13: «At uero si indiuidua hominis per accidentales proprietates effici dicamus, ut Socratem uel hunc hominem, profecto accidentia quae perfectiua sunt indiuidui, priora sunt naturaliter indiuiduis, quibus esse conferunt, sicut rationalitas homine uel albedo albo corpore. Quare accidentia ei inesse non possunt. Si autem in indiuiduis non fundantur, nec in speciebus, quippe species tota est indiuidui substantia, et quaecumque in secundis fundantur et in primis etiam substantiis earum». Su questo argomento, *cf.* in particolare BRUMBERG, «Le problème du substrat»; la studiosa riassume così il problema (*ibi*, p. 69): «Il ne peut y avoir de substrat pour les accidents qui donnent l'être à Socrate, car il ne peuvent avoir pour substrat l'individu auquel ils donnent l'être, et ils ne peuvent non plus avoir comme substrat l'espèce, car tout ce qui est dans les substances secondes comme dans un sujet est dans les substances premières comme dans un sujet»; DE LIBERA, *L'Art des généralités*, pp. 328-334; KING, «Metaphysics», p. 110 n. 13.

della stessa specie (o di specie dello stesso genere) rimarrebbe un solo universale e non vi sarebbe alcuna differenza tra i vari individui (o le varie specie)[37]: il ragionamento è stato chiamato uno «stripping-away thought-experiment»[38]. La teoria dell'essenza materiale afferma che l'universale è «lo stesso essenzialmente» (*idem essentialiter*) in tutti i suoi inferiori: la specie che è nei propri individui è la stessa essenzialmente, e il genere che è nelle proprie specie è lo stesso essenzialmente.

Secondo la teoria dell'essenza materiale l'universale è una *res*, che esiste nella realtà extra-mentale, con proprie caratteristiche ontologiche (diverse da quelle di una *res* individuale). Tali caratteristiche sono precisate a partire da quanto Boezio scrive sulle entità comuni[39]. L'universale è una

---

[37] *Cf. LI*-B e *QG*-C.

[38] MARENBON, «Life, milieu», p. 33; *cf.* anche KING, *Peter Abailard*, I, p. 147 («metaphysical streap-tease»).

[39] Si confronti *LI*-E con *HC* § 6, *QG* § 6, ed. DIJS («Sic sentiunt quidam de rebus uniuersalibus. Et secundum hanc sententiam uidetur uelle Boethius in *Commento*, ubi enim dicit hominem communem naturam diffusam in pluribus, sed non per partes, quippe partibus caret integralibus, sed totaliter») e Boethius, *In Isagogen Porphyrii editio secunda*, ed. BRANDT, I, 10, pp. 162.15-163.3: «quodsi unum quiddam numero genus est, commune multorum esse non poterit. una enim res si communis est, *[1]* aut partibus communis est et non iam tota communis, sed partes eius propriae singulorum, *[2]* aut in usus habentium etiam per tempora transit, ut sit commune ut seruus communis uel equus, *[3]* aut uno tempore omnibus commune fit, non tamen ut eorum quibus commune est, substantiam constituat, ut est theatrum uel spectaculum aliquod, quod spectantibus omnibus commune est. genus uero secundum nullum horum modum commune esse speciebus potest; nam ita commune esse debet, ut et totum sit in singulis et uno tempore et eorum quorum commune est, constituere ualeat et formare substantiam»; Id., *In Categorias Aristotelis*, I, *PL* 64, col. 164 C-D: «Commune quoque multis dicitur modis. *[1*]* Dicitur commune quod in partes diuiditur, et non iam totum commune est, sed partes eius propriae singulorum, ut domus. *[2*]* Dicitur commune quod in partes non diuiditur, sed uicissim in usus habentium transit, ut seruus communis uel equus. *[3*]* Dicitur etiam commune quod utendo cuiusque fit proprium, post usum uero in commune remittitur, ut est theatrum, nam cum eo utor, meum est, cum inde discedo, in commune remisi. *[4*]* Dicitur quoque commune, quod ipsum quidem nullis diuisum partibus, totum uno tempore in singulos uenit, ut uox uel sermo ad multorum aures uno eodemque tempore totus atque integer peruenit». Il senso di comune 1* nell'elenco del commento alle *Categoriae* corrisponde a 1 del commento all'*Isagoge*; 2* a 2; 3*, nonostante la parola '*theatrum*' che si trova in 3, non è in realtà presente nell'elenco dell'*Isagoge*: nel commento alle *Categoriae* infatti si intende per '*theatrum*' non lo spettacolo, ma il luogo, che si può chiamare proprio mentre se ne fa uso, ma che viene poi restituito e rimesso in comune (in Porfirio a questo riguardo si legge anche l'esempio del bagno pubblico);

res comune la quale esiste: 1. interamente e 2. contemporaneamente in ciascuno dei suoi inferiori e 3. in modo tale da costituire la sostanza della cosa inferiore. I tre punti sono sviluppati a partire da un confronto con altri esempi di entità comuni, diversi dall'universale, ricordati da Boezio[40]. 1. In primo luogo, l'universale non è comune ad *a* e *b*, suoi inferiori, come un campo si dice comune ad *a* e *b* se *a* è proprietario di una parte e *b* proprietario di un'altra parte: l'universale è *interamente* in ciascuno dei suoi inferiori. 2. In secondo luogo, l'universale non è comune ad *a* e *b* come un cavallo (o un servo) è comune interamente a due possessori *a* e *b* che abbiano posseduto lo stesso cavallo (o servo) l'uno dopo l'altro: l'universale è infatti comune ai suoi inferiori interamente *allo stesso tempo*. 3. Infine, l'universale non è comune ad *a* e *b* come uno spettacolo è comune ai suoi spettatori, interamente e allo stesso tempo, ma senza costituire la loro sostanza: l'universale, infatti, è comune interamente, allo stesso tempo, e inoltre *costituisce la sostanza dei suoi inferiori*.

Come si è accennato sopra, la cosa universale comune è «la stessa essenzialmente» nei suoi inferiori. Occorre qui precisare con più attenzione i caratteri dell'identità essenziale dell'universale nei suoi inferiori. Si deve infatti distinguere tra: (i) l'identità della specie (o del genere) *nei* suoi inferiori (individui o specie inferiori); (ii) l'identità degli individui della stessa specie, o delle specie di uno stesso genere, *tra* di loro[41]. Secondo la descrizione della teoria dell'essenza materiale di *LNPS*, il primo tipo

---

4* del commento alle *Categoriae* sembra corrispondere a 3 dell'elenco del commento all'*Isagoge*, ossia si tratta di una parola (*vox* in 4*) o uno spettacolo (in 3) ricevuto dai suoi ascoltatori allo stesso tempo e contemporaneamente. Gli elenchi di Boezio sui sensi di 'comune' sono da confrontare con quelli dei commenti alle *Categoriae* redatti da Porfirio (*cf.* Porphyrius, *In Aristotelis Categorias commentarium*, ed. A. Busse, Reimer, Berlin 1887, p. 62.17-28) e Simplicio (*cf.* Simplicius, *In Aristotelis Categorias commentarium*, ed. K. Kalbfleisch, Reimer, Berlin 1907, p. 26.11-15; Simplicius, *Commentaire sur les Catégories*. Traduction commentée sous la direction de I. Hadot, Fascicule III. *Commentaire au premier chapitre des Catégories*, traduction par Ph. Hoffmann, commentaire et notes par C. Luna, Brill, Leiden 1990, p. 13 e pp. 67-70). *Cf.* inoltre la *qualitas communicata* (e.g. *humanitas*), contrapposta alla *qualitas singularis* (e.g. *platonitas*) del secondo commento di Boezio al *De interpretatione*: Boethius, *In Peri hermeneias Aristotelis editio secunda*, ed. C. Meiser, Teubner, Leipzig 1880, II, 7, pp. 136.20-137.26.

[40] *Cf.* in particolare Erismann, «Penser le commun».

[41] I due aspetti non sono sufficientemente distinti nella mia presentazione della teoria dell'essenza materiale in Tarlazzi, «Iam corpus», pp. 3-6.

di identità è indicato con l'espressione '*idem essentialiter*' (spesso accompagnata dalla preposizione '*in*'), mentre il secondo con '*idem in essentia*'[42]. «Essenzialmente la stessa» cosa si trova in ciascun individuo della stessa specie: tale cosa «identica essenzialmente» in tutti gli individui è, appunto, la specie. Essenzialmente la stessa cosa si trova in ciascuna specie dello stesso genere: tale cosa «identica essenzialmente» in tutte le specie è, appunto, il genere. Di conseguenza, gli individui della stessa specie sono identici «in *essentia*» o (seguendo più da vicino il testo di *LNPS*) l'uno «non è diverso» dall'altro in *essentia* – perché in ciascuno di essi si trova una materia «identica essenzialmente». *LI*, *GS*, *QG* e *HC* si accordano con *LNPS* nell'affermare che la specie (o il genere) è *idem essentialiter* nei suoi inferiori. Dire che *a* e *b* sono «identici essenzialmente» significa dire che *a* e *b* non sono due cose, ma una: così è la specie o il genere nei suoi inferiori; vi è infatti la stessa specie in tutti gli individui e lo stesso genere

---

[42] Si veda *LNPS*-A: «ita dicant res esse uniuersales, hoc est naturaliter communicabiles pluribus, quod *eandem rem essentialiter* in pluribus ita ponunt ut eadem quae est in hac re, *essentialiter* sit in illa, diuersis tamen formis affecta»; *LNPS*-B: «Verbi gratia ut animal, natura scilicet substantia animata sensibilis, ita est in Socrate et Brunello et in aliis, quod eadem quae est in Socrate et per aduenientes formas effecta est Socrates, et *essentialiter* tota est in Brunello ita quod *Socrates nullo modo a Brunello in essentia diuersus est sed in formis, cum eadem essentia penitus materialiter aliis formis in isto, aliis formis in illo sit occupata*»; e *LNPS*-D: «*idem essentialiter inesse* aliquibus rebus, per formas oppositas diuersificatis, ut singulis essentialiter uel adiacenter conueniat» (in questo passo di *LNPS*-D '*essentialiter*' è utilizzato due volte, con due significati differenti: nel primo caso, all'interno dell'espressione '*idem essentialiter*', troviamo l'uso caratteristico di TEM nell'affermare che lo stesso universale è identico *essentialiter* nei diversi inferiori di quell'universale; nel secondo caso, invece, nell'espressione '*essentialiter vel adiacenter*', indica che l'universale conviene al singolo o *essentialiter*, ossia all'interno della stessa categoria – come l'universale Uomo rispetto a Socrate, entrambi nella categoria di Sostanza – o *adiacenter*, ossia da una categoria a un'altra – come l'universale Bianchezza rispetto a Socrate, dalla categoria di Qualità a quella di Sostanza). Il primo senso di 'identico' (*idem essentialiter* della specie o del genere nei suoi inferiori) si trova anche in *LI*-A: «in rebus diuersis ab inuicem per formas eandem essentialiter substantiam collocent»; *LI*-D: «in singulis animalibus specie differentibus unam et eandem essentialiter animalis substantiam ponunt»; *GS*-A: «homo quedam species est, res una essentialiter cui adueniunt forme quedam et efficiunt Socratem; illam eamdem essentialiter eodem modo informant forme facientes Platonem et cetera indiuidua hominis»; *QG*-E: «eadem essentia tota et essentialiter in singulis suis inferioribus existit»; si confronti inoltre il passo di *HC* § 6: «eamdem essentialiter rem totam simul singulis suis inesse astrueret indiuiduis, quorum quidem nulla esset in essentia diuersitas sed sola multitudine accidentium uarietas».

4. LE DESCRIZIONI DELLA TEORIA DELL'*INDIVIDVVM*

in tutte le sue specie. Dire che *a* e *b* sono «identici in *essentia*» significa affermare che essi condividono la stessa *essentia*, ossia la stessa materia o cosa universale (la quale si trova identica essenzialmente sia in *a* che in *b* e non è identica né con *a* né con *b*)[43]. La descrizione della teoria dell'essenza materiale in *P17* si discosta da questa presentazione perché chiama il primo tipo di identità (quella della specie o del genere nei suoi inferiori) identità *in essentia* invece che identità *essentialiter*[44]. Ora, il primo tipo di identico (identico *essentialiter*), cioè quello della specie o del genere nei suoi inferiori, può anche essere confrontato con il senso di identico come identico *in essentia* per Abelardo (il che potrebbe forse spiegare la terminologia di *P17*)[45]. Secondo Abelardo, *a* e *b* sono identici *in essentia* quando sono non due cose, ma una. Tullio e Cicerone, per esempio, sono lo stesso *in essentia*; questo *ensis* e questo *mucro* sono lo stesso *in essentia* (dove 'ensis' e 'mucro', due sinonimi per «spada», si riferiscano a una stessa identica spada); «questo <oggetto> bianco» e «questo <oggetto> duro» sono lo stesso *in essentia* quando 'bianco' e 'duro' si riferiscano a una stessa identica cosa[46]. Detto diversamente, *a* e *b* sono *idem in essentia* quando hanno tutte le loro parti in comune[47]. Nella teoria dell'essenza

---

[43] *Cf.* JOLIVET, «Notes de lexicographie», pp. 538-543, su '*essentia*' come cosa e come materia; e *supra*, capitolo 2, pp. 50-53.

[44] *P17*-A: «Quorundam enim eorum est sententia eandem rem uniuersalem totam indiuisam in diuersis et oppositis indiuiduis esse, ut uere dici possit *idem animal in essentia est materia Socratis et Brunelli*» (corsivo mio).

[45] Per le liste dei sensi di 'idem', *cf.* in primo luogo Boethius, *De trinitate*, ed. MORESCHINI, 1, pp. 167.46-168.63, citato *supra*, p. 124, dove si distingue l'identico (e il diverso) per genere, specie e numero. Sui tre sensi di 'identico' e 'diverso' (*genere, specie, numero*), *cf.* anche Boethius, *In Isagogen Porphyrii editio secunda*, ed. BRANDT, II, 6, pp. 191.21-192.19 e IV, 1, pp. 240.14-243.27.

[46] *Ensis* e *mucro* nell'esempio sono identici *in essentia* e anche identici in definizione, mentre questo bianco e questo duro nell'esempio sono identici *in essentia* ma non in definizione (non è infatti la stessa la definizione di bianco e di duro): *cf.* Abaelardus, *Theologia 'Summi Boni'*, ed. E. BUYTAERT – C. MEWS, Brepols, Turnhout 1987 (*CCM*, 13), II, §§ 83-84 (pp. 142.751-143.783). *Cf.* anche *infra*, capitolo 6, pp. 267-269, per i sensi di 'identico' in Abelardo.

[47] Così MARENBON, *Abelard in Four Dimensions*, p. 195. Questo modo di caratterizzare l'identità *in essentia* consente di cogliere la sua differenza dall'identità in numero. Secondo Abelardo, infatti, la parte di una cosa è identica in numero con la cosa di cui è parte, ma non è identica *in essentia* con essa: così in Abaelardus, *Theologia 'Summi Boni'*, ed. BUYTAERT – MEWS, II, § 83 (p. 143.759-778). (In una versione successiva della *Theologia*, Abelardo afferma che la parte non è *né* identica in numero con la cosa di cui è

materiale, questo senso di identico sembra valere per l'universale nei suoi inferiori. Il senso di identico *in essentia* secondo Abelardo è invece diverso dal senso in cui, secondo la teoria dell'essenza materiale, due individui della stessa specie sono *idem in essentia*. Essi differiscono infatti per i loro accidenti, che si aggiungono alla specie per produrre l'individuo. Ma si deve ricordare che la specie è tutto ciò che vi è di sostanziale per un individuo secondo la teoria: ad aggiungersi sono, appunto, solo accidenti. Visto da questa prospettiva, il senso di identico *in essentia* della teoria dell'essenza materiale lascia problematicamente intravvedere sullo sfondo anche il più forte significato abelardiano[48].

Concludendo, secondo la teoria dell'essenza materiale c'è una interdipendenza tra cose universali e cose individuali[49]. Da un lato, si tratta di una forma di realismo dell'immanenza: gli universali non esistono separati dai loro inferiori, ma come loro costituenti. Una cosa universale non esiste senza essere istanziata in almeno una individuale. D'altro lato, le cose individuali dipendono da quelle universali per la propria esistenza: la cosa universale è tutto ciò che è sostanziale di un individuo, ossia ciò che fa essere l'individuo quello che è (il contributo individuale, come si è visto, si limita solo agli accidenti)[50]. Ciò significa che un individuo

parte, *né* diversa in numero da essa: *cf.* Abaelardus, *Theologia Christiana*, ed. E. BUYTA-ERT, Brepols, Turnhout 1969 [*CCM*, 12], III, §§ 148-153 [pp. 250.1807-252.1874].) Ne consegue che per Abelardo cose che sono identiche in numero non sono sempre anche identiche *in essentia*; invece, cose che sono identiche *in essentia* sono sempre identiche in numero (anche se possono differire in definizione, come questo <oggetto> bianco e questo <oggetto> duro, o per proprietà: *cf.* anche *infra*, capitolo 6, pp. 267-269).

[48] Come riconosciuto nell'argomento contro la teoria dell'essenza materiale di *LI* p. 12.27-41, che nota che – se si segue tale teoria – esistono solo dieci *essentiae*, una per ogni categoria (si veda in particolare *LI* p. 12.27-32: «Praeterea secundum positionem praemissae sententiae decem tantum omnium rerum sunt essentiae, decem scilicet generalissima, quia in singulis praedicamentis una tantum essentia reperitur, quae per formas tantum inferiorum, ut dictum est, diuersificatur ac sine eis nullam haberet uarietatem. Sicut ergo omnes substantiae idem sunt penitus, sic omnes qualitates et quantitates etc.»). *Cf.* anche *LNPS*-A: «Nonnulli enim ponunt decem res diuersas esse naturaliter secundum decem praedicamentorum uel generalissimorum distinctionem». Non è chiaro se i partigiani di TEM abbiano sostenuto positivamente che l'intera realtà è costituita soltanto di dieci *res* (o *essentiae*).

[49] Come rilevato da ERISMANN, *L'Homme commun*, pp. 89-112; ID., «Immanent Realism», pp. 215, 217, 229.

[50] *Cf.* anche *supra*, pp. 113-117, sulla tesi che anche le differenze specifiche siano accidenti: *QG*-C, *QG*-D e BRUMBERG, «Les universaux dans le commentaire», pp. 429-439.

non può esistere se non come istanziazione di un universale. Anzi, complessivamente l'interdipendenza sembra in favore dell'universale: se è vero che l'universale deve essere istanziato in almeno un individuo, la soppressione di un qualunque individuo (provvisto che almeno uno rimanga) non sopprime l'universale, mentre la soppressione dell'universale sopprimerebbe ogni individuo[51].

4.2. I principi di distinzione personale e di identità per non-differenza

Come ricordato al capitolo 3, le teorie della *collectio* e dell'*individuum* sono descritte nella *Logica 'Ingredientibus'* come aventi origine da un comune punto di partenza in opposizione alla teoria dell'essenza materiale (*LI* pp. 13.18-14.7)[52]. Più che una teoria completa, Abelardo descrive qui

---

[51] ERISMANN, «Immanent Realism», pp. 227-229: «The notion of primary substance (the individuals) is redefined by the early medieval realists, to the point of losing nearly all its original meaning: the individual has no proper substance; it is only an instantiation of its species [...]. The individual is not, as it was for Aristotle, the paradigm of substance; it is only that which manifests and instantiates what has now become substance in the first sense of the word, the common essence, i.e. the specific universal. So, from the point of view of substance, the individual is second with regard to the species: the conjunction of realism and essentialism brings about the thesis according to which, if man does not exist, Socrates cannot exist. Secondary substance is the most important type of entity for an early medieval realist»; *cf.* ID., «Penser le commun», p. 385; ID., *L'Homme commun*, pp. 93-97, 104-112.

[52] In *L'Homme commun*, pp. 146-148, Erismann insiste sulla differenza tra la teoria dell'essenza materiale e le teorie realiste che fanno uso del principio di identità per non-differenza: «Ce dernier point *[scil. il fatto che secondo il realismo altomedievale l'universale stesso si trovi nell'individuo, a differenza di quanto sostenuto da Alessandro di Afrodisia, per il quale nell'individuo si trovano forme generiche e specifiche particolari, mentre i generi e le specie, in quanto universali, sono dei contenuti mentali ottenuti per astrazione]* distingue également le réalisme ontologique altomédiéval et son ultime expression, le réalisme de l'essence matérielle de Guillaume de Champeaux, des formes ultérieures de réalisme qui fleuriront au XIIe siècle. En effet, le modèle paradigmatique fondamental évolue considérablement et passe du schème de l'identité à celui de la ressemblance. Le réalisme altomédiéval est un réalisme de l'identité, c'est-à-dire que c'est la même et unique substance générique ou spécifique qui existe dans chacun de ses individus ou subdivisions. En revanche, les théories ultérieures, dont celles qui sont fondées sur le modèle de la collection, sont des théories de la ressemblance, où l'universel est le fruit de la collection. Deux modèles s'affrontent au sein même des

un punto di partenza che comporta due aspetti: uno, che si può chiamare 'principio di distinzione personale' e che riguarda l'individuo; l'altro, che si può indicare come 'principio di identità per non-differenza' e che riguarda l'universale[53]. Come si vedrà meglio in seguito, il principio di distinzione personale è condiviso da Abelardo[54]. Il principio di identità per non-differenza, d'altro canto, sembra coincidere con il nuovo senso di '*idem*' cui Guglielmo di Champeaux, secondo l'*Historia Calamitatum*, fece ricorso dopo le critiche di Abelardo alla teoria dell'essenza materiale[55]; lo si rinviene in varie liste dei sensi di 'identico' del periodo, anche abelardiane[56]. I due principi sono presentati in *LI* con le seguenti parole:

> théories réalistes; selon l'un, l'universel est commun et unique, plusieurs fois réalisé, mais sans multiplication de l'universel; pour l'autre, chaque individu possède sa propre forme substantielle, qui n'est plus identique à celle des autres individus de la même espèce, mais ressemblante [...]. Ce changement, selon nous radical, sépare irrémédiablement les deux théories *[scil. la prima e la seconda teoria di Guglielmo di Champeaux]* [...]. Le passage d'un modèle de l'identité à celui de la ressemblance implique une autre rupture dans l'angle d'approche. Une théorie comme le réalisme de l'essence matérielle résulte d'un passage de l'universel au particulier (ou plutôt aux particuliers) selon le mode de la division et de la multiplication. L'individu est une multiplication numérique de l'espèce. Les autres théories réalistes, en revanche, prennent les individus comme point de départ. Une logique est celle de la descente divisive (parfois interprétée comme analogique à la procession ontologique), l'autre celle de l'abstraction, de la saisie du ressemblant dans le différent, de la réunion, de la collection. Le résultat d'une collection de ressemblances, même fondée dans l'essence des choses, n'atteindra jamais le statut d'une chose unique et identique, présente *tota et simul*».

[53] Su questo passo, *cf.* anche MAIOLI, *Gli universali. Storia antologica*, pp. 191-197, 222-229; TWEEDALE, *Abailard on Universals*, pp. 111-113; KING, *Peter Abailard*, I, pp. 174-186; GRACIA, *Introduction*, pp. 210-212 («The Essential Theory of Individuation»); DE LIBERA, *L'Art des généralités*, pp. 334-337.

[54] *Cf. infra*, capitolo 6, pp. 265-267.

[55] *Cf. infra*, capitolo 7, pp. 300-302.

[56] *Cf. supra*, capitolo 2, p. 40 e *infra*, capitolo 6, p. 267-269. Soluzioni che fanno uso di un'unità per somiglianza o non-differenza (anche contrapposta a un'unità essenziale) si trovano anche in altri dossier, ad esempio teologici (come nella *Sententia* 236 attribuita a Guglielmo di Champeaux) e dialettico-grammaticali (come la soluzione che afferma l'identità formale della *vox* nelle orecchie dei diversi uditori nel dibattito sull'unità della *vox* proferita; la discussione sul carattere indivisibile e individuale della *vox*; e si può ricordare che un passo delle *Notae Dunelmenses*, V, ad *Institutiones* XVII.35, purtroppo molto corrotto, cita l'*indifferentia* nella discussione sul nome appellativo inteso come nome proprio della specie): *cf.* su ciò introduzione, pp. XXIX-XXXII e capitolo 7, pp. 291-325.

4. LE DESCRIZIONI DELLA TEORIA DELL'*INDIVIDVVM* 133

[LI-*F: principio di distinzione personale*] Vnde alii aliter de uniuersalitate rerum *[rerum: Lafleur-Carrier,* om. *Geyer]* sentientes magisque ad sententiam rei accedentes[57] dicunt res singulas non solum formis ab inuicem esse diuersas, uerum personaliter in suis essentiis esse discretas nec ullo modo id quod in una est, esse in alia, siue illud materia sit siue forma, nec eas formis quoque remotis minus in essentiis suis discretas posse subsistere, quia earum discretio personalis, secundum quam scilicet haec non est illa, non per formas fit, sed est per ipsam essentiae diuersitatem, sicut et formae ipsae in se ipsis diuersae sunt inuicem, alioquin formarum diuersitas in infinitatem procederet, ut alias ad aliarum diuersitatem necesse esset supponi. Talem differentiam Porphyrius notauit inter generalissimum et specialissimum dicens: "Amplius neque species fieret unquam generalissimum neque genus specialissimum" *[Porphyrius,* Isagoge, *tr. Boethii,* AL, *p. 24.10-11],* ac si diceret: haec est earum differentia quod huius non est illius essentia. Sic et praedicamentorum discretio consistit non per formas aliquas quae eam faciant sed per propriae diuersificationem essentiae.
[LI-*G: principio di identità per non-differenza*] Cum autem omnes res ita diuersas ab inuicem esse uelint, ut nulla earum cum alia uel eandem essentialiter materiam uel eandem essentialiter formam participet, uniuersale tamen rerum adhuc retinentes idem non essentialiter quidem, sed indifferenter ea quae discreta sunt, appellant, ueluti singulos homines in se ipsis discretos idem esse in homine dicunt, id est non differre in natura humanitatis, et eosdem quos singulares dicunt secundum discretionem, uniuersales dicunt secundum indifferentiam et similitudinis conuenientiam. *[Sed hic quoque dissensio est: segue la descrizione della teoria della* collectio *e poi della teoria dell'*individuum*] (LI pp. 13.18-14.7).*

---

[57] L'espressione «magis ad sententiam rei accedentes» significa «avvicinandosi di più a come stanno le cose» (*'sententia rei'* non indica dunque una posizione realista come nell'opposizione *sententia rerum vs sententia vocum*). *Cf.* MAIOLI, *Gli universali. Storia antologica,* p. 223, che traduce il passo: «altri pensano diversamente dell'universale e avvicinandosi maggiormente all'opinione vera»; JOLIVET, *Abélard ou la philosophie,* ed. 1994, p. 130: «comprenant mieux ce qu'est une chose»; ID., «Non-réalisme et platonisme», p. 178, «certains, qui comprennent mieux ce qu'est une chose»; GRACIA, *Introduction,* p. 210: «others who [...] are closer to a view of reality»; SPADE, *Five Texts,* p. 33: «other people, with a different theory of universality, who get closer to the true theory of the matter»; LAFLEUR – CARRIER, «Abélard et les universaux», p. 156: «d'autres théorisant autrement sur l'universalité des réalités et accédant davantage à la théorie de la réalité».

Il principio di distinzione personale si legge in *LI-F*. Secondo la concezione di individuo qui dipinta, i singoli individui non sono diversi o discreti solo grazie a forme diverse (come per TEM): la loro differenziazione ha già sede in una materia o *essentia* diversa per ciascuno[58]. Se si effettua l'esperimento mentale di rimozione delle forme si scoprirà che i diversi individui (della stessa specie) hanno non un'unica *essentia* o materia, come per TEM, ma *essentiae* o materie già diversificate tra loro. Abelardo chiama tale distinzione sia in forme che in materia '*discretio personalis*'. Come nota Alain de Libera commentando il passo, si tratta di un *principio di individualità* più che di *individuazione*, poiché di fatto niente è chiamato a giustificare l'essere individuale di un individuo: la distinzione delle forme e materia dell'individuo da qualsiasi altra forma e materia è assunta come il punto di partenza[59]. Nel caso delle forme, si presenta anche una sorta di breve dimostrazione, basata sull'impossibilità del regresso all'infinito, del perché le forme siano già necessariamente distinte le une dalle altre: se infatti non lo fossero, sarebbero distinte grazie a ulteriori forme distinte, della cui distinzione dovrebbero rendere conto altre forme, all'infinito. L'argomento presuppone ovviamente che la distinzione delle forme o esista di per sé o sia causata da forme (senza una terza possibilità)[60]. Le forme

---

[58] Nel passo, '*essentia*' ha il significato di materia indicato già da Jolivet: *cf. supra*, capitolo 2, p. 51.

[59] *Cf.* DE LIBERA, *L'Art des généralités*, pp. 290-293. De Libera chiama il principio «principe de l'individuation essentielle du particulier» (Pg3) e segnala due affermazioni al suo interno: una che porta sulla distinzione delle sostanze (Pg3a: «les substances sont individuelles du seul fait qu'elles sont "personnellement distinctes dans leurs essences propres"», che ha come corollario Pg3a': «les substances ne sont pas individualisées par leurs accidents»), l'altra che sostiene la distinzione delle forme (Pg3b: «les formes sont distinctes les unes des autres en elles-mêmes», che ha come corollario Pg3b': «les formes ne sont pas individualisées par les substances dont elles sont les formes»); *cf. ibi*, p. 292: «À proprement parler, Pg3a' est donc moins un principe d'individuation qu'un principe d'individualité. De fait, *rien* n'individualise les substances singulières. Celles-ci sont d'elles-mêmes ou par elles-mêmes individuelles, "personnellement distinctes dans leurs essences mêmes"»; *cf.* anche ERISMANN, «L'individualité expliquée», pp. 51-52.

[60] Sull'argomento del regresso all'infinito delle forme scrive DE LIBERA, *L'Art des généralités*, pp. 335-336: «Sans évoquer le Troisième homme, l'auteur de la théorie de l'indifférence *[cioè di quello che qui si è proposto di chiamare "principio di non-differenza", cf. supra, capitolo 3, p. 88]* en expose le ressort principal. Développons pour plus de clarté analytique, l'argument. Soit deux formes, F1 et F2. Si ces deux formes ne se distinguent pas par elles-mêmes, il faudra poser une troisième forme F3

distinte, si può concludere, si aggiungono a delle materie o *essentiae* già di per sé distinte: il testo insiste sulla terminologia della distinzione degli individui (*diversae*, *diversitas*; *discretae*, *discretio*; *personaliter discretae*, *discretio personalis*).

Se *LI*-F tratta dell'individuo, la sezione *LI*-G si sposta sul piano dell'universale. È importante notare che la sezione *LI*-G si apre con un '*cum*'. Anche se tale '*cum*' è stato a volte inteso come causale, si tratta in realtà di un '*cum*' concessivo, come sottolineato dal '*tamen*' nella frase principale[61]. Il valore concessivo esprime il diverso atteggiamento di Abelardo nei confronti dei due principi. Abelardo afferma che i sostenitori della teoria «*pur* ritenendo che tutte le cose siano diverse l'una dall'altra, al punto che nessuna condivida essenzialmente la stessa materia o la stessa forma con un'altra», ossia pur abbracciando questa (condivisibile, ai suoi occhi) distinzione personale tra gli individui, *ciononostante* «poiché mantengono ancora un universale delle cose» (*universale rerum adhuc retinentes*) «chiamano le <cose> così distinte "lo stesso": non certo lo stesso essenzialmente, ma lo stesso indifferentemente». L'adozione dell'identico indifferentemente sembra così collegata a un'ostinata adesione al realismo.

Il secondo principio, di identità per non-differenza, consiste dunque in un nuovo senso di *idem*, non più *idem essentialiter* ma (adottando forse

qui permettra de les distinguer selon que, par exemple F1 participera de F3, mais pas F2. Mais pour distinguer ou non F1 de F3, il faudra poser une quatrième forme F4, qui permettra de déterminer si F1 et F3 participent ou non toutes deux de F4, et ainsi de suite à l'infini. Pour bloquer cette régression à l'infini, la théorie de l'indifférence pose donc [...] que les formes se distinguent les unes des autres par elles-mêmes». *Cf.* anche *infra*, capitolo 6, p. 266 (Abelardo ripropone un argomento simile, basato sul regresso all'infinito delle forme, a proposito sia della forma di unità che della differenza specifica).

[61] Non condivido pertanto la traduzione di Paul V. Spade, che rende '*cum*' con «since» (*Five Texts*, p. 34, § 44), e quella di Bruno Maioli, che traduce con «poiché» (*Gli universali. Storia antologica*, p. 224): non solo la posizione sull'individuo espressa in *LI*-F secondo Abelardo non implica la concezione dell'universale come *idem indifferenter* descritta in *LI*-G, come vorrebbe una resa causale del '*cum*', ma è anzi in conflitto con essa. (Inoltre, '*cum*' ha quasi sempre valore concessivo quando nella principale c'è '*tamen*'.) Sembra che Abelardo intenda sottolineare che altre e migliori soluzioni – compresa la propria – sarebbero state possibili una volta accettato il punto di partenza espresso in *LI*-F. *Cf.* anche le traduzioni corrette di KING, *Peter Abailard*, II, p. 7* (che traduce con «though»); JOLIVET, *Abélard ou la philosophie*, p. 131 (che rende con un gerundio); LAFLEUR – CARRIER, «Abélard et les universaux», p. 157 («quoique»).

un'espressione di derivazione teologica) *idem indifferenter*[62]. Accanto al termine negativo di '*indifferentia*' si leggono in *LI*-G anche i termini positivi

[62] Che i termini '*indifferenter*'/'*indifferentia*' qui utilizzati possano risultare da un'influenza teologica è stato suggerito da KING, *Peter Abailard*, I, pp. 184-186; ID., «Metaphysics», p. 112 n. 24 (*cf.* anche MAIOLI, *Gli universali. Storia antologica*, pp. 191-195; LORENZETTI, «Parole, concetti, cose», p. 66 n. 27) sulla base del passo di Boethius, *De trinitate*, ed. MORESCHINI, 1, p. 167.41-43 («igitur Pater Filius Spiritus sanctus unus, non tres dii. Cuius coniunctionis ratio est indifferentia»); si tratta peraltro del passo, già ricordato sopra, a p. 124, dove Boezio distingue tra vari sensi di 'identico' e 'diverso' (*genere, specie, numero*); *cf.* anche Boethius, *De trinitate*, ed. MORESCHINI, 3, p. 173.168-170. Si deve notare che l'indifferenza di cui è qui questione è diversa dall'indifferenza di cui si può parlare nel descrivere la teoria del soggetto unico di Boezio. Per Boezio, infatti, si tratta di un'indifferenza del soggetto unico al suo essere singolare o universale; qui, invece, si tratta di un'indifferenza dei singoli individui tra di loro (o delle specie e dei generi tra di loro). Per il caso di Boezio, *cf.* ad esempio BRUMBERG, «Les universaux dans le commentaire», p. 419: «Si l'on veut résumer très succinctement la théorie du sujet unique, qui constitue la réponse boécienne au questionnaire de Porphyre, on peut dire que l'espèce/*similitudo* est universelle en tant qu'elle est saisie par l'intellect, et singulière et sensible en tant qu'elle est dans les individus. Il y a un sujet unique pour l'universalité et pour la singularité, d'où une forme d'"indifférence"». Allo stesso modo, è completamente diverso dal principio di identità per *indifferentia* il senso con cui si parla di teoria dell'indifferenza dell'essenza per descrivere la posizione sugli universali di Avicenna. La teoria di Avicenna afferma che l'essenza (qui intesa come quiddità, ossia la risposta alla domanda "che cos'è?", distinta dall'esistenza), di per sé, è indifferente al suo essere singolare o universale: all'essenza di uomo appartengono l'animalità e la razionalità, ossia le proprietà della definizione di uomo, ma non l'essere singolare o universale. In particolare, l'uomo è singolare nella sua esistenza extra-mentale, mentre è universale come concetto mentale; *cf.* DE LIBERA, *L'Art des généralités*, pp. 499-607; O. LIZZINI, *Avicenna*, Carocci, Roma 2012, pp. 79-87. Infine, '*indifferenter*' è usato in modo diverso anche nel *De intellectibus* di Abelardo (*cf.* Abélard, *Des intellections*, texte établi, traduit, introduit et commenté par P. MORIN, Vrin, Paris 1994), sebbene anche lì, come in *LI*-F e *LI*-G che stiamo considerando, sia in opposizione alla *discretio personalis* degli individui. Secondo Abelardo, l'intelletto che astrae considera una natura *indifferenter*, ossia a prescindere dalla distinzione (*discretio personalis*) degli individui di tale natura ('*indifferenter*' descrive dunque una relazione "verticale", non "orizzontale"); si veda § 70: «Per abstractionem autem illos dicimus intellectus qui uel naturam alicuius forme, absque respectu subiecte materie, in se ipsa speculantur, uel naturam quamlibet indifferenter, absque suorum scilicet indiuiduorum discretione, meditantur»; § 71: «Sed cum naturam humanam, que singulis inest hominibus, ita indifferenter considero ut nullius hominis personalem discretionem attendam, hoc est simpliciter hominem excogito in eo scilicet tantum quod homo est, id est animal rationale mortale, non etiam in eo quod est hic homo uel

4. LE DESCRIZIONI DELLA TEORIA DELL'*INDIVIDVVM*   137

di '*convenientia*' e '*similitudo*'[63]. Si è visto prima, trattando della teoria dell'essenza materiale, che secondo TEM è *idem essentialiter* l'universale nei suoi inferiori (la specie nei suoi diversi individui; il genere nelle sue diverse specie); di conseguenza si può affermare che gli individui sono tra loro *idem in essentia* (e similmente che le specie di uno stesso genere sono *idem in essentia*). Occorre ora chiedersi *che cosa* è *idem indifferenter* secondo questo nuovo senso di *idem*. Si tratta degli individui, o delle materie degli individui (specie e generi)? Nel passo di *LI*-G Abelardo scrive che sono «idem indifferenter» «ea quae discreta sunt». Ora, nella sezione *LI*-F sul principio di distinzione personale si afferma che sia forme, che materie, che individui composti di forme e materie sono tra loro discreti: a rigore dunque potrebbero essere detti *idem indifferenter* sia le forme tra di loro, sia le materie, sia gli individui. Il seguito di *LI*-G sembra andare piuttosto nella direzione degli individui: sono «i singoli uomini» (*singuli homines*) a essere *idem in homine*. Si può però notare che, con un'espressione particolarmente vicina alla teoria dell'*individuum*, tali singoli sono anche chiamati universali («eosdem quos singulares dicunt secundum discretionem, uniuersales dicunt secundum indifferentiam et similitudinis conuenientiam»). Se si trattasse delle materie degli individui (e, cioè, le varie materie di individui della stessa specie fossero tra loro *idem indifferenter*), il principio di identità per non-differenza corroborerebbe l'affermazione che esiste una specie propria di ciascun individuo (ma non-differente da quella degli altri individui dello stesso tipo): si potrebbe parlare di un Uomo di Socrate e un Uomo di Platone, distinti ma identici per non-differenza. Il passo della *Historia Calamitatum* potrebbe andare in questa direzione perché afferma che *quella cosa* che è *eadem essentialiter* secondo la teoria dell'essenza materiale è *eadem indifferenter* nella nuova teoria di Gualtiero, e secondo la teoria dell'essenza materiale è *idem essentialiter* l'universale nei suoi

---

ille, uniuersale a subiectis abstrao indiuiduis»; § 75: «cum quislibet corpoream naturam simpliciter ac pure concipit, in eo scilicet tantum attendens quod est corporea, id est corpus, aut quamlibet naturam ut uniuersalem capit, hoc est indifferenter absque ulla scilicet personali discretione eam attendit, profecto aliter eam intelligit quam subsistat. Nusquam enim ita pure subsistit, sicut pure concipitur; sed ubicumque sit, innumeras, ut dictum est, aut naturas aut proprietates habet que minime attenduntur; et nulla est natura que indifferenter subsistat, sed quelibet res, ubicumque est, personaliter discreta est atque una numero reperitur»; § 95: «indifferenter, absque ulla scilicet persone certitudine».

[63] *Cf.* anche *infra*, capitolo 7, pp. 324-325.

inferiori[64]. Probabilmente, entrambe le opzioni sono accettabili: sono *idem indifferenter* sia gli individui (della stessa specie) tra di loro, sia le materie di tali individui tra di loro, ossia gli universali presenti in ciascun individuo[65]. Nella teoria dell'*individuum*, che afferma che l'individuo è l'universale, i due aspetti vengono anzi a combaciare. Il principio di identità per non-differenza (*indifferentia*) o somiglianza (*similitudo*) è utilizzato in tutte le descrizioni della teoria dell'*individuum*[66] e in molte delle repliche agli argomenti sollevati contro di essa: si tratta di uno strumento usato per fornire unità mantenendo la distinzione degli elementi in questione.

4.3. Le descrizioni della teoria dell'**individuum**

Passiamo ora a considerare le descrizioni della teoria dell'*individuum*, tenendo presente la distinzione tra quegli scritti che criticano la teoria (*LI*, *LNPS*, *GS*) e quelli che, invece, la sostengono (*QG* e *P17*).

1. Logica 'Ingredientibus'. La teoria dell'*individuum* è descritta come una delle due teorie che derivano dai principi di distinzione personale e di identità per non-differenza (mentre l'altra teoria, come si è visto, è quella della *collectio*)[67]. *LI* presenta la teoria dell'*individuum* con le seguenti parole:

---

[64] *HC* § 6: «Sic autem istam tunc suam correxit sententiam, ut deinceps rem eamdem non essentialiter sed indifferenter diceret» (*cf.* anche *supra*, pp. 110-131, e capitolo 7, pp. 300-302).

[65] *LNPS* (come *HC*) afferma che è *idem indifferenter* ciò che è *in* Socrate e Platone, ossia in diversi inferiori; si veda *LNPS*-F: «Hi namque eandem rem in diuersis indifferenter, non essentialiter inferioribus affirmant. Veluti cum dicunt idem esse in Socrate et Platone, 'idem' pro indifferenti, id est consimili, intelligunt». In *QG* invece sono Socrate e «unumquodque indiuiduum hominis» a essere *idem indifferenter*; si veda *QG*-M: «Et attende quod Socrates et unumquodque indiuiduum hominis, in eo quod unumquodque est animal rationale mortale, sunt unum et idem; non dico idem essentialiter, quia et secundum hunc statum et secundum quemlibet adeo opposita sunt in esse suo quod nullum eorum est aliquid aliorum nec etiam esse potest; sed sunt idem, idest indifferentes, secundum statum hominis».

[66] In *GS*-D la teoria dell'*individuum* è persino chiamata *sententia de indifferentia*.

[67] *Cf.* BEONIO BROCCHIERI FUMAGALLI, *La logica di Abelardo*, pp. 52-54; MAIOLI, *Gli universali. Storia antologica*, pp. 222-229; TWEEDALE, *Abailard on Universals*, pp. 116-119; KING, *Peter Abailard*, I, pp. 216-220; JOLIVET, *Arts du langage*, pp. 217-218; GRACIA, *Introduction*, pp. 212-213 («The Formalist Theory of Individuality»); BERTELLONI, «Pars destruens», pp. 62-63; DE LIBERA, *La querelle*, pp. 151-152; ID., *L'Art des généralités*, pp. 340-342; KING, «Metaphysics», pp. 71-72.

4. LE DESCRIZIONI DELLA TEORIA DELL'*INDIVIDVVM*

*[Descrizione della teoria dell'*individuum *nella* Logica 'Ingredientibus'*]* *[LI-H]* Alii uero sunt qui non solum collectos homines speciem dicunt, uerum etiam singulos in eo quod homines sunt, *[LI-I]* et cum dicunt rem illam quae Socrates est praedicari de pluribus, figuratiue accipiunt, ac si dicerent: plura cum eo idem esse, id est conuenire, uel ipsum cum pluribus. *[LI-L]* Qui tot species quot indiuidua quantum ad rerum numerum ponunt et totidem genera, quantum uero ad similitudinem naturarum pauciorem numerum uniuersalium quam singularium assignant. *[LI-M]* Quippe omnes homines et in se multi sunt per personalem discretionem et unum per humanitatis similitudinem *[LI-N]* et iidem a se ipsis diuersi quantum ad discretionem et ad similitudinem iudicantur, ut Socrates in eo quod est homo a se ipso in eo quod Socrates est diuiditur. *[LI-O]* Alioquin idem sui genus uel species esse non posset, nisi aliquam sui ad se differentiam haberet, quippe quae relatiua sunt, aliquo saltem respectu conuenit esse opposita (*LI* p. 14.18-31).

La presentazione che *LI* dà della teoria è, ai miei occhi, una delle meno limpide. Si apre in *LI*-H con un *non solum... verum etiam* che però secondo l'interpretazione qui proposta va inteso come un'espressione enfatica, sì che solo la seconda parte della proposizione (quella che segue '*verum etiam*') sia attribuita alla teoria dell'*individuum*[68]. L'affermazione secondo cui i sostenitori della teoria chiamano specie «i singoli in quanto sono uomini» («speciem dicunt [...] singulos in eo quod homines sunt») è ugualmente ambigua. Essa non è da intendere nel senso che, secondo i sostenitori della teoria, sarebbe una specie il gruppo degli uomini in quanto sono uomini (come una sorta di teoria della *collectio*) o perlomeno più di un uomo in quanto è uomo (come sarebbe suggerito dal plurale '*homines*' abbinato al singolare '*speciem*'). Piuttosto, l'affermazione sembra da intendere nel senso che *ciascun singolo uomo in quanto è uomo* è specie. Questa interpretazione non deriva solo delle presentazioni della teoria dell'*individuum* altrove (la cosa non sarebbe ovviamente probante, perché si potrebbe ipotizzare che il brano descriva un'altra e diversa teoria). Al contrario, quanto segue in questo passo di *LI* sembra portare a tale interpretazione. Solo infatti se intendiamo che, secondo la teoria, ciascun singolo uomo in quanto uomo si dice specie, si giustificano le due affermazioni seguenti: 1. che "quella cosa che è Socrate si predica di più" (*LI*-I); 2. che "ci sono tante specie quanti individui per quanto concerne

---

[68] Come sostengo *infra*, capitolo 6, pp. 238-240, contro l'interpretazione di de Libera secondo cui questo passo di *LI* presenterebbe una «seconda teoria della *collectio*».

il numero delle cose" (*LI*-L). Le due affermazioni non potrebbero derivare dall'interpretazione secondo cui sono una specie gli uomini (al plurale) in quanto uomini. Ora, il brano ci dice appunto che i sostenitori della teoria farebbero queste affermazioni, contemperandole però con altre indicazioni.

Consideriamo in primo luogo che, secondo la teoria, "quella cosa che è Socrate si predica di più". Secondo la teoria dell'*individuum*, l'universale è la singola cosa individuale (ad esempio Socrate). Nel *De interpretatione*, Aristotele chiama universale «quod in pluribus natum est praedicari»[69]. La teoria dell'*individuum* dovrà dunque sostenere che Socrate si predica di più: un punto problematico su cui si concentreranno molti argomenti di critica. La soluzione avanzata in *LI*-I è che l'affermazione "Socrate si predica di più" è da intendere in senso figurato (*figurative*): essa deve essere trasformata nell'affermazione che «più (*scil.* cose) sono lo stesso con Socrate», o «convengono con Socrate», o lui con più (cose). La prima affermazione, «plura cum eo idem esse», ci rimanda al nuovo senso di identico (*per indifferentiam*) che abbiamo più volte ricordato: tale espressione non è ricordata esplicitamente nel brano, anche se si parla di *similitudo*[70]. La seconda affermazione coinvolge invece il termine «convenire»: lo troveremo anche nella descrizione della teoria dell'*individuum* di *LNPS*, *QG* e *P17*[71], nei primi due casi espressamente

---

[69] Aristoteles, *De interpretatione*, 7, 17a 39-b1, tr. Boethii, *AL*, p. 10.1-2.

[70] In *LI*-L, *LI*-M, *LI*-N: «quantum uero ad similitudinem naturarum» (espressione contrapposta a «quantum ad rerum numerum»); «per humanitatis similitudinem» (contrapposta a «per personalem discretionem»); «ad similitudinem» (contrapposta a «ad discretionem»). In queste opposizioni sembra dunque riproporsi l'opposizione, incontrata *supra*, pp. 131-138, tra principio di distinzione personale (*discretio personalis*) e principio di identità per non-differenza o somiglianza.

[71] *LNPS*-G: «Et cum dicunt idem de pluribus praedicari uel inesse aliquibus, tale est, ac si aperte diceretur: quaedam *in aliqua conuenire natura*, idest similia esse, ut in eo quod corpora sunt uel animalia»; *LNPS*-I: «tale secundum illos praedicari de pluribus, ac si dicatur: *aliquis status est, participatione cuius multae sunt conuenientes*, praedicari de uno solo, ac si dicatur: *aliquis status est, participatione cuius multae sunt non conuenientes*»; *QG*-I: «Si quis ergo Socratem attendat tamquam Socratem, idest in omni proprietate Socratis, inueniet eum cum nullo *conuenientem*, potius ab omnibus differentem per socratitatem quae in illo solo reperitur et in aliis esse non potest»; *QG*-N: «Ecce Socrates: secundum statum hominis est species specialissima, quia secundum hunc *statum* cum indiuiduo hominis tantum *conuenit*»; *P17*-E: «Praedicabile autem de pluribus dicitur, non ideo quod *conueniat* essentialiter pluribus, sed quia ipsum est materia unius et suum indifferens uel est uel esse potest materia alterius» (corsivo mio).

4. LE DESCRIZIONI DELLA TEORIA DELL'*INDIVIDVVM* 141

legato a *status* e natura; troveremo «convenire» anche nell'argomento del *convenire*, n. 3[72]. Il legame tra *status* e *convenire* si legge inoltre nell'uso abelardiano di *status*[73].

Si considera in secondo luogo il numero dei generi e delle specie. Rispetto al numero delle cose («quantum ad rerum numerum»), generi e specie sono tanti quanti gli individui, perché ciascun individuo è una specie e un genere (*cf.* anche *P17*-D)[74]. Quanto invece alla somiglianza delle nature («quantum ad similitudinem naturarum»), generi e specie sono in numero inferiore, perché tutti gli individui della stessa specie andranno contati come uno, e così tutti gli individui dello stesso genere[75]. Come si legge in *LI*-M, tutti gli uomini da un lato, *in se*, sono molti per la loro distinzione personale (*discretio personalis*); dall'altro sono «uno» per la somiglianza della *humanitas*. Si trova qui quanto già letto nella descrizione dei due principi di distinzione personale e di identità per non-differenza: la distinzione personale afferma l'intera separazione delle cose le une dalle altre (sia in forma che in materia), mentre la somiglianza o non-differenza consente di riunirle e di contarle come uno: le cose sono dunque molte in quanto distinte, ma una sola in quanto simili. Lo stesso problema del numero degli universali (e la stessa soluzione basata sull'unità per somiglianza o non-differenza) si trova nella descrizione della teoria dell'*individuum* in *P17*[76] e in diversi argomenti analizzati al capitolo 5: lo troviamo nel primo argomento di autorità di *GS*, n. 9; e in *P17*, argomento del numero dei generi generalissimi, n. 25.

La parte finale del brano (*LI*-N e *LI*-O) solleva un ulteriore problema: un individuo dovrà essere diverso da se stesso quando si consideri la sua

---

[72] *Cf. infra*, capitolo 5, pp. 174-179; si veda anche *supra*, la descrizione del principio di identità per non-differenza in *LI*-G, dove si legge: «eosdem quos singulares dicunt secundum discretionem, uniuersales dicunt secundum indifferentiam et similitudinis conuenientiam».

[73] *Cf. infra*, capitolo 6, pp. 270-274.

[74] *Cf. infra*, capitolo 7, pp. 333-342, per un confronto tra questa affermazione e l'affermazione della singolarità delle sussistenze secondo Gilberto di Poitiers.

[75] Con riferimento a Porphyrius, *Isagoge*, tr. Boethii, *AL*, p. 12.7-9: «Decem quidem generalissima sunt, specialissima uero in numero quidam quodam sunt, non tamen infinito, indiuidua autem quae sunt post specialissima, infinita sunt».

[76] *P17*-D: «Itaque materiae et species et genera diuersorum sic essentialiter inter se discretae sunt sicut indiuidua, ut uerum sit dicere tot genera tot species esse in numero quot sunt indiuidua».

distinzione o invece la sua somiglianza con altri[77]. In altre parole, Socrate in quanto uomo («Socrates in eo quod est homo») sarà diverso da Socrate in quanto Socrate («Socrates in eo quod est Socrates»). Secondo alcuni di questi livelli o suddivisioni (introdotti da «in eo quod...»), infatti, Socrate è specie/genere di se stesso: ad esempio, in quanto uomo è la propria specie; in quanto animale è il proprio genere. Ora, specie e genere sono dei relativi (la specie è specie in relazione a un genere, e viceversa), e i relativi devono opporsi almeno da un certo punto di vista (*aliquo respectu*)[78]. Incontreremo il problema della suddivisione dell'individuo in livelli opposti tra loro anche tra gli argomenti di *LI* contro la teoria dell'*individuum* (*cf. LI*, argomento della cosa diversa da sé, n. 2, da confrontare con *P17*, "argomento" della materia di sé, della parte di sé e della precedenza a sé, n. 37).

Ricapitolando, in *LI* si trovano gran parte degli elementi salienti che si incontreranno nelle altre descrizioni della teoria dell'*individuum*: l'affermazione che «Socrate si predica di più»; la traduzione di tale affermazione attraverso il termine '*convenire*'; il problema del numero degli universali; il problema della suddivisione di Socrate in vari livelli, tra loro opposti per almeno un *respectus*. Non si leggono invece i termini '*attentio*' e '*status*' che si incontrano in altre descrizioni.

2. *Logica 'Nostrorum petitioni sociorum'*. La teoria dell'*individuum* è descritta nel passo seguente[79]:

> [*Descrizione della teoria dell'*individuum *nella* Logica 'Nostrorum Petitioni Sociorum'*]* *[LNPS-E]* Sunt alii in rebus uniuersalitatem assignantes, qui eandem rem uniuersalem et particularem esse astruunt. *[LNPS-F]* Hi namque eandem rem in diuersis indifferenter,

---

[77] Sull'ultima sezione del brano, *cf.* anche TWEEDALE, *Abailard on Universals*, pp. 118-119: «Of course the similarity by which Socrates, for example, is the species *man* is not in the same respect as the difference by which he is Socrates, the individual. This is as much sense as I can see in the last three sentences of the second section *[corrispondenti ai nostri* LI-*N e* LI-*O]* in which Abailard claims that on the identity theory Socrates is separated from himself. (We may again be encoutering some of Abailard's sarcasm.) Socrates as a species is different from himself as individual, i.e. he is a species in virtue of something other than what he is an individual in virtue of». Il problema mi sembra da accostare anche a *QG* § 28, citato *infra*, pp. 151-152.

[78] Il termine '*respectus*' si incontra anche nella descrizione della teoria in *LNPS* (in particolare *LNPS*-H), in *QG* § 28 e, come vedremo al capitolo 7, in Adelardo di Bath.

[79] *Cf.* DE LIBERA, *L'Art des généralités*, pp. 344-347.

non essentialiter inferioribus affirmant. Veluti cum dicunt idem esse in Socrate et Platone, 'idem' pro indifferenti, id est consimili, intelligunt. *[LNPS-G]* Et cum dicunt idem de pluribus praedicari uel inesse aliquibus, tale est, ac si aperte diceretur: quaedam in aliqua conuenire natura, idest similia esse, ut in eo quod corpora sunt uel animalia. *[LNPS-H]* Et iuxta hanc, ut diximus, sententiam eandem rem uniuersalem et particularem esse concedunt, diuersis tamen respectibus; uniuersalem quidem in eo quod cum pluribus communitatem habet, particularem secundum hoc quod a ceteris rebus diuersa est. *[LNPS-I]* Dicunt enim singulas substantias ita in propriae suae essentiae discretione diuersas esse, ut nullo modo haec substantia sit eadem cum illa, etiamsi substantiae materia penitus formis careret, quod tale secundum illos praedicari de pluribus, ac si dicatur: aliquis status est, participatione cuius multae sunt conuenientes, praedicari de uno solo, ac si dicatur: aliquis status est, participatione cuius multae sunt non conuenientes (*LNPS* p. 518.9-27).

La descrizione di *LNPS* presenta elementi di somiglianza con le descrizioni della teoria dell'*individuum* e del principio di distinzione personale in *LI*. L'elemento di maggiore novità è l'introduzione del termine '*status*', assente in *LI*, e anche l'affermazione che vi è una «partecipazione» in un certo *status*; manca inoltre ogni riferimento al problema del numero degli universali che avevamo trovato in *LI*-L. Consideriamo il passo più da vicino.

Secondo *LNPS*-E e *LNPS*-F i sostenitori della teoria qui descritta professano una forma di realismo («in rebus uniuersalitatem assignantes»); affermano che «la stessa cosa è universale e particolare» («eandem rem uniuersalem et particularem esse») e che *nei diversi inferiori* vi è «la stessa cosa»: non la stessa *essentialiter*, come per TEM, ma la stessa *indifferenter*[80]. «Lo stesso» (*idem*) è inteso dai sostenitori della teoria come

---

[80] Nonostante l'espressione simile, «eandem rem» non ha lo stesso significato nella frase «eandem rem uniuersalem et particularem esse astruunt» e in «eandem rem in diuersis indifferenter, non essentialiter inferioribus affirmant»: nel primo caso si afferma che la medesima cosa che è individuale è anche universale (tale senso di 'identico' potrebbe anche essere inteso come *idem essentialiter*); nel secondo si afferma che la cosa universale è la medesima nei diversi inferiori (ad esempio uomo in Socrate e Platone), non essenzialmente ma *indifferenter* (perché l'uomo di Socrate e l'uomo di Platone, ovvero Socrate in quanto uomo e Platone in quanto uomo, non differiscono).

«non-differente» o «consimile». Queste prime due sezioni della descrizione della teoria dell'*individuum* in *LNPS* sono molto simili alla descrizione del principio di identità per non-differenza di *LI*-G (anche se vi sono delle differenze, come il fatto che in *LNPS*-F *idem indifferenter* è l'universale nei diversi inferiori[81], mentre in *LI*-G sembra siano i diversi individui a essere *idem indifferenter* tra di loro)[82]. La seguente tabella, dove espressioni parallele sono state evidenziate allo stesso modo, può favorire il confronto:

| *LI* pp. 13.33-14.6: *[LI-G: principio di identità per non-differenza]* Cum autem omnes res ita diuersas ab inuicem esse uelint, ut nulla earum cum alia uel eandem essentialiter materiam uel eandem essentialiter formam participet, *uniuersale tamen rerum adhuc retinentes* idem <u>non essentialiter quidem, sed indifferenter ea quae discreta sunt, appellant</u>, ueluti singulos homines in se ipsis discretos idem esse in homine dicunt, id est non differre in natura humanitatis, et **eosdem quos singulares dicunt secundum discretionem, uniuersales dicunt** secundum indifferentiam et similitudinis conuenientiam. *[Sed hic quoque dissensio est: segue la descrizione della teoria della* collectio *e poi della teoria dell'*individuum*]* | *LNPS* p. 518.9-13: *[LNPS-E]* Sunt alii in rebus uniuersalitatem assignantes, qui **eandem rem uniuersalem et particularem esse astruunt**. *[LNPS-F]* Hi namque <u>eandem rem in diuersis indifferenter, non essentialiter inferioribus affirmant</u>. Veluti cum dicunt idem esse in Socrate et Platone, 'idem' pro indifferenti, id est consimili, intelligunt. |

---

[81] Nel seguito, però, in particolare in *LNPS*-G («quaedam in aliqua conuenire natura, idest similia esse, in eo quod corpora sunt uel animalia») e in *LNPS*-I («aliquis status est, participatione cuius multae sunt conuenientes, praedicari de uno solo, ac si dicatur: aliquis status est, participatione cuius multae sunt non conuenientes») i *quaedam*/le cose *conuenientes* o *non conuenientes* sono le cose individuali. Del resto secondo la teoria gli universali non sono altro che le cose individuali, considerate nel loro convenire o accordarsi con altre cose individuali, ossia nell'essere simili ad esse, anche se si può parlare di un universale che è identico *indifferenter* nei singoli individui e si predica di più.

[82] *Cf. supra*, pp. 133-138.

4. LE DESCRIZIONI DELLA TEORIA DELL'*INDIVIDUUM*

Nelle tre sezioni finali (*LNPS*-G, *LNPS*-H, *LNPS*-I) si intrecciano invece espressioni che abbiamo già reperito nella descrizione della teoria dell'*individuum* in *LI*-I e nella descrizione del principio di distinzione personale in *LI*-F:

LI p. 13.18-25: *[LI-F: principio di distinzione personale]* Vnde alii [...] dicunt res singulas non solum formis ab inuicem esse diuersas, uerum personaliter in suis essentiis esse discretas nec ullo modo id quod in una est, esse in alia, siue illud materia sit siue forma, nec eas formis quoque remotis minus in essentiis suis discretas posse subsistere, quia earum discretio personalis, secundum quam scilicet haec non est illa, non per formas fit sed est per ipsam essentiae diuersitatem [...]. *LI* p. 14.18-22: *[LI-H]* Alii uero sunt qui non solum collectos homines speciem dicunt, uerum etiam singulos in eo quod homines sunt, */LI-I]* et **cum dicunt rem illam quae Socrates est praedicari de pluribus, figuratiue accipiunt, ac si dicerent: plura cum eo idem esse, id est conuenire, uel ipsum cum pluribus.**	*LNPS* p. 518.13-27: *[LNPS-G]* **Et cum dicunt idem de pluribus praedicari uel inesse aliquibus, tale est, ac si aperte diceretur: quaedam in aliqua conuenire natura, idest similia esse, ut in eo quod corpora sunt uel animalia.** *[LNPS-H]* Et iuxta hanc, ut diximus, sententiam eandem rem uniuersalem et particularem esse concedunt, diuersis tamen respectibus; uniuersalem quidem in eo quod cum pluribus communitatem habet, particularem secundum hoc quod a ceteris rebus diuersa est. *[LNPS-I]* Dicunt enim singulas substantias ita in propriae suae essentiae discretione diuersas esse, ut nullo modo haec substantia sit eadem cum illa, etiamsi substantiae materia penitus formis careret, quod **tale secundum illos praedicari de pluribus, ac si dicatur: aliquis status est, participatione cuius multae sunt conuenientes, praedicari de uno solo, ac si dicatur: aliquis status est, participatione cuius multae sunt non conuenientes.**

Vi è un parallelismo tra *LI*-F e *LNPS*-I nell'affermazione della distinzione delle *essentiae*[83] delle singole sostanze (*res singulae*; *singulae substantiae*) e anche nell'affermazione che tale distinzione permarrebbe

---

[83] Le *essentiae* sembrano qui essere le materie degli individui, perlomeno secondo il passo di *LI*-F, «nec eas formis quoque remotis minus in essentiis suis discretas posse subsistere»: se le *essentiae* sono ciò in cui le *res singulae* rimangono distinte dopo la rimozione delle forme, esse sembrano allora dover essere le materie delle *res singulae*; *cf.* anche *supra*, capitolo 2, pp. 50-53, su '*essentia*'.

anche se la materia fosse privata di forme («formis quoque remotis»; «etiamsi substantiae materia penitus formis careret»). Similmente, i due passi sono paralleli nel presentare la predicazione in termini di *convenire*. Vi sono però delle inflessioni diverse. *LNPS* afferma la presenza di una *natura* (*LNPS*-G) e di uno *status* (*LNPS*-I) in cui si conviene, che non erano invece citati in *LI*. Che lo stesso <universale> (*idem*) sia «predicato di più» o «sia in più <inferiori>» significa che «alcune <cose> convengono in una natura, ossia sono simili, ad esempio per il fatto che sono corpi o che sono animali»; essere predicato di più significa che «vi è uno *status*, nella partecipazione al quale molte <cose> convengono»; essere predicato di uno solo significa che «vi è uno *status*, nella partecipazione al quale molte cose non convengono». L'essere predicato di più/di uno subisce dunque quella che Wciórka ha chiamato una «ontological interpretation»[84]: per una data cosa *x1* che è individuo e universale, dire che *x1* in quanto universale si predica con verità di molti (*x1*[85], *x2*, *x3 etc.*), ossia che "*x1* è predicato di molti", equivale a "vi è uno *status* X nella partecipazione al quale *x1*, *x2*, *x3 etc.* convengono"; dire che *x1* in quanto individuo si predica con verità di uno solo, ossia che "*x1* è predicato di uno solo", equivale a "vi è uno *status* X nella partecipazione al quale *x1* non conviene con *x2*, *x3 etc.*"[86]. La predicazione consegue dall'accordarsi o non accordarsi delle cose in un dato *status*, ossia dalla somiglianza o meno delle cose tra loro. Si precisa inoltre in *LNPS*-H l'affermazione trovata in *LNPS*-E, cioè che la medesima cosa è universale e particolare: la cosa è chiamata universale o particolare a seconda del punto di vista da cui la si consideri (*respectus*); è universale per il fatto che è simile con altre cose, particolare per il fatto di essere diversa dalle altre cose. Tale distinzione in diversi *in eo quod/secundum hoc quod* è presente anche in *LI*-N, e lì si afferma inoltre esplicitamente che tali determinazioni comportano una diversificazione dell'individuo al suo interno, perché alcune delle caratteristiche possedute dall'individuo

---

[84] *Cf.* Wciórka, «Is Socrates a Universal?», pp. 69-73 e *infra*, capitolo 6, pp. 252-260.

[85] L'individuo in quanto universale si predica di se stesso: *cf.* anche l'opinione del *magister W.* ricordata e criticata nella descrizione di *QG*, *infra*, pp. 158-161.

[86] Anche *QG* § 47, nell'argomento della predicazione di molti come proprietà, n. 23, parla di *status* in cui si conviene. Si confronti invece l'analisi della predicazione come convenire di *LI*-I, dove si afferma che, per una data cosa *x1* che è individuale e universale ed è simile a *x2*, *x3 etc.*, "*x1* è predicato di molti" equivale a "molti sono identici con *x1*" ossia "*x2*, *x3 etc.* sono identici con *x1*" o viceversa "*x1* è identico con molti" e "*x1* è identico con *x2*, *x3 etc.*" (senza l'introduzione di *status*).

per una data determinazione sono in opposizione a quelle possedute dallo stesso individuo per un'altra determinazione.

Ricapitolando, troviamo nella descrizione della teoria dell'*individuum* di *LNPS* l'affermazione esplicita che la stessa cosa è universale e particolare (anche se secondo *respectus* diversi, o diversi «in eo quod/secundum hoc quod est...»); il senso di identico come identico *indifferenter*, ossia identico come non-differente o consimile; il principio di distinzione personale di tutto ciò che esiste (anche quando le materie sono private delle forme); la predicazione intesa come *convenire*; e l'affermazione che vi è una *natura* o la partecipazione a uno *status*, in cui si conviene con altre cose per il fatto di essere simili (e anche uno *status* di cui si partecipa per il fatto di non convenire con altro, ossia di non essere simili a nient'altro).

3. *'De generibus et speciebus'*. La teoria dell'*individuum* è descritta con il nome di *'sentencia de indifferentia'* (*cf.* anche § 147: «hoc plane est contra sententiam de indifferentia»). Il passo in questione è il seguente:

> [*Descrizione della teoria dell'*individuum *nel 'De generibus et speciebus'*] Ms. Orléans, Bibliothèque municipale, 266, p. 156a:
> *[GS-D]* Nunc itaque illam que de indifferentia est sententiam perquiramus. Cuius hec est positio. Nichil omnino *[*omnino *corr. ex* omniono*]* est preter indiuiduum. Sed illud aliter et aliter at<t>entum species et genus et generalis<s>imum est. *[GS-E]* Itaque Socrates in ea natura in qua subiectus est sensibus, scilicet secundum illam naturam quam significat de eo 'Socrates', indiuiduum est ideo quia tale est proprietas cuius numquam tota reperitur in alio. Est enim alter homo sed socracitatem nullus habet preter Socratem. *[GS-F]* De eodem Socrate quandoque habetur intellectus non concipiens quicquid notat hec uox 'Socrates' sed socracitatis oblitus id tantum perspicit de Socrate quod notat inde 'homo' idest animal rationale mortale et secundum hanc attentionem species est. Est enim predicabilis de pluribus in quid de eodem statu, si intellectus pos<t>ponat rationalitatem et mortalitatem et id tantum sibi subiciat quod notat hec uox 'animal'; in hoc statu genus est. Quod si relictis omnibus formis in hoc tantum consideremus Socratem quod notat inde 'substantia', generalissimum est. Idem de Platone dicas per omnia. *[GS-G]* Quod si quis dicat proprietatem Socratis in eo quod est homo non magis esse in pluribus quam eiusdem Socratis in quantum est Socrates (eque enim homo qui est Socratis in nullo alio est nisi in Socrate sicut ipse Socrates): uerum quod concedunt;

ita tamen determinandum putant: Socratem in quantum est Socrates nullum prorsus indifferens habere quod in alio inueniatur; sed in quantum est homo plura habet indifferentia que in Platone et in aliis inueniuntur. Nam et Plato similiter homo est ut Socrates quamuis non sit idem homo essentialiter qui est Socrates. Idem est de animali et substantia» (KING § 50)[87].

La descrizione della teoria dell'*individuum* fornita da *GS* presenta delle affinità con le prime parti della descrizione della teoria dell'*individuum* in *QG*; i due testi, anzi, si sviluppano in modo pressoché parallelo (anche se sempre in forma più estesa in *QG*). Si può in particolare confrontare l'affermazione dell'individualità di tutto ciò che esiste (*GS*-D: «Nichil omnino est preter indiuiduum»; *QG*-F: «Quicquid est, indiuiduum»), e l'affermazione che l'individuo è specie, genere e genere generalissimo (*GS*-D: «Sed illud aliter et aliter attentum species et genus et generalissimum est»; *QG*-G: «Est igitur eadem essentia et genus et species et indiuiduum; ut Socrates est indiuiduum et species specialissima et genus subalternum et genus generalissimum»); anche le sezioni successive, che distinguono Socrate in quanto individuo da Socrate in quanto universale e introducono il lessico dell'*attentio*, sono simili (*cf. GS*-E e *QG*-I; *GS*-F, *GS*-G e *QG*-L, *QG*-M, *QG*-N).

Secondo la presentazione che *GS* fornisce della «sententia de indifferentia», nulla esiste tranne gli individui. L'individualità, cioè, è la determinazione fondamentale di ciò che esiste. L'individuo, però, può essere considerato in modi diversi («aliter et aliter attentum») e risulterà così essere specie, genere, genere generalissimo. Ciò avviene tramite un'*attentio*, da parte del soggetto conoscente, che trascura alcune delle proprietà dell'individuo. In altre parole, quando un individuo (ad esempio Socrate) viene considerato a partire dalla sua intera *proprietas*, la quale non si trova in nessun altro individuo (ad esempio la *socratitas*), lo si considera

---

[87] DE LIBERA, *L'Art des généralités*, p. 354, propone di modificare così il testo di questo paragrafo: «Quod si quis dicat proprietatem *hominis* in eo quod est *Socrates* non magis esse in pluribus quam eiusdem Socratis in quantum est Socrates (aeque enim homo qui est *Socraticus* in nullo alio est nisi in Socrate, sicut ipse Socrates), uerum quod concedunt; ita tamen determinandum putant: *Socrates* in quantum est Socrates nullum prorsus indifferens *habet* quod in alio inueniatur; sed, in quantum est homo, plura habet indifferentia quae in Platone et in aliis inueniuntur. Nam et Plato similiter homo est ut Socrates, quamuis non sit idem homo essentialiter qui est Socrates. Idem de animali et substantia», ma la correzione non è ai miei occhi necessaria.

4. LE DESCRIZIONI DELLA TEORIA DELL'*INDIVIDVVM* 149

in quanto è individuo e in quanto è significato dal suo nome proprio (ad esempio '*Socrates*')[88]. Se invece si dimentica la *socratitas* e tutto ciò che è indicato da 'Socrate' e si considera Socrate solo in quanto è animale razionale mortale (ossia si considera solo quanto è indicato dal nome '*homo*'), allora Socrate è considerato in quanto specie. Similmente, se si trascurano anche la razionalità e la mortalità e si considera solo ciò che è indicato dal termine '*animal*', Socrate è considerato in quanto genere. Infine, se si trascurano tutte le forme e si considera solo, di Socrate, ciò che è indicato dal nome '*substantia*', Socrate è considerato come genere generalissimo.

La terminologia del passo è molto interessante. Si legge che, in quanto è individuo, Socrate è in una certa *natura* («in ea natura»; «secundum illam naturam») e in quanto genere è in certo *status* («in hoc statu»): ritroviamo qui la terminologia di *natura/status* già incontrata nella descrizione della teoria dell'*individuum* di *LNPS*-G e *LNPS*-I. I diversi livelli, come già in *LI*-N e *LNPS*-H, sono indicati in *GS*-G con le espressioni '*in eo quod*' e '*in quantum*' («in eo quod est homo», «in quantum est Socrates/homo»). Inoltre Socrate è considerato in quanto Socrate nella natura in cui è soggetto ai sensi (*subiectus... sensibus*), mentre è l'*intellectus* che ne considera solo alcune proprietà, trascurandone altre (*oblitus*, *postponere*): l'opposizione tra *sensus* e *intellectus* rimanda alle diverse facoltà dell'anima citate nel dibattito sugli universali[89]. L'*intellectus* che considera solo alcune delle proprietà di Socrate porta su di lui un'*attentio*, e Socrate in quanto specie, genere e genere generalissimo è Socrate *attentus* in modi diversi[90]. La terminologia dell'*attentio/attendere* è importante in *QG*, ma assente dalle descrizioni della teoria dell'*individuum* di *LI* e *LNPS*, anche se Abelardo la utilizza altrove nei propri scritti (*cf. infra*, capitolo 6). A ciascun livello

---

[88] Per tale terminologia, *cf.* la *qualitas singularis* (ad esempio *platonitas*) di Boezio ricordata *supra* in questo capitolo, p. 127 n. 39.

[89] Si veda al riguardo anche la *sententia secundum m. R.* conservata nel ms. Paris, Bibliothèque nationale de France, lat. 17813 al seguito di *QG* (edita in Dijs, «Two Anonymous», pp. 113-117, in particolare §§ 7-8, dove si distingue tra *sensus*, *imaginatio*, *ratio*, *intellectus/intelligentia*) e, sulla presenza delle facoltà dell'anima nella discussione sugli universali (anche in relazione a Boezio, *Consolatio*, V, pr. 4), *cf. supra*, capitolo 2, pp. 46-47 e DE LIBERA, *L'Art des généralités*, pp. 346, 440-443.

[90] Non è chiaro, dall'esposizione di *GS*, se l'*attentio* sia portata solo su Socrate in stati diversi da quello in cui è individuo: se cioè (a differenza di quanto si legge in *QG*-I, dove si afferma che si può *attendere* anche Socrate in quanto Socrate) essa sia per *GS* riservata all'attività dell'*intellectus*, che considera Socrate in quanto specie o genere.

inoltre corrisponde una *vox* che significa/indica (*significare*, *notare*) ciò che si considera ('*Socrates*', '*homo*', '*animal*', '*substantia*').

In quanto è specie/genere, Socrate è predicabile di più (*GS*-F): la questione della predicabilità di più dell'individuo, che in *LI* e *LNPS* viene problematizzata, qui non riceve ulteriore discussione. Un ipotetico oppositore obietta invece (*GS*-G) che la proprietà di «Socrate in quanto uomo» non è in più <inferiori> (*esse in pluribus*), come (si potrebbe aggiungere) dovrebbe avvenire per un universale: la proprietà di Socrate in quanto uomo si trova solo in Socrate, proprio come la proprietà di Socrate in quanto Socrate si trova solo in Socrate. La teoria ammette che Socrate in quanto uomo si trovi solo in Socrate, ma distingue il caso di Socrate in quanto uomo da quello di Socrate in quanto Socrate grazie all'*indifferentia*: mentre Socrate in quanto Socrate non ha nessun non-differente in qualche altro individuo, Socrate in quanto uomo ha più non-differenti in altri individui (ad esempio, Platone in quanto uomo, che è non-differente da Socrate in quanto uomo). Dunque l'universale (Socrate in quanto uomo) non si trova *essentialiter* in più, ma *similiter*: si legge in *GS*-G la formulazione ormai caratteristica che oppone l'identità *essentialiter* a un'identità per somiglianza o non-differenza.

Ricapitolando, anche se parte della terminologia rimane la stessa (*natura*, *status*, *in eo quod est*, *in quantum est*, *indifferentia*, *indifferens*, *idem essentialiter*) la descrizione di *GS* presenta elementi di novità rispetto alle descrizioni della teoria dell'*individuum* di *LI* e *LNPS*. Alcuni elementi (come l'affermazione dell'individualità di tutto ciò che esiste; l'affermazione che l'individuo è specie, genere, genere generalissimo; la terminologia dell'*attentio/attendere*) si troveranno anche nella descrizione di *QG*, che è particolarmente vicina a questa. Altri, come l'affermazione che i sensi conoscono Socrate in quanto individuo mentre è l'*intellectus* (con un'azione di dimenticanza di determinate proprietà) che considera Socrate negli stati in cui è universale, non si trovano altrove nelle descrizioni della teoria dell'*individuum* e sembrano dunque propri di *GS*.

4. '*Quoniam de generali*'. La descrizione della teoria dell'*individuum* in *QG* (un testo che, come si ricorderà, abbraccia la teoria) è molto estesa (§§ 26-32) e comporta anche la confutazione di un'opinione del *magister W*.[91]

---

[91] L'iniziale si presta a numerose ipotesi: *Willelmus*, ossia Guglielmo? (di Champeaux?); *Walterus*, ossia Gualtiero? (di Mortagne?); un altro maestro ancora? Per una lista di maestri il cui nome è ricordato in testi logici a partire dal 1120*ca*, *cf*. il

4. LE DESCRIZIONI DELLA TEORIA DELL'*INDIVIDVVM* 151

(a sua volta sostenitore della teoria dell'*individuum*) sull'interpretazione della proposizione "*Socrates est homo*" (§§ 33-35)[92]. Consideriamo in primo luogo la descrizione della teoria:

> *[Descrizione della teoria dell'*individuum *in* 'Quoniam de generali'*]*
> *QG* § 26, ed. Dijs: *[QG-F]* His itaque praemissis, quid nos de rebus uniuersalibus sentiamus, mediocriter exprimamus. Est autem primum propositum sententiae nostrae: Quicquid est, indiuiduum; quod ex ipso rerum effectu omnibus rei ueritatem intuentibus manifeste iudicatur. Vnde si genera et species sint – sunt autem, quippe materia indiuiduorum sunt – oportet quod indiuidua sint. Sed et ipsa indiuidua sunt et genera et species. *[QG-G]* Est igitur eadem essentia et genus et species et indiuiduum; ut Socrates est indiuiduum et species specialissima et genus subalternum et genus generalissimum.
>
> *QG* § 27, ed. Dijs: *[QG-H]* Quod qualiter sit, per diuersas attentiones discernitur. Nullam uim tamen faciunt in rerum essentia attentiones hominum. Nullius enim attentio confert ipsis rebus uel esse quod non sunt, uel non esse quod sunt. *[QG-I]* Si quis ergo Socratem attendat tamquam Socratem, idest in omni proprietate Socratis, inueniet eum cum nullo conuenientem, potius ab omnibus differentem per socratitatem quae in illo solo reperitur et in aliis esse non potest, uel eadem uel consimilis, cum nihil sit consimile Socrati secundum statum Socratis; et sic Socrates, secundum hunc differentem statum, est indiuiduum. Vnde conuenienter datur sibi hoc uocabulum quod est 'Socrates', quod significat eum secundum talem statum[93].

---

documento Y. IWAKUMA, «Masters Named in the Logical Texts After ca. 1120», liberamente consultabile all'indirizzo: www.s.fpu.ac.jp/iwakuma/papers/MastersII.pdf.

[92] Per un'analisi della descrizione della teoria dell'*individuum* in *QG*, *cf.* anche PINZANI, «Alberto non è diverso da Søren», pp. 307-321.

[93] Tra i due brani si legge *QG* § 28: si tratta di un paragrafo che precisa il senso in cui si dice "*Socrates est genus*" e sostiene che in tale proposizione si predica di Socrate il *sustentamentum generalitatis* e non la *generalitas*. *QG* § 28, ed. DIJS: «In Socrate autem sic attento existit generalitas, et dicimus quod Socrates ut Socrates est genus. Et nihil aliud significamus nisi: Socrates est sustentamentum generalitatis. Hic autem sustentatio uidetur praedicari, non generalitas. Quodsi quis tamen ipsam generalitatem attendat secundum simplicem naturam accidentium, poterit eam de Socrate praedicare, sed non respectu inferiorum, hoc modo: "Socrates est genus", idest: Generalitas inhaeret Socrati; quod per simile uideri potest. Paternitas cum sit in aliqua parte Socratis, si posset conuenienter praedicari de parte illa Socratis per hoc uocabulum quod est 'pater', non tamen respectu relationis deberet praedicari,

QG § 29, ed. Dus: *[QG-L]* Sed si simpliciter attendatur Socrates non ut Socrates, idest non in omni proprietate Socratis[94], sed in quadam, scilicet in eo quod est animal rationale mortale, iam secundum hunc statum est differens et indifferens; differens a qualibet alia re existente, hoc modo quo ipse Socrates nec secundum statum hominis nec secundum aliquem alium est essentialiter aliquod aliorum. Item indifferens est, idest consimilis cum quibusdam, scilicet cum Platone et cum aliis indiuiduis hominis, in eo quod in unoquoque[95] eorum est animal rationale mortale.

QG § 30, ed. Dus: *[QG-M]* Et attende quod Socrates et unumquodque indiuiduum hominis, in eo quod unumquodque est animal rationale mortale, sunt unum et idem; non dico idem essentialiter, quia et secundum hunc statum et secundum quemlibet adeo opposita sunt in esse suo quod nullum eorum est aliquid aliorum nec etiam esse potest; sed sunt idem, idest indifferentes, secundum statum hominis. *[QG-N]* Ecce Socrates: secundum statum hominis est species specialissima, quia secundum hunc statum cum indiuiduo hominis tantum conuenit. Item ipse Socrates secundum statum animalis est genus et species, quippe animal est genus hominis et species

cum non sit in parte illa respectu relationis, sed in toto. Sic et generalitas cum sit in Socrate, tamen ut propria forma non praedicatur de eo respectu inferiorum». La forma *generalitas* «esiste in» (*in Socrate... existit*) e «inerisce a/in» (*inhaeret*) Socrate in quanto Socrate. Il punto è che la *generalitas* è un concetto relativo (l'essere-genere si dice in relazione alle specie, e viceversa): per questo essa viene accostata alla *paternitas*, che ugualmente è un concetto relativo (l'essere-padre si dice in relazione al figlio). Ora, se si vuole predicare un concetto relativo di un soggetto, intendendo dire con tale predicazione che il soggetto possiede una certa forma (un accidente), ovvero che tale forma inerisce a esso, bisogna svuotare il concetto del suo significato relativo. In quanto relativo, infatti, il concetto esprime la relazione di *tutto* il soggetto con altro, e quindi non può indicare una parte (una forma, un accidente) di quel soggetto. Perciò, se si vuol predicare la *generalitas* di Socrate, intendendo dire che Socrate possiede una certa forma ovvero che tale forma è in lui, bisogna togliere a *generalitas* il suo significato relativo, ossia il *respectus inferiorum*. In alternativa, si può intendere che si predichi il *sustentamentum generalitatis* (che non è un concetto relativo) e non la *generalitas* in quanto tale. *Cf.* anche *QG*, argomento della predicazione di molti come proprietà, con risposta, n. 23 (soluzione di altri).

[94] Dijs erroneamente «Socrates». Il ms. Paris, BnF, lat. 17813, f. 18ra qui legge «So.».

[95] PINZANI, «Alberto non è diverso da Søren», p. 313 n. 12, preferirebbe a «in unoquoque» la variante «unumquodque», espungendo '*in*' e conservando '*unumquodque*' del manoscritto (il manoscritto legge la versione erronea «in unumquodque», f. 18ra).

corporis. Item Socrates secundum statum substantiae est genus generalissimum.

QG § 31, ed. Dijs: *[QG-O]* Et attende quod cum Socrates secundum statum hominis est species, secundum eundem statum est in pluribus et materia multorum, non dico essentialiter, sed per indifferentiam, scilicet materia sui ipsius essentialiter, et Platonis et aliorum indiuiduorum hominis per indifferentiam; quia, cum unumquodque eorum secundum statum hominis sit materia sui ipsius essentialiter, et Socrates est materia eorundem, quia unum et idem est Socrates et alia indiuidua hominis secundum statum hominis. Item, Socrates secundum statum animalis est genus et materia omnium animalium; sui ipsius essentialiter, aliorum per indifferentiam, quia, sicut superius dictum est, cum unumquodque aliorum sit materia sui ipsius essentialiter, et Socrates est materia eorundem, cum Socrates et omnia illa sint unum et idem in eo quod sunt animal, idest indifferentes. Item, Socrates secundum statum substantiae est genus omnium substantiarum; sui ipsius essentialiter, aliorum per indifferentiam.

QG § 32, ed. Dijs: *[QG-P]* Et hic diligenter attendendum est qualiter Socrates secundum statum hominis sit materia sui ipsius secundum statum Socratis. Non enim sic est in homine sicut in quibusdam aliis rebus quae actualiter existunt ante susceptionem quarundam formarum, quibus postea susceptis fiunt ipsa materiata, sicut ipsum aes actualiter existit prius, et postea, susceptis quibusdam formis quas ipsum aes prius non habebat, redigitur in statuam. Non autem sic est in Socrate quod ipse prius esset homo actu quam Socrates, quia simul fuit homo et Socrates; sed per quandam similitudinem dicitur esse sui ipsius materia quia, sicut aes actualiter praecessit formas illas quibus susceptis redigebatur in statuam, sic intelligitur quod illa essentia, priusquam simul fuit Socrates et homo, prius potuisset esse animal rationale mortale quam Socrates. Et, ut mihi uidetur, dum esset paternum semen, et habuerit habilitatem prius habendi formas hominis quam Socratis, has scilicet rationalitatem et mortalitatem quam socratitatem, quae est forma Socratis. *[QG-Q]* Vnde Socrates secundum statum hominis prior est seipso secundum[96] statum Socratis, idest dignior, sicut determinatum est; et eo destructo secundum statum hominis[97], non potest remanere

---

[96] Dijs, a mio avviso erroneamente, corregge in: *prior est seipso (<non> secundum statum Socratis)*.

[97] La punteggiatura di Dijs è qui da rivedere, a mio parere. La studiosa scrive «eo destructo, secundum statum hominis non potest remanere Socrates», da

> Socrates. Esset quidem impossibile aliquam essentiam et hominem non esse et Socratem esse. Sed quamquam Socrates destrueretur secundum statum Socratis (idest quamquam socratitatem amitteret), tamen pateretur natura rei quod illa essentia animal rationale mortale remaneret.

In queste sezioni di *QG* ritroviamo molti degli elementi già incontrati in precedenza (ad esempio i termini '*indifferentia*' e '*status*'), anche se qui se ne precisa più chiaramente l'uso. Come è già stato notato, le sezioni da *QG*-F a *QG*-N presentano affinità con la descrizione della teoria dell'*individuum* in *GS*. Vi sono però delle importanti differenze e qui la trattazione è più estesa. In *QG*-F si afferma che tutto ciò che esiste è individuale («quicquid est, indiuiduum»; *cf. GS*-D: « Nichil omnino est praeter indiuiduum»), un'affermazione considerata evidente per chiunque consideri come stanno le cose[98]. Il ragionamento che segue in *QG*-F e *QG*-G non è facile da comprendere perché sembra utilizzare due diversi sensi di '*individuum*', sia con funzione aggettivale che con funzione di sostantivo. Si afferma in primo luogo che, dato che tutto ciò che esiste è un individuo/ è individuale, se i generi e le specie esistono, occorre che siano individuali («oportet quod indiuidua sint», con '*individua*' in funzione di aggettivo); ma generi e specie devono esistere, perché sono la materia degli individui[99]. Dunque gli universali sono individuali: anzi, sono gli individui stessi («et ipsa indiuidua sunt et genera et species», con '*individua*' in funzione di sostantivo). Di conseguenza, si legge in *QG*-G, «la medesima *essentia* è sia individuo, che specie, che genere»; ad esempio «Socrate è individuo, specie specialissima, genere subalterno e genere generalissimo». Questo ragionamento mescola (in modo non del tutto elegante) diversi elementi: tutto ciò che esiste è individuale (o è un individuo); gli universali devono esistere perché sono materie degli individui; gli universali sono gli

---

correggere in «eo destructo secundum statum hominis, non potest remanere Socrates», conformemente a quanto si legge alle righe successive: è impossibile che una *essentia* non sia uomo e sia invece Socrate, mentre se si distrugge Socrate secondo lo stato di Socrate può restare l'*essentia* animale razionale mortale.

[98] L'espressione, più precisamente, è «ex ipso rerum effectu»: gli effetti saranno citati, con un senso più tecnico e che sembra vicino alla scuola porretana, anche nella descrizione di *P17*.

[99] *Cf. infra*, le sezioni *QG*-O, *QG*-P e *QG*-Q e Porphyrius, *Isagoge*, tr. Boethii, *AL*, p. 18.9-15 (citato *supra*, p. 122 n. 29), per il paragone tra genere e materia.

individui stessi (come si vedrà nel seguito, si dirà poi coerentemente che l'individuo è materia di se stesso). Il riferimento di *QG*-G a un'*essentia* che è individuo, specie e genere potrebbe suggerire che l'*essentia* sia neutra rispetto all'essere individuo, specie e genere e che queste ne siano determinazioni accidentali (*cf.* anche *QG*-P, *QG*-Q e *QG*-R per un uso simile, e argomento della predicazione accidentale dell'individualità, n. 6). L'impressione non sembra però del tutto fondata. L'*essentia* è un individuo, il quale è anche specie e genere. I diversi livelli vengono *conosciuti* tramite un'*attentio* del soggetto conoscente, la quale però non fa violenza alla realtà delle cose, ossia non conferisce alle cose di essere ciò che non sono o di non essere ciò che sono (*QG*-H). Anzi, la determinazione in cui l'individuo è individuo è la determinazione primaria dell'individuo («quicquid est, indiuiduum») ed è infatti còlta da un'*attentio* che considera l'interezza delle caratteristiche dell'individuo stesso. L'individuo è un universale solo per *alcune* determinazioni, ed è infatti còlto come universale da un'*attentio* che considera *solo* quegli aspetti dell'individuo per cui esso è simile ad altri individui (una parte della sua proprietà complessiva).

Alcune sezioni di *QG*, in particolare *QG*-I, *QG*-L, *QG*-M e *QG*-N, riproducono elementi già incontrati nelle precedenti descrizioni. Come in *GS*-E, si legge in *QG*-I che se si considera (*attendere*) Socrate in quanto Socrate, ossia in ogni proprietà di Socrate («in omni proprietate Socratis»), lo si trova non conveniente con nessun altro: la *socratitas* si trova infatti solo in Socrate e né la stessa[100] né una consimile si trova in un altro individuo[101]; quando è considerato secondo questo stato a Socrate si addice il nome proprio 'Socrates'. Simile a quanto incontrato in precedenza è quanto si legge in *QG*-L. È vero che *GS*-G insisteva sul fatto che in quanto è universale l'individuo ha degli *indifferentia* negli altri individui, mentre in *QG*-L si legge che in quanto è universale l'individuo è sia *differens* che *indifferens*: ma la differenza di cui si parla è quella per cui l'individuo (secondo il principio di distinzione personale) non è mai lo stesso essenzialmente in altri; dunque, si ritrova qui ciò che si legge anche in *GS*-G nell'affermazione che la proprietà di Socrate in quanto è uomo non è in più, ma solo in Socrate, o che Platone non è «essenzialmente lo stesso uomo» che è in Socrate. In *GS*-F si è letto che l'*intellectus* che considera l'individuo in quanto universale trascura alcune delle proprietà

---

[100] Sottinteso, si potrebbe aggiungere, '*essentialiter*'.
[101] *Cf. supra*, p. 127 n. 39, per l'origine boeziana di questa terminologia.

dell'individuo; qui si legge che (quando lo si considera come specie o genere) si considera Socrate non in ogni proprietà di Socrate, ma in qualcuna soltanto («in omni proprietate» *vs* «in quadam»). Come già incontrato in *LI*-G e *LNPS*-F, inoltre, '*indifferens*' in *QG*-L è anche glosato con il termine positivo '*consimilis*'. In *QG*-M si afferma che Socrate e ogni individuo umano, in quanto ciascuno di loro è un animale razionale mortale, sono «uno e lo stesso» (*unum et idem*: *cf.* anche *QG*-O), non *idem essentialiter* ma *idem* in quanto *indifferentes*: la formulazione ci riporta sia (con '*idem*') al principio di identità per non-differenza di *LI*-G sia (con '*unum*') al problema del numero degli universali citato in *LI*-L e *LI*-M (*cf. LI*-M: «omnes homines et in se multi sunt per personalem discretionem et unum per humanitatis similitudinem»). Infine, anche se il lessico del *convenire* non è sviluppato come nelle descrizioni della teoria dell'*individuum* in *LI* e *LNPS* (dove serviva esplicitamente a spiegare la predicazione) si legge in *QG*-I che Socrate in quanto Socrate non «conviene» con nulla («cum nullo conuenientem») e in *QG*-N che secondo lo stato di uomo «conviene» («conuenit») con ciascun altro individuo umano. Anche l'uso delle espressioni '*in eo quod*' e '*status*' era già stato incontrato nelle descrizioni che abbiamo analizzato, anche se è proprio di *QG* insistere sui molteplici *status* dell'individuo e usare l'espressione '*secundum statum x*' (*secundum statum Socratis/hominis/animalis/substantiae*): in *LNPS*-I '*status*' è usato in modo non del tutto coincidente a questo, come ciò per la partecipazione al quale vari individui sono convenienti o non convenienti, e in *GS*-F e *GS*-G si leggono solo le espressioni '*de/in eo statu*'.

Meritano attenzione due elementi propri di *QG*, ossia quanto si legge sull'*attentio* in *QG*-H e sull'individuo come materia di se stesso e degli altri individui in *QG*-O, *QG*-P e *QG*-Q[102]. È bene precisare che l'universale non è il frutto di un'*attentio*: l'*attentio* si limita a considerare l'individuo secondo un dato stato, ossia lo considera come individuo (quando tiene conto dell'insieme delle sue determinazioni, per cui è differente da ogni altro individuo) o come universale (quando si concentra solo su quelle determinazioni per cui non differisce da altri individui). L'*attentio*, si può dire, scopre che l'individuo ha anche la caratteristica di essere un universale, ma non crea in alcun modo l'universale perché, come già si è

---

[102] Le sezioni *QG*-O, *QG*-P, *QG*-Q sono analizzate da Pinzani tra le "obiezioni e risposte" (in particolare come questioni Q1 e Q2, con rispettive risposte): *cf.* PINZANI, «Alberto non è diverso da Søren», pp. 318-319.

4. LE DESCRIZIONI DELLA TEORIA DELL'*INDIVIDVVM*   157

ricordato, «l'attenzione di nessun <soggetto conoscente> conferisce alle cose stesse o di essere ciò che non sono o di non essere ciò che sono»[103]. L'*attentio* può discernere i diversi stati dell'individuo, ma l'individuo è individuo e universale nei suoi diversi stati. Ciò significa che l'individuo ha anche le caratteristiche (opposte a quelle dell'individuo) dell'universale. Come vedremo in seguito, nell'analisi degli argomenti, troviamo proprio in *QG* delle strategie per neutralizzare l'opposizione tra le proprietà che l'individuo ha in quanto individuo e quelle che ha in quanto universale (in primo luogo le due opposte proprietà di non essere predicato di molti e di essere predicato di molti, rispettivamente)[104].

In *QG*-O e *QG*-P, invece, si riprende e approfondisce l'affermazione di *QG*-F che, da un lato, generi e specie devono esistere perché sono le materie degli individui, dall'altro che sono gli individui stessi. Il paradosso di qualcosa che è materia di se stesso è qui esplicito: anzi, si legge che ciascun individuo (negli stati in cui è universale, ad esempio Socrate secondo lo stato di uomo) è materia di se stesso *essentialiter* e degli altri individui di quello stesso universale *per indifferentiam*[105]. Socrate secondo lo stato di uomo è dunque

---

[103] Per questo elemento la teoria dell'*individuum* sembra differenziarsi dalla teoria del soggetto unico di Boezio: *cf. infra*, capitolo 6, pp. 260-264.

[104] *Cf. infra*, argomento di Socrate che si predica di molti e non si predica di molti, con risposta, n. 22 e le osservazioni di Wojciech Wciórka, ricordate al capitolo 6, pp. 252-260.

[105] Si veda anche il commento di Roberto Pinzani a questo passo («Alberto non è diverso da Søren», pp. 318-319): «non è immediatamente chiaro cosa voglia dire che un individuo costituisce essenzialmente la materia di se stesso. Gualtiero in un primo momento dice che parlare di materia è un modo metaforico di esprimersi (*per quandam similitudinem*), poi introduce un esempio che dovrebbe servire a capire cosa vuol dire per una cosa esser materia di sé. L'esempio è quello del seme paterno, che si può considerare materia dell'individuo, "avendo la capacità di ricevere le forme dell'uomo, cioè la razionalità e la mortalità, prima di quella di Socrate". Questa seconda metafora, ammesso che di metafora si tratti, non sembra un granché: è difficile pensare che Socrate in quanto uomo stia a se stesso così come il seme paterno sta all'individuo che si forma da esso. Gualtiero fa in un certo senso il verso a Boezio fornendo una spiegazione per l'universale e una, che sembra essere altrettanto scarsa, per la materia: laddove l'esempio della statua serviva a spiegare cosa fosse la materia ma non andava bene per l'universale. Gualtiero insiste nel cercare di chiarire la differenza tra Socrate e Socrate, sostenendo che Socrate secondo lo *status* di uomo deve essere considerato "più degno" e "precedente". Naturalmente nella letteratura si parla del rapporto di precedenza o priorità (onto) logica tra la specie e gli individui, ma nel presente contesto fuori di metafora, ma anche all'interno di una elaborata metafora, la discussione appare alquanto stravagante. Non a

materia di se stesso secondo lo stato di Socrate. In quanto materia è precedente a ciò di cui è materiato: non, precisa *QG*-P, precedente in senso cronologico, ma di dignità. Socrate secondo lo stato di uomo non esiste *actualiter/actu* prima di Socrate secondo lo stato di Socrate (come invece esiste il bronzo prima di ricevere la forma di una statua). Troviamo qui anche una nuova versione dell'esperimento mentale di rimozione o distruzione. Abbiamo già incontrato l'argomento, nella versione della rimozione delle forme, sia nella teoria dell'essenza materiale (per affermare che, se si rimuovessero le forme di individui della stessa specie o di specie dello stesso genere, rimarrebbe una sola materia o *essentia*); sia nel principio di distinzione personale (per affermare che, se si rimuovessero le forme dei suddetti, rimarrebbero materie o *essentiae* distinte, come sono distinti gli inferiori, e non una sola e identica materia o *essentia*). L'esperimento mentale qui è di distruzione di Socrate in un dato stato, ed è usato per chiarire le relazioni tra i diversi stati dell'individuo e la loro priorità (ontologica, non cronologica). Se si distruggesse Socrate secondo lo stato di uomo, non potrebbe rimanere Socrate secondo lo stato di Socrate, perché «sarebbe impossibile che una *essentia* non fosse uomo e fosse Socrate»[106]. Se invece si distruggesse Socrate secondo lo stato di Socrate (ossia se la *socratitas* fosse abbandonata), la natura delle cose ammetterebbe la permanenza dell'*essentia* animale razionale mortale.

Per concludere la nostra analisi di *QG* dobbiamo ora considerare l'opinione del *magister W.*, ricordata e criticata in *QG*-R, *QG*-S, *QG*-T e *QG*-U. Tale opinione era stata sostenuta all'interno della teoria («in hac sententia prius solebat dici»): *QG* riporta dunque uno stadio successivo della teoria dell'*individuum*, in cui la particolare posizione del *magister W.* è stata abbandonata[107].

---

caso le critiche di Abelardo alla teoria dell'identità si concentreranno precisamente su queste interpretazioni della dottrina tradizionale. C'è una questione importante dietro alla metafora della precedenza della specie. Secondo la teoria standard condivisa da buona parte dei logici medievali gli enunciati al presente indicativo sono da considerare falsi se il soggetto non denota o denota qualcosa che non è più esistente. Se diciamo che Socrate coincide con la specie, una volta che Socrate sia morto, enunciati che riguardano le specie (generi) diventano falsi contrariamente all'intuizione e alla tradizione che li vuole necessariamente veri. Tuttavia né la teoria dell'omuncolo né quella della precedenza del rappresentante sono adeguate a fornire una spiegazione; quello che serve (servirebbe) è un'accurata analisi logica degli enunciati che riguardano oggetti generici».

[106] Si noti qui e nella frase che segue l'uso "neutro" di '*essentia*', già notato per *QG*-G *supra*, p. 155.

[107] *Cf.* anche PINZANI, «Alberto non è diverso da Søren», pp. 319-321 (Q3-R3).

[Opinione del magister W.*]* *QG* § 33, ed. Dijs: *[QG-R]* Item notandum est quod in hac sententia prius solebat dici, secundum magistrum W., quod in hac propositione "Socrates est homo", Socrates praedicatur de Socrate, et in hac "Plato est homo", Plato de Platone. Sed quia subicitur Socrates tamquam Socrates et illa essentia praedicatur secundum statum hominis, et sic de aliis, ideo dicitur unum praedicari de multis ac diuersis, quia omnia illa secundum statum hominis sunt unum, secundum statum indiuidualem uero diuersa.

[Critica dell'opinione del magister W.*]* *QG* § 34, ed. Dijs: *[QG-S]* Nobis autem uidetur quod in hac propositione "Socrates est homo" non magis praedicatur Socrates secundum statum hominis de Socrate quam Plato uel aliquid aliorum secundum eundem statum; et illa uox quae est 'homo' non magis nos mittit ad unum quam ad alium. *[QG-T]* Tum quia, si hoc esset, scilicet quod "Soc<r>ates est homo" semper praedicaret Socratem secundum statum hominis de Socrate, et hoc inde consequeretur, et uera esset consequentia: "Si Socrates est homo, Socrates est Socrates", et haec: "Si Socrates est homo, Socrates non est Plato"; et haec non esset uera: "Si Socrates non est homo, Socrates non est Plato"; quia, si per "Socrates est homo" praedicaretur status Socratis, per suam diuidentem, scilicet "Socrates non est homo", remoueretur idem, scilicet Socrates secundum statum hominis, et nihil aliud. Quodsi hoc esset, Socratis essentia remota, numquam remoueretur Plato. Et item, "Socrates non est homo", quae tantum remoueret essentiam Socratis, non posset simpliciter conuerti hoc modo: "Nullus homo est Socrates". Si enim haec propositio "Nullus homo est Socrates" remoueret Socratem ab omnibus indiuiduis aliis hominis secundum statum hominis, falsa esset consequentia. Non enim sequeretur quod, si essentia Socratis a se remoueretur, ideo remoueretur ab omnibus indiuiduis hominis. Item, si illa propositio "Nullus homo est Socrates" ageret de solo Socrate et in subiecto et in praedicato, uera quidem esset consequentia, sed nimis abusiue acciperetur 'nullus' (quod est collectiuum multorum), agendo de solo Socrate.

[Soluzione dell'autore] *QG* § 35, ed Dijs: *[QG-U]* Dicamus ergo, quod nobis melius uidetur, quod cum dicimus: "Socrates est homo", nulla res hic praedicatur de Socrate, quia neque Socrates per se nec aliquod aliorum; nec tamen negamus quin Socrates praedicetur de Socrate, sed non significatur hoc per hanc propositionem "Socrates est homo"; potius hoc uocabulum quod est 'homo' mittit nos aequaliter ad Socratem et ad ceteros; ad nullum tamen

mittit per se. Et est sensus talis: Socrates est aliquis hominum. Sed secundum quod haec uox quae est 'homo' hic agit de indiuiduis tantum quae actu sunt, ideo determino actum agendi ipsius uocis, quia si acciperetur uox illa quae est 'homo' secundum propriam inuentionem, forsitan nec praedicaret ea tantum quae sunt, nec ea tantum quae non sunt, cum 'homo' generet intellectum de animali rationali mortali, aequaliter siue sit siue non sit. Sed haec alias.

La questione concerne cosa viene predicato di Socrate nella proposizione "Socrate è uomo". Secondo la dottrina del *magister W.* (esposta in *QG*-R) nella proposizione "*Socrates est homo*" il soggetto, '*Socrates*', sta per *Socrates tamquam Socrates*, mentre il predicato, '*homo*', sta per *Socrates secundum statum hominis*; similmente nella proposizione "*Plato est homo*" si predica, di Platone (in quanto Platone), Platone (in quanto uomo). Nel primo caso, dunque, Socrate si predica di Socrate, mentre nel secondo Platone si predica di Platone: è solo perché Socrate in quanto uomo e Platone in quanto uomo sono non-differenti e uno (*cf. QG*-M), che si dice che nei due casi un solo predicato (*unum*), 'uomo', si predica di molti e diversi (rispettivamente Socrate e Platone).

L'autore di *QG* critica tale interpretazione del predicato '*homo*' come equivalente a Socrate in quanto uomo elencando (in *QG*-T) le conseguenze assurde che ne derivano. Se si ammette che in "*Socrates est homo*" è predicato di Socrate Socrate (secondo lo stato di uomo), si dovrebbero ammettere le inferenze "Se Socrate è uomo, Socrate è Socrate" e "Se Socrate è uomo, Socrate non è Platone", mentre da "Socrate non è uomo" non si potrebbe ricavare che "Socrate non è Platone" o che "Nessun uomo è Socrate"[108], perché in "Socrate non è uomo" si rimuoverebbe da Socrate solo Socrate secondo lo stato di uomo, e non un altro individuo della specie uomo, come Platone.

L'autore dà in seguito la propria interpretazione: egli afferma (in *QG*-S e *QG*-U) che nella proposizione "*Socrates est homo*", '*homo*' può equivalere a Socrate secondo lo stato di uomo tanto quanto a Platone secondo lo stato di uomo (o a qualsiasi altro individuo umano secondo lo stato di uomo), e «'uomo' non ci rinvia all'uno più che all'altro». In *QG*-U l'autore da un

---

[108] In alternativa, si potrebbe pensare che nella proposizione "Nessun uomo è Socrate" 'nessun uomo' stia solo per Socrate, e in tal caso si potrebbe inferire "Nessun uomo è Socrate" da "Socrate non è uomo", ma '*nullus homo*' (afferma l'autore di *QG*) è preso troppo impropriamente come un'espressione che si riferisca solo a Socrate.

lato ripete, come già in *QG*-S, che '*homo*' nel predicato della proposizione in questione rimanda sia a Socrate che a qualsiasi altro individuo esistente (*QG*-S: «illa uox quae est '*homo*' non magis nos mittit ad unum quam ad alium»; *QG*-U: «hoc uocabulum quod est '*homo*' mittit nos aequaliter ad Socratem et ad ceteros: ad nullum tamen mittit per se»); nella proposizione "*Socrates est homo*" non è predicata di Socrate *nessuna cosa* (*nulla res*) perché non è predicato né Socrate né alcun altro individuo[109]. D'altro lato, egli sembra compiere un passo ulteriore: sostenere che '*homo*' rimandi a qualsiasi degli individui *esistenti in atto* determina l'*actus agendi* della *vox* '*homo*'; se però si considera la *vox* '*homo*' secondo la sua imposizione («secundum propriam inuentionem») non si dovrebbe affermare che essa predichi soltanto le cose che esistono, perché la si dovrebbe considerare nella misura in cui genera un'intellezione (*intellectus*) di animale razionale e mortale, sia che tale animale esista in atto sia che non esista.

5. *Commento P17*. La teoria dell'*individuum* è infine descritta nel commento *P17*[110], nel passo seguente:

> [*Descrizione della teoria dell'*individuum *in* P17] *P17* ff. 123vb, 125va, trascr. IWAKUMA: *[P17-C]* Nunc ad sententiam aliorum accedamus, qui similiter ut praedicti genera et species in utrisque, id est in rebus et in uocibus, constituunt. *[P17-D]* Quorum sententiae positio est nullum uniuersale materiam esse diuersorum; sed sicut unum indiuiduum nequit esse aliud, ita materiae eorum idem esse nequeunt. Itaque materiae et species et genera diuersorum sic essentialiter inter se discretae sunt sicut indiuidua, ut uerum sit dicere tot genera tot species esse in numero quot sunt indiuidua. *[P17-E]* Nec aliquod uniuersale commune uel praedicabile de

---

[109] L'autore non nega che «Socrate si predichi di Socrate» (presumibilmente in una proposizione come "*Socrates est Socrates*"), ma nega che la predicazione di Socrate nei confronti di Socrate sia ciò che è significato dalla proposizione "*Socrates est homo*".

[110] Non esiste un'analisi dettagliata del commento *P17*, ma si veda: IWAKUMA, «'*Vocales*' or Early Nominalists», p. 38; ROSIER-CATACH, «Les *Glosulae in Priscianum*: sémantique et universaux», pp. 162-163. *Cf. supra*, capitolo 3, pp. 99-103, sull'ambiguità dell'autore di *P17* in relazione alla teoria dell'*individuum*: da un lato, la teoria è presentata come la teoria «di altri» («Nunc ad sententiam aliorum accedamus»; «Quorum sententiae positio est»); dall'altra, il testo parla a volte in prima persona («Illas autem species diuersorum similes et indifferentes esse dico»; «Status autem appello») e, inoltre, a ciascun argomento contro la teoria segue una *solutio*, come si vedrà al capitolo 5.

pluribus est ita quod essentialiter pluribus insit. Sed commune appellatur idcirco quod, cum ipsum uniuersale in uno sit indiuiduo, aliud ei simillimum in materia et forma est in alio, ut uox dicitur communis non quod eadem uox essentialiter ueniat ad diuersos, sed consimilis. Praedicabile autem de pluribus dicitur, non ideo quod conueniat essentialiter pluribus, sed quia ipsum est materia unius et suum indifferens uel est uel esse potest materia alterius. *[P17-F]* Nec ideo eadem species diuersorum esse dicitur quod essentialiter sit eadem, sed quia sunt consimiles. Illas autem species diuersorum similes et indifferentes esse dico, quae cum discretae sint, tamen ex materiis et formis consimiles effectus exigentibus componuntur, ut homo Socratis et homo Platonis, cum essentialiter differant, tamen materiae et formae eorum consimiles effectus operantur. Asinus uero et lapis diuersae species et in essentia et secundum indifferentiam sunt, cum dissimiles status habeant et effectus dissimiles exigant. *[P17-G]* Status autem appello uel res ex materia et formis constitutas uel passiones, id est constitutiones quae in rebus sunt constitutis, uel partes quae ipsas res constituunt. *[P17-H]* Affirmat quoque haec sententia genus et speciem et indiuiduum sic esse idem prorsus, ut uere possit dici "Socrates indiuiduum est homo species et animal genus" et e conuerso; *[P17-I]* et "singulare est uniuersale", et e conuerso, quod Boethius *[Boethius, In Isagogen Porphyrii editio secunda, ed.* BRANDT, *I, 11, pp. 166.23-167.7]* confirmat, ubi sic dicit uniuersalitatem et singularitatem esse in eodem fundamento, sicut cauitas et curuitas licet diuersa sint tamen in eadem sunt linea.

Nella descrizione di *P17* ritroviamo molti elementi già incontrati in descrizioni precedenti ed elementi propri di *P17*[111]. Ripercorriamo i diversi aspetti del brano.

In *P17*-C si legge che i sostenitori della teoria dell'*individuum*, come della teoria dell'essenza materiale, collocano generi e specie sia tra le cose che tra le parole (*in rebus et in vocibus*). Come si è visto al capitolo 3, *LI* e *P17* classificano la teoria dell'essenza materiale e la teoria dell'*individuum* come teorie che sostengono non solo che gli universali sono *res*, ma che sono sia *res* che *voces*: in *P17*, principalmente *res* e secondariamente *voces*, *gratia rerum*[112].

---

[111] Come si vedrà al capitolo 7, pp. 333-342, alcune formulazioni avvicinano il commento *P17* alle dottrine di Gilberto di Poitiers.

[112] *Cf. supra*, capitolo 3, pp. 84-85, 102, anche con riferimento al principio "*gratia rerum*" individuato da Iwakuma nel commento *C8*.

4. LE DESCRIZIONI DELLA TEORIA DELL'*INDIVIDVVM* 163

In *P17*-D si afferma che, come un individuo non può essere un altro, così le materie di diversi individui non possono essere lo stesso (*cf.* principio di distinzione personale in *LI*-F): le materie (i generi e le specie) di diversi individui sono distinte tra loro *essentialiter* come sono distinti tra loro gli individui stessi. È perciò vero affermare che «vi sono tanti generi e specie in numero quanti individui» – un'affermazione che si legge anche nella descrizione della teoria dell'*individuum* in *LI*-L (*cf. LI*-L: «qui tot species quot indiuidua quantum ad rerum numerum ponunt et totidem genera»). Il testo prosegue poi sostenendo che «nessun universale è materia di diversi <individui>». Qui *P17* si accorda con l'affermazione di *QG*-O che l'individuo in quanto universale non è *essentialiter* materia di molti individui, ma sembra discostarsene per il fatto che, secondo *QG*-O, l'individuo in quanto universale è materia di molti *per indifferentiam*. Questo concetto, in realtà, è espresso nella sezione immediatamente successiva (*P17*-E): un universale non è comune o predicabile di più nel senso che (come vorrebbe TEM) è essenzialmente in più individui, ma si può chiamare comune perché, benché un certo universale sia in un solo individuo, un altro universale «a esso simillimo in forma e materia» è in un altro individuo. L'universale si può chiamare predicabile di più, di nuovo, non perché «convenga essenzialmente a più» ma perché quell'universale è materia di un individuo e un altro universale, non-differente dal primo «è o può essere materia di un altro». L'esser-comune dell'universale, basato sulla somiglianza di diversi universali distinti essenzialmente, è poi confrontato con l'esser-comune della parola proferita, la *vox*, che è percepita da diversi uditori allo stesso tempo: la *vox* è comune non perché essenzialmente la stessa *vox* si trovi nelle orecchie dei diversi uditori, ma perché ciascun uditore riceve una *vox* simile a quella che arriva a un altro uditore[113].

Le considerazioni di *P17*-E ritornano anche in *P17*-F, applicate più direttamente alla specie: si parla di una stessa specie per diversi individui non perché essa sia «la stessa essenzialmente» ma perché le diverse specie (una per ciascun individuo) sono tra loro consimili. Il passo è esplicito sul fatto che ciascun individuo abbia una propria specie e le diverse specie

---

[113] *Cf.* anche *infra*, capitolo 5, pp. 219-220, argomento del genere ripartito (da Boezio), n. 26 con il termine '*sermo*' invece di '*vox*'. Al capitolo 7, pp. 315-321, ritorneremo sulla discussione della *vox*, studiata da Irène Rosier-Catach e (come avviene in questo passo) esplicitamente collegata al dibattito sugli universali.

siano tra loro distinte (*discretae*): tuttavia, esse sono «simili e indifferenti» quando sono composte di forme e materie che producono effetti simili (come avviene nel caso delle specie di Socrate e Platone, cioè l'uomo di Socrate e l'uomo di Platone)[114]. Si noti che in questo passo si parla di specie le quali sono composte di materie e forme che producono effetti simili; vi si legge però anche che le specie stesse (come l'asino e la pietra) producono effetti diversi («effectus dissimiles exigant»): gli effetti di cui è qui questione sono dunque sia quelli delle materie e forme che producono le specie, sia quelli delle specie stesse. Sempre in *P17*-F si legge che specie diverse (come asino e pietra) «hanno stati (*status*) dissimili». Gli *status* citati dal brano sono dunque *status* delle specie. Ciò porta l'autore, in *P17*-G, a dare una sorta di definizione di *status*: «chiamo *status* o le cose costituite di materia e forme o le *passiones*, ossia costituzioni che sono nelle cose costituite, o le parti che costituiscono le cose stesse». Comprendere il senso di questa definizione non è facile. Le tre diverse possibilità sembrano tra loro alternative e vi è una *variatio* della terminologia di "costituire": «res constitutas»; «constitutiones quae in rebus sunt constitutis»; «partes quae ipsas res constituunt». Il legame tra *status* e *constituire/constitutiones* potrebbe suggerire che la nozione di *status* abbia un'origine retorica: *constitutiones* e *status* sono infatti la traduzione latina di στάσεις, ossia le questioni su cui, nel campo della retorica giudiziale, può sorgere dissenso in tribunale[115].

[114] *Cf. infra*, capitolo 5, argomento della somiglianza di due uomini, con risposta, n. 30; argomento delle unità, con risposta, n. 31; e capitolo 7, pp. 333-342, per un confronto con Gilberto di Poitiers.

[115] Le στάσεις (termine tradotto in latino sia con '*status*' sia con '*constitutiones*') sono un elemento importante della retorica giudiziale: si tratta dei punti su cui può vertere una causa, ad esempio l'effettivo avvenimento di un'azione (*constitutio coniecturalis* in Cicerone); la definizione dell'azione in questione (*constitutio definitiva*); la natura, classificazione o qualità dell'azione (*constitutio generalis*): *cf.* Cicero, *De inventione*, I, 10; Boethius, *De topicis differentiis*, IV, 7 (ed. NIKITAS, pp. 79.1-82.17; *PL* 64, coll. 1209 A-1211 A; tr. STUMP, pp. 83-87); *cf.* M. C. LEFF, «The Logician's Rhetoric. Boethius' *De differentiis topicis*, Book IV», in J. J. MURPHY (ed.), *Medieval Eloquence. Studies in the Theory and Practice of Medieval Rhetoric*, University of California Press, Berkeley – Los Angeles – London 1978, pp. 3-24 e F. MAGNANO, *Il* De topicis differentiis *di Severino Boezio*, Officina di Studi Medievali, Palermo 2014, pp. 359-369. Nell'*Institutio oratoria* (III, 6, 23-24), Quintiliano confronta gli *status* retorici con le categorie di Aristotele, in particolare le prime quattro (Sostanza, Qualità, Quantità, Relazione): *cf.* su questo COURTINE, «Note complémentaire», pp. 79-86.

Infine, in *P17*-H e *P17*-I sono riassunte due tesi della teoria dell'*individuum*: la prima è che «genere, specie e individuo sono lo stesso» sì che «l'individuo Socrate sia la specie Uomo e il genere Animale, e viceversa», una tesi che abbiamo trovato formulata con termini simili anche in *GS*-D («illud [scil. indiuiduum] aliter et aliter attentum species et genus et generalissimum est») e *QG*-G («Est igitur eadem essentia et genus et species et indiuiduum; ut Socrates est indiuiduum et species specialissima et genus subalternum et genus generalissimum»); la seconda tesi è che «il singolare è l'universale, e viceversa», un'affermazione che ricorda *LNPS*-E («eandem rem uniuersalem et particularem esse astruunt»). In *P17*-I l'affermazione che l'individuo è l'universale è corroborata da un riferimento alla cosiddetta «teoria del soggetto unico» di Boezio, un passo che avevamo trovato sinora a sostegno della teoria dell'essenza materiale (in *LI*-E)[116].

Ricapitolando, meritano di essere ricordati gli elementi della descrizione della teoria dell'*individuum* che sono propri di *P17*: il paragone tra l'universale comune per somiglianza e la *vox* ricevuta da diversi uditori; la definizione di *status* come cose costituite, o *constitutiones*, o parti; l'identità a partire da effetti simili; l'utilizzo della teoria del soggetto unico di Boezio come autorità in supporto della teoria dell'*individuum*.

***

In questo capitolo abbiamo analizzato le descrizioni della teoria dell'*individuum* nei diversi testi che ne forniscono una, ossia *LI*, *LNPS*, *GS*, *QG* e *P17*. La teoria dell'*individuum* si definisce in primo luogo per la sua opposizione alla teoria dell'essenza materiale, di cui abbiamo riassunto le tesi fondamentali. Il realismo della teoria dell'*individuum* muove da un punto di partenza in opposizione a TEM: affermare che tutto ciò che esiste è un individuo e che gli individui sono personalmente distinti, ossia distinti gli uni dagli altri sia per le proprie forme che per le proprie materie. Complessivamente, la teoria afferma che, come si legge in *P17*, (i) un individuo, ad esempio Socrate, è individuo, specie, genere, genere generalissimo, e che (ii) la cosa singolare/individuale è universale e viceversa. Le strategie principali messe in uso per sostenere tali affermazioni sono il ricorso a *status* diversi dell'individuo (in ciascuno

---

[116] *Cf. infra*, capitolo 6, pp. 260-264.

dei quali l'individuo possiede caratteristiche peculiari, diverse da e opposte a quelle che possiede in un altro stato) e l'identità per non-differenza o somiglianza, contrapposta spesso all'identità essenziale. Vedremo ora, al capitolo 5, che tali strategie ritornano frequentemente anche nella replica agli argomenti sollevati contro la teoria.

5. GLI ARGOMENTI CONTRO LA TEORIA DELL'*INDIVIDVVM*

Dopo aver considerato le descrizioni della teoria dell'essenza materiale e della teoria dell'*individuum* nella *Logica 'Ingredientibus'*, nella *Logica 'Nostrorum Petitioni Sociorum'* e nel *'De generibus et speciebus'*, che criticano la teoria dell'*individuum*, così come in *'Quoniam de generali'* e nel commento *P17*, che la sostengono, consideriamo ora le obiezioni che, in tali testi, vengono mosse alla teoria dell'*individuum*. Con l'eccezione degli argomenti di *LI*, questa sezione dei testi analizzati ha ricevuto nella letteratura secondaria ancor meno attenzione che la sezione descrittiva[1].

---

[1] (i) Gli argomenti della *Logica 'Ingredientibus'*, come già notato, sono quelli maggiormente studiati. Esistono analisi dettagliate in: Beonio Brocchieri Fumagalli, *La logica di Abelardo*, pp. 49-54; Tweedale, *Abailard on Universals*, pp. 98-109 (contro TEM), 114-115 (contro la teoria della *collectio*), 119-120 (contro la teoria dell'*individuum*); Freddoso, «Abailard on Collective Realism» (argomenti contro la teoria della *collectio*); Maloney, «Abailard's Theory of Universals», p. 28 (alcune osservazioni sull'argomento del *convenire* contro la teoria dell'*individuum*, n. 3); Jolivet, *Arts du langage*, pp. 215-219; King, *Peter Abailard*, I, pp. 151-169 (contro TEM: comprende anche gli argomenti di *LNPS*), 192-213 (contro la teoria della *collectio*), 220-234 (contro la teoria dell'*individuum*: comprende anche gli argomenti di *LNPS*); F. Bertelloni, «*Pars destruens*. Las críticas de Abelardo al realismo en la 1.ª parte de la *Logica "Ingredientibus"*», *Patristica et Mediaevalia*, 7 (1986) 49-64; Gracia, *Introduction*, pp. 204-210 (contro la teoria dell'essenza materiale), 248 n. 43 (contro la teoria dell'*individuum*, argomento n. 1 della predicazione); de Libera, *L'Art des généralités*, pp. 305-343, 348-358; Arlig, *A Study in Early Medieval Mereology*, pp. 275-283 (argomenti contro la teoria della *collectio*). Si sono già ricordate le traduzioni del brano: McKeon, *Selections from Medieval Philosophers*, I, pp. 218-258 (ripubblicata in *Philosophy in the Middle Ages*, pp. 169-188); de Gandillac, *Œuvres choisies d'Abélard*, pp. 77-127; Jolivet, *Abélard ou la philosophie*, pp. 111-122; Maioli, *Gli universali. Storia antologica*, pp. 215-229; King, *Peter Abailard*, II, pp. 1*-28*; Spade, *Five Texts*, pp. 29-37; Pedro Abelardo, *Lógica para principiantes*; Lafleur – Carrier, «Abélard et les universaux», pp. 151-162. (ii) Gli argomenti della *Logica 'Nostrorum Petitioni Sociorum'* sono studiati più brevemente (spesso come appendice allo studio degli argomenti di *LI*) in: Beonio Brocchieri Fumagalli, *La logica di Abelardo*, pp. 60-63; Tweedale, *Abailard on Universals*, pp. 120-127 (solo per gli argomenti contro la teoria dell'*individuum*, che ricevono però più spazio di quelli di *LI* contro la stessa teoria); Jolivet, *Arts du langage*, pp. 219-223; King, *Peter Abailard*, I, pp. 151-169 (contro TEM, insieme agli argomenti di *LI*), 220-234 (contro la teoria dell'*individuum*, insieme agli argomenti di *LI*); Gracia, *Introduction*, pp. 213-214 (argomento n. 6 della predicazione accidentale dell'individualità, contro la

Essa è però ugualmente interessante, per almeno due motivi. In primo luogo, l'analisi degli argomenti critici permette di precisare ulteriormente alcuni tratti della teoria, rimasti in ombra nella sezione descrittiva. Ciò è particolarmente importante per gli argomenti citati in *'Quoniam de generali'* e nel commento *P17*, che, difendendo direttamente la teoria, avanzano anche repliche alle obiezioni. Anche negli altri casi, però, gli argomenti degli avversari contribuiscono a fare luce sulla teoria: ad esempio, nell'argomento del *convenire*, n. 3, Abelardo sembra presupporre che i sostenitori della teoria debbano affermare che la *x* in cui varie cose convengono sia una *res*; negli argomenti della predicazione accidentale dell'individualità, n. 6, e del singolare che è universale (o di Socrate che non è Socrate), n. 14, emerge la tendenza a considerare l'individualità come un accidente. L'analisi della sezione critica è interessante in secondo

teoria dell'*individuum*); DE LIBERA, *L'Art des généralités*, pp. 343-348 (presentazione del realismo in *LNPS* e degli argomenti contro TEM) e 363-365 (uno degli argomenti contro la teoria dell'*individuum*). La sezione di *LNPS* che descrive e critica il realismo è tradotta solo in KING, *Peter Abailard*, II, pp. 29*-51* (MAIOLI, *Gli universali. Storia antologica*, pp. 188-189 e 271-272 traduce le parti descrittive, ma non gli argomenti contro il realismo). (iii) Per gli argomenti contenuti nel *'De generibus et speciebus'*, invece, disponiamo di una traduzione antologica, con breve analisi, in MAIOLI, *Gli universali. Storia antologica*, pp. 291-301 (basata però sull'edizione di Victor Cousin a partire dal solo ms. Paris, BnF, lat. 13368) e della traduzione di Peter King in *Peter Abailard*, II, pp. 190*-206* e (rivista) in ID., «Pseudo-Joscelin», pp. 133-185; alcune sezioni di *GS* sono analizzate da King nel suo studio degli argomenti di *LI* contro la teoria della *collectio* (*Peter Abailard*, I, pp. 192-213); più recentemente, si segnala l'ottima ricostruzione di ARLIG, *A Study*, pp. 283-302 (argomenti contro la teoria della *collectio*, e risposte). Si può ricordare che alcuni studi ottocenteschi includono un'analisi di *GS*, all'epoca attribuito ad Abelardo: *cf.* in particolare DE RÉMUSAT, *Abélard*, II, pp. 22-86. (iv) Su *QG*, si possono consultare le osservazioni e i commenti di HAURÉAU, *Notices et extraits*, V, pp. 298-325 (che include una prima trascrizione del testo); MAIOLI, *Gli universali. Storia antologica*, pp. 189-190, 266-271, 274-281; KING, *Peter Abailard*, I, pp. 222-224; DIJS, «Two Anonymous», pp. 86-88; ROMANO, *Una soluzione*, pp. 41-69, 115-146; e soprattutto WCIÓRKA, «Czy Sokrates jest powszechnikiem?» e ID., «Is Socrates a Universal?» (sull'argomento di Socrate che si predica di molti e non si predica di molti, n. 22) e PINZANI, «Alberto non è diverso da Søren», pp. 317-326 (con analisi di tutti gli argomenti contro la teoria dell'*individuum*, con risposte, di *QG*). La traduzione di alcune sezioni si legge in MAIOLI, *Gli universali. Storia antologica*, pp. 189-190 e 274-281 (che indica *QG* con il nome di *'Tractatus de indifferentia'*), mentre una traduzione completa si trova in KING, *Peter Abailard*, II, pp. 128*-142* e in ROMANO, *Una soluzione*, pp. 115-146. (v) A mia conoscenza, non esistono studi né traduzioni degli argomenti di *P17*.

luogo perché, anche se i testi analizzati sono attribuiti ad autori diversi, che abbracciano posizioni differenti, gli argomenti presentati sono spesso simili: in molti casi, essi possono essere paragonati. Da un lato ciò consolida l'identificazione della teoria da un testo all'altro; dall'altro mostra che l'apporto di ciascun autore si inseriva in un dibattito collettivo che prevedeva il ricorso ad argomenti "classici", ripresi da vari maestri, contro una data teoria.

Nel seguito del capitolo, analizzeremo prima gli argomenti contro la teoria dell'*individuum* che si leggono nei testi che criticano la teoria, cioè nella *Logica 'Ingredientibus'* (5.1), nella *Logica 'Nostrorum Petitioni Sociorum'* (5.2) e nel *'De generibus et speciebus'* (5.3); poi gli argomenti, con risposta, dei testi che sostengono la teoria, ossia *'Quoniam de generali'* (5.4) e il commento *P17* (5.5). Complessivamente, il catalogo comporta 37 argomenti, numerati di seguito: è stato dato un nome a ciascun argomento e si è cercato di mettere in evidenza le somiglianze esistenti tra i diversi argomenti.

5.1. *Nella* **Logica 'Ingredientibus'** *(pp. 15.23-16.18)*

A differenza di quanto avviene in altri testi, gli argomenti della *Logica 'Ingredientibus'* contro la teoria dell'*individuum* non sono ben delimitati: si presentano come un flusso di obiezioni. Essi sono raggruppabili, a mio avviso, in tre argomenti (qui numerati 1-3), anche se in passato sono stati proposti anche altri raggruppamenti[2]. I tre argomenti di *LI* sono

---

[2] *Cf.* TWEEDALE, *Peter Abailard*, pp. 119-120; JOLIVET, *Arts du langage*, p. 218; KING, *Peter Abailard*, I, pp. 220-234; DE LIBERA, *L'Art des généralités*, pp. 295, 352-358. King, in particolare, individua due gruppi di argomenti: il primo è costituito da quattro obiezioni contro lo *"status realism"* (egli distingue due argomenti all'interno di quello che ho chiamato argomento della predicazione, n. 1, e spezza poi l'argomento del *convenire*, n. 3, considerando come riferita allo *status realism* solo la prima parte), seguite da un argomento contro l'*"agreement realism"* (seconda parte dell'argomento del *convenire*); sulla distinzione tra *status realism* e *agreement realism*, due forme di realismo che King attribuisce rispettivamente a Gualtiero e a Guglielmo di Champeaux e ritiene fondate su un criterio positivo e uno negativo per il convenire delle cose tra loro, *cf. infra*, capitolo 7, pp. 324-325. Simile all'analisi di King è quella di de Libera, che conta 4 argomenti contro la "seconda teoria della *collectio*" (corrispondenti ai quattro argomenti di King contro lo *status realism*), seguiti da un argomento contro una più generica teoria dell'indifferenza, ossia contro il principio di non-differenza

strettamente collegati alla descrizione della teoria nello stesso testo. In *LI*-I si leggeva che, secondo la teoria dell'*individuum*, Socrate si predica di più, un'affermazione da intendere in senso figurato ed equivalente ad affermare che più cose convengono con Socrate, o lui con più cose: le due affermazioni si trovano nell'argomento della predicazione, n. 1 e nell'argomento del *convenire*, n. 3. In *LI*-N e *LI*-O si affermava la suddivisione di Socrate in vari livelli, tra loro opposti: troviamo la stessa questione nell'argomento della cosa diversa da sé, n. 2.

1. ARGOMENTO DELLA PREDICAZIONE (*LI* p. 15.23-35; *cf. infra*, argomento del *convenire*, n. 3; *LNPS*, argomento della predicazione, n. 4; *QG*, argomento di Socrate che si predica di molti e non si predica di molti, n. 22)[3]. Come si vedrà meglio percorrendo il seguito del catalogo, obiezioni

(l'argomento di King contro l'*agreement realism*); sulla denominazione 'seconda teoria della *collectio*', *cf. infra*, capitolo 6, pp. 238-240. Si vedano anche le traduzioni di MAIOLI, *Gli universali. Storia antologica*, pp. 227-229; SPADE, *Five Texts*, pp. 36-37; JOLIVET, *Abélard ou la philosophie*, pp. 133-135; LAFLEUR – CARRIER, «Abélard et les universaux», pp. 160-162 (§§ 36-37).

[3] Come notato da DE LIBERA, *L'Art des généralités*, pp. 358-363 e da KING, «Metaphysics», p. 112 n. 26 e ID., *Peter Abailard*, I, pp. 225-226, l'argomento è citato anche in un altro passo della *Logica 'Ingredientibus'*, nella sezione *De genere* (*LI* p. 37.3-29): «Notandum uero secundum eorum sententiam, qui res quoque uniuersales proprie dicunt easdem etiam, quae sunt singulares, 'praedicari de pluribus' ad differentiam singularium poni non posse. Quippe eaedem quae singulares sunt, uniuersales conceduntur. Si ergo 'praedicari de pluribus' simpliciter generi aptetur atque ideo propter differentiam simpliciter a singularibus remoueatur, ut scilicet indiuidua de pluribus omnino non praedicentur, falsum est. Si uero generi non simpliciter aptet 'praedicari de pluribus', sed in respectu generis atque indiuiduis in respectu indiuiduorum auferat, profecto in definitione generis cum 'praedicari de pluribus' oportet subintelligi: in eo quod genus est. Vnde iam sequentes differentiae superfluerent. Praeterea si respectus attendamus, ut uidelicet dicamus genera in eo quod genera sunt, praedicari de pluribus, indiuidua uero non in eo quod sunt indiuidua, non ualet differentia magis ad indiuidua, quam ad accidentia. Quippe nullum accidens, in quantum est accidens, de pluribus praedicatur. Vnde 'in quid' suppositum ad differentiam accidentium nullo modo esset. Similiter etiam rationale in definitione hominis ad exclusionem mortalis bene ponitur, quia nullum rationale in eo quod rationale est, mortale est. Idem de ceteris differentiis, quae in definitione generis sequuntur, opponi potest, secundum hoc scilicet, quod eandem rem et genus et speciem et differentiam et accidens esse concedant. Quippe albedinem quam et specialissimum et accidens dicunt et de hoc cygno et hac margarita specie differentibus praedicari annuunt, per quod tamen specialissima excludunt atque ideo ipsam albedinem et hoc quod species est, in secunda differentia ut speciem specialissimam excludunt, in ultima uero, quae est 'in quid', ipsam quoque excludunt ut accidens».

5. GLI ARGOMENTI CONTRO LA TEORIA DELL'*INDIVIDVVM* 171

sul modo in cui la teoria dell'*individuum* intenda la predicazione sono frequenti. L'argomento di *LI* comprende due obiezioni, entrambe incentrate su come la teoria dell'*individuum* intenda 'essere predicato'.

La prima obiezione è mossa alla predicazione come «convenire». Secondo la teoria dell'*individuum*, *praedicari de pluribus* significa *convenire cum pluribus*; dunque, «essere predicato» equivale a «convenire con» (*cf.* descrizione della teoria in *LI*-I). L'individuo, però, si predica di uno solo[4]. In questo caso, obietta Abelardo, come si può intendere «essere predicato» come «convenire», dal momento che l'individuo non conviene con nient'altro? In altre parole, l'individuo rappresenta un controesempio alla definizione di *praedicari* come *convenire*: il convenire, infatti, sembra implicare sempre almeno due elementi in gioco, e pertanto non si adatta a ciò che è predicato di uno solo[5].

La seconda obiezione si basa sul fatto che, se si segue la teoria dell'*individuum*, si perde la distinzione che Porfirio instaura tra universale e individuo, basata su «essere predicato di più»: si tratta di un'obiezione ricorrente nel catalogo ma che può anche essere percorsa *in favore* della teoria (*cf. infra*, argomento della predicazione di molti, n. 4; argomento di Socrate che si predica di più e non si predica di più, n. 22; argomento della predicazione di molti come proprietà, n. 23). L'universale si predica di più; l'individuo, invece, non si predica di più (l'individuo si predica di

---

[4] *Cf.* Porphyrius, *Isagoge*, tr. Boethii, *AL*, pp. 6.25-7.10: «Tripliciter igitur cum genus dicatur, de tertio apud philosophos sermo est, quod etiam describentes assignauerunt genus esse dicentes quod de pluribus et differentibus specie in eo quod quid sit praedicatur, ut 'animal'. Eorum enim quae praedicantur alia quidem de uno dicuntur solo, sicut indiuidua sicut Socrates et hic et hoc, alia uero de pluribus, quemadmodum genera et species et differentiae et propria, et accidentia communiter sed non proprie alicui. Est autem genus quidem ut 'animal', species uero ut 'homo', differentia autem ut 'rationale', proprium ut 'risibile', accidens ut 'album', 'nigrum', 'sedere'. Ab his ergo quae de uno solo praedicantur differunt genera eo quod de pluribus adsignata praedicentur»; *cf.* Aristoteles, *De interpretatione*, 7, 17a38-b2, tr. Boethii, *AL*, p. 10.1-3: «dico autem uniuersale quod in pluribus natum est praedicari, singulare uero quod non, ut 'homo' quidem uniuersale, 'Plato' uero eorum quae sunt singularia».

[5] *LI* p. 15.23-29 *[argomento della predicazione, n. 1, prima obiezione]*: «Restat autem nunc, ut eos oppugnemus qui singula indiuidua in eo quod aliis conueniunt uniuersale appellant et eadem de pluribus praedicari concedunt, non ut plura essentialiter sint illa, sed quia plura cum eis conueniunt. Sed si praedicari de pluribus idem est quod conuenire cum pluribus, quomodo indiuiduum de uno solo dicimus praedicari, cum scilicet nullum sit quod cum una tantum re conueniat?».

uno solo). In questa teoria universale e individuo si confondono, perché a *homo in quantum est homo* si può sostituire *Socrates in quantum est homo*, e a *Socrates in quantum est Socrates* si può sostituire *homo in quantum est Socrates*, come nella tabella sottostante[6]. Ora, ciò che vale per Socrate vale per uomo (intesi senza qualificazioni) allo stesso modo (*eodem modo*). Il «modo» qui ricordato sembra da riferire alla determinazione introdotta da «in quanto»[7]. «In quanto uomo» uomo conviene con altri; e anche Socrate, «in quanto uomo», si predica di più: essi hanno dunque la stessa caratteristica (convenire con altri) allo stesso modo (in quanto uomo); similmente «in quanto è Socrate» sia uomo che Socrate non convengono con altri e la stessa caratteristica (non convenire con altri) è posseduta allo stesso modo (in quanto Socrate). L'obiezione evidenzia la tendenza, da parte della teoria dell'*individuum*, ad aggiungere (tramite espressioni come '*in quantum est* x' o '*in eo quod*' o anche, in altri testi, *status*) un livello ulteriore a determinazioni come *homo* o *Socrates*, facendo poi ricadere sui termini di partenza (*homo*, *Socrates*) le qualifiche che essi possiedono per le determinazioni aggiuntive. Si noti inoltre che questo argomento può anche essere percorso in favore della teoria dell'*individuum*: è infatti un argomento contro la distinzione tra individuo e universale, e negare tale distinzione è proprio ciò che la teoria vuole sostenere. Lo troviamo così percorso in *QG*, argomento di Socrate che si predica di molti e non si predica di molti, n. 22 (*cf*. anche *LNPS*, argomento della predicazione di molti, n. 4, dove invece è usato contro la teoria).

HOMO	Homo in quantum est homo	Socrates in quantum est homo
SOCRATES	Homo in quantum est Socrates	Socrates in quantum est Socrates

[6] *LI* p. 15.29-35 *[argomento della predicazione, n. 1, seconda obiezione]*: «Quomodo etiam per 'praedicari de pluribus' inter uniuersale et singulare differentia datur, cum eodem penitus modo quo homo conuenit cum pluribus, conueniat et Socrates? Quippe homo, in quantum est homo, et Socrates, in quantum est homo, cum ceteris conuenit. Sed nec homo, in quantum est Socrates, nec Socrates, in quantum est Socrates, cum aliis conuenit. Quod igitur habet homo, habet Socrates et eodem modo».

[7] Se la stessa caratteristica fosse posseduta da uomo e da Socrate *in modi diversi*, vi sarebbe almeno una differenziazione, che invece qui manca (con la conseguenza che viene meno ogni differenza tra individuo e universale). L'identità tra uomo e Socrate si basa sia sul fatto che i due hanno la stessa caratteristica, sia sul fatto che tale caratteristica è posseduta nello stesso modo: *cf. infra*, argomento del *convenire*, n. 3, per la stessa strategia.

5. GLI ARGOMENTI CONTRO LA TEORIA DELL'*INDIVIDVVM*   173

2. Argomento della cosa diversa da sé (*LI* pp. 15.36-16.2; *cf. P17*, "argomento" della materia di sé, della parte di sé e della precedenza a sé, n. 37). Nella descrizione della teoria dell'*individuum* in *LI* (in particolare nelle sezioni *LI*-N e *LI*-O) si afferma che, seguendo questa teoria, *Socrates in eo quod est homo* dovrà essere «diviso» (*dividitur*) da *Socrates in eo quod est Socrates*; le due determinazioni di Socrate sono state citate anche nell'argomento della predicazione, n. 1. Ora, come nell'argomento n. 1, Abelardo argomenta che tra l'Uomo-che-è-in-Socrate (ossia *Socrates in quantum est homo*/*in eo quod est homo*) e Socrate non può esserci nessuna differenza (e perciò le diverse determinazioni dell'individuo non sono divise l'una dall'altra, e l'individuo non è diviso da se stesso). Infatti «nessuna cosa è diversa da se stessa allo stesso tempo, perché tutto ciò che ha, lo ha anche esattamente allo stesso modo». Per una cosa avere più di una determinazione allo stesso tempo, come per Socrate essere *albus* o *grammaticus* allo stesso tempo, non significa diversificarsi da sé: le determinazioni diverse che la cosa ha, le ha tutte esattamente nello stesso modo («et eodem modo penitus»)[8]. Come nell'argomento precedente, Abelardo sembra considerare il fatto di avere determinazioni diverse *in modo diverso* causa della diversificazione da sé («alio modo a se ipso grammaticus est uel alio modo albus»)[9].

---

[8] *LI* pp. 15.36-16.2 *[argomento della cosa diversa da sé, n. 2]*: «Praeterea cum res penitus eadem esse concedatur, homo scilicet qui in Socrate est, et ipse Socrates, nulla huius ab illo differentia est. Nulla enim res eodem tempore a se ipsa diuersa est, quia quicquid in se habet, habet et eodem modo penitus. Vnde et Socrates albus et grammaticus, licet diuersa in se habeat, a se tamen per ea non est diuersus, cum utraque eadem ipse habeat et eodem modo penitus. Non enim alio modo a se ipso grammaticus est uel alio modo albus, sicut nec aliud albus est a se uel aliud grammaticus».

[9] Questo aspetto dell'argomento, basato sulla differenziazione in base al modo, può essere confrontato con strategie adottate da Abelardo in altri contesti. Vi sono casi in cui enunciati diversi (ad esempio un enunciato completo come "*homo currit*" e uno incompleto come "*homo currens*") hanno lo stesso *intellectus* ma differiscono nel *modus enuntiandi* o *modus proponendi* in cui il contenuto è proposto (*cf.* K. Jacobi – Ch. Strub – P. King, «From *intellectus verus*/*falsus* to the *dictum propositionis*: The Semantics of Peter Abelard and his Circle», *Vivarium*, 34 [1996] 15-40, specialmente p. 20; Rosier-Catach, «Les discussions sur le signifié des propositions», p. 7); anche verbo e aggettivo della stessa radice (ad esempio *albet* e *albus*) si differenziano perché, pur significando entrambi una qualità come inerente, differiscono *in modo significandi* (Rosier-Catach, «Abélard et les grammairiens: sur la notion d'inhérence», pp. 155-156, con riferimento anche alla tradizione grammaticale che già aveva proposto tale soluzione).

3. ARGOMENTO DEL *CONVENIRE* (*LI* p. 16.2-18; *cf. supra*, argomento della predicazione, n. 1; *infra*, *P17*, argomento del *convenire* di Socrate e Platone, n. 29; *P17*, argomento della somiglianza di due uomini, n. 30). Questo argomento attacca la particolare interpretazione di *praedicari* come *convenire* fornita dalla teoria dell'*individuum*. Come si ricorderà, secondo la descrizione della teoria fornita da *LI* (in particolare in *LI*-I) «essere predicato» è da intendere in modo figurato: per *x* essere predicato di più significa che *x* conviene con più cose, ossia che più cose sono simili a *x* o *x* è simile a esse[10]. L'argomento di *LI* si compone di cinque parti: una prima obiezione di Abelardo; una contro-obiezione n. 1 dei sostenitori della teoria; la replica di Abelardo alla contro-obiezione n. 1; una contro-obiezione n. 2 alla replica; e una replica alla contro-obiezione n. 2. L'argomento indaga il *convenire* in *x* di due individui che appartengono alla stessa specie *x*, ad esempio il *convenire* di Socrate e Platone nell'uomo[11]. Abelardo domanda: che cos'è questo *x*? Secondo la teoria dell'*individuum*, infatti, al mondo non esistono che gli individui, distinti tra loro (non esiste una cosa universale Uomo, come per TEM): pertanto, se Socrate conviene con Platone *in homine*, tale *homo* sarà o Socrate stesso o un altro individuo uomo. Ora, non può essere Socrate, perché in sé (*scil.* come individuo) Socrate si differenzia da Platone, piuttosto che convenire con lui; non può però essere neppure un altro individuo uomo, perché Socrate non è un altro uomo. Dunque, non c'è nulla al mondo che *homo*, nell'espressione '*in homine*', denoti. Questo primo argomento suppone evidentemente che si debba convenire in una *res* esistente: Abelardo, in altre parole, costringe i realisti a una interpretazione realista di '*in homine*', per mostrarne l'inaccettabilità[12]. Si può a questo

---

[10] *Cf. supra*, capitolo 4, pp. 140-141 e 146-147, e la versione diversa di *praedicari* come *convenire* (con introduzione di *status*) che si legge nella descrizione della teoria dell'*individuum* in *LNPS*; *cf.* anche *praedicari* come *convenire* nell'argomento della predicazione, n. 1 e nell'argomento della predicazione di molti come proprietà, con risposta, n. 23 (*QG* § 47).

[11] *LI* p. 16.2-9 *[argomento del* convenire*, n. 3, prima obiezione]*: «Illud quoque quod dicunt Socratem cum Platone conuenire in homine, qualiter accipi potest, cum omnes homines ab inuicem tam materia quam forma differre constat? Si enim Socrates in re quae homo est cum Platone conueniat, nulla autem res homo sit nisi ipse Socrates uel alius, oportet ipsum cum Platone uel in se ipso conuenire uel in alio. In se autem potius diuersus est ab eo; de alio quoque constat, quia nec ipse est alius».

[12] *Cf.* KING, *Peter Abailard*, I, pp. 230-232; DE LIBERA, *L'Art des généralités*, p. 356: «Supposons que Socrate se rencontre avec Platon dans la chose qui est homme. Aucune chose n'est *homme* en dehors de Socrate ou un autre (que Socrate). Donc, si

5. GLI ARGOMENTI CONTRO LA TEORIA DELL'*INDIVIDVVM* 175

proposito notare che, per Abelardo, le cose convengono in uno *status*, e che lo *status* non è una cosa: gli si potrebbe dunque contro-obiettare che convenire in *x* non implica che *x* sia una cosa. Detto altrimenti, la dottrina abelardiana dello *status* tiene presenti le obiezioni che egli solleva contro i realisti in questo argomento[13].

Abelardo considera poi una contro-obiezione dei sostenitori della teoria dell'*individuum*, o perlomeno un modo di approcciare la questione che potrebbe forse aggirare l'obiezione[14]. Tale approccio consiste

---

Socrate se rencontre avec Platon, c'est soit (a) en Socrate lui-même soit (b) en un autre. Ce ne peut être en Socrate lui-même, car *en lui-même* Socrate diffère de Platon. Mais ce ne peut être en un autre, car Socrate n'est pas un autre (que lui-même). On peut représenter ainsi l'argument (où '≈' = 'se rencontre avec' et '(H)x' = 'la chose *Homme*'):

S ≈ P en (H)x
(H)x est S ∨ P
donc si S ≈ P
S ≈ P en S ∨ S ≈ P en ¬ S
Mais *S ≈ P en S* est faux, car S ≠ P en S
et *S ≈ P en ¬ S* est faux, car ¬ (S ≠ S)
donc ce n'est pas le cas que S ≈ P en (H)x».

[13] *Cf. LI* pp. 19.33-20.12: «Est itaque res diuersas conuenire eas singulas idem esse uel non esse, ut esse hominem uel album uel non esse hominem uel non esse album. Abhorrendum autem uidetur, quod conuenientiam rerum secundum id accipiamus, quod non est res aliqua, tamquam in nihilo ea quae sunt uniamus, cum scilicet hunc et illum in statu hominis, id est in eo quod sunt homines, conuenire dicimus. Sed nihil aliud sentimus, nisi eos homines esse, et secundum hoc nullatenus differre, secundum hoc, inquam, quod homines sunt, licet ad nullam uocemus essentiam. Statum autem hominis ipsum esse hominem, quod non est res, uocamus, quod etiam diximus communem causam impositionis nominis ad singulos, secundum quod ipsi ad inuicem conueniunt. Saepe autem causae nomine ea quoque quae res aliqua non sunt, appellamus, ut cum dicitur: Verberatus est, quia non uult ad forum. Non uult ad forum, quod ut causa ponitur, nulla est essentia».

[14] *LI* p. 16.9-18 *[argomento del convenire, n. 3, contro-obiezione n. 1; replica a n. 1; contro-obiezione n. 2 alla replica a n. 1; replica alla contro-obiezione n. 2]*: «*[contro-obiezione n. 1]* Sunt autem qui 'in homine conuenire' negatiue accipiunt, ac si diceretur: Non differt Socrates a Platone in homine. *[replica a n. 1]* Sed et sic quoque potest dici, quia nec differt ab eo in lapide, cum neuter sit lapis. Et sic non maior eorum conuenientia notatur in homine quam in lapide, *[contro-obiezione n. 2 alla replica]* nisi forte propositio quaedam praecedat, ac si dicatur ita: Sunt homo, quod in homine non differunt. *[replica a n. 2]* Sed nec sic stare potest, cum omnino falsum sit eos non differre in homine. Si enim Socrates a Platone non differt in re quae homo est, nec in se ipso. Sic enim in se differt ab eo, ipse autem sit res quae homo est, profecto et in re quae homo est, differt ab ipso».

nell'intendere il convenire di Socrate e Platone in modo negativo: il convenire di Socrate e Platone in *x* significa che Socrate *non differisce* da Platone in *x* («Non differt Socrates a Platone in homine»)[15]. Il vantaggio di tale modo di procedere sembra essere che, a differenza della proprietà positiva di convenire, la proprietà negativa di non-differire non sembra richiedere l'esistenza di una *res* in cui convenire[16].

[15] Alain de Libera ricorda che l'origine ultima di questo ragionamento è da ricercare nel *Menone* di Platone (72b); *cf.* DE LIBERA, *L'Art des généralités*, p. 357: «Dire que Socrate se rencontre avec Platon dans l'homme reviendrait à dire que Socrate *ne diffère pas* de Platon dans l'homme. Cette expression, dont nous avons montré ailleurs l'origine platonicienne, fait écho à la formule du *Ménon* qui permet à Platon de passer de la proposition "Ce n'est pas en tant qu'abeilles que les abeilles diffèrent les unes des autres" à la proposition "Il y a une chose en laquelle toutes les abeilles sont non différentes (οὐδὲν διαφέρουσιν) quant à l'essence". Le passage de "ce n'est pas par leur εἶδος que les abeilles diffèrent les unes des autres", à "la possession d'un même εἶδος fonde la non-différence de toutes les abeilles entre elles" ou à "il y a une chose, l'εἶδος, par quoi, du point de vue de l'essence (περὶ οὐσίας), des choses sont non différentes les unes des autres" – que ce *par quoi* s'interprète en termes de possession ou, comme dans d'autres *Dialogues*, en termes de participation à une Forme –, se retrouve dans la théorie de l'indifférence critiquée par Abélard, car elle implique qu'il y a une chose, *l'homme* – nature commune ou εἶδος participé – en laquelle Socrate ne diffère pas de Platon». *Cf.* anche ID., *La querelle*, pp. 51-56, 150-153.

[16] Si può notare che, nel suo trattamento di *status*, Abelardo adotta esattamente la stessa attitudine verso proprietà positive e negative. Si prendano due cose *A* e *B* che convengono in uno *status* per il fatto di avere entrambe la stessa proprietà: se una proprietà positiva potrebbe forse suggerire che lo *status* in cui *A* e *B* convengono sia una cosa, il rischio di reificare gli *status* non sembra sussistere nel caso in cui la proprietà in cui *A* e *B* convengono sia negativa. Abelardo utilizza pertanto l'esempio di proprietà negative in cui due cose convengono (come *non* essere in un soggetto, *non* ricevere contrari, *non* ricevere il più e il meno, in cui convengono le sostanze individuali) per mostrare che anche quando le cose convengono per una proprietà positiva *(esse hominem)* tale *status* non è una cosa. *Cf. LI* pp. 19.21-20.9: «Singuli homines discreti ab inuicem, cum in propriis differant tam essentiis quam formis, ut supra meminimus rei physicam inquirentes, in eo tamen conueniunt, quod homines sunt. Non dico in homine, cum res nulla sit homo nisi discreta, sed in esse hominem. Esse autem hominem non est homo nec res aliqua, si diligentius consideremus, sicut nec non esse in subiecto res est aliqua nec non suscipere contrarietatem uel non suscipere magis aut minus, secundum quae tamen Aristoteles omnes substantias conuenire dicit. Cum enim in re, ut supra monstratum, nulla possit esse conuenientia, si qua est aliquorum conuenientia, secundum id accipienda est, quod non est res aliqua, ut in esse hominem Socrates et Plato similes sunt, sicut in non esse hominem equus et asinus,

Segue la replica di Abelardo a tale contro-obiezione. Se Socrate e Platone convengono perché non differiscono, l'*x* in cui Socrate e Platone convengono potrebbe essere non solo *homo*, ma qualsiasi altra cosa con cui essi abbiano la medesima relazione: ad esempio *lapis*, perché entrambi convengono (ossia non differiscono) nel fatto di *non* essere una pietra[17]. Se due cose convengono positivamente, sembra necessario ammettere che entrambe possiedano una medesima proprietà positiva; ma se convenire in *x* è inteso negativamente, come un puro non differire di due cose nella relazione che esse hanno con *x*, nulla vieta che tale relazione sia data da una proprietà negativa. Due cose *A* e *B* possono infatti avere la medesima relazione nei confronti di *x* sia a partire da proprietà positive (essere *x* sia di *A* che di *B*) che a partire da proprietà negative (*non* essere *x* sia di *A* che di *B*).

secundum quod utrumque non-homo uocatur. Est itaque res diuersas conuenire eas singulas idem esse uel non esse, ut esse hominem uel album uel non esse hominem uel non esse album. Abhorrendum autem uidetur, quod conuenientiam rerum secundum id accipiamus, quod non est res aliqua, tamquam in nihilo ea quae *[non, espunto da Geyer; Lafleur-Carrier nunc]* sunt uniamus, cum scilicet hunc et illum in statu hominis, id est in eo quod sunt homines, conuenire dicimus. Sed nihil aliud sentimus, nisi eos homines esse, et secundum hoc nullatenus differre, secundum hoc, inquam, quod homines sunt, licet ad nullam uocemus essentiam. Statum autem hominis ipsum esse hominem, quod non est res, uocamus, quod etiam diximus communem causam impositionis nominis ad singulos, secundum quod ipsi ad inuicem conueniunt»; e MALONEY, «Abailard's Theory of Universals», pp. 29-30: «Abelard notes that not undergoing contrariety is common to all individual substances. Nevertheless we are not, he supposes, inclined to treat not undergoing contrariety as an element of any individual substance, for we do not think of it as any thing at all. So too, though being man is common to all individual men, we ought not, he insists, to treat being man as an element of any individual man»; cf. anche J. BROWER, *Trinity*, in BROWER – GUILFOY (edd.), *The Cambridge Companion to Abelard*, pp. 223-257, in particolare pp. 240-241 sulla distinzione tra *property* (proprietà positiva, che implica l'esistenza di una forma nel soggetto) e *what is proper* (proprietà negativa, che implica la rimozione della forma), con riferimento a Abaelardus, *Theologia Christiana*, ed. BUYTAERT (*CCM*, 12), III, § 166, pp. 256.2005-257.2022.

[17] Si veda anche MALONEY, «Abailard's Theory of Universals», p. 28: «Abailard's complaint against William's alternative proposal is that it fails to explain what is meant by individuals being indifferently the same, not differing with respect to a feature. It is, Abailard notes, plausible to say that Socrates and Plato do not differ with respect to being stones since neither is a stone. Yet, given William's view, it follows that Socrates and Plato are stones if they do not differ with respect to being stones». Il passo di Abelardo non trae però esplicitamente la conclusione che Socrate e Platone siano entrambi pietre.

Ora, a questo attacco di Abelardo si potrebbe obiettare che il convenire, anche inteso come non-differire, non può essere riferito a una proprietà negativa. Sembra che la limitazione a proprietà positive sia proprio ciò che i sostenitori della teoria dell'*individuum* (secondo la presentazione di Abelardo) tenterebbero di conseguire con l'aggiunta della precisazione «[Socrate e Platone] *sono uomo* perché non differiscono nell'uomo» («Sunt homo, quod in homine non differunt»). Il fatto che Socrate e Platone non differiscano nell'uomo è causa di una proprietà positiva, ossia del fatto che sia l'uno che l'altro sono un uomo. Il caso di uomo, si potrebbe glossare, è dunque diverso da quello della pietra, perché il fatto che Socrate e Platone non differiscano nell'essere un uomo è causa di una caratteristica positiva, un essere qualcosa, di Socrate e Platone, mentre il fatto che non differiscano nel *non* essere una pietra non fonda alcuna caratteristica positiva, alcun essere qualcosa, di Socrate e Platone.

Per replicare alla contro-obiezione n. 2, Abelardo ripropone la strategia iniziale dell'argomento. Egli domanda: che cos'è questo *homo* in cui Socrate e Platone non differiscono? Sarà, secondo un'interpretazione realista, la *res quae homo est*. Ma, tra le altre, anche Socrate è una *res quae homo est*. Dunque Socrate, *in re quae homo est*, ossia (nell'esempio scelto) in Socrate, non differisce da Platone[18]. Nello stesso tempo, però, Socrate *in Socrate* differisce da Platone (perché in quanto individuo è diverso da qualsiasi altro individuo: affermazione generale della teoria, già ricordata all'inizio dell'argomento). Anche se, cioè, a 'convenire' è stato sostituito

---

[18] *Cf.* anche la spiegazione di DE LIBERA, *L'Art des généralités*, p. 358: «La proposition ⟨p1⟩ *[scil.* Socrate ne diffère pas de Platon dans l'homme*]* ne peut donc fonder un *accord* plus grand entre Socrate et Platon que ⟨p2⟩ *[scil.* Socrate ne diffère pas de Platon dans la pierre*]*, sauf si l'on ajoute une prémisse causale additionnelle à ⟨p1⟩, telle que ⟨p1′⟩ : Socrate et Platon sont homme *parce qu'ils ne diffèrent pas* dans l'homme – auquel cas, ⟨p1′⟩ est effectivement mieux fondée que ⟨p2⟩ et dotée d'une veritable force descriptive. Mais, précisément, on ne peut, selon Abélard, poser ⟨p1′⟩, car ⟨p1⟩ est tout simplement fausse. La fausseté de ⟨p1⟩ se démontre ainsi: [a] si l'on admet que ⟨p1⟩ Socrate *ne diffère pas* de Platon *dans* une chose qui est homme, on doit admettre qu'il ne diffère pas de Platon en lui-même. Or, l'inférence [a] ne peut être évitée, car si Socrate diffère en lui-même de Platon, et si Socrate est une chose qui est homme, nécessairement Socrate diffère aussi de Platon dans une chose qui est homme. On est donc face à une contradiction [b], car [b1] ou Socrate *ne diffère pas* de Platon *dans* une chose qui est homme, et Socrate ne diffère pas de Platon en lui-même [ce qui est faux], ou [b2] Socrate diffère de Platon en lui-même [ce qui est vrai], et Socrate *diffère* de Platon dans une chose qui est homme. La proposition ⟨p1⟩ est donc fausse».

'non differire da' e lo si è limitato a proprietà positive, si ripropone il problema già rilevato all'inizio dell'argomento, sull'identificazione della *x* in cui le cose converrebbero/non differirebbero. Riassumendo, la strategia dell'argomento consiste nel cercare una *res* in cui Socrate e Platone possano convenire; nell'individuare come unica possibilità un individuo; nel negare che il convenire possa avvenire nell'individuo, perché nell'individuo le cose sono tra loro distinte, più che convenire insieme; intendere il convenire come non differire non sembra aiutare la teoria dell'*individuum*, perché apre alla possibilità di un convenire in proprietà puramente negative. Ci si può domandare se è necessario che, secondo la teoria dell'*individuum*, cose individuali convengano in una *res*: Abelardo sembra presupporlo, ma questo punto mi pare restare ambiguo, come è ambiguo che per la teoria lo *status* (in cui le cose convengono) sia una *res*[19].

5.2. Nella Logica 'Nostrorum Petitioni Sociorum' (pp. 518.28-521.20)

Secondo la suddivisione che viene qui proposta, la *Logica 'Nostrorum Petitioni Sociorum'* avanza cinque argomenti (qui numerati 4-8) contro la teoria dell'*individuum*, i quali presentano diverse ramificazioni e suddivisioni[20]. Come già è stato più volte notato, gli argomenti di *LNPS*

---

[19] Nella propria soluzione al problema degli universali, più oltre nella *Logica 'Ingredientibus'*, Abelardo si riferisce di nuovo a questo argomento, scrivendo che si è qui mostrato che due cose non possono convenire in una *res*; *cf.* il già citato passo di *LI* p. 19.21-33: «Singuli homines discreti ab inuicem, cum in propriis differant tam essentiis quam formis, ut supra meminimus rei physicam inquirentes, in eo tamen conueniunt, quod homines sunt. Non dico in homine, cum res nulla sit homo nisi discreta, sed in esse hominem. Esse autem hominem non est homo nec res aliqua, si diligentius consideremus, sicut nec non esse in subiecto res est aliqua nec non suscipere contrarietatem uel non suscipere magis aut minus, secundum quae tamen Aristoteles omnes substantias conuenire dicit. *Cum enim in re, ut supra monstratum, nulla possit esse conuenientia, si qua est aliquorum conuenientia, secundum id accipienda est, quod non est res aliqua, ut in esse hominem Socrates et Plato similes sunt, sicut in non esse hominem equus et asinus, secundum quod utrumque non-homo uocatur*» (corsivo mio).

[20] *Cf.* JOLIVET, *Arts du langage*, pp. 220-221 (che individua sette argomenti, contando tre argomenti in quello che qui viene contato come uno solo, n. 4); TWEEDALE, *Abailard on Universals*, pp. 120-127 (che considera un estratto dell'argomento n.

sono stati oggetto di un'attenzione inferiore a quella riservata agli argomenti di *LI*. Un risultato che emergerà dalla nostra analisi è che una porzione di testo riportata dal manoscritto (e dall'edizione Geyer) all'interno dell'argomento n. 8 deve essere restituita all'argomento n. 7 per poter comprendere le due obiezioni.

4. ARGOMENTO DELLA PREDICAZIONE DI MOLTI (*LNPS* pp. 518.28-519.26; *cf. LI*, argomento della predicazione, n. 1; *QG*, argomento di Socrate che si predica di molti e non si predica di molti, n. 22; *QG*, argomento della predicazione di molti come proprietà, n. 23; *P17*, argomento dell'opposizione tra singolare e universale, con risposta, n. 35). L'argomento della predicazione di molti è simile a quello della predicazione di *LI*, n. 1 (in particolare alla seconda obiezione dell'argomento n. 1). Esso si compone di tre obiezioni, che muovono da uno stesso punto di partenza: seguendo Porfirio, non si può affermare che l'universale è l'individuo (come vorrebbe la teoria dell'*individuum*), perché l'universale si differenzia dall'individuo per il fatto di essere predicato di più (*praedicari de pluribus*): l'universale è predicato di più, l'individuo no. La prima obiezione è seguita da una replica, e poi da una replica di Abelardo[21] alla replica; la seconda obiezione non è seguita da repliche; la terza obiezione, come la prima, è seguita da una replica e poi da una replica di Abelardo alla replica.

1. La prima obiezione (*LNPS* p. 518.29-32) nota appunto che la teoria contraddice Porfirio[22]. La definizione di genere secondo Porfirio è «quod de pluribus et differentibus specie in eo quod quid sit praedicatur»[23].

4, il n. 5 e il n. 6); KING, *Peter Abailard*, I, pp. 220-234; GRACIA, *Introduction*, pp. 213-214 (sull'argomento della predicazione accidentale dell'individualità, n. 6); DE LIBERA, *L'Art des généralités*, pp. 363-365 (in particolare sull'argomento dell'"*homo ambulat*", n. 5); KING, «Metaphysics», pp. 71-72.

[21] Mi riferisco qui ad Abelardo come all'ispiratore di *LNPS*, per maggiore chiarezza nell'analisi degli argomenti, anche se – come si è visto al capitolo 3 – potrebbe non esserne l'autore diretto.

[22] *LNPS* p. 518.28-32 *[argomento della predicazione di molti, n. 4, prima obiezione]*: «Huic autem sententiae opponamus et sensum illorum diligenter inquiramus. In primis inquirendum iudico, quomodo Porphyrius dicit praedicari de pluribus ad exclusionem indiuiduorum, cum illa scilicet praedicentur de pluribus secundum illos».

[23] Porphyrius, *Isagoge*, tr. Boethii, *AL*, pp. 6.25-8.16: «Tripliciter igitur cum genus dicatur, de tertio apud philosophos sermo est, quod etiam describentes adsignauerunt genus esse dicentes quod de pluribus et differentibus specie in eo quod quid sit praedicatur, ut animal. Eorum enim quae praedicantur alia quidem de uno dicuntur solo,

5. GLI ARGOMENTI CONTRO LA TEORIA DELL'*INDIVIDVVM*

Ogni elemento è citato per differenziare il genere dagli altri predicabili e dall'individuo: '*de pluribus [praedicatur]*' distingue il genere dagli individui e accidenti particolari (i quali non si predicano di più, ma di uno solo); '*differentibus specie*' distingue il genere dalla specie e dal proprio (i quali si predicano di cose che non differiscono per specie); '*in eo quod quid sit*' distingue il genere dalla differenza specifica e dagli accidenti comuni (i quali non si predicano in risposta alla domanda "che cosa?" ma in risposta alla domanda "quale?"). '*Praedicari de pluribus*' è dunque citato nella definizione del genere proprio per distinguerlo dall'individuo. Secondo la teoria dell'*individuum*, però, gli universali sono gli stessi individui: sono gli individui stessi a essere predicati di più, e la teoria è dunque in contraddizione con Porfirio.

Abelardo considera poi una replica dei sostenitori della teoria alla sua obiezione (*LNPS* p. 518.32-37). Essa afferma che «quando si dice che il

sicut indiuidua sicut Socrates et hic et hoc, alia uero de pluribus, quemadmodum genera et species et differentiae et propria, et accidentia communiter sed non proprie alicui. Est autem genus quidem ut animal, species uero ut homo, differentia autem ut rationale, proprium ut risibile, accidens ut album, nigrum, sedere. Ab his ergo quae de uno solo praedicantur differunt genera eo quod de pluribus adsignata praedicentur, ab his autem quae de pluribus: ab speciebus quidem quoniam species, etsi de pluribus praedicantur sed non de differentibus specie, sed numero (homo enim cum sit species de Socrate et Platone praedicatur qui non specie differunt a se inuicem sed numero, animal uero cum genus sit de homine et boue et equo praedicatur qui differunt a se inuicem et specie quoque, non numero solo); a proprio uero differt genus quoniam proprium quidem de una sola specie, cuius est proprium, praedicatur et de his quae sub una specie sunt indiuiduis (quemadmodum risibile de homine solum et de particularibus hominibus), genus autem non de una specie praedicatur sed de pluribus et differentibus; a differentia uero et ab his quae communiter sunt accidentibus differt genus quoniam, etsi de pluribus et differentibus specie praedicantur differentiae et communiter accidentia, sed non in eo quod quid sit praedicantur sed in eo quod quale quid sit (interrogantibus nobis enim illud de quo praedicantur haec, non in eo quod quid sit dicimus praedicari sed magis in eo quod quale sit; interrogati enim qualis est homo, dicimus 'rationalis', et in eo quod qualis est coruus dicitur quoniam niger; est autem rationale quidem differentia, nigrum uero accidens; quando autem quid est homo interrogamur, 'animal' respondemus; erat autem hominis genus animal). Quare 'de pluribus praedicari' diuidit genus ab his quae de uno solo eorum quae sunt indiuidua praedicantur; 'differentibus' uero 'specie' separat ab his quae sicut species praedicantur uel sicut propria; 'in eo' autem 'quod quid sit praedicari' diuidit a differentiis et communiter accidentibus quae non in eo quod quid sit sed in eo quod quale est uel quodammodo se habens praedicantur de his de quibus praedicantur. Nihil igitur superfluum neque minus continet generis dicta descriptio».

genere è predicato di più, è come se si dicesse: il genere *in quanto è genere* è predicato di più» (corsivo mio)[24]. Come nell'argomento della predicazione di *LI*, n. 1, seconda obiezione, la replica si basa sulla sostituzione dei termini presi semplicemente (ad esempio '*genus*', '*individuum*', '*Socrates*', presi semplicemente) con termini duplicati, in cui una seconda determinazione è introdotta da '*in quantum*'. L'affermazione può però essere intesa in due modi, a seconda che la precisazione '*in quantum est genus*' venga riferita al soggetto, oppure al predicato. (i) Nel primo caso, si vuole sottolineare che è al genere in quanto è genere che si riferisce la caratteristica di essere predicato di più, e non al genere semplicemente (e non dunque, per raccordare questa risposta all'obiezione precedente, cui essa replica, all'individuo semplicemente). (ii) Nel secondo caso, che sembra più probabile alla luce della replica di Abelardo e di altri argomenti della teoria che verranno analizzati tra poco[25], la precisazione '*in quantum est genus*' si riferisce al predicato 'essere predicato di più', e non al soggetto: la risposta dei sostenitori della teoria dell'*individuum*, cioè, consisterebbe nel replicare che «quando si dice che il genere è predicato di più, è come se si dicesse: il genere è predicato di più *in quanto è genere*»; presumibilmente, ciò consentirebbe di affermare che anche l'individuo è predicato di più in quanto è genere.

Abelardo (che sembra seguire la seconda interpretazione) ribatte però che tale spiegazione non spiega affatto, perché in questo modo il *diffiniendum* entra nella propria stessa definizione: alla domanda "che cos'è il genere?" la teoria risponderebbe infatti che "il genere è ciò che si predica di più in quanto genere". In altre parole, non si può fare appello alla precisazione '*in quantum est genus*' per determinare '*praedicari de pluribus*', dato che quest'ultimo è proprio ciò che dovrebbe definire il genere[26].

---

[24] *LNPS* p. 518.32-37 *[argomento della predicazione di molti, n. 4, replica alla prima obiezione]*: «Sed dicunt mihi quod, cum dicitur genus de pluribus praedicari, tale est, ac si dicatur: genus in quantum est genus praedicatur de pluribus, *[argomento della predicazione di molti, n. 4, replica alla replica alla prima obiezione]* quod constare non potest, cum secundum hoc oporteat ipsam diffinitionem ipso diffinito ignotiorem esse, cum ipsum diffinitum, quod adhuc dubium est, ad declarationem sui inducitur».

[25] *Cf.* la terza obiezione in questo stesso argomento; *QG*, argomento di Socrate che si predica di molti e non si predica di molti (n. 22), e *infra*, capitolo 6, pp. 252-260, per un'analisi dell'importante studio di Wojtek Wciórka su questa strategia.

[26] Diversa è la spiegazione che dell'argomento dà Martin Tweedale (*Abailard on Universals*, pp. 120-121). Egli scrive, in relazione a *LNPS* pp. 518.32-34: «Abailard

2. Segue una seconda obiezione di Abelardo (*LNPS* pp. 518.37-519.2)[27]. Il senso generale dell'obiezione è chiaro: Abelardo intende mostrare che, seguendo la teoria dell'*individuum*, si dovrà affermare che è genere l'*individuum ex statu individui* (e dunque, implicitamente, non solo l'individuo *ex statu generis*, come la teoria vorrebbe sostenere). In altre parole, Abelardo obietta che non solo i termini di primo livello sono interscambiabili, ma anche al livello in cui dovrebbe avvenire la differenziazione tra individuo e genere (quello introdotto da '*in quantum*' o '*ex statu*'), l'individuo è il genere ed è predicabile di più: non vi è dunque più modo di distinguere genere e individuo sulla base della predicabilità di più («Perciò come possono dire che l'esser predicato di più, che si addice al genere, allontani il genere dall'individuo, visto che esso si addice proprio all'individuo?»).

interprets this view as maintaining that it is not "being predicated of many" *simpliciter* which belongs to a genus but rather "being predicated of many in virtue of being a genus". But, he notes, this property must belong to the individual as well if the individual is its own genus. Thus bringing in these more complicated properties does not solve the problem of differentiating universals from particulars. I suspect that Abailard, in his zeal to refute a crowd of muddleheads around at that time, has done less than justice to the intent of the theory's more sophisticated proponents. What the identity theorists probably meant to say was that a sentence like "*Homo de multis praedicatur*" which in English may be translated by either "*Man* is predicated of many" or "A man (i.e. any man) is predicated of many" is equivocal so that it may mean either "In as much as it is a universal, man is predicated of many" or "In as much as it is an individual, man is predicated of many". These two readings correspond to the two possible translations into English of the above Latin sentence. The first reading says something obviously true and the second something rather nonsensical, just as do the two respective English translations. In fact we may well guess that the identity theory held that on every occasion in which a specific or generic noun serves as subject of a categorical proposition one or the other of the two "in as much" phrases must be taken as understood. The theory avoids in this way altering the reference of the term 'man' according to which sense the sentence is to be given; the alteration of the understood phrase accounts for the change in sense».

[27] *LNPS* pp. 518.37-519.2 *[argomento della predicazione di molti, n. 4, seconda obiezione]*: «Amplius cum diffinitio generis sit, quod praedicatur etc., oportet eum concedere quod indiuiduum ex statu indiuidui sit genus, quia ex illo quod praedicatur de pluribus, *[il ms ha qui* quod, *che Geyer propone di togliere]* est animal *[King e Martin propongono di correggere* animal *in* uniuersale*]*. Propterea quomodo dicunt 'praedicari de pluribus', quod generi conuenit, genus ab indiuiduo remouere, cum idem prorsus indiuiduo conueniat?».

Meno limpida è la motivazione addotta per giustificare l'affermazione che è genere l'*individuum ex statu individui*. La motivazione è affidata a queste parole, in particolare a quelle riportate in corsivo: «Inoltre, poiché la definizione di genere è "ciò che si predica <di più> *etc.*", occorre che egli conceda che l'individuo secondo lo stato di individuo è genere, *perché per il fatto che è predicato di più è animale*» («quia ex illo quod praedicatur de pluribus, est animal»)[28]. Questo è il testo che si legge nell'edizione Geyer; l'edizione (in preparazione) di King e Martin propone di correggere '*animal*' in '*universale*', ottenendo dunque «*perché per il fatto che è predicato di più è universale*». Se si segue il testo nell'edizione Geyer, l'affermazione sembra doversi intendere così: l'individuo in quanto individuo è un animale; ma è un animale per il fatto di essere predicato di più (essere animale comporta l'essere predicato di più); dunque l'individuo in quanto individuo si predica di più. Abelardo vorrebbe sottolineare che vi sono alcune determinazioni ontologiche che la teoria non può attribuire all'individuo (nello stato di individuo) se non considerando l'individuo stesso (nello stato di individuo) come predicato di più. Se si segue il testo dell'edizione King-Martin, l'affermazione sarebbe unicamente interna alla teoria: la teoria dell'*individuum* afferma che l'individuo è un universale e si predica di più; deve dunque concedere che sia genere l'individuo secondo lo stato di individuo. Questa motivazione è forse più chiara della precedente ma resta poco informativa sul perché sarebbe genere l'individuo preso nello stato di individuo (e non unicamente l'individuo preso nello stato di genere). Sembra che tale conclusione sia da ricavare dall'affermazione più ampia (che i sostenitori della teoria dell'*individuum* concederebbero) secondo cui l'individuo è universale e l'individuo si predica di più[29].

3. Forse più accessibile è la terza obiezione di Abelardo, cui segue una risposta e una replica alla risposta (*LNPS* p. 519.3-26). Tutto l'insieme si

---

[28] Tale versione sembra corroborata anche dall'argomento dell'opposizione tra singolare e universale (da Boezio), n. 35, di *P17*, dove si legge un ragionamento simile e si cerca di sostenere che Socrate a partire dallo stato di Socrate è *uomo* («Socrates ex statu Socratis est homo»: *cf. infra* in questo capitolo, pp. 228-230).

[29] Su questa seconda obiezione, scrive Jean Jolivet (*Arts du langage*, p. 221): «le deuxième [scil. *il secondo argomento per Jolivet, che io considero la seconda obiezione dell'argomento della predicazione di molti, n. 4]*, tirant les conséquences du premier, montre comment l'individu, par son propre statut, devient un genre, prédicable de plusieurs sujets». Nessun commento si trova in KING, *Peter Abailard*, né in DE LIBERA, *L'Art des généralités*, né in TWEEDALE, *Abailard on Universals*.

5. GLI ARGOMENTI CONTRO LA TEORIA DELL'*INDIVIDVVM*

deve analizzare avendo in mente la duplicazione di livelli proposta dalla teoria dell'*individuum*, secondo lo schema seguente:

	Primo livello	Secondo livello	Praedicari de plvribvs
1	genus	in quantum est genus	convenit
2	genus	in quantum est individuum	removetur
3	individuum	in quantum est genus	convenit
4	individuum	in quantum est individuum	removetur

L'obiezione intende mostrare che, seguendo lo schema, si perde la distinzione porfiriana tra individuo e genere, basata sul *praedicari de pluribus*. Sfruttando lo schema a due livelli della teoria dell'*individuum*, infatti, si può sostenere che l'essere predicato di più conviene al genere *ex statu generis* o *in quantum est genus* (caso 1); ma tale proprietà conviene anche all'individuo *in quantum est genus* (caso 3) (perché l'essere predicato di più viene attribuito sulla base della determinazione introdotta da '*in quantum*'). Allo stesso modo, è rimosso dal genere *in quantum est individuum* e dall'individuo *in quantum est individuum* (casi 2 e 4). Ne consegue che l'essere predicato di più conviene ed è rimosso sia dal genere che dall'individuo (nei primi livelli) e che pertanto non può più essere il criterio della loro differenziazione[30]. Si tratta, con termini diversi (*genus* e *individuum* in LNPS, *homo* e *Socrates* in LI) della stessa obiezione incontrata nell'argomento della predicazione n. 1, seconda obiezione. Come già è stato notato, questa obiezione (che, cioè, non si può distinguere tra genere e individuo sulla base dell'essere predicato di più) può anche essere percorsa a favore della teoria, per sostenere che il genere è l'individuo (*cf. infra*, argomenti nn. 22 e 23).

Un tentativo di risposta dei sostenitori della teoria cerca di salvare la differenziazione tra genere e individuo sulla base dell'essere predicato di

---

[30] *LNPS* p. 519.3-10 *[argomento della predicazione di molti, n. 4, terza obiezione]*: «Videamus modo quae possit esse differentia inter genus et indiuidua hoc modo: conuenit generi praedicari de pluribus ex statu generis; idem indiuiduo conuenit, scilicet praedicari de pluribus ex statu generis. Item a genere remouetur praedicari de pluribus in quantum est indiuiduum; idem ab indiuiduo remouetur, cum nullum ex statu indiuidui praedicari de pluribus habeat. Quomodo igitur per praedicari de pluribus assignatur differentia?».

più considerando solo i casi 1 e 4: «il genere secondo lo stato di genere è predicato di più e l'individuo secondo lo stato di individuo manca della predicabilità di più» (nella formulazione, in verità, non è chiaro se gli stati siano del soggetto o del predicato)[31]. Abelardo ribatte che questo non può costituire un criterio di differenziazione tra genere e individuo. Anche se è vero, infatti, che al primo livello abbiamo in un caso genere e nell'altro individuo, la proprietà affermata e negata non è la stessa: nel caso 1, è affermata la predicabilità di più *secondo lo stato di genere*, nel caso 4 è negata la predicabilità di più *secondo lo stato di individuo*. La predicabilità di più secondo lo stato di genere si può affermare (al primo livello) non solo del genere ma anche dell'individuo, e così la non-predicabilità di più secondo lo stato di individuo riguarda (al primo livello) non solo l'individuo, ma anche il genere. Si deve notare che in quest'ultima porzione di argomento gli stati sono chiaramente stati del predicato, anche se non mi pare certo che lo siano anche nella replica realista cui questa sezione intende ribattere[32].

Il ragionamento così delineato, che *LNPS* dispiega contro la teoria dell'*individuum*, in *QG* §§ 42-43 è utilizzato dalla stessa teoria in proprio favore (argomento di Socrate che si predica di molti e non si predica di molti, n. 22). Lo stesso ragionamento è infatti invocato per sostenere che essere predicato di più e non essere predicato di più possono riferirsi allo stesso soggetto, l'individuo Socrate, perché in un caso si predica di Socrate l'"essere predicato di più secondo lo stato di genere" e nell'altro si predica il "non essere predicato di più secondo lo stato di individuo": le due predicazioni non sono dunque contraddittorie. Confrontando i due

---

[31] *LNPS* p. 519.11-26 *[argomento della predicazione di molti, n. 4, replica alla terza obiezione]*: «Sunt quidam, memini, qui differentiam assignantes dicunt genus ex statu generis praedicari de pluribus et indiuiduum ex statu indiuidui carere praedicabilitate plurium. *[argomento della predicazione di molti, n. 4, replica alla replica alla terza obiezione]* Sed miror de tanto numerosae multitudinis errore, quomodo per hoc differentiam assignare intendant, cum aliquid secundum sensum non attribuatur generi, quo ab indiuiduo remoueatur. Quippe cum dicitur: genus praedicatur de pluribus et indiuiduum non, non simpliciter affirmatur de genere praedicari de pluribus, immo praedicari de pluribus ex statu generis generi attribuitur; cum dicitur indiuiduum non praedicari de pluribus, non simpliciter praedicari de pluribus ab indiuiduo remouetur, sed praedicari de pluribus ex statu indiuidui aufertur ab indiuiduo. Nullam ergo per hoc differentiam assignant, cum etiam id quod de genere affirmatur, scilicet praedicari de pluribus ex statu generis, de indiuiduo ueraciter possit affirmari, et quod ab indiuiduo remouetur, a genere possit auferri».

[32] *Cf. infra*, capitolo 6, pp. 252-260.

argomenti di *LNPS* da un lato e di *QG* dall'altro si deve dunque notare che la stessa strada è percorsa, per così dire, in due sensi inversi, sia per la critica che per la difesa di una data teoria.

5. ARGOMENTO DELL'"*HOMO AMBVLAT*" (*LNPS* pp. 519.27-520.6)[33]. L'argomento muove da quanto sostenuto nel secondo commento di Boezio al *Peri Hermeneias*, ossia che le due affermazioni "*homo ambulat*" e "*homo non ambulat*", prese insieme, non danno luogo a una contraddizione, perché la prima è vera di uomo come individuo, la seconda di Uomo come specie[34]. (Abelardo scrive che "*homo ambulat*" è falsa detta della specie, e vera detta dell'individuo). Secondo la teoria dell'*individuum*, però, la specie è l'individuo stesso («universale e particolare sono lo stesso»). L'obiezione di Abelardo, così, è posta: seguendo la teoria si dovrà forse dire, contro Boezio, che "*homo ambulat*" è una proposizione vera anche della specie?

I sostenitori della teoria cercano di giustificare l'affermazione di Boezio che "*homo non ambulat*" è vera della specie, utilizzando il concetto di *status* o di *in eo quod* (raddoppiamento dei livelli). Questo produce una proposizione come "*homo, ex statu universalis, non ambulat*" o (*P*) "*homo in eo quod est universalis non ambulat*".

Abelardo mostra però che una spiegazione simile non può funzionare. La proposizione *P*, infatti, si può intendere in due modi diversi a seconda di ciò su cui verte la negazione. O il '*non*' verte su '*ambulat*' (negazione interposta), oppure verte sull'intera proposizione "*homo in eo quod est universalis ambulat*" (negazione preposta). Nel primo caso (negazione interposta), *P* afferma che l'universalità non ammette il fatto di camminare («non patitur»). Ora, questa affermazione, che sarebbe vera per ogni altra teoria (e ad esempio per Boezio ricordato *supra*), non può essere vera nella teoria dell'*individuum*, che sostiene che l'universale è il singolo individuo («universalità e particolarità e camminare sono adiacenti allo stesso soggetto»)[35]. Se la negazione si intende invece come preposta («non

---

[33] *Cf.* TWEEDALE, *Abailard on Universals*, pp. 122-124; KING, *Peter Abailard*, pp. 226-228; DE LIBERA, *L'Art des généralités*, pp. 363-365.

[34] Boethius, *In Peri hermeneias Aristotelis editio secunda*, ed. MEISER, II, 6, p. 133.2-8: «positis ergo secundum uniuocationem terminis utrasque simul et adfirmationem et negationem ueras esse contingit, ut si quis dicat *homo ambulat, homo non ambulat*: adfirmatio de quodam homine uera est, negatio de speciali uera. sed specialis homo et particularis uniuoca sunt: quocirca sumptis uniuocis contradictio non fit».

[35] *Cf.* la spiegazione di DE LIBERA, *L'Art des généralités*, p. 364: «Le sens de P' *[ossia, la proposizione* P *intesa con negazione interposta]* est que la propriété d'universel

[uomo, in quanto è universale, cammina]»), la proposizione *P* afferma che l'universalità *non richiede* il fatto di camminare («non exigit»): ma lo stesso si potrebbe dire del particolare (l'uomo non cammina neppure in quanto è particolare, perché il fatto di essere particolare non implica o richiede il fatto di camminare). L'affermazione di Boezio non sembra dunque spiegabile con gli strumenti della teoria dell'*individuum*[36].

6. ARGOMENTO DELLA PREDICAZIONE ACCIDENTALE DELL'INDIVIDUALITÀ (*LNPS* p. 520.6-14; *cf. LNPS*, argomento del *praedicari* nella definizione del genere, n. 8)[37]. Questo argomento e il n. 8 in *LNPS* si concentrano sulla

est incompatible avec la marche. Dans le cadre de ThC2 *[la teoria dell'*individuum, cf. infra, *pp. 238-240, per il nome dato da de Libera]*, cette affirmation n'est pas vraie (comme elle le serait, et très normalement, dans tout autre cadre), mais fausse, puisque c'est le *même* sujet, qui est *aussi* particulier, qui marche».

[36] *LNPS* pp. 519.27-520.6 *[argomento dell'*"homo ambulat", *n. 5]*: «Amplius quomodo dicit Boethius super Peri ermenias, quod haec propositio "homo ambulat" de speciali falsa est, de particulari uero uera est? Numquid et de uniuersali similiter uera est, cum idem sit uniuersale et particulare? Sed fortassis inquies, quod ab hoc uniuersali ambulatio prorsus remoueri potest, a particulari uero non, hoc modo: nullum uniuersale ex statu uniuersalis ambulat. Sed similiter dici potest quod nullum particulare ex statu particularis ambulationem habeat. Haec quippe enuntiatio: "in eo quod est uniuersale, non ambulat" duobus modis potest intelligi, siue interpositum siue praepositum. Interpositum sic: in eo quod uniuersale, non ambulat, ac si diceretur: proprietas uniuersalis non patitur ambulationem, quod omnino falsum est, cum eidem subiecto uniuersalitas et particularitas et ambulatio adiaceant. Quod si praeponitur, intelligitur hoc modo: non in eo quod est uniuersale, ambulat, sicut est illud: non in eo quod animal est, habet caput, hoc est: non exigit proprietas uniuersalis, ut ambulet, sicut non exigit natura animalis, quod habeat caput. Sed eodem modo uerum erit de particulari, cum proprietas particularis non exigat ambulationem».

[37] *LNPS* p. 520.6-14 *[argomento della predicazione accidentale dell'individualità, n. 6]*: «Quid enim est, quod ait Boethius illam ultimam differentiam, scilicet 'praedicari in quid', poni ad exclusionem accidentium, cum accidentia saepe de substantiis in quid praedicari habeant, cum secundum eos indiuidualitas sit quaedam forma, quae in omnibus rebus indiuidualibus accidentaliter inest? Itaque et huic indiuidualitati per accidens inest, cum secundum hoc indiuidualitas indiuiduum dicitur, quomodo et Socrates. Nec tamen minus indiuidualitas de hac indiuidualitate praedicatur in quid». Si veda anche il testo nell'edizione King-Martin in preparazione: «Quid enim est quod ait Boethius illam ultimam differentiam, scilicet praedicari in quid, poni ad exclusionem accidentium, cum accidentia saepe de substantiis in quid praedicari habeant? Nam secundum eos indiuidualitas sit quaedam forma quae in omnibus rebus indiuidualibus accidentaliter inest, itaque et huic indiuidualitati per accidens inest, cum scilicet haec indiuidualitas indiuiduum dicitur, quomodo et Socrates. Nec tamen minus

definizione di genere di Porfirio, *Isagoge*, tr. Boethii, *AL*, p. 7.1-2, che già abbiamo ricordato per l'argomento della predicazione di molti, n. 4 e per l'argomento della predicazione, n. 1 («quod de pluribus et differentibus specie in eo quod quid sit praedicatur»). L'intento è di mostrare l'incompatibilità di tale definizione con la teoria dell'*individuum*, la quale sostiene che l'individuo stesso è il genere. L'argomento ora sotto esame si concentra sull'ultima parte della definizione, «in eo quod quid sit». Come precisa Boezio, questa parte della definizione serve a differenziare il genere dagli accidenti e dalle differenze specifiche: il genere risponde alla domanda "che cosa?", gli accidenti e le differenze specifiche alla domanda "quale?"[38].

L'obiezione di Abelardo consiste nell'affermare che, seguendo la teoria dell'*individuum*, vi sono degli accidenti che si predicano *in quid*: infatti, *individualitas* (1) da un lato è predicata *in quid* di *haec individualitas*, (2) dall'altro *individualitas* inerisce a questa individualità (*haec individualitas*) in maniera accidentale. L'affermazione (1) è accettabile. L'affermazione (2) sarebbe invece conseguenza del fatto che (3) «secondo loro l'individualità è una forma che inerisce accidentalmente a tutte le cose individuali»: anche *haec individualitas* è detta essere un *individuum* e dunque possiede una forma dell'individualità, che inerisce accidentalmente in essa. Il testo non dice esplicitamente perché i sostenitori della teoria avrebbero affermato (3), ossia che l'individualità è una forma che inerisce accidentalmente nelle cose individuali[39]. Non credo la spiegazione sia che, poiché secondo la teoria l'individuo è anche specie e genere, allora l'individualità risulta una caratteristica accidentale dell'individuo stesso, come sarebbe accidentale il suo essere universale: questa spiegazione non sembra accettabile perché altre affermazioni (come «Quicquid est, indiuiduum» e «nihil omnino est

---

indiuidualitas de hac indiuidualitate praedicatur in quid». *Cf.* TWEEDALE, *Abailard on Universals*, pp. 124-126; KING, *Peter Abailard*, I, pp. 228-229; GRACIA, *Introduction*, pp. 213-214.

[38] *Cf.* Boethius, *In Isagogen Porphyrii editio secunda*, ed. BRANDT, II, 7, p. 196.7-9: «Item genus a differentia et accidenti differt, quod in eo quod quid sit praedicatur; illa enim in eo quod quale sit appellantur, ut dictum est»; *cf.* già Porphyrius, *Isagoge*, tr. Boethii, *AL*, pp. 7.21-8.1: «a differentia uero et ab his quae communiter sunt accidentibus differt genus quoniam, etsi de pluribus et differentibus specie praedicantur differentiae et communiter accidentia, sed non in eo quod quid sit praedicantur, sed in eo quod quale quid sit».

[39] *Cf.* anche argomento del singolare che è universale, n. 14, obiezione n. 2.

praeter indiuiduum») fanno pensare che l'individualità sia lo stato primario di ciascuna cosa e non una determinazione accidentale; anche il fatto di essere universale non è una determinazione accidentale, ma solo parziale. Secondo Tweedale e Gracia, l'affermazione del carattere accidentale dell'individualità si può ricavare dal fatto che l'individualità è concepita come una relazione di non-somiglianza, e le relazioni con cose estrinseche al soggetto sono sempre accidentali al soggetto[40]. Secondo King, l'individua-

[40] TWEEDALE, *Abailard on Universals*, p. 125: «It is a general logical principle that an accident is not predicated *in quid* of what it is an accident of [...]. Abailard holds that the identity theory *[ossia quella che chiamo teoria dell'*individuum, *cf. infra, p. 237]* will have to violate this principle in the case of 'Individuality is an individual' and 'Individuality is individuality'. He claims that the theory holds that being an individual is always an accidental characteristic. He seems to be correct here since the theory says that individuality is always simply a relation of being unlike other things. Relations to things extrinsic to the subjects are always accidental to the subjects. But now consider the universal individuality. Since, on the identity theory, it is the individuals that fall under it, it is an individual. I. e. individuality is predicated of individuality denominatively and accidentally in as much as each individual is an individual by being unlike other individuals. But it is also obvious that it is predicated of itself *in quid*, for certainly individuality is individuality. Consequently, the aforementioned logical principle is violated»; GRACIA, *Introduction*, pp. 213-214: «There are two points in this passage that are important for us to consider. The first is that, according to Abailard, this theory has made individuality an accidental feature of things. Indeed, this seems to be a correct, altough not immediately evident, corollary of the original formulation of the view as stated by him. For individuality is, just like universality, a feature or characteristic of what is individual, according to this view. In the original statement of the doctrine, it must be remembered, the same thing is both universal and particular; universal on the basis of universality (similarity) and individual on the basis of individuality (diversity). We can say then that both Socrateity and humanity are features of the same thing, the man Socrates, who as similar to other men is said to be universal and as diverse is said to be individual. That it is not only a feature but an accidental feature is the result of its relational character. For it is the relation of the man Socrates to other men and things that makes him both universal and individual. And, since all relations are accidents within the Aristotelian framework on which Abailard relies, universality and individuality must be considered to be accidents. The second important point is related to the first, but it concerns the criticism of the theory. It must be remembered that according to its original formulation, which was never disowned, the theory held everything to be individual, including not only substances and their properties but their accidents and other forms as well as their components. But, if this is the case and individuality is an accidental form, then it too must be individual. The problem with this is that as a result individuality must be predicated both *in quale* and *in quid* of individuality, since as individuality, it is individuality and as an accidental

lità sarebbe accidentale a Socrate perché consiste nell'essere predicabile di cose in un certo modo, e non fa parte dell'essenza di Socrate[41]. Forse si deve considerare anche il fatto che l'*individualitas* è una forma, che in quanto forma si predica dunque *in adiacentia* di ciò che è individuale – e dunque sia di Socrate, sia di questa individualità (*cf.* argomento della predicazione di opposti, n. 7 e argomento del '*praedicari*' nella definizione del genere, n. 8, per la predicazione *in adiacentia*). Perlomeno secondo l'argomento in esame, i sostenitori della teoria affermerebbero che l'individualità inerisce accidentalmente nelle cose individuali, e la strategia adottata sembrerebbe dunque andare nella direzione di una *res x* indifferente a individualità e universalità.

7. ARGOMENTO DELLA PREDICAZIONE DI OPPOSTI (*LNPS* p. 520.15-27 e 520.29-33)[42]. L'argomento n. 7 probabilmente comprende anche alcune

---

form of it, it is predicated as an accident. But this is absurd, for quidditative terms (individuality, rationality, humanity) are not predicable of subjects that have the characteristic (individual, rational, human) expressed by those terms. A man cannot be said to be rationality precisely because he is rational».

[41] KING, *Peter Abailard*, I, pp. 228-229: «Socrates is an individual; no denying that. But "Socrates is an individual" is for the Status Realist *[ossia il sostenitore della teoria dell'*individuum*]* an odd assertion: individuality is only accidentally present in Socrates, for we can predicate Socrates (in his status as *man*, say) of things and not take individuality into account. Besides, individuality is not really a simple part of his essence: individuality consists in being predicable of things or not in certain ways. Abailard goes on to spin out the following paradox: it is true that individuality is only present in Socrates *per accidens*. But just as Socrates is a man, and so the same as *man*, he is an individual, and so the same as *individuality*. But just as *man* is said *in quid* of a man, so is *individuality* said *in quid* of an individual. But then individuality is said of Socrates both *in quid* and *per accidens*, which is impossible». Si deve però notare che *individualitas* non è predicata *in quid* di Socrate (come si legge alla fine del brano), ma di *haec individualitas* (così come *humanitas* non è predicata *in quid* di Socrate, ma lo è *homo*).

[42] Questo e l'argomento che segue, poco intelligibili a causa del testo corrotto, hanno ricevuto scarsi commenti: *cf.* JOLIVET, *Arts du langage*, p. 221; KING, *Peter Abailard*, I, pp. 232-234. *LNPS* p. 520.15-27 *[argomento della predicazione di opposti, n. 7]*: «Praeterea cum praedicationem in rebus tam secundum essentiam quam secundum adiacentiam accipiunt, quomodo regulas argumentationum ueras intelligunt? Veluti istam: Si aliquid oppositum praedicatur de aliquo, oppositum illius remouetur ab eodem. Si enim ita intelligant eam, quod si una res opposita conuenit alicui aliqua praedicatione, aliquod oppositum remouetur ab ea aliqua praedicatione, nulla argumentatione hoc confirmari potest. Nec etiam ista: est homo, ergo non est lapis. Non enim est concedendum, quod si aliqualiter oppositum non conuenit illi, tunc

righe di testo che nel manoscritto e nell'edizione Geyer sono erroneamente collocate all'interno dell'argomento n. 8 (p. 520.29-33) e che non erano ancora state ricollocate correttamente sinora[43].

L'argomento afferma che, dal momento che (seguendo la teoria dell'*individuum*) si dà una spiegazione *in rebus* sia della predicazione *in essentia* (all'interno della stessa categoria) che della predicazione *in adiacentia* (da una categoria a un'altra), non si può più giustificare una semplice regola dell'argomentare, come la seguente: «se un opposto è predicato di qualcosa, l'opposto di quello è rimosso dallo stesso» («Si aliquid oppositum praedicatur de aliquo, oppositum illius remouetur ab eodem»). I sostenitori della teoria, infatti, non possono interpretare correttamente questa frase in nessuno dei modi loro possibili, che sono due. (i) La prima interpretazione realista è: «Se una cosa opposta conviene a qualcosa in una qualche predicazione, qualcosa di opposto è rimosso da quel qualcosa in una qualche predicazione» («Si una res opposita conuenit alicui[44] aliqua praedicatione, aliquod oppositum remouetur ab ea[45] aliqua praedicatione»). Tale interpretazione della regola è troppo debole: secondo essa, infatti, è sufficiente che qualcosa di opposto sia rimosso dalla cosa *x in una qualche predicazione*; anche se uomo e pietra sono opposti, e della cosa *x* si predica 'uomo', non è detto per ciò stesso che 'pietra' venga rimossa da *x*, perché non è detto che sia questa la predicazione per cui vale la regola. In altre parole, resta aperta la possibilità che la rimozione (che

falsa est *[La frase* Non enim est concedendum... falsa est *è da sostituire con p. 520.29-33:* «Non enim est concedendum, quod si in aliqua praedicatione remouetur, ideo in hac. Si autem aliter accipimus, hoc modo scilicet: Si aliqua res opposita conueniat alicui aliqua praedicatione, alterum oppositum non conuenit illi, tunc plane falsa est»; *si noti che la frase da eliminare è identica all'inizio e alla fine della sezione da inserire].* Quippe sessio et homo sunt oppositae species, et tamen sessio non ideo minus habet praedicari in adiacentia de illo de quo praedicatur homo in essentia».

[43] Solo Martin Tweedale suggerì che le prime righe dell'argomento n. 8 fossero da ricollocare (*Abailard on Universals*, p. 126 n. 35: «There are two further objections Abailard gives in LNPS of the identity theory, but I am not able to see much force in them, and they do not seem to add to our understanding of the theory. The text given us by Geyer may be defective in some way. Certainly the sentence on lines 28-29 of p. 520 is misplaced»). Indipendentemente dalla nostra ricerca, conclusioni simili sulla ricostruzione del testo sono state raggiunte anche da Chris Martin e Peter King nella loro edizione critica della *Logica 'Nostrorum Petitioni Sociorum'*, in preparazione.

[44] 'Alicui' sta per 'alicui rei'.

[45] 'Ab ea' sta per 'ab ea re'.

secondo questa interpretazione avviene in *una qualche* predicazione) non avvenga in *questa*. L'interpretazione, pertanto, non consente di affermare che «è uomo, dunque non è pietra». (ii) La seconda interpretazione realista, invece, è troppo forte. In questo caso, la regola è intesa come: «Se una cosa opposta conviene a qualcosa in una qualche predicazione, l'altro opposto non conviene a quel <qualcosa>» («Si aliqua res opposita conueniat alicui aliqua praedicatione, alterum oppositum non conuenit illi»). Ma in questo caso la regola risulta falsa: *homo* e *sessio*, infatti, sono opposti, ma convengono alla stessa cosa, un individuo uomo seduto (l'uno conviene *in essentia*, l'altro *in adiacentia*)[46].

8. ARGOMENTO DEL '*PRAEDICARI*' NELLA DEFINIZIONE DEL GENERE (*LNPS* pp. 520.28-521.17)[47]. L'ultimo argomento di *LNPS* contro la teoria

---

[46] *Cf.* anche quanto Abelardo scrive sugli opposti in *LI* p. 260.23-30: «Et attende quod opposita uocantur tam res ipsae quam uoces gratia rerum significatarum. Res autem tribus modis opponi uidentur, uel in essentia scilicet, sicut homo et asinus, albedo et sessio quarum scilicet una res non est altera, uel in adiacentia quoque, sicut albedo et nigredo, quae simul eidem subiecto non possunt inesse, uel in respectu sicut pater et filius qui eiusdem rei esse non possunt, quia nullus eiusdem potest esse pater et filius».

[47] Come già notato, la bibliografia su questo argomento è esigua: *cf.* JOLIVET, *Arts du langage*, p. 221 e KING, *Peter Abailard*, I, pp. 232-234. *LNPS* pp. 520.28-521.17 *[argomento del 'praedicari' nella definizione del genere, n. 8]*: «Amplius. Cum 'praedicari' duobus modis accipiatur, quaeritur, quomodo in diffinitione generis accipiatur, *[il passo che segue nell'edizione Geyer, ossia:* Non enim est concedendum, quod si in aliqua praedicatione remouetur, ideo in hac. Si autem aliter accipimus, hoc modo scilicet: Si aliqua res opposita conueniat alicui aliqua praedicatione, alterum oppositum non conuenit illi, tunc plane falsa est *è con tutta probabilità parte dell'argomento n. 7, come si è visto]* utrum scilicet praedi<c>ari in essentia uel in adiacentia. Si autem pro 'praedicari in essentia' accipitur, pro nihilo in eadem diffinitione supponitur 'in quid'. Si uero pro 'praedicari in adiacentia', non omni generi conuenit, cum omne genus non habeat praedicari in adiacentia. Oportet igitur, ut large accipiatur, tam scilicet pro 'praedicari in essentia' quam 'in adiacentia'. Et cum haec albedo de se in essentia praedicetur et de Socrate in adiacentia, utique de pluribus praedicatur. Et ita aliquod indiuiduum de pluribus praedicatur, quod falsum est. Quod si quis dicat a Porphyrio non esse exclusa particularia accidentia, sed particulares substantias, plano conuincatur errore ex eo quod post subditur: "A differentia uero et ab his quae communiter sunt accidentibus" etc. *[Porphyrius*, Isagoge, tr. Boethii, AL, *p. 7.21-22]* quod nihilo communia determinaret, si aeque omnibus praedicari de pluribus concederet. Sunt quidam qui cum nomina *[forse* nomina *è da correggere in* accidentia*]* particularia excludant, ita determinant: quod uno et eodem modo de pluribus praedicatur, scilicet ut uel in essentia uel in adiacentia. Sed etiam post

dell'*individuum* parte anch'esso (come già l'argomento n. 6 e gli argomenti n. 1 e n. 4) dalla definizione di genere data da Porfirio nell'*Isagoge* («quod de pluribus et differentibus specie in eo quod quid sit praedicatur»)[48] e domanda se, in questa definizione, *praedicari* debba essere inteso *in essentia* o *in adiacentia*. Ora, escluso che si possa intendere in uno solo dei due modi, si conclude che nella definizione del genere *praedicari* si deve prendere in senso ampio, che li include entrambi. (Che *praedicari* sia preso solo *in essentia* è escluso perché in tal caso sarebbe inutile la precisazione '*in quid*' all'interno della definizione stessa; che invece sia preso solo *in adiacentia* è escluso perché vi sono dei generi, ad esempio quelli della categoria di sostanza, che non si predicano *in adiacentia*.) A questo punto, si considera il caso di *haec albedo*: *haec albedo* si predica di sé *in essentia* (forse perché secondo la teoria dell'*individuum* il genere e la specie cui questa bianchezza è subordinata sono l'individuo stesso: pertanto, quando si dice che "questa bianchezza è una bianchezza", 'una bianchezza' non è altro che questa bianchezza secondo un certo suo stato; in alternativa, l'argomento può forse fare riferimento a una predicazione tautologica, come "questa bianchezza è questa bianchezza") e di Socrate *in adiacentia* (nella proposizione "Socrate è bianco"); si ha così un individuo (questa bianchezza) che si predica di più (di sé e di Socrate) e che sembra poter soddisfare i criteri della definizione del genere (nella quale, come si è visto, 'essere predicato' può essere inteso sia come essere predicato *in essentia* che come essere predicato *in adiacentia*).

Seguono due osservazioni, che si rifanno entrambe ai commenti che Porfirio fa seguire alla definizione del genere. La prima osservazione cercherebbe di legittimare quanto appena detto su *haec albedo*, affermando in difesa della teoria dell'*individuum* che Porfirio non intendeva escludere dalla definizione di genere gli accidenti particolari (come, appunto, questa bianchezza), ma solo le sostanze particolari. A questa osservazione si ribatte che, nel commentare la definizione del genere, Porfirio afferma che grazie

istam solutionem quaero de secunda differentia generis: quod praedicatur de pluribus differentibus specie, quomodo ad exclusionem specialissimorum et propriorum ualeat, cum albedo uno praedicationis modo, scilicet in adiacentia, de differentibus specie praedicetur, utpote de cygno et de margarita, et rationalitas de deo et de homine. Haec contra illorum sententiam, qui eandem rem uniuersalem et particularem esse disserunt, dicta sufficiant».

[48] *Cf.* Porphyrius, *Isagoge*, tr. Boethii, *AL*, pp. 6.25-8.16, citato *supra*, pp. 180-181 n. 23.

a tale definizione (e in particolare grazie alla sezione '*in eo quod quid sit*') il genere si differenzia dagli accidenti *comuni*, precisazione (questa di 'comuni') che egli non avrebbe aggiunto se avesse pensato che non solo gli accidenti comuni ma anche gli accidenti particolari si predicano di più (in tal caso, infatti, avrebbe scritto semplicemente 'accidenti')[49]. Si noti che il testo di Porfirio potrebbe anche essere inteso favorire la prima osservazione: si potrebbe infatti sostenere che, se uno legge attentamente Porfirio, la definizione di genere esclude solo gli accidenti comuni, e non gli accidenti particolari; la replica qui in corso afferma invece che, poiché Porfirio ha determinato gli accidenti come comuni, è evidente che egli non dubitava nemmeno che gli accidenti particolari potessero essere confusi con il genere.

La seconda osservazione cerca di evitare i problemi sollevati dall'esempio di *haec albedo* (che si predica di sé *in essentia* e di Socrate *in adiacentia*, e pertanto sembra essere un genere) restringendo il «de pluribus praedicari» della definizione di genere o alla sola predicazione *in essentia* o alla sola predicazione *in adiacentia*, ossia alla predicazione in un solo modo («uno et eodem modo»). Se ciò può funzionare per la predicazione unicamente *in essentia*, restano comunque delle difficoltà all'interno della predicazione *in adiacentia*: non si potrebbe distinguere il genere dalla specie (*albedo* si dice *in adiacentia* sia del cigno che della perla), e dal proprio (la *rationalitas* si predica *in adiacentia* sia di Dio che dell'uomo)[50].

---

[49] Il riferimento è in particolare a queste parole del già citato passo di Porfirio (*Isagoge*, tr. Boethii, *AL*, pp. 7.21-8.1, 8.9-15): «a differentia uero et ab his quae communiter sunt accidentibus differt genus quoniam, etsi de pluribus et differentibus specie praedicantur differentiae et communiter accidentia, sed non in eo quod quid sit praedicantur sed in eo quod quale quid sit [...]. Quare "de pluribus praedicari" diuidit genus ab his quae de uno solo eorum quae sunt indiuidua praedicantur; "differentibus" uero "specie" separat ab his quae sicut species praedicantur uel sicut propria; "in eo" autem "quod quid sit praedicari" diuidit a differentiis et communiter accidentibus quae non in eo quod quid sit sed in eo quod quale est uel quodammodo se habens praedicantur de his de quibus praedicantur».

[50] *Cf.* anche, per tutto l'argomento, *LI* p. 37.14-29: «Praeterea si respectus attendamus, ut uidelicet dicamus genera in eo quod genera sunt, praedicari de pluribus, indiuidua uero non in eo quod sunt indiuidua, non ualet differentia magis ad indiuidua, quam ad accidentia. Quippe nullum accidens, in quantum est accidens, de pluribus praedicatur. Vnde 'in quid' suppositum ad differentiam accidentium nullo modo esset. Similiter etiam rationale in definitione hominis ad exclusionem mortalis bene ponitur, quia nullum rationale in eo quod rationale est, mortale est. Idem de

5.3. Nel 'De generibus et speciebus' (§§ 51-73)

Gli argomenti del *'De generibus et speciebus'* contro la teoria dell'*individuum* sono divisi in due gruppi: argomenti di autorità (§§ 51-62) e argomenti di ragione (§§ 63-73)[51].

Gli argomenti di autorità (Orléans, Bibliothèque municipale, 266, p. 156a-b) sono cinque (qui numerati 9-13); fra questi, tre presentano, in risposta all'obiezione, l'interpretazione che la teoria dell'*individuum* dà del

ceteris differentiis, quae in definitione generis sequuntur, opponi potest, secundum hoc scilicet, quod eandem rem et genus et speciem et differentiam et accidens esse concedunt. Quippe albedinem quam et specialissimum et accidens dicunt et de hoc cygno et hac margarita specie differentibus praedicari annuunt, per quod tamen specialissima excludunt atque ideo ipsam albedinem et hoc quod species est, in secunda differentia ut speciem specialissimam excludunt, in ultima uero, quae est 'in quid', ipsam quoque excludunt ut accidens»; *LI* pp. 46.24-47.17: «Hoc etiam attendendum, quod haec speciei definitio secundum eorum sententiam, qui res proprie uniuersales dicunt, non omnibus specialissimis aptatur. Quippe albedo quam rem communem dicunt et speciem simul et accidens concedunt, non tantum de differentibus numero praedicatur, uerum etiam de margarita et cygno. Quod si in definitione subintelligitur 'ut species', ac si dicamus: quod ut species praedicatur etc., superfluit 'in quid'. Sed fortasse sic melius ordinatur definitio, ut post praedicari statim intelligatur: 'in quid', hoc modo: Species est quod praedicatur in quid de pluribus etc. Quod tamen in definitione generis non ita construendum uidetur, ut praeponatur 'de pluribus etc.'. Quippe 'differentibus specie' iam ad exclusionem propriorum non poneretur, quae iam scilicet per 'in quid' praepositum essent exclusa. Poterit tamen fortasse dici, quod non dicat Porphyrius 'differentibus specie' poni ad exclusionem propriorum, sed facere tantum differentiam a propriis. Multa enim in definitionibus ponuntur, quae ab aliquibus differentiam faciunt nec tamen ad differentiam eorum ibi ponunt. Veluti in definitione animalis, quae est substantia animata sensibilis, sensibile ad differentiam lapidis non ponitur, qui iam per 'animatum' exclusus est, cum tamen animal per 'sensibile' quoque a lapide differat. Similiter cum per 'differre specie' genus a proprio differat, non tamen ad hoc ponitur, sed gratia specialissimorum tantum proprium inducitur, ut scilicet ostendatur per simile genus a specialissimo differre sicut et a proprio, quod speciei est aequale. At uero cum in specie solas uoces accipimus, non est ordo transponendus, quia hoc nomen 'albedo' tantum species est, non hoc nomen 'album', quod de differentibus specie dicitur».

[51] *Cf.* i nessi che strutturano la sezione: ms. Orléans, Bibliothèque municipale, 266, p. 156a: «Huic sentencie eque auctoritas et ratio contradicunt. Et primum quibus auctoritatibus contraria sit uideamus» (KING § 51); p. 156b: «Omnes apponere auctoritates que hanc sentenciam *[ms.* sentemciam*]* abnuunt, grauaremur. Sed nunc utrum rationi sit consentanea uideamus» (KING §§ 62-63).

passo (nn. 9-11); uno, dopo l'obiezione, avanza sia l'interpretazione della teoria dell'*individuum* sia una nuova risposta dell'autore di *GS* (n. 12); uno si limita all'obiezione soltanto (n. 13). Si deve dunque riconoscere che, in particolare nei primi quattro argomenti, si concede ai sostenitori della teoria discussa una replica su come interpretare i passi in questione. I brani autorevoli citati contro la teoria dell'*individuum* sono i seguenti.

9. PRIMO ARGOMENTO DI AUTORITÀ. Porfirio, *Isagoge*, tr. Boethii, *AL*, p. 12.7-9: «Decem quidem generalissima sunt, specialissima uero in numero quidem quodam sunt non tamen infinito, indiuidua autem quae sunt post specialissima infinita sunt» (*cf. P17*, argomento del numero dei generi generalissimi, n. 25; descrizioni della teoria dell'*individuum* in *LI*-L e *P17*-D). La teoria dell'*individuum* afferma che i generi (compresi i generi generalissimi) e le specie sono gli stessi individui: i generi generalissimi, dunque, saranno infiniti tanto quanto gli individui, contro l'autorità di Porfirio. Soluzione proposta dalla teoria dell'*individuum*: i generalissimi sono infiniti *essentialiter*, ma dieci *per indifferentiam*; si possono infatti contare come uno solo, sulla base della loro *indifferentia*, tutti gli individui di un genere generalissimo (*cf. P17*, argomento del numero dei generi generalissimi, n. 25, seconda soluzione)[52].

10. SECONDO ARGOMENTO DI AUTORITÀ. Porfirio, *Isagoge*, tr. Boethii, *AL*, p. 12.15-17: «collectiuum enim multorum in unam naturam species est, et magis id quod genus est». L'obiezione afferma che la caratterizzazione di specie e genere come *collectivum* mal si adatta a un singolo individuo[53]. La soluzione della teoria dell'*individuum* consiste nell'affermare che

---

[52] Ms. Orléans, Bibliothèque municipale, 266, p. 156a *[primo argomento di autorità di GS, n. 9]*: «Huic sentencie eque auctoritas et ratio contradicunt. Et primum quibus auctoritatibus contraria sit uideamus. Porphirius dicit: "decem quidem generalissima Specialissima *[quidem espunto]* in numero quodam non tamen indefinito. Indiuidua uero infinita sunt" *[Porphyrius, Isagoge, tr. Boethii, AL, p. 12.7-9]*. Positio uero huius sentencie hoc habet: singula *[ms. simgula]* indiuidua substantie in quantum sunt substantia generalissima esse. Itaque non potius indiuidua infinita sunt quam generalissima. Soluunt tamen illi dicentes: Generalissima quidem infinita esse essentialiter sed per indifferentiam decem tantum *[ms. tamtum]*. Quot enim indiuidua substantie tot etiam sunt generalissime substantie. Omnia tamen illa generalissima generalissimum unum dicuntur quia indifferentia *[ms. indiferentia]* sunt. Socrates enim in eo quod est substantia indifferens est cum qualibet substantia in eo statu quod substantia est» (KING §§ 51-53).

[53] Questo passo di Porfirio è ricordato anche al § 147, come una delle autorità a sostegno della teoria della *collectio*.

l'individuo, quando viene considerato nella sua non-differenza, è un *collectivum*: «Socrate, in quanto uomo, raccoglie Platone e i singoli uomini»[54].

11. TERZO ARGOMENTO DI AUTORITÀ. Porfirio, *Isagoge*, tr. Boethii, *AL*, pp. 6.26-7.2: «genus esse dicentes quod de pluribus et differentibus specie in eo quod quid sit praedicatur»; p. 9.6-7: «species est quod de pluribus et differentibus numero in eo quod quid sit praedicatur». In quanto genere e specie, Socrate dovrà inerire a più specie differenti e a più <individui> differenti per numero (secondo quanto afferma Porfirio), e ciò non è vero se si accetta la teoria dell'*individuum*, perché «l'uomo che è Socrate non è in altri che Socrate»[55]. La risposta della teoria dell'*individuum* afferma che, essenzialmente, Socrate inerisce solo a se stesso ed è per non-differenza che, nello stato di animale o di uomo, inerisce ad altri, nel senso che questi sono non-differenti da Socrate nello stato di animale o di uomo (e ciascuno di tali non-differenti-da-Socrate inerisce a sé)[56]. In altre parole, si afferma che Socrate nello stato di uomo inerisce a più individui nel

---

[54] Ms. Orléans, Bibliothèque municipale, 266, p. 156a-b *[secondo argomento di autorità di GS, n. 10]*: «Item paulo post dicit Porphirius "collectiuum enim multorum in unam naturam species est et magis id quod genus est" *[Porphyrius, Isagoge, tr. Boethii, AL, p. 12.15-17]*, quod de Socrate rationabiliter dici non potest. Neque enim Socrates aliquam naturam quam habeat Platoni communicat quia neque homo qui Socrates est neque animal in aliquo extra Socratem est. Ipsi tamen ad indifferentiam currentes dicunt quia Socrates in eo quod est homo colligit Platonem et singulos homines; proinde quia indifferens essentia homini<s> qui est Socrates [p. 156b] est Plato» (KING §§ 54-55).

[55] *Cf.* anche gli argomenti n. 1 di *LI*, nn. 4, 6 e 8 di *LNPS*, che ugualmente muovono dalla definizione di genere data dall'*Isagoge*, ma anche *infra*, capitolo 7, pp. 333-342, per la singolarità delle specie in confronto con Gilberto di Poitiers.

[56] Ms. Orléans, Bibliothèque municipale, 266, p. 156b *[terzo argomento di autorità di GS, n. 11]*: «Item Porphirius: "Genus est quod predicatur de pluribus differentibus specie in eo quod quid sit"; "species quod de pluribus differentibus numero" *[Porphyrius, Isagoge, tr. Boethii, AL, pp. 6.26-7.2, 9.6-7]*. Si ergo Socrates in statu animalis genus est pluribus differentibus speciebus *[forse* speciebus *è qui da correggere in* specie*]* inheret. Si in statu hominis species est, pluribus differentibus numero. Quod minime est uerum. Neque enim uel animal uel *[segue an espunto]* homo qui Socrates est alii quam Socrati inest. Set et hi dicunt: Socrates in nullo statu alicui inheret nisi sibi essentialiter set in statu hominis pluribus dicitur inherere quia alii sibi indifferentes inherent. Eodem modo in statu animalis» (KING §§ 56-57). L'espressione '*alii sibi indifferentes inherent*' significa dunque che altri, non-differenti <da Socrate> inseriscono ciascuno a sé: '*sibi*' dipende dunque da '*inherent*'.

5. GLI ARGOMENTI CONTRO LA TEORIA DELL'*INDIVIDVVM* 199

senso che altri individui, non-differenti da Socrate nello stato di uomo, ineriscono ciascuno a se stesso *essentialiter* (*cf.* descrizione della teoria dell'*individuum* in *QG*-O).

12. QUARTO ARGOMENTO DI AUTORITÀ. Boezio, *In Isagogen Porphyrii editio secunda*, ed. BRANDT, I, 11, p. 166.16-18: «nihilque aliud species esse putanda est nisi cogitatio collecta ex indiuiduorum dissimilium numero substantiali similitudine, genus uero cogitatio collecta ex specierum similitudine». L'obiezione e la risposta sono simili a quelle del secondo argomento di autorità (ossia l'argomento n. 10): l'obiezione afferma che l'individuo in nessun modo si raccoglie da più, la risposta della teoria dell'*individuum* ribatte che si raccoglie grazie alla non-differenza. Una contro-obiezione contro la teoria dell'*individuum* sembra criticare proprio la nozione di non-differenza proposta da quest'ultima sostenendo che, se possiamo commentare così, essa è troppo debole per corrispondere alla *substantialis similitudo* del passo di Boezio: «quanto ciò sia ridicolo – dice la contro-obiezione – è evidente dal fatto che allo stesso modo si può dire di chiunque che è in forno, perché lì c'è qualcosa di non-differente da lui»[57].

---

[57] Ms. Orléans, Bibliothèque municipale, 266, p. 156b *[quarto argomento di autorità di GS, n. 12]*: «Boetius quoque huic sententie multis refragatur *[refragatur scripsi]* refrangitur *corretto in* refrangatur *nel ms.]* locis. In secundo commento super Porphirium sic ait: "Nichilque aliud species putanda est nisi cogitatio collecta ex indiuiduorum dissimilium numero substantiali similitudine; Genus uero est collecta cogitatio ex specierum similitudine" *[Boethius, In Isagogen Porphyrii editio secunda, ed. BRANDT, I, 11, p. 166.16-18].* quod in hac sententia non conuenit in qua *[segue* n *cancellato]* Socrates in quantum homo est species est qui tamen nullo modo de pluribus colligitur quia in pluribus non est. Quod tamen ipsi ad indifferentiam referentes dicunt ita Socrates in quantum est homo colligitur de Platone et ceteris quia unumquodque indiuiduum in quantum est homo de se colligitur. Quod quam ridiculum sit inde patet quia eodem modo dici potest de quolibet quod ipse est in furno quia quoddam indifferens illi est ibi» (KING §§ 58-60). King ritiene che '*in furno*' del manoscritto (confermato anche dal manoscritto Paris, Bibliothèque nationale de France, lat. 13368, f. 170vb, in interlinea) sia da correggere in '*etiam homo*' e intende così l'argomento (KING, «Pseudo-Joscelin», p. 149 n. 21) : «The compressed line of argument in § 60 seems to be that if we grant the explanation offered in § 59, we could also say that a dog is a human being, because a dog is indifferently the same as any human in being an animal, and, since the nature is "collected" from everything to which it is indifferent, a dog is a human being». Il passo di Boezio qui invocato contro la teoria dell'*individuum* è citato anche al § 147 come autorità a sostegno della teoria della *collectio*.

13. QUINTO ARGOMENTO DI AUTORITÀ. Boezio, *In Categorias Aristotelis*, I, *PL* 64, col. 183C: «Genera namque et species non ex uno singulo intellecta sunt sed ex omnibus singulis indiuiduis, mentis ratione concepta». I generi e le specie sono compresi intellettualmente non a partire da un singolo individuo, ma da tutti i singoli individui: questo passo viene citato contro la teoria dell'*individuum*, perché «chi dice che Socrate, in quanto è uomo, è specie, raccoglie la specie dal solo individuo»[58].

Agli argomenti di autorità seguono tre argomenti di ragione (§§ 63-73), qui numerati 14-16.

14. ARGOMENTO DEL SINGOLARE CHE È UNIVERSALE (O DI SOCRATE CHE NON È SOCRATE) (ms. Orléans, Bibliothèque municipale, 266, p. 156b-157a; KING §§ 63-70; *cf. LI*, argomento della cosa diversa da sé, n. 2; *QG*, argomento dell'inferiore-superiore, con risposta, n. 17; *QG*, argomento di Socrate che si predica di molti e non si predica di molti, con risposta, n. 22; *P17*, argomento dell'opposizione tra singolare e universale, con risposta, n. 35). Nonostante una certa prolissità e varie suddivisioni, il cuore di questo argomento di *GS* è l'obiezione che il singolare non può essere universale, perché singolare e universale sono opposti. L'argomento si compone di: obiezione n. 1 contro la teoria dell'*individuum*; replica n. 1, dei sostenitori della teoria dell'*individuum*, all'obiezione n. 1; obiezione n. 2, dell'autore di *GS*, alla replica n. 1; replica n. 2, dei sostenitori della teoria dell'*individuum*, all'obiezione n. 2; obiezione n. 3, dell'autore di *GS*, alla replica n. 2, e così di seguito sino all'obiezione n. 6, dell'autore di *GS*, alla replica n. 5. L'obiezione n. 1 contro a teoria dell'*individuum* è un sillogismo: se Socrate è la specie, Socrate è un universale; ma ciò che è universale non è singolare, dunque Socrate non è un singolare, ossia Socrate non è Socrate[59]. Il ragionamento si sviluppa attraverso questi passaggi:

---

[58] Ms. Orléans, Bibliothèque municipale, 266, p. 156b *[quinto argomento di autorità di GS, n. 13]*: «Item in commento super Cathegorias Boetius: "genera et species non ex uno singulo intellecta sunt Sed ex omnibus singulis mentis ratione collecta uel concepta" *[Boethius, In Categorias Aristotelis, I, PL 64, col. 183C]*. Hic plane confirmat Boetius unam essentiam sicut hominem non ex solo Socrate collectum sed quod ex omnibus colligitur. Qui uero Socratem in eo quod est homo esse speciem dicit ex solo indiuiduo colligit speciem. Omnes apponere auctoritates que hanc sentenciam *[ms. sentemciam]* abnuunt grauaremur» (KING §§ 61-62). Questo passo di Boezio è citato anche tra le autorità a sostegno della teoria della *collectio* al § 147, dove l'autore ribadisce «Hoc plane est contra sententiam de indifferentia».

[59] Ms. Orléans, Bibliothèque municipale, 266, p. 156b *[argomento del singolare che è universale (o di Socrate che non è Socrate), n. 14, obiezione n. 1]*: «Sed

5. GLI ARGOMENTI CONTRO LA TEORIA DELL'*INDIVIDVVM*

1) Hic homo est species
2) Socrates est hic homo
3) Socrates est species (1, 2)
4) Si *x* est species, *x* est uniuersale
5) Socrates est uniuersale (3, 4)
6) Si *x* est uniuersale, *x* non est singulare
7) Socrates non est singulare (5, 6)
8) Socrates est singulare
9) Socrates non est Socrates (7, 8)

Come nota l'autore di *GS*, i sostenitori della teoria dell'*individuum* negherebbero il punto 6 dell'argomento, «si est uniuersale, non est singulare» (replica n. 1 all'obiezione n. 1): nella stessa presa di posizione della teoria si afferma infatti che «ogni universale è singolare e ogni singolare è universale secondo rispetti diversi» (*diversis respectibus*; *cf.* la descrizione della teoria di *LNPS* p. 518.17-18: «eandem rem uniuersalem et particularem esse concedunt, diuersis tamen respectibus»). Questa osservazione è l'occasione di un'interessante obiezione da parte dell'autore di *GS*, che coinvolge la divisione *secundum accidens* (obiezione n. 2 alla replica n. 1). Afferma l'autore di *GS*: la divisione della sostanza in universale e singolare è senz'altro una divisione *secundum accidens* («credo che nessuno neghi [ciò]»: sembra dunque che universale e singolare debbano essere considerati come accidenti della sostanza secondo la teoria, considerando la divisione *secundum accidens* di cui è qui questione come una divisione del soggetto nei suoi accidenti)[60]; come precisa Boezio nel *De divisione*, però, le divisioni *secundum accidens* si

---

nunc utrum rationi sit consentanea uideamus. Vnumquodque indiuiduum hominis in quantum est homo speciem esse hec sentenzia asserit. Vt uere possit dici *[dici] in interlinea]* de Socrate "hic homo est species". Sed "Socrates est hic homo" uere dicitur. Itaque secundum modum prime figure rationabiliter concluditur "Socrates est species". Si enim aliquid predicatur de aliquo et aliud subiciatur subiecto subiectum subiecti subicitur predicato predicati. Hoc nemo rationabiliter denegabit. Procedo. Si Socrates est species Socrates est uniuersale, et si est uniuersale non est singulare *[ms. simgulare]*. Vnde sequitur non est Socrates» (King § 63).

[60] *Cf.* Boezio, *De divisione*, dove si presentano due tipi fondamentali di divisione: *secundum se* e *secundum accidens*; sulla divisione *secundum accidens* (che si suddivide in tre tipi: del soggetto in accidenti; dell'accidente nei soggetti; dell'accidente in accidenti), *cf.* in particolare 877 C-D (ed. Magee, p. 6.22-26); 878 B-D (p. 10.1-27); 890 D-891 (p. 48.12-25). Si veda anche l'argomento della predicazione accidentale dell'individualità, n. 6, dove l'individualità è considerata come un accidente dell'individuo.

devono costruire a partire da accidenti opposti (ad esempio, il corpo si deve dividere in corpi bianchi, neri o né bianchi né neri, mentre non si divide correttamente in corpi bianchi e dolci, perché bianco e dolce non sono accidenti opposti: *cf. De divisione*, 890 D-891, ed. MAGEE, p. 48.16-21); poiché, però, secondo la teoria dell'*individuum* universale e singolare non sono opposti (si nega infatti «si est uniuersale non est singulare»), allora la divisione della sostanza in universale e singolare non potrà più essere una corretta divisione *secundum accidens*[61].

L'argomento contiene anche altre osservazioni. Contro la teoria dell'*individuum* si cita Boezio, *In Categorias Aristotelis*, I, *PL* 64, col. 170 C-D, sull'impossibilità che universalità e particolarità si trasformino (*transire*) l'una nell'altra[62]. Degne di nota sono anche le ultime sezioni:

[61] Ms. Orléans, Bibliothèque municipale, 266, pp. 156b-157a: «*[argomento del singolare che è universale (o di Socrate che non è Socrate), n. 14, replica n. 1 all'obiezione n. 1]* Negant hanc consequentiam: si est uniuersale non est singulare. Nam in positione sue sententie habetur: omne uniuersale est singulare *[ms.* simgulare*]* et omne singulare *[ms.* simgulare*]* est uniuersale *[uniuersala corretto in –e]* diuersis respectibus. *[obiezione n. 2 alla replica n. 1]* At contra, cum dicitur "substantia alia uniuersalis alia singularis" *[ms.* simgularis*]*, talem diuisionem credo nemo negat esse secundum accidens. Sed ut dicit Boetius in libro diuisionum *[cf. 890 D-891, ed.* MAGEE, *p. 48.16-19]*: "Harum commune est *[est in interlinea]* preceptum: quicquid eorum diuiditur in opposita *[nel ms.* opssita *corretto in* oposita*]* segregari. Vt si subiectum in accidentia separemus non *[ms.* nom*]* dicamus 'Corporum alia sunt alba alia dulcia', que non opposita sunt, sed 'corporum alia sunt alba alia nigra alia neutra'". Ecce eodem modo negare possumus hanc *[non add. ms.]* esse diuisionem secundum accidens, "Substantia alia uniuersalis alia singularis". Nec enim magis opposita sunt uniuersale et singulare quam album et dulce. *[replica n. 2 alla obiezione n. 2]* Dicunt illi non esse dictum de omnibus diuisionibus [p. 157a] secundum accidens sed de regularibus. *[obiezione n. 3 alla replica n. 2]* Si queras que sunt regulares aiunt: quibus illud conuenit. Videte quante inpudititie sint! Quod tam plane dicit auctoritas cum de diuisionibus secundum accidens loqueretur, "harum omnium commune preceptum est et cetera", non dictum uniuersaliter menciuntur» (KING §§ 64-66).

[62] Ms. Orléans, Bibliothèque municipale, 266, p. 157a: «*[argomento del singolare che è universale (o di Socrate che non è Socrate), n. 14, seguito dell'obiezione n. 3 alla replica n. 2]* Sed in hoc non consistent. Nam de his specialiter, idest uniuersali et singulari, negat auctoritas. Nullum uniuersale est singulare et nullum singulare est uniuersale. Boetius enim in commento super Cathegorias cum de hac diuisione loqueretur, "substantia alia uniuersalis alia singularis", ait: "ut autem accidens in naturam substantie transeat esse non potest uel ut substantia in natura<m> accidentis transeat haberi non potest. At uero nec particularitas nec uniuersalitas in se transeunt. Namque uniuersalitas potest predicari de particularitate ut animal de Socrate uel

in un tentativo di risposta della teoria dell'*individuum*, incentrato sull'uso dell'espressione '*in quantum*', tale espressione viene glossata con il participio '*manens*' («il singolare in quanto è singolare» viene inteso come «il singolare che rimane singolare») e con i verbi '*non conferre*'/'*auferre*' («il fatto di essere singolare *non conferisce* a nessun singolare di essere universale»; «il fatto di essere singolare *sottrae* all'uomo singolare di essere universale»: *cf. infra*, *QG*, argomento del genere che è e non è, con risposta, n. 19)[63]. Tutti questi tentativi sono criticati con una certa facilità da *GS*, ma restano interessanti per l'esplicazione che essi forniscono di alcuni termini chiave della teoria dell'*individuum*.

15. Argomento del tutto e della parte (ms. Orléans, Bibliothèque municipale, 266, p. 157a; King § 71; *cf. P17*, "argomento" della materia di sé, della parte di sé e della precedenza a sé, n. 37). L'argomento intende

Platone et particularitas suscipit predicationem uniuersalitatis. Set non ut uniuersalitas sit particularitas nec quod particulare est uniuersalitas fiat" *[Boethius*, In Categorias Aristotelis, *I, PL 64, col. 170 C-D]*. 'Vniuersalitas' et 'particularitas' hec nomina pro uniuersali et particulari accipi notant exempla, ut animal de Socrate. Contra hoc rationabiliter nichil dici potest» (King § 66).

[63] Ms. Orléans, Bibliothèque municipale, 266, p. 157a: «*[argomento del singolare che è universale (o di Socrate che non è Socrate), n. 14, replica n. 3 all'obiezione n. 3]* Illi tamen non quiescunt set dicunt: Nullum singulare in quantum est singulare est uniuersale et e conuerso et tamen uniuersale est singulare *[singulare]* singu *corretto in* singulare *nel margine] [segue* et e conuerso *cancellato]*. *[obiezione n. 4 alla replica n. 3]* Contra quod dico: uerba ista "Nullum singulare *[ms.* simgularej *in* quantum est singulare et cetera" hunc sensum uidentur habere: "Nullum singulare manens singulare est uniuersale manens uniuersale", quod utique falsum est. Nam Socrates manens Socrates est homo manens homo. Item hunc sensum habere possunt: "Nulli singulari *[nullum singulare corretto in* -i -i*]* confert hoc quod est singulare esse uniuersale", uel homini singulari aufert hoc quod est singulare esse uniuersale. Quod totum fallit inter Socratem et hominem. Nam in Socrate hoc quod est Socrates exigit hominem et nulli singulari *[ms.* simgulari*]* aufert aliquid esse uniuersale. Nam secundum eos omne singulare est uniuersale. *[replica n. 4 all'obiezione n. 4]* Item si dicant: Socrates in quantum est Socrates idest in tota illa proprietate in qua notatur ab hac uoce que est 'Socrates' non est homo in quantum est homo idest in illa proprietate in qua notatur ab hac uoce 'homo', *[obiezione n. 5 alla replica n. 4]* hoc quoque falsum est. Nam 'Socrates' notat hominem Socraticum in quo et hominem, quod scilicet notat 'homo'. *[replica n. 5 all'obiezione n. 5]* Quod si dicant: Socrates in tota illa proprietate in qua notatur a 'Socrates' non est id tantum quod notat 'homo', uerum est secundum eos. Nam nichil est id tantum quod notat 'homo'. *[obiezione n. 6 alla replica n. 5]* Quid ultra dicere possit? Videat alius si fieri possit» (King §§ 67-70).

mostrare che il genere e la specie sono relativi l'uno all'altro e opposti (un punto che sembra da collegare alla teoria dell'*individuum* nel modo seguente: la teoria afferma che l'individuo stesso è la specie e il genere; ma genere e specie sono relativi e opposti; dunque, non possono essere entrambi l'individuo, altrimenti verrebbe meno il loro carattere di relativi e opposti). Per la propria spiegazione, l'autore di *GS* si serve della nozione di parte e di tutto: la specie consta infatti di materia (il genere) e forma (differenza specifica), secondo l'esempio della statua nell'*Isagoge* di Porfirio (tr. Boethii, *AL*, p. 18.9-15); la materia-genere e la forma-differenza sono dunque delle *parti* della specie; ma il tutto non può coincidere con la propria parte (perché il tutto non è tutto di se stesso, ma di altro, e la parte non è parte di sé ma di altro); e dunque la specie, il tutto, non può coincidere con il genere, sua parte[64].

16. ARGOMENTO DELL'INERENZA A SÉ (ms. Orléans, Bibliothèque municipale, 266, p. 157a; KING §§ 72-73; *cf. P17*, "argomento" della materia di sé, della parte di sé e della precedenza a sé, n. 37). L'ultimo argomento contro la teoria dell'*individuum* nota che, se l'individuo è specie e genere, la stessa cosa inerisce a se stessa: il genere, inerendo alla specie (poiché ogni genere inerisce alla propria specie) inerisce a se stesso (lo stesso individuo è specie, genere, *etc*.). Ciò contrasta con quanto Boezio scrive nel primo libro del commento ai *Topica* di Cicerone (*cf. PL* 64, col. 1057 A): nulla inerisce a se stesso[65].

[64] Ms. Orléans, Bibliothèque municipale, 266, p. 157a *[argomento del tutto e della parte, n. 15]*: «Amplius. Speciem ex genere et substantiali differentia constare ut statua ex <a> ere et figura auctore Porphirio constat *[Porphyrius,* Isagoge, *tr. Boethii, AL, p. 18.9-15]*. Itaque pars est speciei materia et similiter differentia. Ipsa uero species est totum diffinitiuum eorum. Vnde ad inuicem sunt relatiua et ita inter se opposita et sicut nullus pater sui ipsius est pater sed alterius ita nullum totum sui ipsius est totum sed alterius. Similiter et de parte. Vnde hoc totum sui ipsius non est; est autem sui ipsius pars. Sed idem est homo et animal eius materia. Vt autem aliquid totum sit et sui ipsius et alterius magis est impossibile» (KING § 71).

[65] Ms. Orléans, Bibliothèque municipale, 266, p. 157a *[argomento dell'inerenza a sé, n. 16]*: «Amplius. Si idem est homo species et animal suum genus cum omne genus sue speciei inhereat idem sibi ipsi inheret. Quod esse non potest testante Boetio super Topica Tullii in commento in primo libro sic: "quod nec intelligi quidem potest quemadmodum in ipso herere possit quod ipsum est cum nichil sibi inhereat". Et de hac *[hac] in interlinea]* hactenus» (KING §§ 72-73). Il riferimento è a Boethius, *In Topica Ciceronis commentariorum libri sex*, I, *PL* 64, col. 1057 A: «Nam si idem est ipsum quod totum ac partes, idem est dicere in ipso haerere locum, ex toto, aut ex

5.4. In 'Quoniam de generali' (§§ 36-51), con risposte

Come si è visto, *QG* si conclude con otto argomenti contro la teoria dell'*individuum*, ciascuno seguito da una risposta alla critica. Gli argomenti non sono particolarmente ostili, né le risposte particolarmente raffinate: in molti casi si riducono a precisazioni terminologiche o a una ripresa di quanto già sostenuto nella descrizione della teoria.

17. ARGOMENTO DELL'INFERIORE-SUPERIORE, CON RISPOSTA (§ 36)[66]. La prima obiezione si concentra sui concetti di inferiore e superiore (secondo l'albero di Porfirio): poiché, secondo la teoria dell'*individuum*, la medesima *essentia* è genere e individuo, ciò che è superiore nell'albero di Porfirio coincide con ciò che è inferiore, e dunque «nulla è inferiore, nulla è superiore». La risposta dei sostenitori della teoria non è difficile: Socrate secondo lo stato di animale è superiore perché (come per Porfirio) comprende più elementi – comprende infatti se stesso *essentialiter* e altre cose (gli altri individui animali) per non-differenza; secondo lo stato di uomo o di individuo, invece, Socrate è inferiore, perché comprende meno elementi (rispettivamente sé e gli altri uomini, o solo se stesso). Un aspetto interessante di questo argomento è l'uso del termine '*essentia*' per indicare ciò che è genere e individuo; a ciò si aggiunge l'affermazione che Socrate in quanto genere comprende o raccoglie se stesso *essentialiter* e, per non-differenza, gli altri individui a lui simili (in un certo stato)[67].

18. ARGOMENTO DI SOCRATE CHE SI PREDICA DI PIÙ ED È MATERIA DI MOLTI, CON RISPOSTA (§ 37; *cf. infra*, argomento di Socrate che si predica di molti e non si predica di molti, n. 22; argomento della predicazione di molti come proprietà, n. 23)[68]. L'obiezione e la risposta a questo argomento aggiungono

---

partibus, quod in ipso haerere locum, qui est ex ipso, quod ne intelligi quidem potest, quemadmodum ipso haerere possit, quod ipsum est, cum nihil sibi haereat, ut superius expediui».

[66] *QG* § 36, ed. DIJS *[argomento dell'inferiore-superiore, con risposta, n. 17]*: «Opponitur autem huic sententiae. Cum eadem essentia sit genus et indiuiduum, ut Socrates, nihil est inferius, nihil est superius. Quod sic soluitur. Cum eadem essentia sit genus et indiuiduum (ut Socrates), secundum statum animalis est superius, quia comprehendit seipsum essentialiter et alia per indifferentiam; illa autem essentia secundum statum hominis uel Socratis est inferius, quia pauciora comprehendit».

[67] *Cf.* PINZANI, «Alberto non è diverso da Søren», p. 321 (Q4-R4).

[68] *QG* § 37, ed. DIJS *[argomento di Socrate che si predica di più ed è materia di molti, con risposta, n. 18]*: «Item opponitur. Cum Socrates secundum statum hominis sit species, oportet ut praedicetur de pluribus et ut sit materia multorum. Solutio huius

poco al quadro che si è delineato: l'obiezione rileva infatti che, secondo la teoria dell'*individuum*, Socrate (nello stato di uomo) si predica di più ed è materia di molti – il che è problematico. L'autore di *QG*, però, si limita a notare che la soluzione all'obiezione è già inclusa nella descrizione della teoria, e ribadisce il motivo per cui si può dire che Socrate è materia di, ad esempio, Platone: Platone è infatti materia di se stesso essenzialmente, secondo lo stato di uomo; ma secondo lo stato di uomo Platone è identico a Socrate; di conseguenza, Socrate secondo lo stato di uomo sarà materia di Platone (non essenzialmente, ma per non-differenza). La non-differenza consente dunque di attribuire a Socrate proprietà di Platone (come quella di essere materia di Platone), perché non-differente da lui[69].

19. Argomento del genere che è e non è, con risposta (§ 38)[70]. Al centro dell'argomento vi è l'affermazione di Boezio che «i generi sono e non sono» (probabilmente un riferimento agli argomenti del *Secondo Commento all'Isagoge*, I, 10, per i quali *cf. infra*, capitolo 6, p. 261). Se il genere, secondo la teoria dell'*individuum*, è Socrate secondo lo stato di animale, come si deve intendere il fatto che esso sia e non sia? Se non è difficile affermare che secondo lo stato di animale Socrate è/esiste (lo *status* conferisce il fatto di esistere; qualsiasi cosa abbia quello stato, esiste), occorre intendere correttamente in che senso si dica che Socrate secondo lo stato di animale *non* è. Secondo l'autore, ciò non significa che Socrate

oppositionis est in positione sententiae. Dictum est enim quod Socrates secundum statum hominis est materia sui ipsius essentialiter, aliorum per indifferentiam, quia, cum Plato sit materia sui ipsius essentialiter secundum statum hominis et Socrates est materia eiusdem secundum statum hominis, idem enim sunt Socrates et Plato secundum statum specialem».

[69] *Cf.* Pinzani, «Alberto non è diverso da Søren», p. 321 (Q5-R5).

[70] *QG* § 38, ed. Dijs *[argomento del genere che è e non è, con risposta, n. 19]*: «Item opponitur. Dicit Boethius: "Genera sunt et non sunt", et ita oportet quod Socrates secundum statum animalis sit et non sit. Quod sic est determinandum: "secundum statum animalis est", hoc quidem uerum, quia et in hoc statu est et iste status confert ut sit; quicquid enim hunc statum habet, illud est. Item, secundum hunc statum non est; quodsi sic intelligatur: "Ille qui est in hoc statu, non est"; uel: "Status ille aufert ei ne sit", falsum est. Si uero sic: "Secundum statum animalis non est", hoc est dicere: "Non est ita quin habeat alias proprietates quam illas quae notantur per hoc uocabulum quod est 'animal'" (uel sic: "Ille status non confert ei quod sit aliquod indiuiduum determinate"; uel ita: "Dum attenditur esse animal, non attenditur esse in omni proprietate sua"), uerum est. Ideo secundum simplicem statum animalis dicitur non esse, quia nulla res inuenitur in actu quae tantum sit substantia animata sensibilis».

5. GLI ARGOMENTI CONTRO LA TEORIA DELL'*INDIVIDVVM* 207

non esista in senso assoluto (il che sarebbe indicato da spiegazioni come "colui che ha quello stato non è", oppure "quello stato gli sottrae il fatto di esistere"). Affermare che Socrate secondo lo stato di animale non esiste significa invece solo che egli ha anche altre proprietà oltre a quelle indicate da 'animale', ossia che lo stato di animale non è sufficiente a conferirgli il fatto di essere un individuo determinato o, detto altrimenti, che quando lo si considera nello stato di animale, non lo si considera in ogni sua proprietà. Il ragionamento, con le diverse interpretazioni proposte, si può riassumere nello schema che segue:

	INTERPRETAZIONE	V/F
Secundum statum animalis est	In hoc statu est	V
	Iste status confert <ei> ut sit	V
Secundum statum animalis *non* est	Ille qui est in hoc statu non est	F
	Status ille aufert ei ne sit	F
	Non est ita quin habeat alias proprietates quam illas quae notantur per hoc uocabulum quod est 'animal'	V
	Ille status non confert ei quod sit aliquod indiuiduum determinate	V
	Dum attenditur esse animal, non attenditur esse in omni proprietate sua	V

Secondo lo stato di animale, dunque, Socrate è, ossia esiste; e non è, ossia ha anche altre proprietà, che non gli sono conferite dallo stato di animale e che lo fanno esistere come individuo (nulla infatti esiste in atto grazie soltanto alle proprietà del genere, ad esempio soltanto in quanto sostanza animata sensibile). Un aspetto interessante di questo argomento è il legame tra *status* e *conferre/auferre* (attribuire o escludere una proprietà e l'esistenza stessa)[71].

20. ARGOMENTO DELLA PROPOSIZIONE MOLTEPLICE, CON RISPOSTA (§ 39; *cf. P17*, argomento dell'intellezione di 'uomo', con risposta, n. 33)[72]. L'argo-

---

[71] *Cf.* PINZANI, «Alberto non è diverso da Søren», p. 321 (Q6-R6).

[72] *QG* § 39, ed. DIJS *[argomento della proposizione molteplice, con risposta, n. 20]*: «Item opponitur quod "Omnis homo est animal" est multiplex propositio (quamquam quilibet uocat unam), quia, secundum nostram sententiam, hic subiciuntur

mento obietta che, seguendo la teoria dell'*individuum*, la proposizione "*Omnis homo est animal*" non sarà *una* (come si ammette di solito) ma *multiplex*. Ciò perché sono presi come soggetto (*subici*), con il termine 'uomo', i vari individui umani (Socrate, Platone e così via): la proposizione "*Omnis homo est animal*", in altre parole, va scomposta in "*Socrates est animal*", "*Plato est animal*" etc., non essendovi un'unica specie *homo* che funga da soggetto (al termine '*homo*' non corrisponde un'unica realtà, ma i singoli individui). L'autore risponde che i singoli individui sono effettivamente presi nel soggetto: non però in quanto singoli individui, ma «secondo lo stato speciale (= di specie) secondo il quale sono non-differenti». Ciò garantisce un'unità sufficiente ad affermare che la proposizione è una e non molteplice[73].

21. ARGOMENTO DEL SILLOGISMO, CON RISPOSTA (§§ 40-41). Il quinto argomento obietta che, accettando la teoria dell'*individuum*, non si può costruire correttamente un sillogismo (nell'esempio, in "Darii"), perché il termine medio non sarà lo stesso nella premessa maggiore e nella premessa minore. Si prenda l'esempio seguente:

(Premessa maggiore)   Ogni uomo è animale
(Premessa minore)   Socrate è uomo
(Conclusione)   Socrate è animale

'Uomo' non è preso nello stesso senso nella premessa maggiore e nella premessa minore: nella premessa maggiore, infatti, sta per tutti gli individui umani, presi in modo determinato (*determinate*: la precisazione sembra basarsi su una spiegazione come quella fornita nell'argomento della proposizione molteplice, n. 20, per "*Omnis homo est animal*", da intendere come "*Socrates est animal*"); nella premessa minore invece sta per tutti gli individui umani, presi in modo indeterminato (*indeterminate*)[74]. Il sillogismo non è dunque costruito in modo corretto[75].

Socrates et Plato et alii. Quod ita soluitur. Subiciuntur quidem singuli homines, non tamen ut singuli, quia non subiciuntur secundum statum Socratis (et sic de reliquis), sed omnes secundum specialem statum secundum quem sunt indifferentes, idest secundum statum hominis. Et ideo non est multiplex propositio, sed una».

[73] *Cf.* PINZANI, «Alberto non è diverso da Søren», pp. 321-322 (Q7-R7).

[74] Questa affermazione sembra da collegare alla critica all'opinione del *magister W.*, riportata *supra*, capitolo 4, pp. 158-161.

[75] QG § 40, ed. DIJS *[argomento del sillogismo, n. 21: obiezione]*: «Item opponitur quod secundum hanc sententiam non fiant recte syllogismi. Vt hic: cum dicitur "Omnis

La soluzione (§ 41) ammette che tra le due premesse vari il *modus agendi* di '*homo*' (determinato in un caso, indeterminato nell'altro), ma afferma che, poiché «si tratta delle medesime cose e prese secondo il medesimo stato», il sillogismo è corretto[76].

22. ARGOMENTO DI SOCRATE CHE SI PREDICA DI MOLTI E NON SI PREDICA DI MOLTI, CON RISPOSTA (§§ 42-43; *cf. supra*, argomento di Socrate che si predica di più ed è materia di molti, n. 18; *infra*, argomento della predicazione di molti come proprietà, n. 23; *LI*, argomento della predicazione, n. 1; *LNPS*, argomento della predicazione, n. 4)[77]. L'argomento riprende e riformula un'obiezione già avanzata contro la teoria dell'*individuum* in diversi argomenti e anche in *QG* stesso (nell'argomento n. 18): è problematico affermare che l'individuo stesso sia il genere, perché ne risulta che l'individuo si predica di più. Come nota l'argomento, infatti, secondo l'*Isagoge* di Porfirio essere predicato di più è ciò che distingue il genere dall'individuo: l'individuo si predica non di più, ma di uno solo, mentre il genere si predica di più[78]. Se dunque l'individuo è il genere, l'individuo si predica di più e non si predica di più, e pertanto due proposizioni tra loro contraddittorie pretendono di essere vere entrambe.

La soluzione cerca di affermare che "Socrate si predica di più" e "Socrate non si predica di più" non sono contraddittorie coinvolgendo il concetto di *status*: si considererà dunque Socrate «secondo lo stato di

---

homo est animal; sed Socrates est homo; ergo Socrates est animal", hic subiciuntur omnia hominis indiuidua in prima propositione, in hoc quod sunt homo determinate; in assumptione uero non praedicantur omnia illa eodem modo, quia falsa esset propositio; potius omnia praedicantur indeterminate. Et sic non recte fit syllogismus».

[76] *QG* § 41, ed. DIJS *[argomento del sillogismo, n. 21: risposta]*: «Solutio: Quicumque sit modus agendi, siue determinatus siue non, quia et in subiecto primae propositionis et in praedicato secundae agitur de eisdem rebus et secundum eundem statum acceptis, fit recte syllogismus. Et sic fit in primo modo primae figurae sicut in praedicto, nisi forte sit ibi singularis terminus per quem agitur de re determinate». *Cf.* PINZANI, «Alberto non è diverso da Søren», p. 322 (Q8-R8).

[77] L'argomento è al centro degli articoli di WCIÓRKA, «Czy Sokrates jest powszechnikiem?» e ID., «Is Socrates a Universal?»: per un'analisi di tali studi, *cf. infra*, capitolo 6, pp. 252-260. Si veda inoltre PINZANI, «Alberto non è diverso da Søren», p. 322 (Q9-R9).

[78] *Cf.* il già citato Porphyrius, *Isagoge*, tr. Boethii, *AL*, p. 7.2-6: «Eorum enim quae praedicantur alia quidem de uno dicuntur solo, sicut indiuidua sicut Socrates et hic et hoc, alia uero de pluribus, quemadmodum genera et species et differentiae et propria, et accidentia communiter sed non proprie alicui».

animale» nel caso della predicazione di più, «secondo lo stato di Socrate» nel caso della predicazione di uno solo. La differenziazione così introdotta non vale però a livello del soggetto (non si dice, cioè, che Socrate secondo lo stato di animale sia diverso da Socrate secondo lo stato di Socrate e che le due proposizioni in esame non abbiano lo stesso soggetto), ma a livello del predicato: "non predicarsi di più secondo lo stato di Socrate" non è la negazione di "predicarsi di più secondo lo stato di animale", e le due proposizioni non sono perciò contraddittorie[79]. Si noti che "*Socrates secundum statum animalis praedicatur de pluribus*" equivale a "*Plura conveniunt in hoc quod sunt animalia*", mentre "*Socrates secundum statum Socratis praedicatur de uno solo*" equivale a "*Non est verum quod plura conveniunt in hoc quod sunt Socrates*": anche qui, come nella descrizione della teoria in *LNPS* e nell'argomento del *convenire*, n. 3, *status* è dunque collegato a, e quasi glossato con, *convenire* (anche se non si afferma esplicitamente che lo *status* sia ciò in cui le cose convengono).

23. ARGOMENTO DELLA PREDICAZIONE DI MOLTI COME PROPRIETÀ, CON RISPOSTA (§§ 44-49; *cf. supra*, argomento di Socrate che si predica di più ed è materia di molti, n. 18; argomento di Socrate che si predica di molti e non si predica di molti, n. 22; *LI*, argomento della predicazione, n. 1; *LNPS*, argomento della predicazione, n. 4). Il penultimo argomento, il più lungo degli argomenti di *QG* contro la teoria dell'*individuum*, contiene anche una critica alla risposta che altri (presumibilmente precedenti sostenitori della teoria dell'*individuum*) «erano soliti» fornire all'obiezione. Il testo di *QG* si caratterizza dunque per la ricchezza di voci che vi compaiono, sia nella presentazione e critica della teoria dell'essenza materiale che nella

---

[79] *QG* §§ 42-43, ed. DIJS *[argomento di Socrate che si predica di molti e non si predica di molti, con risposta, n. 22]*: «Item opponitur. Cum Socrates secundum statum animalis sit genus, praedicatur de pluribus, quod est omnis generis; et item, cum Socrates secundum statum Socratis sit indiuiduum, praedicatur de uno solo, auctoritate Porphyrii *[cf. Porphyrius, Isagoge, tr. Boethii, AL, p. 7.2-6]*, et ita non praedicatur de multis. Quodsi Socrates *[scripsi: Dijs erroneamente Socratis]* praedicatur de multis et non praedicatur de multis, uerae sunt duae diuidentes. Quod est impossibile. Solutio: Cum dicimus: "Socrates secundum statum animalis praedicatur de pluribus", haec determinatio, scilicet 'secundum statum animalis', refertur ad praedicatum. Et est sensus talis: Plura conueniunt in hoc quod sunt animalia. Cum uero dicimus: "Socrates secundum statum Socratis praedicatur de uno solo", illa determinatio 'secundum statum Socratis' refertur ad praedicatum. Et est sensus: Non est uerum quod plura conueniant in hoc quod sunt Socrates. Et ita non sunt diuidentes, et uerum est utrumque, scilicet quod plura sunt animal et quod plura non sunt Socrates».

5. GLI ARGOMENTI CONTRO LA TEORIA DELL'*INDIVIDVVM*   211

sezione dedicata alla teoria dell'*individuum*. L'argomento si compone delle seguenti parti: obiezione alla teoria dell'*individuum*; replica di alcuni sostenitori della teoria all'obiezione; critica dell'autore a tale replica; tre diverse soluzioni avanzate dall'autore di *QG* all'obiezione iniziale[80].

Anche l'argomento della predicazione di molti come proprietà muove dalla nozione di "essere predicato di più", vero centro della critica alla teoria dell'*individuum*. L'argomento obietta: secondo Porfirio, l'essere predicato di più è ciò per cui il genere differisce dall'individuo (il genere infatti si predica di più, l'individuo no)[81]. 'Essere predicato di più' pone cioè una *proprietà* in virtù della quale il genere differisce dall'individuo. Secondo la teoria dell'*individuum*, però, anche l'individuo partecipa della proprietà della predicazione di molti, perché «tutto ciò che è fondato in un superiore, è fondato nel suo [*scil.* del superiore] inferiore, e viceversa». La proprietà di essere predicato di più non sembra dunque poter fungere da discriminante tra genere e individuo perché si trova fondata sia nell'uno che nell'altro[82].

L'autore di *QG* riporta in primo luogo un tentativo di risposta a questo argomento che alcuni (sostenitori della teoria dell'*individuum*) erano soliti avanzare in precedenza (§ 45) e quindi enuncia le proprie critiche a tale soluzione (§ 46). Secondo la soluzione che l'autore intende criticare, le proprietà del genere (*praedicatio*, *generalitas*, *etc.*) si trovano sia a livello dei superiori (cioè nei generi) sia a livello degli inferiori (cioè negli individui), ma – si può dire – non allo stesso modo: nei livelli superiori si trovano «per la <loro: dei superiori> natura di superiori e in relazione agli inferiori», mentre negli individui si trovano in atto e avendo sostentamento dagli individui, ma non vi si trovano «per la <loro: degli individui> natura di individui né in relazione agli inferiori» (non vi sono infatti inferiori agli individui). Le stesse proprietà, perciò, si trovano sia

---

[80] *Cf.* PINZANI, «Alberto non è diverso da Søren», pp. 323-325 (Q10-R10).

[81] *Cf.* Porphyrius, *Isagoge*, tr. Boethii, *AL*, p. 7.2-6, citato *supra*, pp. 180-181 n. 23 e p. 209 n. 78.

[82] *QG* § 44, ed. DIJS *[argomento della predicazione di molti come proprietà, n. 23: obiezione]*: «Item opponitur. Habemus a Porphyrio quod per praedicari de pluribus differt genus ab indiuiduis, quae, ut dictum est, praedicantur de uno solo. Quodsi per 'praedicari de pluribus' ponitur aliqua proprietas in genere, quaeritur quomodo per illam proprietatem differat genus ab indiuiduo suo, cum ipsum indiuiduum eadem proprietate participet; quicquid enim fundatur in aliquo superiori, fundatur in inferiori eius, et econuerso».

nel genere che nell'individuo e la differenziazione tra genere e individuo è data dalla causa e dal modo in cui quelle proprietà sono ricevute (se per la propria natura, o no; se in relazione a dei livelli inferiori, o no)[83].

Secondo l'autore di *QG*, questa soluzione è troppo debole nello spiegare la differenza tra genere e individuo (§ 46). Perché i superiori differiscano dagli individui si deve effettivamente porre qualcosa nelle cose (superiori) e rimuoverlo dalle cose (inferiori): ora, proprio ciò non avviene se si afferma che le stesse proprietà sono sia nel genere che nell'individuo, anche se per *natura* e *respectus* diversi, cioè determinate diversamente. O infatti tali determinazioni della proprietà iniziale non pongono/rimuovono nulla, e dunque non possono causare differenziazione dei superiori dagli inferiori; oppure, se pongono una *proprietas*, di nuovo si presenterà il problema che la stessa proprietà che è fondata nel superiore è fondata anche nell'inferiore e viceversa. Dunque ciò che è posto ai livelli superiori non è veramente rimosso (*auferri*) dall'individuo[84].

L'autore di *QG* propone invece tre diverse soluzioni (§§ 47-49).

1. La prima soluzione (§ 47) argomenta che, con l'affermazione che i generi differiscono dagli individui per il fatto di essere predicati di più, Porfirio non pone nel genere una proprietà la quale non sia nell'individuo[85].

---

[83] *QG* § 45, ed. Dijs *[argomento della predicazione di molti come proprietà, n. 23: replica di altri all'obiezione]*: «Quod sic solebant quidam soluere. Praedicatio *[così il ms.: Dijs corregge, erroneamente a mio avviso,* praedicatio *in* praedicta*]*, illa proprietas, et generalitas et consimiles proprietates sunt in ipsis superioribus ex natura superiorum et respectu inferiorum, et illae eaedem sunt in ipsis indiuiduis actualiter et sustentantur ab eis, sed non sunt ibi ex natura indiuiduorum nec respectu inferiorum». *Cf.* anche *QG* § 28, citato *supra*, capitolo 4, pp. 151-152 n. 93 sulla presenza della *generalitas* in Socrate.

[84] *QG* § 46, ed. Dijs *[argomento della predicazione di molti come proprietà, n. 23: critica dell'autore di QG alla replica]*: «Nobis autem non placet haec solutio, quia, si per supradictas determinationes nihil ponitur in rebus nec ab eis remouetur, iam per hoc non uidentur differre superiora ab indiuiduis. Si autem ponitur per ea *[Dijs corregge in* eas*]* aliqua proprietas in superiori quae non sit in inferiori, ut habeant per hoc differentiam ad superiora ab inferioribus, iam erit illud falsum quod auferatur ab inferioribus hoc quod est in suo superiori, quia, ut dictum est, quicquid est in uno, et in alio, et econuerso. Et ideo nihil ualet eorum solutio».

[85] *QG* § 47, ed. Dijs *[argomento della predicazione di molti come proprietà, n. 23: prima soluzione]*: «Dicamus ergo: Porphyrius, cum dicat genera differre ab indiuiduis per praedicari de pluribus, nullam ponit proprietatem in genere quae non sit in indiuiduo ipsius generis, sed utrimque intendit dare differentiam inter genera et indiuidua, in hoc scilicet quod genera praedicantur de pluribus (idest plura conueniunt

5. GLI ARGOMENTI CONTRO LA TEORIA DELL'*INDIVIDVVM* 213

La frase «nullam ponit proprietatem in genere quae non sit in indiuiduo ipsius generis» si può intendere in due modi: si può intendere o nel senso che l'essere predicato di più non è una proprietà, o nel senso che esso è sì una proprietà, ma che si trova sia nel genere che nell'individuo (interpretazione a mio avviso preferibile). La soluzione consiste poi nel differenziare individuo e genere grazie alla traduzione di «essere predicato di più» con «convenire» (*cf.* descrizione della teoria dell'*individuum* in *LI*, e argomento della predicazione, n. 1): la proprietà di essere predicato di più è la proprietà di convenire in uno *status* di genere, mentre la proprietà di non essere predicato di più è la proprietà di convenire in uno *status* individuale.

2. Una seconda soluzione (§ 48) afferma che con 'essere predicato di più' si pone effettivamente una proprietà, la quale riguarda la sola predicazione *per indifferentiam* (non anche quella *essentialiter*). Tale proprietà, inoltre, differenzia Socrate secondo lo stato di animale da Socrate secondo lo stato di Socrate. Ciascun individuo animale, ad esempio Socrate, si predica di sé essenzialmente e possiede *per indifferentiam* la predicazione che un altro individuo animale, ad esempio Platone, ha di se stesso essenzialmente. Socrate secondo lo stato di animale si differenzia da se stesso secondo lo stato di Socrate solo per la predicazione *per indifferentiam*, secondo la quale si predica di più, mentre *essentialiter* si predica di se stesso soltanto; *per indifferentiam* possiede anche la proprietà di predicarsi di Platone secondo lo stato di animale (proprietà, quest'ultima, posseduta anche da Platone *essentialiter*), ma *essentialiter* non c'è nessuna proprietà di un individuo che sia anche in un altro individuo[86]. Nel complesso questa soluzione, come la

---

in generali statu), indiuidua non praedicantur de pluribus (idest non est uerum quod plura conueniant in indiuiduali statu)».

[86] *QG* § 48, ed. DIJS *[argomento della predicazione di molti come proprietà, n. 23: seconda soluzione]*: «Vel ponatur aliqua proprietas per 'praedicari de pluribus' et dicatur quod Socrates secundum statum animalis differt a seipso secundum statum Socratis non per illam praedicationem quae est in eo essentialiter, sed per illam quam habet per indifferentiam, scilicet per illam quam habet Plato secundum statum animalis essentialiter. Quam habet Plato secundum statum animalis essentialiter, *[Quam... essentialiter* è *omesso da Dijs ma presente nel ms.]* habet eandem Socrates secundum statum animalis per indifferentiam. Sed secundum statum Socratis nec essentialiter nec per indifferentiam habet illam praedicationem quae est in Platone essentialiter secundum statum animalis. Quod proprietas illa quae est in Platone essentialiter non est in Socrate essentialiter omnibus manifestum est, quia nihil in diuersis est essentialiter. Item, quod eadem proprietas non sit in Socrate secundum statum Socratis per indifferentiam, uerum est, quia nihil est indifferens in Socrate secundum statum Socratis».

precedente, sembra andare nella direzione di relativizzare le due proprietà, in apparenza opposte, possedute dal genere e dall'individuo: la proprietà del genere è di predicarsi di più *per indifferentiam*, quella dell'individuo è di predicarsi di uno solo *essentialiter*, ed entrambe possono dunque essere possedute da una stessa identica cosa. Emergono in questa soluzione i livelli dell'individuo e il differenziarsi dell'individuo da se stesso che si erano trovati nella descrizione della teoria di *LI*[87].

3. La terza soluzione (§ 49) afferma che la *proprietà* di essere predicato di più è sia nel genere che nell'individuo, ma può ancora essere motivo di differenziazione tra i due (si dice infatti "*Socrates secundum statum animalis praedicatur de pluribus*", ma "*Socrates secundum statum Socratis non praedicatur de pluribus*", e in un caso e nell'altro è posta o rimossa *in adiacentia* la proprietà di essere predicato di più). Che la stessa proprietà sia fondata in x e y e al contempo possa differenziare x e y è mostrato con un esempio: la proprietà di esser-contrario (*contrarietas*) è sia nell'esser-bianco (*albedo*) che nella sostanza (*substantia*), perché l'esser-bianco, che possiede la proprietà di esser-contrario nel senso che tale proprietà informa *actualiter* l'esser-bianco, è fondato nella sostanza e di conseguenza la sua proprietà (esser-contrario) è fondata nella sostanza; eppure, l'esser-contrario è motivo di differenziazione tra l'esser-bianco e la sostanza (l'esser-bianco infatti possiede la proprietà di essere contrario

---

[87] Si vedano anche le osservazioni di PINZANI, «Alberto non è diverso da Søren», pp. 324-325: «"Socrate differisce da se stesso non per quella predicazione che è in esso essenzialmente ma per quella che ha per non differenza" si può leggere così: Il genere, cioè l'individuo, secondo lo *status* di genere, si predica essenzialmente di sé; l'individuo, secondo lo *status* di individuo, si predica essenzialmente di sé; dunque, quanto alla predicazione essenziale, l'individuo (come genere) non differisce da sé (come individuo). L'individuo però differisce da se stesso nella predicazione per non differenza non essenziale, infatti gli enunciati "Socrate si predica di altro oltre che di se stesso" e "Socrate non si predica di altro oltre che di se stesso", *secundum quid et simpliciter*, sono entrambi veri, il primo è vero di Socrate considerato come specie, il secondo è vero di Socrate considerato in quanto tale. Dove ci ha portati tutto questo? Lo spirito del testo di Porfirio che Gualtiero sta cercando di "salvare" è che il genere si predica di più cose, mentre l'individuo si predica di una cosa sola. Gualtiero è riuscito a spiegare come il genere Socrate si predichi di più cose (per non differenza non essenziale) e come al tempo stesso si predichi di una sola cosa per non differenza essenziale. Diciamo così: non riusciamo a distinguere due cose tali che una gode di una proprietà e l'altra non ne gode, ma al più possiamo dire che lo stesso individuo ha due proprietà diverse, così come la linea boeziana, osservata da due prospettive diverse».

5. GLI ARGOMENTI CONTRO LA TEORIA DELL'*INDIVIDVVM* 215

e, ad esempio, è contrario all'esser-nero, ma la sostanza non è contraria a nulla: *cf*. Aristoteles, *Categoriae*, 5, 3b, 24-27). Allo stesso modo l'essere predicato di più (proprietà di Socrate come genere) è fondato in Socrate come individuo ed è però motivo di differenziazione tra Socrate come individuo e Socrate come genere[88].

24. Argomento della distruzione della razionalità, con risposta (§§ 50-51). Questo argomento non è di facile comprensione. L'obiezione sembra essere che, se si segue la teoria dell'*individuum*, è vero sia affermare che, se si distrugge Socrate secondo lo stato di animale, si distrugge la razionalità, sia che non la si distrugge. Se si distrugge Socrate secondo lo stato di animale si distrugge la razionalità, perché la razionalità (di Socrate) è fondata in Socrate (secondo lo stato di animale) come nel suo *sufficiens fundamentum*, e ciò che avviene nel *fundamentum* avviene anche nell'accidente che esso

---

[88] *QG* § 49, ed. Dus *[argomento della predicazione di molti come proprietà, n. 23: terza soluzione]*: «Vel aliter soluitur. Praedicta proprietas et in genere est et in indiuiduo; et tamen, quod mirum est, per illam proprietatem differt genus ab indiuiduo, quia de genere praedicatur in adiacentia hoc modo: Socrates secundum statum animalis praedicatur de pluribus; et eadem remouetur a Socrate secundum statum Socratis in adiacentia hoc modo: Socrates secundum statum Socratis non praedicatur de pluribus; 'non praedicatur' dico quia proprietas illa, si qua est, non est in Socrate; sed simpliciter illam proprietatem in adiacentia remoueri a Socrate secundum statum Socratis. Quod patet per simile. Contrarietas, proprietas illa secundum quam albedo est contraria nigredini, in albedine est quia informat eam actualiter, et in substantia est quia substantia est suum sufficiens fundamentum. Propter quod uideretur quod per eam differre non possent. Tamen per eam differunt, quia de albedine praedicatur in adiacentia hoc modo: "Albedo est nigredini contraria"; et a substantia, in qua ipsa proprietas est ut in sufficienti fundamento, remouetur in adiacentia hoc modo: "Substantia non est substantiae contraria". Et sic differunt». Si veda anche la spiegazione di Pinzani, «Alberto non è diverso da Søren», p. 325: «La spiegazione è questa: Socrate in quanto genere si predica e in quanto individuo non si predica, cioè la stessa proprietà viene "rimossa" da Socrate in quanto individuo. Le cose potrebbero andare come per la contrarietà che si trova nel colore (bianco è "contrario" a nero) ma non in ciò in cui si trova il colore (il corpo bianco non è il contrario di quello nero). Per capire la spiegazione dobbiamo stabilire un collegamento da un lato tra Socrate come specie e il colore bianco e da un altro lato tra Socrate come individuo (supposto fondamento di Socrate come specie) e ciò "che sostiene" il bianco, il corpo bianco; nel primo ci sarebbe una certa proprietà che nel secondo non si trova. Queste spiegazioni varianti a me sembra che non differiscano troppo: Gualtiero cerca di dire che una certa proprietà e il suo contrario si possono trovare in una stessa cosa considerata da differenti punti di vista».

sostenta (mentre, se si distrugge la razionalità, Socrate secondo lo stato di animale non è distrutto)[89]. Allo stesso tempo, però, la distruzione di Socrate non comporta la distruzione in tutto della razionalità perché, ad esempio, non è distrutta la razionalità di Platone. Ne consegue che, contro la teoria dell'*individuum*, che ritiene che Socrate secondo lo stato di animale sia il genere Animale e dunque il fondamento della razionalità, Socrate secondo lo stato di animale non è il *sufficiens fundamentum* della razionalità, perché la sua distruzione non comporta la distruzione della razionalità in quanto tale[90].

[89] Si noti che qui, come abbiamo già segnalato per la descrizione della teoria dell'essenza materiale di *QG*, la razionalità sembra trattata come un accidente (perlomeno in senso largo). Un argomento simile si trova, contro la teoria dell'essenza materiale, in *QG* §§ 17-19, ed. DIJS: «Item opponitur. Animal, illud genus, est sufficiens fundamentum rationalitatis et irrationalitatis. Et ita oportet quod illud genus actu sustentet illa accidentia; alioquin non est sufficiens fundamentum. Quod cum ita sit, queritur utrum animal simplex ita ut est simplex sustentet illa duo. Quodsi concedatur, potest inferri quod animal eo modo quo est simplex, non est purum ab inferioribus formis, et ex alia parte contingit illa duo contraria esse in eodem actu; quod contradicit Porphyrius ubi dicit: "Potestate quidem omnes habet differentias sub se, actu uero nullam". Item. Consequitur ex eodem quod animal, illud genus, eo modo quo nihil est, sustentat illa accidentia, quod impossibile est. Et sic animal simplex ut simplex non est sufficiens fundamentum illorum. Sed nec animal formatum rationalitate est sufficiens fundamentum rationalitatis, quia omne sufficiens fundamentum alicuius accidentis secundum illum statum, secundum quod *[forse da correggere in* quem*]* est sufficiens fundamentum, posset remanere illo accidente destructo. Sed animal rationale non potest remanere in statu animalis rationalis destructa rationalitate. Similiter est in irrationali animale respectu irrationalitatis. Et ita animal formatum non est fundamentum predictorum accidentium. Sed forsitan neque dicunt animal simplex ut simplex esse sufficiens fundamentum illorum accidentium, nec animal formatum, sed animal circa sua inferiora. Restat ergo postea questio utrum animal circa sua inferiora ita sit sufficiens fundamentum quod ipsum animal purum sit fundamentum et inferiora non, uel utrumque. Sed quodcumque concedant, aliquod inconueniens occurret, ut supra ostensum est».

[90] *QG* § 50, ed. DIJS *[argomento della distruzione della razionalità, n. 24: obiezione]*: «Item opponitur secundum hanc sententiam quod, si hoc est, tunc destructo Socrate secundum statum animalis, destruitur rationalitas et, ea destructa, posset Socrates secundum statum animalis remanere. Socrates enim est secundum statum animalis sufficiens fundamentum rationalitatis, quippe ita est in quolibet sufficienti fundamento et in quolibet suo accidente. Sed, destructo Socrate secundum statum animalis, quamquam rationalitas Socratis destruatur, tamen rationalitas non prorsus destruitur, cum ipsa in Platone remaneat. Et sic secundum statum animalis uidetur quod Socrates non sit sufficiens fundamentum rationalitatis».

La soluzione (§ 51) afferma che Socrate secondo lo stato di animale è fondamento sufficiente e attuale solo della razionalità che è essenzialmente in lui, ed è fondamento della razionalità di Platone per non-differenza. Per distruggere completamente la razionalità, dunque, andrebbe distrutto Socrate secondo lo stato di animale sia essenzialmente che per non-differenza (ossia occorrerebbe distruggere ogni animale secondo lo stato di animale). La soluzione è interessante soprattutto per l'uso che vi viene fatto del termine chiave per la teoria dell'*individuum*, '*status*'. In questo argomento si parla non solo di *status* dell'individuo, come avviene di solito, ma anche di *status* della razionalità: si dice infatti che questa razionalità si trova essenzialmente in Socrate «sia che quella [*scil.* la razionalità] sia considerata secondo lo stato di questo [ossia di Socrate] sia secondo lo stato della razionalità»[91]. Con questo argomento si conclude anche il trattato QG^{92}.

5.5. *Nel commento* P17 *ff. 123vb-124rb, 125va-126ra, con risposte*

P17 presenta tredici obiezioni alla teoria dell'*individuum* (anche se l'ultima è più un'osservazione che un'obiezione vera e propria), qui numerate 25-37. Ciascuna obiezione è seguita da almeno una *solutio*: spesso il testo fornisce, in successione, diverse soluzioni possibili (anche quattro). Gli argomenti nn. 25-28 e 35-36, inoltre, sono argomenti di autorità, ossia consistono nell'opporre alla teoria dell'*individuum* un passo autorevole che sembra in contraddizione con la teoria stessa. Si deve infine notare

---

[91] *QG* § 51, ed. Dijs *[argomento della distruzione della razionalità, n. 24: risposta]*: «Solutio: Socrates quidem secundum statum animalis est sufficiens fundamentum et actuale huius rationalitatis quae in eo est essentialiter, siue illa attendatur secundum statum huius siue secundum statum rationalitatis. Et ideo, destructo Socrate secundum statum animalis, propria rationalitas Socratis secundum nullum suum statum uel remanet uel remanere potest; sed Socrates nec secundum statum animalis nec secundum aliquem alium statum est sufficiens fundamentum illius rationalitatis quae est in Platone, nisi per indifferentiam. Vnde nisi destruitur Socrates secundum statum illum secundum quem est sufficiens fundamentum illius rationalitatis quae est in Platone, idest nisi destruitur per indifferentiam, hoc est dicere: Nisi destruitur Plato secundum statum animalis et sic de ceteris, non destruitur rationalitas prorsus, idest illa quae est in Platone et omnes aliae. Sed si destruitur Socrates secundum statum animalis et essentialiter et per indifferentiam, idest omni animali destructo secundum statum animalis, destruitur rationalitas prorsus».

[92] *Cf.* anche Pinzani, «Alberto non è diverso da Søren», p. 326 (Q11-R11).

l'abitudine di *P17* di raggruppare gli argomenti, evidenziando contro quali tesi specifiche della teoria sono indirizzati; prima dell'argomento n. 35, infatti, si legge: «Premesse le obiezioni che sono rivolte contro la tesi che i generi e le specie siano tanti quanti gli individui, si deve in seguito obiettare contro quella parte della medesima teoria, nella quale si sostiene che gli universali e i singolari, in qualunque modo li si consideri, sono lo stesso». Se il secondo raggruppamento (argomenti contro la tesi dell'identità di singolare e universale) può comprendere effettivamente gli argomenti nn. 35 e 36, il primo (argomenti contro la tesi che i generi e le specie siano tanti quanti gli individui) si applica principalmente all'argomento n. 25. Molte delle obiezioni e delle soluzioni proposte risentono dell'opposizione tra la teoria dell'*individuum* e la teoria dell'essenza materiale.

25. ARGOMENTO DEL NUMERO DEI GENERI GENERALISSIMI (DA PORFIRIO), CON RISPOSTE (ff.123vb, 125va-b; *cf.* descrizione della teoria dell'*individuum* in *LI*; *infra*, argomento del genere che contiene due specie, n. 27; *GS*, primo argomento di autorità, ossia argomento n. 9 nel catalogo)[93]. L'argomento avanza contro la teoria dell'*individuum* l'obiezione del numero degli universali. Seguendo la teoria dell'*individuum*, infatti, vi saranno tanti generi quanti individui (ossia: infiniti). Ciò va contro Porfirio che, in *Isagoge* ii, 11, afferma che i generi sommi sono dieci, le specie specialissime sono in un numero finito (maggiore di dieci), mentre gli individui sono infiniti[94].

---

[93] *P17* ff. 123vb, 125va-b, trascr. Iwakuma *[argomento del numero dei generi generalissimi, con risposte, n. 25]*: «Praedictae sententiae opponitur sic. Dicit Aristoteles decem esse generalissima, indiuidua uero infinita esse; sed cum superius positum sit tot esse genera quot sunt indiuidua, tunc necesse erit similiter esse generalissima infinita. Solutio. Non dixit Aristoteles omnia generalissima esse decem tantum in essentia, sed manerias eorum, id est collectiones, decem appellauit. Vel omnia generalissima substantiae secundum similitudinem et uisum hominum unum esse reputauit, sicut plura nomina multiuoca pro eadem significatione solent unum appellari. Vel sic intellexit: decem sunt, id est apta sunt in suprema natura decem scilicet intellectibus concipi, cum indiuidua discrete concipi nequeant nisi innumeris intellectibus. Vel illud de uocibus generalissimis dictum fuit»; *cf. LI* p. 14.22-24 (nella descrizione della teoria dell'*individuum*, come analizzato al capitolo 4, p. 141): «Qui tot species quot indiuidua quantum ad rerum numerum ponunt et totidem genera, quantum uero ad similitudinem naturarum pauciorem numerum uniuersalium quam singularium assignant».

[94] *Cf.* Porphyrius, *Isagoge*, tr. Boethii, *AL*, p. 12.7-9, citato *supra*, p. 141 n. 75 e p. 197.

5. GLI ARGOMENTI CONTRO LA TEORIA DELL'*INDIVIDVVM* 219

A questa obiezione, *P17* fornisce quattro soluzioni. Se la strategia adottata è spesso simile (spiegare la riduzione del numero tramite il principio di identità per non-differenza e somiglianza), le risposte sono molto interessanti per il lessico che vi è impiegato. (1) Prima soluzione: nell'affermare che i generalissimi sono dieci soltanto, Porfirio non parlava dei generalissimi *in essentia* (perché, si potrebbe aggiungere, *in essentia* i generalissimi sono tanti quanti gli individui), bensì delle loro *maneries*, «ossia» *collectiones*[95]. I termini '*maneries*' e '*collectio*' sembrano dunque indicare i raggruppamenti di individui-genere e individui-specie non-differenti (ossia consimili) tra di loro. (2) Seconda soluzione: tutti i generalissimi di sostanza (ossia, tutti gli individui, ciascuno in quanto è Sostanza, ossia genere generalissimo) sono contati come uno per la loro somiglianza (*secundum similitudinem*), così come le parole sinonimiche si possono chiamare una sola parola. (3) La terza soluzione sembra fare appello alle idee divine: «sono dieci, ossia sono atti a essere concepiti, nella suprema natura, da dieci intellezioni»[96]. (4) L'ultima soluzione, infine, propone quella che si potrebbe chiamare un'esegesi *in voce* del passo di Porfirio: egli si riferiva alle dieci *voces* ('sostanza', 'qualità', 'quantità' *etc.*).

26. ARGOMENTO DEL GENERE RIPARTITO (DA BOEZIO), CON RISPOSTA (ff. 123vb, 125vb)[97]. L'argomento potrebbe essere giudicato come una replica della teoria dell'essenza materiale alla teoria dell'*individuum*. Si ispira infatti a Boezio, *Secondo Commento all'Isagoge*, I, 10 (in particolare al passo dove si afferma che il genere non è comune per parti ai suoi individui)[98] per affermare che i generi di Socrate e Platone non possono

---

[95] *Cf.* anche *supra*, capitolo 2, pp. 61-65.

[96] *Cf.* Priscianus, *Institutiones*, XVII, 44; *cf. infra*, capitolo 7, pp. 311-315. Questa soluzione, che fa appello alla *suprema natura*, potrebbe forse contrapporsi alla convenzionalità («secundum [...] uisum hominum») della seconda.

[97] *P17* ff. 123vb, 125vb, trascr. Iwakuma *[argomento del genere ripartito, con risposta, n. 26]*: «Dicit etiam Boethius idem genus non diuisum per partes sed totum esse in singulis indiuiduis, quare falsum est diuersa essentialiter esse genera Socratis et Platonis. Solutio. Non asserit idem essentialiter in diuersis esse, sed in omni proprietate sua expresse similia, sicut idem sermo totus et integer ad diuersos peruenire dicitur, nec tamen idem peruenit sed consimilis».

[98] *Cf.* il già citato Boethius, *In Isagogen Porphyrii editio secunda*, ed. BRANDT, I, 10, pp. 162.16-163.3: si veda *supra*, capitolo 4, pp. 126-127, per i sensi di 'comune' in relazione alla teoria dell'essenza materiale e *infra*, capitolo 7, pp. 315-321, con gli studi di Irène Rosier-Catach al riguardo.

essere diversi essenzialmente. Sembra di poter comprendere che, secondo l'obiezione, sostenere la diversità in *essentia* dei generi di Socrate e di Platone (come fa la teoria dell'*individuum*) equivarrebbe ad affermare che l'Animale di Socrate e l'Animale di Platone sono due parti del genere Animale, e che così Animale sarebbe comune a Socrate e Platone perché una sua parte appartiene all'uno, un'altra all'altro. Riprendendo il nodo fondamentale del passaggio da *idem essentialiter* a *idem indifferenter* o per somiglianza, la soluzione di *P17* si limita a sostenere che le affermazioni di Boezio contro la divisione del genere per parti non implicano l'identità in *essentia* tra il genere di Socrate e il genere di Platone (come vorrebbe TEM, si potrebbe aggiungere), ma solo la loro somiglianza (i due generi sono dunque «in omni proprietate sua expresse similia»). L'argomento si conclude con l'importante esempio della parola proferita, comune nella sua interezza a diversi uditori che la ricevono (la quale giunge nelle orecchie dei diversi uditori non nel senso che una stessa identica cosa venga ricevuta da tutti, ma che ciascuno riceve una *vox*/un *sermo* consimile): abbiamo già incontrato questo esempio nella descrizione della teoria dell'*individuum* dello stesso *P17* (anche se si usa ora il termine '*sermo*' invece di '*vox*')[99].

27. ARGOMENTO DEL GENERE CHE CONTIENE DUE SPECIE (DA BOEZIO), CON RISPOSTE (ff. 123vb, 125vb; *cf. supra*, argomento del numero dei generi generalissimi, n. 25; *infra*, argomento della divisione del genere, n. 28)[100]. L'argomento nota che, seguendo la teoria dell'*individuum*, un genere converrà a un individuo soltanto (poiché l'individuo stesso è il genere: Platone è il genere Animale, e dunque l'Animale di Platone conviene solo a Platone)[101]; seguendo tale impostazione, sembra si debba ricavare che

[99] *Cf. supra*, capitolo 4, pp. 161-165 e *infra*, capitolo 7, pp. 315-321.

[100] *P17* ff. 123vb, 125vb, trascr. Iwakuma *[argomento del genere che contiene due specie, con risposte, n. 27]*: «Item dicit Boethius omne genus ad minus duas species continere, superius autem dictum est quia unum genus nequeat nisi soli indiuiduo conuenire. Solutio. Non accipit unum genus in essentia, sed multa status similes habentia. Vel de continentia uocis generalis dictum fuit».

[101] Il riferimento è alla descrizione della teoria dell'*individuum* in *P17* ff.123vb, 125va, trascr.. Iwakuma: «*[P17-E]* Nec aliquod uniuersale commune uel praedicabile de pluribus est ita quod essentialiter pluribus insit. Sed commune appellatur idcirco quod, cum ipsum uniuersale in uno sit indiuiduo, aliud ei simillimum in materia et forma est in alio, ut uox dicitur communis non quod eadem uox essentialiter ueniat ad diuersos, sed consimilis. Praedicabile autem de pluribus dicitur, *non ideo quod conueniat essentialiter pluribus, sed quia ipsum est materia unius et suum indifferens*

nel genere di Platone vi è una sola specie, la specie di Platone, la quale ha un solo individuo, Platone appunto. L'argomento obietta che ciò è inaccettabile, perché Boezio afferma che un genere contiene almeno due specie[102].

P17 propone due soluzioni. La prima sembra interpretare l'affermazione di Boezio come riferita non all'Animale di Platone, ma all'Animale inteso come l'insieme dei generi Animale, non-differenti, ottenuto raccogliendo ciascun individuo animale[103]; di fatto, si legge soltanto: «[Boezio] non intende un unico genere in *essentia*, ma molti che hanno stati simili» (si noti che gli *status* di cui è qui questione sono *status* del genere). La seconda soluzione propone, come già l'argomento del numero dei generi generalissimi, n. 25, un'esegesi *in voce* del passo di Boezio, che secondo la soluzione avrebbe parlato del contenuto della parola generica 'animale' (*de continentia vocis generalis*).

Tre aspetti dell'argomento sono particolarmente interessanti. Il primo è l'affermazione positiva che un genere conviene a un individuo soltanto (nella descrizione della teoria dell'*individuum* in *P17*-E avevamo trovato solo l'affermazione negativa, secondo la quale non è vero che uno stesso universale convenga essenzialmente a più). In secondo luogo, si deve segnalare l'uso di *status* in relazione al genere (cioè il riferimento a uno *status* in cui si trova un genere, somigliante a quello in cui si trova un altro genere: *cf. P17*-F, dove si parlava di *status* della specie). L'argomento mostra inoltre, come già l'argomento n. 25, la tendenza a ricorrere a

uel est uel esse potest materia alterius. [P17-F] Nec ideo eadem species diuersorum esse dicitur quod essentialiter sit eadem, sed quia sunt consimiles. Illas autem species diuersorum similes et indifferentes esse dico, quae cum discretae sint, tamen ex materiis et formis consimiles effectus exigentibus componuntur» (corsivo mio). Come già notato *supra*, la teoria dell'*individuum* descritta in *P17* mostra così la tendenza ad affermare esplicitamente che ogni individuo ha un proprio genere e una propria specie: *cf.* il capitolo 7 su questo punto, pp. 333-342, che confronta *P17* con la singolarità delle sussistenze di Gilberto di Poitiers.

[102] Boethius, *In Isagogen Porphyrii editio prima*, ed. BRANDT, I, 14, p. 40.5-10: «definit igitur sic: genus esse quod ad plures differentias specie distantes in eo quod quid sit praedicatur, uelut animal. quod definitionis talis est. omnia quae distant, habent inter se quandam differentiam qua distare et differre uideantur. porro autem si quid sit genus et sub eo species supponantur, duas uel plures necesse est species poni sub genere, quoniam unius speciei genus esse non potest».

[103] Ossia ciò che nell'argomento n. 25 era stato chiamato «maneria, idest collectio».

un'esegesi *in voce* di determinati passi per risolvere le difficoltà che la problematica teoria dell'*individuum* solleva.

28. ARGOMENTO DELLA DIVISIONE DEL GENERE (DA BOEZIO), CON RISPOSTE (ff. 123vb-124ra, 125vb; *cf. supra*, argomento del genere che contiene due specie, n. 27)[104]. L'argomento è simile al precedente: se infatti l'argomento n. 27 obiettava che il genere deve contenere almeno due specie, l'argomento n. 28 obietta che il genere deve dividersi nelle diverse specie, e che ciò non è possibile se si intende che il genere è l'individuo stesso, perché l'individuo non esiste in più. L'argomento collega dunque la divisibilità in più alla esistenza in più (*esse in pluribus*). Di Socrate inteso come genere (Animale di Socrate, che è in Socrate soltanto) sembra difficile ammettere che si divida in animale razionale e animale irrazionale (semmai, si potrebbe aggiungere, contiene solo l'animale razionale).

P17 propone tre soluzioni. La prima e la terza sono simili nel coinvolgere una «divisione vocale» (*vocalis divisio*), ossia una divisione da collocare nell'ambito delle parole. (1) Secondo la prima soluzione a dividersi in molte specie non è l'individuo-genere (ad esempio Animale di Socrate), ma sono tutti i non-differenti (ad esempio, tutti gli individui animali considerati in quanto non differiscono, ossia in quanto ciascuno è il genere Animale): è degli *omnia indifferentia* che si dice che «uno è

---

[104] *P17* ff. 123vb-124ra, 125vb, trascr. Iwakuma *[argomento della divisione del genere, con risposte, n. 28]*: «Item dicit Boethius genus diuidi per diuersas species, sed cum nullum genus sit in pluribus, per plures species diuidi non poterit, sicut de animali quod est in Socrate solo non potest uere dici quod aliud sit rationale aliud irrationale. Solutio. Non idcirco genus unum per plura diuiditur quod insit pluribus, sed idcirco quod ipsi et suis indifferentibus in uocali diuisione multae species ueraciter conferuntur. Et sciendum est quod non unum solum genus sed omnia indifferentia in ea diuisione simul diuiduntur, de quibus uere potest dici quod eorum aliud est rationale aliud irrationale, quod de uno solo uere non potest dici. Vel ideo unum genus dicatur per plura diuidi, licet nulla uocalis diuisio fiat, quia cum ipsum cum sua specie uniatur, suum indifferens similiter alii speciei coniungitur, et ita per illas duas species unumquodque ab alio differt et diuiditur. Vel illud dictum Boethii de uocis generalis diuisione intelligatur. Si autem opponatur de communitate uel identitate generis uel praedicabilitate, satis poterit solui ex praedictis. Manifestare tamen uolumus quod genus ideo praedicabile de pluribus non dicitur idcirco quod pluribus insit, sed ideo quod ei praedicationem, [f. 124ra] id est proprietatem talem, conferimus, quia ipsum est in uno et suum indifferens uel est uel esse potest in alio, uel quia ipsum communi intellectu conceptum in affirmatiua propositione uere potest de pluribus enuntiari». Per il riferimento a Boezio *cf.* ad esempio Boethius, *In Isagogen Porphyrii editio secunda*, ed. BRANDT, IV, 6, p. 256.6-10.

razionale, un altro è irrazionale» (poiché si tratta di una divisione vocale, sembra si debba intendere la divisione nel senso che di alcuni di questi individui è predicato con verità il termine 'uomo', mentre di altri un altro termine-specie). (3) La terza soluzione afferma invece, come già la seconda soluzione dell'argomento precedente, che Boezio si riferisce alla divisione del termine-genere 'animale' (*de vocis generalis divisione*)[105]. (2) Più complessa è la seconda soluzione. Tale soluzione, infatti, rifiuta la strada della «divisione vocale», e interpreta la divisione del genere in più specie in questo modo: «benché esso [*scil.* il genere: Animale di Socrate] sia unito alla propria specie [Uomo di Socrate], un suo non-differente [*e. g.* Animale di Platone] è unito in modo simile a un'altra specie [*e. g.* Uomo di Platone] e così per quelle due specie ciascuno [cioè ciascun genere] è differente dall'altro e si divide <dall'altro>». La soluzione cerca cioè di trovare nella solidarietà tra il genere e la specie dello stesso individuo il motivo per cui Boezio afferma che il genere si divide: Animale di Socrate si divide da Animale di Platone perché uno è solidale con Uomo di Socrate, l'altro con Uomo di Platone. Questa differenziazione, in verità, sembra più un differenziarsi *da* qualcos'altro (ad esempio il differenziarsi del genere Animale di Socrate *dal* genere dell'altro individuo): l'autore di *P17* sembra però – forse perché in entrambi i casi si tratta dello stesso genere Animale – intenderla come una divisione *all'interno* del genere (cioè dividersi *in*, ad esempio dividersi in razionale e irrazionale).

29. ARGOMENTO DEL *CONVENIRE* DI SOCRATE E PLATONE, CON RISPOSTA (ff. 124ra, 125vb; *cf. infra*, argomento della somiglianza di due uomini, n. 30; *supra*, LI, argomento del *convenire*, n. 3). Questo argomento e quello successivo sono simili nel cercare di minare la teoria dell'*individuum* sul terreno della somiglianza, non-differenza o con-venienza di due dati individui. In particolare, l'argomento ora in esame si concentra sul convenire di due individui: «Socrate e Platone non convengono nell'Uomo, perché non c'è lo stesso uomo in entrambi». L'argomento svolge, cioè, il seguente ragionamento: se Socrate è la specie uomo (Uomo di Socrate) e Platone è la specie uomo (Uomo di Platone), nei due non è presente la stessa specie uomo e pertanto essi non convengono «nell'Uomo»: ciascuno

---

[105] Le osservazioni finali dell'argomento, sull'esser-comune e predicabilità di più del genere, riprendono le osservazioni della descrizione della teoria in *P17*-E (*cf. supra*, capitolo 4, pp. 161-165).

ha la propria specie uomo[106]. L'obiezione è simile a quella dell'argomento del *convenire*, n. 3: nell'argomento di *LI* si notava che né Socrate né un altro individuo possono essere l'uomo in cui si conviene, mentre qui si obietta piuttosto che non vi è lo stesso uomo in entrambi e dunque non vi è un uomo in cui i due individui umani convengano.

La soluzione, come ormai prevedibile, si rifà al concetto di somiglianza: se è vero che in Socrate e Platone non c'è lo stesso uomo (*idem homo*, come vorrebbe TEM), è pur vero che l'uomo che è nell'uno e quello che è nell'altro sono consimili, e ciò garantisce il loro convenire: ciascun individuo conviene con l'altro nel proprio uomo (Socrate conviene con Platone nell'Uomo di Socrate, e viceversa).

30. ARGOMENTO DELLA SOMIGLIANZA DI DUE UOMINI, CON RISPOSTA (ff. 124ra, 125vb; *cf. supra*, argomento del *convenire*, n. 3; argomento del *convenire* di Socrate e Platone, n. 29). Sulla scia del precedente, l'argomento afferma che (seguendo la teoria dell'*individuum*) due uomini non sono neppure simili, dato che «le materie e le forme di due uomini sono distinte tra di loro ed essenzialmente opposte tanto quanto gli uomini costituiti da quelle»: i due uomini, dunque, non sono simili né nelle loro materie né nelle loro forme (né, a maggior ragione, nell'individuo stesso, inteso come ciò che è costituito di tali materie e forme)[107].

La soluzione consiste nell'affermare che la distinzione (delle forme e delle materie) si accompagna, nel caso di due uomini, a una somiglianza,

---

[106] *P17* ff. 124ra, 125vb, trascr. Iwakuma *[argomento del* convenire *di Socrate e Platone, con risposta, n. 29]*: «Item Socrates et Plato non conueniunt in homine, quia idem homo non est in utroque. Solutio. Non sic conueniunt in homine quod idem homo sit in utroque, sed cum unus homo sit in Socrate et alter illi consimilis in Platone, utrumque *[uterque Iwakuma]* in suo homine, id est causa sui hominis, dicimus alii conuenire».

[107] *P17* ff. 124ra, 125vb, trascr. Iwakuma *[argomento della somiglianza di due uomini, con risposta, n. 30]*: «De similitudine autem duorum hominum opponitur sic. Non sunt similes, quia nec in materia nec in forma, cum materiae et formae duorum hominum ita sint discretae a se et essentialiter oppositae sicut homines constituti ab illis. Solutio. Licet sint discretae, tamen sunt consimiles et in eis conueniunt constituta quae ab eis effectus expresse consimiles suscipiunt; sicut enim rationalitas Socratis facit eum habilem ad utendum ratione, ita sua rationalitas Platonem. Si uero contra hoc de Socracitate et Platonitate opponatur quod faciant indiuidua eodem modo similia, nec faciunt ea differre quia faciunt ea qualia, ad hoc dici potest quod Socracitas et Platonitas attentae qualitates subiecta faciunt qualia et similia, sed ex natura Socracitatis et Platonitatis faciunt maxime diuersa».

5. GLI ARGOMENTI CONTRO LA TEORIA DELL'*INDIVIDVVM* 225

che si può riscontrare a partire dagli effetti: la razionalità di Socrate (pur essendo essenzialmente distinta da quella di Platone) lo rende capace di usare la ragione, così come la razionalità di Platone rende quest'ultimo capace di servirsi della ragione. La somiglianza delle forme si fonda dunque sulla somiglianza degli *effetti* («effectus expresse consimiles»)[108]. A questo punto si potrebbe obiettare che la *socratitas* e la *platonitas* rendono i due individui simili, e non differenti (come invece dovrebbero, dato che ciascuna è la proprietà di quel particolare individuo soltanto)[109]. Si deve rispondere all'obiezione con una distinzione. Da un lato, come qualità la *socratitas* e la *platonitas* rendono i rispettivi soggetti (Socrate e Platone) simili; dall'altro per la propria natura di *socratitas* e *platonitas* li rendono massimamente diversi l'uno dall'altro.

31. ARGOMENTO DELLE UNITÀ, CON RISPOSTA (ff. 124ra, 125vb; *cf. infra*, argomento della non-differenza della sostanza pura e della qualità pura, con risposta, n. 32). Come l'argomento n. 30 (della somiglianza di due uomini) dipende dalla soluzione portata nell'argomento n. 29 (del *convenire* di Socrate e Platone), così questo argomento dipende dalla soluzione avanzata nell'argomento n. 30. Nell'argomento n. 30 si affermava infatti che la somiglianza di forme diverse è data dai loro effetti consimili (ad esempio, razionalità diverse producono effetti simili): l'argomento n. 31 ribatte ora che anche due forme di unità (l'unità della pietra e l'unità della bianc100) producono effetti simili (l'essere uno, appunto)[110]. La conclusione è implicita: si dovrà dunque affermare che anche la pietra e la biancezza (scelte perché l'una nella categoria di sostanza, l'altra nella categoria di qualità, e in quanto tali di per sé non suscettibili di essere raccolte per non-differenza) sono simili[111].

---

[108] *Cf.*, per gli effetti simili, la descrizione della teoria dell'*individuum* in *P17*; *infra*, argomento delle unità, con risposta, n. 31 e capitolo 7, pp. 333-342 (per un confronto con i testi di scuola porretana).

[109] *Cf. supra*, capitolo 4, p. 127 n. 39, per la terminologia boeziana della *platonitas* come *qualitas singularis*.

[110] Oltre all'argomento precedente, *cf.* la descrizione della teoria dell'*individuum* in *P17* e *infra*, capitolo 7, pp. 333-342.

[111] *P17* ff. 124ra, 125vb, trascr. Iwakuma *[argomento delle unità, con risposta, n. 31]*: «Item si rationalitates diuersae faciunt status expresse consimiles quia effectus similes conferunt, eodem modo faciunt in lapide et in albedine diuersae unitates quae eis aduenientes consimiles effectus conferunt. Solutio. Quamuis unitates illae faciant albedinem et lapidem conuenire, tamen non sunt expresse consimiles, cum albedo et lapis in superioribus materiis differant; homines autem, quibus rationalitates adueniunt,

La soluzione afferma che, effettivamente, le due unità fanno convenire la bianchezza e la pietra; tuttavia, la bianchezza e la pietra non sono «chiaramente simili» (*expresse consimiles*) – a differenza di due uomini – perché differiscono «nelle materie superiori», ossia nell'albero di Porfirio che si deve costruire per arrivare alla pietra da un lato e alla bianchezza dall'altro. La soluzione si basa dunque sulla constatazione di una uguaglianza non solo negli effetti che la forma produce (l'esser uno), ma anche dei rami superiori nell'albero di Porfirio di ciò che riceve la forma. Segue un'obiezione alla soluzione. L'obiezione considera la sostanza pura e la qualità pura (che, essendo all'inizio dell'albero, non hanno materie superiori): in questo caso, l'aggiungersi dell'unità nell'uno e nell'altro caso produrrebbe due *status* non-differenti (e pertanto sostanza pura e qualità pura sarebbero simili e si avrebbe una somiglianza transcategoriale, come l'obiezione vuole dimostrare). Ma anche tale obiezione è risolta, ricorrendo in questo caso non agli effetti della forma né alle materie superiori, ma agli *effetti della sostanza e della qualità stesse*: tali effetti sono massimamente dissimili, perché in un caso (quello di sostanza) gli effetti sono enti esistenti per sé e nell'altro (quello di qualità) gli effetti sono accidenti che richiedono un fondamento.

32. ARGOMENTO DELLA NON-DIFFERENZA DELLA SOSTANZA PURA E DELLA QUALITÀ PURA, CON RISPOSTA (ff. 124ra, 125vb; *cf. supra*, argomento delle unità, con risposta, n. 31). Sia l'argomento che la soluzione sono simili all'obiezione (e alla replica all'obiezione) dell'argomento precedente[112]: se due sostanze fossero spogliate di tutte le forme, esse sarebbero non-differenti (anche se non c'è niente in cui convengano, poiché *ex hypothesi* non hanno forme producenti effetti simili, in cui esse convengano: la non-differenza non dipende dunque necessariamente dal ricevere forme che abbiano effetti simili); pertanto, anche la sostanza pura (senza forme) e la qualità pura (senza forme) sono non-differenti (e si ha dunque una non-differenza transcategoriale, che la teoria dell'*individuum* non può ammettere e che invece l'argomento, come quello precedente, cerca di derivare dalle premesse della teoria). La soluzione si appella, come già la replica all'obiezione

---

omnibus superioribus conueniunt. Item si de substantia pura et qualitate quae nullis formis differunt opponat aliquis per unitatem statum indifferentem fieri, respondendum est quod ex eis per unitatem status indifferentes nequeunt fieri, cum eas effectus maxime differentes comitantur, id est substantiam per se existentia, qualitatem uero egentia fundamenti».

[112] Questo argomento potrebbe anche far parte di quello precedente, come ulteriore replica all'ultima soluzione.

nell'argomento precedente, agli effetti dissimili di sostanza e qualità, per rivendicare la loro differenza. Sostanza e qualità, anche pure o spogliate dalle loro forme, esigono effetti dissimili: al contrario, due sostanze, anche pure, «sono cose che, dopo l'assunzione delle forme, esigono effetti consimili»[113].

33. ARGOMENTO DELL'INTELLEZIONE DI 'UOMO', CON RISPOSTA (ff. 124ra, 125vb; *cf.* argomento della proposizione molteplice, con risposta, n. 20). L'argomento sembra evocare un approccio come quello di TEM come l'unico modo per giustificare l'intellezione (*intellectus*) di un termine universale quale 'uomo': se nei diversi individui umani non vi è uno stesso uomo comune, bensì (come sostiene la teoria dell'*individuum*) vi sono diversi uomini, allora la parola 'uomo' usata in riferimento a uomini diversi produce intellezioni diverse (l'intellezione dell'Uomo di Socrate in un caso, l'intellezione dell'Uomo di Platone in un altro e così via)[114]. La soluzione consiste nell'affermare che una sola intellezione rappresenta tutti i non-differenti (nell'esempio: tutti gli uomini)[115]. Prova ne è l'intellezione di un cammello in chi non abbia mai visto un cammello, ma abbia sentito la parola 'cammello' insieme alla sua definizione – egli ha certamente un'intellezione del cammello: non di un determinato cammello singolo che sia in Asia o in Africa, ma di tutti i cammelli in ugual misura[116].

---

[113] *P17* ff. 124ra, 125vb, trascr. Iwakuma *[argomento della non-differenza della sostanza pura e della qualità pura, con risposta, n. 32]*: «Item opponitur sic. Si duae substantiae omnibus formis spoliarentur, indifferentes essent, licet in nulla forma conuenirent, igitur substantia pura et qualitas pura indifferentes appellari debent. Solutio. Substantia et qualitas seu purae seu spoliatae indifferentes non sunt, quia ipsae effectus requirunt dissimiles; substantiae uero purae sunt res quae assumptis formis effectus requirunt consimiles».

[114] Con la conseguenza che la proposizione "*omnis homo est animal*" risulterà molteplice, dato che sia la *vox subiecta* ('*homo*') che la *vox praedicata* ('*animal*') generano molteplici intellezioni: *cf.* per questa conseguenza *QG* § 39, cioè l'argomento della proposizione molteplice, con risposta, n. 20, con lo stesso esempio.

[115] *Cf.* anche, sull'*intellectus* generato da '*homo*', *supra*, capitolo 4, pp. 158-161, replica di *QG* § 35 alla posizione del *magister W.*: «*[QG-U]* hoc uocabulum quod est 'homo' mittit nos aequaliter ad Socratem et ad ceteros; ad nullum tamen mittit per se. Et est sensus talis: Socrates est aliquis hominum. Sed secundum quod haec uox quae est 'homo' hic agit de indiuiduis tantum quae actu sunt, ideo determino actum agendi ipsius uocis, quia si acciperetur uox illa quae est 'homo' secundum propriam inuentionem, forsitan nec praedicaret ea tantum quae sunt, nec ea tantum quae non sunt, cum 'homo' generet intellectum de animali rationali mortali, aequaliter siue sit siue non sit».

[116] *P17* ff. 124ra, 125vb, trascr. Iwakuma *[argomento dell'intellezione di 'uomo', con risposta, n. 33]*: «Item si nullus homo communis idem est in pluribus sed

34. ARGOMENTO DELL'UOMO PREDICATO DI SOCRATE, CON RISPOSTA (ff. 124ra, 125vb; *cf. supra*, capitolo 4, *QG* §§ 33-35, opinione del *magister* W. e critica di tale opinione)[117]. Secondo la teoria dell'*individuum*, «un uomo è in Socrate soltanto e non è partecipato da altri» (ossia, è Socrate stesso la specie uomo): l'obiezione afferma allora che nella proposizione vera "*Socrates est homo*", l'uomo che si predica di Socrate sarà, appunto, quello che è in Socrate, perché se si predicasse l'uomo che è in un altro individuo *x* essa sarebbe falsa. Se dunque *homo* è l'Uomo di Socrate, dalla proposizione "*Socrates est homo*" seguirà "*Socrates non est Plato*": nel momento in cui si pone la specie, si rimuove ogni altro individuo. Si tratta, in altre parole, dell'opinione del *magister* W. su '*homo*' nella proposizione "*Socrates est homo*", e delle conseguenze di tale opinione (si dovrebbe ammettere l'inferenza "Se Socrate è uomo, Socrate non è Platone") che si leggono in *QG* §§ 33-34 (*cf. supra*, capitolo 4). La soluzione ricorda *QG* § 35 e consiste nel precisare che nella proposizione "*Socrates est homo*", non si predica un uomo soltanto (l'Uomo di Socrate, ossia Socrate in quanto uomo), ma tutti gli uomini, come se si intendesse "Socrate è uno degli uomini" («Socrates est aliquis hominum»; *cf. QG* § 35: «Et est sensus talis: Socrates est aliquis hominum»).

35. ARGOMENTO DELL'OPPOSIZIONE TRA SINGOLARE E UNIVERSALE (DA BOEZIO), CON RISPOSTA (ff. 124ra, 125vb-126ra; *cf. LNPS*, argomento della predicazione, n. 4; *GS*, argomento del singolare che è universale, n. 41). Come già accennato, gli argomenti nn. 35 e 36 sono accomunati dalla

diuersi, tunc 'homo' haec uox de diuersis diuersos intellectus constituit, et ita haec propositio "omnis homo est animal" est multiplex, cum uox subiecta et uox praedicata innumerabiles constituant intellectus. Solutio. Licet homines sint innumerabiles, tamen omnes eos indifferentes solus intellectus repraesentat. Quod ex hoc patet. Si quis non uiso camelo cameli definitionem et hoc nomen 'camelus' audiat, de re quae camelus est intellectum concipiet; sed cum non sit ratio eum magis concipere camelum qui est in Asia quam illum qui est in Affrica, concedendum est omnes camelos aequaliter concipere».

[117] *P17* ff. 124ra, 125vb, trascr. Iwakuma *[argomento dell'uomo predicato di Socrate, con risposta, n. 34]*: «Item cum unus homo sit in solo Socrate nec participetur ab aliis in hac propositione uera "Socrates est homo", ille solus homo ibi praedicatur quia de alio esset falsa; et si hoc est, tunc ad "Socrates est homo" sequitur "Socrates non est Plato" – homo enim Socratis et Platonis sunt oppositi; et ita nulla species de suo indiuiduo uere praedicabitur, quin ad positionem illius speciei aliud indiuiduum remoueatur. Solutio. Non unus homo tantum de Socrate potest uere praedicari, sed omnes in tali intellectu "Socrates est aliquis hominum"».

5. GLI ARGOMENTI CONTRO LA TEORIA DELL'*INDIVIDVVM* 229

qualifica di obiezioni contro la tesi dell'identità di universali e singolari. L'argomento n. 35 si richiama a Boezio per l'affermazione che «nessun universale è singolare»[118] e che pertanto universale e singolare sono opposti[119]. All'argomento segue una *solutio*; a questa fa seguito una replica, a sua volta seguita da un'altra *solutio*.

La prima soluzione si rifà al concetto di *status*, centrale per la teoria dell'*individuum*: secondo *P17*, Boezio non intende affermare che universale e singolare siano opposti, ma solo che nessuna cosa riceve l'universalità da quello stesso stato (*ex statu*) dal quale riceve la singolarità (così come "nessun grammatico è musico", nel senso che nessun musico è musico in base al suo *status* di grammatico).

L'obiezione a questa soluzione cerca di mostrare che in base allo stato di Socrate (dal quale egli è singolare) Socrate è anche universale, perché è

---

[118] Cf. Boethius, *In Categorias Aristotelis*, I, *PL* 64, col. 170D: «Namque uniuersalitas potest de particularitate praedicari, ut animal de Socrate uel Platone, et particularitas suscipiet uniuersalitatis praedicationem sed non ut uniuersalitas sit particularitas, nec rursus ut quod particulare est uniuersalitas fiat».

[119] *P17* ff. 124ra, 125vb-126ra, trascr. Iwakuma *[argomento dell'opposizione tra singolare e universale (da Boezio), con risposta, n. 35]*: «Praemissis oppositionibus quae sunt contra hoc quod dicuntur tot esse genera et species quot sunt indiuidua, deinceps contra illam partem eiusdem sententiae, in qua confirmantur [f. 126ra] uniuersalia et singularia quocumque modo attendantur idem esse, opponendum est. Dicit enim Boethius supra illam diuisionem Aristotelis, "eorum quae praedicantur alia dicuntur de subiecto neque in subiecto sunt etc.", "nullum uniuersale est singulare"; quodsi uerum est, tunc uniuersale et singulare sunt opposita. Solutio. Non dixit Boethius illa duo remoueri a se ut opposita, sed sic intelligendum est: nullum quod ex aliquo statu recipit uniuersalitatem, ex eodem statu recipit singularitatem, quippe Socrates ex statu animalis non erit simul uniuersalis et singularis (sed sic possumus dicere nullum grammaticum esse *[est ms.]* musicum, id est ex statu grammatico non est musicus. Hoc sine dubio concedimus, si ab auctoribus diceretur). Sed contra hanc solutionem opponitur sic. Socrates ex statu Socratis est homo, sed omnis homo ex natura hominis est uniuersalis, igitur Socrates ex natura Socratis est uniuersalis; apparet autem quod ex statu Socratis est singularis, igitur ex eodem statu Socrates est singularis et uniuersalis. Solutio. Socrates ex statu Socratis proprie habet singularitatem; uniuersalitatem uero non ex eodem statu, cum rem indifferentem non habeat secundum Socracitatem, quae statum illum facit. Et tamen sciendum est quod Socrates ex statu suo licet improprie tamen consecutiue uniuersalitatem habet *[Iwakuma habeat]*. Non enim superius negauimus quin Socrates ex eo statu singularitatem proprie, uniuersalitatem uero consecutiue habere queat; sed quod ex eodem statu utrumque proprie habeat, obnixe negandum est».

in base allo stato di Socrate che Socrate è uomo[120]. La seconda soluzione consiste allora in una precisazione: in base allo stato di Socrate, Socrate è propriamente singolare e solo di conseguenza universale (*proprie vs consecutive*); effettivamente, dunque, in base allo stato di Socrate Socrate può avere sia singolarità che universalità, ma non entrambe propriamente, bensì l'una *proprie* e l'altra *consecutive*[121].

36. ARGOMENTO DELLE DIFFERENZE IN RELAZIONE AL GENERE (DA PORFIRIO), CON RISPOSTA (ff. 124ra, 126ra). Sulla scia del precedente, che cercava di mostrare l'opposizione tra singolare e universale, questo argomento cerca di mostrare che *specie e genere* sono opposti tra di loro a partire dall'osservazione di Porfirio che il genere non è nessuna delle sue differenze divisive (Animale non è né razionale né mortale)[122]. L'obiezione colpisce dunque la teoria dell'*individuum*, secondo la quale l'individuo è sia specie che genere. La soluzione spiega che il testo di Porfirio significa non che il genere e la specie sono opposti, ma che Animale non ha bisogno di razionalità e mortalità, perché può esistere senza di loro; le differenze non sono costitutive dell'*essentia* del genere e il genere non deve averle in atto[123].

---

[120] Questo ragionamento ricorda quello della seconda obiezione dell'argomento della predicazione, n. 4, in *LNPS*, dove si afferma che l'individuo *ex statu individui* è universale (e potrebbe favorire la variante '*animal*' di Geyer, rispetto alla variante '*universale*' proposta da Peter King e Chris Martin).

[121] La distinzione tra una proprietà posseduta propriamente e una proprietà posseduta «di conseguenza» ricorda le strategie adottate dal principio *gratia rerum* e dal *principe G.* (distinzione di due tipi di significato di una data parola) studiati rispettivamente da Yukio Iwakuma e Irène Rosier-Catach con Anne Grondeux: *cf. supra*, capitolo 3, p. 102 n. 53.

[122] Porphyrius, *Isagoge*, tr. Boethii, *AL*, pp. 17.16-18.2: «Differentia est qua abundat species a genere. Homo enim ab animali plus habet rationale et mortale: animal enim neque ipsum nihil horum est (nam unde habebunt species differentias?); neque autem omnes oppositas habent (nam in eodem simul habebunt opposita); sed, quemadmodum probant, potestate quidem omnes habent sub se differentias, actu uero nullam, ac sic neque ex his quae non sunt aliquid fit, neque opposita circa idem sunt».

[123] *P17* ff. 124ra, 126ra, trascr. Iwakuma *[argomento delle differenze in relazione al genere (da Porfirio), con risposta, n. 36]*: «Item dicit Porphyrius "animal ipsum nihil horum est", id est nec rationale nec mortale; et si differentiae diuisiuae remouentur a genere, tunc species generi sunt oppositae. <Solutio>. *[Solutio add. Iwakuma]* Ibidem etiam dicit quod animal actu non habet differentias, sed continet potestate. Sic autem auctoritas exponenda est: animal ipsum, id est expressa sua essentia, nec rationalitate nec mortalitate indiget, cum absque eis animal existere queat; unde etiam dicit quod actu non habet eas suae expressae essentiae constitutiuas».

5. GLI ARGOMENTI CONTRO LA TEORIA DELL'*INDIVIDVVM*   231

37. "Argomento" della materia di sé, della parte di sé e della precedenza a sé (ff. 124ra-b, 126ra; *cf. LI*, argomento della cosa diversa da sé, n. 2; *QG*, argomento dell'inferiore-superiore, n. 17). L'ultimo argomento è più un insieme di osservazioni che un argomento vero e proprio: esso rileva alcune conseguenze dell'impostazione della teoria dell'*individuum*, che «ad alcuni sembrano una difficoltà, ma che gli autori di questa teoria affermano continuamente». Si tratta precisamente di tre osservazioni: seguendo la teoria dell'*individuum*, si viene a dire che l'individuo è (1) *materia* di se stesso, (2) *parte* di se stesso e (3) *precedente* a se stesso. Socrate, considerato in quanto è animale, è materia di sé e parte di sé (deve infatti ricevere le forme per costituirsi) e precedente a sé; considerato in quanto Socrate invece è materiato, tutto e posteriore (a sé come materia)[124].

***

In questo capitolo abbiamo analizzato trentasette argomenti sollevati contro la teoria dell'*individuum* nelle cinque fonti considerate, venti dei quali contengono anche una (o anche più di una) replica all'obiezione. Se si volessero individuare i punti fondamentali su cui la teoria viene attaccata, credo se ne potrebbero indicare tre. In primo luogo, viene criticata l'interpretazione, proposta dalla teoria dell'*individuum*, di "essere predicato" come "convenire": da un lato, tale interpretazione non può spiegare il fatto di essere predicato di uno solo (argomento della predicazione, n. 1); dall'altro sorgono dubbi su quale sia la cosa in cui si conviene (argomento del *convenire*, n. 3; argomento del *convenire* di Socrate e Platone,

---

[124] *P17* ff. 124ra-b, 126ra, trascr. Iwakuma *["argomento" della materia di sé, della parte di sé e della precedenza a sé, n. 37]*: «Item cum idem sit Socrates et homo species, et omnis species sit materia indiuidui, tunc erit materia sui constitutiua; et ita idem essentialiter sui ipsius erit totum et pars, et similiter prius et posterius – materia enim prior est et materiatum posterius; quod uidetur quibusdam inconueniens. Sed huius auctores sententiae constanter hoc confirmant. Socratem enim ut animal [f. 124rb] attentum materiam sui esse dicunt, cum animal assumptis formis Socratem efficiat; similiter partem, cum ad constituendum Socratem animal formas assumat nec solum sufficiat; et prius, cum animal absque Socrate existere queat sed non e conuerso; quia uero Socrates ex animali per assumptionem formarum efficitur materiatum, et totum et posterius esse conuincitur. Et nota quod sicut uere dicitur "homo est materia Socratis", ita potest uere dici "Socrates est materia hominis"; nec tamen sequitur quod Socrates possit remanere absque homine – non enim uerum est materiam in inferiori statu remanere, si materiatum in superiori destruatur».

n. 29). Una seconda critica ricorrente è che l'individuo ha determinazioni opposte ed è diviso in se stesso (argomento della cosa diversa da sé, n. 2; argomento della predicazione di opposti, n. 7; argomento del singolare che è universale o di Socrate che non è Socrate, n. 14; argomento del genere che è e non è, n. 19; argomento della predicazione di molti come proprietà, n. 23): in particolare, si nota che l'individuo è l'opposto dell'universale per il fatto che l'universale si predica di molti, mentre l'individuo no (argomento della predicazione, n. 1; argomento della predicazione di molti, n. 4; terzo argomento di autorità di *GS*, n. 11; argomento di Socrate che si predica di più ed è materia di molti, n. 18; argomento di Socrate che si predica di molti e non si predica di molti, n. 22; argomento della predicazione di molti come proprietà, n. 23). La terza critica, collegata alla seconda e ugualmente ricorrente, è considerare la definizione del genere e la sua inapplicabilità all'individuo, analizzando non solo «de pluribus» (*cf. supra*) ma anche «praedicari» (argomento del *praedicari* nella definizione del genere, n. 8) e «in eo quod quid sit» (argomento della predicazione accidentale dell'individualità, n. 6). Dall'analisi degli argomenti è inoltre emerso l'uso di *indifferenter vs essentialiter* come strategia per risolvere molte delle obiezioni (consentendo la non-differenza una forma di identità e di unità o raccolta, oppure permettendo di attribuire a un certo individuo proprietà che appartengono *essentialiter* a un altro individuo); l'uso di '*status*' per indicare non solo gli stati dell'individuo, ma anche del predicato, della razionalità (argomento della distruzione della razionalità, n. 24), del genere (argomento del genere che contiene due specie, n. 27); e il riferimento a effetti simili per giustificare la somiglianza (argomento della somiglianza di due uomini, con risposta, n. 30; argomento delle unità, con risposta, n. 31). Un risultato ulteriore emerso nel corso del capitolo è che il testo di *LNPS* trasmesso dal manoscritto e dall'edizione Geyer deve essere modificato: una porzione di testo che si legge all'interno dell'argomento n. 8 (corrispondente a *LNPS* p. 520.29-33) deve essere restituita all'argomento n. 7 (in sostituzione di *LNPS* p. 520.23-24) perché i due argomenti siano intelligibili.

Parte Terza

6. LA TEORIA DI GUALTIERO E LA TEORIA DELL'*INDIVIDVVM*: UNA SINTESI

Dopo aver analizzato la teoria di Gualtiero nella prima parte di questo lavoro e aver esaminato la teoria dell'*individuum* nella seconda, è ora opportuno ricongiungere i due segmenti della ricerca. In primo luogo, giustificherò il nome che ho proposto per designare la posizione, 'teoria dell'*individuum*', confrontandolo con le denominazioni precedentemente avanzate dagli studiosi (§ 6.1). Passerò quindi a riassumere i tratti fondamentali di questo "secondo realismo" del XII secolo (§ 6.2), presentando anche le osservazioni di altri studiosi in proposito. Infine, nel § 6.3 cercherò di mostrare che la teoria utilizza elementi abelardiani per sostenere una soluzione anti-abelardiana.

Prima di proseguire, però, è opportuno sciogliere una questione preliminare, che concerne l'opportunità di accostare i due tratti della ricerca. Se si può accettare che sia una sola la posizione che Giovanni, con parole diverse, descrive nei differenti passi dei suoi testi che si sono analizzati nella prima parte della ricerca, e che d'altra parte sia unica la teoria cui fanno riferimento i commenti all'*Isagoge* e i trattati sugli universali che si sono studiati nella seconda parte, resta da chiedersi se l'accostamento di questi due gruppi di testi tra di loro, e dunque dei due rami della ricerca, sia o no giustificato. A mio avviso, a questa domanda va data una risposta positiva. Vi sono, è vero, alcune differenze tra il modo in cui Giovanni presenta la teoria e quello in cui la dipingono i testi logici che abbiamo studiato in seguito. Ad esempio, il *Metalogicon* non afferma esplicitamente che secondo la teoria di Gualtiero l'universale sia la cosa individuale: sembra piuttosto considerare l'esser individuo uno *status* tra gli altri (non esplicitamente lo stato principale) della cosa *x*, la quale è anche universale. L'individualità sembrerebbe dunque uno *status* di *x* allo stesso titolo dell'universalità, e *x* in sé sembrerebbe, per così dire, indifferente sia all'individualità che all'universalità. Però, è pur vero che Giovanni afferma che *Platone* è la cosa universale e (in *Met*. II, 20) scrive che secondo questa teoria gli universali sono le *res sensibiles*[1]. D'altro canto, anche all'interno dei testi che descrivono la teoria dell'*individuum* si

---

[1] Tale affermazione è forse da collegare a *GS*-E, dove si legge che l'individuo in quanto individuo è soggetto ai sensi (mentre è còlto in quanto universale dall'intelletto).

possono leggere alcuni passi dove sembra essere questione di un'*essentia x* la quale è sia individuale che universale, senza che lo *status* di individuo sia sempre presentato come prevalente[2]. Si ritrovano inoltre nella descrizione di *Metalogicon* e *Policraticus* alcuni dei termini chiave della posizione presentata nei testi logici: si può ricordare senz'altro '*status*', ma anche l'espressione '*in eo quod*', per indicare i diversi livelli dell'individuo. Come in *GS*-D, *QG*-G e *P17*-H, si legge in M4 che «Platone, in quanto Platone, lo chiamano individuo; in quanto uomo, specie; in quanto animale, genere, ma subalterno; in quanto sostanza, <genere> generalissimo»; inoltre, l'affermazione in *QG*-F che gli universali devono esistere perché sono materia degli individui può essere confrontata con il passo di M4 sugli universali come *substantialia* degli individui (con la conseguenza che è impossibile che gli universali non esistano, dal momento che ciò di cui essi sono i *substantialia* esistono). Il senso generale delle due teorie, in altre parole, sembra lo stesso, mentre le disomogeneità che pure si sono rilevate potrebbero essere spiegate con la differente natura dei due gruppi di testi (una ricostruzione distaccata e anche distante nel tempo in un caso, una diretta partecipazione al dibattito nell'altro). In accordo, dunque, con quanto era già stato notato dalla letteratura secondaria, sembra giustificato ritenere che la teoria che Giovanni di Salisbury attribuisce a Gualtiero, da un lato, e quella che abbiamo reperito nei testi logici e chiamato dell'*individuum*, dall'altro, coincidano.

6.1. Il nome 'teoria dell'individuum'

La varietà di nomi che gli studiosi hanno utilizzato per designare la teoria che costituisce l'oggetto della nostra indagine mostra che essa non è facile da denominare. Almeno cinque denominazioni, infatti, sono state proposte sinora: 'teoria dello *status*' (la più diffusa); 'teoria dell'identità'; 'seconda teoria della *collectio*'; 'teoria dell'indifferenza'; 'teoria della *convenientia*'. Tutte queste denominazioni hanno fondamento in uno o più aspetti della posizione o dei testi che la descrivono; a mio avviso, però, il termine 'teoria dell'*individuum*' sarebbe da preferire. Poiché il nome stesso è qui sotto indagine, in questo paragrafo utilizzerò la lettera *t* per riferirmi alla teoria di cui stiamo cercando il nome più adatto.

---

[2] *Cf. QG*-G e l'argomento della predicazione accidentale dell'individualità, n. 6.

1. 'TEORIA DELL'IDENTITÀ' (TWEEDALE, PINZANI). Il nome 'teoria dell'identità' fu introdotto da Martin Tweedale con queste parole: «The next theory Abailard takes up I call the identity theory since it seems to assert that one and the same thing is both universal and individual, while denying that one and the same thing is in many individuals»[3]. La denominazione si fonda dunque su espressioni, come quelle di *LNPS*, che affermano che, secondo *t*, la *stessa* cosa è particolare e universale, «eandem rem uniuersalem et particularem esse» (*cf. LNPS* pp. 518.9-10; 521.18-19 e *P17*-I). Anche Pinzani parla di una teoria dell'identità parziale in relazione a *t* nella versione di *QG*, ma facendo riferimento non, come Tweedale, all'identità dell'individuo con l'universale, bensì all'identità di un certo individuo con un altro individuo a partire da alcune, non tutte, le proprie determinazioni[4]. Tweedale, seguendo la descrizione di *LI*, definisce *t* anche come una delle «teorie dell'indifferenza»: questa denominazione verrà esaminata in seguito.

[3] TWEEDALE, *Abailard on Universals*, p. 116. Si deve notare che nell'antologia di Bruno Maioli (*Gli universali. Storia antologica*, pp. 180-191), che riprende un uso ottocentesco probabilmente dipendente da Hauréau (per il quale *cf.* HAURÉAU, *Histoire de la philosophie scolastique*, I, pp. 325-328 e G. LEFÈVRE, «Les variations de Guillaume de Champeaux et la question des universaux. Étude suivie de documents originaux», *Travaux et mémoires de l'Université de Lille*, 6 [1898] 1-82, in particolare p. 6), si chiama 'teoria dell'identità' quella che oggi è in genere designata come 'teoria dell'essenza materiale'(ma *cf.* anche HAURÉAU, *Histoire de la philosophie scolastique*, I, pp. 341 e 345, dove l'espressione 'thèse de l'identité' è usata per parlare della teoria di Gualtiero nella descrizione di *Met.* II, 17, secondo un uso che sembra anticipare quello di Tweedale). Quando 'teoria dell'identità' si riferisce a TEM, 'identità' fa riferimento all'identità della specie e dell'individuo, nel senso che la specie, che si trova interamente in ciascun individuo, è interamente compromessa con, e assorbita in, ciascun individuo (un'interpretazione di TEM che è alla base degli argomenti di critica basati sullo scambio di accidenti e che sembra inoltre importante per intendere una variante di TEM, descritta al capitolo 4, pp. 120-121); *cf.* HAURÉAU, *Histoire de la philosophie scolastique*, I, p. 328: «Si l'espèce est une chose, et si cette chose est essentiellement tout entière dans chacun de ses individus, on peut très légitimement inférer de cette proposition que tel des individus contient, c'est-à-dire absorbe toute l'espèce, ou, pour exprimer la même chose en des termes plus réalistes, que l'espèce ne peut prendre une forme sans la retenir dans toute sa quantité: *Quicquid res universalis suscipit, tota sui quantitate suscipit*» (si fa qui riferimento a un passo di *GS* – testo che all'epoca, come si è visto, era ritenuto di Abelardo). ARLIG, «Universals», pp. 1355-1356, usa l'espressione '*identity theory*' per riferirsi alla seconda teoria di Guglielmo di Champeaux, che egli distingue dallo '*status realism*' di Gualtiero di Mortagne.

[4] *Cf.* PINZANI, «Alberto non è diverso da Søren», pp. 307-317.

2. 'TEORIA DELLA *CONVENIENTIA*' (BEONIO-BROCCHIERI, MAIOLI, BERTELLONI)[5]. Un'altra denominazione, non molto diffusa nella letteratura secondaria, è 'teoria della *convenientia*'. Essa si basa sull'utilizzo del verbo '*convenire*' in *LI* e in *LNPS*[6] per descrivere l'identità dell'individuo con altri individui. Si deve però ricordare che il termine '*convenientia*' non viene effettivamente utilizzato nelle fonti, e anche il verbo '*convenire*' non sembra essere uno dei termini più rilevanti e caratterizzanti all'interno della teoria.

3. 'SECONDA TEORIA DELLA *COLLECTIO*' (DE LIBERA). La denominazione proposta da Alain de Libera, 'seconda teoria della *collectio*', si basa sulla descrizione di *t* fornita da *LI* – in particolare sull'inizio della descrizione, dove (come si è visto), introducendo *t* subito dopo la teoria della *collectio*, Abelardo esordisce con queste parole:

> [P] Alii uero sunt qui *non solum* collectos homines speciem dicunt, *uerum etiam* singulos in eo quod homines sunt... (*LI* p. 14.18-19, corsivo mio).

Da questo passo, e in particolare dalle parole '*non solum... verum etiam*', de Libera trae la conclusione che *t* sostenga al contempo: (a) che l'universale è una collezione di individui, come per la teoria della *collectio*; (b) che l'universale è il singolo individuo in se stesso[7].

---

[5] *Cf.* BEONIO BROCCHIERI FUMAGALLI, *La logica di Abelardo*, p. 52 (l'espressione 'teoria della *convenientia*' è utilizzata per indicare la descrizione di *t* in *LI*; la studiosa usa anche 'teoria dell'*indifferentia*' per indicare sia il principio di non-differenza descritto in *LI* sia la descrizione di *t* in *LNPS*: *cf. ibidem* e p. 61); MAIOLI, *Gli universali. Storia antologica*, p. 267 (per essere più precisi, Maioli usa la denominazione 'teoria della *convenientia status*', e anche 'teoria dell'indifferenza', per indicare *t*; questa viene poi accostata alla 'teoria della non differenza', espressione usata inizialmente per indicare più specificamente la seconda posizione di Guglielmo di Champeaux: *cf. ibi*, p. 191); BERTELLONI, «Pars destruens», pp. 62-63. La denominazione 'teoria della *convenientia*' può essere confrontata con '*agreement realism*', utilizzata da Peter King: questi, però, la riserva a Guglielmo di Champeaux, la cui posizione egli distingue da quella di Gualtiero (per il quale parla invece, come Arlig, di '*status realism*': *cf.* anche *infra*, capitolo 7, pp. 324-325, per un confronto tra Guglielmo e Gualtiero secondo King). Insieme alla teoria della *collectio* (chiamata '*collective realism*'), *agreement realism* e *status realism* costituiscono il gruppo delle '*indifference theories*' (*cf.* KING, *Peter Abailard*, I, p. 174).

[6] *Cf. LI* pp. 14.21, 15.23-26; *LNPS* p. 518.15, 518.26-27; *cf.* anche *QG* § 43.

[7] *Cf.* DE LIBERA, *La querelle*, pp. 151-152 e soprattutto ID., *L'Art des généralités*, pp. 340-342.

6. UNA SINTESI

Non intendo qui argomentare che *P* non ammetta l'interpretazione di de Libera. Eppure, vorrei effettivamente sostenere che *t* non ammette la tesi (a), e che cioè *P* descrive *t* solo nella sua seconda parte, a partire da '*verum etiam...*'. I miei argomenti al riguardo sono due: in primo luogo, la restante descrizione di *t* fornita da *LI* (oltre che dagli altri testi studiati); secondariamente, un'altra interpretazione di *P*, che a mio avviso è ugualmente possibile, accanto all'interpretazione di de Libera.

Per restare al primo punto, si può notare che la frase *P* in *LI* sarebbe l'unica fonte dell'informazione che *t* sostiene la tesi (a), ossia che l'universale è una collezione di individui[8]. Anche senza considerare *LNPS* e gli altri testi che descrivono *t* e che si sono analizzati sopra, tutta la restante descrizione di *t* in *LI* presenta *t* sempre e solo come la teoria secondo cui gli universali sono gli individui: anzi, in *LI* la teoria della *collectio* e *t* vengono presentate come una coppia che sostiene opinioni opposte e complementari (l'una che l'universale siano gli individui presi *collettivamente*, l'altra che siano gli individui presi *singolarmente*)[9].

Inoltre, anche se *P* consente l'interpretazione di de Libera, essa non sembra essere l'unica interpretazione possibile. La frase, infatti, potrebbe voler dire che altri non si accontentano di sostenere quanto è affermato dalla teoria della *collectio* (ossia, che la specie sia una collezione di uomini), ma si spingono sino a sostenere che i singoli uomini, in quanto sono uomini, sono la specie. Secondo quest'altra interpretazione, l'espressione '*non*

---

[8] Nella misura in cui l'individuo è un rappresentante di una classe, secondo l'interpretazione di Roberto Pinzani discussa *infra* in questo capitolo, pp. 249-252, si potrebbe trovare un collegamento tra la teoria dell'*individuum* e una forma di "*collectio*": ma, come ricordato nell'analisi di Pinzani, tali classi non sono generi o specie secondo la presentazione di *QG*.

[9] Si pensi, ad esempio, al passo di *LI* in cui Abelardo avanza argomenti prima contro la teoria della *collectio*, poi contro *t*. Le parole con cui introduce gli argomenti contro la teoria della *collectio* sono: «Nunc autem prius infirmemus sententiam quae prior posita est de collectione et quomodo tota simul hominum collectio quae una dicitur species, de pluribus praedicari habeat, ut uniuersalis sit, perquiramus...» (*LI* p. 14.32-35), mentre quelle con cui introduce gli argomenti contro *t* sono: «Restat autem nunc, ut *eos oppugnemus qui singula indiuidua, in eo quod aliis conueniunt, uniuersale appellant...*» (*LI* p. 15.23-24, corsivo mio). Il passo si conclude con: «Nunc autem ostensis rationibus quibus neque res *singillatim [t]* neque *collectim [teoria della collectio]* acceptae uniuersales dici possunt in eo quod de pluribus praedicantur, restat ut huiusmodi uniuersalitatem solis uocibus adscribamus» (*LI* p. 16.19-22, corsivo mio).

solum... verum etiam' non indica che *t* affermi sia quanto sostenuto dalla teoria della *collectio* sia altro, ma solo che la nuova tesi *t* è ancora più assurda e controintuitiva della prima.

Secondo la mia interpretazione, dunque, Abelardo in *LI* non descrive *t* come una teoria che affermerebbe che l'universale è una collezione di individui: al contrario, la descrive piuttosto come una teoria che si differenzia da e quasi *si oppone* a tale tesi. Di conseguenza, *t* non può essere chiamata 'seconda teoria della *collectio*'.

4. 'TEORIA DELLO/DEGLI *STATUS*' (PRANTL, REINERS, KING, IWAKUMA, GUILFOY, ROMANO, ARLIG, ET AL.)[10]. 'Teoria dello/degli *status*' è forse la denominazione più diffusa per indicare *t*, e senza dubbio si fonda su alcune caratteristiche importanti della stessa. Tutte le fonti che abbiamo considerato, ad eccezione di *LI* soltanto, citano il termine '*status*' come un termine tecnico secondo *t*: Giovanni di Salisbury afferma che i sostenitori di questa teoria «suddividono gli *status* sotto la guida di Gualtiero di Mortagne» (*Met.* II, 17); *LNPS* nota che diverse cose convengono o non convengono a causa della partecipazione a un certo *status* (p. 518.25-27); in *GS*, *QG*, *P17* i diversi livelli dell'individuo sono sempre abbinati all'essere "in un certo *status*" o "secondo un certo *status*", e *P17* si sofferma anche a precisare a che cosa la parola '*status*' si riferisca[11].

---

[10] 'Teoria dello *status*' spesso designa *t* presa secondo alcune delle sue descrizioni, mentre presa secondo altre essa è chiamata 'teoria dell'indifferenza': così PRANTL, *Storia della logica in Occidente*, II, pp. 252-258, prima descrive la «teoria dello *status*», attribuita a Gualtiero, sulla base di M4, poi espone la «teoria dell'indifferenza» sulla base di *LNPS* (opera che Prantl cita da un resoconto di de Rémusat) e di *GS*; REINERS, *Der aristotelische Realismus*, pp. 25-88 (Reiners descrive la *Statuslehre* di Gualtiero sulla base di M4; poi «eine andere Statuslehre», quella descritta in *Metalogicon* II, 17 alla posizione M9; e in seguito la *Indifferenzlehre*, ossia *t* nella descrizione di *GS*, di cui si riconosce la somiglianza con la posizione di Gualtiero in M4); *cf.* inoltre IWAKUMA, «'*Vocales*,' or Early Nominalists», pp. 38-39 n. 6 («the *indifferentia* theory on universals, which William of Champeaux devised after being attacked by Peter Abelard in ca. 1108-1109 [...], later developed into two theories, *collectio* and *status* theory [by these labels I mean theories in which either *collectio* or *status* works as a key-term together with *indifferentia*]. Introducing types of *indifferentia* theory, Abelard uses only *indifferentia* and *collectio* in his *Logica 'Ingredientibus'*, but *status* in addition in his *Logica 'Nostrorum petitioni sociorum'*») e p. 43 n. 24; GUILFOY, «John of Salisbury», § 4.2 e ARLIG, «Universals», pp. 1355-1356 (che parlano entrambi di «*status* realism»); ROMANO, *Una soluzione originale*, p. 54; su King, *cf. supra*, p. 238 n. 5.

[11] *Cf. GS*, Ms. Orléans, Bibliothèque municipale, 266, p. 156a (KING § 50); *QG* §§ 27, 29, 30-32, *etc.*; *P17* ff.123vb, 125va: «Status autem appello uel res ex materia

6. UNA SINTESI

Si deve però notare che il termine non è citato nelle frasi che per prime presentano il nucleo della teoria, né in quelle che la riassumono[12]: al contrario, la parola è in genere usata nel corso della descrizione, come un termine tecnico ma di dettaglio (e, come si è detto, in *LI* non è neppure citata). La denominazione 'teoria dello/degli *status*', inoltre, suggerisce che, secondo questa teoria, "*status*" sia la risposta a "che cosa sono gli universali?", quando in realtà la risposta secondo *t* sarebbe che l'universale è l'individuo stesso, la cosa individuale sensibile. La denominazione, unita al fatto che la teoria è classificata come realista (*cf. supra*, pp. XXXIV-XXXVI),

et formis constitutas uel passiones, id est constitutiones quae in rebus sunt constitutis, uel partes quae ipsas res constituunt».

[12] *LI* p. 14.18-19: «Alii uero sunt qui non solum collectos homines speciem dicunt, uerum etiam singulos in eo quod homines sunt»; p. 15.23-24: «Restat autem nunc, ut eos oppugnemus qui singula indiuidua in eo quod aliis conueniunt, uniuersale appellant»; p. 16.19-22: «Nunc autem ostensis rationibus quibus neque res singillatim *[riferimento a t]* neque collectim *[riferimento alla teoria della* collectio*]* acceptae uniuersales dici possunt in eo quod de pluribus praedicantur, restat ut huiusmodi uniuersalitatem solis uocibus adscribamus»; *LNPS* p. 518.9-10: «Sunt alii in rebus uniuersalitatem assignantes, qui eandem rem uniuersalem et particularem esse astruunt»; p. 521.18-20: «Haec contra illorum sententiam, qui eandem rem uniuersalem et particularem esse disserunt, dicta sufficiant»; *GS*, Ms. Orléans, Bibliothèque municipale, 266, p. 154b: «Alii uero res generales et speciales uniuersales et singulares esse dicunt. Sed et ipsi inter se dissentiunt *[dissentiunt corretto da* diuersa sentiunt*]*. Quidam enim dicunt singularia indiuidua esse *[esse in interlinea, di mano del correttore]* et species et genera subalterna et generalissima alio et alio modo attenta»; p. 156a: «Nunc itaque illam que de indifferentia est sententiam perquiramus. Cuius haec est positio. Nichil omnino *[omnino corretto da* omniono*]* est praeter indiuiduum. Sed illud aliter et aliter at<t>entum species et genus et generalis<s>imum est»; *QG* § 26, ed. Dijs: «His itaque praemissis, quid nos de rebus uniuersalibus sentiamus, mediocriter exprimamus. Est autem primum propositum sententiae nostrae: Quicquid est, indiuiduum; quod ex ipso rerum effectu omnibus rei ueritatem intuentibus manifeste iudicatur. Vnde si genera et species sint – sunt autem, quippe materia indiuiduorum sunt – oportet quod indiuidua sint. Sed et ipsa indiuidua sunt et genera et species. Est igitur eadem essentia et genus et species <et> indiuiduum; ut Socrates est indiuiduum et species specialissima et genus subalternum et genus generalissimum»; *P17* ff.123vb, 125va: «Nunc ad sententiam aliorum accedamus, qui similiter ut praedicti genera et species in utrisque, id est in rebus et in uocibus, constituunt. Quorum sententiae positio est nullum uniuersale materiam esse diuersorum; sed sicut unum indiuiduum nequit esse aliud, ita materiae eorum idem esse nequeunt. Itaque materiae et species et genera diuersorum sic essentialiter inter se discretae sunt sicut indiuidua, ut uerum sit dicere tot genera tot species esse in numero quot sunt indiuidua».

ha contribuito a mio avviso alla diffusione dell'idea che, secondo *t*, gli *status* siano cose[13]. In realtà, non è affatto detto che sia così, perché, come si è visto, *t* deriva il suo realismo dal "realismo" delle cose individuali (le uniche esistenti), non degli *status*[14]. La denominazione mi sembra dunque risultare fuorviante e per questo motivo suggerirei che non venga accolta[15].

5. 'TEORIA DELL'INDIFFERENZA/*INDIFFERENTIA*' (PRANTL, DEHOVE, HAURÉAU, BEONIO-BROCCHIERI, TWEEDALE, KING, MAIOLI, DIJS)[16]. Anche 'teoria dell'indifferenza' rimanda a caratteristiche di *t* e dei testi che la descrivono. A mio avviso, anzi, la denominazione è preferibile a tutte quelle che si sono considerate sinora; *GS* in particolare supporta il nome, perché in due occasioni distinte si riferisce a *t* come alla '*sentential de indifferentia*'[17].

Due critiche, però, si possono muovere all'uso di questa denominazione. La prima e più importante è che, in *LI*, la nozione di *indifferentia* (probabilmente da collegare al secondo insegnamento di Guglielmo di Champeaux sugli universali) è presentata come una base comune sia a *t* che alla teoria della *collectio*, la quale in effetti fa uso di questo concetto. Dunque, nonostante il legame più stretto che *t* sembra avere con esso, il concetto di *indifferentia* non dovrebbe essere usato per riferirsi a *t* soltanto[18]. In secondo luogo, gran parte delle denominazioni delle teorie

---

[13] *Cf.* ARLIG, «Universals», pp. 1355-1356: «A third version [scil. *of the indifference theories*], status realism, held that individuals are indifferent in some respect because they share a status, that is, they agree in being φ. *This version of the indifference theory was a form of realism because its advocates thought that a status was a thing* [...]. We possess a treatise, possibly by Walter of Mortagne or one of his students, which defends status realism [*segue riferimento a QG*]» (corsivo mio).

[14] *Cf.* anche quanto scrive *P17*, citato *supra*, pp. 162-164 e 240 n. 11, dove sono chiamati *status* tre diverse entità: (i) *res ex materia et formis constitutae*; (ii) *passiones, id est constitutiones quae in rebus sunt constitutis*; (iii) *partes quae ipsas res constituunt*.

[15] Il termine 'teoria degli *status*' si può forse utilizzare per riferirsi a M9 descritta *supra*, capitolo 2, pp. 61-65 (se è una posizione distinta da M8).

[16] HAURÉAU, *Histoire de la philosophie scolastique*, I, p. 345: «il convient d'exposer plus amplement cette thèse de l'identité, ou de la non-différence, que nous n'avons pas cru devoir attribuer à Guillaume de Champeaux. Cette thèse fut, nous l'avons dit, celle de Gauthier de Mortagne»; DEHOVE, *Qui praecipui fuerint*, pp. 54-62; DIJS, «Two Anonymous», p. 91. Per Prantl, Beonio-Brocchieri, Maioli, Tweedale, King, *cf. supra*, pp. 237-240.

[17] *GS*, Ms. Orléans, Bibliothèque municipale, 266, p. 156a (KING § 50); p. 162a (KING § 147).

[18] Come si è notato, a volte l'espressione 'teoria dell'indifferenza' indica il principio di non-differenza, distinto dalle due teorie che ne derivano (scelta a mio

sugli universali (ad esempio, 'teoria dell'essenza materiale' o 'teoria della *collectio*') sono costruite come risposte alla domanda "che cos'è l'universale?", mentre ciò non varrebbe per 'teoria dell'indifferenza'. Anche se preferibile ad altri, dunque, neppure questo sembra il nome migliore con cui indicare *t*.

6. 'Teoria dell'*individvvm*'. Cercherò ora di argomentare in favore di 'teoria dell'*individuum*' come migliore denominazione per la nostra teoria. In primo luogo, però, si deve notare che (come già ricordato)[19] 'individuale' è qui preso come sinonimo di 'particolare' e 'singolare': si è scelto '*individuum*' perché un passo di *GS* e uno di *QG*, come vedremo subito, sembrano suggerire che tale termine sia da preferire alle altre due opzioni.

In favore della denominazione, si può ricordare che i termini 'individuale', 'singolare' e 'particolare' sono sempre citati all'inizio delle descrizioni della teoria, o nei riassunti della stessa, e che la sua presa di posizione fondamentale viene ravvisata nella tesi secondo cui l'universale è la stessa cosa individuale (in alcune delle sue determinazioni), e che tutte le cose che esistono sono individuali. Ciò è particolarmente evidente in *GS* e *QG*, ove la descrizione di *t* esordisce con l'affermazione centrale che, secondo questa teoria, tutto ciò che è, è individuo (*GS*, Ms. Orléans, Bibliothèque municipale, 266, p. 156a, King § 50: «Nunc itaque illam que de indifferentia est sententiam perquiramus, cuius haec est positio: nihil omnino est praeter indiuiduum»; *QG* § 26, ed. Dijs: «Est autem primum propositum sententiae nostrae: Quicquid est, indiuiduum»). Queste due affermazioni incisive ci danno anche un motivo, a mio avviso, per preferire '*individuum*' a '*singulare*' o '*particulare*' nel nome con cui identificare la teoria.

Evidentemente, nei testi che sostengono o descrivono *t* il termine '*individuum*' è usato in due sensi diversi. In alcuni casi, è usato per marcare un'opposizione rispetto all'universale: ad esempio quando si dice che Socrate, in quanto Socrate, è un individuo, mentre, in quanto uomo o animale, è una specie o un genere (ossia un universale). In altri casi, invece, è utilizzato *absolute*, per indicare l'ontologia cui *t* fa riferimento, secondo cui – in opposizione alla teoria dell'essenza materiale – esistono

modo di vedere non felice, perché, come si è mostrato, quel passo di *LI* non intende descrivere una teoria compiuta), oppure la teoria della *collectio* e *t* nel loro insieme (descritte allora come 'teorie dell'indifferenza').

[19] *Cf. supra*, introduzione, p. xxxvi n. 46.

solo realtà individuali, essenzialmente discrete, ossia distinte nelle loro forme e nella loro materia dagli altri individui. È in riferimento a questo secondo significato che si può dire che l'universale è l'individuo stesso e chiamare *t* 'teoria dell'*individuum*'.

Si deve riconoscere, a onor del vero, che la denominazione non è felice quando riferita alla teoria M4 descritta nel *Metalogicon* di Giovanni di Salisbury, come è già stato accennato. In quel testo, infatti, '*individuum*' è utilizzato solo nel primo dei due sensi sopra specificati, in opposizione a universale, mentre si dice piuttosto che, secondo *t*, gli universali sono uniti ai *singularia*, o che sono (come in *Metalogicon* II, 20) le *res sensibiles*. A partire dal testo di Giovanni sarebbe dunque preferibile parlare di 'teoria del *singulare*' o 'della *res sensibilis*'. Le due denominazioni, però, non sono adatte a descrivere gli altri testi presi in considerazione, soprattutto alla luce delle affermazioni di *GS* e *QG* sopra citate. 'Teoria dell'*individuum*' mi sembra dunque restare il nome preferibile con cui indicare *t*.

6.2. Le tesi fondamentali della teoria dell'**individuum**

È ora opportuno riassumere i tratti fondamentali della teoria dell'*individuum*, ossia di quello che abbiamo chiamato un "secondo realismo" del XII secolo[20]. "Secondo" perché, nei testi che abbiamo analizzato, la teoria dell'*individuum* si caratterizza per la sua opposizione alla teoria dell'essenza materiale (la quale, come si è visto, è una posizione più antica e tradizionale), rifiutando in particolare l'esistenza di entità comuni, cioè identiche nella loro interezza e contemporaneamente in ciascuno dei loro inferiori; "realismo" perché la teoria dell'*individuum* condivide con la teoria dell'essenza materiale un approccio realista alla questione degli universali, ossia l'affermazione che l'universale è una *res* (e non una *vox* o un *sermo* o un *intellectus*), o almeno anche una *res*[21]. Se si volesse riassumere la teoria dell'*individuum* in una serie di tesi fondamentali, si potrebbero elencare le seguenti:

> (T1) *[contro TEM]* Tutto ciò che esiste è distinto sia in forma sia in materia dalle altre cose esistenti.

---

[20] *Cf. supra*, introduzione, p. XXXVIII.
[21] *Cf. supra*, introduzione, pp. XXXIV-XXXVI e capitolo 3.

(T2) *[contro TEM]* Tutto ciò che esiste è individuale (ossia: l'individualità è la determinazione fondamentale di ciò che esiste).

(T3) L'universale è una *res*.

(T4) L'universale è l'individuo stesso.

(T5) L'individuo detiene degli *status* diversi, ossia determinazioni diverse (*in statu.../ in eo quod est.../secundum hoc quod est...*).

(T6) Secondo alcuni di questi *status* l'individuo è universale, mentre secondo uno *status* è individuo.

(T7) Negli *status* in cui è universale, l'individuo è *idem indifferenter*, ossia *consimile*, con altri individui.

(T8) Lo *status* di un individuo può essere còlto da un'*attentio* dell'osservatore, ma esiste indipendentemente da tale *attentio*.

(T9) Che l'individuo sia predicato di uno solo e che l'universale sia predicato di più significano che l'individuo in quanto individuo non conviene con altri individui e che l'individuo in quanto universale conviene con altri individui.

(T10) L'individuo è materia di se stesso *essentialiter* e degli altri individui somiglianti *per indifferentiam*.

(T11) Vi sono tanti universali quanti individui *essentialiter* ma *secundum indifferentiam* il numero degli universali è inferiore a quello degli individui, perché tutti gli individui consimili possono essere contati come uno.

Quest'elenco cerca di cogliere le tesi e la terminologia che si ritrovano con più frequenza nei testi sulla teoria studiati ai capitoli 4 e 5 e in M4 al capitolo 2, anche se non vuole appiattire la varietà di formulazioni e di strategie delle fonti[22]. Il lessico della teoria sembra concentrarsi su alcuni

---

[22] Esistono anche delle tesi isolate, trasmesse da un solo testimone: mi sembra siano da contare tra queste (i) l'affermazione di *GS* che i sensi conoscono l'individuo, mentre l'intelletto conosce l'individuo in quanto universale; (ii) l'affermazione del carattere accidentale dell'individualità rispetto all'individuo (che potrebbe costituire una strategia del tutto differente per giustificare la teoria) dell'argomento della predicazione accidentale dell'individualità, n. 6 (e *cf.* argomento n. 14, obiezione n. 2) e di alcune formulazioni (nella descrizione di *QG* e nell'argomento dell'inferiore-superiore, n. 17) che sembrano ammettere un'*essentia* neutra la quale è sia individuale sia universale; (iii) l'affermazione di *P17* che l'identità per non-differenza dell'Uomo di Socrate e dell'Uomo di Platone è causata da (o perlomeno espressa in) il loro avere effetti simili; (iv) l'affermazione (in M4) dell'esistenza degli universali, collegata alla tesi che tutto ciò che esiste è «uno di numero» e che pertanto l'universale (il

termini tecnici: '*indifferentia*' (e '*idem indifferenter*', contrapposto a '*idem essentialiter*'); '*status*'; '*in eo quod*'; '*attentio*'; '*respectus*'. Alcuni termini potrebbero derivare da altri campi: il termine '*indifferentia*' ad esempio potrebbe derivare dal linguaggio teologico; '*status*' potrebbe invece avere un'origine nelle στάσεις (*status* o *constitutiones* in latino) retoriche[23].

La teoria dell'*individuum* si costruisce attorno a due elementi fondamentali: da un lato, la distinzione personale di tutte le cose esistenti, ossia il postulato che le cose sono distinte le une dalle altre in forma e materia (cioè sono distinte in tutti i loro costituenti)[24]; dall'altro, l'affermazione che tutto ciò che esiste è, fondamentalmente, qualcosa di individuale (*QG* § 26: *Quicquid est, individuum*; GS: *nihil omnino est praeter individuum*). Si tratta di un punto di partenza in opposizione alle entità comuni, identiche essenzialmente nei loro inferiori, della teoria dell'essenza materiale. Da questo punto di partenza, e dal fatto che gli universali *devono* esistere, si ricava la conclusione che l'universale è l'individuo stesso. Ciò porta alle affermazioni caratteristiche della teoria dell'*individuum*: la medesima cosa è individuale/particolare e universale (*LNPS*, *cf. P17*: *singulare est universale*) o, secondo un'altra formulazione, l'individuo, come Socrate o Platone, è individuo, specie, genere, genere generalissimo (*GS, QG,* M4). L'affermazione che l'universale deve esistere sembra derivare, perlomeno secondo *QG* e M4, dal fatto di considerare generi e specie come materie degli individui, ovvero come elementi sostanziali degli individui: poiché gli individui senz'altro esistono, devono esistere anche le loro materie o *substantialia*.

Gli universali sono dunque, secondo questa teoria, gli individui stessi. La teoria precisa tale affermazione sostenendo che la medesima cosa è universale e particolare in *status* diversi, o secondo diversi livelli,

---

quale senz'altro esiste ed è dunque uno di numero) deve essere unito agli individui per quanto concerne l'*essentia*. L'affermazione di Giovanni potrebbe forse ricollegarsi all'alternativa di Boezio tra l'universale come *unum numero vs multiplex*, contenuta nella sezione di MAU che nega che l'universale esista: *cf.* anche più oltre in questo capitolo, pp. 260-264.

[23] *Cf.* in entrambi i casi *supra*, capitolo 4, p. 136 n. 62 e p. 164.

[24] Si trova in *P17* l'esplicita affermazione che ciascun individuo ha un proprio genere e una propria specie (ad esempio, vi è un *homo Socratis* e un *homo Platonis* secondo *P17*), distinti essenzialmente dal genere e dalla specie di altri individui, ma non-differenti da alcuni di essi (*cf. infra*, capitolo 7, pp. 333-342, per un confronto con Gilberto di Poitiers per questo aspetto).

indicati con 'in eo quod x'/'in quantum x'/'secundum statum x' (GS). *Status* dell'individuo x è ciascuno dei livelli ontologici dello stesso x, corrispondenti ai livelli dell'albero di Porfirio: vi è dunque lo *status* per cui esso è individuo; quello per cui esso è la specie ultima; uno *status* per ciascuno dei generi subalterni; e, infine, quello per cui è il genere sommo (ad esempio sostanza). Nello *status* in cui la cosa x è diversa da ogni altra cosa individuale, essa è un individuo, mentre negli *status* in cui è somigliante con altre cose y, z, w etc. nel medesimo stato, ossia non-differente da esse, x è un universale[25]. La stessa identica cosa è riconosciuta come individuale o universale a partire da *attentiones* diverse, che considerano la cosa nella sua interezza (nel qual caso la considerano come individuo), oppure a partire da determinazioni parziali per le quali essa è somigliante ad altre cose (nel qual caso la considerano come universale)[26]. Le diverse *attentiones* portate su una stessa identica cosa dall'*intellectus* che la conosce, che consentono di distinguere diversi *status* dell'individuo, non conferiscono però alla cosa stessa di essere nulla che essa già non sia: ogni cosa è dunque al contempo individuale (nella totalità delle sue determinazioni) e universale (per alcune delle sue determinazioni). Conseguenza di tali affermazioni è che una stessa identica cosa ha alcune determinazioni opposte tra loro, dato che le caratteristiche che ha in quanto individuo sono opposte a quelle che ha in quanto universale[27]. Vi è inoltre il problema di attribuire all'individuo varie caratteristiche dell'universale (essere materia di più; essere in più; essere predicato di più; essere in numero inferiore al numero degli individui; essere precedente ai, e parte dei, propri inferiori). La teoria

---

[25] Su *status*, *cf.* anche Wcıórka, «Is Socrates a Universal?», pp. 63-68, in particolare p. 65: «*Status* is a broad synonym of 'aspect' or 'respect'. The various states of Socrates include being a man, being an animal (or more simply – the state of an animal or the animal-state), and so on. They can be distinguished from each other by acts of abstraction (*attentiones*), but the states themselves are metaphysically independent: they would exist even if nobody paid attention to them».

[26] Alla terminologia dell'*attentio* è forse da collegare anche quella dei *respectus*, che troviamo in *LNPS*: la medesima cosa è universale e particolare, ma secondo rispetti o punti di vista diversi (*respectus*): *cf.* su questo anche il confronto con Adelardo di Bath al capitolo 7, pp. 326-332.

[27] Una conseguenza, che abbiamo incontrato nella descrizione della teoria in *LI* e nell'argomento della cosa diversa da sé, n. 3, è che l'individuo risulta in qualche modo diviso in se stesso. Noteremo al termine del capitolo che questa ontologia, per cui la stessa cosa ammette proprietà differenti e anche contrarie, può essere confrontata con la «metaphysics of essential predication» di Abelardo.

dell'*individuum* elabora al riguardo varie strategie: le principali utilizzano in particolare le nozioni di *status* e di *indifferentia*. Ciascun individuo ha (o, secondo *LNPS*, partecipa di) *status* diversi, uno per ciascun livello dell'albero di Porfirio, dall'individuo al genere generalissimo: grazie a *status* diversi si possono relativizzare predicati, in apparenza opposti, ma che si riferiscono in realtà ciascuno a un diverso *status*, in modo che la loro opposizione sia neutralizzata[28]. Grazie all'*indifferentia* si può invece (conservando la distinzione essenziale di tutto ciò che esiste) radunare cose diverse in una forma di unità o identità (della quale si precisa con una certa insistenza che è un'unità o identità *indifferenter*, non *essentialiter*). Grazie all'*indifferentia* si può anche attribuire a un dato individuo proprietà di un altro, non-differente dal primo (ad esempio Socrate secondo lo stato di uomo può essere detto materia di Platone *per indifferentiam* perché Platone secondo lo stato di uomo è materia di Platone, *essentialiter*, e Platone secondo lo stato di uomo è non-differente da Socrate secondo lo stato di uomo: *cf. QG* § 31-32; § 37; *P17* ff. 124ra-b, 126ra, "argomento" della materia di sé, della parte di sé e della precedenza a sé).

Una proprietà particolarmente difficile da attribuire a un individuo è quella di essere predicato di più, che è invece citata come caratteristica dell'universale nel *De interpretatione*, 7, di Aristotele e nella definizione del genere nell'*Isagoge* di Porfirio. Complessivamente, la teoria ricorre a un'interpretazione figurata di *praedicari*, inteso come *convenire*. Esistono varie formulazioni di tale interpretazione figurata, con o senza l'introduzione di *status*: per una data cosa x_1 che è individuale e universale ed è simile a x_2, x_3 *etc.*, "x_1 è predicato di molti" equivale a "molti sono identici a x_1" ossia "x_2, x_3 *etc.* sono identici a x_1", e viceversa "x_1 è identico a molti" e "x_1 è identico con x_2, x_3 *etc.*" (descrizione di *LI*); per una data cosa x_1 che è individuo e universale, dire che x_1 in quanto universale si predica con verità di molti (x_1, x_2, x_3 *etc.*) equivale a "vi è uno status X nella partecipazione al quale x_1, x_2, x_3 *etc.* convengono"; dire che x_1 in quanto individuo si predica con verità di uno solo equivale a "vi è uno status X nella partecipazione al quale x_1 non conviene con x_2, x_3 *etc.*" (descrizione di *LNPS*).

Per comprendere meglio la teoria dell'*individuum*, seguendo le ricerche di altri studiosi, analizziamo ora il concetto di identità e non-differenza che viene proposto dalla teoria; il concetto di *status* come strumento per

---

[28] *Cf.* l'analisi di Wciórka *infra*, pp. 252-260.

neutralizzare l'opposizione di predicati opposti, detti della stessa cosa; e infine i rapporti tra questa posizione e la teoria del soggetto unico di Boezio. Inoltre, come vedremo meglio nel seguito del capitolo, molti degli elementi utilizzati dalla teoria dell'*individuum* hanno un parallelo anche negli scritti abelardiani: si può avanzare l'ipotesi che la teoria dell'*individuum* sia un tentativo di difendere il terreno realista dopo le critiche alla teoria dell'essenza materiale e utilizzando terminologie e concetti del campo avversario. Nel complesso il tentativo di affermare che l'individuo è l'universale resta piuttosto paradossale, anche se è interessante riconoscere che la strada fu tentata e notare quali strategie furono messe a punto per difendere almeno alcune delle tesi da sostenere[29].

6.2.1. *Roberto Pinzani sul paradosso dell'identità di cose differenti*

In uno studio espressamente dedicato al trattato *QG*, Roberto Pinzani si sofferma sulle affermazioni del trattato su identità e non-differenza[30]. Pinzani muove dal «paradosso dell'identità di cose differenti» affermato dalla teoria dell'*individuum*: Socrate è non-differente da Platone[31]. La teoria affronta il paradosso intendendo diversamente l'identità (= identità *essentialiter* nella nostra presentazione) e la non-differenza (= identità *indifferenter* nella nostra presentazione), attraverso l'introduzione di

---

[29] Nella *Logica 'Ingredientibus'* su Porfirio, Abelardo sembra aver preso sul serio il tentativo, ritornando sulla teoria dell'*individuum* per altre tre volte oltre alla trattazione più celebre (*cf. LI* pp. 37.3-29; 46.24-47.15; 100.13-20; si veda *supra*, pp. 104 n. 58, 170 n. 3, 195-196 n. 50), mentre egli ritorna solo una volta sulla teoria dell'essenza materiale (*LI* p. 63.31-36) e non sembra dedicare alla teoria della *collectio* ulteriori analisi.

[30] *Cf.* PINZANI, «Alberto non è diverso da Søren», in particolare pp. 309-317.

[31] *Ibi*, p. 312; Pinzani spiega il paradosso con queste parole (*ibi*, pp. 311-312): «Socrate in quanto Socrate è diverso da ogni altro individuo; Socrate in quanto animale razionale è non differente da Platone. Non è semplice capire che cosa voglia dire questo. Quando diciamo che Socrate è diverso da Platone quello che normalmente intendiamo è che il primo non è lo stesso individuo del secondo; implicitamente stiamo utilizzando un predicato di identità (=) e supponiamo di sapere e che si sappia cosa vuol dire che Socrate è uguale a Socrate (Socrate = Socrate) e che Socrate non è Platone (¬ Socrate = Platone ↔ Socrate ≠ Platone). Se questo è vero, come sembra, cosa vuol dire che Socrate è *non differente* da Platone? Se non differente vuol dire uguale evidentemente abbiamo una contraddizione rispetto alla banale verità di "Socrate ≠ Platone"».

status[32]: essere non-differente non significa essere identico[33]. Pinzani prosegue distinguendo quattro diverse possibilità per come intendere la relazione di non-differenza, sintetizzandole con le seguenti formalizzazioni (dove « ≈ » vuol dire «è non-differente da» e « ≈^{x} » vuol dire «è non-differente rispetto alla proprietà x da»)[34]:

1. $x \approx y$ sse $\forall f (f(x) \leftrightarrow f(y))$
2. $x \approx y$ sse $\exists f (f(x) \wedge f(y))$
3. $x \approx^f y$ sse $f(x) \leftrightarrow f(y)$
4. $x \approx^i y$ sse $\forall f^i\ f^i(x) \leftrightarrow f^i(y)$

Così commenta lo studioso: «La relazione 1. corrisponde a una versione della legge di Leibniz per l'identità, non consente di dire, come si vorrebbe, che Socrate è non differente da Platone da un certo punto di vista. La 2., d'altra parte, è debolissima: basta che due soggetti condividano una proprietà perché siano non differenti. La 3., per come è definita, serve a dividere il dominio in due sottoinsiemi: ciò che gode di una proprietà e ciò che non ne gode. La relazione è di equivalenza e ha senso parlare di un rappresentante delle classi di cose non-differenti. In questo caso però il problema è che esistono troppe relazioni di non differenza, modulo una qualunque proprietà. Intuitivamente la non differenza dovrebbe essere una relazione parametrata a certe proprietà speciali come gli *status*, corrispondenti agli elementi nodali del tradizionale albero aristotelico-porfiriano. La definizione in 4. richiede che abbia senso indicare dei livelli di predicazione. Questa richiesta limita di molto la scelta tra le relazioni di non differenza, di fatto l'unica cui ragionevolmente poteva pensare Gualtiero è quella definita su un albero porfiriano, dove il genere si divide in specie tra loro complementari»[35].

La relazione di non-differenza di *QG* è dunque definita dalla formalizzazione n. 4, dove 'i' indica un livello dell'albero di Porfirio (ad esempio il livello 0, con Socrate, Brunello, questa pianta *etc.*; il livello 1, con le specie Uomo, Asino, Pianta *etc.*; il livello 2, con il genere Animale,

---

[32] Su *status*, scrive Pinzani (*ibi*, p. 312): «Il termine *status* è utilizzato da Abelardo per indicare il significato di un predicato; mi pare che anche in questo contesto possa svolgere la medesima funzione. L'individuo sembra potersi dire specie/genere in quanto ha una certa proprietà significata da un predicato grammaticale».

[33] Il riferimento è in particolare a *QG* §§ 29-30, ossia *QG*-L e *QG*-M citati *supra*, capitolo 4, p. 152.

[34] PINZANI, «Alberto non è diverso da Søren», p. 313.

[35] *Ibi*, p. 314.

Vegetale *etc*.) e, per un dato livello, superiore a un altro, ad esso inferiore, il predicato relativo al primo entra nella definizione del secondo. Ciascun livello i è caratterizzato da proprietà f e gli elementi non-differenti in relazione a i possiedono tali proprietà f: «Presi due elementi di livello i si può dire che sono i-equivalenti, o i-non differenti, se condividono tutte le proprietà-status del livello i (nel senso che per ogni proprietà-status f o entrambi hanno f o entrambi non hanno f); per esempio, gli uomini condividono tutte le proprietà del livello 1 e dei livelli j>1. Le cose i-non differenti formano classi d'equivalenza per le quali ha senso scegliere un rappresentante. Prendiamo la proprietà di livello 2 di essere animale, ci saranno cose in relazione di 2-non differenza che soddisfano tali proprietà; si può dire che ognuna di queste è equivalente a ogni altra e sceglierne una, per esempio Socrate, a rappresentare la non differenza rispetto all'essere animale». Di conseguenza, secondo Pinzani nella teoria dell'*individuum* occorre immaginare tre distinti alberi di Porfirio: un albero con proprietà o *status*; un albero con classi di equivalenza; un albero con individui eletti a rappresentare le classi. Seguendo lo studioso, possiamo rappresentare i tre alberi secondo lo schema sottostante, dove a sinistra si trova l'albero con *status*, tra parentesi quadre le classi di equivalenza, e a destra l'individuo eletto a rappresentare la classe[36]:

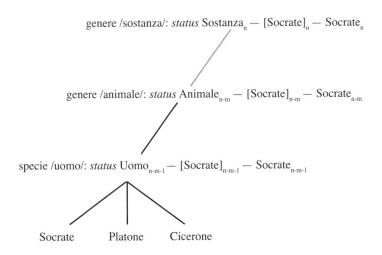

---

[36] Lo schema è proposto *ibi*, p. 316.

Secondo la teoria dell'*individuum*, il rappresentante (terzo albero) è specie/genere: «Del resto quello che piacerebbe fare a Gualtiero è di considerare come specie-generi (= nodi della relazione di predicazione) precisamente i rappresentanti delle classi; quello che la sua teoria riesce di fatto a fare è di presentare un ordine degli individui-rappresentanti parassitario rispetto a quello degli status e strettamente regimentato in accordo con le restrizioni porfiriane»[37]. Ci si potrebbe chiedere perché non si considerino generi/specie gli *status*-proprietà o le classi di equivalenza (primo e secondo albero): Pinzani risponde che forse, secondo la teoria, gli universali devono essere dello stesso tipo degli individui di cui sono universali (generi e specie della categoria di Sostanza, ad esempio, devono essere sostanze, e ciò è soddisfatto dall'individuo rappresentante ma non dallo *status*-proprietà o dalla classe)[38]. Così conclude Pinzani: «I generi e le specie sono dunque rappresentanti "tipati" (rispetto all'appartenenza a una categoria e al livello di predicazione) di certe relazioni di equivalenza. Dire dunque che Socrate è una specie significa che Socrate è equivalente a un qualunque altro individuo della specie, cioè è non differente nello *status* specifico (per es. nell'essere uomo); allo stesso modo Socrate coincide con ogni genere sopraordinato all'uomo, compreso il genere ultimo (*la sostanza*)»[39].

6.2.2. *Wojciech Wciórka sugli* status *del predicato nella teoria dell'*individuum

Un termine chiave della teoria dell'*individuum* è 'status'. Lo troviamo in tutte le descrizioni della teoria dell'*individuum*, ad eccezione di quella di *LI*, e in argomenti di tutte le fonti (di nuovo a eccezione di *LI*); si trova anche nella presentazione della teoria di Gualtiero data da Giovanni di Salisbury. Nella maggior parte dei casi, il termine è utilizzato per elencare gli *status* di ciascuna cosa individuale (lo *status* in cui è individuo, e ciascuno degli *status* corrispondenti ai diversi livelli dell'albero di Porfirio) e per indicare ciò in cui varie cose individuali convengono o non

---

[37] *Ibi*, p. 316.
[38] *Cf. ibi*, pp. 316-317.
[39] *Ibi*, p. 317.

6. UNA SINTESI

convengono (da collegare al termine '*natura*')[40]; abbiamo però trovato anche *status* della razionalità (argomento della distruzione della razionalità, n. 24), *status* del genere (argomento del genere che contiene due specie, n. 27), *status* della specie (*P17*-F) e *status* del predicato. Su quest'ultimo valore ha in particolare insistito Wojciech Wciórka nel suo *Is Socrates a Universal? Walter of Mortagne on Generality*, mostrando che tale uso di *status* consente alla teoria di elaborare una strategia per predicare della stessa cosa predicati opposti, neutralizzandone l'opposizione tramite una relativizzazione a *status* diversi[41].

L'articolo muove in particolare da un'analisi dei paragrafi §§ 42-43 di *QG* (che contengono quello che abbiamo chiamato l'argomento di Socrate che si predica di molti e non si predica di molti, con risposta, n. 22), confrontati con *LNPS* p. 518.32-37 e p. 519.17-22 (due passi tratti dall'argomento della predicazione, n. 4). Quella di Wciórka è, dunque, un'analisi incentrata sul concetto di *predicazione* proposto dalla teoria

---

[40] Si ricordi anche *P17* ff.123vb, 125va: «Status autem appello uel res ex materia et formis constitutas uel passiones, id est constitutiones quae in rebus sunt constitutis, uel partes quae ipsas res constituunt».

[41] Come già ricordato nell'introduzione, p. XXXIV n. 39, l'articolo fu pubblicato originariamente in lingua polacca (*cf.* WCIÓRKA, «Czy Sokrates jest powszechnikiem?») e in seguito, in una versione inglese rivista, in ID., «Is Socrates a Universal?». Nella versione inglese (pp. 74-76), lo studioso giustamente replica ad alcune osservazioni critiche che avevo mosso alla versione polacca dell'articolo nella mia tesi di dottorato non rivista. In tali osservazioni sostenevo che gli *status* del predicato devono dipendere dagli *status* del soggetto e dunque, da ultimo, da *status* dell'individuo e affermavo che pertanto la teoria dell'*individuum* deve postulare individui in qualche modo divisi in se stessi da proprietà opposte (come viene argomentato, contro la teoria, nell'argomento della cosa diversa da sé, n. 3; argomento dell'inerenza a sé, n. 16; "argomento" della materia di sé, della parte di sé e della precedenza a sé, n. 37; o come si legge nella descrizione della teoria in *LI*). La critica non è però fondata contro la strategia descritta da Wciórka perché, appunto tramite la relativizzazione a *status* diversi, proprietà apparentemente opposte (come essere predicato di molti e non essere predicato di molti) vengono neutralizzate nella loro opposizione (diventando, ad esempio, essere predicato di molti secondo lo stato di animale e non essere predicato di molti secondo lo stato di Socrate) e possono pertanto appartenere a una stessa identica cosa (e i rispettivi predicati essere predicati di essa) senza che la cosa debba essere suddivisa in se stessa. Vorrei qui esprimere i miei ringraziamenti al Dr Wciórka per aver discusso della questione tramite scambi epistolari e seminari a Cambridge e Varsavia, e aver sopperito alla mia ignoranza della lingua polacca realizzando la traduzione inglese del suo importante contributo.

dell'*individuum*. Come si è visto, al centro della critica a questa teoria vi è l'affermazione che essere predicato di molti (definizione predicativa dell'universale) non può addirsi a una *res*, e soprattutto non può addirsi *all'individuo*, dal momento che, secondo l'*Isagoge* di Porfirio, essere predicato di molti è proprio ciò che distingue la specie e il genere dall'individuo[42]. L'universale (il genere, la specie) è ciò che si predica di molti; l'individuo è precisamente ciò che non si predica di molti, ma di uno solo: affermando che l'universale è l'individuo stesso, la teoria ammette dunque una contraddizione, prestando il fianco all'accusa di incoerenza[43]. Wciórka intende mostrare le strategie adottate dalla teoria per difendersi da tale accusa, strategie che egli (sulla base dei tre passi di *QG* e *LNPS* sopra ricordati) identifica in una particolare analisi dei predicati, che comporti l'introduzione di stati del predicato.

Secondo l'interpretazione dello studioso, la difesa di Gualtiero[44] consisterebbe nell'affermare che il predicato "è predicato di molti"[45] (così come predicati simili)[46] è referenzialmente opaco. Ciò significa

[42] Con riferimento ad esempio al passo, già più volte citato, di Porphyrius, *Isagoge*, tr. Boethii, *AL*, p. 7.2-8: «Eorum enim quae praedicantur alia quidem de uno dicuntur solo, sicut indiuidua sicut Socrates et hic et hoc, alia uero de pluribus, quemadmodum genera et species et differentiae et propria, et accidentia communiter sed non proprie alicui. Est autem genus quidem ut 'animal', species uero ut 'homo', differentia autem ut 'rationale', proprium ut 'risibile', accidens ut 'album', 'nigrum', 'sedere'».

[43] *Cf.* Wciórka, «Czy Sokrates jest powszechnikiem?», p. 139 e Id., «Is Socrates a Universal?», p. 62: «By claiming that a certain thing (e.g. Socrates) is both a genus and an individual, Walter is guilty of incoherence, as he presumes that something is and is not predicated of many».

[44] Seguendo l'uso dell'autore, mi riferisco a Gualtiero come al sostenitore della teoria che è proposta in *QG* e che è attaccata da Abelardo nei passi di *LNPS* cui si fa qui riferimento.

[45] Si tralascia la differenza tra "è predicato di molti" e "è predicabile di molti": *cf.* Wciórka, «Czy Sokrates jest powszechnikiem?», p. 139 n. 12 e Id., «Is Socrates a Universal?», p. 62 n. 15.

[46] L'analisi che comporta un'introduzione degli *status* non sembra valere per tutti i predicati, ma per predicati come "è universale", "è genere", "è individuo", "è predicato di più", "è predicato di uno solo" *etc. Cf.* Wciórka, «Czy Sokrates jest powszechnikiem?», p. 150 e Id., «Is Socrates a Universal?», p. 78: «it has to be stressed once more that predicates such as "is an individual", "is a universal", "...a species", "...a genus", as well as "is predicated of many" and "...of only one" are, according to Walter, "incomplete", that is, they contain (in their deep structure) a hidden variable (or, in linguistic terms, they open a slot) running over states. Accordingly, one must

6. UNA SINTESI   255

che, considerando il predicato "è predicato di molti" come il contesto K che si predica con verità della cosa x, e ipotizzando inoltre che $x=y$, non segue da queste due premesse che K si predichi con verità anche di y[47]. In particolare, per applicare l'analisi alla nostra teoria, Wciórka fa uso di una variabile puramente referenziale 'O', la quale indica una certa cosa c, senza prenderla in alcun stato[48]; 'Socrate' invece indica la cosa c presa nel suo

put forward some methods of fixing the values of those variables, which is necessary to assign truth values to corresponding sentences».

[47] Da *K(x)* e da *x=y* non segue necessariamente *K(y)*; se invece da *K(x)* e da *x=y* seguisse *K(y)*, *K* sarebbe referenzialmente trasparente. Per tale definizione Wciórka si ispira a K. FINE, «The Non-Identity of a Material Thing and Its Matter», *Mind*, 112 (2003) 195-234.

[48] In altre parole, Wciórka propone un'interpretazione della teoria secondo la quale vi sarebbe un'*essentia* neutra (la cosa presa al di fuori di qualunque stato) la quale è individuale e universale. Tale *essentia* neutra è indicata dal segno 'O' puramente referenziale. Egli preferirebbe infatti riservare l'uso del termine 'Socrate' alla cosa presa in quanto individuo, anche se riconosce che in *QG* 'Socrate' è in genere usato al posto di *O. Cf.* WCIÓRKA, «Czy Sokrates jest powszechnikiem?», p. 140 e ID., «Is Socrates a Universal?», p. 64: «we will see that the context "…is predicated of many" is referentially opaque in his theory, so that it does not follow from "*O* is predicated of many" together with "*O* is the same thing as this individual" that this *individual* is predicated of many. One should therefore carefully choose a subject term, for it might happen that its content – the aspect invoked by it – will make the whole proposition false; "this individual" is one of these expressions, for a reason that will be explained later. By contrast, "this thing" is neutral with respect to individuality and generality (at least if the word "thing" is treated as purely referential)»; WCIÓRKA, «Czy Sokrates jest powszechnikiem?», pp. 141-142 e ID., «Is Socrates a Universal?», pp. 66-67: «In order to emphasize the underlying intuition, we may use the already introduced purely referential symbol 'O' and assume that it refers to Socrates. The expression "purely referential" can now be translated into Walter's terms by declaring that 'O' does not signify its referent according to any state. Then we can safely state that O is an individual. However, the truth of this statement relies on the assumption that O is identical to Socrates (that the reference of 'O' and 'Socrates' is the same). By contrast, "*Socrates* is an individual" is true, so to say, analytically, for "Socrates" signifies its referent according to the Socrates-state, which implies individuality. Hence, in order to free a context such as "…is an individual" from referential opacity, Walter employs a special clause "according to Socrates-state" (*secundum statum Socratis*) which reveals the state mediating individuality:
(1) O – according to the Socrates-state – is an individual.
The problem is that Walter does not introduce any special, purely referential term analogous to 'O'. As a result, on different occasions he uses 'Socrates' either referentially, or "attributively", i.e. as a term signifying its referent according to the

stato di individuo. Se sostituiamo '*O*' a '*x*' e 'Socrate' a '*y*' nell'esempio, otteniamo che, secondo la teoria, si può dire con verità che "*O* è predicato di più" e che "*O*=Socrate", ma non ne segue la verità di "Socrate è predicato di più". Ciò significa che il contesto "è predicato di più" è referenzialmente opaco: esso è incompleto e va determinato in modo tale che sia chiaro che esso si predica con verità solo di *x*, e non di *y*, anche se *x*=*y*.

La strategia adottata da *QG* nei §§ 42-43, e in parte riflessa in *LNPS* p. 518.32-37 e p. 519.17-22, è quella di introdurre degli stati nel predicato. Per potere spiegare tali stati del predicato, Wciórka dapprima procede a (i) precisare il concetto di *status* della teoria, inteso come determinazione del soggetto[49], e poi a (ii) mostrare la traduzione metafisica o ontologica che la teoria opera della predicazione, dove "*x*, secondo lo stato di *y*, è predicato di molti" (*e.g.* "Socrate, secondo lo stato di animale, è predicato di molti") equivale a "*x* conviene con molte cose nell'essere *y*" (*e.g.* "Socrate conviene con molte cose nell'essere un animale")[50]. Come si evince anche dall'esempio, la traduzione metafisica consente lo slittamento degli stati dal soggetto al predicato, perché nella frase "conviene con molte cose nell'essere *y*", *y* è ora presente al predicato. La presenza degli stati nel predicato consente di risolvere l'opacità referenziale del predicato stesso e dunque di difendere la teoria contro l'accusa di incoerenza. Infatti, contro chi obietta che, poiché secondo questa teoria è vero che "*O* è predicato di molti" ma è anche vero che "*O* non è predicato di molti", si genera una contraddizione, si può rispondere che "è predicato di molti" deve essere parafrasato diversamente a seconda dello stato in cui si è preso *O*, ossia il soggetto: non si tratta, cioè, dello stesso predicato nell'una e nell'altra

Socrates-state. Consequently, the following sentence (which may sound superfluous without the previous remark on the duality of 'Socrates') will serve as the canonical way of attributing individuality:

(2) Socrates – according to the Socrates-state – is an individual».

Come si è visto *supra*, p. 245, alcune affermazioni sembrano effettivamente andare nella direzione di un'*essentia x* neutra rispetto a universalità e individualità, sì che l'individualità sia una determinazione accidentale di *x*. D'altra parte, però, essere individuo sembra la determinazione ontologica fondamentale di tutto ciò che esiste (e, nello stato di individuo, l'individuo viene considerato con tutte le sue proprietà, mentre quando è considerato in altri *status* si trascurano alcune delle sue proprietà).

[49] WCIÓRKA, «Czy Sokrates jest powszechnikiem?», pp. 140-143; ID., «Is Socrates a Universal?», pp. 63-68.

[50] *Cf.* WCIÓRKA, «Czy Sokrates jest powszechnikiem?», pp. 143-147; ID., «Is Socrates a Universal?», pp. 69-73.

6. UNA SINTESI

proposizione, che viene una volta affermato e una volta negato, ma di due predicati diversi[51]. Consideriamo le due proposizioni contraddittorie:

(1) Socrate è predicato di molti

(2) Socrate non è predicato di molti.

Esse sorgono, in realtà, rispettivamente dalle due proposizioni seguenti, ricordate dallo studioso:

« (29)[52] Socrates – according to man-state – is predicated of many

(30) It is not the case that Socrates – according to the Socrates-state – is predicated of many»[53].

Ora, secondo l'analisi di Wciórka, «(29) and (30) receive "full content" only after we provide a metaphysical interpretation translating a seemingly metalinguistic predicate "is predicated of many" to explicitly ontological "converges with many things in being P", where P is a variable that must be substituted with a description related to a state. Which state? Naturally, the one that is invoked by the subject terms of (29) and (30). Accordingly, (29) and (30) amount to:

(31) Socrates-according-to-the-man-state converges with many things in being a man.

(32) It is not the case that Socrates-according-to-the-Socrates-state converges with many things in being Socrates.

Again, there is no inconsistency here, because (31) and (32) do not contain the same predicates»[54]. Il punto fondamentale è dunque che le due proposizioni (1) e (2) non hanno lo stesso predicato, perché nel primo caso "è predicato di molti" (affermato con verità del soggetto) equivale

---

[51] Si noti che, per questo stesso motivo, come precisa l'autore, nelle due proposizioni "Socrate è predicato di uno solo" e "Platone è predicato di uno solo" non si predica la stessa cosa di Socrate e di Platone. "Socrate è predicato di uno solo", infatti, equivale a "Nulla è simile a Socrate in relazione all'essere Socrate". "Platone è predicato di uno solo" equivale a "Nulla è simile a Platone in relazione all'essere Platone". Dunque in un caso è predicata assenza di somiglianza con Socrate; nell'altro, invece, è predicata assenza di somiglianza con Platone (in altre parole: i tratti del soggetto sono presenti anche nel predicato): cf. Wciórka, «Czy Sokrates jest powszechnikiem?», p. 143; Id., «Is Socrates a Universal?», p. 68.

[52] Adotto qui la numerazione dell'articolo (e della sua traduzione inglese), per conservare l'esattezza della citazione.

[53] Wciórka, «Is Socrates a Universal?», p. 73; cf. Id., «Czy Sokrates jest powszechnikiem?», p. 147.

[54] Wciórka, «Is Socrates a Universal?», p. 74; cf. Id., «Czy Sokrates jest powszechnikiem?», pp. 147-148.

a "è predicato di molti secondo lo stato di animale", mentre nell'altro "è predicato di molti" (negato con verità del soggetto) equivale a "è predicato di molti secondo lo stato di Socrate". Non si può dunque obiettare alla teoria che essa è contraddittoria e incoerente su questo punto.

L'articolo contiene altre due osservazioni degne di nota: in primo luogo, un confronto tra la trattazione dei predicati secondo la teoria dell'*individuum* e i cosiddetti "predicati abelardiani"; secondariamente, la replica di Wciórka a un'obiezione avanzata da Peter King contro la teoria dell'*individuum*. Consideriamo le due osservazioni una dopo l'altra[55].

Secondo Wciórka, l'analisi dei predicati condotta nei passi di *QG* e *LNPS* che si sono ricordati (ossia, un'analisi che consiste nell'introduzione di stati nel predicato, in modo da determinare e completare un predicato altrimenti referenzialmente opaco) fa sì che tali predicati possano essere annoverati nel gruppo dei cosiddetti "predicati abelardiani". Con l'espressione 'predicati abelardiani', introdotta da Harold W. Noonan[56], si fa riferimento a predicati il cui senso cambia sistematicamente a seconda del soggetto di cui sono predicati; secondo la presentazione di Wciórka: «Roughly, an Abelardian predicate systematically changes its sense (the property expressed) depending on the subject term to which it is attached. E.g. in the sentence "This cake is good", 'good' has a different contextual meaning (points to a different property) than in "This watchmaker is good". In the former, at least in most circumstances, it means 'tasty' and in the latter – 'efficient in making and repairing watches and clocks'. On the one hand, we are under the impression that in both sentences we used the same monosemic predicate, and on the other hand, it is clear that due to different subject terms we deal with two different predicates effectively expressing distinct characteristics. Abelardian predicates resemble indexicals (expressions dependent on extralinguistic context), such as 'you'. "You are a girl" uttered by Hansel has a different truth value than "the same" sentence uttered by Gretel. It should therefore possess a different meaning

---

[55] Nell'articolo, le due osservazioni si trovano nell'ordine inverso: la critica a King si trova in Wciórka, «Czy Sokrates jest powszechnikiem?», pp. 147-149, e Id., «Is Socrates a Universal?», pp. 73-74, 76-78, mentre il confronto con i predicati abelardiani chiude il contributo, in Wciórka, «Czy Sokrates jest powszechnikiem?», pp. 151-157 e Id., «Is Socrates a Universal?», pp. 81-87.

[56] *Cf.* H. W. Noonan, «Indeterminate Identity, Contingent Identity and Abelardian Predicates», *The Philosophical Quarterly*, 41 (1991) 183-193.

as well»⁵⁷. Ora, si può notare una convergenza tra i predicati abelardiani e i predicati referenzialmente opachi descritti in *QG* §§ 42-43, ossia predicati incompleti che hanno bisogno di una determinazione (l'aggiunta dello *status*) perché diventino referenzialmente trasparenti. Come nota lo studioso: «"is predicated of many" behaves like an Abelardian predicate. In its deep structure it contains a clause with an empty slot ACCORDING TO []-STATE. The presence of 'genus' at the subject position fills the slot, resulting in the "saturated" determination ACCORDING TO A GENUS-RELATED STATE, and analogously for 'individual'. [...]. His *[i.e. Walter's]* solution consists in pointing out that "is predicated of many" (as well as "is a universal" etc.) requires, each time it is uttered, a relativization to a certain state (*status*). In semantic analysis, this qualification is explicated by means of a clause such as "according to []-state". The value of '[]' may be assigned, or at least suggested, by linguistic context, and specifically by a subject term to which "is predicated of many" has been attached. Thus, we seem to be in position to count it among a broader class of so called "Abelardian" predicates that shift their content (the property expressed) from subject to subject»⁵⁸. La trattazione dei predicati secondo *QG* §§ 42-43 può farli rientrare, almeno per questi aspetti di somiglianza, nel gruppo dei predicati abelardiani. Anche in questo caso, dunque, si riscontra una convergenza tra la teoria realista che stiamo analizzando e alcuni aspetti del pensiero abelardiano (*cf.* su questo *infra*).

La seconda osservazione da segnalare è una replica di Wciórka a King⁵⁹. Wciórka si riferisce qui a una critica che King muove alla teoria di *QG* in *Peter Abailard on Universals*. Secondo l'obiezione di King, le due proposizioni

(a) Socrate secondo lo stato di uomo è predicato di molti

(b) Socrate secondo lo stato di Socrate non è predicato di molti

sono contraddittorie perché, come scrive King, «the determinations 'according to the status *man*' and 'according to the status *Socrates*' both merely pick out the same thing – Socrates"»⁶⁰. A partire dalla propria

---

⁵⁷ WCIÓRKA, «Is Socrates a Universal?», p. 80; *cf.* ID., «Czy Sokrates jest powszechnikiem?», p. 151.

⁵⁸ WCIÓRKA, «Is Socrates a Universal?», pp. 86-87; *cf.* ID., «Czy Sokrates jest powszechnikiem?», pp. 156-157.

⁵⁹ *Cf.* WCIÓRKA, «Czy Sokrates jest powszechnikiem?», pp. 147-149 e ID., «Is Socrates a Universal?», pp. 73-74, 76-78.

⁶⁰ KING, *Peter Abailard*, I, p. 222.

analisi, Wciórka può ribattere che, secondo *QG*, "secondo lo stato di uomo" e "secondo lo stato di Socrate" sono determinazioni del predicato, e che pertanto le due proposizioni non sono contraddittorie. Si deve notare che in questa seconda problematica la teoria dell'*individuum* ritrova nuovamente elementi comuni con Abelardo. In questo caso si tratta di una somiglianza nel problema di partenza più che nella soluzione. Come si vedrà meglio nel seguito del capitolo, anche Abelardo affronta un problema simile quando stabilisce una differenza tra cose che sono *idem in essentia* ma diverse *definitione*: ad esempio, *vox* e *sermo* (oppure il bronzo di una statua e la statua *etc.*) sono *idem in essentia*, ma differiscono per proprietà; solo della *vox* si può dire che è naturale e creata da Dio; solo del *sermo* si può affermare che è convenzionale, o che è dotato di significato grazie a un'imposizione (e, similmente, solo del bronzo della statua si dice che è creato da Dio, solo della statua si dice che è forgiata dallo scultore, anche se il bronzo e la statua sono una sola entità). Nel complesso, però, la sua strategia è all'opposto di quella della teoria dell'*individuum*: invece di neutralizzare l'opposizione tra i predicati, Abelardo cerca modalità perché si possa affermare che due *items a* e *b* sono «lo stesso», anche se alcune proprietà dell'uno non sono necessariamente trasferibili all'altro, che ne possiede invece di opposte[61].

6.2.3. La teoria dell'individuum e la teoria del soggetto unico di Boezio secondo Alain de Libera

Come si è visto al capitolo 4, la descrizione della teoria dell'*individuum* proposta dal commento *P17*[62] contiene un riferimento esplicito a Boezio, cui si fa appello per supportare la tesi che «il singolare è l'universale»:

> *P17* ff. 123vb, 125va, trascr. Iwakuma: Affirmat quoque haec sententia genus et speciem et indiuiduum sic esse idem prorsus, ut

---

[61] Cf. *infra* in questo capitolo, pp. 279-283.

[62] Il commento *P17* ricorda il passo di Boezio anche tra le autorità contro la teoria vocalista degli universali, e tra le autorità a sostegno del fatto che gli universali sono sia *res* che *voces*: cf. *supra*, capitolo 3, pp. 99-103. La teoria del soggetto unico di Boezio può anche essere collegata con la teoria dell'essenza materiale: cf. la descrizione di TEM di *LI* p. 11.5-9, *supra*, capitolo 4, p. 118; DE LIBERA, *L'Art des généralités*, pp. 318-319, 494-495; ERISMANN, «Generalis essentia», pp. 25, 32-36; ID., *L'Homme commun*, p. 112.

6. UNA SINTESI

> uere possit dici "Socrates indiuiduum est homo species et animal genus" et e conuerso; et "singulare est uniuersale", et e conuerso, quod Boethius *[*In Isagogen Porphyrii editio secunda, *ed.* BRANDT, *I, 11, pp. 166.23-167.7]* confirmat, ubi sic dicit uniuersalitatem et singularitatem esse in eodem fundamento, sicut cauitas et curuitas licet diuersa sint tamen in eadem sunt linea.

Il passo di Boezio cui *P17* rimanda si trova nel secondo commento all'*Isagoge* (ed. BRANDT, pp. 166.23-167.7) e in particolare nella celebre sezione di commento alle tre domande di Porfirio sugli universali (pp. 159.10-167.20). Come indicato dagli studiosi, tale sezione del commento di Boezio presenta una struttura complessa[63]. In forma semplificata, vi si trovano due parti. (1) La prima parte è una sezione aporetica, nella quale si pone una disgiunzione (o gli universali esistono veramente, o sono formati unicamente nell'intelletto) e si mostra che né l'una né l'altra opzione appaiono accettabili. Il brano contiene, in altre parole, un «metaphysical argument against universal (MAU)» o una «aporie de l'universel», ossia un argomento che intende dimostrare che, poiché non si può né affermare che gli universali esistono, né che sono concepiti dalla mente come concetti corrispondenti alla realtà, ogni indagine al loro riguardo andrebbe abbandonata (pp. 161.14-164.2). (2) A questa sezione fa seguito la soluzione di Boezio, ossia la sua replica a MAU (pp. 164.3-167.7), per la quale l'autore afferma esplicitamente di ispirarsi ad Alessandro di Afrodisia. La soluzione comprende, a sua volta, diversi elementi: una descrizione generale della teoria dell'astrazione (pp. 164.3-166.8), seguita dall'uso della teoria dell'astrazione così descritta per replicare a MAU (pp. 166.8-23); e, infine, un terzo elemento della spiegazione (pp. 166.23-167.7) cui, seguendo Alain de Libera, ci si può riferire con il nome di «teoria del soggetto unico». È in particolare alla teoria del soggetto unico che si riferisce *P17* nella citazione, ossia a quest'ultimo elemento della

---

[63] Seguo in particolare la descrizione di MARENBON, *Boethius*, pp. 26-32, e ID., «Boèce, Porphyre et les variétés de l'abstractionnisme», *Laval théologique et philosophique*, 68 (2012) 9-20; ma *cf.*, per un'analisi più dettagliata, DE LIBERA, *L'Art des généralités*, pp. 188-244, con struttura del testo alle pp. 189-191; R. PINZANI, «I commenti di Boezio a *Isagoge*, 1, 9-13», *Documenti e studi sulla tradizione filosofica medievale*, 19 (2008) 53-87; C. LAFLEUR – J. CARRIER, «Alexandre d'Aphrodise et l'abstraction selon l'exposé sur les universaux chez Boèce dans son *Second commentaire sur l'*Isagoge *de Porphyre*», *Laval théologique et philosophique*, 68 (2012) 35-89.

soluzione boeziana. In termini generali, la soluzione di Boezio intende affermare che i generi e le specie *esistono* e sono *percepiti* come realtà sensibili individuali, ma sono *pensati* come universali (a partire da un atto di astrazione): è uno solo il soggetto della particolarità e dell'universalità, come è la stessa la linea concava e convessa. Il passo cui fa direttamente riferimento *P17* è, in particolare, il seguente:

> quocirca cum genera et species cogitantur, tunc ex singulis in quibus sunt eorum similitudo colligitur ut ex singulis hominibus inter se dissimilibus humanitatis similitudo, quae similitudo cogitata animo ueraciterque perspecta fit species; quarum specierum rursus diuersarum similitudo considerata, quae nisi in ipsis speciebus aut in earum indiuiduis esse non potest, efficit genus. itaque haec sunt quidem in singularibus, cogitantur uero uniuersalia nihilque aliud species esse putanda est nisi cogitatio collecta ex indiuiduorum dissimilium numero substantiali similitudine, genus uero cogitatio collecta ex specierum similitudine. sed haec similitudo cum in singularibus est, fit sensibilis, cum in uniuersalibus, fit intellegibilis, eodemque modo cum sensibilis est, in singularibus permanet, cum intellegitur, fit uniuersalis. subsistunt ergo circa sensibilia, intelleguntur autem praeter corpora. *[teoria del soggetto unico]* neque enim interclusum est ut duae res eodem in subiecto sint ratione diuersae, ut linea curua atque caua, quae res cum diuersis definitionibus terminentur diuersusque earum intellectus sit, semper tamen in eodem subiecto reperiuntur; eadem enim linea caua, eadem curua est. ita quoque generibus et speciebus, id est singularitati et uniuersalitati, unum quidem subiectum est, sed alio modo uniuersale est, cum cogitatur, alio singulare, cum sentitur in rebus his in quibus esse suum habet (Boethius, *In Isagogen Porphyrii editio secunda*, ed. BRANDT, I, 11, pp. 166.8-167-7).

La teoria del soggetto unico (che de Libera indica con la sigla 'ThSu' e che è espressa dalla sezione finale del brano appena citato) è dunque un elemento della soluzione di Boezio al problema degli universali. Come indicato da de Libera, la teoria del soggetto unico comporta un versante ontologico (ThSu1) e un versante cognitivo (ThSu2):

> La formule ontologique de base pour ThSu est:
> ThSu1: la même chose x est à la fois particulière et universelle.
> La formule cognitive de ThSu est:
> ThSu2: la même chose x est à la fois le sujet de la sensation, qui perçoit x avec les conditions sensibles qui font de x une chose particulière

6. UNA SINTESI

(*i.e.* un *x*: *x*1 ou *x*2 ou *x*3... ou *x*n) et le sujet de la pensée qui perçoit *x* sans ces conditions, *i.e.* comme ce qui est prédicable de tous les 'x'[64].

Sia TEM sia la teoria dell'*individuum* possono essere interpretate come due esegesi (differenti) della teoria del soggetto unico di Boezio[65]. Seguendo l'analisi di de Libera si può infatti affermare che esistono tre modi di intendere la teoria del soggetto unico. La si può intendere: (a) ammettendo una cosa o *pragma* che sia il soggetto unico della particolarità e dell'universalità, ma non sia di per sé né particolare né universale (si tratta di un'interpretazione collegabile alla teoria dell'indifferenza dell'essenza di Avicenna); oppure (b) affermando che il soggetto unico di particolarità e universalità è il particolare concreto; oppure (c) intendendo che il soggetto unico di particolarità e universalità è l'universale[66]. Le ipotesi (b) e (c) sono quelle sviluppate dalla teoria dell'*individuum* e dalla teoria dell'essenza materiale rispettivamente[67]. La teoria autentica di Boezio sembra da ricercare o nell'interpretazione (a) oppure, – e, secondo la ricostruzione di de Libera, forse a maggior ragione – nell'interpretazione (b)[68]. La teoria dell'*individuum* sembra dunque

---

[64] DE LIBERA, *L'Art des généralités*, p. 493.

[65] *Cf. ibi*, pp. 493-498.

[66] *Ibi*, p. 496: «Il y a, au fond, trois manières de présenter ThSu. La première manière, ThSu*, consiste à poser que le sujet unique de la particularité et de l'universalité est le "pragme", la "chose" [...] considérée dans une double antériorité (par rapport aux particuliers qui tombent sous elle, par rapport à l'universel qui lui advient par accident). La deuxième, ThSu**, consiste à dire que le sujet unique de la particularité et de l'universalité est le particulier concret (ou plusieurs particuliers concrets) en tant qu'il est ce à quoi l'universel s'attache par accident. La troisième, ThSu***, consiste à soutenir que le sujet unique de la particularité et de l'universalité est l'universel lui-même en tant qu'il est ce à quoi le particulier s'attache par accident».

[67] *Cf. ibi*, pp. 493-494. Come già segnalato, de Libera in *L'Art des généralités* si riferisce sempre alla teoria dell'*individuum* come alla "seconda teoria della *collectio*". La sua interpretazione della teoria come un'esegesi della teoria del soggetto unico di Boezio presa seconda l'interpretazione (b) è a mio avviso ancora più perspicua una volta che venga eliminato l'elemento di "collezione" che, come credo, vi è stato erroneamente ravvisato; *cf.* ad esempio *ibi*, p. 494: «Une autre reprise de ThSu est la seconde théorie de la collection: ThC2. Cette théorie, en effet, attribue l'universalité à la fois au tout des choses assemblées *et aux choses elles-mêmes prises une à une*» (corsivo di de Libera).

[68] *Ibi*, p. 497: «sa *[ossia di Boezio]* théorie véritable nous paraît tendre ultimement vers ThSu**, plus que procéder d'une décision claire, nette, tranchée et définitive en faveur de ThSu*».

recuperare, contro TEM, un'interpretazione in qualche modo di spirito boeziano[69]. Tuttavia, anche in questo confronto superficiale possiamo notare alcune differenze fondamentali. Ad esempio, la teoria dell'*individuum* non subordina in alcun modo l'esistenza del particolare-in-quanto-universale al fatto che questo sia concepito: essere universale sembra anzi essere una determinazione ontologica che il particolare possiede anche a prescindere dal fatto che tale determinazione sia o no còlta come tale (come si legge in *QG*, infatti, e come abbiamo più volte ricordato, l'*attentio* può cogliere il particolare come particolare o come universale, ma non conferisce alla cosa di essere nulla che essa non sia).

6.3. Elementi abelardiani per una soluzione anti-abelardiana

Gli studi dedicati alla teoria dell'*individuum* hanno evidenziato la presenza in tale teoria realista di elementi che, presi isolatamente, possono somigliare a tratti della soluzione "anti-realista" di Abelardo[70]. In attesa che uno studio più approfondito possa gettare luce su tale confronto, mi propongo di stilare una sorta di elenco riassuntivo dei punti di convergenza che ho individuato nel corso della presente analisi. I tratti per i quali la teoria

---

[69] L'interpretazione della teoria dell'*individuum* come una ripresa della teoria del soggetto unico alle pp. 493-498 di *L'Art des généralités* sembra dunque più benigna di quanto si legge alla p. 360, dove la «deuxième théorie de la *collectio*» è definita come una «version perverse» della teoria di Boezio.

[70] JOLIVET, «Trois variations», p. 132: «la façon proprement abélardienne de formuler l'individualité est fort proche de celles dont il formulait en sa thèse générale la seconde variété de réalisme en la critiquant cinquante page plus haut»; *cf.* inoltre MAIOLI, *Gli universali. Storia antologica*, pp. 165-166 e 269-270; BEONIO-BROCCHIERI, *La logica di Abelardo*, pp. 55-56: «La teoria *[abelardiana]* della *causa communis [si tratta di quanto Abelardo scrive sullo* status *in LI pp. 19.21-20.14]* presenta innegabili analogie di terminologia con l'esposizione della dottrina della *conuenientia [ossia la teoria dell'*individuum*]* della *Ingredientibus* e della *Nostrorum*. Ciononostante mi pare non si debbano assimilare la dottrina criticata e la esposizione della teoria della *causa communis* per due motivi fondamentali: a) La dottrina della *conuenientia* è una affermazione della realtà degli universali, mentre quella abelardiana è posta a fondamento del significato dei nomi universali sul cui carattere vocale si è già insistito. Le due prospettive sono dunque polemicamente opposte; b) Abelardo insiste fortemente sul rifiuto di ogni interpretazione sostanzialistica dello *status*. Ciò rende la posizione abelardiana consapevole del pericolo che corre la dottrina della *causa communis* e sottolinea la distinzione fra le due teorie».

dell'*individuum* e il pensiero abelardiano possono essere confrontati ai miei occhi sono: la distinzione personale e individualità di tutto ciò che esiste (§ 6.3.1); i sensi di 'identico' (§ 6.3.2); lo *status* (§ 6.3.3); l'*attentio* (§ 6.3.4); le strategie per predicare di una sola *essentia* predicati opposti e i cosiddetti predicati "abelardiani" (§ 6.3.5). Non è ancora possibile precisare la direzione dell'influenza: se, cioè, il realismo dell'*individuum* cerchi di assorbire gli elementi della critica di Abelardo e di utilizzarli per fini opposti rispetto a quelli del maestro palatino; se sia un realismo che introduce alcuni elementi, i quali saranno poi accolti anche da Abelardo per sviluppare una soluzione non realista; o se ancora l'influenza passi attraverso ulteriori mediazioni (senza dover aggiungere che la situazione potrebbe variare per i diversi elementi).

6.3.1. Distinzione personale e individualità

Adottando il principio di distinzione personale, la teoria dell'*individuum* sostiene che il mondo si compone di cose individuali distinte sia per forma che per materia dalle altre cose individuali (ma non-differenti o consimili con alcune di esse, e dunque identiche con esse e raggruppabili in tale rispetto). Tale ontologia è simile a quella di Abelardo nell'affermazione dell'individualità e distinzione personale di tutto ciò che esiste. Abelardo stesso, presentando il principio di distinzione personale in *LI* p. 13.18-33, scrive che le teorie che condividono questo principio si avvicinano di più alla verità di quanto faccia TEM[71]. Come notato da Jorge Gracia, Abelardo concepisce l'individualità in primo luogo in termini di distinzione (*discretio personalis*)[72]; egli non usa la formula «tutto ciò che esiste è individuale», ma afferma che ogni cosa è *personaliter discreta*[73]. In *LI* p. 64.20-24,

---

[71] Si ricorderà l'espressione "*magis ad sententiam rei accedentes*" e il '*cum*' con valore concessivo (non causale) su cui si è insistito *supra*, capitolo 4, pp. 131-138.

[72] *Cf.* GRACIA, *Introduction*, pp. 215-235, in particolare p. 232. Sull'individualità per Abelardo, *cf.* anche JOLIVET, «Trois variations», p. 132; F. WADE, «Abelard and Individuality», in P. WILPERT (hrsg.), *Die Metaphysik im Mittelalter. Ihr Ursprung und ihre Bedeutung*, Gruyter, Berlin 1963, pp. 165-171. *Cf.* anche, per una prospettiva più ampia, P. KING, «The Problem of Individuation in the Middle Ages», *Theoria*, 66 (2000) 159-184.

[73] Tali osservazioni si leggono in GRACIA, *Introduction*, p. 247 n. 37; si veda *LI* p. 157.8: «nulla res est nisi ut discreta»; *LI* p. 157.19: «unum numero, idest personaliter discretum»; *LI* p. 172.27-28: «Discretum autem a nulla re facit differentiam, cum

contro i sostenitori di una teoria della costituzione dell'individuo a partire dagli accidenti (identificabile con TEM)[74], Abelardo descrive la propria ontologia in termini molto simili a quelli usati per presentare il principio di distinzione personale, come mostra il seguente confronto:

LI p. 13.18-33 : Vnde alii aliter de uniuersalitate sentientes magisque ad sententiam rei accedentes dicunt res singulas non solum formis ab inuicem esse diuersas, *uerum personaliter in suis essentiis esse discretas* nec ullo modo id quod in una est, esse in alia, siue illud materia sit siue forma, <u>nec eas formis quoque remotis minus in essentiis suis discretas posse subsistere</u>, quia earum discretio personalis, secundum quam scilicet haec non est illa, non per formas fit, sed est per ipsam essentiae diuersitatem, **sicut et formae ipsae in se ipsis diuersae sunt inuicem, alioquin formarum diuersitas in infinitatem procederet, ut alias ad aliarum diuersitatem necesse esset supponi**[75].	*LI* pp. 64.20-65.3: Dicimus itaque *indiuidua in personali tantum discretione consistere, in eo scilicet quod in se res una est discreta ab omnibus aliis,* quae <u>omnibus etiam accidentibus remotis in se una personaliter semper permaneret nec alia efficeretur nec minus hic homo esset, si omnia quoque separarentur accidentia, ut si hic caluus non esset uel hic simus</u>. Et sunt plerique qui hunc hominem non per accidentia effici uolunt, sed Socratem, <quia Socrates> est non in eo quod est hic homo, sed in eo quod est Socrates. Non enim uolunt hoc uocabulum quod est 'hic homo' aliud notare nisi hominem in hac personali essentia;

unaquaeque res sit discreta»; Petrus Abaelardus, *De intellectibus*, ed. MORIN, § 75: «nulla est natura que indifferenter subsistat, sed quelibet res, ubicumque est, personaliter discreta est atque una numero reperitur». Sull'uso abelardiano di '*personaliter discretus/a/um*' in opposizione a '*indifferenter*', *cf.* anche *supra*, capitolo 4, pp. 136-137 n. 62.

[74] *Cf.* anche *supra*, capitolo 4, pp. 116-117 n. 24.

[75] Il problema del regresso all'infinito delle forme, qui citato, è da confrontare con quanto Abelardo scrive sulla forma *unitas* in *LI* p. 124.13-27: «Opponitur etiam, quod unitas quoque una dicitur et accidentalitas accidens et potentia potens et alteratio alterans et significatio significari dicitur et specialitas species appellatur. Quae omnia cum denominatiuis nominibus participent, rem tamen adiacentem non habent propter infinitatis inconueniens. Nam cum omnis unitas una dicatur, si inde unitatis adiacentia participaret, nullus unitatum terminus in natura contingeret, sed ubicumque una esset unitas, cum unaquaeque unitas unitate alia adiacente participaret, infinitas unitates esse contingeret. Dicimus itaque unum, quando de unitate praedicatur, non esse denominatiuum nec sumptum ab aliquo, sed tantumdem ualere quantum discretum, secundum quod dicitur omne quod est, unum esse, id est discretum personaliter in se a ceteris, non ut discretionem formam aliquam intelligamus, sed potius ceterarum rerum essentias ab eo quod unum dicimus remouemus, ac si diceremus: est tale quid quod non est aliqua aliarum rerum» (*cf.* su questo passo MARENBON, *The Philosophy*,

Talem differentiam Porphyrius notauit inter generalissimum et specialissimum dicens: "Amplius neque species fieret unquam generalissimum, neque genus specialissimum", ac si diceret: haec est earum differentia, quod huius non est illius essentia. Sic et predicamentorum discretio consistit non per formas aliquas, quae eam faciant, sed per propriae diuersificationem essentiae.	hoc uero nomen quod est 'Socrates', accidentis designatiuum dicunt et quidam omnium accidentium eius siue separabilium siue inseparabilium, quidam inseparabilium tantum, quidam cuiusdam propriae formae ex accidentibus innatae, quam socratitatem proprie uocant. [...] Hi uero qui socratitatem uocant proprietatem ex accidentibus, in natura eam indiuiduum appellant humanae compositionis ex accidentibus innatae. **Sed cum uelint omne indiuiduum per accidentia effici, oportebit rursus ipsam socratitatem per propriam formam effici et illam iterum per aliam usque in infinitum**. [...]

6.3.2. Sensi di 'identico' (e 'diverso')

In più occasioni, ai capitoli 4 e 5, si sono distinti due sensi di 'identico': l'identico *essentialiter* e *in essentia* della teoria dell'essenza materiale (a loro volta non perfettamente coincidenti, e poi confluiti nella teoria dell'*individuum* a costituire un punto di riferimento da cui distanziarsi) e l'identico *per indifferentiam* della teoria dell'*individuum* (e della teoria della *collectio*)[76]. Al capitolo 7 si vedrà che i due sensi di 'identico' (*idem essentialiter* vs *idem indifferenter*) sono riconducibili a Guglielmo di Champeaux secondo l'*Historia Calamitatum* di Abelardo, e si ritrovano in altri testi collegati a Guglielmo. Si può però instaurare un confronto anche con Abelardo su questo piano. Diversi testi di Abelardo o di scuola abelardiana infatti elencano vari sensi di 'identico' (e i corrispondenti sensi di 'diverso'). Due diversi tipi di *identitas* sono ricordati nelle *Sententiae secundum magistrum Petrum* del ms. Orléans, Bibliothèque municipale, 266, pp. 278b-281a: l'*identitas personae*, «personaliter et quasi discrete» e

pp. 147-149 e anche *LI* p. 172.5-33). Lo si può confrontare anche con il problema del regresso all'infinito delle differenze specifiche (ad esempio *rationalitas*) di *LI* pp. 86.38-87.38 (su cui MARENBON, *The Philosophy*, p. 124).

[76] Cf. anche *supra*, pp. 249-252 per l'interpretazione di Pinzani riguardo l'identità parziale.

l'*identitas naturae*, «indifferenter ac simpliciter». I due sensi sono distinti per spiegare l'affermazione che il *senarius* (gruppo di sei unità) è composto dal *quaternarius* (gruppo di quattro unità) più la sua metà: 'sua' deve essere inteso secondo un'identità di natura e non-differenza[77]. La *Logica 'Nostrorum Petitioni Sociorum'*, le *Glossae secundum vocales*, le *Theologia 'Summi Boni'*, *Theologia Christiana* e *Theologia 'Scholarium'* comprendono tutte una lista dei sensi di 'identico'/'diverso'[78]. Pur presentando delle variazioni

[77] *Sententiae secundum magistrum Petrum*, in L. Minio-Paluello (ed.), *Twelfth Century Logic. Texts and Studies*, II. *Abaelardiana inedita*, Edizioni di Storia e Letteratura, Roma 1958, pp. 109-121, specialmente 115-116: «Cum dicitur senarius perfici ex quaternario et dimidietate eius, istud 'eius' ad hoc nomen 'quaternarium' duobus modis referri potest secundum uim uerborum, hoc est uel secundum personam uel secundum speciem siue naturam quaternarii. Duobus quippe dictio relatiua ad praemissa refertur. Modo quidem personaliter et quasi discrete, secundum scilicet identitatem personae; modo indifferenter ac simpliciter secundum identitatem naturae, id est conuenientiae uel similitudinis rerum iuxta causam impositionis premissi nominis. Naturam quippe Boethius dicit "similitudinem rerum nascentium", ac si aperte dicat easdem res esse unius naturae quae operatione naturae similes sunt ad inuicem. Vnde hoc nomen quod est 'homo' naturae dicimus, quod ex una ipsius impositione commune est naturaliter multis rebus secundum hoc quod inuicem sibi naturaliter sunt similes, in eo scilicet quod unaquaeque earum sit animal rationale mortale; hoc uero nomen 'Socrates' personae potius dicimus quam naturae, quia per ipsum discretio personae monstratur, non conuenientia multarum rerum quibus datum sit secundum similitudinem alicuius naturae. Et hanc interrogationem "quid est homo?" naturae dicimus, istam autem "quis est iste?" uel "quae est ista?" dicimus esse personae. Vnde, ad illud uocabulum naturae seu similitudinis respondemus, quod uidelicet multorum commune est secundum hoc quod sibi inuicem similia sunt, ut 'homo' 'animal'; ad istud uero uocabulum personae seu discretionis, quod uidelicet unam rem determinate ac discrete significat, ut 'Petrus' 'Marcha'. Sicut ergo identitatem rerum duobus modis accipimus, uno quidem secundum personam (ut idem est Marcus quod Tullius), alio modo secundum naturam siue speciem seu quacumque similitudine (ut idem est Petrus quod Marcus, utpote homo uel animal sicut et ille); ita relatio, quae semper secundum <res> fit, duobus modis accipitur, scilicet uel secundum identitatem personae uel naturae». Si veda Jolivet, «Trois variations», pp. 120, 138-139; D. P. Henry, «Master Peter's Mereology», in G. L. Bursill-Hall – S. Ebbesen – K. Koerner (edd.), De ortu grammaticae. *Studies in Medieval Grammar and Linguistic Theory in Memory of Jan Pinborg*, Benjamins, Amsterdam 1990, pp. 99-115, specialmente 100-104 e R. van der Lecq, «The *Sententiae secundum magistrum Petrum*», in J. Jolivet – A. de Libera (éds.), *Gilbert de Poitiers et ses contemporains aux origines de la* Logica modernorum, Actes du septième symposium européen d'histoire de la logique et de la sémantique médiévales, Bibliopolis, Napoli 1987, pp. 43-56.

[78] In *LNPS* pp. 558.11-560.15; *GSV*, pp. 178-179; Petrus Abaelardus, *Theologia 'Summi Boni'*, ed. Buytaert – Mews (*CCM*, 13), II, §§ 82-102 (pp. 142.745-150.959) si citano sei sensi di 'identico' (e corrispondenti sensi di 'diverso'): identico secondo

nell'elenco, tali liste includono sempre sia identico in *essentia* (*idem in essentia* o *essentialiter*) sia identico per somiglianza (*idem similitudine*). Come abbiamo visto[79], due *items* sono *idem in essentia* per Abelardo quando sono non due cose, ma una, ossia quando hanno tutte le loro parti in comune[80]. Identiche per somiglianza sono invece «quelle <cose> che, distinte essenzialmente, sono simili in qualcosa, come le specie nel genere o gli individui nella specie, o tutte quelle <cose> che convengono in qualche proprietà»: questo significato, esplicitamente collegato a una distinzione *essentialiter*, ricorda l'*idem indifferenter* delle teorie realiste[81].

l'*essentia* (*idem secundum essentiam*); identico secondo il numero (*idem secundum numerum*); identico per definizione (*idem definitione*); identico per somiglianza (*idem similitudine*); identico nel senso di immutato (*idem pro incommutato*); e identico nell'effetto (*idem effectu*). Nella *Theologia Christiana*, ed. BUYTAERT (*CCM*, 12), III, §§ 138-162 (pp. 247.1677-255.1975) si aggiunge identico per proprietà (*idem proprietate*) e si riduce la lista a cinque sensi: identico secondo l'*essentia* o secondo il numero; identico per proprietà; identico per definizione; identico per somiglianza; identico nel senso di immutato. Infine, nella *Theologia 'Scholarium'*, ed. BUYTAERT – MEWS (*CCM*, 13), II, §§ 95-100 (pp. 454.1411-456.1487) si ricordano tre sensi di 'identico' – identico per somiglianza; identico in *essentia* o numero (*idem essentialiter sive numero*); identico per proprietà o definizione – e tre sensi di 'diverso' (diverso in *essentia*; diverso in numero; diverso per definizione o proprietà). Come si è visto al capitolo 4, p. 124 n. 34, Boezio distingue a sua volta tre sensi di 'identico' e 'diverso': per genere, specie e numero (*cf.* Boethius, *De trinitate*, ed. MORESCHINI, 1, pp. 167.46-168.63; Id., *In Isagogen Porphyrii editio secunda*, ed. BRANDT, II, 6, pp. 191.21-192.19 e IV, 1, pp. 240.14-243.27). I tre sensi "boeziani" sono ripresi in *LNPS* pp. 535.25-536.10. Sui sensi di 'identico' in Abelardo, *cf.* JOLIVET, *Arts du langage*, pp. 285-293; GRACIA, *Introduction*, pp. 227-232; MARENBON, *The Philosophy*, pp. 150-158; WILKS, «Peter Abelard», pp. 370-373; KING, «Metaphysics», pp. 85-92; BROWER, «Trinity»; ARLIG, *A Study*, pp. 165-197; MARENBON, «Abelard's Changing Thoughts»; ID., *Abelard in Four Dimensions*, pp. 183-184, 195-198.

[79] *Cf. supra*, capitolo 4, pp. 129-130.

[80] Abaelardus, *Theologia 'Summi Boni'*, ed. BUYTAERT – MEWS (*CCM*, 13), II, § 83 (pp. 142.752-143.758): «Idem esse secundum essentiam dicimus quorumcumque eadem est essentia, ita scilicet ut hoc sit illud, sicut idem est ensis quod mucro, uel substantia quod corpus siue animal siue homo siue etiam Socrates, et album idem quod durum; et omnia eadem essentialiter dicuntur quecumque predicatione essentie inuicem coniungi possunt, quod tale est ac si diceremus idem predicatione». *GSV*, ed. GEYER, p. 588: «Dicimus enim idem secundum essentiam, quorumcumque est eadem essentia, sicut idem est ensis quod mucro, uel substantia quod corpus siue animal et homo uel Socrates et album idem quod durum. Qui etiam modus idem est ille qui est idem predicatione».

[81] *LNPS* p. 559.30-34: «Ex similitudine eadem quaelibet dicuntur, quae discreta essentialiter in aliquo sunt similia, ut species in genere, uel indiuidua in specie, uel

6.3.3. Status

Due elementi che rivestono un ruolo importante sia nella teoria dell'*individuum* sia negli scritti di Abelardo, in particolare nella sua soluzione al problema degli universali nella *Logica 'Ingredientibus'* e nella trattazione delle intellezioni nel *De intellectibus*, sono *status* e *attentio*. Le ricerche degli studiosi hanno dedicato attenzione al ruolo (giudicato cruciale) degli *status* nella soluzione di Abelardo al problema degli universali[82], mentre il significato degli stessi nella teoria

quaelibet in aliqua proprietate conuenientia, iuxta illud Porphyrii: "Participatione speciei plures homines sumus unus homo etc."»; *GSV*, ed. GEYER, p. 588: «Idem similitudine sunt quelibet discreta essentialiter, que in aliquo inuicem sunt similia, ut species in genere uel indiuidua in specie idem sunt siue unum, uel quelibet in aliqua proprietate conuenientia»; Petrus Abaelardus, *Theologia 'Summi Boni'*, ed. BUYTAERT – MEWS (*CCM*, 13), II, § 86 (p. 144.812-817): «Idem uero similitudine dicuntur quelibet discreta essentialiter, que in aliquo inuicem similia sunt, ut species in genere uel indiuidua in specie idem sunt siue unum, uel quelibet in aliqua proprietate conuenientia. Vnde Porphyrius: "Participatione – inquit – speciei plures homines unus; unus autem et communis particularibus plures"»; Id., *Theologia 'Scholarium'*, ed. BUYTAERT – MEWS (*CCM*, 13), II, § 95 (p. 454.1413-1415): «Idem similitudine, cum easdem res apud omnes esse sicut et intellectus Aristotiles asserit, et nos easdem merces in hac et in illa ciuitate reperiri dicimus»; e, con alcune variazioni, Id., *Theologia Christiana*, ed. BUYTAERT (*CCM*, 12), III, § 145 (p. 250.1788-1794).

[82] *Cf.*, per *status* in Abelardo, BEONIO-BROCCHIERI, *La logica di Abelardo*, pp. 55-56; L.-M. DE RIJK, «La signification de la proposition (*dictum propositionis*) chez Abélard», in *Pierre Abélard. Pierre le Vénérable. Les courants philosophiques, littéraires et artistiques en Occident au milieu du XIIe siècle. Abbaye de Cluny, 2-9 Juillet 1972*, CNRS, Paris 1975, pp. 547-555; TWEEDALE, *Abailard on Universals*, pp. 204-209, 282-304; JOLIVET, *Arts du langage*, pp. 91-93; ID., «Notes de lexicographie», pp. 534-538; ID., «Non-réalisme et platonisme», pp. 184-185, 190-191, 194; MALONEY, «Abailard's Theory of Universals», pp. 29-30, 34; MARENBON, *The Philosophy*, pp. 191-201, 207-208; F. BERTELLONI, «*Status... quod non est res*: Facticidad del status como fundamento de la universalización de lo real en Pedro Abelardo», *Mediaevalia. Textos e Estudos*, 7-8 (1995) 153-175; K. GUILFOY, *Peter Abelard's Theory of the Proposition*, Ph.D. thesis, University of Washington 1998, pp. 52-76; DE LIBERA, *La querelle*, pp. 154-158; ID., *L'Art des généralités*, pp. 373-376, 461-462; JACOBI, «Philosophy of language», pp. 136-137; T. SHIMIZU, «The Place of *Intellectus* in the Theory of Signification by Abelard and *Ars Meliduna*», in PACHECO – MEIRINHOS (éds.), *Intellect et imagination dans la Philosophie Médiévale*, II, pp. 927-939, specialmente 928-929; ROSIER-CATACH, «Priscian on Divine Ideas», pp. 232-236; M. K. SPENCER, «Abelard on *Status* and their Relation to Universals:

dell'*individuum*[83] (così come un confronto tra l'uso di *status* nelle due prospettive) non ha ricevuto studi specifici. Il termine '*status*' (spesso nell'espressione '*status generalis*' o '*status specialis*') ricorre anche in numerosi testi inediti del Millecento[84], e la sua origine (forse in campo retorico?) meriterebbe a sua volta un'indagine[85]. In questo studio, abbiamo notato una varietà di usi di '*status*' nei testi che presentano la teoria dell'*individuum*: le fonti che abbiamo analizzato elencano gli *status* dell'individuo; citano *status* di cui gli individui *partecipano*; usano *status* in relazione al soggetto o al predicato di una proposizione; fanno riferimento a *status* del genere, della specie, della razionalità.

Anche se la nozione di *status* svolge in Abelardo un ruolo diverso che nella teoria dell'*individuum*, si riscontrano delle somiglianze. Abelardo introduce gli *status* per spiegare la *nominatio* dei termini universali. Sia nomi universali (come 'uomo') sia nomi propri come 'Socrate' nominano le cose individuali (ad esempio Socrate). Un nome proprio nomina una cosa individuale sulla base della distinzione di tale cosa da ogni altra. Nomi universali, al contrario, nominano le cose individuali nel loro convenire o accordarsi in un certo *status* – ad esempio, lo *status* di uomo, l'esser uomo (*esse hominem*). Abelardo insiste nel sostenere che lo *status*, in cui le cose convengono e che è la causa di imposizione del nome universale sulle cose individuali, non è esso stesso una cosa[86]. Gli *status*, in altre

A Husserlian Interpretation», *International Philosophical Quarterly*, 51 (2011) 223-240; MARENBON, *Abelard in Four Dimensions*, pp. 157-158; ID., «Abelard's Theory of Universals», pp. 40-41, 44-51.

[83] Ma *cf*. WCIÓRKA, «Is Socrates a Universal?», pp. 63-68.

[84] Ad esempio, *status* sono citati nell'*Ars Meliduna* (ricordata *supra*, capitolo 3, pp. 104-105 n. 58; *cf*. SHIMIZU, «The Place of *Intellectus*», p. 933); nei frammenti di logica che seguono il *De intellectibus* nel ms. Avranches, Bibliothèque municipale, 232, al f. 71r-v; nel ms. Paris, Bibliothèque nationale de France, lat. 544, f. 138v (come ricordato da IWAKUMA, «'*Vocales*' or Early Nominalists», p. 86 n. 13).

[85] *Cf. supra*, capitolo 4, p. 164.

[86] *LI* pp. 19.21-20.14: «Ac primum de communi causa consideremus. Singuli homines discreti ab inuicem, cum in propriis differant tam essentiis quam formis, ut supra meminimus rei physicam inquirentes, in eo tamen conueniunt, quod homines sunt. Non dico in homine, cum res nulla sit homo nisi discreta, sed in esse hominem. Esse autem hominem non est homo nec res aliqua, si diligentius consideremus, sicut nec non esse in subiecto res est aliqua nec non suscipere contrarietatem uel non suscipere magis et minus, secundum quae tamen Aristoteles omnes substantias conuenire dicit. Cum enim in re, ut supra monstratum, nulla possit esse conuenientia, si qua est aliquorum conuenientia, secundum id accipienda

parole, sono quel fondamento oggettivo che è richiesto per distinguere la predicazione veridica di un universale da una non corrispondente alla realtà, senza però che essi siano cose universali che si aggiungano a un'ontologia di cose individuali. Gli *status* sono il corrispettivo sul piano ontologico dei concetti universali, i quali, a loro volta, sono significati dai termini universali.

Varie questioni sono state sollevate sugli *status* abelardiani, in particolare sulla loro relazione con i *dicta* delle proposizioni e con le idee divine[87]. Pur non essendo *res*, gli *status* sembrano essere extra-mentali: gli

est, quod non est res aliqua, ut in esse hominem Socrates et Plato similes sunt, sicut in non esse hominem equus et asinus, secundum quod utrumque non-homo uocatur. Est itaque res diuersas conuenire eas singulas idem esse uel non esse, ut esse hominem uel album uel non esse hominem uel non esse album. Abhorrendum autem uidetur, quod conuenientiam rerum secundum id accipiamus, quod non est res aliqua, tamquam in nihilo ea quae *[non, espunto da Geyer; Lafleur-Carrier nunc]* sunt uniamus, cum scilicet hunc et illum in statu hominis, id est in eo quod sunt homines, conuenire dicimus. Sed nihil aliud sentimus, nisi eos homines esse, et secundum hoc nullatenus differre, secundum hoc, inquam, quod homines sunt, licet ad nullam uocemus essentiam. Statum autem hominis ipsum esse hominem, quod non est res, uocamus, quod etiam diximus communem causam impositionis nominis ad singulos, secundum quod ipsi ad inuicem conueniunt. Saepe autem causae nomine ea quoque quae res aliqua non sunt appellamus, ut cum dicitur: Verberatus est, quia non uult ad forum. Non uult ad forum, quod ut causa ponitur, nulla est essentia. Statum quoque hominis res ipsas in *[in è emendazione proposta da Geyer; il manoscritto legge qui non]* natura hominis statutas possumus appellare, quarum communem similitudinem ille concepit, qui uocabulum imposuit».

[87] *LI* pp. 22.28-23.4: «In primo namque Constructionum Priscianus, cum communem impositionem uniuersalium ad indiuidua praemonstrasset, quandam aliam ipsorum significationem, de forma scilicet communi, uisus est subiunxisse dicens: "ad generales et speciales rerum formas, quae in mente diuina intelligibiliter constituuntur, antequam in corpora prodirent, haec quoque propria possunt esse, quibus genera uel species naturae rerum demonstrantur". Hoc enim loco de Deo sic agitur quasi de artifice aliquid composituro, qui rei componendae exemplarem formam, ad similitudinem cuius operetur, anima praeconcipit, quae tunc in corpus procedere dicitur, cum ad similitudinem eius res uera componitur. Haec autem communis conceptio bene Deo adscribitur, non homini; quia opera illa generales uel speciales naturae status sunt *[Dei a. m. add. MS]*, non artificis, ut homo, anima uel lapis Dei, domus autem uel gladius hominis». Si veda anche il seguente passo della *Theologia Christiana*, ed. BUYTAERT (*CCM*, 12), III, § 157 (p. 254.1918-1923) che non ha paralleli nella *Theologia 'Summi boni'*, e in cui Abelardo collega esplicitamente *status* e identico/diverso per definizione: «Et nos quidem pro eodem uel diuersis definitione eumdem statum uel diuersos status consueuimus dicere, nec aliter hunc

6. UNA SINTESI

studiosi si sono domandati se, pur affermando che gli *status* non sono cose[88] (e avendo requisiti molto ristretti per ciò che può essere classificato come una *res*) Abelardo di fatto non introduca nella propria ontologia elementi che in termini contemporanei *sarebbero* da classificare come cose[89].

Si possono identificare almeno due differenze tra gli *status* abelardiani e quelli della teoria dell'*individuum*. (i) In primo luogo, mentre Abelardo esplicitamente afferma che gli *status* non sono cose[90], *P17* chiama *status* «le cose costituite da materia e forme»[91]. La faccenda è in realtà più complessa. Da un lato, '*Quoniam de generali*' e gli altri scritti che descrivono la teoria dell'*individuum* non affermano esplicitamente che gli *status* sono cose, e anzi sembrano considerarli determinazioni delle cose individuali, o – come si è visto – del predicato, del soggetto *etc*. E senz'altro non è giustificata l'affermazione, che si trova a volte nella letteratura secondaria[92], che *essendo una forma di realismo degli universali* questa teoria sosterrebbe che gli *status* sono *res*. La teoria dell'*individuum* fonda il suo realismo sulle cose individuali, di cui afferma che sono anche universali, non sugli *status*: dall'affermazione che gli universali sono *res* non possiamo ricavare che gli *status* siano *res*, perché gli *status* non sono gli universali secondo la teoria. D'altro lato, in un passo molto discusso[93] anche Abelardo ci dice che possiamo chiamare *status* «le cose stesse, stabilite (*statutas*) nella natura di uomo, delle quali colui che impose il termine concepì la comune somiglianza». Quest'affermazione controversa si basa su una correzione proposta da Geyer («res ipsas *in* natura hominis statutas»), del testo del manoscritto («res ipsas *non* natura hominis

statum illum esse dicimus, nisi idem sit definitione penitus haec res cum illa aut hunc statum non esse illum, nisi haec res non sit eadem penitus cum illa, in expresso scilicet esse suo, hoc est eadem omnino definitione».

[88] In particolare con le parole «Statum autem hominis ipsum esse hominem, quod non est res, uocamus» del passo citato alla p. 272 n. 86.

[89] Così MARENBON, «Abelard's Theory of Universals», pp. 46-47.

[90] *Cf. supra*, pp. 271-272.

[91] Nel già più volte citato passo di *P17*, ff.123vb, 125va: «Status autem appello uel res ex materia et formis constitutas uel passiones, id est constitutiones quae in rebus sunt constitutis, uel partes quae ipsas res constituunt».

[92] *Cf.* KING, «Metaphysics», pp. 71-72 e 112 n. 29; ARLIG, «Universals», pp. 1355-1356, citato *supra*, p. 242 n. 13; *supra*, introduzione, pp. XXXIV-XXXVI, per il realismo della teoria dell'*individuum*.

[93] Cioè le parole «Statum quoque hominis res ipsas in [*in: Geyer; non MS*] natura hominis statutas possumus appellare, quarum communem similitudinem ille concepit, qui uocabulum imposuit» del passo citato *supra*, p. 272 n. 86.

statutas») e ha suscitato molteplici interpretazioni, anche per l'apparente contraddizione con il passo, che precede di poche righe, in cui Abelardo afferma che lo *status* non è una cosa[94]. John Marenbon ha suggerito che «res ipsas» si riferisca a differenze individuali (questa particolare razionalità di Socrate; questa particolare mortalità, *etc.*)[95]; la sua interpretazione, però, è stata criticata da Tetsuro Shimizu, secondo il quale «res ipsas» si riferisce agli individui (ad esempio i singoli uomini, che si trovano nello *status* di uomo, come Socrate e Platone)[96]. In ogni caso, resta il fatto che Abelardo sembra qui ammettere che si possano chiamare *status* anche delle *res*. (ii) Una seconda differenza è che uno *status* abelardiano è ciò in cui vari individui convengono; la teoria dell'*individuum*, invece, preferisce piuttosto insistere sulla pluralità di *status* di un dato individuo (anche se in alcuni *status* l'individuo è non-differente da altri). Anche in questo caso, però, la differenza non è così marcata: la descrizione della teoria dell'*individuum* di *LNPS* parla infatti di uno *status* «nella partecipazione al quale» gli individui convengono o non convengono[97].

---

[94] *Cf.* TWEEDALE, *Abailard on Universals*, p. 207; JOLIVET, «Non-réalisme», p. 194 n. 2; L.-M. DE RIJK, «Martin M. Tweedale on Abailard. Some Criticisms of a Fascinating Venture», *Vivarium*, 23 (1985) 81-97, specialmente 94-95 (che propone di emendare '*non*' in '*nunc*'); MARENBON, *The Philosophy*, p. 192 n. 45; J. JOLIVET, «Sur les prédicables et les catégories chez Abélard», in BIARD (éd.), *Langage, sciences, philosophie*, pp. 165-175, specialmente 171-175; DE LIBERA, *L'Art des généralités*, pp. 374-375; SHIMIZU, «The Place of *Intellectus*», pp. 928-929; SPENCER, «Abelard on *Status*», p. 229; MARENBON, «Abelard's Theory of Universals», pp. 46-48.

[95] MARENBON, *The Philosophy*, p. 192 n. 45; ID., «Abelard's Theory of Universals», pp. 47-48.

[96] SHIMIZU, «The Place of *Intellectus*», pp. 928-929: «I agree with Geyer and Marenbon's reading of the text as "*in* (instead of '*non*' in the MS) *natura hominis*". I cannot agree, however, with Marenbon's explanation of "*res ipsae*". In my view, after explaining *status* as *esse hominem*, Abelard is referring here to another possibility of what we can accept as the *status hominis* (*quoque... possumus appellare*), i.e. *res ipsae*, which I think are individual human beings themselves, so that the possible referents of "*status*" should be distinguished from the former referent, i.e., *esse hominem*. That is, all individual men as a whole constitute the *status hominis* and it can be said the common cause of the name's imposition, for the person who imposed the word did it on the basis of apprehending the common likeness of those individuals. If so, those individuals were the cause of the name's imposition. This, I believe, is the context in which Abelard refers to the common likeness here». Questa interpretazione, a mio avviso, rende il passo di Abelardo ancora più simile a quello di *P17*.

[97] *Cf. LNPS* p. 518.24-26, citato *supra*, capitolo 4, p. 143 (*LNPS*-I).

6.3.4. Attentio

Un tratto ulteriore per il quale la teoria dell'*individuum* può essere confrontata con il pensiero di Abelardo è l'*attentio*, un concetto che troviamo sia nella *Logica 'Ingredientibus'* che nel *De intellectibus*[98] e che, come mostrato da Irène Rosier-Catach, potrebbe avere un'origine agostiniana[99].

Sia nella *Logica 'Ingredientibus'* che nel *De intellectibus*, *attentio/ attendere* sono menzionati in collegamento con *intellectus/intelligere*. Un'intellezione (*intellectus*) è un atto dello spirito che consiste nel considerare (*attendere*) qualcosa, o prestare attenzione (*attentio*) a qualcosa[100]. Un

---

[98] *Cf. LI* pp. 25.1-27.34 (e anche pp. 20.20-21.26); *LI Super Peri hermeneias*, ed. JACOBI – STRUB, I, §§ 16-57 (pp. 28.82-39.335), §§ 93-123 (pp. 51.615-62.866); Petrus Abaelardus, *De intellectibus*, ed. MORIN, *passim*. Non esiste uno studio sistematico della nozione di *attentio* in Abelardo, che lo meriterebbe per il suo ruolo sia nel processo astrattivo, sia nella spiegazione della copula e dei termini sincategorematici; si vedano però le osservazioni di MARENBON, *The Philosophy*, pp. 165-173; DE LIBERA, *L'Art des généralités*, pp. 384-470; ROSIER-CATACH, «Les discussions sur le signifié des propositions», pp. 15-30; EAD., «Abélard et les grammairiens: sur le verbe substantif», pp. 209-210; EAD., «Priscian on Divine Ideas», p. 236; P. KING, «Abelard on Mental Language», *American Catholic Philosophical Quarterly*, 81 (2007) 169-187; Ch. MARTIN, «Imposition and Essence: What's New In Abaelard's Theory of Meaning?», in T. SHIMIZU – Ch. BURNETT (edd.), *The Word in Medieval Logic, Theology and Psychology*, Acts of the XIIIth International Colloquium of the Société Internationale pour l'Étude de la Philosophie Médiévale, Kyoto, 27 Septembre – 1 Octobre 2005, Brepols, Turnhout 2009, pp. 173-214, specialmente 187-213 (Rencontres de Philosophie Médiévale, 14); MARENBON, *Abelard in Four Dimensions*, pp. 149-166; ID., «Abelard's Theory of Universals», pp. 52-56.

[99] *Cf.* ROSIER-CATACH, «Les discussions sur le signifié des propositions», pp. 15-30.

[100] *LI Super Peri hermeneias*, ed. JACOBI – STRUB, I, § 22 (p. 29.104-108): «Praeterea sensus, quem Aristoteles perhibet semper cum sensato in animali consistere, quaedam uis est et potentia animae, intellectus uero actio quaedam est. Vnde intelligere dicimus, dum aliquid cogitamus»; *ibi*, I, §§ 19-20 (p. 29.95-102): «quippe intellectus quasi effectus rationis est. Est autem ratio potentia discernendi, id est attendendi et deliberandi apud se aliquid quasi in aliqua natura uel proprietate consistens, ueluti si quis rem aliquam uel in eo quod est res, uel in eo quod est substantia uel corporea uel sensibilis uel colorata penset, uel quasi in aliqua natura uel proprietate excogitet ipsam, etsi ipsa non sit, sicut hircoceruus uel dies crastina uel lapis risibilis»; *ibi*, I, § 49 (p. 37.284-286): «Imaginari itaque est figere animum in re, intelligere uero est rem ipsam uel aliquam ipsius naturam uel proprietatem attendere»; Petrus Abaelardus, *De intellectibus*, ed. MORIN, § 6: «At uero intellectus esse non potest, nisi ex ratione aliquid iuxta aliquam naturam aut proprietatem attendatur, etiam si sit intelligentia cassa»; *cf. ibi*, § 7.

intellectus, dunque, non è identico con l'*attentio* (o, come vedremo, le diverse *attentiones*) che esso comporta; differisce inoltre anche dal proprio contenuto, ossia l'oggetto verso cui è portata l'attenzione[101]. Christopher Martin ha messo in evidenza che ogni *intellectus* comporta due aspetti[102]. In primo luogo, esso richiede un oggetto estrinseco all'atto di intellezione. Se l'oggetto dell'atto di intellezione è una cosa percepita dai sensi del soggetto conoscente, è alla cosa stessa che si rivolge l'*attentio*[103]. Se invece l'oggetto in questione non è una cosa percepita dai sensi (o perché ciò che si sta considerando è sì sensibile, ma non è, in quel momento, presente e percepito dai sensi della persona che conosce, o perché ciò che si sta considerando non è una cosa sensibile), l'*attentio* è diretta verso un'immagine mentale della cosa. In secondo luogo, ogni *intellectus* ha un «adverbial component», cioè considera l'oggetto in un certo modo (*modus*)[104]. La stessa cosa può essere considerata in modi

---

[101] *LI* p. 20.28-36: «Sicut autem sensus non est res sentita, in quam dirigitur, sic nec intellectus forma est rei quam concipit, sed intellectus actio quaedam est animae, unde intelligens dicitur, forma uero in quam dirigitur, res imaginaria quaedam est et ficta, quam sibi, quando uult et qualem uult, animus conficit, quales sunt illae imaginariae ciuitates quae in somno uidentur uel forma illa componendae fabricae quam artifex concipit instar et exemplar rei formandae, quam neque substantiam neque accidens appellare possumus». Abelardo distingue anche l'*intellectus* dal senso (*sensus*) in *LI* p. 20.20-36; da senso, immaginazione (*imaginatio*) e brevemente ragione (*ratio*) in *LI Super Peri hermeneias*, ed. JACOBI – STRUB, I, §§ 19-24 (pp. 28.89-30.132), §§ 40-53 (pp. 34.227-38.312), § 61 (p. 40.349-352); da senso, immaginazione, ragione, opinione (*existimatio*) e scienza (*scientia*) in *De intellectibus*, ed. MORIN, §§ 1-28. *Cf.* GRACIA, *Introduction*, pp. 222-224.

[102] *Cf.* MARTIN, «Imposition and essence», pp. 189-193.

[103] *LI* p. 21.18-26: «Illud autem quaeri potest, cum simul anima sentit et intelligit idem, ueluti cum lapidem cernit, utrum tunc quoque intellectus in imagine lapidis agat uel simul intellectus et sensus in ipso lapide. Sed rationabilius uidetur, ut tunc intellectus imagine non egeat, cum praesto est ei substantiae ueritas. Si quis autem dicat, ubi sensus est, intellectum non esse, non concedimus. Saepe enim contingit animam aliud cernere atque aliud intelligere, ut bene studentibus apparet, qui cum apertis oculis praesentia cernant, alia tamen, de quibus scribunt, cogitant»; *cf. LI Super Peri hermeneias*, ed. JACOBI – STRUB, I, §§ 25-35 (pp. 30.133-33.196).

[104] *LI* p. 25.23-32: «Cum enim hunc hominem tantum attendo in natura substantiae uel corporis, non etiam animalis uel hominis uel grammatici, profecto nihil nisi quod in ea est, intelligo, sed non omnia quae habet, attendo. Et cum dico me attendere tantum eam in eo quod hoc habet, illud 'tantum' ad attentionem refertur, non ad modum subsistendi, alioquin cassus esset intellectus. Non enim res hoc tantum habet, sed tantum attenditur ut hoc habens. Et aliter tamen quodam modo quam sit, dicitur intelligi, non alio quidem statu quam sit, ut supra dictum est, sed in eo aliter, quod alius modus est intelligendi

diversi grazie ad *attentiones* diverse, producendo in ciascun caso un diverso *intellectus* («diuersae attentiones uariant intellectus»): ad esempio, lo stesso pezzo di legno può essere considerato in quanto pezzo di legno, in quanto corpo, in quanto legno di quercia o di fico[105].

Nella teoria dell'*individuum*, come abbiamo visto, l'*attentio* è ricordata come ciò grazie al quale si considera un individuo nello *status* di individuo (considerando l'insieme delle sue proprietà) oppure (considerando solo una parte delle sue proprietà e trascurando o dimenticando le altre) nello *status* in cui è universale; come si ricorderà, '*Quoniam de generali*' afferma che l'*attentio* non fa violenza alle cose e non può conferire a una cosa di essere ciò che non è o di non essere ciò che è[106]. Abelardo riserva all'*attentio* un ruolo che mi sembra più ampio e più creativo[107]. Possiamo prestare

---

quam subsistendi»; *cf.* MARTIN, «Imposition and Essence», pp. 193-195; MARENBON, *Abelard in Four Dimensions*, p. 153: «According to Abelard, the human mind is capable of attending to different aspects of an object or an image – its various "natures" (what is predicable of it in its own category) and "properties" (properties of it belonging to another category). For example, Socrates can be regarded not just as Socrates, but as a man, an animal and a bodily thing – these are his natures, since they, like Socrates, belong to the category of substance; and he can be regarded as a rational thing, a white thing and a medium-sized thing, according to his various properties in the categories of (in these cases) quality and quantity. Moreover, this varied *attentio* can be directed either at the object itself, if it is present, or at a mental image of the object».

[105] *LI Super Peri hermeneias*, ed. JACOBI – STRUB, I, § 110 (p. 58.785-794): «Et saepe in eadem imagine diuersae attentiones uariant intellectus, ueluti si eam simpliciter ad naturam qualitatis excogitandam instituam uel ad naturam etiam albedinis. Videns enim lignum diuersa de eo per rationem attendo, quia modo ipsum in eo quod lignum est excogito, modo in eo simpliciter quod corpus, modo in eo quod quercus est uel ficus. Similiter eadem imagine ante mentis oculos constituta ipsam et qualitatis et albedinis naturam considero et licet sit eadem imago, plures sunt de ea concipiendi modi, modo in eo quod qualitas est, modo in eo quoque quod est album».

[106] *Cf. supra* in questo capitolo, p. 247, e capitolo 4, pp. 151-155; secondo la terminologia abelardiana, questi sarebbero *intellectus sani* e *simplices* (ma, se considero *animale razionale mortale* invece che *uomo*, l'*intellectus* è allora composito). Sull'*intellectus sanus vs cassus*, si veda *LI Super Peri hermeneias*, ed. JACOBI – STRUB, I, §§ 73-76 (pp. 44.447-45.475), § 97 (p. 54.676-683); *De intellectibus*, ed. MORIN, §§ 56-59; sull'*intellectus simplex vs compositus*, si veda *LI Super Peri hermeneias*, ed. JACOBI – STRUB, I, § 94 (pp. 52.621-53.643); *De intellectibus*, ed MORIN, §§ 31-45.

[107] *Cf.* anche le osservazioni di Irène Rosier-Catach su *attentio* come *acte de l'esprit* in ROSIER-CATACH, «Abélard et les grammairiens: sur le verbe substantif», p. 209; EAD., «Les discussions sur le signifié des propositions», p. 2.

attenzione a cose che non esistono, come quando consideriamo tempi passati o futuri o enti immaginari quali la chimera, il centauro *etc*.[108]. Gli *intellectus* possono anche essere combinati, producendo *intellectus* compositi: in tal caso, l'intellezione comporta più *attentiones*, una per ciascun elemento della combinazione, e una per la loro combinazione. Ad esempio, l'intellezione di una pietra capace di ridere è un'intellezione composita che richiede tre *attentiones*: una per la pietra, una per la capacità di ridere e una per la loro unione[109]. (Come mostra l'esempio, l'*intellectus* non è necessariamente *sanus*: può essere, come in questo caso, un *intellectus cassus*, nel quale vengono congiunte proprietà che nella realtà non sono congiunte.)[110] Gli *intellectus* possono risultare anche dall'ascolto di parole: anzi, una parola (così come un insieme di parole) è significativa proprio quando genera un *intellectus* nella mente dell'ascoltatore. Quando si ode e comprende una *vox significativa*, si dirige un'*attentio* verso qualcosa; ma si porta un'*attentio* verso qualcosa anche se si ode una *vox consignificativa*

---

[108] Abaelardus, *De intellectibus*, ed. Morin, § 5: «Intellectus uero, hoc est ipsa animi excogitatio, nec corporei exercitio indiget instrumenti quo uidelicet ad excogitandum utatur, nec etiam uirtute rei existentis quam excogitetur, cum eque scilicet et existentem et non existentem rem, siue corporalem siue incorporalem, animus sibi per intellectum conficiat, uel preteritorum scilicet reminiscendo uel futura prouidendo, uel ea etiam nonnumquam configendo que numquam esse contingit, utpote centaurum, chimeram, hircoceruum, sirenes, et alia multa»; esempi simili si trovano anche *ibi*, § 94 e in *LI Super Peri hermeneias*, ed. Jacobi – Strub, I, § 20 (p. 29.101-102, citato *supra*, p. 275 n. 100).

[109] L'esempio di Abelardo è in realtà *homo rudibilis* («uomo capace di ragliare»), ma egli menziona anche *lapis risibilis* in *LI Super Peri hermeneias*, ed. Jacobi – Strub, I, § 20 (p. 29.102) and *lapis rationalis* in *De intellectibus*, ed. Morin, § 49. Caratteristica di tali esempi è congiungere una certa specie con la differenza specifica o il proprio di un'altra. Si veda *LI Super Peri hermeneias*, ed. Jacobi – Strub, I, § 117 (p. 60.827-834): «Volumus insuper in 'homo rudibilis' quandam intellectus partem ex coniunctione constructionis nasci, qua uidelicet, cum et hominem et rudibilitatem attendimus, insuper ea in unam substantiam coniungimus, quae coniunctio cassat intellectum. Tres itaque sunt attentiones, duae ad percipienda uera quae ad actiones pertinent, tertia ad coniungenda illa duo in unum, quod adiectiui et substantiui iunctura facit. Ex iunctura itaque totius orationis una est attentio quae est tertia pars intellectus».

[110] Oltre all'*intellectus sanus vs cassus* vi è poi l'*intellectus verus vs falsus*; *cf*. *LI Super Peri hermeneias*, ed. Jacobi – Strub, I, § 98 (p. 54.684-687); *De intellectibus*, ed. Morin, §§ 56-60. Sull'*attentio* in relazione a verità e falsità, si veda *LI Super Peri hermeneias*, ed. Jacobi – Strub, I, §§ 107-108 (pp. 57.750-58.777).

(insieme ai termini con cui consignifica)[111]; e un'*attentio* risulta anche semplicemente dalla congiunzione di diverse *voces* secondo le regole grammaticali, come nell'esempio di «lapis risibilis», dove vi è un'*attentio* per '*lapis*', una per '*risibilis*' e una per la loro congiunzione secondo le regole della grammatica (aggettivo che concorda col sostantivo): nella mente dell'ascoltatore del gruppo di parole si genera così un *intellectus* composito.

6.3.5. "Predicati abelardiani" e strategie per predicare, della stessa cosa, predicati opposti

Se si accetta la teoria dell'*individuum*, della stessa cosa individuale si predicheranno predicati opposti (come "è predicato di più" e "è predicato di uno solo"; "è individuo" e "è universale"). Come si è visto seguendo l'analisi di Wojciech Wciórka, una strategia cui la teoria fa ricorso è quella di neutralizzare l'apparente opposizione di tali predicati relativizzandoli a *status* diversi: si ricorre in tal modo a quelli che sono stati chiamati «predicati abelardiani», cioè predicati che cambiano il loro significato a seconda del soggetto di cui sono predicati[112]. Il confronto con Abelardo, però, può essere approfondito.

---

[111] *Cf. LI Super Peri hermeneias*, ed. JACOBI – STRUB, I, § 118 (p. 60.834-842), con l'esempio della congiunzione 'se', e ROSIER-CATACH, «Les discussions sur le signifié des propositions», pp. 23-24.

[112] *Cf. supra* in questo capitolo, pp. 252-260; WCIÓRKA, «Is Socrates a Universal?», pp. 80-87; NOONAN, «Indeterminate Identity», con riferimento a TWEEDALE, *Abailard on Universals*, pp. 147-157 e L.-M. DE RIJK, «Some New Evidence on twelfth century Logic: Alberic and the School of Mont Ste Geneviève (Montani)», *Vivarium*, 4 (1966) 1-57, specialmente p. 15, dove si legge questo testo della scuola di Alberico: «Item. Obicitur: nullus lapis fit a Socrate uel nullum argentum; ergo nulla statua lapidea uel argentea fit a Socrate. Hec et huiusmodi non sunt oppositiones secundum sententiam quam tenemus. Minime namque statuam lapideam concedimus esse lapidis partem subiectiuam. Immo dicimus ei esse oppositum: nulla statua lapidea est lapis nec anulus aureus est aurum. Et ita de similibus. Quod in suo loco argumentis necessariis demonstrabitur. Magister Petrus uero nimium in huiusmodi oppositionis solutione ut suam falsitatem defenderet, laborabat et dicebat quod illud quod in prima propositione remouetur, non remouetur in secunda. Quod quando dicimus: "nullus lapis fit a Socrate" uis subiecti redundat in predicatum. Et est sensus talis: nullus lapis operatione Socratis promouetur in esse lapidis; illud uero non potest remoueri a statua, ut dicatur: nulla

In particolare, si può notare che una problematica simile a quella affrontata dalla teoria dell'*individuum* (predicare, della stessa cosa, predicati opposti) ricorre in Abelardo per quegli *items* che sono al contempo «identici *in essentia*» e «diversi per proprietà»[113]. Si tratta, nell'analisi abelardiana, di due *items* che sono di fatto la stessa cosa (identità *in essentia*) ma che mantengono comunque alcune proprietà differenti (differenza per proprietà), tali da non poter essere trasferite dall'uno all'altro. Il numero di casi è abbastanza limitato (*e. g.* la statua e la materia di cui è fatta la statua; la *vox* e il *sermo* etc.). Se la problematica è simile, la soluzione di Abelardo, studiata in particolare da Ian Wilks[114], è all'opposto di quella della teoria dell'*individuum*: se infatti la teoria realista cerca di neutralizzare l'opposizione tra predicati che si dicono della stessa cosa (relativizzandoli a *status* diversi), Abelardo cerca invece una strategia per poter dire di *a* e *b* sia che essi sono «lo stesso» sia che alcune proprietà di *a* non pertengono a *b*, e viceversa, conservando l'opposizione tra i predicati che si dicono di *a* soltanto e quelli che si dicono di *b* soltanto. Consideriamo la questione più in dettaglio.

La strategia riguarda due *items* che sono *idem in essentia* ma diversi per proprietà. Un esempio di tali *items* è la statua e la pietra di cui essa è fatta (oppure l'aspetto materiale di una parola, cioè la *vox*, e la stessa parola in quanto capace di significare, cioè il *sermo*)[115]. Una statua e la

---

statua operatione Socratis mouetur in esse statue. Et sic semper referendo predicatum subiecto dicebat quod nullum corpus fit a Socrate, tamen statua et domus fit a Socrate». I predicati abelardiani sono stati studiati da Wciórka anche in altri contributi in lingua polacca: W. Wciórka, *Piotr Abelard o związkach koniecznych i przygodnych*, Ph.D. dissertation, Uniwersytet Warszawski 2012 (http://depotuw.ceon.pl/handle/item/100); Id., «Predykaty Abelardiańskie», *Estetyka i krytyka*, zeszyt specjalny 2 (2010) 211-220; Id., «Monizm, aspekty i relatywizacja predykatów», *Przegląd filozoficzny*, 77 (2011) 89-105.

[113] Differenza in definizione e in proprietà sono identificate nella *Theologia 'Scholarium'*, ed. Buytaert – Mews (*CCM*, 13), II, § 97 (p. 455.1440–1444), mentre sono elencate in modo separato nella *Theologia Christiana*, ed. Buytaert (*CCM*, 12), III, §§ 154-158 (pp. 252.1875-254.1926) e la strategia che descriviamo qui riguarda solo il diverso in proprietà.

[114] Nel già citato Wilks, «Peter Abelard»; *cf.* anche King, «Metaphysics», pp. 89-92; Brower, «Trinity», pp. 226-250; Arlig, *A Study*, pp. 180-194; Marenbon, «Abelard's Changing Thoughts».

[115] *Cf.* in particolare *Theologia Christiana*, ed. Buytaert (*CCM*, 12), III, §§ 140-141 (p. 248.1707-1739). Si deve notare che, come spiega Wilks, la statua di pietra (o anche

pietra che la costituisce sono, secondo Abelardo, *idem in essentia*, perché sono una stessa cosa esistente[116]. Non sono però «lo stesso in proprietà» (*idem proprietate*), perché non sono identiche in tutte le loro proprietà. Alcune proprietà sono predicate con verità della statua ma non della pietra, e viceversa. Per esempio, solo la statua è resa materiale dall'artigiano che la realizza; la pietra non è resa materiale dall'artigiano (era infatti già materiale prima che l'artigiano le conferisse la forma della statua).

Se due *items a* e *b* sono lo stesso *in essentia* ma diversi per proprietà, in un certo senso siamo giustificati nell'affermare che "*a è b*", e in un altro non lo siamo. Siamo giustificati nell'affermare che "*a è b*" per la loro identità *in essentia*: *a* e *b* sono la stessa cosa. Però, non siamo pienamente giustificati in tale affermazione: di solito, infatti, affermare che "*a è b*" significa che tutte le proprietà che sono predicate con verità di *b* sono predicate con verità anche di *a* – e, come abbiamo visto, ciò non vale per *items* diversi per proprietà. La soluzione di Abelardo è sostenere che, quando *a* e *b* sono identici in *essentia*, ma diversi per proprietà, si deve affermare che "*a è ciò che è b*" ma non che "*a è b*", introducendo quelle che Wilks chiama «essential-predication locutions»[117].

---

la statua di bronzo o l'immagine di cera) è solo un esempio cui Abelardo ricorre per affrontare questioni semantiche, trinitarie, etiche (come l'identità di *vox* e *sermo*; l'identità delle persone della Trinità; il fatto che la punizione divina sia un bene e un male allo stesso tempo), piuttosto che qualcosa cui Abelardo è interessato direttamente.

[116] *Cf.* anche *supra*, in questo capitolo, pp. 267-269, e capitolo 4, pp. 127-130, per l'identità in *essentia*.

[117] *Cf.* WILKS, «Peter Abelard», pp. 369-384. Le «essential-predication locutions», come sarà più chiaro dal seguito, sono locuzioni che comportano una predicazione essenziale ma non una predicazione accidentale, ossia, come scrive Wilks (*ibi*, p. 378): «a merely essential predication would relate the thing corresponding to the subject term with *the thing*, not the property, corresponding to the predicated term» (corsivo nell'originale). Wilks ne individua tre tipi (*ibi*, p. 372): «(i) the "*id quod*" phrase ("*est id quod est bonus*"), (ii) the *res*-phrase ("*est bona res*") and (iii) the neuter inflection ("*est bonum*")». Per un esempio del primo tipo in campo trinitario, si veda *Theologia Christiana*, ed. BUYTAERT (*CCM*, 12), IV, § 90 (pp. 308.1385-309.1394): «Et quemadmodum ibi quod est materia est id quod est materiatum ex ea, utpote cera ipsa est cerea imago, uel e conuerso, nec tamen ideo ipsa materia est materiata ex se, uel ipsum materiatum est materia sui, ita et hic id quod Pater est id quod est Filius et e conuerso; nec tamen Pater est Filius, uel e conuerso. Ibi quippe substantiae praedicatio fit, cum uidelicet dicitur: est id quod est materiatum, uel quod est Filius; hic uero proprietatis, cum dicitur: est materiata, uel est Filius. Substantia uero eadem est, proprietates uero impermixtae sunt».

Tale soluzione ha due aspetti. In primo luogo, Abelardo mostra che la proposizione "*a è b*" contiene una predicazione duplice: la predicazione essenziale di *b* rispetto ad *a*, e la predicazione adiacente delle proprietà di *b* rispetto ad *a*. «Predicazione essenziale» significa che, se la proposizione è vera, la cosa denotata da '*a*' è identica alla cosa denotata da '*b*'. Per esempio, nella proposizione "Socrate è bianco" la predicazione essenziale è che "Socrate è (identico con) la cosa bianca". «Predicazione adiacente» significa invece che la proprietà di *b* inerisce ad *a*. Nella proposizione "Socrate è bianco", la predicazione adiacente afferma che la bianchezza inerisce a Socrate[118]. Nel caso della statua e della pietra che la costituisce, però, solo la predicazione essenziale tra *a* e *b* è vera, mentre la predicazione adiacente delle proprietà di *b* rispetto ad *a* non lo è, come si è visto. Abelardo introduce dunque il secondo aspetto della soluzione: egli suggerisce allora di utilizzare espressioni (come "*a è ciò che è b*" invece di "*a è b*") che esprimano solo la predicazione essenziale tra *a* e *b*, ma non la predicazione adiacente delle proprietà di *b* rispetto ad *a*[119].

[118] *Cf.* in particolare Petrus Abaelardus, *Dialectica*, ed. DE RIJK, pp. 131.23-132.6; *LI Super Peri hermeneias*, ed. JACOBI – STRUB, III, §§ 94-97 (pp. 122.684-123.717); DE RIJK, *Logica Modernorum*, II.1, pp. 101-108; MALCOLM, «A Reconsideration»; K. JACOBI, «Peter Abelard's Investigations into the Meaning and Functions of the Speech Sign 'Est'», in S. KNUUTTILA – J. HINTIKKA (edd.), *The Logic of Being. Historical Studies*, Reidel Publishing Company, Dordrecht – Boston – Lancaster – Tokyo 1986, pp. 145-180; WILKS, «Peter Abelard», pp. 366-370; J. MARENBON, «Abélard, la prédication et le verbe *être*», in J. BIARD (éd.), *Langage, sciences, philosophie au XIIe siècle*, Actes de la table ronde internationale organisée les 25 et 26 mars 1998 [...], Vrin, Paris 1999, pp. 199-215; ROSIER-CATACH, «Abélard et les grammairiens: sur le verbe substantif».

[119] Su tutto questo, si veda WILKS, «Peter Abelard»; *ibi*, p. 371: «two things can be the same thing and not have all the same properties [...]. The example of the wax image explains the point. The particular image is the same thing as the particular wax out of which it is made, since there is no practicable way in which the former could have a life of its own independent of the latter. (A similar image could be placed on another piece of wax, but that is a very different case). Yet even though the image is the same thing as the wax, there are at least a few properties which the two fail to possess in common, one of which Abelard himself suggests: we say that the image is made material (in that it passes from the mind of the artisan into the material state), but not that the wax is made material (because it already was material before the moulding took place)»; *ibi*, pp. 372-373: «Say we have two objects, O1 and O2, between which there is sameness of essence and some difference of property; say O1 has the property of being P but O2 does not. So we can truthfully say "O1 is P" in a predication that is, as normal, both adiacent and essential; the property of being P inheres in O1, and the thing that is P is

Come si può notare, si tratta di uno strumento per predicare, di due *items a* e *b*, proprietà differenti (anche opposte), al tempo stesso affermando che *a* e *b* sono identici *in essentia*. Si sarebbe potuto impiegare una simile strategia per risolvere il problema che la teoria dell'*individuum* affronta invece neutralizzando i predicati opposti tramite gli *status*: si sarebbe potuto affermare che l'individuo e l'universale sono identici *in essentia* ma non in proprietà[120]. Ciò avrebbe però comportato il mantenimento di una certa distinzione tra l'individuo e l'universale: constatiamo che la teoria realista sceglie la strategia opposta, e intende sostenere che si possono predicare dell'individuo anche le proprietà dell'universale e viceversa (una volta che siano state relativizzate allo *status* corretto). Il parallelismo con Abelardo su questo piano riguarda dunque la problematica, ma non la soluzione adottata.

---

the same thing as O1 (i.e., the two are essentially the same). What about the relation between O2 and P? Since O2 does not have the property, there is obviously no basis for saying that it inheres in O2, and no basis, accordingly, for predicating P of O2 adjacently. "O2 is P" is false. But there is a basis for predicating P of O2 essentially. After all, the thing that is P is the same thing as O1 (as we have just seen), and O1 is the same thing as O2; so the thing that is P is also the same thing as O2 (i.e., the two are essentially the same). The basis thus exists for predicating P essentially of O2 – so long as this can be done without predicating it adjacently of O2 as well. So, for such cases, Abelard employs special linguistic means (which I shall call "essential-predication locutions") to indicate that the predication is only essential and not adjacent. The most translatable of these is the "that which" locution, according to which we claim that O2 is that which is P, even while denying it is P [...]. Now "The image is made material" is both an essential and an adjacent predication; the implication of its being an essential predication is that the image is that which is made material – i.e., the image and that which is made material are essentially the same. But the wax (as already stated) is essentially the same as the image. A fortiori, the wax is essentially the same as that which is made material. "The wax is that which is made material" is thus true, even though "The wax is made material" is false».

[120] Sostenendo, ad esempio, che Socrate-secondo-lo-stato-di-Socrate e Socrate-secondo-lo-stato-di-animale sono *idem in essentia*, ma che l'uno è diverso dall'altro per proprietà, sì che si predicano dell'uno e dell'altro proprietà diverse e opposte. Si potrebbe anche pensare di introdurre una predicazione solo essenziale come "la specie è ciò che è l'individuo" o "l'universale è ciò che è l'individuo", diversa da "la specie è l'individuo" o "l'universale è l'individuo", e non si sarebbe potuto inferire da "l'individuo è ciò che è l'universale" (proposizione vera secondo la teoria) la proposizione falsa "l'individuo è predicato di molti", attribuendogli una proprietà dell'universale.

7. LA TEORIA DELL'*INDIVIDVVM* E ALCUNI MAESTRI DELLA PRIMA METÀ DEL XII SECOLO

Prima di concludere quest'analisi della teoria dell'*individuum*, almeno altri due aspetti devono essere presi in considerazione. In primo luogo, dobbiamo verificare l'attribuzione a Gualtiero di tale teoria, domandandoci in particolare se i testi che la difendono (*QG* e *P17*) possano, o debbano, essergli attribuiti direttamente. In secondo luogo, si tratta di esaminare i legami tra la teoria dell'*individuum* e Gualtiero da una parte, e altri maestri del XII secolo che la storiografia ha accostato a questa posizione, dall'altra: si prenderanno in considerazione in particolare Guglielmo di Champeaux, Adelardo di Bath e Gilberto di Poitiers (con un accenno, inoltre, ad Alberico di Parigi).

7.1. *Attribuzione a Gualtiero di Mortagne*

La questione dell'attribuzione di un testo (la questione, cioè, di chi sia l'autore del testo, e in particolare se questi sia da identificare con uno degli autori già noti del secolo, *in primis* degli autori più celebri) ha ricoperto sin dal XIX secolo un ruolo fondamentale nell'approccio ai testi logici, spesso anonimi, che ci sono conservati dai manoscritti. È spesso grazie ad attribuzioni illustri come quella ad Abelardo che determinati testi sono stati selezionati per la pubblicazione e portati all'attenzione degli studiosi[1],

---

[1] Un esempio è il *'De generibus et speciebus'* considerato sopra, la cui prima pubblicazione si deve a un'iniziale attribuzione ad Abelardo (*cf. supra*, capitolo 3). Come esempio ulteriore si possono citare il *De intellectibus* di Abelardo e i frammenti che lo seguono: come è noto, questo scritto di Abelardo è conservato nell'unico ms. Avranches, Bibliothèque municipale, 232 (2963), ff. 64r-68v, all'interno di una sezione codicologica, estesa dal f. 64r al f. 71v, che comprende anche altri testi di logica. Nella prima edizione del *De intellectibus* (1840), Victor Cousin con grande cura delimitò i confini della porzione da attribuire ad Abelardo, mentre del resto del testo (che ha all'incirca la stessa lunghezza del *De intellectibus*) si limitò a pubblicare due brevi frammenti: *cf.* V. Cousin, *Fragments philosophiques. Philosophie Scholastique*, 2ª ed., Ladrange, Paris 1840, pp. 448-496 (descrizione del manoscritto alle pp. 448-460, edizione alle pp. 461-496; edizione poi ripresa in *Petri Abaelardi opera hactenus seorsim edita nunc primum in unum collegit* [...] Victor Cousin adjuvantibus C. Jourdain et E. Despois, II, Durand, Paris 1849-1859, pp. 733-755). Da allora, il *De*

mentre scritti per i quali un'attribuzione simile non era possibile hanno dovuto attendere di essere pubblicati molto più tardi o restano ancora inediti[2].

Grazie a una serie di studi recenti, la questione dell'attribuzione di un testo di logica dell'inizio del XII secolo a un certo autore viene oggi affrontata in maniera più raffinata che in passato. Si è messo in evidenza che i commenti di questo periodo sono strumenti per l'insegnamento più che testi letterari: si tratta spesso di testi in evoluzione, che vengono riutilizzati e rielaborati da maestri diversi, i quali aggiungono nuovi strati e interpretazioni differenti a un testo iniziale sentito come modificabile e riadattabile. Per alcuni commenti, dunque, porre la domanda di quale sia l'(unico) autore del testo implica un approccio già sbagliato, così come trovare l'opinione di un determinato maestro nel testo non comporta necessariamente l'attribuzione dell'intero scritto a quel maestro o alla sua scuola[3].

intellectibus ha ricevuto altre due edizioni a partire da quest'unico manoscritto, una a cura di Lucia Urbani Ulivi e una di Patrick Morin (*cf.* L. URBANI ULIVI, *La psicologia di Abelardo e il "tractatus de intellectibus"*, prefazione di S. VANNI ROVIGHI, Edizioni di Storia e Letteratura, Roma 1976; Abélard, *Des intellections*, texte établi, traduit, introduit et commenté par P. MORIN, Vrin, Paris 1994). I due frammenti già pubblicati da Cousin e quelli ancora inediti, invece, non sono stati oggetto di maggiore attenzione (fanno eccezione una trascrizione privata del testo, realizzata da Yukio Iwakuma con il titolo di *Quaestiones Abrincenses*, e alcune osservazioni di Peter King e John Marenbon su uno dei frammenti: *cf.* MARENBON, *Abelard in Four Dimensions*, pp. 189-192, e anche KING, «Metaphysics», pp. 118-119 n. 79; MARENBON, *The Philosophy*, pp. 158-161).

[2] Si veda il catalogo di fonti inedite in MARENBON, «Medieval Latin Commentaries and Glosses» e ID., «The Tradition of Studying the *Categories*». La questione dell'attribuzione (in particolare ad Abelardo o a Guglielmo di Champeaux) svolge ancora un ruolo molto importante nella ricerca: *cf.* ad esempio le attribuzioni di commenti a Guglielmo di Champeaux, avanzate da Yukio Iwakuma, che sono ricordate *infra*, oppure la questione dell'attribuzione ad Abelardo delle glosse letterali del ms. Paris, BnF, lat. 13368, oggetto di due recenti contributi di Christopher Martin e Margaret Cameron (Ch. MARTIN, «A Note on the Attribution of the *Literal Glosses* in Paris, BnF, lat. 13368 to Peter Abaelard», in ROSIER-CATACH [éd.], *Arts du langage et théologie*, pp. 605-646; M. CAMERON, «Abelard's Early Glosses: Some Questions», *ibi*, pp. 647-662).

[3] *Cf.* su questo ROSIER-CATACH, «Les *Glosulae in Priscianum*: sémantique et universaux», p. 126; EAD., «Introduction», in ROSIER-CATACH (éd.), *Arts du langage et théologie*, pp. XII-XVI; EAD., «*Vox* and *oratio*», p. 52 («attribution of positions to a master

Tali riflessioni sono valide in particolare per l'attribuzione di *P17* a un determinato autore (e in primo luogo a Gualtiero). Come si è visto, l'adesione del commento alla teoria dell'*individuum* non è priva di ambiguità, perché questa da un lato è presentata come la teoria «di alcuni» e dall'altro è l'unica per la quale si riportino repliche a tutte le obiezioni. Diverso sembra il caso di *QG*, che non è un commento, ma un trattato molto limpido e unitario, per il quale credo si possa ancora ipotizzare sia esistito un unico autore. Ora, proprio *QG* in passato è stato attribuito direttamente a Gualtiero: occorre dunque ora considerare tale attribuzione. Le tre opinioni più importanti sulla questione sono quelle dei tre editori del testo: Barthélemy Hauréau, Judith Dijs e Francesco Romano. Come spesso accade, l'attribuzione è stata accolta con sempre maggiore convinzione, senza che in realtà gli elementi sulla quale essa si basa si siano fatti più solidi.

Nel 1892, Hauréau fu il primo a trascrivere il testo di *QG* e a proporre di attribuirlo a Gualtiero di Mortagne. Hauréau si basava su due argomenti: da un lato, la testimonianza di Giovanni di Salisbury in *Metalogicon* II, 17 (M4) sulla teoria di cui Gualtiero di Mortagne era il *dux*, testimonianza corrispondente ai contenuti di *QG*; dall'altro, la preminenza di Gualtiero sul gruppo dei sostenitori della teoria, all'interno del quale nessun altro ha lasciato particolare fama di sé in questo campo. Hauréau sembra considerare un argomento anche il fatto che *QG* citi un '*magister W.*', che egli indentificava senz'altro con Guglielmo di Champeaux: egli collegava questo fatto con i dati (erronei) disponibili sulla cronologia dell'insegnamento di Gualtiero, i quali suggerivano una posteriorità all'insegnamento di Guglielmo. L'attribuzione a Gualtiero è presentata come «une conjecture», ma una congettura «vraisemblable» e «pas téméraire»[4].

---

is much safer than attribution of texts to a master»); J. MARENBON, «Logic at the Turn of the Twelfth Century», in *Handbook of the History of Logic. Volume 2. Medieval and Renaissance Logic*, edited by D.M. GABBAY and J. WOODS, North-Holland, Amsterdam 2008, pp. 65-81 (soprattutto pp. 67-68); ID., «Logic at the Turn of the Twelfth Century: a synthesis», in ROSIER-CATACH (éd.), *Arts du langage et théologie*, pp. 181-217, in particolare p. 197.

[4] HAURÉAU, *Notices et extraits*, V, pp. 323-325: «*Eorum*, dit il *[cioè Giovanni di Salisbury, in* Met. *II, 17], qui rebus inhaerent multae sunt et diversae opiniones... Quia impossibile est substantialia non esse existentibus his quorum sunt substantialia, denuo colligunt universalia singularibus quoad essentiam unienda. Partiuntur itaque status, duce Gautero de Mauritania, et Platonem in eo quod Plato est dicunt individuum, in eo quod homo speciem, in eo quod animal genus, sed subalternum, in eo quod substantia generalissimum.* Tels sont, presque

Nel 1990, Judith Dijs riprese gli argomenti di Hauréau, aggiungendone un altro che si può considerare un approfondimento del primo argomento: sia nella testimonianza del *Metalogicon* su Gualtiero che in *QG* si incontra il termine chiave '*status*'. Dijs conclude che l'attribuzione a Gualtiero è «not implausible», ma afferma anche che «there is no conclusive evidence» per l'attribuzione e che questa, dunque, non è certa; la studiosa evoca anche la possibilità che il trattato sia da ascrivere a un discepolo di Gualtiero[5]. Più

sans aucune dissemblance, les termes de la thèse que notre auteur *[ossia l'autore di QG]* vient de nous exposer comme sienne: *His praemissis, quid nos de rebus universalibus sentiamus mediocriter exprimamus. Est autem primum propositum sententiae nostrae... [citazione da* QG § *26]* S'il veut dire que cette thèse est de son invention, il se trompe. Adelhard de Bath y donnait déjà son adhésion dans un écrit antérieur à l'année 1116 *[riferimento al* De eodem et diverso, *per il quale cf. infra]*, et, vers le même temps, Pierre Abélard la discutait, la combattait. Mais peut-être veut-il simplement dire qu'il la prend à son compte et va la défendre; et en effet, s'il ne réussit pas à nous persuader qu'il faut l'admettre, il argumente fort bien en sa faveur. La cause de cette thèse n'a jamais, à notre connaissance, été plus résoluent et plus habilement plaidée. Notre auteur est-il donc Gautier de Mortagne? Ce n'est là sans doute qu'une conjecture; mais nous la tenons pour vraisemblable. Cet auteur cite comme un ancien maître Guillaume de Champeaux, qui laissa sa chaire en 1108, et c'est en 1136 que Jean de Salisbury, venant à Paris, y trouva Gautier de Mortagne *[in realtà non ci sono prove di un insegnamento di Gualtiero a Parigi:* cf. supra, *capitolo 1]*, qu'il appelle chef, *dux*, de la secte qui tenait pour la non-différence. Or, s'il est constant que cette secte eut, entre les années 1108 et 1136, un certain nombre d'adhérents, aucun d'eux n'a marqué. Adhélard s'est fait connaître, non comme logicien, mais comme physicien. Les disciples de Gautier ne jouèrent pas non pas *[sic]* un grand rôle: *Habuit haec opinio*, dit Jean de Salisbury, *aliquos assertores, sed pridem jam nullus profitetur*. On nous accorde certainement qu'il n'est pas téméraire d'attribuer à Gautier cet écrit anonyme dont le texte ne paraît avoir été conservé que dans notre n° 17813».

[5] Dijs, «Two Anonymous», p. 88: «Hauréau believes the author of this tract to be Walter of Mortagne, 'ohne dies jedoch hinreichend beweisen zu können' *[citazione tratta da* H. Willner, Des Adelard von Bath Traktat De eodem et diverso, *Aschendorff, Münster 1903, p. 68 (Beiträge zur Geschichte der Philosophie des Mittelalters, 4): Willner sta qui riassumendo la posizione di Hauréau]*. Indeed there is no conclusive evidence for this, nor does Hauréau pretend to have any. He bases his surmise upon the reference to the 'master W.' whom he supposes to be William of Champeaux, and upon the fact that John of Salisbury, coming to Paris in 1136, calls Walter the *dux* of the indifference-faction; if we add to this John's remark that these people used the term '*status*', so very frequent in our tract, Hauréau's surmise, though by no means certain, appears not implausible (though I would prefer to leave open the possibility that the author was not Walter himself, but one of his pupils)».

recentemente, infine, Francesco Romano ha attribuito senz'altro il trattato a Gualtiero, basandosi sul confronto tra *Metalogicon* II, 17 e *QG*[6]. In ultima analisi, dunque, l'attribuzione di *QG* a Gualtiero si basa sul confronto tra la testimonianza di Giovanni di Salisbury in *Metalogicon* II, 17 da un lato e il contenuto di *QG* dall'altro, un confronto che ha permesso agli studiosi di ricavare un'attribuzione presentata o come ampiamente verosimile, o come fuori di ogni dubbio.

A mio avviso, e come già si è avuto modo di notare, l'accostamento tra *Metalogicon* II, 17 e *QG* è senz'altro corretto: *QG* sostiene effettivamente una tesi molto simile a quella che Giovanni descrive in M4 e di cui afferma che Gualtiero di Mortagne era l'esponente principale. Ciononostante, non credo possiamo spingerci sino ad affermare che Gualtiero è senz'altro l'autore di questo testo, per le ragioni che seguono.

In primo luogo, mentre associa la teoria a Gualtiero, la testimonianza di Giovanni di Salisbury la mostra anche come condivisa da un gruppo di persone di cui Gualtiero era il principale rappresentante. Lo stesso *QG* descrive, all'interno della teoria dell'*individuum*, la posizione di un *magister W.* sulla cui identità si deve ancora fare luce (Willelmus? Walterus? un altro maestro?) e, al § 45, ricorda una diversa soluzione sostenuta da «alcuni» che sembrano ugualmente condividere la teoria dell'*individuum*. Se inoltre si accetta che la stessa teoria è descritta da Abelardo nei testi che si sono sopra analizzati, e in particolare in *LNPS*, si noteranno le espressioni con cui egli fa riferimento a un gruppo di persone che la sostenevano (*LNPS* p. 518.9: «sunt alii...»; p. 519.11: «sunt quidam, memini, qui...»; p. 519.14: «miror de tanto numerosae multitudinis errore...»). La teoria dell'*individuum* era dunque sostenuta da un gruppo, a quanto pare nutrito, di persone. Si deve notare, inoltre, che non può valere il secondo argomento di Hauréau, secondo cui la preminenza di Gualtiero su questo gruppo ne fa automaticamente l'autore del testo: al contrario, gli studi più recenti sono pervenuti proprio a valorizzare una "folla" di personaggi per noi oggi

---

[6] ROMANO, *Una soluzione originale*, pp. 45-62 e in particolare p. 62: «Tutto questo sta a dimostrare che [...] il passaggio chiave del *Metalogicon*, sulla cui interpretazione mi sono permesso di discutere fin qui con una certa intransigenza (lo ritenevo infatti di notevole importanza ai fini dell'attribuzione a Gualtiero del *Quoniam de generali*), ci consente di attribuire il nostro testo a Gualtiero soprattutto in funzione della corrispondenza, talora quasi coincidenza letterale, tra ciò che dice Giovanni e ciò che si legge nel trattato di cui trattiamo».

anonimi, ma che senz'altro giocavano un ruolo significativo nell'attività scolastica dell'epoca[7].

A queste osservazioni se ne possono aggiungere altre. Si può ricordare che gli esempi geografici del trattato, che menziona Le Mans (*Cenomanum*) e Angers (*Andegavis*) (§ 11), non sembrano andare nella direzione dei luoghi dove, a nostra conoscenza, si svolse la carriera di Gualtiero[8]. Anche a livello stilistico, si riscontra in *QG* un uso molto frequente di '*quippe*' con valore causale, che non ha riscontro negli scritti di Gualtiero. Queste osservazioni non vogliono argomentare attivamente contro l'attribuzione, che a mio parere resta ancora possibile, ma solo mostrare che essa non sembra attualmente preferibile all'anonimato. La stessa cautela deve evidentemente valere per *P17*, che comunque nessuno ha sinora attribuito a Gualtiero.

In conclusione, si può affermare che, senza che *QG* e *P17* siano attribuiti direttamente a Gualtiero, essi sostengono (apertamente, nel caso di *QG*, e con maggiore ambiguità nel caso di *P17*) la posizione sugli universali che Giovanni di Salisbury descrive in *Metalogicon* II, 17 e di cui lo stesso Giovanni afferma che Gualtiero di Mortagne fosse il principale rappresentante.

Passiamo ora a considerare brevemente i rapporti tra la teoria di Gualtiero di Mortagne e le posizioni sugli universali di Guglielmo di Champeaux, Adelardo di Bath e Gilberto di Poitiers: come studi precedenti hanno rilevato, infatti, esse presentano delle affinità e dei legami con la prima[9].

---

[7] *Cf.* ad esempio GRONDEUX, «Guillaume de Champeaux, Joscelin de Soissons», p. 4, e gli studi di Cédric Giraud (in particolare C. GIRAUD, «*Per verba magistri*. La langue des maîtres théologiens au premier XIIe siècle»).

[8] Sul valore degli esempi geografici nei testi logici, *cf.* MARENBON, «Logic at the Turn» (*Handbook*), p. 75: «It is common for twelfth-century authors to use their own names at times in logical examples, and to use place names, river names and so on of their own towns in the same way». Su Angers, si veda anche A. GRONDEUX – I. ROSIER-CATACH, «Les *Glosulae super Priscianum* et leur tradition», in ROSIER-CATACH (éd.), *Arts du langage et théologie*, pp. 107-179, specialmente pp. 150-151.

[9] In un articolo pubblicato nel 1984 («Alcune discussioni sulla transitività della predicazione nella scuola di Alberico da Monte», *Medioevo. Rivista di storia della filosofia medievale*, 10 [1984] 209-235, soprattutto pp. 220-224, e anche F. BOTTIN, «Quelques discussions sur la transitivité de la prédication dans l'école d'Albéric du Mont», in JOLIVET – DE LIBERA (éds), *Gilbert de Poitiers et ses contemporains*, pp. 57-72, soprattutto pp. 68-72) Francesco Bottin avanzò l'ipotesi che quella che

7.2. Guglielmo di Champeaux

Guglielmo di Champeaux è stato oggetto di studi importanti nel corso degli ultimi anni, che hanno permesso di precisare meglio alcuni tratti della sua biografia, ma anche di svolgere indagini più approfondite sul suo insegnamento in campo grammaticale, retorico, dialettico e teologico. Sulla biografia di Guglielmo si segnalano in particolare tre contributi di Anne Grondeux, Charles de Miramon, e Constant Mews rispettivamente, pubblicati nel 2011[10]. Tra gli aspetti più rilevanti per la presente ricerca,

---

chiamo teoria dell'*individuum*, secondo la descrizione di *LI*, corrisponda a una prima teoria di Alberico di Parigi sugli universali, e in particolare corrisponda alla teoria dell'anonimo autore del commento alle *Categoriae* conservato nel ms. Padova, Biblioteca Universitaria, 2087, appartenente alla scuola di Alberico. L'ipotesi, avanzata incidentalmente, si basa sul fatto che da un lato Alberico era noto come un avversario del nominalismo e dall'altro che sosteneva: che la predicazione riguarda sia *res* che *voces*, e che il nome '*substantia*' può significare sia la "*res per se existens*" sia la "*res dicta de substantia*". Come, però, è stato sottolineato da Alain de Libera e come, spero, la presentazione sin qui svolta permette di confermare, ciò non corrisponde alla teoria dell'*individuum* descritta in *LI* e, a mio avviso, si ricollega piuttosto ai problemi di esegesi *in re/in voce* di determinati passi delle *auctoritates*. *Cf.* su questo punto DE LIBERA, *La querelle*, p. 153 e soprattutto ID., *L'Art des généralités*, pp. 347-348. Su Alberico si può consultare anche DE RIJK, *Logica modernorum*, II.1, pp. 209-215; ID., «Some New Evidence», e l'eccellente articolo di IWAKUMA, «Alberic of Paris».

[10] *Cf.* GRONDEUX, «Guillaume de Champeaux, Joscelin de Soissons»; Ch. DE MIRAMON, «Quatre notes biographiques sur Guillaume de Champeaux», in ROSIER-CATACH (éd.), *Arts du langage et théologie*, pp. 45-82; C. MEWS, «William of Champeaux, the Foundation of Saint-Victor (Easter, 1111), and the Evolution of Abelard's Early Career», *ibi*, pp. 83-104. Per una ricostruzione più ampia su Guglielmo, si vedano in particolare J. JOLIVET, «Données sur Guillaume de Champeaux. Dialecticien et théologien», in J. LONGÈRE (éd.), *L'abbaye parisienne de Saint-Victor au Moyen Âge*, Communications présentées au XIIIe Colloque d'Humanisme médiéval de Paris (1986-1988), Brepols, Paris – Turnhout 1991, pp. 235-251 e MEWS, «*Logica* in the Service of Philosophy». *Cf.* inoltre C. MEWS, «Peter Abelard on Dialectic, Rhetoric, and the Principles of Argument», in C. MEWS – C. NEDERMAN – R. THOMSON (edd.), *Rhetoric and Renewal in the Latin West 1100-1540. Essays in Honour of John O. Ward*, Brepols, Turnhout 2003, pp. 37-53, in particolare pp. 42-45; ID., *Abelard and Heloise*, pp. 28-42; ERISMANN, *L'Homme commun*, pp. 363-379. Più datati sono invece i contributi di E. MICHAUD, *Guillaume de Champeaux et les écoles de Paris au XIIe siècle d'après des documents inédits*, 2ª ed., Didier, Paris 1867 e J. CHÂTILLON, «De Guillaume de Champeaux à Thomas

spicca la proposta di Constant Mews di ridatare la controversia tra Guglielmo e Abelardo sugli universali (*HC* § 6) all'anno 1111, e non 1108 o 1109 come proposto abitualmente[11].

Guglielmo sembra essere stato attivo nel campo della grammatica, della retorica e della dialettica, oltre che in ambito teologico. Nel considerare i testi a lui collegati, occorre distinguere tra gli scritti che gli vengono attribuiti direttamente e quelli che, invece, riportano le opinioni di un *magister G.* o *W.* identificabile con Guglielmo[12]. Nella prima categoria, ossia i testi attribuiti direttamente a Guglielmo, occorre poi distinguere tra quelli in cui almeno un manoscritto attribuisce il testo a un *Willelmus* o un *G./W.* (come nel caso delle *Introductiones* o del commento al *De inventione*) e quelli che gli vengono attribuiti dagli studiosi: questo avviene spesso sulla base di informazioni ottenute dalla seconda categoria di scritti, cioè quelli che riportano opinioni di *magister G./W.* Se infatti in un dato testo vengono sistematicamente rinvenute opinioni che, altrove, sono attribute a *magister G.* o *W*, ciò può portare all'attribuzione del primo testo a Guglielmo[13].

In campo grammaticale, gli studi di Anne Grondeux e Irène Rosier-Catach hanno concluso che Guglielmo utilizzò una preesistente versione delle *Glosulae in Priscianum maiorem* (*GPma*) per il proprio insegnamento, e sarebbe responsabile delle interpolazioni rinvenute nei

---

Gallus. Chronique d'histoire littéraire et doctrinale de l'école de Saint-Victor», *Revue du Moyen Âge Latin*, 7 (1952) 139-162, 247-272.

[11] *Cf.* MEWS, «William of Champeaux, the Foundation of Saint-Victor (Easter, 1111)»; la ricostruzione di MIRAMON, «Quatre notes biographiques», non condivide però *in toto* le conclusioni di Mews.

[12] Sui nomi '*Willelmus*' e '*Guillelmus*', scrive MEWS, «*Logica* in the Service of Philosophy», p. 81: «The slightly more common spelling of William's name in the twelfth century is "Willelmus", although "Guillelmus" is used in Anglo-Norman manuscripts», con la relativa nota.

[13] Anche se, come ricordato *supra*, l'attribuzione di un'opinione dovrebbe essere distinta dall'attribuzione di un intero testo, soprattutto nel caso di testi stratificati, che potrebbero essere stati l'opera di più autori. Irène Rosier-Catach ha inoltre notato che, in più di un caso, vengono attribuite a *m. G.* (identificabile con Guglielmo) opinioni che egli ha con tutta probabilità sostenuto e diffuso, ma non inventato, dato che sono rinvenibili in testi a lui precedenti, come la prima versione delle *Glosulae in Priscianum Maiorem*: *cf.* ROSIER-CATACH, «Abélard et les grammairiens: sur la définition du verbe», pp. 158-159; EAD., «Abélard et les grammairiens: sur le verbe substantif», pp. 183-184; EAD., «*Vox* and *Oratio*», p. 51.

testimoni *B*, *C* e *I*, ossia della "seconda generazione" delle *Glosulae*[14]; egli sembra inoltre da collegare alla redazione delle *Glosulae in Priscianum minorem* (*GPmi*)[15]; ed è probabilmente l'autore delle *Notae*

---

[14] *Cf.* in particolare GRONDEUX – ROSIER-CATACH, «Les *Glosulae super Priscianum* et leur tradition», che rivede anche le relazioni tra i diversi manoscritti delle *Glosulae* e il loro stemma, abbandonando l'idea dell'anteriorità dei MSS *K* (Köln, Dombibliothek, B. 201, ff. 1ra-74rb) e *M* (Metz, Bibliothèque municipale, 1224, ff. 1ra-110rb) sugli altri testimoni. Ulteriori precisazioni, sia dello stemma sia dell'evoluzione delle *GPma* attraverso vari stadi di redazione, si trovano nell'edizione delle *Notae Dunelmenses*, a cura di Anne Grondeux e Irène Rosier-Catach, in preparazione; in tale ricerca Grondeux e Rosier-Catach abbandonano l'idea di due "generazioni" delle *Glosulae*, con inserimento di interpolazioni, e propongono invece di identificare diversi "strati" di redazione, evidenziando ancora di più il carattere evolutivo dei testi in questione. Precedenti risultati sono riassunti in ROSIER-CATACH, «Abélard et les grammairiens: sur la définition du verbe», pp. 144-145; EAD., «Abélard et les grammairiens: sur le verbe substantif», pp. 176-182; EAD., «Priscian, Boèce, les *Glosulae*», p. 70 n. 26; EAD., «Les discussions sur le signifié des propositions», pp. 3-4; EAD., «The *Glosulae in Priscianum* and Its Tradition»; EAD., «Priscian on Divine Ideas», pp. 220-221; EAD., «Les *Glosulae in Priscianum*: sémantique et universaux», pp. 122-126. *Cf.* anche E. LORENZETTI, *Il testo delle* Categorie *nell'Occidente latino tra il IV e il XII secolo e l'utilizzazione delle strutture categoriali nelle opere teologiche di Abelardo*, tesi di dottorato, Università degli Studi di Cassino in consorzio con Università degli Studi di Roma "La Sapienza", Anno Accademico 2002-2003, pp. 175-229 e EAD., «Parole, concetti, cose», pp. 64-70, 75-80.

[15] *Cf.* GRONDEUX – ROSIER-CATACH, «Les *Glosulae super Priscianum* et leur tradition», pp. 111-112, 154-155. Le *GPmi* sono conservate in due versioni: una, più estesa (commenta sino a XVII.12), trasmessa da tre manoscritti (London, British Library, Burney 238; London, British Library, Harley 2713; Orléans, Bibliothèque municipale, 90); una, molto più breve, conservata nel manoscritto Paris, Bibliothèque de l'Arsenal, 910, ff. 133ra-140vb, e anche nota come *Glosa Victorina*. Lo studio e commento del *Prisciano minore* sembrano aver guidato la revisione del commento a *Prisciano maggiore*: *cf.* ROSIER-CATACH, «*Priscian*, Boèce, les *Glosulae*», p. 71; EAD., «Les discussions sur le signifié des propositions», p. 4 n. 7; EAD., «Priscian on Divine Ideas», p. 223; EAD., «Les *Glosulae in Priscianum*: sémantique et universaux», p. 146; e GRONDEUX – ROSIER-CATACH, «Les *Glosulae super Priscianum* et leur tradition», pp. 154-155: 'Il convient de distinguer soigneusement les cas des *GPma* de celui des *GPmi* car les problèmes sont différents. En effet, dans les *GPma* nous avons des interpolations, contenues dans les manuscrits *C* et *B*, correspondant aux positions de Guillaume. De telles interpolations n'ont pas été pour le moment constatées dans les deux versions des *GPmi*, malgré leurs différences rédactionnelles. Cependant les interpolations des *GPma* semblent avoir pour origine les *GPmi* ou être en accord doctrinal avec celles-ci, c'est le cas par exemple de la "triple" signification du verbe substituée par Guillaume à la double signification que l'on trouve dans les *GPma*. Les *GPmi* paraissent donc refléter, dans leur ensemble, l'enseignement

Dunelmenses II e IV[16]. In campo dialettico si segnala l'attribuzione di una serie di testi a Guglielmo, avanzata da Yukio Iwakuma. Secondo lo studioso, Guglielmo sarebbe l'autore delle *Introductiones dialecticae secundum Wilgelmum* del MS Wien, Österreichische Nationalbibliothek, 2499, ff. 23r-42v, e delle *Introductiones dialecticae artis secundum magistrum G. Paganellum* del MS El Escorial, Biblioteca del Real Monasterio de San Lorenzo, e IV 24, ff. 98v-102r[17]. Secondo Iwakuma

de Guillaume lui-même, ce qui devra être confirmé par l'édition complète de la version longue des *GPmi*, en complément de la version courte préparée par M. Fredborg *[ossia la* Glosa Victorina*]*»; queste osservazioni sono da confrontare con quelle che Grondeux e Rosier-Catach pubblicano nella loro introduzione all'edizione delle *Notae Dunelmenses* (in particolare § 1.3.1.2 e annexe 12). Nella sua edizione della versione breve delle *GPmi*, ossia la *Glosa Victorina*, Karin Margareta Fredborg esita ad attribuire direttamente la *Glosa* a Guglielmo: *cf. Glosa Victorina super partem Prisciani De Constructione (ms. Paris, Bibliothèque de l'Arsenal 910)*, edited by K. M. FREDBORG with the collaboration of A. GRONDEUX and I. ROSIER-CATACH, Brepols, Turnhout 2011 (Studia Artistarum. Études sur la Faculté des arts dans les Universités médiévales, 27), specialmente p. IX. *Cf.* anche C. H. KNEEPKENS, «Master Guido and his View on Government: On Twelfth Century Linguistic Thought», *Vivarium*, 16 (1978) 108-141 e le brevi considerazioni raccolte in C. TARLAZZI, «La *Glosa Victorina super partem Prisciani De Constructione*», *Rivista di Storia della Filosofia*, 69/3 (2014) 533-538.

[16] *Cf.* A. GRONDEUX – I. ROSIER-CATACH, introduzione all'edizione delle *Notae Dunelmenses*, in preparazione. Le due studiose avanzano l'ipotesi che alcune *fiches* di commento di Guglielmo siano state integrate anche nelle *Notae Dunelmenses* I e V.

[17] *Cf.* Y. IWAKUMA, «The *Introductiones dialecticae secundum Wilgelmum* and *secundum G. Paganellum*», *Cahiers de l'Institut du Moyen-Âge Grec et Latin*, 63 (1993) 45-114, con edizione delle due *Introductiones* e ID., «William of Champeaux and the *Introductiones*», in H. A. G. BRAAKHUIS – C. H. KNEEPKENS (edd.), *Aristotle's Peri hermeneias in the Latin Middle Ages*, Ingenium, Groningen – Haren 2003, pp. 1-30; le attribuzioni sono analizzate da Klaus Jacobi nel suo «William of Champeaux. Remarks on the tradition in the manuscripts», in ROSIER-CATACH (éd.), *Arts du langage et théologie*, pp. 261-271, in particolare pp. 263-267; *cf.* anche la precedente analisi in DE RIJK, *Logica Modernorum*, II.1, pp. 130-146. Come indicato in ROSIER-CATACH, «*Vox* and *Oratio*», pp. 56-57 n. 23, le *Introductiones dialecticae secundum Wilgelmum* del MS di Vienna non dovrebbero comprendere la sezione intitolata "*Quid significet oratio*" (edita in IWAKUMA, «The *Introductiones dialecticae secundum Wilgelmum*», pp. 70-75), corrispondente ai ff. 33r-35r del manoscritto (*cf.* anche M. CAMERON, «When Does a Word Signify? Debates from Peter Abelard's Milieu and the Early Thirteenth Century», *Archives d'histoire doctrinale et littéraire du Moyen Âge*, 78 [2011] 179-194, specialmente pp. 183-185 su questo scritto). Il manoscritto di Vienna trasmette anche, ai ff. 47r-67v, delle questioni edite da Lambertus-Maria De Rijk con il titolo di *Quaestiones Victorinae* e da lui attribuite alla scuola di Guglielmo di Champeaux (DE RIJK, *Logica*

egli sarebbe inoltre l'autore di alcuni commenti[18]. Si tratta del commento all'*Isagoge P3* nella versione che Iwakuma considera originaria, quella del MS *O* (Oxford, Bodleian Library, Laud. lat. 67, 9ra-14vb)[19]; del commento all'*Isagoge P14*[20]; della versione del commento alle

---

Modernorum, II.1, pp. 91-93, 524; II.2, pp. 731-769); come tali furono analizzate anche da JOLIVET, «Données sur Guillaume de Champeaux», pp. 247-248. Yukio Iwakuma ritiene però, con argomenti convincenti, che si tratti di un testo molto più tardo, da datare almeno al 1150: *cf.* Y. IWAKUMA, «*Instantiae*. A Study of Twelfth Century Technique of Argumentation with an Edition of Ms. Paris BN lat. 6674 f. 1-5», *Cahiers de l'Institut du Moyen-Âge Grec et Latin*, 38 (1981) 1-91, in particolare p. 2 n. 4.

[18] *Cf.* IWAKUMA, «Pierre Abélard et Guillaume de Champeaux», pp. 101-122, e le riconsiderazioni dell'autore in ID., «Pseudo-Rabanus super Porphyrium (P3)», pp. 49-57. Nel primo contributo, Iwakuma ritiene che si debba attribuire a Guglielmo anche un commento, perduto, che sarebbe stato la fonte dei commenti *B8* e *B10* al *De differentiis topicis*: *cf.* IWAKUMA, «Pierre Abélard et Guillaume de Champeaux», pp. 114-118. *B8* è trasmesso dai MSS Città del Vaticano, Biblioteca Apostolica Vaticana, Reg. lat. 230, ff. 72r-79vb, Paris, Bibliothèque de l'Arsenal, 910, ff. 105ra-120vb, e Orléans, Bibliothèque municipale, 266, pp. 43a-74b. *B10* è trasmesso dal solo manoscritto di Orléans, al seguito di *B8* (pp. 74b-78a).

[19] L'edizione, pubblicata in IWAKUMA, «Pseudo-Rabanus super Porphyrium (P3)», si basa, oltre che sul manoscritto *O*, anche sui MSS *P* (Paris, BnF, lat. 13368, ff. 215ra-223vb) e *A* (Assisi, Biblioteca del Sacro Convento, 573, ff. 4ra-15vb), che Iwakuma ritiene trasmettano revisioni, a opera di allievi di Guglielmo, della versione originaria (*ibi*, p. 55). Egli utilizza anche il commento *P15* (Dublin, Trinity College, 494, ff. 114r-120v), composto da estratti di *P3* stesso e di *P16* (München, Bayerische Staatsbibliothek, Clm 14458, ff. 83ra-93ra). Oltre ai rapporti con *P15*, *P3* ha anche dei rapporti con *P14*, con cui condivide due passi, come indicato *infra*, n. 20. Dopo la pubblicazione dell'edizione, Iwakuma ha individuato un ulteriore testimone di *P3* nel ms. Sankt Gallen, Stiftsbibliothek, 134, pp. 77a-96a.

[20] *P14* è il commento all'*Isagoge* del ms. Paris, BnF, lat. 17813, ff. 1ra-16va, ossia lo stesso manoscritto che trasmette *QG* (ff. 16va-19ra), la *Sententia secundum magistrum R.* (f. 19ra-va) e *C7* (ff. 19bisra-54vb). L'attribuzione di *P14* a Guglielmo è affermata in IWAKUMA, «Pierre Abélard et Guillaume de Champeaux», p. 119 e ripresa in ID., «William of Champeaux and the *Introductiones*», p. 5 e ID., «Pseudo-Rabanus super Porphyrium (P3)», pp. 49-50, con argomenti però che restano da valutare (in ID., «'*Vocales*' or Early Nominalists», p. 43 n. 24, era stato attribuito a Guglielmo o a un suo allievo). Iwakuma nota che *P14* trasmette due passi identici a *P3* (*cf.* IWAKUMA, «Pierre Abélard et Guillaume de Champeaux», pp. 121-122) e che contiene affermazioni che ricordano una teoria dell'*indifferentia* (*cf. infra*, pp. 321-322). Egli lo ritiene dunque scritto da Guglielmo di Champeaux dopo la controversia con Abelardo descritta nell'*Historia calamitatum*. *Cf.* inoltre il parallelo che Iwakuma individua tra *P14* e le *Introductiones* di Guglielmo in IWAKUMA, «William of Champeaux and the *Introductiones*», p. 10.

Categoriae C8 che Iwakuma considera originaria, ossia la versione dei MSS *L/L** (London, British Library, Royal 7.D.XXV, ff. 55ra-60va e 60va-62vb), *M* (München, Bayerische Staatsbibliothek, Clm 14458, ff. 95r-102r), *P* (Paris, BnF, lat. 13368, ff. 195ra-214vb), *V* (Città del Vaticano, Biblioteca Apostolica Vaticana, Reg. lat. 230, ff. 41ra-71rb) sino alla fine del capitolo 5 del testo aristotelico[21]; e del commento al *De interpretatione H11*, conservato nei MSS *P* (Paris, BnF, lat. 13368, ff. 225rb-231vb) e *V* (Città del Vaticano, Biblioteca Apostolica Vaticana, Reg. Lat. 230, ff. 80ra-87rb)[22]. Le attribuzioni dei commenti, però, non sono condivise da tutti nei termini di Iwakuma[23]. In campo retorico, gli si attribuiscono due commenti rispettivamente al *De inventione* di Cicerone e alla *Rhetorica ad Herennium* (anche noti rispettivamente come commenti *'In primis'* e *'Etsi cum Tullius'*)[24]. Passando ora ai testi

---

[21] Un'analisi di *C8* si legge in Iwakuma, «Pierre Abélard et Guillaume de Champeaux», pp. 102-108, ed è poi sviluppata in Id., «William of Champeaux on Aristotle's *Categories*», in Biard – Rosier-Catach (éds.), *La tradition médiévale des Catégories (XIIe-XIVe siècles)*, pp. 313-328; Id., «William of Champeaux and the *Introductiones*», pp. 17-25; Id., «Pseudo-Rabanus super Porphyrium (P3)», pp. 48-57; Id., «*Vocales* Revisited», in Shimizu – Burnett (edd.), *The Word in Medieval Logic*, pp. 81-171, specialmente pp. 89-91 (Rencontres de Philosophie Médiévale, 14). Come indicato da Iwakuma, *C8* è inoltre da collegare a *C14* (Assisi, Biblioteca del Sacro Convento, 573, ff. 15vb-48ra) e a *C7* (Paris, BnF, lat. 17813, 19*bis*ra-54vb). *Cf.* anche le considerazioni che si leggono in Marenbon, «Glosses and Commentaries on the *Categories* and *De interpretatione* before Abelard», pp. 33-34, 36-39; Id., «The Tradition of Studying the *Categories*», pp. 146-148; Rosier-Catach, «*Vox* and *Oratio*», pp. 55-57; Grondeux – Rosier-Catach, «Sur la nature catégorielle de la *uox*», pp. 260, 265 (sui legami tra *C8* nel MS *P* e *GPma B*) e nell'introduzione di Anne Grondeux e Irène Rosier-Catach all'edizione della *Notae Dunelmenses* (che rivela ulteriori importanti paralleli tra *C8*, le *GPma* e le *Notae Dunelmenses*).

[22] *H11* ha legami con il commento *H9* (Assisi, Biblioteca del Sacro Convento, 573, ff. 48rb-67vb e Orléans, Bibliothèque municipale, 266, pp. 5a-43a): *cf.* Iwakuma, «Pierre Abélard», pp. 102, 108-113; Id., «William of Champeaux and the *Introductiones*», pp. 11-17; Id., «Pseudo-Rabanus super Porphyrium (P3)», pp. 50, 56. Si veda inoltre C. H. Kneepkens, «From Eternal to Perpetual Truths: A Note on the Mediaeval History of Aristotle, *De interpretatione*, Ch. 1, 16a18», *Vivarium*, 32 (1994) 161-185, in particolare pp. 168-171 su *H9* e p. 172 su *H11*.

[23] *Cf.* ad esempio Marenbon, «Logic at the Turn» (*Handbook*), p. 77, e l'analisi degli argomenti di Iwakuma in Jacobi, «William of Champeaux. Remarks on the tradition in the manuscripts», pp. 267-270.

[24] *Cf.* K. M. Fredborg, «The commentaries on Cicero's *De Inventione* and *Rhetorica ad Herennium* by William of Champeaux», *Cahiers de l'Institut du*

della tradizione indiretta, ossia quelli che riportano le opinioni di un *magister W./G./Will.* identificabile con Guglielmo, si può ricordare in primo luogo il commento al *De inventione* del ms. Durham, Cathedral Library, C.IV.29, ff. 196ra-215va, anche noto come *Notae Dunelmenses* VI (= *ND6* oppure, dall'*incipit*, 'G. *Materia Tulli*'): questo testo attribuisce a *m. G.* opinioni rinvenibili nei commenti retorici attribuiti direttamente a Guglielmo, appena ricordati[25]. Lo stesso manoscritto di Durham contiene anche, prima delle *Notae Dunelmenses* VI, cinque set di note grammaticali, ossia di commento alle *Institutiones* di Prisciano (*ND1-5*): due, già ricordate, secondo gli studi più recenti di Anne Grondeux e Irène Rosier-Catach, che ne preparano l'edizione, sono l'opera di Guglielmo stesso (*ND2, ND4*), mentre le *Notae Dunelmenses* I, III, V riportano per via indiretta le opinioni di *m. G.* e sono da aggiungere alla tradizione indiretta sull'insegnamento di Guglielmo[26].

Moyen-Âge Grec et Latin, 17 (1976) 1-39 e il precedente M. DICKEY, «Some Commentaries on the *De inventione* and *Ad Herennium* of the Eleventh and Early Twelfth Centuries», *Medieval and Renaissance Studies*, 6 (1968) 1-41 (i due commenti ora attribuiti a Guglielmo sono trattati insieme, al n. 3 descritto alle pp. 4-7 dell'articolo, senza attribuzione). Si veda inoltre J. O. WARD, «From Antiquity to the Renaissance: Glosses and Commentaries on Cicero's *Rhetorica*», in J. J. MURPHY (ed.), *Medieval Eloquence. Studies in the Theory and Practice of Medieval Rhetoric*, University of California Press, Berkeley – Los Angeles – London 1978, pp. 25-67, specialmente p. 47 n. 60; ID., *Ciceronian Rhetoric in Treatise, Scholion and Commentary*, Brepols, Turnhout 1995, pp. 147-151 e 166 (Typologie des Sources du Moyen Âge Occidental, 58); K. M. FREDBORG, «Ciceronian Rhetoric and the Schools», in J. VAN ENGEN (ed.), *Learning Institutionalized. Teaching in the Medieval University*, University of Notre Dame Press, Notre Dame 2000, pp. 21-41 (Notre Dame Conferences in Medieval Studies, IX); J. O. WARD – K. M. FREDBORG, «Rhetoric in the Time of William of Champeaux», in ROSIER-CATACH (éd.), *Arts du langage et théologie*, pp. 219-233; J. O. WARD, «Master William of Champeaux and Some Other Early Commentators on the Pseudo-Ciceronian *Rhetorica ad Herennium*», in G. DONAVIN – D. STODOLA (edd.), *Public Declamations. Essays on Medieval Rhetoric, Education, and Letters in Honour of Martin Camargo*, Brepols, Turnhout 2015, pp. 21-44 (Disputatio, 27).

[25] *Cf.* FREDBORG, «The commentaries», pp. 5-12. Si vedano però ora anche le osservazioni di Grondeux e Rosier-Catach nell'introduzione all'edizione delle *Notae Dunelmenses*, § 2.3.6 (sulle relazioni tra *GPma, ND* VI e *C8*).

[26] *Cf.* GRONDEUX – ROSIER-CATACH, «Les *Glosulae super Priscianum* et leur tradition», pp. 112-113, 147; su tutto questo si consulterà l'importante introduzione alle *Notae Dunelmenses* (I-V), in preparazione a cura di Irène Rosier-Catach e

Le opinioni di un *m. W.* identificabile con Guglielmo di Champeaux sono riportate anche in una lista di varie opinioni (chiamate *Sententiae I* dall'editore, Karin Margareta Fredborg) trasmesse all'interno del *Tractatus glosarum Prisciani* del MS Città del Vaticano, Biblioteca Apostolica Vaticana, Vat. lat. 1486, ff. 1ra-90vb[27]. A ciò si aggiunga che diverse tra le opinioni di Guglielmo sono riportate da Abelardo nella *Dialectica* e nella *Logica 'Ingredientibus'* (in particolare nel commento *Super Topica*), attribuite a «magister noster», «magister noster V./W.», o anche «praeceptor noster Willelmus», oltre che in un celebre passo dell'*Historia Calamitatum*[28]. Tre commenti ai *Topici*

Anne Grondeux, che me ne hanno gentilmente trasmesso una versione provvisoria (*cf.* in particolare l'Annexe 12). Come segnalato *supra*, p. 294 n. 16, *ND1* e *ND5* potrebbero contenere alcuni passi di commento direttamente attribuibili a Guglielmo. Un'opinione di *m. G.* riportata dalle *Notae Dunelmenses* V si trova anche (attribuita a *m. G.*) nel commento a Prisciano di Guglielmo di Conches: *cf.* KNEEPKENS, «Master Guido», p. 117.

[27] *Cf.* K. M. FREDBORG, «*Tractatus glosarum Prisciani* in ms. Vat. Lat. 1486», *Cahiers de l'Institut du Moyen-Âge Grec et Latin*, 21 (1977) 21-44. Il *Tractatus glosarum Prisciani* si può considerare una versione delle *GPma* (è descritto come il manoscritto V delle *GPma* in GRONDEUX – ROSIER-CATACH, «Les *Glosulae super Priscianum* et leur tradition», pp. 178-179) ma contiene al suo interno (rispettivamente ai ff. 43rb-va e 90va-b) due liste di opinioni di maestri, forse aggiunte al testo originario, chiamate da Fredborg *Sententiae I* e *Sententiae II* ed edite nell'articolo citato. Le *Sententiae I*, come indicato, riportano opinioni di un *m. W.* identificabile con Guglielmo di Champeaux. Le *Sententiae II* sembrano invece riportare opinioni di maestri della generazione successiva (il *Guillelmus* citato in questa seconda lista è probabilmente Guglielmo di Conches).

[28] Oltre a *LI Super Topica*, p. 271.38-39 (*praeceptor noster W. eiusque sequaces*, su correzione proposta dall'editore), si veda *HC* § 6 (su cui *cf.* anche *infra*, pp. 300-301). *LNPS* p. 534.36 fa riferimento a *magister noster* e *LNPS* p. 526.4-5 a *magister*. La lista completa delle menzioni della *Dialectica* (suddivise in menzioni di *magister noster V.*, *magister V.*, *magister noster W.* e *magister noster*) si legge in IWAKUMA, «William of Champeaux and the *Introductiones*», p. 6 n. 16, con discussione della letteratura precedente, non sempre concorde nel ritenere che tutte le menzioni si riferiscano a Guglielmo di Champeaux. Irène Rosier-Catach ha mostrato che nella tradizione indiretta dell'insegnamento di Guglielmo/*m. W.* gli vengono attribuite anche teorie preesistenti (rinvenibili ad esempio nella prima versione delle *GPma*), che Guglielmo ha probabilmente insegnato e contribuito a diffondere, ma non inventato: *cf.* ROSIER-CATACH, «Abélard sur le verbe substantif», pp. 183-184; EAD., «Abélard et les grammairiens: sur la définition du verbe», pp. 158-159; EAD., «Les *Glosulae in Priscianum*: sémantique et universaux», p. 125.

di Boezio conservati nel ms. Orléans, Bibliothèque municipale, 266 riportano le opinioni di un *magister W.* identificabile con Guglielmo di Champeaux[29]; a essi si devono aggiungere numerose altre menzioni di *m. W.* nel manoscritto aurelianense, in particolare nel commento al *De divisione D3* (pp. 183b-194a)[30], nel commento al *De syllogismis categoricis SC3* (pp. 179a-183b), nei commenti al *De interpretatione H13* (pp. 237a-252b) e *H20* (pp. 257b-263b), nel trattato *De modalibus propositionibus* delle pp. 252b-257b[31], nonché nella collezione di *sophismata* delle pp. 281a-289b[32]. Una breve menzione di un'opinione di Guglielmo si trova anche nel *Metalogicon* di Giovanni di Salisbury[33], mentre ulteriori menzioni si possono reperire nelle *Introductiones*

---

[29] *Cf.* N. J. GREEN-PEDERSEN, «William of Champeaux on Boethius' *Topics* according to Orléans Bibl. Mun. 266», *Cahiers de l'Institut du Moyen Âge Grec et Latin*, 13 (1974) 13-30 (con edizione dei passi che riportano le opinioni del *magister W.*, spesso oggetto di critica da parte dell'autore, o autori, dei tre testi). Si tratta dei commenti '*Supplementa*', '*Quoniam*' e '*Boethium*' conservati rispettivamente alle pp. 194b-204b, 205a-229b e 230a-235b del manoscritto (ossia rispettivamente *B11*, *B9*, *B4* in GREEN-PEDERSEN, «The Tradition of the Topics», pp. 419-424). Green-Pedersen nota che, più che di veri e propri commenti, si tratta di tre set di note, probabilmente originate nel medesimo ambiente, destinate a integrare uno o più precedenti commenti ai *Topici*. *Cf.* anche N. J. GREEN-PEDERSEN, «The Doctrine of '*Maxima Propositio*' and '*Locus Differentia*' in Commentaries from the 12th Century on Boethius "*Topics*"», *Studia Mediewistyczne*, 18 (1977) 125-163, specialmente pp. 127 (ai numeri 6, 7 e 8), 132, 137-39, 151-154.

[30] *D3* si legge in Orléans, Bibliothèque municipale, 266, pp. 183b-194a. Yukio Iwakuma segnala in particolare la menzione di un'opinione di "*m. W.*" che egli accosta a passi di *P14* e *P3* (*cf.* IWAKUMA, «Pierre Abélard et Guillaume de Champeaux», p. 120); le menzioni di *m. W.* in *D3* sono anche molte altre.

[31] Su queste menzioni, *cf.* IWAKUMA, «Pierre Abélard et Guillaume de Champeaux», pp. 108-112 e ID., «William of Champeaux and the *Introductiones*», pp. 8-10, 12-13.

[32] Sulla collezione di *sophismata* delle pp. 281a-289b, *cf.* C. H. KNEEPKENS, «Orléans 266 and the *Sophismata* Collection»; si veda anche la lista di menzioni in IWAKUMA, «William of Champeaux and the *Introductiones*», p. 6 n. 18. Ricerche ulteriori di Iwakuma, ancora inedite, hanno individuato menzioni di *m. W.* anche altrove nel manoscritto aurelianense e nel ms. Paris, BnF, lat. 13368.

[33] Ioannes Saresberiensis, *Met.* III, 9 (ed. HALL, p. 129.43-46): «Versatur in his inuentionis materia, quam hilaris memoriae Willemus de Campellis postmodum Catalanensis episcopus definiuit, et si non perfecte, esse scientiam reperiendi medium terminum, et inde eliciendi argumentum»; *cf.* su questo MEWS, «*Logica* in the Service of Philosophy», pp. 83-84.

montanae minores e *maiores*³⁴. In campo teologico, infine, si deve sottolineare il legame tra Guglielmo e la scuola di Laon: Guglielmo fu uno degli allievi di Anselmo di Laon e le sue sentenze sono raccolte insieme a quelle di Anselmo nel *Liber Pancrisis*³⁵.

Il punto di partenza da cui lo studio dell'insegnamento di Guglielmo ha preso le mosse è il passo dell'*Historia Calamitatum* di Abelardo in cui si ricorda la posizione sugli universali che Guglielmo fu costretto ad abbandonare per le critiche dello stesso Palatino, e a correggere adottando un nuovo senso di 'identico':

> Tum ego ad eum reuersus ut ab ipso rethoricam audirem³⁶, inter cetera disputationum nostrarum conamina antiquam³⁷ eius de

---

³⁴ Come segnalato da IWAKUMA, «William of Champeaux and the *Introductiones*», p. 7 n. 19.

³⁵ Edite in LOTTIN, *Psychologie et morale*, V, pp. 189-227; *cf.* inoltre MEWS, «*Logica* in the Service of Philosophy», pp. 106-108; C. GIRAUD – C. MEWS, «Le *Liber pancrisis*, un florilège des Pères et des maîtres modernes du XIIᵉ siècle», *Archivium Latinitatis Medii Aevi (Bulletin du Cange)*, 64 (2006) 145-191; GIRAUD, *Per verba magistri*, pp. 193-211. Nel volume 163 della *Patrologia Latina* (coll. 1037-1072), dopo una *Notitia historica* si leggono un frammento *De sacramento altaris* e un atto vescovile attribuiti a Guglielmo e, indicati come «opuscula dubia», una *sententia* sull'origine dell'anima e un *Dialogus inter Christianum et Judaeum de fide catholica*. Secondo Anna Sapir Abulafia, l'attribuzione di quest'ultimo scritto a Guglielmo di Champeaux è erronea, anche se il dialogo riflette l'insegnamento che si teneva alla scuola di Laon: *cf.* A. SAPIR ABULAFIA, «Jewish-Christian disputations and the twelfth-century renaissance», *Journal of Medieval History*, 15 (1989), 105-125.

³⁶ Sul legame tra retorica e discussioni sugli universali, *cf.* WARD, *Ciceronian Rhetoric in Treatise*, pp. 108-110; FREDBORG, «Abelard on Rhetoric», pp. 55-56; un punto di vista diverso si legge in MARTIN, «A Note on the Attribution», p. 618 («Note that [...] Abaelard does not say that their dispute about universals arose *during* William's lectures on rhetoric or even because of something that was said there but simply that he went to hear William speak on rhetoric and that they argued about universals and various other matters»).

³⁷ Sembra che '*antiqua sententia*', «vecchia/antica opinione», sottolinei il fatto che si tratta di una teoria tradizionale e avvertita come invecchiata, «une vieillerie» (DE LIBERA, *La querelle*, p. 150; ERISMANN, *L'Homme commun*, p. 366): non sembrerebbe da intendere soltanto nel senso più neutro di «prima/precedente» teoria di Guglielmo, contrapposta alla seconda (così però David Luscombe, che traduce «I made him amend, or rather abandon, his previous opinion about universals» in *The Letter Collection*, p. 9). *Cf.* anche *QG* § 2: «antiqua sententia et quasi antiquis erroribus inueterata»; §

uniuersalibus sententiam patentissimis argumentorum rationibus ipsum commutare, immo destruere compuli. Erat autem in ea sententia de communitate uniuersalium, ut eamdem essentialiter rem totam simul singulis suis inesse astrueret indiuiduis, quorum quidem nulla esset in essentia diuersitas sed sola multitudine accidentium uarietas. Sic autem istam tunc suam correxit sententiam, ut deinceps rem eamdem non essentialiter sed indifferenter[38] diceret. Et quoniam de uniuersalibus in hoc ipso precipua semper est apud dialecticos questio, ac tanta ut eam Porphirius quoque in *Ysagogis* suis cum de uniuersalibus scriberet definire non presumeret, dicens: "Altissimum enim est huiusmodi negotium", cum hanc ille correxerit immo coactus dimiserit sententiam, in tantam lectio eius deuoluta est negligentiam, ut iam ad cetera dialectice uix admitteretur quasi in hac scilicet de uniuersalibus sententia tota huius artis consisteret summa (*HC* § 6, pp. 8-10).

4: «sententia antiqua»; § 11: «Simul autem colliderentur et illa duo opposita unum aliquid efficerentur, si staret antiquus error, quia secundum antiquos sicut homo una res naturalis per se est, susceptis autem accidentibus fit plura, ita, remotis accidentibus illis, pateretur natura quod homo remaneret, iam non plura, sed unum proprie, sicut prius erat; quod falsum esse praeostendimus».

[38] Una caratteristica degli studi del XIX secolo è quella di discutere sistematicamente questo termine, proponendo come incerta la variante '*individualiter*' in sostituzione di '*indifferenter*'. *Cf.* HAURÉAU, *Histoire de la philosophie scolastique*, I, pp. 337-344 e 366-367; ID., *Notices et extraits*, V, pp. 321-323 (Hauréau sostiene la variante '*individualiter*'; inoltre secondo Hauréau la seconda teoria di Guglielmo sarebbe sostanzialmente identica alla prima, ma «plus habilement présentée, en des termes peut-être moins sincères, mais, en conséquence, moins choquants»: *Histoire de la philosophie scolastique*, I, p. 325); PRANTL, *Storia della logica in Occidente*, II, pp. 238 n. 104, 241 n. 107; LEFÈVRE, *Les variations*, pp. 11-13, 15 (*cf.* anche *infra*, pp. 326-332, per il legame tra questa problematica e l'attribuzione della teoria dell'*individuum* ad Adelardo di Bath), e anche ROSMINI, *Aristotele esposto ed esaminato*, § 15 n. 3 (volume I, pp. 15-18). Secondo l'eccellente edizione di David Luscombe, la variante '*individualiter*' non è attestata nei manoscritti, ma solo nell'edizione di François d'Amboise del 1616 (= Amb), che riporta inoltre la forma '*indifferenter*' in margine (= Amb¹): *cf.* LUSCOMBE (ed.), *The Letter Collection*, pp. 8-9, e anche civ-cxi, cxxiii-cxxvii su Amb/Amb¹. La questione oggi non è più discussa: è risolta senza alcun'ombra di dubbio in favore di '*indifferenter*', grazie anche al confronto con altre testimonianze, e in particolare con *LI* (che non era disponibile a fine Ottocento, ed è citata dal solo Rosmini). Ai miei occhi, dunque, Francesco Romano non avrebbe motivo di ammettere ancora la variante come incerta, come fa nel suo studio recente (*Una soluzione*, pp. 45-46, 63).

Guglielmo è descritto come il sostenitore di una *sententia* che, pur non essendo presentata utilizzando il lessico di forma e materia, è identificabile con la teoria dell'essenza materiale[39]. Vi troviamo infatti l'affermazione che l'universale è una *res*; la descrizione dell'universale secondo i termini del comune boeziano (in particolare due tratti, cioè l'affermazione che l'universale è presente 1. interamente, e 2. contemporaneamente in ciascuno dei suoi inferiori)[40]; l'identità *essentialiter* dell'universale in ciascuno degli inferiori; la differenziazione per accidenti degli individui in cui si trovi lo stesso universale. Al centro della teoria vi è dunque un senso di 'identico' come «essenzialmente identico»: la cosa universale x è essenzialmente la stessa nei diversi individui che appartengono alla specie x o al genere x. Dopo le critiche di Abelardo, Guglielmo corresse la sua posizione abbandonando l'identità essenziale in favore di una identità per non-differenza, per cui la cosa universale è «indifferentemente la stessa» nei suoi inferiori (il che significa che vi è una cosa universale x_1 in un dato inferiore, distinta ma non-differente dalla cosa universale x_2 che è in un altro inferiore della stessa specie x o genere x). Il cambiamento consiste dunque nel passare da '*idem essentialiter*' a '*idem indifferenter*'. Nel nuovo senso di 'identico' si può riconoscere il principio di identità per non-differenza descritto *supra*, al capitolo 4, che Guglielmo potrebbe aver introdotto nel dibattito, o perlomeno adottato.

Queste informazioni (il realismo dell'essenza materiale e i due sensi di 'identico') sono state confrontate dagli studiosi con altri passi di Guglielmo

---

[39] *Cf. supra*, capitolo 4, pp. 110-131, e MARTIN, «A Note on the Attribution», pp. 630-634.

[40] Il senso di '*simul*', «contemporaneamente», qui citato deve essere preso come una precisazione di un sottinteso "in più (individui) in un certo momento": non può valere per tutti gli individui di un universale senza alcuna precisazione. Infatti, non è vero che l'universale è presente contemporaneamente nei suoi individui, se si considerano due individui che siano collocati in due tempi diversi (ad esempio Socrate e Giulio Cesare): per essi non sarà vero dire che l'universale è presente *simultaneamente* nell'uno e nell'altro. È invece presente «simultaneamente in più», nel senso che, dato un certo momento, l'universale è presente contemporaneamente negli individui che esistono in quel dato momento. Secondo un'altra interpretazione, si potrebbe anche prendere '*simul*' come una precisazione di '*tota*', intendendo che l'universale è così presente «tutto intero simultaneamente», nel senso che (anche dato un solo individuo) l'universale è presente tutto quanto in un certo tempo t in quell'individuo (ossia non si concede un po' per volta, come fa invece la vita di un individuo, che è sì presente tutta in un individuo, ma non è presente tutta in un certo momento).

o che riportano le sue opinioni[41]. Ho potuto individuare nella letteratura undici parallelismi, che vengono presentati in quanto segue.

1. Una forma di realismo degli universali, simile alla teoria dell'essenza materiale, è individuata da Karin M. Fredborg nel commento al *De inventione* attribuito a Guglielmo, ed è ripresa nelle *Notae Dunelmenses VI* (*'Materia Tullii'*)[42].

[41] Ai passi citati in queste pagine come collegati alla teoria di Guglielmo di Champeaux occorre aggiungere quello di *B8-B10*, che non riporto nell'elenco perché i due commenti in questione non sono attribuiti direttamente a Guglielmo (anche se Iwakuma ritiene, come ricordato *supra*, p. 295 n. 18, e con argomenti che restano da verificare, che gli si dovrebbe attribuire un'opera precedente, fonte di *B8* e *B10*, oggi perduta). Iwakuma ritiene che si possa individuare la teoria dell'essenza materiale nel seguente passo, che si legge pressoché identico nella versione di *B8* trasmessa dal manoscritto dell'Arsenal (f. 113va) e in *B10*: «Definitiuum totum est ut homo ad animal, rationalitatem, et mortalitatem. Non tamen, ut homo constet ex his tribus ut ex partibus in quantitate, sed ex animali ut ex materia, ex differentiis ut ex formis. [...] Totum definitiuum ut homo constat ex partibus suis, ex materia essentialiter, ex forma formaliter» (citato in IWAKUMA, «Pierre Abélard et Guillaume de Champeaux», p. 116). Il passo non si legge invece nella versione di *B8* di Orléans né in quella del Vaticano. Devo l'informazione sul ms. dell'Arsenal a Yukio Iwakuma stesso, che ha generosamente condiviso con me le sue ricerche inedite e un'edizione provvisoria di *B8*.

[42] Si veda in particolare il seguente passo del commento al *De inventione*: «Nunc autem quare ipsa genera appellentur uidendum est. Neque enim cum his sentitur qui recta illa genera existimant, sed genera appellat auctoritas demonstratiuum, deliberatiuum, iudiciale, quia sunt similia ueris generibus in hoc quod sicut uera genera praeiacent informia uelut materia, aduenientibus autem formis informantur in species. Sic quilibet actus de quo agere aliquis intendit ad laudem uel uituperationem alicuius uel ad utile uel inutile, uel iustum uel iniustum simplex praeiacet adhuc purum, aduenientibus formis illis, quae constitutiones faciunt, sunt quasi species. Verbi gratia. Intendit aliquis de furto Verris ad laudem uel uituperium, quod facit id demonstratiuum. Ecce quasi informe quod si et formetur huiusmodi proprietate, quod fit si quando accusator affirmet factum, defensor uero neget, iam fit species quodam modo et dicitur demonstratiuum coniecturale»; e il parallelo in *Notae Dunelmenses VI*: «Quemadmodum enim uerum genus diuersis formis informatum in diuersas transit species, ita et demonstratiuum diuersis constitutionibus informatum in diuersas transit causas i.e. constitutiones ut furtum Verris» (entrambi citati in FREDBORG, «The commentaries», pp. 9-10). *Cf.* anche *ibi*, pp. 13-14, 16, dove Fredborg ricorda anche un altro passo del commento al *De inventione*, che potrebbe suggerire un'adesione al realismo («Et hoc solet esse cum aduersarius posuisset bonas rationes prius ad confimationem suae partis, si postea ponat rationes alius aeque firmas uel firmiores ad confutationem eiusdem partis. Sicut si aliquis diceret 'genus est res' et daret inde bonas rationes et inuincibiles, et alius diceret 'non est res' et daret similiter firmas rationes,

2. Nelle *Introductiones dialecticae secundum Wilgelmum* si legge che una *vox universalis* significa una *res universalis*, distinguendosi così dalla *vox singularis*, che significa una *res singularis*. Il termine universale 'animale' significa la cosa universale, «sostanza animata sensibile, che è diffusa in tutti gli animali»[43]. Christophe Erismann sottolinea che il passo si basa su un «carré ontologico-sémantique» che suddivide *res* e *voces* in singolari e universali; egli riserva inoltre alcune osservazioni al participio di ispirazione dionisiana '*diffusa*', che avvicina questo passo di Guglielmo a formulazioni di Eriugena[44].

3. Come rilevato da Yukio Iwakuma, affermazioni che ricordano la teoria dell'essenza materiale si leggono in un passo di *C8* trasmesso

inde hoc quod tam bene rationes adducerentur huc sicut illuc faceret partem aduersarii leuiorem uideri»).

[43] IWAKUMA, «The *Introductiones dialecticae secundum Wilgelmum*», pp. 58-59 (§ 2.2): «Prius autem ad harum naturas declarandas haec uocis diuisio uidenda est: uox alia uniuersalis, alia singularis. Vox uniuersalis dicitur, quae rem uniuersalem significat, ut haec uox 'animal'; haec enim 'animal' significat illam rem uniuersalem, quae est substantia animata sensibilis, quae diffusa est in omnibus animalibus. Singularis uero uox dicitur, quae rem singularem significat, ut haec uox 'Socrates'».

[44] ERISMANN, *L'Homme commun*, pp. 368-369: «Ce texte est symptomatique de l'intérêt de Guillaume pour le langage; aucun réaliste antérieur n'aurait jamais envisagé le problème sous l'angle de la référence d'une *vox*. Ce passage place sur le même plan ontologique chose universelle et chose particulière. L'écho aristotélicien est fort. Comment ne pas penser au chapitre VII du *De interpretatione* (17a38-40) quand Aristote précise que "parmi les choses, les unes sont universelles, les autres singulières"? Guillaume met en place un carré ontologico-sémantique qui admet, parmi les mots, des mots universels et des mots singuliers et, parmi les choses, des choses universelles et des choses singulières. Pour ce faire, Guillaume a besoin d'un concept de *res* qui est aux antipodes du particularisme ontologique. Alors que pour Abélard une chose est nécessairement particulière, le maître de Notre-Dame adopte une notion de *res* comme réalité existante, sous-entendant que deux modes d'existence, sans différence de degré ontologique, sont possibles, comme entité universelle et comme entité particulière. Il convient de relever une surprenante proximité lexicale; en effet l'idée que l'essence universelle spécifique ou générique est *diffusa* est commune à Jean Scot et à Guillaume de Champeaux. Le terme est d'origine dionysienne, comme en témoigne le célèbre adage *bonum est diffusivum sui*. Jean Scot l'utilise exactement dans le même contexte que Guillaume, en *Periphyseon* 942 C: "Humanitas in omnes homines *diffunditur*, et tota in omnibus est, tota in singulis, siue boni sint, siue mali [...], pura in omnibus [...], aequalis in omnibus". Le parallélisme des deux textes est frappant. Jean Scot parle d'une humanité "diffusée" dans tous les hommes et présente intégralement en chacun d'entre eux, là où Guillaume parle de la substance animale "diffusée" en chaque animal» (corsivo come nell'originale).

dal MS *V* (Città del Vaticano, Biblioteca Apostolica Vaticana, Reg. lat. 230, al f. 46rb)⁴⁵. Il passo suggerisce che le *secundae substantiae* siano l'*essentia* materiale delle sostanze prime, e le *substantiales differentiae* siano l'*essentia* formale delle sostanze prime.

4. Nella versione di *C8* trasmessa dal MS *V* si legge una trattazione del *numerus* come genere, e delle sue specie (ad esempio *binarius* o *ternarius*) e individui (*binarius hic*, *ternarius hic*, *etc.*) formulata in termini simili alla teoria dell'essenza materiale⁴⁶. Nel passo infatti si legge che

---

⁴⁵ Si tratta del passo seguente: «Haec autem summa totius sententiae quod secundae substantiae et substantiales differentiae sunt essentia ipsarum primarum substantiarum uel materialis uel formalis, quod non habent pura accidentia. Ipsa namque non sunt essentia primarum substantiarum uel materialis uel formalis. Et quod secundae substantiae et differentiae sint essentia primarum substantiarum, ostendit ubi dicit quod illa praedicantur de primis nomine et ratione» (citato in IWAKUMA, «William of Champeaux on Aristotle's *Categories*», p. 319). In «*Vocales* revisited», pp. 141-143, Iwakuma individua e trascrive (a partire dai MSS *M*, *P* e anche *V*) anche il seguente passo di *C8* in cui Guglielmo di Champeaux presenterebbe «a résumé of his universal theory» (p. 142): «Hic uidendum est quod, cum substantiae duobus modis considerantur, scilicet ut indiuiduales in eo quod sensibus subiacent, et ut uniuersales in eo quod ratione concipiuntur uel de pluribus praedicantur [...], sed secundum hoc quod ut indiuiduales considerantur hic dicitur. Ideo dixit Aristoteles ipsam substantiam, cum una sit et eadem numero, susceptibilem esse contrariorum». Iwakuma ritiene che la posizione qui espressa (non identificabile con la teoria dell'essenza materiale) sia identica a quella del secondo commento all'*Isagoge* di Boezio e di *P3*. *Cf.* anche IWAKUMA, «William of Champeaux on Aristotle's *Categories*», pp. 319-320 e 327. Per un'analisi di *P3*, che ne sottolinea le differenze rispetto a Boezio, *cf.* anche BRUMBERG, «Les universaux dans le commentaire».

⁴⁶ *Cf. C8*, versione *V*, Città del Vaticano, Biblioteca Apostolica Vaticana, Reg. lat. 230, f. 51rb-va, citato in IWAKUMA, «Pierre Abélard et Guillaume de Champeaux», pp. 103-104: «Omnibus paene uidetur quod 'numerus' istud nomen significet quandam rem generalem in essentia quae substantialibus formis affecta redigatur in species, scilicet in binarium numerum et ternarium et ceteras, huius numeri species binarius et ternarius numerus, illae speciales naturae per quaedam accidentia indiuiduantur, et fiant res discretae in actu rerum, scilicet binarius hic, hic ternarius, et similia, quae in natura rerum reperientur, quemadmodum animal illa res generalis per substantiales formas efficitur homo, homo item per accidentia efficitur Socrates, quae res una et eadem numero in actu rerum reperitur. Item dicitur <de> oratione, scilicet quod designet quandam rem uniuersalem, quae sit dispersa per prolationes quae audiuntur et significant secundum quandam sententia<m>, uel per mensuras ipsis prolationibus adhaerentes quae neque audiantur neque significant secundum aliam sententiam»; *cf.* anche GRONDEUX, «Sainteté et grammaire», p. 916.

'*numerus*' significa una *res generalis in essentia*, la quale «affetta dalle forme sostanziali» diventa specie (*binarius*, ossia il tutto composto di due unità; *ternarius*, il tutto composto di tre unità, *etc*.); le specie, dal canto loro, «sono individuate tramite accidenti», diventando cose discrete *in actu rerum* (questo *binarius*, quel *binarius*, *etc*.). La spiegazione è accompagnata da un paragone con il genere Animale, che tramite le forme sostanziali è reso la specie Uomo, la quale a sua volta tramite gli accidenti è resa Socrate. Tale posizione su *numerus* come genere è criticata sia in *C8* (versione *VA*, con alcune differenze nelle due formulazioni) sia nella *Dialectica* di Abelardo, con argomenti che Abelardo attribuisce a *magister noster* e che tengono conto del principio di distinzione personale (e che attesterebbero dunque una fase dell'insegnamento di Guglielmo successiva all'abbandono di TEM)[47].

5. Jean Jolivet ha suggerito che esista un legame tra la teoria dell'essenza materiale e un'opinione riportata da Abelardo nella *Dialectica* (e lì attribuita a *magister noster W.*) sul significato dei nomi di differenza nella divisione del genere. Secondo la *Dialectica*, Guglielmo avrebbe sostenuto che quando si usano i nomi di differenza (come 'razionale' o 'animato') nella divisione del genere (ad esempio, il genere animale è diviso in razionale e irrazionale)[48], i nomi di differenza stanno per la specie, cioè significano non solo la forma ma anche la materia ('razionale' sta per 'animale razionale' e 'animato' per 'corpo animato')[49]. Scrive Jolivet: «Dans l'argument fourni par Maître W.

---

[47] Si veda il dossier di testi raccolto in GRONDEUX, «Saintété et grammaire», pp. 914-918 e le analisi di Irène Rosier-Catach in un articolo sulle teorie della *collectio*, in preparazione, e Grondeux – Rosier-Catach, introduzione all'edizione della *Notae Dunelmenses*, in preparazione, § 2.3.1. Rosier-Catach segnala parallelismi con la teoria dell'essenza materiale anche nelle discussioni sulla qualità significata dai nomi collettivi, come '*populus*', e nella trattazione del tempo: *cf. supra*, introduzione, pp. XXXI-XXXII.

[48] Boethius, *De divisione*, 880 B, ed. MAGEE, p. 16.6-15: «Diuiditur autem genus alias in species, alias in differentiis si species quibus genus oportet diuidi nominibus carent, ut cum dico "animalium alia sunt rationabilia, alia irrationabilia" rationabile et irrationabile differentiae sunt. Sed quoniam speciei huius quae est animal rationabile nomen unum non est, idcirco pro specie differentiam ponimus eamque superiori generi copulamus, omnis enim differentia in genus proprium ueniens speciem facit, unde fit ut materia quaedam genus sit, forma differentia, cum autem propriis nominibus species appellantur, non in differentias generis fit recta diuisio».

[49] Petrus Abaelardus, *Dialectica*, ed. DE RIJK, pp. 541.24-542.11: «Iuuat autem nunc diligenter perquirere, <cum> dicitur diuisio generis fieri per differentias atque in loco specierum differentiae poni dicuntur [*cf. Boethius*, De divisione, *880 B*, ed. MAGEE,

7. ALCUNI MAESTRI DELLA PRIMA METÀ DEL XII SECOLO 307

à l'appui de sa doctrine on reconnaît un élément de la première théorie de l'universel critiquée par Abélard: ce sont des "formes", c'est-à-dire des accidents, qui distinguent les individus dans l'espèce et les espèces dans le genre. On peut tenter de reconstituer ainsi le raisonnement sousentendu par le témoignage elliptique de la *Dialectica*: pour Maître W. la différence, qui n'est pas contenue dans le genre (un accident n'est pas contenu dans l'essence de son substrat) constitue l'espèce qui est, elle, contenue dans le genre (puisque celui-ci se divise en espèces); si donc on réfuse d'admettre que le nom de la différence signifie plus que la différence, on ramène la division, effective, du genre en espèces, à une division, absurde, du sujet en accidents. Telle pouvait être l'argumentation du Maître, bien cohérente avec le réalisme»[50].

6. Secondo l'interpretazione di Irène Rosier-Catach, e già di Jean Jolivet, un realismo degli universali si può leggere nella teoria di Guglielmo di Champeaux secondo la quale la proposizione "*Socrates est albus*" ha due sensi, uno grammaticale e uno dialettico[51]. Secondo il senso grammaticale,

p. 16.10-15], utrum per differentiarum nomina ipsas <formas> specierum accipiamus an potius ipsa uocabula differentiarum intelligamus, quae a quibusdam sumi dicuntur in officio specialium nominum ac pro speciebus designandis usurpari, ut tantumdem 'rationale' ualeat quantum 'rationale animal' ac tantumdem 'animatum' quantum 'animatum corpus', ut non solum formae significatio, uerum etiam materiae teneatur in nominibus differentiarum. Quae quidem sententia W. magistro nostro praeualere uisa est. Volebat enim, memini, tantam abusionem in uocibus fieri ut, cum nomen differentiae in diuisione generis pro specie poneretur, non sumptum esset a differentia, sed substantiuum speciei nomen pone<re>tur. Alioquin subiecti in accidentia diuisio dici posset secundum ipsius sententiam, qui differentias generi per accidens inesse uolebat. Per nomen itaque differentiae speciem ipsam uolebat accipere; unde Porphyrius, cum de differentiis ageret: "per eas, inquit, genera in species diuidimus". Ipsum etiam infinitum speciei in designatione oppositae speciei maiori abusione usurpabat, ueluti, si dicatur: "substantia alia corpus, alia non-corpus", 'non-corpus' in designatione tantum spiritus accipitur nec est infinitum in significatione, sed substantiuum nomen et speciale. Vnde Boethius: "necesse est autem <saepe> speciem negatione componere cum ea quam simplici nomine species". Volebat enim omnem diuisionem secundum se iuxta auctoritatis propositam diuisionem uel generis in species esse uel totius in partes uel uocis in significationes». La frase «differentias generi per accidens inesse uolebat» suggerisce inoltre che Guglielmo ritenesse le differenze specifiche accidenti in relazione al genere: *cf. supra*, capitolo 4, pp. 113-116.

[50] JOLIVET, «Données sur Guillaume de Champeaux», p. 239.

[51] *Cf.* ROSIER-CATACH, «Abélard et les grammairiens: sur le verbe substantif», pp. 212-224, 226-227 (ora ripreso anche nell'introduzione all'edizione delle *Notae Dunelmenses*, in preparazione, § 2.3.4.2); JOLIVET, «Données sur Guillaume de Champeaux», pp. 240-

la proposizione afferma la *copulatio* di due essenze (le cose denotate dal soggetto e dal predicato): Socrate da un lato, il fondamento della bianchezza dall'altro. Dunque, secondo il senso grammaticale, "*Socrates*

243; *cf.* anche ROSIER-CATACH, «Abélard et les grammairiens: sur la définition du verbe», pp. 157-158; EAD., «Les *Glosulae in Priscianum*: sémantique et universaux», pp. 129-130, sulla base di *LI Super Topica* (Pietro Abelardo, *Scritti di Logica*, ed. M. DAL PRA, La Nuova Italia, Firenze 1969, pp. 205-330 [Pubblicazioni della Facoltà di Lettere e Filosofia dell'Università di Milano, 34]), pp. 271.13-276.39, da confrontare con l'opinione di *m. W.* nel MS Orléans, Bibliothèque municipale, 266, p. 213b (citata in KNEEPKENS, «Orléans 266 and the *Sophismata* Collection», p. 65 n. 6). *Cf.* inoltre L.-M. DE RIJK, «Introduction», in *Dialectica*, First Complete Edition of the Parisian Manuscript, Van Gorcum – Hak – Prakke, Assen 1956, pp. XXXVII-XLIII; ID., *Logica modernorum*, II.1, pp. 101-108, 183-186; MALCOLM, «A Reconsideration»; L.-M. DE RIJK, «Peter Abelard's Semantics and His Doctrine of Being», *Vivarium*, 24 (1986) 85-127, specialmente pp. 113-116; JACOBI, «Peter Abelard's Investigations»; MARENBON, «Abélard, la prédication». De Rijk individua in Abelardo due teorie della copula (di una proposizione affermativa), ossia la teoria dell'identità e la teoria dell'inerenza: la teoria dell'identità «holds the *copula* of an affirmative proposition to state that the subject-term and the predicate-term of that proposition refer to the same thing; it *[scil. the copula]* is supposed to serve as a sign of identity of what both terms stand for»; secondo la teoria dell'inerenza, invece, «the *copula* of an affirmative proposition states the inherence of a 'universal nature', signified by the predicate-term of that proposition, in the *individuum* denoted by the subject-term; the copula is taken as *signum inherentie* of such a universal nature (e.g. *albedo*) in the individual (e.g. *Socrates*)» (DE RIJK, *Logica modernorum*, II.1, p. 105); Jacobi precisa: «According to the identity theory, in an affirmative proposition one asserts that the subject term and the predicate term stand for the same individual (or individuals); thus both terms are interpreted extensionally. According to the inherence theory, however, the predicate term must be understood intensionally: it is asserted that the "universal nature" (form) signified by the predicate term inheres in at least one (or in all) of the individuals denoted by the subject term, or, to say it another way, that the individuals denoted by the subject term are of the universal form signified by the predicate term» (JACOBI, «Peter Abelard's Investigations», p. 167). Perlomeno nel caso della predicazione accidentale l'opportunità della distinzione tra le due teorie nel caso di Abelardo, e l'implicazione tra teoria dell'inerenza e realismo degli universali sono state messe in discussione da Malcolm. Malcolm nota che nella predicazione di un accidente la teoria dell'inerenza è compatibile sia con il realismo che con il nominalismo: «the identity theory and realism are clearly imcompatible. If there is no predicate form inhering in the subject, then there is no such universal nature. The inherence theory is, however, consistent with both realism and nominalism. If the inhering form is universal, we have realism; if particular, nominalism (or conceptualism). We may conclude that the only theory consistent with realism is that of inherence, but it does not imply it, for we need the additional assumption that the inhering form is universal» (*cf.* MALCOLM, «A Reconsideration», p. 384).

est albus" si distingue da "*Socrates est albedo*" perché nel primo caso viene copulato *in essentia* il fondamento della qualità (la cosa bianca), nel secondo viene invece copulata *in essentia* la qualità stessa (la bianchezza). Secondo il senso dialettico, la proposizione "*Socrates est albus*" afferma invece l'inerire di una qualità (la bianchezza) nel soggetto (Socrate). Secondo il senso dialettico, "*Socrates est albus*" è equivalente a "*Socrates est albedo*". A differenza di Abelardo, che ritiene che si copuli *in essentia* solo il fondamento della bianchezza (e che la bianchezza sia semmai copulata *in adiacentia*), la posizione di Guglielmo sembra affermare che l'*albedo* può essere copulata *in essentia* (nella frase "*Socrates est albedo*", la quale è equivalente a "*Socrates est albus*" secondo il senso dialettico). Secondo Rosier-Catach e Jolivet, questa analisi sembra implicare una forma di realismo[52]: si può considerare l'*albedo* come una qualità che può essere copulata *in essentia* o che, in altre parole, inerisce *in essentia* come accidente, perché la si considera una *res* (*universalis*), un «accident qui subsiste en soi-même que le terme puisse dénoter ou "nommer"»[53].

---

[52] *Cf.* ROSIER-CATACH, «Abélard et les grammairiens: sur le verbe substantif», pp. 213-215, 218, 222-224, e 226, dove si legge che, secondo Abelardo, «il est impossible de concevoir un accident autrement qu'en tant qu'accident particulier et en dépendance d'un sujet, puisqu'un accident existe *in adiacentia*; il devient possible de parler d'inhérence d'une forme, si l'on entend par là que la forme (individuelle) est couplée *in adiacentia*, et que son fondement l'est *in essentia* - seul un réaliste comme Guillaume pouvait admettre que la forme (universelle) soit couplée *in essentia*»; JOLIVET, «Données sur Guillaume de Champeaux», pp. 242-243: «En revanche la raison pour laquelle Guillaume avait construit cette théorie *[ossia la teoria del senso grammaticale e del senso dialettico della proposizione "Socrates est albus"]* nous intéresse davantage car elle doit être mise, semble-t-il, au compte de son réalisme. L'inhérence, dit Boèce, est le fait soit du genre, soit de l'accident, soit du propre, soit de la définition; ce sont là des universaux (la définition est composée du genre et de la différence). Or, pour Guillaume, principalement à la première étape de son enseignement mais aussi à la seconde, les universaux sont des choses; aussi la façon la plus vraie d'exprimer que Socrate est blanc est de dire que "Socrate est la blancheur". Cette proposition, prise donc "au sens dialectique", formule l'identité réelle des universaux avec les sujets puisqu'elle exprime généralement l'inhérence, tant du point de vue du sujet que de celui du prédicat. On ne prendra les propositions "au sens grammatical" que pour construire des argumentations. En d'autres termes, le sens grammatical relève d'un langage fonctionnel, et le sens dialectique, d'un langage philosophiquement fondé».

[53] ROSIER-CATACH, «Abélard et les grammairiens: sur le verbe substantif», p. 223 n. 150: «Dans ces passages en tout cas, il semble que puisque pour Abélard il

7. Secondo Irène Rosier-Catach, una forma di realismo immanentista (che però non è ancora la teoria dell'essenza materiale) sembra da individuare anche nelle *GPma*, in particolare nel commento a *Institutiones*, II, 18 («Proprium est nominis substantiam et qualitatem significare»)⁵⁴. Rosier-Catach sottolinea la presenza nelle *GPma* da un lato della tesi che i membri di una specie hanno una natura o sostanza comune, dall'altro della tesi dell'individuazione per accidenti; a queste va forse aggiunta

n'existe que des substances et des formes (accidents et différences) particulières, il doive poser que (a) la blancheur ne peut être couplée *in essentia*, ce qui impliquerait qu'il existe un accident qui subsiste par soi-même que le terme puisse dénoter ou "nommer", (b) qu'elle ne peut être couplée que *in adiacentia*, c'est-à-dire en tant que dans un sujet, (c) que seul le fondement de la qualité, la chose individuelle blanche, soit couplé *in essentia*». *Cf.* anche E. Moody, *Truth and Consequence in Medieval Logic*, Greenwood, Westport 1953, pp. 32-38; J. Pinborg, *Logik und Semantik im Mittelalter. Ein Überblick*, Frommann, Stuttgart 1972, pp. 51-55; A. Maierù, *Terminologia logica della tarda scolastica*, Edizioni dell'Ateneo, Roma 1972, pp. 199-206.

⁵⁴ Si veda *GPma ad* II, 18, e in particolare i due passi seguenti, sezioni An.2-4 e An.13 in Rosier-Catach, «Les *Glosulae in Priscianum*: sémantique et universaux», pp. 175-177: «<An.2> Propria enim nomina sic sunt inuenta et imposita ut semper significent aliquam certam personam discretam ab aliis per aliquas certas proprietates. Non enim sunt inuenta propter differentiam substantiarum, sed tantum ad discernendas proprietates in substantiis existentes, ut potest uideri in Socrate. 'Socrates' enim significat certam personam et discretam ab aliis *non in substantiali esse*, sed per has proprietates quod Sophronisci filius, quod poeta et alia huiusmodi. <An.3> Cum enim *eadem substantia sit in omnibus hominibus indiuiduis*, quia omnis homo est animal rationale et mortale et non differant nisi in qualitatibus, inuenta sunt propria nomina ad significandas substantias in hoc quod sunt discrete suis proprietatibus. <An.4> Similiter appellatiua inuenta sunt ad significandas substantias similes aliis in aliqua qualitate, ut 'homo' significat plures cum una communi proprietate, scilicet cum rationalitate et mortalitate, quia cum 'homo' tam bene illum quam istum significet, *significat quandam communem proprietatem esse in omnibus in qua conueniunt*» e «<An.13> Renuntiando igitur huic sententie dicimus 'Socrates' designare substantiam quandam qualitatibus affectam, quam ipsam significant 'ego' et 'tu', sed non representant ibi qualitates, quod facit 'Socrates'. Hoc autem in hac sententia attendendum quod Socrates ipse etsi plures habeat formas quam homo et quodlibet aliud superius, tamen non crescit ab illis in quantitate; accidentia enim, etiam si sint substantialia, non faciunt maiorem substantiam quam informant. Nota etiam quod, licet negemus albedinem et cetera esse partes constitutiuas Socratis, non tamen negamus esse formales. Sic et de differentiis substantialibus licet ratiocinari, quoniam constituunt formaliter species suas» (corsivo nell'originale).

l'equiparazione delle differenze specifiche agli accidenti, anche se il passo non è esplicito al riguardo[55].

8. Irène Rosier-Catach ha portato l'attenzione su tre passi delle *GPmi*, che commentano l'affermazione di Prisciano secondo cui i nomi comuni (appellativi) possono essere considerati nomi propri della specie (*cf.* Priscianus, *Institutiones*, XVII, 35; XVII, 43; XVII, 44)[56]: si tratta appunto

---

[55] ROSIER-CATACH, «Les *Glosulae in Priscianum*: sémantique et universaux», p. 144: «Les thèses qui se dégagent des discussions sur la signification du nom et du pronom sont caractéristiques d'un réalisme, qui admet à la fois une nature ou substance commune aux membres d'une espèce, et, comme Boèce, la thèse de l'individuation par les accidents [...]. Contrairement à Boèce, qui ne considère comme parties formelles de l'individu que les différences substantielles, ce réalisme semble mettre sur le même plan les différences et les accidents, en tant que *parties formelles*. Ce réalisme ne comporte pas encore les notions de matière et de forme, déjà présentes dans des textes comme *P3*, et qui seront caractéristiques de la théorie de l'essence matérielle (ThEM) de Guillaume de Champeaux, selon le témoignage d'Abélard», e anche *ibi*, p. 170; EAD., «Priscian on Divine Ideas», p. 224: «It is noteworthy that [...] we find in the *GPma* only an immanent realist position. For instance, in the well-known gloss on the *proprium* of the noun, we read that there is "the same substance or essence in all individual men", and that the individuals are differentiated by their "qualities" or "properties", the signification of this common or proper quality being thus the "cause of invention" of names. "Man" signifies "a thing which is similar to others through a common quality", this quality, i.e. mortality and rationality "being in all men which agree in it", whereas Socrates signifies this thing "as distinct from others" by a collection of accidents "which is never as a whole identical" in other men, and thus a proper quality. The person signified by "Socrates" is not discrete from other men in its "substantial being", but only by its properties, which are being Sophroniscus' son, being a poet, etc». L'affermazione che tale realismo sembra trattare le differenze alla stregua di accidenti si basa su <An.13> citato *supra*, p. 310 n. 54, su cui Rosier-Catach scrive anche: «Les accidents sont bien, concluent les *Glosulae*, des parties de la substance, mais seulement comme "*parties formelles*", en d'autres termes *pas comme des parties intégrales*. Le passage semble admettre, sans le développer, que la même chose vaut pour les différences qui seraient, au même titre que les accidents pour l'individu, des parties formelles pour l'espèce <An.13>. On notera que cela ne correspond pas à la position de Porphyre ou Boèce, qui admettent que les différences sont les parties de l'espèce au même titre que le genre, *mais non* que les accidents soient des parties formelles du sujet individuel au même titre que les différences le sont pour l'espèce» (ROSIER-CATACH, «Les *Glosulae in Priscianum*: sémantique et universaux», p. 137, corsivo nell'originale). La questione è ripresa nell'introduzione di Anne Grondeux e Irène Rosier-Catach all'edizione della *Notae Dunelmenses*, in preparazione.

[56] *Cf.* ROSIER-CATACH, «Priscian on Divine Ideas», pp. 221-222; EAD., «Les *Glosulae in Priscianum*: sémantique et universaux», pp. 144-145; e l'introduzione di Anne Grondeux e Irène Rosier-Catach all'edizione delle *Notae Dunelmenses*, in preparazione.

di commenti a XVII, 35[57], XVII, 43[58], e XVII, 44[59]. Secondo la studiosa, le affermazioni di *GPmi* in questi passi sono simili alla teoria dell'essenza

---

[57] *GPmi* ad XVII, 35: «QVAE QVAMVIS. Quia dixerat quod ad animal rationale mortale respondetur illa species homo; et ita 'homo' istud nomen est commune uocabulum omnium hominum, unde uidetur quod omnes illi responderi possent, *tamen est propria id est quasi proprium nomen ipsius speciei incorporalis*. Et ex hoc patet quod species responderi debet et non singuli homines. Vel aliter supradicta potest continuari sententia. Quia dixerat hominem speciem responderi et species est et *ita est in singulis hominibus quod est unumquodque de illis* unde uideretur quod omnes illi respondentur, illud remouet. Continuatio litterae. Ad animal rationale mortale respondetur illa species homo QVE, id est que species, QVAMVIS VIDEATVR ESSE COMMVNIS OMNIVM HOMINVM, id est *quamuis sit in omnibus hominibus et ita sit in omnibus quod sit unumquodque de illis*, unde uideretur quod illi responderentur, tamen est PROPRIA IPSIVS SPECIEI INCORPORALIS id est propria species et incorporalis intransitiue. Et ex hoc quod species illa est propria et incorporalis patet quod non omnes homines respondentur sed solum propria species» (citato in ROSIER-CATACH, «Priscian on Divine Ideas», p. 225 n. 11, corsivo come nell'originale; *cf.* anche EAD., «Les *Glosulae in Priscianum*: sémantique et universaux», p. 151).

[58] *GPmi* ad XVII, 43: «APPELLATIVA quoque. Dixit superius ad 'quis' quandoque responderi propria nomina, quandoque pronomina, aliquando etiam appellatiua nomina, nunc uero uult ostendere quod aliquando ad 'quis' respondentur appellatiua nomina in designatione rerum indiuidualium. Cum uero dico 'QVIS EST VTILIS ARATRO?' et respondeo 'BOS', quamuis 'bos' sit proprium nomen illius *rei uniuersalis quod per omnes boues spargitur*, tamen quia 'bos' illi interrogationi ad talem 'quis' responderetur quod non conuenit *illi uniuersali rei in sua uniuersalitate*, sed tamen bos indiuidua eius uel uox eius, et ideo respondetur in designatione indiuidualis bouis» (citato in ROSIER-CATACH, «Priscian on Divine Ideas», p. 225 n. 12, corsivo come nell'originale; *cf.* anche EAD., «Les *Glosulae in Priscianum*: sémantique et universaux», p. 152).

[59] *GPmi* ad XVII, 44: «QVAMVIS QVANTVM: superius ostendit nomina esse appellatiua tam illa per que queritur quam illa que respondentur, modo uero dicit quod quamuis sint appellatiua, tamen cum AD GENERALES ET SPECIALES naturas in sua simplicitate referantur, possunt esse propria. Continuatio lit<t>ere. *Supradicta nomina sunt appellatiua et quamuis sint appellatiua*, POSSVNT HEC QVOQVE PROPRIA ESSE, quibus genera et species nature rerum, id est indiuiduarum, DEMONSTRANTVR id est significantur. Quod dicit, quoque sic est intelligendum, quod sicut singularia nomina sunt propria, sic appellatiua supradicta. Quomodo appellatiua sunt propria determinat QVANTVM AD GENERALES ET SPECIALES FORMAS RERVM, id est quantum ad hoc quod significant genera et species. *Que dicuntur 'forme rerum' hic accipiende sunt ita quod ex eis fiant res non formaliter, sed materialiter*. QVE IN MENTE: ostendit quandam proprietatem de illis formis QVE IN DIVINA MENTE ANTEQVAM IN CORPORA PRODIRENT, INTELLIGIBILITER CONSTITERVNT, id est ea Deus prius intellexit quam efficerentur in natura rei existentes. Vel aliter: supradicta nomina dicuntur propria, *secundum hoc quod significant*

materiale[60]. Un passo delle *Notae Dunelmenses V*, a commento di XVII, 35[61], potrebbe contenere inoltre un riferimento a una teoria della non-differenza, forse in opposizione a una precedente teoria realista: si tratta però di un passo molto corrotto[62]. Punto di partenza è l'affermazione

generales et speciales substantias rerum, id est originales formas que sunt in mente diuina, ad quarum exemplar facte sunt nostre species, et ita 'homo' et 'asinus' sunt nomina Dei. Et nichil aliud est originalis forma in mente diuina quam Deus per se, quamuis uideatur absurdum» (citato in ROSIER-CATACH, «Priscian on Divine Ideas», p. 226 n. 14, corsivo come nell'originale; EAD., «Les *Glosulae in Priscianum*: sémantique et universaux», pp. 153-154).

[60] ROSIER-CATACH, «Priscian on Divine Ideas», pp. 226-227: «Some theses found in these passages are perfectly consonant with William of Champeaux's material essence theory, as reported by Abelard and others. Five theses are particularly relevant for a comparison with our texts: (1) different men *in specie* are one man; (2) there is one same universal nature or *res* in all singulars belonging to the same species; (3) this universal nature is a material essence; (4) it becomes individual through a "collection of properties" if it is a species, through the differences if it is a genus; (5) the universal does not exist apart from those properties and thus only exists in individual things; (6) it can be thought in an abstracted way as being separated from any of these properties. In *GPmi* *[segue riferimento a* GPmi ad *XVII, 35 e* GPmi ad *XVII, 43]* we find all these theses except (3). [...] In *[segue riferimento a* GPmi ad *XVII, 44]*, there is also a clear formulation of thesis (1) and, importantly, the second passage in italics in our text echoes thesis (3): the "forms of things", i.e. the genus and the species, are those from which "things are made not formally but materially", meaning that the generic and specific forms correspond to the "matter", and the *differentiae* and accidental forms to the "form", an idea also found in the P3 *Isagoge* commentary. This could be a further indication that the elaborations introduced in the *GPmi*, which are not in the *GPma*, may be associated with William of Champeaux's teaching»; *cf.* anche EAD., «Les *Glosulae in Priscianum*: sémantique et universaux», pp. 154-156. Rosier-Catach nota che questi passi sono da accostare a *QG* § 6, dove Priscianus, *Institutiones*, XVII, 44 è ricordato a supporto della teoria dell'essenza materiale; *cf.* anche *Sententia de universalibus secundum magistrum R.* §§ 2-3 (edita in DIJS, «Two Anonymous», pp. 113-117 e trasmessa al seguito di *QG* nell'unico manoscritto Paris, BnF, lat. 17813).

[61] Priscianus, *Institutiones*, XVII, 35, ed. HERTZ, vol. 2, p. 130.10-13: «Cum dico uero 'quid est animal rationale mortale?', speciem mihi uolo manifestari, id est hominem, quae quamuis uideatur esse communis omnium hominum, tamen est etiam propria ipsius speciei incorporalis».

[62] *ND5 ad* XVII, 35: «QVAE QVAMVIS OMNIVM HOMINVM COMMVNIS ESSE VIDEATVR TAMEN ET PROPRIA IPSIVS SPECIEI INCORPORALIS. [A] *Potest legi et in re et in uoce.* (1) Posset calumpniari quod dixerat quaeri de specie quasi de una aliqua re et responderi 'hominem', quasi unam rem, ideo, inquam, posset calumpniari quod aliquis uideret hominem esse in omnibus indiuiduis et ita non posse <?> *[forse è qui da aggiungere*

di Prisciano secondo cui, alla domanda "*quid est animal rationale mortale?*" si risponde non con nomi di singoli individui ma con la specie, cioè *homo*, la quale è «comune a tutti gli uomini» ma «propria della specie incorporea». Il commentatore nota che la domanda (*quid est animal rationale mortale?*), e dunque la risposta (*homo*), può essere letta *in re* o *in voce*. I passi (1) e (1') nella numerazione di Rosier-Catach si riferiscono alla lettura *in re* (riguardante la *res* uomo), mentre (2) e (2') alla lettura *in voce* (riguardante il nome 'uomo'). Inoltre (1) e (2) riportano obiezioni all'affermazione di Prisciano che la specie è «propria», mentre (1') e (2') sono risposte all'obiezione, o perlomeno interpretazioni di Prisciano che rendono ragione della sua affermazione: la chiave è intendere «propria» come «propriamente». Concentriamoci sulla lettura *in re*, ossia (1) e (1'), che ci interessa direttamente. (1) afferma che si può attaccare una lettura *in re* del passo di Prisciano, secondo la quale la domanda riguarderebbe la specie come fosse una cosa, e uomo nella risposta sarebbe inteso come una cosa: la risposta alla domanda di Prisciano (intesa *in re*) dovrebbe infatti essere Socrate, Platone e così via, dato che uomo è in tutti gli individui e non può essere una cosa, ma molte. (1') sarebbe forse una replica a questa obiezione, e affermerebbe che uomo è una cosa «una e non-differente». Così commenta Rosier-Catach: «Interestingly the glossator, within the *in re* (1') exposition, explains further the unity of the species, saying that the species is *common to all men* because it is "a thing which is one and indifferent", a formulation which is of course reminiscent of William's second theory of universals, the one he adopted after the harsh criticisms

esse / unam rem sed plures et ita posse et debere responderi uel 'Socratem' uel 'Platonem' etc. (2) Vel ideo, inquam, simpliciter posset calumpniari, quod responderat 'hominem' hoc nomen, quasi in designatione illius quaesitae speciei unius scilicet rei, cum uideret 'hominem' hanc uocem communiter conuenire Socrati et Platoni et ceteris omnibus et ideo non esse nomen unius rei. [B] Et ita duobus modis potest legi haec littera, uel ita scilicet quod respondeat *ad opinionem <de re> uel <ad> opinionem de uoce*. (1') Secundum rem plane potest legi ita: QVAE *species* CVM SIT COMMVNIS OMNIVM HOMINVM quia una et indifferens res +++ (lacuna 8 fere litt.: est hominibus?) TAMEN EST ETIAM PROPRIA IPSIVS +++ (lacuna 5 fere litt.: speciei?) INCORPORALIS intransitiue, id est proprie est ipsa species incorporalis, quia corporeo sensu in puritate illa non percipitur. (2') De uoce ita: QVAE id est cuius speciei nomen QVAMVIS etc. TAMEN EST PROPRIA IPSIVS SPECIEI INCORPORALIS id est proprie significat illam speciem incorporalem quasi unam rem per se. Vnde dicimus 'homo est species' quasi singularem esse propositionem» (citato in ROSIER-CATACH, «Priscian on Divine Ideas», p. 228 n. 19; corsivo e numerazioni come nell'articolo).

of Abelard. Unfortunately the passage is very corrupt here. But maybe it could be interpreted in the following way. To answer the criticism found in the first section of the passage [A], grounded on the fact that if the species (taken as a thing or as a name) was considered simply as one thing being in all individuals, then it would not be one but many, another solution was devised in [B], that the species was one as "indifferent", which thus allows it to be really singular, in accord with Priscian's claim. In this *indifferentia* theory indeed, as known from Abelard and other sources, the humanity which is in Socrates, Plato, etc. is not the same *one* humanity, but a numerically distinct and singular, although "not different" humanity». Forse si potrebbe mettere in dubbio che il brano [A] affermi che, *se* la specie è *una cosa* che è in tutti gli individui, *allora* la specie non è una ma molte <cose>: mi sembra infatti che il brano accetti solo che la specie *è in* tutti gli individui, ma rifiuti proprio l'affermazione che *è una*. La complessità e corruzione del brano non mi paiono dunque consentire la conclusione esplicita che vi si trovano le due teorie sugli universali di Guglielmo[63], anche se il parallelo tra questa discussione e il dibattito sugli universali, nonché la terminologia dell'*indifferentia* meritano certo di essere sottolineati.

9. Irène Rosier-Catach ha individuato un parallelismo tra il dibattito sugli universali e una discussione sulla *vox/oratio* che si legge nelle *GPma*, in tre versioni diverse, e inoltre nei commenti *C8* e *C14* e nella *Dialectica* e *Logica 'Ingredientibus'* di Abelardo[64]. La discussione riguarda la natura

---

[63] Così in Rosier-Catach, «Priscian on Divine Ideas», p. 237: «The unity of the universal entailed some problems for the grammarians, and we saw that the *ND* [= *Notae Dunelmenses*] tried two different solutions, corresponding to the two realist theories held by William of Champeaux».

[64] La discussione in *GPma* si presenta in tre versioni (*Glos. com.*, *Glos. B*, *Glos. V*) ed è edita in Grondeux – Rosier-Catach, «Sur la nature catégorielle de la *uox*» (insieme a un passo parallelo delle *Notae Dunelmenses II*); i testi di *C8/C14* rilevanti per questo dibattito sono editi in Iwakuma, «William of Champeaux and the *Introductiones*», pp. 17-25 e ripresi in Rosier-Catach, «*Vox* and *Oratio*», pp. 55-57 e *passim*; Abaelardus, *Dialectica*, ed. De Rijk, pp. 52.27-55.16, 65.23-71.14; *LI Cat.* pp. 160.25-164.38, 173.6-177.3 (per un confronto tra i due testi di Abelardo, *cf.* anche l'appendice «Comparison Between *Dialectica* and *LI* about the Nature of the *Vox*», in Rosier-Catach, «*Vox* and *Oratio*», pp. 123-129, con le osservazioni alle pp. 107-118; le due forme della trattazione in *GPma* e *C8/C14* sono invece confrontate negli schemi pubblicati *ibi*, pp. 57-61). La discussione è analizzata in dettaglio in Rosier-Catach, «Les *Glosulae in Priscianum*: sémantique et universaux», pp. 156-169 (e nelle

categoriale della *vox*: se cioè la *vox* appartenga alla categoria di sostanza (secondo l'autorità di Prisciano, secondo cui la *vox* è *aer ictus* e dunque un corpo)[65], o di qualità (secondo l'autorità di Boezio, per cui la *vox* è *percussio aeris* e dunque, nell'interpretazione dei commentatori del XII secolo, una qualità)[66], o di quantità (secondo l'autorità di Aristotele, che considera l'*oratio* tra le quantità discrete)[67], o infine non appartenga a nessuna categoria. Un particolare aspetto della discussione viene accostato da Rosier-Catach in special modo al dibattito sugli universali: la questione dell'identità della *vox* proferita nelle orecchie degli ascoltatori che la ricevono[68]. Si tratta di una questione che emerge come obiezione alla tesi che la *vox* sia una sostanza, e si basa su un conflitto di autorità (seguendo Rosier-Catach, chiameremo l'obiezione {C}). Nell'obiezione {C} si richiama da un lato l'autorità di Agostino per affermare che «nessun corpo individuale si trova allo stesso tempo interamente in diversi luoghi»[69];

conclusioni generali, pp. 169-174) e soprattutto nei due articoli EAD., «*Vox* and *Oratio*» e GRONDEUX – ROSIER-CATACH, «Sur la nature catégorielle de la *uox*». Un precedente studio è ROSIER-CATACH, «Le commentaire des *Glosulae* et des *Glosae* de Guillaume de Conches sur le chapitre *De Voce*».

[65] *Cf.* Priscianus, *Institutiones*, I, 1 (ed. HERTZ, p. 5.1-4); I, 3-4 (ed. HERTZ, p. 6.6-22).

[66] *Cf.* Boethius, *In Peri hermeneias Aristotelis editio secunda*, ed. MEISER, I, p. 4.18-20.

[67] *Cf.* Aristoteles, *Categoriae*, 6, 4b32-5a1; tr. Boethii, *AL* 1/1-5, p. 14.5-10.

[68] Si tratta in particolare della discussione indicata con le sigle {C} {D} {E} {F} {G} {H} in ROSIER-CATACH, «*Vox* and *Oratio*», pp. 57-61 e analizzata *ibi*, pp. 74-85 e in EAD., «Les *Glosulae in Priscianum*: sémantique et universaux», pp. 159-169.

[69] *GPma*, sezione {C}, versione *Glos. com.* (GRONDEUX – ROSIER-CATACH, «Sur la nature catégorielle de la *uox*», p. 287): «Hanc diffinitionem aliqui putant se infringere hanc hypoteticam in suae rationis exordio ponentes: "si uox est aer, et est corpus". Huic probationi duas regulas opponunt. Nam *[fortasse* unam *legendum est]* Augustini qui dicit nullum corpus indiuiduale in eodem tempore totum in diuersis locis reperitur. Alteram Boethii quae est, idem sermo totus et integer, cum omnibus scilicet suis elementis, ad aures diuersorum peruenit in eodem tempore quasi in diuersis locis est. Inde inferunt: igitur uox non est corpus»; si confronti inoltre la sezione {C} nella versione *Glos. B* (*ibi*, p. 300) e nella versione *Glos. V* (*ibi*, p. 307). *Cf.* inoltre Abaelardus, *Dialectica*, ed. DE RIJK, p. 70.17-20: «Quae enim indiuidua sunt, in diuersis locis esse auctoritas negat atque in hoc ab uniuersalibus separat, quae simul in pluribus reperiuntur. Ipsum etiam Augustinum in Categoriis suis asserunt dixisse nullum corpus in diuersis locis eodem tempore consistere». L'affermazione è difficile da individuare con precisione nelle opere di Agostino: *cf.* ROSIER-CATACH, «Les *Glosulae in Priscianum*: sémantique et universaux», pp. 161-162; EAD., «*Vox and Oratio*», pp. 78-79.

7. ALCUNI MAESTRI DELLA PRIMA METÀ DEL XII SECOLO 317

dall'altro si ricorda che, secondo Boezio, la *vox* proferita si trova nello stesso tempo interamente nelle orecchie di ciascuno degli uditori[70]; dall'opposizione Agostino *vs* Boezio consegue che la *vox* non può essere un corpo, e perciò non può essere una sostanza. Le *GPma*, *C8* e Abelardo ricordano una prima risposta (chiamata {D}) a {C}, basata sul parallelismo tra udito e visione: tale risposta viene criticata in tutti i testi (= {E})[71]. Le fonti propongono poi una seconda risposta (= {F}) a {C}, basata sulla teoria dell'identità formale della *vox* nelle orecchie degli ascoltatori. Come una pietra gettata nell'acqua produce cerchi di forma simile, così nelle orecchie dei diversi uditori c'è una *vox* identica solo *formalmente* (e *non* essenzialmente o materialmente) alla *vox* che è stata proferita e a quella che si trova nelle orecchie di un altro uditore[72]. (In una questione

---

[70] Si veda Boethius, *De differentiis topicis*, IV, *PL* 64, col. 1211 C-D (ed. Nikitas, p. 83.10-13): «uox uno tempore ad plurimorum aures peruenit cum suis integra partibus, id est elementis, nam eodem tempore tota causa ad diuersas species cum suis partibus transit»; e i sensi di 'comune' secondo Boethius, *In Categorias Aristotelis*, I, *PL* 64, col. 164 C-D (come una casa; come un servo o un cavallo; come un teatro, inteso come luogo; come una *vox* o *sermo*); Id., *In Isagogen Porphyrii editio secunda*, ed. Brandt, I, 10, pp. 162.15-163.3 (comune per parti; come un servo o un cavallo; come uno spettacolo), citati *supra*, capitolo 4, pp. 126-127. Le due liste non sono perfettamente sovrapponibili: a mio avviso il senso in cui si parla di spettacolo («theatrum uel spectaculum») nella lista del commento all'*Isagoge* è simile al senso di *vox* nella lista delle *Categoriae*; nella lista delle *Categoriae* il teatro («theatrum», ma inteso come luogo) è invece invocato come esempio di cosa che viene usata e poi rimessa in comune.

[71] In {D} si nota che una stessa e identica pietra, che si trova in un certo luogo, può essere vista da occhi differenti. {D} cerca dunque di replicare a {C} affermando che Agostino parla della *vox secundum essentiam/quantum ad rei existentiam*, mentre Boezio parla della *vox secundum auditum/secundum sensum*: una *vox* che *essentialiter* rimane davanti alla bocca del proferente (come la pietra rimane sempre nello stesso luogo anche se vista da più persone) perviene *secundum sensum* alle orecchie degli uditori molteplici. Tale risposta viene criticata in {E} sulla base del fatto che visione e udito non sono uguali: si può infatti vedere una cosa lontana, mentre un suono lontano non si può udire. Cf. Rosier-Catach, «Les *Glosulae in Priscianum*: sémantique et universaux», p. 163; Ead., «*Vox* and *Oratio*», pp. 79-82; Grondeux – Rosier-Catach, «Sur la nature catégorielle de la *uox*», pp. 272-274 (che descrive le forme, non tutte uguali, di questa obiezione al parallelismo tra visione e udito).

[72] *GPma*, sezione {F}, versione *Glos. com.* (Grondeux – Rosier-Catach, «Sur la nature catégorielle de la *uox*», p. 288): «Salua autem utriusque auctoritate uox poterit corpus remanere si quod Boethius dicit competenter intelligatur. Est enim uerum quod uox formaliter eadem et non materialiter in eodem tempore diuersorum

supplementare trattata in due versioni delle *GPma*, lo stesso ragionamento viene poi applicato alla forma delle due *voces* identiche formalmente: si legge che la forma adiacente alla parte di aria che si trova nelle orecchie di un certo uditore è consimile a quella adiacente alla parte di aria che si trova nelle orecchie di un altro uditore, e le due forme non sono individualmente identiche.)[73] Le soluzioni trovate in questo dibattito, cioè {D}, basata sul

replet auditum, ut puta iacto lapide in aqua fit orbis, hic uero orbis uicinas undas impellens alium orbem facit, et ille alium. Et sic multi orbes materia quidem et loco diuersi, sed in forma idem a primo illo orbe formantur. Eodem modo aer in ore loquentis naturalibus instrumentis formatus uicinos impellit aeres et in sua afficit forma. Ita fit ut uox eadem secundum formam sit in auribus diuersorum, sed quantum ad materiam diuersorum ut ita dicam aerum diuersa. Potest igitur esse ut nullum corpus in eodem tempore totum in diuersis habeatur locis, et erit uox corpus, et tamen ipsa secundum formam, idest soni similitudinem, eadem in eodem tempore in diuersis auditur locis. Et hanc similitudinem de aqua ponit Boethius in prologo quem praemittit in Musica» (con riferimento a Boethius, *De institutione musica*, ed. FRIEDLEIN, I, 14, p. 200.7-21); si confronti inoltre la sezione {F} nella versione *Glos. B* (GRONDEUX – ROSIER-CATACH, «Sur la nature catégorielle de la *uox*», pp. 300-301) e versione *Glos. V* (*ibi*, p. 308), e *C8V-C14* (come indicato in ROSIER-CATACH, «*Vox* and *Oratio*», pp. 60, 83); Abaelardus, *Dialectica*, ed. DE RIJK, pp. 70.36-71.12 ; *LI* pp. 176.26-177.3. *Cf.* ROSIER-CATACH, «Les *Glosulae in Priscianum*: sémantique et universaux», pp. 164-165; EAD., «*Vox* and *Oratio*», pp. 82-83.

[73] *GPma*, sezioni {G-H}, versione *Glos. com.* (GRONDEUX – ROSIER-CATACH, «Sur la nature catégorielle de la *uox*», pp. 289-290): «Quaeritur iterum de forma illa quae ita adiacet diuersis partibus aeris et eadem uidetur, utrum dicatur esse et in hac parte et in illa parte aeris indiuidualiter. Idem enim impossibile de forma illa quae est qualitas, quamuis sit incorporeum. Sequitur quod supradictum est de corpore aere. Nulla enim res indiuidualiter tota in diuersis locis esse affirmari potest, ut una essentialiter remaneat, nisi solus Deus qui uerum incorporeum est et qui nullam mutabilitatem recipere potest. Ad hoc respondeo quod sicut continua albedo parietis una dicitur quae in diuersis fundatur, non quia illa albedo quae huic parti adiacet sit illa indiuidualiter quae in alia parte fundatur, sed quia similis est et eadem specie iudicatur uocari eadem, ita cum profero 'homo' semel et alia uice eandem uocem, idest 'homo', pronuncio. Et quamuis diuersae sint essentialiter et materialiter uoces, tamen propter similitudinem eandem uocem protulisse affirmo. Similiter cum in diuersis partibus aeris una forma uocis a diuersis audientibus suscipi uideatur, tamen illa qualitatiua forma quae huic parti aeris copulata est indiuidualiter esse illa – unde alia pars aeris affecta est, non potest probari. Nos tamen propter similitudinem quasi unam informationem uocamus, et propterea unam uocem»; *cf.* anche le sezioni {G-H} nella versione *Glos. V* (*ibi*, pp. 308-309). Queste affermazioni sulla distinzione delle forme mi paiono potersi confrontare con quanto si legge nel principio di distinzione personale (cioè sia delle materie *sia delle forme*) analizzato *supra*,

parallelismo tra visione e udito, e {F}, basata sull'identità formale delle *voces* nelle orecchie dei diversi ascoltatori, si ritrovano anche in una discussione parallela, che riguarda il carattere individuale e indivisibile della *vox*[74]. Tale discussione si legge nelle tre versioni delle *GPma*, cioè *Glos. B*, *Glos. com.* e *Glos. V* nella sezione *De littera*, e anche nelle *GPmi* (*Glosa Victorina*)[75]. La domanda, in questo caso, è in che senso la *vox* (o la *littera* nella discussione della *Glosa Victorina*) sia detta indivisibile o individuo. Vengono date tre soluzioni: {IND.1} (= i) riproduce la soluzione {D} e afferma che la *vox* che perviene *secundum sensum* alle orecchie degli uditori non è *essentialiter* la stessa che esce dalla bocca di chi la proferisce e dunque la *vox* proferita rimane indivisibile; {IND.2} (= ii) riproduce la soluzione {F} dell'identità formale della *vox*, simile ai cerchi nell'acqua; l'elemento indivisibile in questo caso è sia la *vox* che esce dalla bocca del locutore sia ciascuna delle *voces* ottenute per impulso a partire dalla *vox* proferita, quando l'aria è colpita e riceve la stessa forma di quella prima *vox*; a esse si aggiunge, in questo contesto, una soluzione {IND.3} (= iii) che può essere paragonata a una teoria della *collectio*; essa afferma che la *vox* indivisibile è l'insieme di tutte quelle *voces* (quella proferita e ciascuna di quelle ricevute), perché tale *massa* (*Glos. V*) di *voces* non può essere divisa in *voces* che abbiano una forma diversa[76].

La soluzione al dibattito basata sull'identità formale (o di somiglianza) tra le diverse *voces* che si trovano nelle orecchie degli

---

capitolo 4, pp. 131-135. *Cf.* ROSIER-CATACH, «Les *Glosulae in Priscianum*: sémantique et universaux», pp. 165-167; EAD., «*Vox* and *Oratio*», pp. 83-85.

[74] *Cf.* ROSIER-CATACH, «*Vox* and *Oratio*», pp. 103-105, 115, e soprattutto GRONDEUX – ROSIER-CATACH, «Sur la nature catégorielle de la *uox*», pp. 266, 275-281.

[75] In *Glos. B*, sezione [*16], la discussione si legge in questi termini (edizione in GRONDEUX – ROSIER-CATACH, «Sur la nature catégorielle de la *uox*», pp. 318-319): «(IND.1 = i) Ille enim aer secundum sensum non essentialiter peruenit ad aures diuersorum. Et sic remanet indiuiduum, quia non potest diuidi in tales aeres qui uoces sunt. (IND.2 = ii) Secundum uero illam sententiam quod et prolatus aer et omnes alii impulsi ab eodem dicuntur uoces, unusquisque est indiuiduus, id est minimus. (IND.3 = iii) Secundum hoc uero quod simul omnes illi dicuntur uox, illa uox est minima, id est indiuidua scilicet quia non potest diuidi in uoces diuersae formae a sua, ita quod unusquisque per uoces diuidi possit»; si veda anche la discussione in *Glos. com./Glos. B*, sezioni [*20-24]; *Glos. V*, sezioni [*14-17], edite *ibi*, pp. 320-321 e nella *Glosa Victorina*, citata *ibi*, p. 276.

[76] Il termine '*massa*' in relazione a {IND.3} (= iii) si legge nella versione *Glos. V*: *cf.* GRONDEUX – ROSIER-CATACH, «Sur la nature catégorielle de la *uox*», pp. 278-281, 321.

ascoltatori può essere paragonata a soluzioni realiste successive alla critica alla teoria dell'essenza materiale, anch'esse basate sull'identità per non-differenza o somiglianza[77]. Rosier-Catach conclude che, benché in altri passi le *GPma* sostengano una forma di realismo degli universali simile alla teoria dell'essenza materiale, a proposito della *vox* abbracciano la posizione inversa, cioè appunto la teoria di un'identità formale e non materiale della *vox* nelle orecchie degli ascoltatori: «Le parallélisme entre la *vox* et l'universel se construit sur un même problème: comment une chose une peut-elle se trouver *eadem* en différents lieux en même temps, s'agit-il d'une chose *identique* ou d'une chose *numériquement et individuellement différente*, mais *semblable*, et dans ce cas, semblable par quoi? Ce parallélisme a pour origine des textes anciens où la *vox* est prise comme un exemple de "chose" qui peut être dite "commune" à plusieurs, en tant qu'elle est simultanément entendue par plusieurs individus en même temps, tout comme une pièce de théatre parce qu'elle est vue par différents spectateurs. La solution que l'on trouve dans les *Glosulae* sur la *vox*, si on la rapporte à l'universel, ne serait pas une solution réaliste: en effet, ce n'est pas *la même vox*, une *vox essentiellement* ou *matériellement la même* qui se trouve en plusieurs oreilles en même temps, elle n'est pas *numériquement* identique. La *vox* n'est pas *identique* (*eadem*) mais *semblable* (*consimilis*) en plusieurs, parce que produite comme une forme unique, qui *s'individualise* par les portions d'air différentes auxquelles elle est adjacente. La différence entre cette théorie et la théorie de l'essence matérielle (ThEM) de Guillaume de Champeaux, dans la formulation qu'en donne Abélard

---

[77] ROSIER-CATACH, «Les *Glosulae in Priscianum*: sémantique et universaux», p. 173, con particolare riferimento ai principi di distinzione personale e di identità per non-differenza di *LI* per la ricostruzione della «teoria dell'indifferenza»: «la ThIF *[cioè la teoria dell'identità formale della* vox*]* partage avec la deuxième théorie de Guillaume de Champeaux, théorie dite de "l'indifférence", les caractéristiques suivantes: (1) la *vox* se diversifie *essentiellement* dans les singuliers, *homo* prononcé en t¹ et en t² "sont essentiellement et matériellement différents" [...] (2) les *voces* sont les mêmes (*eaedem*) par "similitude" [...]. Néanmoins, elle se distingue de la théorie de l'indifférence par les points suivants: (1') l'on ne trouve pas le terme caractéristique "*indifferentia*"; (2') il est ici affirmé qu'il y a une identité *formelle* de la *vox* dans les singuliers (et pas d'identité *matérielle*), alors que selon la théorie de l'indifférence *il n'y a identité ni formelle ni matérielle* [...]; (3') selon la théorie de l'indifférence les singuliers sont distincts "personnellement en leurs essences", ce qui n'est pas explicitement dit».

dans l'*Historia Calamitatum*, à partir de la même autorité boécienne, est manifeste»[78].

10. Secondo Yukio Iwakuma, il commento all'*Isagoge P14* (la cui attribuzione a Guglielmo, proposta da Iwakuma, e i rapporti con *P3* restano da valutare con più attenzione) trasmette tre passi accostabili a una teoria

---

[78] ROSIER-CATACH, «Les *Glosulae in Priscianum*: sémantique et universaux», pp. 168-169 (corsivo come nell'originale); *cf.* anche *ibi*, pp. 157-158 e EAD., «*Vox* and *Oratio*», pp. 52, 84-85, 121-122. A mio avviso, il fatto che le *GPma* sostengano un realismo degli universali simile alla teoria dell'essenza materiale, ma a proposito della *vox* sostengano la teoria dell'identità formale che Rosier-Catach giudica «l'inverso» o il «contrario» di TEM (*ibi*, pp. 170, 172) si spiega con il fatto che, a differenza di quanto ritiene la studiosa, che insiste sul parallelismo tra *vox* e universale, la discussione sembra sempre assumere una differenza tra i due. La *vox* è un esempio di comune in Boezio, ma l'universale non è comune in quel modo, perché costituisce la sostanza dei suoi inferiori (a differenza dello spettacolo teatrale o della *vox*, che si trovano in molti spettatori/uditori ma non costituiscono la loro sostanza). In tutta la discussione, inoltre, la *vox* è sempre trattata come individuo, sia quando è proferita che quando è ricevuta nelle orecchie degli ascoltatori. Nelle orecchie degli ascoltatori, essa potrebbe trovarsi identica in più luoghi allo stesso tempo, come un universale: ma è proprio il fatto che *non sia un universale* che rende problematica la sua presenza in molti luoghi, allo stesso tempo e interamente in ciascuno. La citazione attribuita ad Agostino afferma infatti che un corpo *individuale* non può essere identico allo stesso tempo in più luoghi: se la *vox* fosse un universale, l'obiezione non sussisterebbe (*cf.* Abaelardus, *Dialectica*, ed. DE RIJK, p. 70.17-20, citato *supra*, p. 316 n. 69). Proprio perché la *vox* non è un universale, e le *GPma* concepiscono l'universale nei termini della teoria dell'essenza materiale, non viene ricordata una teoria dell'identità essenziale o materiale della *vox* nelle orecchie degli ascoltatori (simile a TEM) se non per criticarla. A mio parere, tutto ciò mostra che le due discussioni sulla *vox* e sugli universali sono parallele e intrecciate (e fanno uso di strategie simili), ma non sono identiche. Si può però ricordare, in favore del parallelismo suggerito da Rosier-Catach tra *vox* e universale, che anche l'universale di TEM viene criticato su questo stesso piano, cioè perché sarebbe una *res* che si trova allo stesso tempo in molti luoghi e interamente in ciascuno (*cf. supra*, capitolo 4, pp. 110-111 n. 8). Questa obiezione a TEM è diffusa nei testi, come si è ricordato, ma forse non è la più forte contro TEM: a essa infatti si potrebbe replicare semplicemente che l'universale non è un individuo, e che non poter essere allo stesso tempo in più luoghi e interamente in ciascuno è una caratteristica dell'individuo. Si può inoltre ricordare che, effettivamente, come notato da Rosier-Catach, la soluzione dell'identità formale della *vox* è simile a soluzioni realiste successive alla critica alla teoria dell'essenza materiale: la *vox* è così citata da *P17* nella descrizione della teoria dell'*individuum*, come ricordato *supra*, capitolo 4, pp. 161-165; e in ROSIER-CATACH, «Les *Glosulae in Priscianum*: sémantique et universaux», pp. 162-163; *cf.* anche l'argomento del genere ripartito, n. 26 (con il termine '*sermo*' invece di '*vox*').

della non-differenza[79]. Si deve notare inoltre che il commento è trasmesso dal medesimo manoscritto che trasmette *QG*[80].

11. I due sensi di 'identico' si possono reperire in una *sententia* attribuita a Guglielmo di Champeaux nell'antologia nota come *Liber Pancrisis*. La *sententia*, numerata 236 nell'edizione di Lottin, tratta della Trinità e della differenza tra Dio e le creature. In questo contesto, si legge che 'identico' e 'uno' si possono prendere in due modi: «secondo l'identità di esattamente la stessa *essentia*» (*secundum identitatem eiusdem prorsus essentiae*) e «secondo non-differenza» (*secundum indifferentiam*)[81]. Secondo il primo

---

[79] *Cf. P14* in Paris, BnF, lat. 17813, ff. 8vb-9ra: «*Collectiuum enim*. Ideo per genus et speciem multitudo colligitur, quia utrumque est *collectiuum multorum in unam naturam* i.e. illa quae per se considerata multa sunt et penitus diuersa in essentia, in natura tamen generali et speciali considerata unum sunt, id est in esse hominem et cetera, non differunt. A causa.»; f. 9ra: «*Particularibus uero*. Vere particularia diuidunt quia particularia hominis. A parte. *Vnus* homo est *plures* homines *particularibus* id est per particularia, hoc est illa, quae sunt unum considerata in speciali natura, sunt plura considerata particularia, quod est dicere: sine accidentibus considerata unum sunt per indifferentiam, cum accidentibus plura. *Diuisiuum enim*. Vere particularia hominis sunt diuisiua, quia omne singulare. A toto. Et uere homo est collectiuum, quia omne commune. A toto. Collectiuum non in solo nomine, sed *adunatiuum* i.e. ad unam naturam reducens per indifferentiam»; f. 10vb: «Nos autem dicimus omnes res etiam in essentia esse penitus diuersas. Sed si quis obiciat "plures homines fiunt unus homo" uel aliud talis, dicendum est quod nihil aliud est "plures homines fiunt unus homo", quasi diceret "plures homines conueniunt in esse hoc quod est esse hominem", tamen diuersa sunt penitus in essentia» (citati in IWAKUMA, «Pierre Abélard et Guillaume de Champeaux», p. 119; *cf.* anche ID., «*'Vocales'* or Early Nominalists», pp. 43 n. 24, 45; ID., «Pseudo-Rabanus super Porphyrium (P3)», p. 50 e ID., «*Vocales* revisited», p. 98).

[80] *Cf. supra*, pp. 98-99.

[81] *Sententia* 236, *De essentia Dei et de tribus personis*, in LOTTIN, *Psychologie et morale*, V, pp. 190-195, specialmente pp. 192.112-193.127: «Et ut omne ambiguitatis genus excludamus, uides has duas uoces 'unum' scilicet et 'idem' duobus accipi modis, *secundum indifferentiam et secundum identitatem eiusdem prorsus essentie*. *Secundum indifferentiam*, ut Petrum et Paulum idem dicimus esse in hoc quod sunt homines, quantum enim ad humanitatem pertinet, sicut iste est rationalis et ille; et sicut iste est mortalis et ille. Sed si ueritatem confiteri uolumus, non est eadem utriusque humanitas, sed similis, cum sint duo homines. Sed hic modus unius ad naturam diuinitatis non est referendus ne, quod fidei contrarium est, hac acceptione tres Deos uel tres substantias cogamur confiteri. *Secundum identitatem* uero, prorsus unum et idem dicimus Petrum et Simonem, Paulum et Saulum, Iacob et Israël qui, cum singuli singulas habeant substantias, singuli non plus quam singulas habent personas. Et nos quidem Patrem et Filium hoc modo

senso di 'identico' si dice che Pietro è identico a Simone, o che Paolo è identico a Saulo, o che Giacobbe è identico a Israele (i due nomi propri si riferiscono entrambi alla stessa identica persona); secondo il secondo senso invece si afferma che Pietro e Paolo sono «lo stesso» nell'essere entrambi uomini (perché entrambi mortali, razionali). Questa *sentenhia* rifletterebbe dunque l'abbandono della teoria dell'essenza materiale: afferma anche esplicitamente che l'umanità di Pietro non è la stessa di quella di Paolo, ma una simile[82].

Alcuni di questi accostamenti necessitano a mio avviso di una riconsiderazione, sia perché le fonti sembrano fare ricorso a strategie *simili* in discussioni che restano però *differenti* tra loro, e dunque non interamente sovrapponibili, sia perché affermazioni di stampo realista rinvenute in discussioni su altri temi sembrano comunque da distinguere da trattazioni più estese ed esplicite inserite entro testi dedicati al dibattito sugli universali[83]. Nel loro complesso, però, i parallelismi elencati mostrano che il realismo di Guglielmo in materia di universali e, in misura minore, il ricorso a due sensi di 'identico' riaffiorano in diversi ambiti del suo insegnamento, soprattutto laddove si presenti la relazione tra un genere o una specie e i suoi inferiori, o una relazione che possa essere paragonata a questa.

Se ora confrontiamo le due teorie sugli universali di Guglielmo di Champeaux descritte da Abelardo in HC e la teoria dell'*individuum* ricostruita nell'analisi che abbiamo svolto, emergono chiaramente dei legami. Da un lato, la prima teoria sostenuta da Guglielmo, la teoria dell'essenza materiale, costituisce l'elemento fondamentale di confronto per la teoria dell'*individuum* sia nei testi che la criticano sia nei testi che la sostengono. Dall'altro, l'evoluzione che il pensiero di Guglielmo subì dopo le critiche di Abelardo secondo la presentazione di HC, un'evoluzione incentrata su un nuovo senso di identico per non-differenza, sembra costituire il punto di partenza da cui la teoria dell'*individuum* prende origine. *LI* descrive sia la teoria dell'*individuum* che la teoria della

---

dicimus idem prorsus in substantia, sed differt quod due sunt persone» (corsivo mio).

[82] *Cf.* supra, capitolo 4, pp. 127-130, sul senso di *idem* nella teoria dell'essenza materiale.

[83] Ad esempio, non basta affermare che il genere è materia della specie per aderire alla teoria dell'essenza materiale, tanto più se si considera che tale modo di esprimersi si trova anche in testi di stampo vocalista: *cf.* IWAKUMA, «*Vocales* revisited», p. 100 n. 35 per alcuni esempi.

collectio come gli sviluppi che germogliano dai principi di identità per non-differenza e di distinzione personale; in *GS* la teoria dell'*individuum* è chiamata «sententia de indifferentia».

Si deve però riconoscere che i rapporti tra la seconda teoria di Guglielmo di Champeaux e la teoria dell'*individuum* collegabile a Gualtiero di Mortagne non sembrano al momento potersi determinare con maggior precisione. Guglielmo sostenne esattamente la stessa teoria di Gualtiero? O una prima versione di essa? O una teoria differente, ma ugualmente basata sul principio di identità per non-differenza? Si trattava forse di una teoria sugli universali insegnata a Laon, un centro con cui entrambi gli autori ebbero un legame[84]? Si deve forse intendere che l'uso del concetto di *status* costituisca l'apporto particolare di Gualtiero, mentre a Guglielmo si debba piuttosto l'introduzione del concetto di *idem indifferenter* nel dibattito sugli universali (concetto che viene utilizzato da Gualtiero ma che, come si è visto, è adottato anche da altri autori)? A mio avviso, al momento non si possono apportare risposte definitive a questi quesiti. Si riscontrano dei legami tra le posizioni sugli universali dei due autori (conosciute partendo da *HC* da un lato, e dal *Metalogicon* dall'altro), così come dei legami biografici nella comune attività a Laon (anche se in periodi, sembra, diversi), ma i dettagli di questi rapporti, per il momento, ci sfuggono.

Una spiegazione interessante della differenza tra la seconda teoria di Guglielmo di Champeaux e la teoria dell'*individuum* di Gualtiero è stata fornita da Peter King. Secondo lo studioso, le due teorie condividerebbero tra loro e con la teoria della *collectio* le premesse comuni a tutte le *indifference theories*[85]. Si tratta in particolare di due premesse, così definite dallo

---

[84] *Cf. supra* in questo capitolo, p. 300, per il legame tra Guglielmo e Laon, e capitolo 1 per il legame tra Laon e Gualtiero.

[85] *Cf.* KING, *Peter Abailard*, I, pp. 174-186, 215-234; in particolare p. 174 (la teoria di Guglielmo, basata sul criterio negativo, è chiamata '*agreement realism*'; la teoria di Gualtiero, basata sul criterio positivo, '*status realism*'): «Now since all that exists is individual, a cardinal tenet of Indifference Theories, we have only two choices: either a collection of individuals is the universal, as for example the species *man* may be identified with the collection of all men, which roughly is the position of pseudo-Joscelin *[ossia l'autore di GS]*, or somehow the individual is to be identified with the universal. If we choose this latter alternative then we may posit either a negative criterion for sameness, and get the Agreement Realism of William of Champeaux, or take a positive element, in which case we get the cloudy Status Realism of Walter of Mortagne. Pseudo-Joscelin explains sameness by membership in the given collection; William, by the lack of difference; Walter, by having the same status. These are the principal forms of Indifference Theory»; ID., «Metaphysics», pp. 71-72.

studioso: «(1) Things are personally discrete in their essences; (2) Things essentially different are indifferently the same»[86]. Le teorie di Guglielmo e Gualtiero si distinguerebbero poi per l'aver avuto l'uno (Guglielmo) un criterio negativo, l'altro (Gualtiero) un criterio positivo su cui fondare la non-differenza o somiglianza delle cose appartenenti alla stessa specie o genere: «William of Champeaux adopted a negative criterion, saying that distinct individuals are indifferently the same when there is nothing in which they differ; Walter of Mortagne a positive criterion, saying that distinct things are indifferently the same when there is some real thing, a status, in which they agree»[87]. Si noti che questa spiegazione non afferma che Guglielmo avrebbe parlato *solo* in termini negativi, postulando la non-differenza tra due individui della stessa specie, e Gualtiero *solo* in termini positivi, affermandone la somiglianza: i termini '*indifferens*' e '*similis*'/ '*consimilis*' sono spesso usati insieme nei testi analizzati. Ad esempio, nella presentazione del principio di non-differenza in *LI* p. 14.5-6 si usano sia il termine '*indifferentia*' che l'espressione '*similitudinis convenientia*'; in *LNPS* p. 518.13, '*indifferenti*' è glossato con '*idest consimili*'; in *QG* § 29 si legge "*indifferens est, idest consimilis cum quibusdam*". La distinzione si basa piuttosto sull'ammissione o meno di *status* (anche se, come si è visto al capitolo 6, non tutti i testi realisti sono espliciti nell'affermare che gli *status* sono «some real thing», una *res*); affermare semplicemente che due individui *x* e *y* non differiscono non richiede di ammettere nulla in aggiunta a *x* e *y*. La distinzione può essere collegata a quanto Abelardo scrive nell'argomento del *convenire* (n. 3) di *LI*, dove si legge che alcuni intendono il «convenire nell'uomo» in modo negativo, come «non differire nell'uomo»[88].

---

[86] KING, *Peter Abailard*, I, p. 177.

[87] KING, «Metaphysics», p. 71; *cf.* anche ID., *Peter Abailard*, I, p. 215: «William of Champeaux suggests that two individuals are the same indifferently when there is nothing in which they differ (negative criterion), and Walter of Mortagne suggests that they are indifferently the same when they both agree in some status (positive criterion). Both theories posit the individual as the *res* identified as universal, though, which is why I shall treat them together. In addition, Abailard does not seem to clearly distinguish them in his attacks».

[88] *Cf. LI* p. 16.9-10: «Sunt autem qui 'in homine conuenire' negatiue accipiunt, ac si diceretur: Non differt Socrates a Platone in homine. Sed et sic quoque potest dici, quia nec differt ab eo in lapide, cum neuter sit lapis». Si può notare che la distinzione citata da King tra il criterio negativo di non-differenza e quello positivo di somiglianza, con cui lo studioso propone di distinguere le posizioni di Guglielmo e di Gualtiero, ricorda quella che Georges Lefèvre applicava al solo Guglielmo di Champeaux per

7.3. Adelardo di Bath

Una caratteristica degli studi sugli universali della seconda metà del XIX secolo e della prima metà del XX è quella di collegare la teoria di Gualtiero di Mortagne a una pagina del *De eodem et diverso* di Adelardo di Bath. L'iniziatore di questo confronto fu Barthélemy Hauréau nel suo *De la philosophie scolastique* (1850), con un'analisi poi ripresa in *Histoire de la philosophie scolastique* (1872)[89]. Il confronto merita una breve spiegazione, perché riflette determinate caratteristiche della ricostruzione del dibattito sugli universali compiuta dallo studioso.

Quando Hauréau scriveva, oltre alle opere di Giovanni di Salisbury egli conosceva solo due delle fonti che si sono citate in questa ricerca: l'*Historia calamitatum* di Abelardo e il '*De generibus et speciebus*', all'epoca ritenuto anch'esso di Abelardo. Le interpretazioni di questi scritti che ho proposto fin qui farebbero pensare che, conoscendo tali testi, Hauréau avesse a disposizione almeno a grandi linee lo stesso quadro che si ricostruisce oggi: una descrizione del principio di identità per non-differenza, associato a Guglielmo di Champeaux, a partire dal passo di *HC*; un'analisi della teoria dell'*individuum*, con attribuzione a Gualtiero di Mortagne, a partire da *GS* e *Met*. In realtà, altri punti accettati da Hauréau facevano sì che lo scenario a sua disposizione fosse tratteggiato in modo completamente differente, con il risultato, soprattutto, che si doveva ricercare un maestro cui attribuire la teoria dell'*individuum*. Consideriamo tali elementi più nel dettaglio.

Guglielmo di Champeaux viene oggi accostato al principio di identità per non-differenza (e così, almeno indirettamente, alla teoria

---

sostenere che questi aveva avuto tre posizioni sugli universali. Secondo Lefèvre la prima posizione, quella che oggi chiamiamo TEM, era poi stata seguita dalla teoria dell'indifferenza, e questa da una teoria della somiglianza, di cui si troverebbe prova nella *sententia De essentia dei, et substantia dei, et de tribus eius personis*, pubblicata per la prima volta da Lefèvre stesso, e in seguito ripubblicata da Odon Lottin (*cf.* LEFÈVRE, *Les variations*, pp. 5-17 e 25; LOTTIN, *Psychologie et morale*, V, pp. 190-195, *cf. supra*, pp. 322-323; la *sententia* è invece citata da King a proposito dell'*agreement realism* di Guglielmo). La spiegazione di Lefèvre non è oggi in genere accolta: si vedano ad esempio MAIOLI, *Gli universali. Storia antologica*, p. 192 e JOLIVET, «Données sur Guillaume de Champeaux», pp. 236-238.

[89] *Cf.* HAURÉAU, *De la philosophie scolastique*, I, pp. 252-266; pagine riprese in forma pressoché identica in ID., *Histoire de la philosophie scolastique. Première partie*, pp. 345-361; *cf.* anche ID., *Notices et extraits*, V, p. 324.

dell'*individuum*) attraverso il passo di *HC*. Tuttavia, Hauréau era convinto che *HC* non descrivesse affatto il principio di identità per non-differenza o la "teoria dell'indifferenza": come si è ricordato sopra[90], una delle caratteristiche della ricerca dello studioso su questo passo è quella di aver cercato di argomentare in favore della variante (oggi ritenuta inaccettabile) '*individualiter*' invece di '*indifferenter*', e così di aver escluso che Guglielmo di Champeaux fosse un sostenitore dell'"indifferenza". Egli non poteva dunque collegare a Guglielmo un principio di identità per non-differenza, né *a fortiori* la teoria dell'*individuum* che poteva leggere in *GS*.

Neppure Gualtiero di Mortagne, però, (su cui Hauréau aveva a disposizione il passo di *Metalogicon* II, 17) poteva per Hauréau essere il maestro cui si riferisce *GS*, nonostante la somiglianza tra la dottrina di *GS* e la dottrina di Gualtiero riportata dal *Metalogicon*. Grazie all'attribuzione ad Abelardo, infatti, *GS* veniva datato da Hauréau agli 1110-1120 o comunque al periodo della carriera di Abelardo a Parigi. Ebbene: il testo di *GS* non poteva dunque parlare di Gualtiero, perché su questi Hauréau seguiva la ricostruzione (probabilmente causata da un fraintendimento tra *Metalogicon* II, 10 e II, 17, ma ben diffusa nella letteratura)[91], secondo la quale Gualtiero sarebbe stato uno dei maestri di Giovanni di Salisbury, e avrebbe dunque insegnato a Parigi dal 1136 al 1148[92].

---

[90] *Cf. supra* in questo capitolo, p. 301 n. 38.

[91] *Cf. supra*, capitolo 1, p. 7 e n. 9.

[92] *Cf.* HAURÉAU, *De la philosophie scolastique*, I, pp. 252-253: «Comme nous l'avons dit, Gauthier de Mortain, ou plutôt de Mortagne, *Gualterus de Mauritania*, passe pour avoir introduit ce système *[ossia, come si legge poco prima,* le système de la non-différence*]* au sein de l'école. Mais cette opinion ne nous semble pas bien fondée [...]. On sait qu'il professa tour à tour la rhétorique et la philosophie sur la montagne Sainte-Geneviève, et que, de l'année 1136 à l'année 1148, il eut pour auditeur Jean de Salisbury. Si donc le fragment *Sur les Genres et les Espèces* [= *GS*] est, ainsi que le suppose M. Cousin, une œuvre de la jeunesse d'Abélard, comment peut-il être question, dans ce fragment, de la doctrine de Gauthier de Mortagne? Nous lisons, il est vrai, dans le *Metalogicon*, écrit vers l'année 1156, qu'à cette époque le système de la non-différence était depuis longtemps abandonné: mais ces termes *depuis longtemps* peuvent s'expliquer à l'appui de toutes les hypothèses, et, comme Abélard vieillissait déjà quand Gauthier de Mortagne était bien jeune encore, il est dès l'abord probable, sinon prouvé, que la vive polémique du fragment de Saint-Germain *[=* GS*]* ne va pas à l'adresse de ce docteur. Cependant, nous avons refusé d'admettre la thèse de la non-différence comme le second système de Guillaume de Champeaux. Il nous reste donc à faire connaître quel est, à notre jugement, le premier maître qui recommanda cette thèse aux partis belligérants *[segue la presentazione del passo del* De eodem et diuerso *di Adelardo di Bath]*».

Hauréau era dunque in cerca di un maestro che avesse professato una "teoria dell'indifferenza" nei due decenni precedenti (1110-1130) e a cui potesse riferirsi la testimonianza di *GS* su tale dottrina, dottrina che sarebbe stata insegnata in seguito da Gualtiero di Mortagne. Era con questo interesse che Hauréau individuava nel *De eodem et diverso* di Adelardo di Bath, un testo datato a prima del 1116[93], il passo seguente (che egli citava dal ms. Paris, BnF, lat. 2389, ancora oggi manoscritto unico dell'opera):

> Quod autem unus *[Platone]* ea extra sensibilia, alter *[Aristotele]* in sensibilibus tantum existere dixit, sic accipiendum est. Genus et species [...] etiam rerum subiectarum nomina sunt. Nam si res consideres, eidem essentie et generis et speciei et indiuidui nomina imposita sunt, set respectu diuerso. Volentes etenim philosophi de rebus agere secundum hoc quod sensibus subiecte sunt, secundum quod a uocibus singularibus notantur et numeraliter diuerse sunt, indiuidua uocarunt – scilicet Socratem, Platonem et ceteros. Eosdem autem altius intuentes – uidelicet non secundum quod sensualiter diuersi sunt, set in eo quod notantur ab hac uoce 'homo'

---

[93] Per l'edizione del *De eodem et diverso*, cf. H. WILLNER, *Des Adelard von Bath Traktat* De eodem et diverso, Aschendorff, Münster 1903, pp. 1-34 (Beiträge zur Geschichte der Philosophie des Mittelalters, 4), ora sostituita da Adelard of Bath, *Conversations with his Nephew. On the Same and the Different, Questions on Natural Science, and On Birds*, ed. and tr. by Ch. BURNETT, with the collaboration of I. RONCA, P. M. ESPAÑA and B. VAN DEN ABEELE, Cambridge University Press, Cambridge 1998, pp. 1-79. Per la traduzione italiana, si veda Adelardo di Bath, *L'identico e il diverso. De eodem et diverso*, a cura di A. BISANTI e P. PALMERI, presentazione di A. MUSCO, Officina di Studi Medievali, Palermo 2014. La datazione *ante* 1116 si basa sulla dedica a «Guglielmo, vescovo di Siracusa» (il quale occupò il seggio episcopale dal 1108 al 1116). Si possono inoltre consultare: P. COURCELLE, «Adelard de Bath et la *Consolation* de Boèce», in P. GRANFIELD and J. A. JUNGMANN (edd.), *Kyriakon. Festschrift Johannes Quasten*, 2 voll., Aschendorff, Münster 1970, II, pp. 572-575; J. JOLIVET, «Adélard de Bath et l'amour des choses», in *Metaphysique, histoire de la philosophie. Recueil d'études offert à Fernand Brunner*, Editions de la Baconnière, Neuchâtel 1981, pp. 77-84; i contributi raccolti in *Adelard of Bath. An English Scientist and Arabist of the Early Twelfth Century*, edited by Ch. BURNETT, The Warburg Institute, London 1987, in particolare A. DREW, *The* De eodem et diverso, *ibi*, pp. 17-24; L. COCHRANE, *Adelard of Bath. The First English Scientist*, British Museum Press, London 1994 e Ch. BURNETT, «William of Conches and Adelard of Bath», in B. OBRIST – I. CAIAZZO (éds.), *Guillaume de Conches: Philosophie et science au XII*[e] *siècle*, Sismel-Edizioni del Galluzzo, Firenze 2011, pp. 67-77.

– speciem uocauerunt. Eosdem item in hoc tantum quod ab hac uoce 'animal' notantur considerantes, genus uocauerunt. Nec tamen in consideratione speciali formas indiuiduales tollunt, set obliuiscuntur, cum a speciali nomine non ponantur; nec in generali speciales ablatas intelligunt, set inesse non attendunt, uocis generalis significatione contenti. Vox enim hec 'animal' in re illa notat substantiam cum animatione et sensibilitate; hec autem 'homo' totum illud, et insuper cum rationalitate et mortalitate; 'Socrates' uero illud idem addita insuper numerali accidentium discretione. Vnde uel doctrina non initiatis patet consideratio indiuidualis; specialis certe non modo litterarum profanos uerum etiam ipsius archani conscios admodum angit. Assueti enim rebus discernendis oculos aduertere et easdem longas uel latas altasque conspicere, necnon unam aut plures esse, undique circumscriptione locali ambitas percurrere, cum speciem intueri nituntur, eisdem quodammodo caliginibus implicantur. Nec ipsam simplicem notam sine numerali aut circumscriptionali discretione contemplari, nec ad simplicem specialis uocis positionem ascendere queunt. Inde quidam cum de uniuersalibus ageretur, sursum inhians, "Quis locum earum michi ostendet?" inquid. Adeo rationem imaginatio perturbat et quasi inuidia quadam subtilitati eius se opponit. Set id apud mortales; diuine enim menti, que hanc ipsam materiam tam uario et subtili tegmine formarum induit, presto est et materiam sine formis et formas sine aliis, immo et omnia cum aliis sine irretitu imaginationis distincte cognoscere. Nam et antequam coniuncta essent, uniuersa que uides in ipsa noy simplicia erant. Set quomodo et qua ratione in ea essent, id et subtilius considerandum et in alia disputatione dicendum est. Nunc autem ad propositum redeamus. Quoniam igitur illud idem quod uides et genus et species et indiuiduum sit, merito ea Aristotiles non nisi in sensibilibus esse proposuit. Sunt etenim ipsa sensibilia, quamuis acutius considerata. Quoniam uero ea in quantum dicuntur genera et species nemo sine imaginatione presse pureque intuetur, Plato extra sensibilia – scilicet in mente diuina – et concipi et existere dixit. Sic uiri illi, licet uerbis contrarii uideantur, re tamen idem senserunt[94].

---

[94] Adelard of Bath, *Conversations with his Nephew*, pp. 20-24 (con traduzione inglese); una traduzione in italiano del passo si legge in MAIOLI, *Gli universali. Storia antologica*, pp. 202-204 e (di Armando Bisanti) in Adelardo di Bath, *L'identico e il diverso*, pp. 105-109.

Il *De eodem et diverso* (il cui titolo proviene dalla descrizione della composizione dell'anima del mondo in *Timeo*, 35a)[95] non è un testo di logica, ma un dialogo[96] tra Filocosmia (che rappresenta il Diverso ed è accompagnata da cinque ancelle, Ricchezza, Potenza, Onore, Fama e Piacere) e Filosofia (che rappresenta l'Identico ed è accompagnata dalle sette arti liberali), svolto alla presenza di Adelardo, sul valore della sapienza. La sezione citata è tratta dalla parte in cui parla Filosofia.

Il confronto suggerito da Hauréau tra questa pagina di Adelardo e la teoria di Gualtiero/dell'*individuum* è stato ripreso successivamente in numerose ricostruzioni delle dottrine sugli universali del dodicesimo secolo, che sulla scia dello studioso hanno riservato in genere una sezione alla "teoria dei *respectus*" di Adelardo di Bath[97]. In studi più recenti, però, e in particolare nelle edizioni di *QG* di Dijs e di Romano, il legame tra Gualtiero e Adelardo di Bath è stato trascurato[98]. Nel suo *L'Art des généralités*, infine, Alain de Libera ha espresso dubbi sull'opportunità di accostare questo passo del *De eodem et diverso* alla teoria dell'*individuum*, scrivendo:

---

[95] *Cf. Plato Latinus*, edidit R. KLIBANSKY. Volumen IV. *Timaeus a Calcidio translatus commentarioque instructus*, in societatem operis coniuncto P. J. JENSEN edidit J. H. WASZINK, editio altera, The Warburg Institut – Brill, London – Leiden 1975, p. 29.9; Adelard of Bath, *Conversations with his Nephew*, p. 2.

[96] Sul modello della *Consolatio* di Boezio, si tratta di un prosimetro, anche se gli inserti metrici sono solo due, uno assegnato a Filocosmia e uno a Filosofia. Su questi, si vedano le osservazioni di Armando Bisanti nella *Introduzione* alla traduzione italiana, in Adelardo di Bath, *L'identico e il diverso*, pp. 1-36, specialmente 24-36 e A. BISANTI, «Inserti metrici nel *De eodem et diverso* di Adelardo di Bath», *Medieval Sophia*, rivista on-line, 7 (2010) 5-32.

[97] *Cf.* ad esempio RITTER, *Geschichte der christlichen Philosophie*, III, p. 381; REINERS, *Der aristotelische Realismus*, pp. 20-25; MAIOLI, *Gli universali. Storia antologica*, pp. 199-204; JOLIVET, «Non-réalisme et platonisme», p. 179 e Ch. BURNETT, «John of Salisbury and Aristotle», *Didascalia*, 2 (1996) 19-32, in particolare p. 30, dove si nota la somiglianza tra la teoria di Gualtiero (descritta nel *Metalogicon*) e quella di Adelardo di Bath. Sulla posizione di Adelardo sugli universali, *cf.* anche BURNETT, «Adelard of Bath's Doctrine on Universals» e P. MANTAS, «El "sistema de la indiferecia" en el *De eodem et diverso* de Adelardo de Bath», in *Actes del Simposi Internacional de Filosofia de l'Etad Mitjana*, ed. P. LLORENTE – A. BOADAS – F. J. FORTUNY – A. GRAU – I. ROVIRÓ, Patronat d'Estudis Osonencs, Vic 1996, pp. 319-328.

[98] DIJS, «Two anonymous» e ROMANO, *Una soluzione* non citano Adelardo al proposito.

la théorie d'Adélard, prise dans son entier, ne peut être qualifiée de "réaliste" – elle est exposée dans le cadre d'une réponse de *Philosophia*, accusée par *Philocosmia* de sacrifier les choses (*res*) au profit des "noms vides" (*verba*). Le problème traité par Adélard est donc [...] montrer que les noms universels nomment bien quelque chose [...]. Ce qu'expose Adélard, c'est une version particulière de la théorie boécienne du sujet unique (= ThSu), fortement influencée, en outre, par la doctrine des facultés de l'âme proposée dans la *Consolation de Philosophie*, V, prose 4. Certes, il y a bien chez lui et la notion d'"essence unique" ou "identique" et celle de "point de vu" (*respectus*), mais la combinaison des deux ne suffit pas pour obtenir la théorie réaliste combattue dans *LNPS [si fa qui riferimento alla descrizione di LNPS della teoria dell'*individuum*]*. Si Adélard joue un rôle dans l'histoire de ThC2 [scil. *la teoria dell'*individuum*, nella descrizione di LNPS]*, ce ne peut donc être comme *partisan* de la version discutée dans *LNPS*, mais plutôt comme *témoin* de sa première version, présentée dans la *Logica* [scil. *la teoria dell'*individuum *nella versione di LI]* et, surtout, comme partisan de la psychologie de la connaissance proposée par Boèce dans la *Consolation*. Cela le rapproche beaucoup plus d'Abélard – spécialement du *De intellectibus* – que de ses adversaires réalistes[99].

Con questo giudizio de Libera riduce il valore della candidatura di Adelardo di Bath ad autore cui attribuire la teoria dell'*individuum*, in favore di quella di Gualtiero di Mortagne[100]. È senz'altro vero che il testo del *De eodem* non può essere trattato come uno degli scritti sugli universali o dei commenti all'*Isagoge* che abbiamo analizzato nei capitoli precedenti. Il passo di Adelardo intende in primo luogo mostrare la consonanza di Platone e Aristotele e insistere sui diversi livelli della conoscenza delle cose, sulla base della dottrina di *Consolatio*, V, pr. 4[101].

Il confronto tra la teoria dell'*individuum* e questo passo mi sembra però restare possibile. C'è effettivamente un'affinità, anche terminologica, tra la teoria dell'*individuum* e l'affermazione che «se consideri le cose, alla

---

[99] De Libera, *L'Art des généralités*, pp. 345-346; *cf.* anche pp. 394 e 434.

[100] *Ibi*, p. 346 (seguito immediato del passo appena citato): «Si Adélard n'est pas l'auteur visé par *LNPS*, qui reste-t-il, en fin de compte, dans les documents aujourd'hui accessibles? La réponse est simple: Gauthier de Mortagne».

[101] *Cf.* la citazione del passo *supra*, capitolo 2, p. 46 n. 42 e Burnett, «Adelard's Doctrine on Universals».

stessa cosa che è (*essentia*) sono imposti i nomi sia del genere sia della specie sia dell'individuo, ma secondo punti di vista (*respectus*) diversi». Anche la dottrina della conoscenza nella *Consolatio* non fu priva di influssi sulle trattazioni più specifiche relative agli universali[102]. Il confronto sembra restare opportuno, pur con i *distinguo* imposti dal genere letterario del *De eodem et diverso*. Come indicato da Jolivet, quello di Adelardo sarebbe una sorta di realismo a base semantica, dove il passaggio a *respectus* superiori, basato sull'oblio delle caratteristiche del livello inferiore, è guidato dai termini del nostro linguaggio[103]. Se la dottrina sugli universali del secondo Guglielmo di Champeaux e di Gualtiero da un lato e questo passo di Adelardo di Bath dall'altro possono essere confrontati, l'ipotetico legame esistente tra Adelardo e la scuola di Laon diventa, evidentemente, di particolare interesse[104]: il passo del *De eodem et diverso* potrebbe forse

[102] Ad esempio, nella *Sententia de universalibus secundum magistrum R.* del MS Paris, Bnf, lat. 17813, §§ 7-8, dove si distingue tra *sensus*, *imaginatio*, *ratio* e *intellectus/intelligentia* (*cf.* Dijs, «Two Anonymous», pp. 113-117); *cf.* anche *supra*, capitolo 2, pp. 44-46, e Burnett, «Adelard of Bath's Doctrine on Universals».

[103] Jolivet, «Non-réalisme et platonisme», p. 179: «Or ce terme *[cioè 'respectus', citato nella LNPS]* se retrouve dans un écrit qui a été composé vers le moment sans doute où Abélard écoutait et discutait l'enseignement de Guillaume: le *De eodem et diverso* l'Adélard de Bath. Il y est dit que "c'est au même être (*eidem essentiae*) que sont appliqués les noms de genre, d'espèce et d'individu, mais sous une différence de point de vue (*respectu diverso*)". Selon l'explication qui est ensuite fournie, ce changement de point de vue suit non seulement les degrés successifs d'une abstraction décrite comme un détournement de l'attention, un "oubli" des formes individuelles puis spécifiques; il a aussi pour fil conducteur le langage. Les philosophes, nous dit Adélard, considèrent d'abord les choses "selon qu'elles s'offrent au sens, en tant qu'elles sont désignées par des noms singuliers et sont numériquement diverses"; puis, "non plus selon qu'elles sont diverses pour les sens, mais en tant que désignées par le mot *homme*"; enfin, "en tant seulement qu'elles sont designées par le mot *animal*". Il est probable qu'Abélard *[nella LNPS]* visait une doctrine fort proche de celle d'Adélard de Bath, et qui serait donc une forme de réalisme explicitement fondée sur une base sémantique».

[104] Tale legame si basa sull'affermazione che si legge all'inizio delle *Quaestiones naturales*, edite in Adelard of Bath, *Conversations with his Nephew*, pp. 82-226, specialmente a p. 90: «Adelardus: Meministi, nepos, septennio iam transacto, cum te in Gallicis studiis pene puerum *iuxta Laudisdunum* una cum ceteris auditoribus meis dimiserim, id inter nos conuenisse, ut Arabum studia ego pro posse meo scrutarer, tu uero Gallicarum sententiarum inconstantiam non minus adquireres» (corsivo mio). Non è chiaro dal passo se Adelardo abbia lasciato il nipote e i suoi allievi vicino a Laon nel senso che in precedenza egli insegnò a Laon e poi lasciò la città, dove rimasero il nipote e gli allievi, o nel senso che (senza aver insegnato a Laon) lasciò

riflettere una familiarità con un insegnamento sugli universali in auge a Laon?

7.4. Gilberto di Poitiers

Già nel 1992, Jean Jolivet notava che la teoria dell'*individuum* non è senza analogie con l'ontologia e la teoria degli universali di Gilberto di Poitiers[105] (la quale, peraltro, è spesso confrontata anche con la teoria

vicino a tal luogo nipote e allievi (forse, ma non è certo, perché vi proseguissero la loro formazione): *cf.* su questo M. GIBSON, «Adelard of Bath», in *Adelard of Bath*, ed. BURNETT, pp. 7-16, specialmente pp. 9-10 e *post-scriptum* alla p. 9 (Gibson giudica il passo «at best inconclusive» come prova del fatto che Adelardo visse o insegnò a Laon); GIRAUD, *Per verba magistri*, pp. 116-117.

[105] Si veda JOLIVET, «Trois variations», pp. 142-143: «Cette opération intellectuelle se fonde donc en dernière instance sur la "conformité" entre des singuliers. Le terme et le concept paraissaient déjà obscurs à Jean de Salisbury: "il peine sur la conformité (*in conformitate laborat*)", écrit-il à propos du philosophe porrétain. Gilbert les laisse sans explication; l'obscurité vient sans doute de ce qu'il s'agit là d'une articulation désignable mais informulable autrement, où sur le singulier existant mais non individuel se greffe l'universel que l'on pense et nomme mais qui n'existe pas, puisque tout ce qui existe est singulier et que lui par définition ne l'est pas. Au premier abord tout au moins ce concept paraît voisin de ce qui dans la typologie abélardienne du réalisme en constitue la seconde forme: le réalisme de la non-différence»; inoltre *ibi*, p. 151: «Ce n'est pas là un réalisme de l'universel comme il ressort d'un autre passage: "une même forme a un effet spécifique et un effet générique, ainsi la blancheur rend blanc, elle rend coloré, elle rend qualifié (*facit quale*). Donc toutes les blancheurs sont l'universel *blanc*, toutes les blancheurs et autres couleurs sont l'universel *coloré*, toutes les blancheurs et autres qualités sont l'universel *quale*". Il est loisible de lire dans ce passage la constitution de l'universel à partir des conformités de certains accidents si l'on s'en tient à cet exemple, et de certaines subsistances si on l'étend. Mais plus importants sont l'emploi du verbe *être* qui unit les *blancheurs* à l'universel *blanc* et la dérivation de toute la série ascendante des universaux à partir de l'accident le plus spécifique et donc le plus proche des singuliers. Nous sommes loin ici de la première forme du réalisme selon Abélard, qui pose "une substance essentiellement la même [...], essence matérielle des singuliers en qui elle est [...] diversifiée seulement par les formes des êtres rangés sous elle". En revanche elle n'est pas sans analogie avec la seconde, selon laquelle des choses singulières radicalement distinctes les unes des autres sont par non-différence un universel; dans sa première variété tous les hommes rassemblés constituent l'espèce *homme*, tous les animaux le genre *animal*. Elle ne semble pas lui être superposable puisqu'elle considère des subsistances et non des subsistants et relève davantage de Platon que de l'aristotelisme; du moins cette

della *collectio*)¹⁰⁶. Sembra si possano individuare almeno quattro analogie tra le due teorie¹⁰⁷. (i) In primo luogo, si può confrontare il *particolarismo ontologico* ammesso da entrambe: contro la teoria dell'essenza materiale, la teoria dell'*individuum* afferma la distinzione personale e l'individualità/ singolarità di tutto ciò che esiste; per Gilberto, come scrive Luisa Valente,

comparaison un peu forcée montre comment peuvent se concilier un extrême réalisme des formes et une conception modérément réaliste des universaux».
¹⁰⁶ Sul confronto tra la teoria di Gilberto e la teoria della *collectio*, *cf.* MAIOLI, *Gilberto Porretano*, pp. 362-363; IWAKUMA, «Influence», p. 313; VALENTE, «Un realismo singolare», pp. 235-236, 240, anche in relazione ai trattati di scuola porretana *Invisibilia Dei* e *Compendium logicae Porretanum*; ERISMANN, «Explaining Exact Resemblance», p. 15 (contro il paragone tra la teoria di Gilberto e la teoria della *collectio* nella forma di *LI*). La somiglianza riguarda soprattutto la teoria della *collectio* nella versione di *GS* e il confronto può essere approfondito alla luce del fatto che, come si è accennato *supra*, capitolo 4, pp. 107-108 e n. 1, la *collectio* di cui parla la teoria nella versione di *GS* non è tanto una *collectio* di individui (come per *LI*) quanto di *essentiae* o materie.
¹⁰⁷ Per la ricostruzione della posizione di Gilberto, trasmessa nei suoi commenti agli *opuscula sacra* di Boezio (editi in HÄRING, *The Commentaries on Boethius by Gilbert of Poitiers*) mi baso in particolare su VALENTE, «Un realismo singolare», pp. 194-216; *cf.* anche EAD., «Essentiae»; EAD., *Logique et théologie. Les écoles parisiennes entre 1150 et 1220*, Vrin, Paris 2008, pp. 123-149; EAD., «Gilbert of Poitiers», in LAGERLUND (ed.), *Encyclopedia of Medieval Philosophy*, pp. 409-417; EAD., «Forme, contesti e interpretazioni». Si vedano inoltre: S. VANNI ROVIGHI, «La filosofia di Gilberto Porretano», in EAD., *Studi di filosofia medioevale*, I, Vita e Pensiero, Milano 1978, pp. 176-247; MAIOLI, *Gli universali. Storia antologica*, pp. 302-348; ID., *Gilberto Porretano*, pp. 259-268, 341-364; NIELSEN, *Theology and Philosophy*, pp. 65-69; L.-M. DE RIJK, «Gilbert de Poitiers. Ses vues sémantiques et métaphysiques», in JOLIVET – DE LIBERA (éds.), *Gilbert de Poitiers et ses contemporains*, pp. 147-171; GRACIA, *Introduction*, pp. 155-178; J. MARENBON, «Gilbert of Poitiers», in *A History of Twelfth-Century Western Philosophy*, edited by P. DRONKE, Cambridge University Press, Cambridge 1988, pp. 328-352; L.-M. DE RIJK, «Semantics and Metaphysics in Gilbert of Poitiers. A Chapter of Twelfth-Century Platonism», *Vivarium*, 26 (1988) 73-112; 27 (1989) 1-35; JOLIVET, «Trois variations», pp. 141-155; DE LIBERA, *La querelle*, pp. 167-175; JACOBI, «Einzelnes – Individuum – Person»; Ch. ERISMANN, «The Medieval Fortunes of the *Opuscula Sacra*», in *The Cambridge Companion to Boethius*, ed. J. MARENBON, Cambridge University Press, Cambridge 2009, pp. 155-177; P. THOM, *The Logic of the Trinity. Augustine to Ockham*, Fordham University Press, New York 2012, pp. 78-93; J. MARENBON, «Gilbert of Poitiers's Contextual Theory of Meaning and the Hermeneutics of Secrecy», in FINK – HANSEN – MORA-MÁRQUEZ (edd.), *Logic and Language in the Middle Ages*, pp. 49-64; PINZANI, «Sull'ontologia di Gilberto Porretano»; ERISMANN, «Explaining Exact Resemblance»; *cf.* anche *supra*, capitolo 2, pp. 58-60, sulla presentazione della teoria di Gilberto in Giovanni di Salisbury.

«la singolarità intrinseca di ogni ente (composto o forma che sia) è il fondamento portante della costituzione ontologica degli enti del mondo naturale»[108] (anche se, come si vedrà, Gilberto non sottoscriverebbe l'affermazione che tutto ciò che esiste è individuale, ma solo che tutto ciò che esiste è singolare). (ii) In secondo luogo, esiste nella teoria dell'*individuum* la tendenza a passare dall'affermazione che l'individuo è la specie/genere all'affermazione che ogni individuo ha *una propria specie/ genere*, non-differenti da quelli degli altri individui della stessa specie/ genere; la tesi, così sviluppata, può essere confrontata con la singolarità delle forme sostanziali nell'ontologia gilbertina. (iii) In *P17* si legge inoltre che due specie, come *homo Platonis* e *homo Socratis*, sono non-differenti o simili quando sono composte di materia e forma che producono «effetti simili»; in Gilberto la conformità delle sussistenze si riscontra a partire dagli *effetti simili* che esse producono nei sussistenti. (iv) Infine, le due teorie presentano due concetti il cui uso all'interno della teoria è, per certi aspetti, affine: la somiglianza o *indifferentia* da un lato e la *conformitas* dall'altro. La vicinanza tra la teoria dell'*individuum* e la teoria gilbertina si accompagna però anche a differenze non meno rilevanti. (i*) La principale è che la teoria dell'*individuum* si vuole realista, mentre la teoria di Gilberto in materia di universali non è realista (anche se egli è un realista delle forme). (ii*) Inoltre l'ontologia e la terminologia gilbertine sono molto più raffinate di quelle della teoria dell'*individuum* e comportano in particolare la distinzione tra singolare e individuale, e tra individuo e dividuo, che non troviamo nella teoria di Gualtiero. Occorre dunque precisare brevemente i termini del confronto con alcuni ulteriori dettagli.

Come mostrato dagli studiosi, alla base dell'ontologia di Gilberto vi sono due tipi fondamentali di enti[109]: i sussistenti o *id quod est*; e le sussistenze, o forme (sostanziali) o *id quo est*, cause dell'essere e dell'essere determinato dei sussistenti[110]. Le sussistenze hanno con i sussistenti una relazione di *essere-in*: ad esempio la sussistenza *humanitas* è nel sussistente Socrate[111].

---

[108] VALENTE, «Un realismo singolare», pp. 201-202.

[109] Il termine 'ente' è qui inteso secondo l'uso precisato da VALENTE, «Un realismo singolare», p. 195, ossia viene usato per indicare sia i sussistenti che le sussistenze.

[110] *Cf.* MARENBON, «Gilbert of Poitiers», pp. 341-343, e anche ID., «Gilbert of Poitiers's Contextual Theory of Meaning», pp. 56-58.

[111] Come spiega Paul Thom, la sussistenza non è nel sussistente come un accidente nel suo soggetto (relazione di *essere-in* nel senso usuale): si tratta di un particolare tipo di *in-relation*, in cui il sussistente è anche causato dalla sussistenza come suo

Ciascun sussistente è distinto dagli altri sussistenti ed è numericamente uno: non, come nella "Standard Theory of Individuality" adottata dalla teoria dell'essenza materiale, per le sue forme accidentali (ossia per gli accidenti di ciascuno)[112] ma per le sue forme sostanziali o sussistenze (*e. g.* l'*humanitas* del sussistente Socrate). La forma sostanziale, chiamata *essentia*, è singolare per ciascun sussistente. Per Gilberto, tutto ciò che è, è singolare; non tutto ciò che è singolare, però, è anche individuo[113]. Le forme, infatti, possono essere o semplici o composte, e quelle composte sono poi o incomplete o complete: esempio di forma semplice è la *rationalitas*, composta è l'*humanitas* (composta di altre forme, in questo caso la *corporeitas*, l'*animalitas*, la *rationalitas*, *etc.*) e composta e completa

concretizzarsi (*ab-relation*): *cf.* THOM, *The Logic of the Trinity*, pp. 80-83, e definizione 5.1 (A *in** B iff B *ab* A).

[112] Le forme accidentali non *causano* la diversità numerica del sussistente, ma si limitano a *manifestarla*: *cf.* Gislebertus Pictauensis, *Expositio in Boecii librum* De trinitate, ed. HÄRING, *The Commentaries on Boethius by Gilbert of Poitiers*, p. 77.83-86: «Hanc autem in naturalibus numeralem non modo subsistencium uerum etiam subsistenciarum diuersitatem eorum, que adsunt subsistenciis illis in eisdem subsistentibus, accidentium dissimilitudo non quidem facit sed probat»; GRACIA, *Introduction*, pp. 171-173; JOLIVET, «Trois variations», pp. 143-144; VALENTE, «Un realismo singolare», p. 201; ERISMANN, «Alain de Lille», pp. 28-29 n. 27.

[113] *Cf.* Gislebertus Pictauensis, *Expositio in Boecii librum* De trinitate, ed. HÄRING, *The Commentaries on Boethius by Gilbert of Poitiers*, pp. 143.53-144.60: «distinguamus [...] quod alicuius proprietas alia ratione 'singularis', alia 'indiuidua', alia 'personalis' uocatur. Quamuis enim quicquid est indiuiduum, est singulare – et quicquid est persona, est singulare et indiuiduum – non tamen omne singulare est indiuiduum. Nec omne singulare uel indiuiduum est persona. In naturalibus enim quicquid est, alio, quam ipsum sit, aliquid est. Et quoniam id, quo est aliquid, singulare est, id quoque, quod eo est aliquid, singulare est»; Id., *Expositio in Boecii librum* Contra Euticen et Nestorium, ed. HÄRING, *The Commentaries on Boethius by Gilbert of Poitiers*, p. 270.70-80: «Sicut enim omnis quidem persona indiuiduum est, non uero omne indiuiduum est persona: ita quoque omne indiuiduum est singulare, non autem omne singulare est indiuiduum. Quicquid enim est, singulare est. Sed non: quicquid est, indiuiduum est. Singularium namque alia aliis sunt tota proprietate sua inter se similia. Que simul omnia conformitatis huius ratione dicuntur 'unum diuiduum': ut diuersorum corporum diuerse qualitates tota sui specie quales. Alia uero ab aliis omnibus aliqua sue proprietatis parte dissimilia. Que sola et omnia sunt huius dissimilitudinis ratione indiuidua: ut hic lapis hoc lignum hic equus hic homo»; sulla distinzione tra singolare e individuo, *cf.* soprattutto GRACIA, *Introduction*, pp. 156-165; VALENTE, «Un realismo singolare», pp. 200-208. Si veda anche *supra*, introduzione, pp. XXXVI-XXXVII n. 46 e capitolo 1, pp. 8-9 n. 13, per la presenza della distinzione tra singolare e individuo nel *De peccato originali* di Odone di Tournai.

è la *platonitas* (ossia la forma propria di Platone o *tota forma*, composta di tutte le forme sostanziali e le forme accidentali di Platone). Solo le forme composte complete e i sussistenti sono individui. Le forme semplici e le forme composte incomplete sono conformi (in atto o in potenza) ad altre forme, e perciò non si dicono individue ma dividue «in quanto 'dividono' le proprietà corrispondenti su più oggetti in modo simile»[114]: tutte le forme conformi tra di loro sono *un dividuo*[115]. Il singolare, dunque, comprende sia ciò che è individuo (ossia non conforme[116], vale a dire i sussistenti[117] e le forme composte complete) sia ciò che è dividuo (ossia conforme, vale a dire le forme semplici e le forme composte incomplete).

Le sussistenze, come *humanitas*, non sono degli universali – anzi, come abbiamo visto, sono singolari: Platone è uomo per l'*humanitas* di Platone, Socrate è uomo per l'*humanitas* di Socrate. Le due umanità di Socrate e Platone, però, hanno effetti simili (entrambe rendono uomo), e sono perciò conformi. Alla base della teoria degli universali di Gilberto vi è dunque un'unione basata sulla conformità[118]: la specie uomo «è numericamente una solo per 'conformità', ma *plures essentiae* per la 'singolarità' (delle *humanitates* come degli *homines*)»[119]. L'universale uomo è il frutto di un'*astrazione* da

---

[114] VALENTE, «Un realismo singolare», p. 201; *cf.* anche *ibi*, p. 243: «Per Gilberto una sussistenza si chiama *dividua* in forza della *conformitas* e della somiglianza – in atto o solo in natura – con analoghe sussistenze in altri enti, per cui le relative caratteristiche sono 'suddivise' o 'distribuite' tra di essi».

[115] Una forma conforme ad altre si dice 'dividua' e tutte le forme conformi tra loro prese insieme sono un 'dividuo'.

[116] Più precisamente, l'individuo è non conforme *quando considerato nella sua interezza*, mentre può essere conforme ad altri individui se si considera solo una delle sue determinazioni formali (ad esempio per la sua razionalità Socrate è conforme a Platone, così come le due razionalità, non individue, sono conformi tra loro): *cf.* VALENTE, «Un realismo singolare», pp. 203-205, 207.

[117] Più precisamente, sussistenti che non siano parte di composti: *cf. ibi*, pp. 205-206.

[118] MAIOLI, *Gilberto Porretano*, pp. 350-351: «Contro ogni forma di realismo esagerato, Gilberto insiste nel precisare che l'unità, o meglio unione di genere o di specie significata dai termini universali è soltanto una unione logica frutto di astrazione, che a sua volta riflette una unità-unione di semplice conformità tra sussistenze o sussistenti numericamente ed ontologicamente distinti e concreti, e che oltre questa unità-unione di conformità non sussiste nella realtà una unità ontologica di identità di essenza, ma una molteplicità e diversità numerica e di sussistenze e di sussistenti», e *ibi*, p. 349, dove si insiste che nel caso dell'universale si tratta di una «unione» (*unio*) più che di una «unità».

[119] VALENTE, «Un realismo singolare», p. 210, commentando Gislebertus Pictauensis, *Expositio in Boecii librum* Contra Euticen et Nestorium, ed. HÄRING, *The Commentaries*,

parte dell'intelletto a partire dalla conformità di tali sussistenze (*humanitas* di Socrate e *humanitas* di Platone)[120]. Gilberto afferma anche che il genere e la specie sono una *collectio*, frutto di astrazione[121], delle forme conformi; e la conformità delle forme (sussistenze) si riscontra a partire dagli *effetti simili* che esse producono nei sussistenti, di cui sono le cause[122].

Riprendiamo ora gli elementi di confronto e differenza tra la teoria gilbertina e la teoria dell'*individuum*[123]. Si noterà che, tra i testi della

p. 269.39-50. Nei testi di scuola porretana come il *Compendium logicae Porretanum*, effettuando una forzatura grammaticale si dice che *il genere è le essenze* molteplici conformi (singolari, ma non individuali); e ugualmente che *la specie è le essenze* molteplici (singolari, ma non individuali): *cf.* VALENTE, «Un realismo singolare», p. 240.

[120] *Cf. ibi*, pp. 209-213 e ERISMANN, «Explaining Exact Resemblance», pp. 14-16.

[121] Gislebertus Pictauensis, *Expositio in Boecii librum* Contra Euticen et Nestorium, ed. HÄRING, *The Commentaries*, p. 279.18-20: «uniuersalia, que intellectus ex particularibus colligit, sunt quoniam particularium illud esse dicuntur quo ipsa particularia aliquid sunt»; *ibi*, p. 312.7-13: «Genus uero nichil aliud putandum est nisi subsistentiarum secundum totam earum proprietatem ex rebus secundum species suas differentibus similitudine comparata collectio. Qua similitudinis comparatione omnes ille subsistentie dicuntur 'unum uniuersale unum diuiduum unum commune unum genus una eademque natura'». *Cf.* VALENTE, «Un realismo singolare», p. 213: «per Gilberto l'unità della specie, come quella del genere, è un fatto di astrazione ("humana ratio abstrahit") e di linguaggio ("dicuntur unum et idem"), mentre a livello di realtà esistono solo enti singoli, alcuni dei quali sono anche individui»; *ibi*, p. 215: «l'universalità è attribuita [...] a un insieme (*collectio*) di forme con un atto di astrazione compiuto dall'intelletto, ma sulla base di somiglianze (*similitudines*) effettive, colte fra gli enti in base agli effetti simili prodotti in tali enti dalle forme simili (*conformes*)». L'aspetto astrattivo della collezione è un punto della dottrina di Gilberto che verrà in parte trascurato nei testi di scuola porretana; *cf. ibi*, p. 246: «si può formulare l'ipotesi che, nel corso del tempo, nell'ambito della metafisica della Scuola Porretana si realizzi un rafforzamento dell'aspetto del realismo delle forme, in quanto determinazioni causali dell'essere dei sussistenti, e un parallelo ridimensionamento dell'idea dell'origine astrattiva dell'universale».

[122] Gislebertus Pictauensis, *Expositio in Boecii librum* Contra Euticen et Nestorium, ed. HÄRING, *The Commentaries*, p. 269.40-42: «VNIVERSALES SVNT QVE plures secundum se totas inter se suis effectibus similes DE pluribus SINGVLIS subsistentibus inter se uere similibus PRAEDICANTVR». Questo tratto della dottrina, che insiste sull'efficacia causale delle sussistenze e sulla somiglianza di effetti, si accentua negli scritti di scuola porretana: *cf.* VALENTE, «Un realismo singolare», pp. 216, 237-239 e JOLIVET, «Trois variations», pp. 150, 152.

[123] Si potrebbe pensare che un ulteriore punto di differenziazione sia il fatto che la teoria dell'*individuum* intende l'uomo-di-Socrate come *materia* (materia di Socrate essenzialmente, sicché Socrate risulta materia e materiato al contempo, e materia degli altri individui umani per non-differenza, come si legge nella descrizione della teoria

teoria dell'*individuum*, il commento *P17* sembra particolarmente vicino alle formulazioni gilbertine. Come abbiamo più volte segnalato, la teoria dell'*individuum* si definisce, contro la teoria dell'essenza materiale, a partire dall'affermazione della distinzione personale (sia nelle forme che nella materia) di tutte le cose[124]. Le affermazioni della teoria dell'*individuum*, «Quicquid est, indiuiduum» (*QG* § 26) e «nihil omnino est praeter indiuiduum» (*GS* § 50), si possono confrontare con l'ontologia del *singolare* di Gilberto. Questi, però, non sottoscriverebbe l'affermazione che tutto ciò che esiste è individuale: tutto ciò che esiste è per lui singolare, ma non tutto ciò che è singolare è anche individuale: «quicquid enim est singulare est. Sed non quicquid est indiuiduum est»[125].

dell'*individuum* in *QG* o nell'"argomento" di *P17* della materia di sé, della parte di sé e della precedenza a sé, n. 37), mentre per Gilberto la sussistenza *humanitas* è una forma. Il punto non sembra però del tutto discriminante perché anche Gilberto riconosce che uno dei sensi di *'forma'* sia quello di materia (anche se, in realtà, non esattamente nello stesso senso in cui viene usato nella teoria di Gualtiero, perché la sussistenza è materia degli accidenti, non dei sussistenti): si veda l'elenco dei sensi di *'materia'* e di *'forma'* in Gislebertus Pictauensis, *Expositio in Boecii librum* De trinitate, ed. HÄRING, *The Commentaries on Boethius by Gilbert of Poitiers*, pp. 80.62-82.7 (in particolare il quarto senso di materia, a p. 81.73-89, e il terzo senso di forma, a p. 82.1-4) e i commenti di J. JOLIVET, «La question de la matière chez Gilbert de Poitiers», in H. J. WESTRA (ed.), *From Athens to Chartres. Neoplatonism and Medieval Thought. Studies in Honour of Edouard Jeauneau*, Brill, Leiden – New York – Köln 1992, pp. 247-257, in particolare pp. 249-251; VALENTE, «Un realismo singolare», p. 194 n. 7 e PINZANI, «Sull'ontologia di Gilberto Porretano», § 2.

[124] La teoria di Gilberto, dal canto suo, si oppone a quella di Teodorico di Chartres e di Clarembaldo di Arras, che ripropongono una posizione simile a TEM e alla Standard Theory of Individuality: *cf.* Theodoricus Carnotensis, *Lectiones in Boethii librum* De trinitate, ed. N. M. HÄRING, Pontifical Institute of Mediaeval Studies, Toronto 1971, pp. 123-229, in particolare I, § 54 (p. 151.29-46); II, § 36 (p. 114.22); II, §§ 62-63 (p. 175.2-20); Clarenbaldus Atrebatensis, *Tractatus super librum Boetii* De trinitate, ed. N. M. HÄRING, *Life and Works of Clarembald of Arras. A Twelfth-Century Master of the School of Chartres*, Pontifical Institute of Mediaeval Studies, Toronto 1965, pp. 63-186, in particolare I, §§ 12-15 (pp. 90-91) e I, § 25 (pp. 95-96); E. MACCAGNOLO, *Rerum universitas. Saggio sulla filosofia di Teodorico di Chartres*, Le Monnier, Firenze 1976, pp. 54-58; GRACIA, «Thierry of Chartres»; ERISMANN, «Alain de Lille», pp. 35-40; VALENTE, «Un realismo singolare», pp. 197-200; ERISMANN, «The Medieval Fortunes of the *Opuscula sacra*», p. 171; V. RODRIGUES, «Pluralité et particularisme ontologique chez Thierry de Chartres», in ROSIER-CATACH (éd.), *Arts du langage et théologie*, pp. 509-536.

[125] Gislebertus Pictauensis, *Expositio in Boecii librum* Contra Euticen et Nestorium, ed. HÄRING, *The Commentaries*, p. 270.73-74, citato *supra*, p. 336 n. 113.

La tesi gilbertina della singolarità delle forme sostanziali si può confrontare con alcune affermazioni del commento *P17* e di *LI*. La singolarità delle forme sostanziali di Gilberto significa che Socrate ha una sua umanità, Platone una sua umanità, *etc*. Nella teoria dell'*individuum* troviamo due affermazioni che vanno nella stessa direzione. La prima, che si legge nella descrizione di *LI* e nel commento *P17* (descrizione e argomento n. 25) è l'affermazione che (se Socrate è specie, Platone è specie e così via) *quantum ad rerum numerum* il numero delle specie e dei generi è pari a quello degli individui (anche se *secundum similitudinem naturarum* il numero degli universali è inferiore, perché tutti gli individui che appartengono alla stessa specie vanno contati come uno, e così tutti gli individui dello stesso genere)[126]. La seconda affermazione, che si legge in particolar modo nel commento *P17*, è che un certo universale *conviene* a un solo individuo. Esistono varie formulazioni: si legge che un universale è *materia* di un solo individuo (e non di più, come per TEM); che *è in* un solo individuo; che conviene a un solo individuo in modo che si possa parlare di un uomo di Socrate, un uomo di Platone, e così via; che, infine, i generi di Socrate e Platone sono diversi *essentialiter*[127].

---

[126] *Cf.* i già citati passi di *LI* p. 14.22-24, nella descrizione della teoria dell'*individuum*: «qui tot species quot indiuidua quantum ad rerum numerum ponunt, et totidem genera, quantum uero ad similitudinem naturarum pauciorem numerum uniuersalium quam singularium assignant»; *P17* ff. 123vb, 125va (descrizione della teoria dell'*individuum*): «nullum uniuersale materiam esse diuersorum; sed sicut unum indiuiduum nequit esse aliud, ita materiae eorum idem esse nequeunt. Itaque materiae et species et genera diuersorum sic essentialiter inter se discretae sunt sicut indiuidua, *ut uerum sit dicere tot genera tot species esse in numero quot indiuidua*»; *P17* ff. 123vb, 125va-b, argomento del numero dei generi generalissimi, n. 25, con risposte: «Praedictae sententiae opponitur sic. Dicit Aristoteles decem esse generalissima, indiuidua uero infinita esse; sed cum superius positum sit tot esse genera quot sunt indiuidua, tunc necesse erit similiter esse generalissima infinita. Solutio. Non dixit Aristoteles omnia generalissima esse decem tantum in essentia, sed manerias eorum, id est collectiones, decem appellauit. Vel omnia generalissima substantiae secundum similitudinem et uisum hominum unum esse reputauit, sicut plura nomina multiuoca pro eadem significatione solent unum appellari. Vel sic intellexit: decem sunt, id est apta sunt in suprema natura decem scilicet intellectibus concipi, cum indiuidua discrete concipi nequeant nisi innumeris intellectibus. Vel illud de uocibus generalissimis dictum fuit».

[127] *Cf. P17*, descrizione della teoria dell'*individuum* (*supra*, capitolo 4, pp. 161-165); argomento del genere ripartito, n. 26; argomento del genere che contiene due specie, n. 27; argomento della divisione del genere, n. 28 (*supra*, capitolo 5, pp. 219-223). Potrebbe forse andare in questa direzione anche l'opinione del *magister W.*, ricordata in *QG* §§ 33-35 e criticata dall'autore di *QG*, secondo la quale in "*Socrates*

Anche i due concetti di *conformitas* da un lato e somiglianza o *indifferentia* dall'altro si possono confrontare per il loro uso in ciascuna teoria, perché in entrambi i casi garantiscono una forma di unità: tra gli individui, personalmente distinti (teoria dell'*individuum*), o tra i diversi enti singolari (Gilberto). In altre parole l'identico (e uno) *indifferenter* o per *indifferentia* si può confrontare con l'*idem* (e uno) per *conformitas*. Non distinguendo tra individuo e singolare, l'*indifferentia* della teoria dell'*individuum* è una *indifferentia* tra individui (negli *status*, però, in cui non sono individui). Per Gilberto, l'individuo è fondamentalmente dissimile[128]: la *conformitas* non riguarda gli individui, ma le forme (o, al limite, l'individuo considerato parzialmente)[129]. A questo riguardo le due teorie sono vicine anche perché, nel commento *P17*, l'uomo di Socrate e l'uomo di Platone sono detti non-differenti perché hanno effetti simili, mentre anche per Gilberto le sussistenze conformi producono effetti simili[130].

Infine, la teoria dell'*individuum* vuole essere una teoria degli universali realista; Gilberto non è un realista degli universali, anche se egli è un realista delle forme. La teoria dell'*individuum* cerca di sostenere che l'universale è una *res*: l'individuo stesso, sulla base dalla sua non-differenza da altri individui. Nella teoria di Gilberto è la *collectio* a essere

est homo" si predica Socrate di Socrate, e in "*Plato est homo*", si predica Platone di Platone: su questa opinione *cf. supra*, capitolo 4, pp. 158-161.

[128] Si veda Gislebertus Pictauensis, *Expositio in Boecii librum* De trinitate, ed. HÄRING, *The Commentaries on Boethius by Gilbert of Poitiers*, p. 144.67-68: «Si enim diuiduum facit similitudo, consequens est ut indiuiduum faciat dissimilitudo».

[129] *Cf.* ERISMANN, «Explaining Exact Resemblance», p. 12: «Resemblance only really holds between properties. So, strictly speaking, resemblance is relevant to the properties of an individual and not to that individual itself. Exact resemblance – which Gilbert calls *conformitas* – only holds between essential properties; that is, *subsistentiae*. Conformitas expresses the fact that a given essential property resembles exactly, in act or potentially, other properties. An individual as such is necessarily unique and, as an individual – that is, according to its *forma tota*, the sum of its substantial and accidental properties – it cannot resemble another».

[130] Si veda *P17* (descrizione della teoria dell'*individuum*, analizzata al capitolo 4, pp. 161-165): «Illas autem species diuersorum similes et indifferentes esse dico, quae cum discretae sint, tamen ex materiis et formis consimiles effectus exigentibus componuntur, ut homo Socratis et homo Platonis, cum essentialiter differant, tamen materiae et formae eorum *consimiles effectus* operantur. Asinus uero et lapis diuersae species et in essentia et secundum indifferentiam sunt, cum dissimiles status habeant et *effectus dissimiles* exigant» (corsivo mio); e anche *P17*, argomento della somiglianza di due uomini, n. 30; *P17*, argomento delle unità, n. 31, citati *supra*, capitolo 5, pp. 224-226.

un universale, frutto di astrazione a partire dalla conformità di ciò che è singolare (e l'universale si colloca dunque sul piano dell'astrazione e del linguaggio). La conformità delle sussistenze però è reale e fonda il processo di astrazione operato dall'intelletto[131]. Come scrive dunque Jean Jolivet: «son réalisme porte sur la forme, et non sur l'universel»[132].

***

In questo capitolo abbiamo confrontato la teoria dell'*individuum* con i testi e le testimonianze relative a quattro maestri della prima metà del XII secolo: Gualtiero di Mortagne, Guglielmo di Champeaux, Adelardo di Bath e Gilberto di Poitiers. L'ordine segue un andamento centrifugo: dal principale rappresentante della teoria (Gualtiero), a un maestro celebre che sembra senz'altro da collegare ad alcuni tratti della posizione (Guglielmo), a due autori con i cui scritti si può stabilire un confronto più o meno serrato (Adelardo e Gilberto). Da un punto di vista storico, i primi tre nomi potrebbero suggerire un legame della teoria con l'ambiente laudunense, anche se è difficile precisare la questione più in dettaglio. Inoltre, si è affrontata la problematica dell'attribuzione a Gualtiero di alcune delle fonti analizzate nella seconda parte della ricerca, e in particolare di quelle che sostengono la teoria dell'*individuum* (*QG* e *P17*): si è concluso che, se è corretto affermare che tali scritti sostengono la teoria di Gualtiero (ossia la teoria di cui Giovanni di Salisbury ricorda Gualtiero come principale esponente), non sembra però prudente attribuire né *QG* né *P17* direttamente a questo maestro.

---

[131] ERISMANN, «Explaining Exact Resemblance», p. 13: «*conformitas* grounds abstraction which is needed by the intellect in order to think the universal».

[132] JOLIVET, «Trois variations», p. 149; si veda anche VALENTE, «Un realismo singolare», pp. 214-215: «Nella misura in cui le sussistenze sono costituenti *reali* (ma Gilberto non usa questa parola) dei singoli sussistenti, in quanto cause del loro essere e del loro essere determinati enti, si può parlare di 'realismo delle forme' [...]. Se di 'realismo' si può parlare per Gilberto, esso è da ricondurre, oltre che all'attribuzione di consistenza ontologica autonoma alle forme, anche a questa *conformitas* o *similitudo* delle sussistenze le une con le altre: Gilberto sottolinea infatti che non si tratta di una *similitudo* di imitazione o immaginaria, ma di una "conformitas secundum naturam et substantialis". Possiamo dire in definitiva che, se si può parlare per Gilberto di *realismo delle forme*, certamente non si può parlare di *realismo degli universali*, per quanto la sua teoria sembri postulare un fondamento *in re* dell'universale consistente nella *similitudo* o *conformitas* degli individui sussumibili sotto le stesse specie o generi».

CONCLUSIONE

Un maestro in cerca di una teoria, una teoria in cerca di un maestro: la ricerca che si è qui svolta ha percorso i due tratti di questo chiasmo, indagando la teoria di Gualtiero e la teoria dell'*individuum* come entità distinte, per le fonti che ce le consegnano, ma unificabili, quando confrontate l'una con l'altra. Tre mi sembrano gli obiettivi che sono stati raggiunti al termine di questo tentativo.

Il primo è quello di descrivere una teoria sugli universali che segna una tappa nella storia del realismo dopo la critica alla teoria dell'essenza materiale. Si è suggerito che questo "secondo realismo", sorto dalla critica a quella precedente teoria delle *res* universali, abbia incorporato elementi abelardiani (come la distinzione personale di tutto ciò che esiste; le nozioni di *status* e di *attentio*; una trattazione dei predicati paragonabile ai cosiddetti "predicati abelardiani") per un tentativo diametralmente opposto a quello del maestro palatino. La quintessenza della teoria dell'*individuum* è da un lato (contro la teoria dell'essenza materiale) la negazione di entità comuni a più individui, in favore dell'affermazione che tutto ciò che esiste è individuale e essenzialmente discreto; dall'altro (contro le teorie non-realiste) l'affermazione che gli universali sono *res*, quelle *res* che sono anche individuali. Per sostenere tale posizione, per molti versi paradossale, la teoria fa ricorso alla nozione di *status* delle cose individuali — corrispettivo, sul piano ontologico, di un'*attentio* del soggetto conoscente che considera l'individuo. Lo *status* emerge anche nella teoria della predicazione: lo *status* in cui è preso il soggetto della proposizione si riverbera in uno *status* del predicato, perché alcuni tipi di predicato devono essere precisati o, come si dice nel lessico logico contemporaneo, "saturati" con il riferimento allo *status* in cui viene preso il predicato stesso. Inoltre la teoria fa ricorso a una particolare accezione del concetto di identità, l'identità per non-differenza o somiglianza, su cui fonda l'appartenenza di due individui alla stessa specie o allo stesso genere. Pur nelle evidenti differenze, la teoria dell'*individuum* si ispira alla teoria del soggetto unico di Boezio, della quale in qualche modo si propone come un'interpretazione; se seguiamo l'argomento fornito da Giovanni di Salisbury a sostegno della teoria, affermare che l'universale è l'individuo garantirebbe all'universale quell'unità per numero che (poiché «omne quod est, unum numero est») consente di affermare l'esistenza dell'universale stesso. Si sono analizzate le diverse descrizioni della teoria a nostra disposizione, così come gli argomenti che la criticano, nei commenti all'*Isagoge* e nei trattati sugli universali della prima metà del XII secolo. Ciò ha consentito, in alcuni casi, correzioni puntuali del testo utilizzato o della sua traduzione (ad esempio, si è suggerito che le righe 520.29-33 della *Logica 'Nostrorum Petitioni Sociorum'* debbano essere espunte dal luogo in cui si trovano e traslate nell'argomento n. 7 per la comprensione dei due argomenti coinvolti; si è sostenuto anche che il '*cum*' della riga 13.33 della *Logica 'Ingredientibus'* abbia valore concessivo, e non causale come secondo la traduzione più diffusa). L'analisi ha consentito anche di mostrare che testi diversi avanzano argomenti simili per criticare la teoria: è frequente, ad esempio, la critica basata sul concetto di predicazione e quella, correlata, che muove dalla definizione porfiriana di genere e specie. Più in generale, lo studio ha cercato di contribuire all'indagine recente sul realismo della prima metà del dodicesimo secolo, aggiungendosi alle trattazioni di più ampio respiro di Peter King, Alain de Libera e Jorge Gracia; agli studi sulla teoria dell'essenza materiale e la teoria della *collectio* a firma di Christophe Erismann, Julie Brumberg, Irène Rosier-Catach, Andrew Arlig, Desmond Paul Henry e Alfred Freddoso; e infine ai contributi più puntuali dedicati alla teoria dell'*individuum* che si devono a Francesco Romano, Roberto Pinzani e Wojciech Wciórka. Si è cercato di presentare il realismo della prima metà del Millecento al di fuori del prisma attraverso cui esso è in genere approcciato, ossia la critica del realismo che si legge nella *Logica 'Ingredientibus'* di Abelardo. La struttura bipartita della *'Ingredientibus'* a proposito delle teorie realiste (teoria dell'essenza materiale da un lato; teoria della *collectio* e dell'*individuum* dall'altro, associate da un comune punto di partenza) non è l'unica classificazione delle teorie realiste nel testi del XII secolo. Altrove, anzi, le relazioni tra le diverse teorie sono presentate in termini piuttosto differenti e la teoria dell'*individuum*, senza essere associata alla teoria della *collectio*, è vista principalmente nella sua contrapposizione alla teoria dell'essenza materiale. La teoria dell'*individuum* si differenzia anche dalla teoria della *collectio* perché più diffusa nei testi che ci sono pervenuti. Mentre infatti la teoria dell'universale come *collectio* si rinviene principalmente solo in un altro scritto, il *'De generibus et speciebus'*, che la sostiene (e, peraltro, in una versione differente da quella criticata da Abelardo), la teoria dell'*individuum* si trova, complessivamente, in cinque fonti (*Logica 'Ingredientibus'*, *Logica 'Nostrorum Petitioni Sociorum'*, *'De generibus et speciebus'*, *'Quoniam de generali'*, commento *P17*). All'interno della *'Logica Ingredientibus'* è la teoria che Abelardo torna più spesso a criticare, seguita dalla teoria dell'essenza materiale. Quantitativamente, perlomeno, quello dell'*individuum* è un realismo che sembra aver goduto di una certa diffusione nei testi del dibattito sugli universali del Millecento.

In secondo luogo, si sono percorsi i canali dell'attribuzione della teoria dell'*individuum* a Gualtiero di Mortagne. Si è fatta luce sulla collocazione di Gualtiero tra i maestri che insegnavano teorie sugli universali nei primi decenni del XII secolo, oltre che, in termini più generali, sul suo insegnamento e la sua produzione. Si sono così presentati brevemente i diversi scritti attribuiti a Gualtiero nei manoscritti e si è analizzata in dettaglio la testimonianza di Giovanni di Salisbury (*Metalogicon* II, 17) sulla teoria di Gualtiero tra le diverse posizioni sugli universali della prima metà del secolo. Sembra sia stato possibile rettificare alcuni fraintendimenti nella comprensione di *Metalogicon* II, 17, in particolare quello secondo cui, dopo aver abbandonato la propria posizione, Gualtiero si sarebbe convertito alla teoria di Bernardo di Chartres – l'affermazione è basata su un'interpretazione delle parole del Saresberiense che è stata giudicata implausibile. L'analisi ha mostrato anche alcune ambiguità della presentazione del Saresberiense, ad esempio nella sua evocazione, alla fine del passo, di una teoria sugli *status*, forse distinta dalla teoria di Gualtiero. Si è concluso che la teoria di Gualtiero descritta da Giovanni di Salisbury in *Metalogicon* II, 17, e ripresa più brevemente in *Policraticus* VII, 12, sia identificabile con la teoria sostenuta positivamente da *'Quoniam de generali'* e (con un'adesione più incerta) dal commento *P17*, senza però che questi testi possano essere attribuiti direttamente a Gualtiero. Anche in questo caso, dunque, come già rilevato da altri studiosi per altri dossier di ricerca, è risultato più facile attribuire a un maestro una posizione, che non un testo. La ricerca di un maestro cui collegare la teoria dell'*individuum* ci ha portati anche a considerare i legami tra questa teoria e Guglielmo di Champeaux, Adelardo di Bath, e Gilberto di Poitiers.

Il terzo e ultimo risultato è di natura metodologica: scaturisce dalla strutturazione della ricerca attorno a due diversi livelli di omogeneità. Anche se si perviene alla conclusione che, con buona probabilità, la teoria di Gualtiero individuata nella prima parte può essere identificata con la teoria dell'*individuum* che si è descritta nella seconda parte del lavoro a partire da commenti e trattati sugli universali, i due concetti (teoria di Gualtiero, teoria dell'*individuum*) sono comunque distinti a causa dei due diversi tipi di fonti che li trasmettono: nessuna delle fonti logiche che presenta la teoria dell'*individuum* la attribuisce in alcun modo a Gualtiero, e d'altra parte nessuna delle opere che i manoscritti assegnano a questo maestro avanza esplicitamente una posizione sugli universali, né consente di sospettarla. In termini più generali i commenti all'*Isagoge* e i trattati sui generi e le specie della prima metà del dodicesimo secolo che trasmettono diverse teorie sugli universali come *res*, nonché argomenti per criticare tali teorie, presentano l'uno con l'altro un livello di omogeneità o affinità molto maggiore di quella che essi hanno con, ad esempio, il *Metalogicon* o il *Policraticus* di Giovanni di Salisbury, anche quando in tutta probabilità descrivono la stessa teoria. Per questo motivo sembra opportuno procedere confrontando prima testi tra loro omogenei, per poi passare all'analisi di informazioni provenienti da fonti di natura diversa. Tale metodo può essere applicato in ricerche ulteriori, soprattutto ora che, da un lato, grazie a numerose trascrizioni private e alla maggiore accessibilità di immagini di manoscritti, abbondante materiale inedito sulla logica della prima metà del XII secolo è a disposizione degli studiosi; e che, dall'altro lato, si constata con crescente frequenza che strategie simili venivano adottate in discussioni diverse e non coincidenti. Per citare alcuni esempi ricordati in questo lavoro, la teoria dell'essenza materiale descritta al capitolo 4 a partire da trattazioni sugli universali si può rinvenire anche in fonti diverse, come l'*Historia Calamitatum*, e ispirare soluzioni e discussioni differenti da quelle sugli universali, come il dibattito sull'unità della *vox* proferita nelle orecchie dei suoi ascoltatori, o l'analisi dei sensi di 'identico' e 'diverso' in ambito trinitario, o la relazione tra *numerus* e *binarius/ternarius etc*. I parallelismi tra queste diverse posizioni sono affascinanti, ma sembrano dover essere affontati tenendo presente l'omogeneità (o meno) dei testi in questione: la trattazione di una teoria sugli universali in uno scritto esplicitamente dedicato alla questione sembra distinguersi dall'analisi della stessa posizione nella forma di un'influenza su una discussione differente, o quando rinvenuta in uno scritto il cui destinatario, scopo o stile differisce da quello delle trattazioni sugli universali. Ciò che caratterizza le fonti presentate al capitolo 3 e analizzate ai capitoli 4 e 5, infatti, è la loro omogeneità. L'omogeneità si riscontra in primo luogo nella comune natura dei testi in esame, tutti commenti all'*Isagoge* o trattati sui generi e le specie. Ma la somiglianza si spinge a un livello più profondo: all'interno di queste fonti logiche, in particolare nelle loro sezioni sugli universali, e soprattutto nella sezione sulle teorie realiste, si leggono elenchi di opinioni realiste e argomenti contro ciascuna opinione tra loro comparabili. Certo, questi testi non sono identici: la sofisticata prosa della *Logica 'Ingredientibus'* non è quella faticosa della *Logica 'Nostrorum'*; lo stile limpido di *'Quoniam de generali'* non si ritrova nel più farraginoso *P17*. Anche a livello della struttura globale delle trattazioni del realismo non mancano le differenze, come già ricordato. Ciò non toglie, però, che le soluzioni e gli argomenti siano tra loro chiaramente confrontabili. I testi analizzati sono percorsi da suddivisioni interne, come quella in opinioni e argomenti, e lo studioso può seguire le venature e le giunture fornite da ciascun testo, ottenendo così un materiale già in qualche misura strutturato e atto al confronto. Questa è la prima fase del lavoro da compiere: selezionare testi tra loro omogenei; identificare al loro interno discussioni comparabili; e, seguendo la strutturazione che il testo stesso fornisce, procedere a una catalogazione delle diverse opinioni su un certo tema, così come degli argomenti di critica a ciascuna opinione, identificando ciascuna opinione e ciascun argomento nella sua specificità, ma anche segnalando i casi in cui la medesima opinione o il medesimo argomento, o altri a loro simili, si ritrovino negli altri testi omogenei. Segue poi la seconda fase del lavoro: confrontare il materiale così catalogato con testi di natura diversa, dove le opinioni e gli argomenti individuati nella prima fase si ritrovano in forma spesso più enigmatica o nella forma del parallelismo e della influenza su discussioni che non affrontano la questione esaminata nella prima fase. Nel presente volume, l'analisi si è limitata a un dossier ristretto di testi e a partire da fonti quasi interamente edite (con l'eccezione del commento inedito all'*Isagoge P17*): mi auguro però che in futuro la si possa estendere alle diverse posizioni sugli universali trasmesse dagli scritti di logica del XII secolo, alla catalogazione degli argomenti che le criticano, e ai parallelismi che in misura crescente si rinvengono in altre discussioni del medesimo periodo.

BIBLIOGRAFIA

Autori antichi e medievali

Il nome dell'autore è indicato nella forma latina standard, al nominativo, secondo le attribuzioni più recenti; le opere anonime sono classificate per iniziale del titolo. La sezione comprende anche alcune traduzioni particolarmente significative e, in genere, integrali; traduzioni selettive sono citate nella letteratura secondaria. Gli atti vescovili sono citati nella letteratura secondaria, sotto il nome dell'editore.

Abaelardus *si veda* Petrus Abaelardus.
Adelardus Bathensis, *De eodem et diverso*, ed. WILLNER = H. WILLNER, *Des Adelard von Bath Traktat* De eodem et diverso, Aschendorff, Münster 1903, pp. 1-34 (Beiträge zur Geschichte der Philosophie des Mittelalters, 4).
—, *De eodem et diverso*, ed. e tr. BURNETT = Adelard of Bath, *Conversations with his Nephew. On the Same and the Different, Questions on Natural Science, and On Birds*, ed. and tr. by Ch. BURNETT, with the collaboration of I. RONCA, P. M. ESPAÑA and B. VAN DEN ABEELE, Cambridge University Press, Cambridge 1998, pp. 1-79.
—, *De eodem et diverso*, tr. BISANTI = Adelardo di Bath, *L'identico e il diverso. De eodem et diverso*, a cura di A. BISANTI e P. PALMERI, presentazione di A. MUSCO, Officina di Studi Medievali, Palermo 2014.
—, *Quaestiones naturales*, ed. e tr. BURNETT = Adelard of Bath, *Conversations with his Nephew. On the Same and the Different, Questions on Natural Science, and On Birds*, ed. and tr. by Ch. BURNETT, with the collaboration of I. RONCA, P. M. ESPAÑA and B. VAN DEN ABEELE, Cambridge University Press, Cambridge 1998, pp. 81-235.
Anselmus Cantuariensis, *Opera omnia*, voll. 1-6, rec. F. S. SCHMITT, Nelson, Edinburgh 1946-1961.
Aristoteles, *Analytica Posteriora* = *Aristotle's Prior and Posterior Analytics*, A Revised Text With Introduction and Commentary by W. D. Ross, Clarendon Press, Oxford 1949.
—, *Analytica Posteriora*, tr. anonyma siue 'Ioannis' = *Analytica Posteriora. Translationes Iacobi, Anonymi siue 'Ioannis', Gerardi et Recensio Guillelmi de Moerbeka*, ed. L. MINIO-PALUELLO, Desclée De Brouwer, Bruxelles – Paris 1968, pp. 109-183 (*AL*, 4, 1-4).

—, *Analytica Posteriora*, tr. Iacobi = *Analytica Posteriora. Translationes Iacobi, Anonymi siue 'Ioannis', Gerardi et Recensio Guillelmi de Moerbeka*, ed. L. MINIO-PALUELLO et B. G. DOD, Desclée De Brouwer, Bruxelles – Paris 1968, pp. 1-107 (*AL*, 4, 1-4).

—, *Categoriae*, tr. latina "composita" = *Categoriae vel Praedicamenta. Translatio Boethii. Editio Composita. Translatio Guillelmi de Moerbeka. Lemmata e Simplicii Commentario decerpta. Pseudo-Augustini Paraphrasis Themistiana*, ed. L. MINIO-PALUELLO, Desclée De Brouwer, Bruxelles – Paris 1961, pp. 47-79 (*AL*, 1, 1-5).

—, *Catégories*, texte établi et traduit par R. BODÉÜS, Les Belles Lettres, Paris 2002.

—, *De interpretatione* = *Aristotelis Categoriae et Liber de interpretatione*, recognovit brevique adnotatione critica instruxit L. MINIO-PALUELLO, Oxford University Press, Oxford 1949, pp. 49-72.

—, *De interpretatione*, tr. Boethii = *De interpretatione vel Periermeneias. Translatio Boethii. Specimina Translationum Recentiorum*, ed. L. MINIO-PALUELLO, *Translatio Guillelmi de Moerbeka*, ed. G. VERBEKE revisit L. MINIO-PALUELLO, Desclée De Brouwer, Bruxelles – Paris 1965, pp. 5-38 (*AL*, 2, 1-2).

—, *Metaphysica*, recognovit brevique adnotatione critica instruxit W. JAEGER, Clarendon, Oxford 1957.

—, *Topica*, tr. Boethii = *Topica. Translatio Boethii, Fragmentum Recensionis Alterius, et Translatio Anonyma*, ed. L. MINIO-PALUELLO, Desclée De Brouwer, Bruxelles – Paris 1969, pp. 5-179 (*AL*, 5, 1-3).

Ars Meliduna, edizione (estratti) in L.-M. DE RIJK, *Logica modernorum. A Contribution to the History of Early Terminist Logic*, 2 voll., Van Gorcum, Assen 1962-1967, II. 1, pp. 292-390.

Augustinus, *Confessionum libri XIII*, quos post M. SKUTELLA iterum edidit L. VERHEIJEN, Brepols, Turnhout 1981 (*CCL*, 27).

—, *De civitate dei*, curauerunt B. DOMBART et A. KALB, Brepols, Turnhout 1955 (*CCL*, 47-48).

—, *De dialectica*, Translated with Introduction and Notes by B. D. JACKSON, from the Text newly Edited by J. PINBORG, Reidel, Dordrecht – Boston 1975 (Synthese Historical Library, 16).

—, *De diversis quaestionibus octoginta tribus* = *Sancti Aurelii Augustini De diuersis quaestionibus octoginta tribus. De octo Dulcitii quaestionibus*, ed. A. MUTZENBECHER, Brepols, Turnhout 1975, pp. 1-249 (*CCL*, 44 A).

—, *De libero arbitrio*, ed. W. M. GREEN, Brepols, Turnhout 1970, pp. 205-321 (*CCL*, 29).
—, *De trinitate libri XV*, cura et studio W. J. MOUNTAIN auxiliante F. GLORIE, Brepols, Turnhout 1968 (*CCL*, 50-50 A).
—, *La trinità*, saggio introduttivo e note al testo latino di G. CATAPANO, traduzione, note e apparati di B. CILLERAI, Bompiani, Milano 2012 (Il Pensiero Occidentale).
Bernardus Carnotensis [?], *Glosae super Platonem* = *The* Glosae super Platonem *of Bernard of Chartres*, Edited with an Introduction by P. E. DUTTON, Pontifical Institute of Mediaeval Studies, Toronto 1991 (Studies and Texts, 107).
Boethius, *Consolatio* = Boethius, *De consolatione Philosophiae. Opuscula theologica*, edidit C. MORESCHINI, editio altera, Saur, München – Leipzig 2005, pp. 1-162.
—, *De arithmetica*, cura et studio H. OOSTHOUT – J. SCHILLING, Brepols, Turnhout 1999 (*CCL*, 94 A).
—, *De differentiis topicis libri quatuor*, ed. J.-P. MIGNE, *PL* 64, coll. 1173 B-1216 D.
—, *De differentiis topicis*, ed. NIKITAS = *Boethius'* De topicis differentiis *und die byzantinische Rezeption dieses Werkes*, Einleitung und textkritische Ausgabe von D. Z. NIKITAS, The Academy of Athens – Vrin, Athens – Paris 1990 (Corpus Philosophorum Medii Aevi. Philosophi Byzantini).
—, *De differentiis topicis*, tr. STUMP = *Boethius's De topicis differentiis*, translated, with notes and essays on the text, by E. STUMP, Cornell University Press, Ithaca – London 1978 (traduzione basata su *PL* 64, coll. 1173 B-1216 D).
—, *De divisione* = *Anicii Manlii Severini Boethii De divisione liber*, critical edition, translation, prolegomena, and commentary by J. MAGEE, Brill, Leiden – Boston – Köln 1998 (Philosophia antiqua).
—, *De hypotheticis syllogismis* = A. M. Severino Boezio, *De hypotheticis syllogismis*, testo, traduzione, introduzione e commento di L. OBERTELLO, Paideia, Brescia 1969.
—, *De institutione musica*, ed. FRIEDLEIN = *Anicii Manlii Torquati Severini Boetii De institutione arithmetica libri duo. De institutione musica libri quinque*, edidit G. FRIEDLEIN, Teubner, Leipzig 1867, pp. 175-371.
—, *De institutione musica*, ed. G. MARZI, Istituto Italiano per la Storia della Musica, Roma 1990.

—, *De syllogismo categorico libri duo*, *PL* 64, coll. 793 C-832 A.
—, *In Categorias Aristotelis* = *Anicii Manlii Severini Boetii In Categorias Aristotelis libri quatuor*, ed. J.-P. MIGNE, *PL* 64, coll. 159-294.
—, *In Isagogen Porphyrii commentorum editio prima* = *Anicii Manlii Severini Boethii In Isagogen Porphyrii Commenta*, ed. S. BRANDT, Tempsky – Freitag, Wien – Leipzig 1906, pp. 1-132 (*CSEL*, 48).
—, *In Isagogen Porphyrii commentorum editio secunda* = *Anicii Manlii Severini Boethii In Isagogen Porphyrii Commenta*, ed. S. BRANDT, Tempsky – Freitag, Wien – Leipzig 1906, pp. 133-348 (*CSEL*, 48).
—, *In librum Aristotelis PERI ERMHNEIAS editio prima* = *Anicii Manlii Severini Boetii Commentarii in librum Aristotelis PERI ERMHNEIAS*, ed. C. MEISER, I, Teubner, Leipzig 1877.
—, *In librum Aristotelis PERI ERMHNEIAS editio secunda* = *Anicii Manlii Severini Boetii Commentarii in librum Aristotelis PERI ERMHNEIAS*, ed. C. MEISER, II, Teubner, Leipzig 1880.
—, *In Topica Aristotelis libri octo*, *PL* 64, coll. 909 C-1008 C.
—, *In Topica Ciceronis commentariorum libri sex*, *PL* 64, coll. 1039 D-1174 A.
—, *In Topica Ciceronis*, tr. STUMP = *Boethius's In Ciceronis Topica*, translated, with notes and an introduction by E. STUMP, Cornell University Press, Ithaca – London 1988.
—, *Introductio ad syllogismos categoricos*, *PL* 64, coll. 761 C-794 B.
—, *Opuscula theologica* = Boethius, *De consolatione Philosophiae. Opuscula theologica*, edidit C. MORESCHINI, editio altera, Saur, München – Leipzig 2005, pp. 163-241 (*De sancta trinitate*: pp. 165-181; *Vtrum pater et filius et spiritus sanctus de diuinitate substantialiter praedicentur*: pp. 182-185; *Quomodo substantiae in eo quod sint bonae sint cum non sint substantialia bona*: pp. 186-194; *De fide catholica*: pp. 195-205; *Contra Eutychen et Nestorium*: pp. 206-241).
Calcidius, *In Platonis Timaeum Commentarius*, ed. BAKHOUCHE = Calcidius, *Commentaire au Timée de Platon, I-II*, édition critique et traduction française par B. BAKHOUCHE avec la collaboration de L. BRISSON pour la traduction, Vrin, Paris 2011.
—, *In Platonis Timaeum Commentarius*, ed. WASZINK = *Plato Latinus*, edidit R. KLIBANSKY. Volumen IV. *Timaeus a Calcidio translatus commentarioque instructus*, in societatem operis coniuncto P. J. JENSEN edidit J. H. WASZINK, editio altera, The Warburg Institut – Brill, London – Leiden 1975, pp. 53-346.

—, *In Platonis Timaeum Commentarius*, tr. Moreschini = Calcidio, *Commentario al «Timeo» di Platone*, a cura di C. Moreschini, con la collaborazione di M. Bertolini – L. Nicolini – I. Ramelli, Bompiani, Milano 2003.

Cicero, *De inventione*, recognovit E. Stroebel, Teubner, Stuttgart 1965.

—, *Topica*, ed. M. L. Riccio Coletti, Chieti, Vecchio Faggio 1994 (Università degli Studi "G. D'Annunzio" – Chieti).

—, *Topica*, edited with a translation, introduction, and commentary by T. Reinhardt, Oxford University Press, Oxford 2003.

—, *Tusculanae Disputationes*, ed. M. Giusta, Paravia, Torino 1984 (Corpus Scriptorum Latinorum Paravianum).

Clarenbaldus Atrebatensis, *Expositio super librum Boetii* De hebdomadibus, ed. N. M. Häring, *Life and Works of Clarembald of Arras. A Twelfth-Century Master of the School of Chartres*, Pontifical Institute of Mediaeval Studies, Toronto 1965, pp. 187-221.

—, *Expositio super librum Boetii* De hebdomadibus, tr. George – Fortin = *The Boethian Commentaries of Clarembald of Arras*, Translated and Edited by D. B. George and J. R. Fortin, University of Notre Dame Press, Notre Dame 2002, pp. 97-132.

—, *Tractatus super librum Boetii* De trinitate, ed. N. M. Häring, *Life and Works of Clarembald of Arras. A Twelfth-Century Master of the School of Chartres*, Pontifical Institute of Mediaeval Studies, Toronto 1965, pp. 63-186.

—, *Tractatus super librum Boetii* De trinitate, tr. George – Fortin = *The Boethian Commentaries of Clarembald of Arras*, Translated and Edited by D. B. George and J. R. Fortin, University of Notre Dame Press, Notre Dame 2002, pp. 1-94.

Commento all'Isagoge P3 [Pseudo-Rabanus, *Super Porphyrium*] = Y. Iwakuma, «Pseudo-Rabanus super Porphyrium (P3)», *Archives d'histoire doctrinale et littéraire du Moyen Âge*, 75 (2008) 43-196.

Compendium Logicae Porretanum = S. Ebbesen – K. M. Fredborg – L. O. Nielsen, «*Compendium Logicae Porretanum e codice Oxoniensi Collegii Corporis Christi 250*: A Manual of Porretan Doctrine by A Pupil of Gilbert's», *Cahiers de l'Institut du Moyen-Âge Grec et Latin*, 46 (1983) 1-113.

'De generibus et speciebus', ed. Cousin (basata sul solo ms. Paris, BnF, lat. 13368) = *Petri Abaelardi Fragmentum Sangermanense De generibus et speciebus*, in V. Cousin, *Ouvrages inédits d'Abélard pour servir à*

l'histoire de la philosophie scolastique en France, Imprimerie Royale, Paris 1836, pp. 507-550.

—, ed. e tr. KING (1982) = P. KING, *Peter Abailard and the Problem of Universals*, 2 voll., Ph.D. dissertation, Princeton University, 1982, II, pp. 143*-212*.

—, ed. e tr. KING (2014) = P. KING, «Pseudo-Joscelin: Treatise on Genera and Species», *Oxford Studies in Medieval Philosophy*, 2 (2014) 104-211.

Dialogus inter Christianum et Judaeum de fide catholica, *PL* 63, coll. 1045-1072.

Gesta abbatum Lobbiensium, ed. W. ARNDT, *MGH SS* 21, Impensis Bibliopolii Hahniani, Hannover 1869, 307-333 (on-line: http://www.dmgh.de/de/fs1/object/display/bsb00000859_00316.html?sortIndex=010:050:0021:010:00:00).

Gislebertus Pictauensis, *Expositio in Boecii librum Contra Euticen et Nestorium* = N. M. HÄRING, *The Commentaries on Boethius by Gilbert of Poitiers*, Pontifical Institute of Mediaeval Studies, Toronto 1966, pp. 231-364.

—, *Expositio in Boecii librum De bonorum ebdomade* = N. M. HÄRING, *The Commentaries on Boethius by Gilbert of Poitiers*, Pontifical Institute of Mediaeval Studies, Toronto 1966, pp. 181-230.

—, *Expositio in Boecii librum De trinitate* = N. M. HÄRING, *The Commentaries on Boethius by Gilbert of Poitiers*, Pontifical Institute of Mediaeval Studies, Toronto 1966, pp. 51-180.

Glosa Victorina super partem Prisciani De Constructione (ms. Paris, Bibliothèque de l'Arsenal 910), edited by K. M. FREDBORG with the collaboration of A. GRONDEUX and I. ROSIER-CATACH, Brepols, Turnhout 2011 (Studia Artistarum. Études sur la Faculté des arts dans les Universités médiévales, 27).

Glossae secundum vocales, estratti, in *Philosophische Schriften*, hrsg. B. GEYER, Aschendorff, Münster 1919-1933, pp. 583-588 (*BGPTM*, 21).

—, in C. OTTAVIANO (a cura di), *Testi medioevali inediti. Alcuino – Avendanth – Raterio – S. Anselmo – Abelardo – Incertus auctor*, Olschki, Firenze 1933, pp. 93-207 (edizione: pp. 106-207) (Fontes Ambrosiani, 3).

Gualterus de Mauritania, *De coniugio* (pubblicato come libro VII della *Summa Sententiarum*), in *M. Hugonis de S. Victore, Canonici Regularis Sancti Victoris Parisiensis, tum pietate, tum doctrina insignis; Opera Omnia tribus tomis digesta ex manuscriptis eiusdem operibus quae in Bibliotheca Victorina seruantur, accurate castigata et emendata* [...] *studio et industria Canonicorum Regularium Regalis Abbatiae Sancti Victoris Parisiensis Tomus Tertius*, Berthelin, Rothomagi 1648, pp. 472-481.

—, *De coniugio* (sulla base dell'edizione del 1648), *PL* 176, coll. 153-174.

—, *De trinitate* = *Thesaurus anecdotorum novissimus: Seu Veterum Monumentorum, praecipue Ecclesiasticorum, ex Germanicis potissimum Bibliothecis adornata Collectio recentissima, tomus II* [...] *A. R. P.* BERNARDO PEZIO, *Benedictino & Bibliothecario Mellicensi, operam et studium conferentibus aliis pluribus tum sui, tum aliorum Ordinum & Monasteriorum eruditis Viris, quorum nomina suis quaeque opusculis praefixa sunt* [...], Sumptibus Philippi, Martini, & Joannis Veith Fratrum, Augustae 1721, pars II, pp. 51-72.

—, *De trinitate* (sulla base dell'edizione PEZ), *PL* 209, coll. 575 A-590 B.

—, *Epistola 1* (a Ugo di S. Vittore), in *Roberti Pulli S. R. E. Cardinalis et Cancellarii, Theologorum (vt vocant) Scholasticorum Antiquissimi, Sententiarum Libri VIII. Item Petri Pictaviensis Academiæ Parisiensis olim cancellarii Sententiarum Libri V*, Nunc primum in lucem editi, ac Notis atque Obseruationibus illustrati, Opera & studio Domni HUGONIS MATHOUD Monachi Benedictini Congregationis S. Mauri, Piget, Paris 1655, pp. 332-334.

—, *Epistola 1* (a Ugo di S. Vittore), in C.-É. DU BOULAY, *Historia Universitatis Parisiensis*, II, Noel, Paris 1665, pp. 64-65.

—, *Epistola 1* (a Ugo di S. Vittore), *PL* 186, coll. 1052 B-1054 B.

—, *Epistola 2* (al monaco *Guillelmus*), in *Veterum aliquot scriptorum Qui in Galliae Bibliothecis, maxime Benedictorum, latuerant, Spicilegium, Tomus Secundus* [...] Opera et Studio Domni LUCAE DACHERII [...], Savreux, Paris 1657, pp. 459-461.

—, *Epistola 2* (al monaco *Guillelmus*), in C.-É. DU BOULAY, *Historia Universitatis Parisiensis*, II, Noel, Paris 1665, pp. 74-75.

—, *Epistola 2* (al monaco *Guillelmus*), in *Spicilegium siue collectio veterum aliquot scriptorum qui in Galliae bibliothecis delituerant olim editum Opera ac studio D. Lucae d'Achery* [...]. *Nova editio priori accuratior, & infinitis prope mendis ad fidem MSS. Codicum, quorum varias lectiones V. C. Stephanus Baluze, ac R. P. D. Edmundus Martene collegerunt, expurgata, per Ludovicum-Franciscum-Joseph* DE LA BARRE, *Tornacensem*, III, Montalant, Paris 1723, p. 520.

—, *Epistola 2* (al monaco *Guillelmus*), in Th. GOUSSET, *Les actes de la province ecclésiastique de Reims*, II, Jacquet, Reims 1843, pp. 272-274.

—, *Epistola 3* (*'Omnibus in fide catholica'*), in *Veterum aliquot scriptorum Qui in Galliae Bibliothecis, maxime Benedictorum, latuerant, Spicilegium*, Tomus Secundus [...] Opera et Studio Domni LUCAE DACHERII [...], Savreux, Paris 1657, pp. 462-466.

—, *Epistola 3* (*'Omnibus in fide catholica'*), in *Spicilegium siue collectio veterum aliquot scriptorum qui in Galliae bibliothecis delituerant olim editum Opera ac studio D. Lucae d'Achery* [...]. *Nova editio priori accuratior, & infinitis prope mendis ad fidem MSS. Codicum, quorum varias lectiones V. C. Stephanus Baluze, ac R. P. D. Edmundus Martene collegerunt, expurgata, per Ludovicum-Franciscum-Joseph* DE LA BARRE, *Tornacensem*, III, Montalant, Paris 1723, pp. 520-522.

—, *Epistola 3* (*'Omnibus in fide catholica'*), in Th. GOUSSET, *Les actes de la province ecclésiastique de Reims*, II, Jacquet, Reims 1843, pp. 274-277.

—, *Epistola 4* (al *magister Theodoricus*), in *Veterum aliquot scriptorum Qui in Galliae Bibliothecis, maxime Benedictorum, latuerant, Spicilegium*, Tomus Secundus [...] Opera et Studio Domni LUCAE DACHERII [...], Savreux, Paris 1657, pp. 467-469.

—, *Epistola 4* (al *magister Theodoricus*), in C.-É. DU BOULAY, *Historia Universitatis Parisiensis*, II, Noel, Paris 1665, pp. 73-74.

—, *Epistola 4* (al *magister Theodoricus*), in *Spicilegium siue collectio veterum aliquot scriptorum qui in Galliae bibliothecis delituerant olim editum Opera ac studio D. Lucae d'Achery* [...]. *Nova editio priori accuratior, & infinitis prope mendis ad fidem MSS. Codicum, quorum varias lectiones V. C. Stephanus Baluze, ac R. P. D. Edmundus Martene collegerunt, expurgata, per Ludovicum-Franciscum-Joseph* DE LA BARRE, *Tornacensem*, III, Montalant, Paris 1723, p. 522.

—, *Epistola 4* (al *magister Theodoricus*), in Th. GOUSSET, *Les actes de la province ecclésiastique de Reims*, II, Jacquet, Reims 1843, pp. 277-279.

—, *Epistola 5* (al *magister Albericus*), in *Veterum aliquot scriptorum Qui in Galliae Bibliothecis, maxime Benedictorum, latuerant, Spicilegium*, Tomus Secundus [...] Opera et Studio Domni LUCAE DACHERII [...], Savreux, Paris 1657, pp. 469-473.

—, *Epistola 5* (al *magister Albericus*), in C.-É. DU BOULAY, *Historia Universitatis Parisiensis*, II, Noel, Paris 1665, pp. 75-77.

—, *Epistola 5* (al *magister Albericus*), in *Spicilegium siue collectio veterum aliquot scriptorum qui in Galliae bibliothecis delituerant olim editum Opera ac studio D. Lucae d'Achery* [...]. *Nova editio priori accuratior, & infinitis prope mendis ad fidem MSS. Codicum, quorum varias lectiones V. C. Stephanus Baluze, ac R. P. D. Edmundus Martene collegerunt, expurgata, per Ludovicum-Franciscum-Joseph* DE LA BARRE, *Tornacensem*, III, Montalant, Paris 1723, pp. 523-524.

—, *Epistola 5* (al *magister Albericus*), in Th. GOUSSET, *Les actes de la province ecclésiastique de Reims*, II, Jacquet, Reims 1843, pp. 279-282.

—, *Epistola 6* (ad Abelardo), in *Veterum aliquot scriptorum Qui in Galliae Bibliothecis, maxime Benedictorum, latuerant, Spicilegium*, Tomus Secundus [...] Opera et Studio Domni LUCAE DACHERII [...], Savreux, Paris 1657, pp. 473-479.

—, *Epistola 6* (ad Abelardo), in C.-É. DU BOULAY, *Historia Universitatis Parisiensis*, II, Noel, Paris 1665, pp. 69-72.

—, *Epistola 6* (ad Abelardo), in *Spicilegium siue collectio veterum aliquot scriptorum qui in Galliae bibliothecis delituerant olim editum Opera ac studio D. Lucae d'Achery* [...]. *Nova editio priori accuratior, & infinitis prope mendis ad fidem MSS. Codicum, quorum varias lectiones V. C. Stephanus Baluze, ac R. P. D. Edmundus Martene collegerunt, expurgata, per Ludovicum-Franciscum-Joseph* DE LA BARRE, *Tornacensem*, III, Montalant, Paris 1723, pp. 524-526.

—, *Epistola 6* (ad Abelardo), in Th. GOUSSET, *Les actes de la province ecclésiastique de Reims*, II, Jacquet, Reims 1843, pp. 282-287.

—, *Epistola 6* (ad Abelardo), in H. OSTLENDER (ed.), *Sententiae Florianenses*, Hanstein, Bonn 1929, pp. 34-40 (Florilegium Patristicum, 19).

—, *Epistola 7* (al *magister A.*), in *Veterum scriptorum et monumentorum historicorum, dogmaticorum, moralium; Amplissima Collectio*, I, studio et opera Domni E. MARTÈNE et Domni U. DURAND, Montalant, Paris 1724, pp. 834-836.

—, *Epistola 7* (al *magister A.*), in Th. GOUSSET, *Les actes de la province ecclésiastique de Reims*, II, Jacquet, Reims 1843, pp. 264-266.

—, *Epistola 8* (al *magister A.*), in *Veterum scriptorum et monumentorum historicorum, dogmaticorum, moralium; Amplissima Collectio*, I, studio et opera Domni E. MARTÈNE et Domni U. DURAND, Montalant, Paris 1724, pp. 836-837.

—, *Epistola 8* (al *magister A.*), in Th. GOUSSET, *Les actes de la province ecclésiastique de Reims*, II, Jacquet, Reims 1843, pp. 267-268.

—, *Epistola 9* (ai discepoli del *magister Gillebertus*), in *Veterum scriptorum et monumentorum historicorum, dogmaticorum, moralium; Amplissima Collectio*, I, studio et opera Domni E. MARTÈNE et Domni U. DURAND, Montalant, Paris 1724, pp. 839-843.

—, *Epistola 10* (al *magister Crisantus*), in *Veterum scriptorum et monumentorum historicorum, dogmaticorum, moralium; Amplissima Collectio*, I, studio et opera Domni E. MARTÈNE et Domni U. DURAND, Montalant, Paris 1724, pp. 843-848.

—, *Epistola 10* (al *magister Crisantus*), in Th. GOUSSET, *Les actes de la province ecclésiastique de Reims*, II, Jacquet, Reims 1843, pp. 268-272.

Guillelmus Campellensis, *Sententiae*, in O. LOTTIN, *Psychologie et morale aux XIIe et XIIIe siècles. V. Problèmes d'histoire littéraire. L'école d'Anselme de Laon et de Guillaume de Champeaux*, Duculot, Gembloux 1959, pp. 190-227.

Guillelmus de Conchis, *Glosae super Boetium*, cura et studio L. NAUTA, Brepols, Turnhout 1999 (*CCM*, 158).

—, *Glosae super Platonem*, texte critique avec introduction, notes et tables par É. JEAUNEAU, Vrin, Paris 1965.

—, *Glosae super Platonem*, editionem nouam trium codicum nuper repertorum testimonio suffultam curauit E. JEAUNEAU, Brepols, Turnhout 2006 (*CCM*, 203).

Herimannus, *Liber de restauratione monasterii Sancti Martini Tornacensis*, ed. G. WAITZ, *MGH SS* 14, Impensis Bibliopolii Hahniani, Hannover 1883, pp. 274-317.

Hugo de S. Victore, *De sapientia animae Christi*, *PL* 176, coll. 845-856.

—, *Rescriptum Hugonis* (*Gualtero*; epistola dedicatoria del *De sapientia animae Christi*), in L. OTT, *Untersuchungen zur theologischen Briefliteratur der Frühscholastik*, Aschendorff, Münster 1937, pp. 353-354 (*BGPTM*, 34).

Introductiones dialecticae, in M. DAL PRA (ed.), *Pietro Abelardo. Scritti di logica. Introductiones dialecticae:* Editio super Porphyrium – Glossae in Categorias – Editio super Aristotelem de interpretatione – De diuisionibus. *Logica Ingredientibus:* Super Topica glossae, La Nuova Italia, Firenze 1969, pp. 3-203 (precedente edizione: M. DAL PRA [ed.], *Pietro Abelardo. Scritti filosofici*, Fratelli Bocca, Milano 1954).

Introductiones dialecticae artis secundum magistrum G. Paganellum = Y. IWAKUMA, «The *Introductiones dialecticae secundum Wilgelmum* and *secundum G. Paganellum»*, *Cahiers de l'Institut du Moyen-Âge Grec et Latin*, 63 (1993) 45-114 (in particolare pp. 88-114).

Introductiones dialecticae secundum Wilgelmum = Y. IWAKUMA, «The *Introductiones dialecticae secundum Wilgelmum* and *secundum G. Paganellum»*, *Cahiers de l'Institut du Moyen-Âge Grec et Latin*, 63 (1993) 45-114 (in particolare pp. 57-87).

Ioannes Saresberiensis, *Metalogicon*, ed. WEBB = *Ioannis Saresberiensis episcopi Carnotensis Metalogicon Libri IIII*, ed. C. WEBB, Clarendon Press, Oxford 1929.

—, *Metalogicon*, ed. J. B. HALL auxiliata K. S. B. KEATS-ROHAN, Brepols, Turnhout 1991 (*CCM*, 98).

—, *Metalogicon*, tr. MCGARRY (sulla base dell'edizione WEBB) = *The Metalogicon of John of Salisbury. A Twelfth-Century Defense of the Verbal and Logical Arts of the Trivium*, Translated with an Introduction and Notes by D. MCGARRY, University of California Press, Berkeley – Los Angeles 1955.

—, *Metalogicon*, tr. LEJEUNE = Jean de Salisbury, *Metalogicon*, présentation, traduction, chronologie, index et notes par F. LEJEUNE, Presses de l'Université de Laval – Vrin, Université Laval – Paris 2009 (Collection Zêtêsis. Série «Textes et essais»).

—, *Metalogicon*, tr. HALL = John of Salisbury, *Metalogicon*, Translation and Notes by J. B. HALL. Introduction by J. P. HASELDINE, Brepols, Turnhout 2013 (Corpus Christianorum in Translation).

—, *Policraticus*, ed. WEBB = *Ioannis Saresberiensis episcopi Carnotensis Policratici sive De nugis curialium et vestigiis philosophorum libri VIII*, ed. C. C. J. WEBB, 2 voll., Clarendon Press, Oxford 1909.

—, *Policraticus I-IV*, edidit K. S. B. KEATS-ROHAN, Brepols, Turnhout 1993 (*CCM*, 118).

—, *Policraticus*, tr. PIKE (traduzione di una selezione di passi, sulla base dell'edizione WEBB) = J. PIKE, *Frivolities of Courtiers and Footprints of Philosophers. Being a Translation of the First, Second, and Third Books and Selections from the Seventh and Eighth Books of the Policraticus of John of Salisbury*, The University of Minnesota Press, London 1938.

—, *Policraticus*, traduzione selettiva di L. BIANCHI e P. FELTRINI (traduzione di alcuni capitoli dei libri III-VIII, a partire dall'edizione WEBB) = Giovanni di Salisbury, Policraticus. *L'uomo di governo nel pensiero medievale*, presentazione di M. T. FUMAGALLI BEO-

NIO-BROCCHIERI, introduzione di L. BIANCHI, Jaca Book, Milano 1984.

—, *Policraticus*, tr. DOTTI (sulla base dell'edizione KEATS-ROHAN per i primi quattro libri, e dell'edizione WEBB per i restanti quattro) = Giovanni di Salisbury, *Il Policratico ossia delle vanità di curia e degli insegnamenti dei filosofi*, 4 tomi, traduzione e cura di U. DOTTI, Nino Aragno Editore, Torino 2011.

Isidorus Hispalensis, *Etymologiarum sive originum libri XX*, ed. W. M. LINDSAY, 2 voll., Clarendon Press, Oxford 1911 (Scriptorum Classicorum Bibliotheca Oxoniensis).

Logica 'Nostrorum petitioni sociorum', in *Peter Abaelards Philosophische Schriften*, hrsg. B. GEYER, Aschendorff, Münster 1919-1933, pp. 505-580 (*BGPTM*, 21).

Magister A., *Epistola ad Galterium de Mauritania*, in *Veterum scriptorum et monumentorum historicorum, dogmaticorum, moralium; Amplissima Collectio*, I, studio et opera Domni E. MARTÈNE et Domni U. DURAND, Montalant, Paris 1724, pp. 838-839.

Odo Tornacensis, *De peccato originali*, *PL* 160, coll. 1071 A-1102 D.

—, *De peccato originali*, tr. RESNICK = *On Original Sin and A Disputation with the Jew, Leo, Concerning the Advent of Christ, the Son Of God. Two Theological Treatises*, translated with an introduction and notes by I. M. RESNICK, University of Pennsylvania Press, Philadelphia 1994, pp. 37-82.

Petrus Abaelardus, *Collationes*, edited and translated by J. MARENBON and G. ORLANDI, Oxford University Press, Oxford 2001 (Oxford Medieval Texts).

—, *Confessio fidei ad Heloisam* = Ch. BURNETT, «*'Confessio fidei ad Heloisam'*–Abelard's Last Letter to Heloise? A Discussion and Critical Edition of the Latin and Medieval French Versions», *Mittellateinisches Jahrbuch*, 21 (1986) 145-155.

—, *Confessio fidei 'Universis'* = Ch. BURNETT, «Peter Abelard, *Confessio fidei 'Universis'*: A Critical Edition of Abelard's Reply to Accusations of Heresy», *Mediaeval Studies*, 48 (1986) 111-138.

—, *De intellectibus*, in L. URBANI ULIVI, *La psicologia di Abelardo e il "tractatus de intellectibus"*, prefazione di S. VANNI ROVIGHI, Edizioni di Storia e Letteratura, Roma 1976.

—, *De intellectibus*, in Abélard, *Des intellections*, texte établi, traduit, introduit et commenté par P. MORIN, Vrin, Paris 1994 (Sic et Non).

—, *Dialectica*, First Complete Edition of the Parisian Manuscript by L.-M. DE RIJK, Van Gorcum – Hak – Prakke, Assen 1956 (2ª edizione rivista, 1970).

—, *Epistolario di Abelardo ed Eloisa*, a cura di I. PAGANI, con considerazioni sulla trasmissione del testo di G. ORLANDI, Unione Tipografico-Editrice Torinese, Torino 2004 (Classici Latini, UTET).

—, *Historia calamitatum*, texte critique avec une introduction publié par J. MONFRIN, Vrin, Paris 1959.

—, *Historia calamitatum*, tr. MUCKLE = J. T. MUCKLE, *The Story of Abelard's Adversities. A Translation with Notes of the* Historia calamitatum, with a preface by É. GILSON, Pontifical Institute of Medieval Studies, Toronto 1954.

—, *Logica 'Ingredientibus'. Glossae super Peri Hermeneias*, in *Petri Abaelardi Glossae super Peri Hermeneias*, ed. K. JACOBI – Ch. STRUB, Brepols, Turnhout 2010 (*CCM*, 206).

—, *Logica 'Ingredientibus'. Glossae super Porphyrium*, ed. GEYER = *Peter Abaelards Philosophische Schriften*, hrsg. B. GEYER, Aschendorff, Münster 1919-1933, pp. 1-109 (*BGPTM*, 21).

—, *Logica 'Ingredientibus'. Glossae super Porphyrium*, ed. parziale LAFLEUR – CARRIER = C. LAFLEUR – J. CARRIER, «Abélard et les universaux: édition et traduction du début de la *Logica «Ingredientibus»: Super Porphyrium*», *Laval théologique et philosophique*, 68 (2012) 129-210.

—, *Logica 'Ingredientibus'. Glossae super Porphyrium*, traduzione parziale in: Pedro Abelardo, *Lógica para principiantes*, tradução do original em latim C.A. RIBEIRO DO NASCIMENTO, 2ª ed., Unesp, São Paulo 2005.

—, *Logica 'Ingredientibus'. Glossae super Praedicamenta Aristotelis*, in *Peter Abaelards Philosophische Schriften*, hrsg. B. GEYER, Aschendorff, Münster 1919-1933, pp. 111-305 (*BGPTM*, 21).

—, *Logica 'Ingredientibus'. Super Topica Glossae* (glosse al *De topicis differentiis*), in Pietro Abelardo, *Scritti di Logica*, ed. M. DAL PRA, La Nuova Italia, Firenze 1969, pp. 205-330 (Pubblicazioni della Facoltà di Lettere e Filosofia dell'Università di Milano, 34) (precedente edizione: M. DAL PRA [ed.], *Pietro Abelardo. Scritti filosofici*, Fratelli Bocca, Milano 1954).

—, *Opera Theologica*, I. *Commentaria in epistolam Pauli ad Romanos. Apologia contra Bernardum*, cura et studio E. BUYTAERT, Brepols, Turnhout 1969 (*CCM*, 11); II. *Theologia christiana. Theologia 'Scholarium' Recensiones breuiores, accedunt Capitula heresum Petri*

Abaelardi, cura et studio E. BUYTAERT, Brepols, Turnhout 1969 (*CCM*, 12); III. *Theologia 'Summi boni'*. *Theologia 'Scholarium'*, cura et studio E. BUYTAERT – C. MEWS, Brepols, Turnhout 1987 (*CCM*, 13); IV. *Scito te ipsum*, edidit R. M. ILGNER, Brepols, Turnhout 2001 (*CCM*, 190); V. *Expositio in Hexameron*, ed. M. ROMIG auxilium praestante D. LUSCOMBE, *Abbreuiatio Petri Abaelardi expositionis in Hexameron*, ed. Ch. BURNETT auxilium prestante D. LUSCOMBE, Brepols, Turnhout 2004 (*CCM*, 15); VI. *Sententie magistri Petri Abaelardi*, cura et studio D. LUSCOMBE auxilium praestantibus J. BARROW, Ch. BURNETT, K. KEATS-ROHAN, C. MEWS, *Liber Sententiarum magistri Petri*, cura et studio C. MEWS auxilium praestante D. LUSCOMBE, Brepols, Turnhout 2006 (*CCM*, 14).

—, *Teologia del sommo bene*, introduzione, traduzione, note e apparati di M. ROSSINI, Bompiani, Milano 2003.

—, *The Letter Collection of Peter Abelard and Heloise*, edited with a revised translation by D. LUSCOMBE after the translation by B. RADICE, Clarendon Press, Oxford 2013.

Plato, *Meno* = *Plato's Meno*, edited with an Introduction and Commentary by R. S. BLUCK, Cambridge University Press, Cambridge 1964.

—, *Timaeus*, tr. Calcidii = *Plato Latinus*, edidit R. KLIBANSKY. Volumen IV. *Timaeus a Calcidio translatus commentarioque instructus*, in societatem operis coniuncto P. J. JENSEN edidit J. H. WASZINK, editio altera, The Warburg Institut – Brill, London – Leiden 1975.

Porphyrius, *In Aristotelis Categorias commentarium*, ed. BUSSE = *Porphyrii Isagoge et In Aristotelis Categorias commentarium*, ed. A. BUSSE, Reimer, Berlin 1887, pp. 53-142 (Commentaria in Aristotelem Graeca, 4/1).

—, *Isagoge*, ed. BUSSE = *Porphyrii Isagoge et In Aristotelis Categorias commentarium*, ed. A. BUSSE, Reimer, Berlin 1887, pp. 1-22 (Commentaria in Aristotelem Graeca, 4/1).

—, *Isagoge*, tr. BARNES = Porphyry, *Introduction*, translated, with a commentary, by J. BARNES, Clarendon Press, Oxford 2006.

—, *Isagoge*, tr. Boethii = *Porphyrii Isagoge translatio Boethii et anonymi Fragmentum vulgo vocatum «Liber sex principiorum»*, ed. L. MINIO-PALUELLO, Desclée De Brouwer, Bruges – Paris 1966, pp. 5-31 (Aristoteles Latinus 1, 6-7).

—, *Isagoge*, tr. GIRGENTI = Porfirio, *Isagoge*, prefazione, introduzione, traduzione e apparati di G. GIRGENTI, Rusconi, Milano 1995.

—, *Isagoge*, tr. DE LIBERA = Porphyre, *Isagoge*, traduction par A. DE LIBERA et A.-Ph. SEGONDS, introduction et notes par A. DE LIBERA, Vrin, Paris 1998 (Sic et Non).

—, *Isagoge*, tr. MAIOLI = Porfirio, *Isagoge*, traduzione, introduzione, commento di B. MAIOLI, Liviana, Padova 1969 (Studium Sapientiae).

Priscianus, *Institutionum grammaticarum libri XVIII*, ed. M. HERTZ, 2 voll., Teubner, Leipzig 1855-1859 (Grammatici latini, 2-3) (reimpressione Georg Olms Verlagsbuchhandlung, Hildesheim 1961).

'*Quoniam de generali*', ed. HAURÉAU = B. HAURÉAU, *Notices et extraits de quelques manuscrits latins de la Bibliothèque Nationale*, V, Klincksieck, Paris 1892, pp. 298-320.

'*Quoniam de generali*', ed. DIJS = J. DIJS, «Two Anonymous 12th-Century Tracts on Universals», *Vivarium*, 28 (1990) 85-117 (edizione alle pp. 93-113).

'*Quoniam de generali*', ed. e tr. ROMANO = F. ROMANO, *Una soluzione originale della questione degli universali nel XII secolo. Gualtiero di Mortagne:* Sullo stato di genere e di specie delle cose universali, Aracne, Roma 2007, pp. 91-113, 115-146.

'*Quoniam de generali*', tr. KING = P. KING, *Peter Abailard and the Problem of Universals*, 2 voll., Ph.D. dissertation, Princeton University, 1982, II, pp. 128*-142*.

Roscellinus, *Epistola ad Abaelardum*, in J. REINERS, *Der Nominalismus in der Frühscholastik. Ein Beitrag zur Geschichte der Universalienfrage im Mittelalter*, Aschendorff, Münster 1910, pp. 63-80 (Beiträge zur Geschichte der Philosophie des Mittelalters, 8.5).

L.A. Seneca, *Ad Lucilium Epistulae Morales*, recognovit et adnotatione critica instruxit L. D. REYNOLDS, E Typographeo Clarendoniano, Oxonii 1965.

Sententia de universalibus secundum magistrum R., ed. HAURÉAU = B. HAURÉAU, *Notices et extraits de quelques manuscrits latins de la Bibliothèque Nationale*, V, Klincksieck, Paris 1892, pp. 325-328.

Sententia de universalibus secundum magistrum R., ed. DIJS = J. DIJS, «Two Anonymous 12th-Century Tracts on Universals», *Vivarium*, 28 (1990) 85-117 (edizione alle pp. 113-117).

Sententiae Florianenses, Nunc primum edidit, prolegomenis, apparatu critico, notis instruxit H. OSTLENDER, Hanstein, Bonn 1929 (Florilegium Patristicum, 19).

Sententiae secundum magistrum Petrum, in L. MINIO-PALUELLO (ed.), *Twelfth Century Logic. Texts and Studies*, II. *Abaelardiana inedita*, Edizioni di Storia e Letteratura, Roma 1958, pp. 109-121.

Simplicius, *In Aristotelis Categorias commentarium*, ed. K. KALBFLEISCH, Reimer, Berlin 1907 (Commentaria in Aristotelem Graeca, 8).

—, *Commentaire sur les Catégories*. Traduction commentée sous la direction de I. HADOT, Fascicule III. *Commentaire au premier chapitre des Catégories*, traduction par Ph. HOFFMANN, commentaire et notes par C. LUNA, Brill, Leiden 1990.

Summa Sententiarum (libri I-VI), *PL* 176, coll. 41 C-154 B.

Theodoricus Carnotensis, *Lectiones in Boethii librum De trinitate* = N. M. HÄRING, *Commentaires on Boethius by Thierry of Chartres and His School*, Pontifical Institute of Mediaeval Studies, Toronto 1971, pp. 123-229.

Vita Hugonis Abbatis Marchianensis, ed. MARTÈNE – DURAND = E. MARTÈNE – U. DURAND, *Thesaurus novus anecdotorum*, t. 3, Delaulne – Foucault – Clouzier – Nyon – Ganeau – Gosselin, Paris 1717, pp. 1709-1736.

—, ed. PLATELLE – GODDING = H. PLATELLE – R. GODDING, «*Vita Hugonis Marchianensis* († 1158). Présentation, édition critique et traduction française», *Analecta Bollandiana*, 111 (1993) 301-384 (edizione alle pp. 312-374).

Vita prima Gosvini, ed. GIBBONS = *Beati Gosvini Vita celeberrimi Aquicinctensis monasterii abbatis septimi a duobus diversis eiusdem cœnobij Monachis separatim exarata, e veteribus ms. nunc primum edita*, Cura R. P. RICHARDI GIBBONI, Wyon, Douai 1620.

Autori moderni

Abélard en son temps, Actes du Colloque International organisé à l'occasion du 9ᵉ centenaire de la naissance de Pierre Abélard (14-19 Mai 1979), Les Belles Lettres, Paris 1981.

Abélard. Le «dialogue». La philosophie de la logique, Actes du Colloque de Neuchâtel, 16-17 novembre 1979, La Concorde, Genève – Lausanne – Neuchâtel 1981 (Cahiers de la Revue de Théologie et de Philosophie, 6).

L. D'ACHERY (ed.), *Venerabilis Guiberti Abbatis B. Mariae de Novigento opera omnia* [...], Billaine, Lutetiae Parisiorum 1651.

J. A. AERTSEN – A. SPEER (edd.), *Individuum und Individualität im Mittelalter*, Gruyter, Berlin – New York 1996.

G. AGAMBEN, *La comunità che viene*, Bollati Boringhieri, Torino 2001 (Temi, 109) (ed. or. Einaudi, Torino 1990).

G. ALLEGRO, *La teologia di Pietro Abelardo fra letture e pregiudizi*, Officina di Studi Medievali, Palermo 1990.

—, *Teologia e metodo in Pietro Abelardo*, presentazione di C. J. MEWS, Officina di Studi Medievali, Palermo 2010 (Machina Philosophorum, 22).

G. D'ANNA, «Abelardo e Cicerone», *Studi medievali*, 3ª serie, 10 (1969) 333-419.

P. ANNALA, «The Function of the *formae nativae* in the Refinement Process of Matter: A Study of Bernard of Chartres's Concept of Matter», *Vivarium*, 35 (1997) 1-20.

A. ARLIG, *A Study in Early Medieval Mereology: Boethius, Abelard, and Pseudo-Joscelin*, Ph.D. thesis, The Ohio State University, 2005.

—, «Abelard's Assault on Everyday Objects», *American Catholic Philosophical Quarterly*, 81 (2007) 209-227.

—, «Early Medieval Solutions to some Mereological Puzzles: the Content and Unity of the *De generibus et speciebus*», in I. ROSIER-CATACH (éd.), *Arts du langage et théologie aux confins des XIe-XIIe siècles. Textes, maîtres, débats*, Brepols, Turnhout 2011, pp. 485-508 (Studia Artistarum, 26).

—, «Is There a Medieval Mereology?», in J. MARENBON – M. CAMERON (edd.), *Methods and Methodologies. Aristotelian Logic East and West, 500-1500*, Brill, Leiden – Boston 2011, pp. 161-189.

—, «Medieval Mereology», *Stanford Encyclopedia of Philosophy*, 2006 (revisione 2015), http://plato.stanford.edu/entries/mereology-medieval/.

—, «Mereology», in H. LAGERLUND (ed.), *Encyclopedia of Medieval Philosophy. Philosophy Between 500 and 1500*, Springer, Dordrecht – Heidelberg – London – New York 2011, pp. 763-771.

—, «Parts, Wholes and Identity», in J. MARENBON (ed.), *The Oxford Handbook of Medieval Philosophy*, Oxford University Press, Oxford 2012, pp. 445-467.

—, «Some Twelfth-Century Reflections on Mereological Essentialism», *Oxford Studies in Medieval Philosophy*, 1 (2013) 83-112.

—, «The metaphysics of individuals in the *Opuscula sacra*», in J. MARENBON (ed.), *The Cambridge Companion to Boethius*, Cambridge University Press, Cambridge 2009, pp. 129-154.

—, «Universals», in H. LAGERLUND (ed.), *Encyclopedia of Medieval Philosophy. Philosophy Between 500 and 1500*, Springer, Dordrecht – Heidelberg – London – New York 2011, pp. 1353-1359.

I. ATUCHA – D. CALMA – C. KÖNIG-PRALONG – I. ZAVATTERO (éds.), *Mots médiévaux offerts à Ruedi Imbach*, Fédération Internationale des Instituts d'Études Médiévales, Porto 2011 (Textes et études du Moyen Âge, 57).

G. BALLANTI, *Pietro Abelardo. La rinascita scolastica del XII secolo*, La Nuova Italia, Firenze 1995 (Biblioteca di Cultura, 194).

C. Z. BARACH, *Zur Geschichte des Nominalismus vor Roscellin. Nach bisher unbenützten handschriftlichen Quellen der Wiener Kaiserlichen Hofbibliothek*, Braumüller, Wien 1866.

J. BARROW – Ch. BURNETT – D. E. LUSCOMBE, «A Checklist of the Manuscripts Containing the Writings of Peter Abelard and Heloise and Other Works Closely Associated With Abelard and His School», *Revue d'Histoire des Textes*, 14-15 (1984-1985) 183-302.

M. T. BEONIO BROCCHIERI FUMAGALLI, *La logica di Abelardo*, 2ª ed., La Nuova Italia, Firenze 1969 (Pubblicazioni della Facoltà di Lettere e Filosofia dell'Università di Milano, 37).

R. BERNDT (hrsg.), *Bibel und Exegese in der Abtei Saint-Victor zu Paris. Form und Funktion eines Grundtextes in europäische Rahmen*, Aschendorff, Münster 2009 (Corpus Victorinum. Instrumenta, 3).

R. BERNDT (hrsg.), *Schrift, Schreiber, Schenker. Studien zur Abtei Sankt Viktor in Paris und den Viktorinern*, Akademie Verlag, Berlin 2005 (Corpus Victorinum. Instrumenta, 1).

F. BERTELLONI, «*Pars construens*. La solución de Abelardo al problema del universal en la 1.ª parte de la *Logica "Ingredientibus"*», *Patristica et Mediaevalia*, 8 (1987) 39-60; 9 (1988) 3-25.

—, «*Pars destruens*. Las críticas de Abelardo al realismo en la 1.ª parte de la *Logica "Ingredientibus"*», *Patristica et Mediaevalia*, 7 (1986) 49-64.

—, «*Status... quod non est res*: Facticidad del status como fundamento de la universalización de lo real en Pedro Abelardo», *Mediaevalia. Textos e Estudos*, 7-8 (1995) 153-175.

E. BERTOLA, «La grammatica e il problema degli universali nel medioevo cristiano», *Rivista di filosofia neoscolastica*, 86 (1994) 491-505.

—, «Le critiche di Abelardo ad Anselmo di Laon ed a Guglielmo di Champeaux», *Rivista di filosofia neoscolastica*, 52 (1960) 495-522.

—, «Odone di Tournai (o di Cambrai) ed il problema degli universali», *Rivista di Filosofia neoscolastica*, 69 (1977) 20-35.

J. BIARD (éd.), *Langage, sciences, philosophie au XIIe siècle*, Actes de la table ronde internationale organisée les 25 et 26 mars 1998 [...], Vrin, Paris 1999.

J. BIARD – I. ROSIER-CATACH (éds.), *La tradition médiévale des Catégories (XIIe-XIVe siècles)*, Actes du XIIIe Symposium européen de logique et de sémantique médiévales (Avignon, 6-10 juin 2000), Éditions de l'Institut Supérieur de Philosophie – Peeters, Louvain-la-Neuve – Paris 2003.

Biographie nationale publiée par l'Académie Royale des Sciences, des Lettres et des Beaux-Arts de Belgique, VII, Bruylant, Brussell 1883; disponibile on-line al sito www.academieroyale.be.

A. BISANTI, «Inserti metrici nel *De eodem et diverso* di Adelardo di Bath», *Medieval Sophia*, rivista on-line, 7 (2010) 5-32.

—, «Introduzione», in Adelardo di Bath, *L'identico e il diverso. De eodem et diverso*, a cura di A. BISANTI e P. PALMERI, presentazione di A. MUSCO, Officina di Studi Medievali, Palermo 2014, pp. 1-36.

D. BLOCH, *John of Salisbury on Aristotelian Science*, Brepols, Turnhout 2012.

—, «Monstrosities and Twitterings: A Note on the Early Reception of the *Posterior Analytics*», *Cahiers de l'Institut du Moyen-Âge Grec et Latin*, 79 (2010) 1-6.

J. F. BOLER, «Abailard and the Problem of Universals», *Journal of the History of Philosophy*, 1 (1963) 37-51.

S. P. BONANNI, *Parlare della Trinità. Lettura della* Theologia Scholarium *di Abelardo*, Pontificia Università Gregoriana, Roma 1996 (Analecta Gregoriana).

F. BOTTIN, «Alcune discussioni sulla transitività della predicazione nella scuola di Alberico da Monte», *Medioevo. Rivista di storia della filosofia medievale*, 10 (1984) 209-235.

—, *Filosofia medievale della mente*, Il Poligrafo, Padova 2005 (Subsidia Mediaeualia Patauina, 7).

—, *Percorsi medievali per problemi filosofici contemporanei*, Cleup, Padova 2010.

—, «Quelques discussions sur la transitivité de la prédication dans l'école d'Albéric du Mont», in J. JOLIVET – A. DE LIBERA (éds.), *Gilbert de Poitiers et ses contemporains aux origines de la* Logica modernorum, Actes du septième symposium européen d'histoire de la logique et de la sémantique médiévales, Bibliopolis, Napoli 1987, pp. 57-72.

C.-É. DU BOULAY, *Historia Universitatis Parisiensis*, II, Noel, Paris 1665.

A. BOUXIN, *La cathédrale Notre-Dame de Laon. Historique et description*, 2ᵉ éd., Journal de l'Aisne, Laon 1902.

J. BROWER, «Trinity», in J. BROWER – K. GUILFOY (edd.), *The Cambridge Companion to Abelard*, Cambridge University Press, Cambridge 2004, pp. 223-257.

J. BROWER – K. GUILFOY (edd.), *The Cambridge Companion to Abelard*, Cambridge University Press, Cambridge 2004.

J. BRUMBERG-CHAUMONT, «Grammaire et logique du nom d'après les *Gloses sur Priscien* de Guillaume de Conches», in B. OBRIST – I. CAIAZZO (éds.), *Guillaume de Conches: Philosophie et science au XIIᵉ siècle*, Sismel-Edizioni del Galluzzo, Firenze 2011, pp. 377-465 (Micrologus' Library, 42).

—, «Le problème du substrat des accidents constitutifs dans les commentaires à l'*Isagoge* d'Abélard et du Pseudo-Raban (*P3*)», in Ch. ERISMANN – A. SCHNIEWIND (éds.), *Compléments de substance. Études sur les propriétés accidentelles offertes à Alain de Libera*, Vrin, Paris 2008, pp. 67-84.

—, «Les universaux dans le commentaire du Pseudo-Raban à l'*Isagoge* (*P3*): entre Boèce et la théorie de l'essence matérielle», in I. ROSIER-CATACH (éd.), *Arts du langage et théologie aux confins des XIᵉ-XIIᵉ siècles. Textes, maîtres, débats*, Brepols, Turnhout 2011, pp. 417-451 (Studia Artistarum, 26).

V. BUFFON – C. LAFLEUR – F. LORTIE (éds.), *Intuition et abstraction dans les théories de la connaissance anciennes et médiévales*, numéros thématiques dirigés par V. BUFFON, C. LAFLEUR, F. LORTIE, (I) *Laval théologique et philosophique*, 66.1 (2010), (II) 68.1 (2012).

Ch. BURNETT, «Adelard of Bath's Doctrine on Universals and the *Consolatio Philosophiae* of Boethius», *Didascalia*, 1 (1995) 1-13.

—, «'*Confessio fidei ad Heloisam*' – Abelard's Last Letter to Heloise? A Discussion and Critical Edition of the Latin and Medieval French Versions», *Mittellateinisches Jahrbuch*, 21 (1986) 145-155.

—, «John of Salisbury and Aristotle», *Didascalia*, 2 (1996) 19-32.

—, «Peter Abelard, *Confessio fidei 'Universis'*: A Critical Edition of Abelard's Reply to Accusations of Heresy», *Mediaeval Studies*, 48 (1986) 111-138.
—, «William of Conches and Adelard of Bath», in B. OBRIST – I. CAIAZZO (éds.), *Guillaume de Conches: Philosophie et science au XIIe siècle*, Sismel-Edizioni del Galluzzo, Firenze 2011, pp. 67-77 (Micrologus' Library, 42).
—, (ed.), *Adelard of Bath. An English Scientist and Arabist of the Early Twelfth Century*, The Warburg Institute, London 1987.
—, (ed.), *Glosses and Commentaries on Aristotelian Logical Texts: The Syriac, Arabic and Medieval Latin Traditions*, The Warburg Institute, London 1993.
G. L. BURSILL-HALL – S. EBBESEN – K. KOERNER (edd.), De ortu grammaticae. *Studies in Medieval Grammar and Linguistic Theory in Memory of Jan Pinborg*, Benjamins, Amsterdam 1990.
I. CAIAZZO, «Le glosse a Macrobio del codice Vaticano lat. 3874: un testimone delle *formae nativae* nel secolo XII», *Archives d'histoire doctrinale et littéraire du Moyen Âge*, 64 (1997) 213-234.
—, *Lectures médiévales de Macrobe. Les* Glosae Colonienses super Macrobium, Vrin, Paris 2002 (Études de Philosophie Médiévale, 83).
—, «Sur la distinction sénéchienne *idea/idos* au XIIe siècle», χώρα. *Revue d'études anciennes et médiévales*, 3-4 (2005-2006) 91-116.
D. CALMA, «Maneries», in I. ATUCHA – D. CALMA – C. KÖNIG-PRALONG – I. ZAVATTERO (éds.), *Mots médiévaux offerts à Ruedi Imbach*, Fédération Internationale des Instituts d'Études Médiévales, Porto 2011, pp. 433-444 (Textes et études du Moyen Âge, 57).
M. CAMERON, «Abelard's Early Glosses: Some Questions», in I. ROSIER-CATACH (éd.), *Arts du langage et théologie aux confins des XIe-XIIe siècles. Textes, maîtres, débats*, Brepols, Turnhout 2011, pp. 647-662 (Studia Artistarum, 26).
—, «The Development of Early Twelfth Century Logic: a Reconsideration», in I. ROSIER-CATACH (éd.), *Arts du langage et théologie aux confins des XIe-XIIe siècles. Textes, maîtres, débats*, Brepols, Turnhout 2011, pp. 677-694 (Studia Artistarum, 26).
—, «The Logic of Dead Humans. Abelard and the Transformation of the Porphyrian Tree», *Oxford Studies in Medieval Philosophy*, 3 (2015) 32-63.

—, «What's in A Name? Students of William of Champeaux on the *Vox Significativa*», *Bochumer Philosophisches Jahrbuch für Antike und Mittelalter*, 9 (2004) 93-114.

—, «When Does a Word Signify? Debates from Peter Abelard's Milieu and the Early Thirteenth Century», *Archives d'histoire doctrinale et littéraire du Moyen Âge*, 78 (2011) 179-194.

G. CANELLA, *Della dialettica nelle scuole dopo la Rinascenza carolingia e dell'Origine della Controversia degli Universali (VIII a XI secolo)*, Rossetti, Pavia 1904.

—, «Per lo studio del problema degli universali nella Scolastica», *La scuola cattolica*, 32 (1904) 305-313; 541-556; 33 (1905) 160-173; 556-577; 35 (1907) 56-66; 160-171; 392-397; 509-515; 621-631.

G. CATAPANO, *Agostino*, Carocci, Roma 2010 (Pensatori, 12).

W. CAVE, *Scriptorum Ecclesiasticorum Historia Literaria, A Christo Nato usque ad Saeculum XIV Facili Methodo digesta* [...], II, Sheldon, Oxford 1743.

R. CEILLIER, *Histoire générale des auteurs sacrés et ecclésiastiques*, XXIII, Pierres-Butard, Paris 1763.

J. CHÂTILLON, «De Guillaume de Champeaux à Thomas Gallus. Chronique d'histoire littéraire et doctrinale de l'école de Saint-Victor», *Revue du Moyen Âge Latin*, 7 (1952) 139-162; 247-272.

R. CHIARADONNA – G. GALLUZZO (edd.), *Universals in Ancient Philosophy*, Edizioni della Normale, Pisa 2013.

M. CHOSSAT, *La Somme des Sentences. Œuvre de Hugues de Mortagne vers 1155*, Spicilegium Sacrum Lovaniense – Champion, Louvain – Paris 1923 (Spicilegium Sacrum Lovaniense. Études et documents, 5).

M. T. CLANCHY, *Abelard. A Mediaeval Life*, Blackwell, Oxford – Cambridge 1997.

L. COCHRANE, *Adelard of Bath. The First English Scientist*, British Museum Press, London 1994.

M. COLISH, *Peter Lombard*, 2 voll., Brill, Leiden – New York – Köln 1994.

P. COURCELLE, «Adelard de Bath et la *Consolation* de Boèce», in P. GRANFIELD – J.A. JUNGMANN (edd.), *Kyriakon. Festschrift Johannes Quasten*, 2 voll., Aschendorff, Münster 1970, II, pp. 572-575.

W. J. COURTENAY, «In Search of Nominalism: Two Centuries of Historical Debate», in R. IMBACH – A. MAIERÙ (a cura di), *Gli studi di filosofia medievale fra Otto e Novecento. Contributo a un bilancio storiografico*, Atti del convegno internazionale, Roma, 21-23 settembre 1989,

Edizioni di Storia e Letteratura, Roma 1991, pp. 233-251 (Storia e Letteratura, 179).

—, «Nominales and Nominalism in the Twelfth Century», in J. JOLIVET – Z. KALUZA – A. DE LIBERA (éds.), Lectionum varietates. *Hommage à Paul Vignaux*, Vrin, Paris 1991, pp. 11-48.

J.-F. COURTINE, «Note complémentaire pour l'histoire du vocabulaire de l'être. Les traductions latines d'ΟΥΣΙΑ et la compréhension romano-stoïcienne de l'être», in *Concepts et catégories dans la pensée antique*, études publiées sous la direction de P. AUBENQUE, Vrin, Paris 1980, pp. 33-87.

V. COUSIN, *Fragments philosophiques. Philosophie Scholastique*, 2ᵉ éd., Ladrange, Paris 1840.

—, *Ouvrages inédits d'Abélard pour servir à l'histoire de la philosophie scolastique en France*, Imprimerie Royale, Paris 1836.

—, *Petri Abaelardi opera hactenus seorsim edita nunc primum in unum collegit* [...] *Victor* COUSIN *adjuvantibus C.* JOURDAIN *et E.* DESPOIS, 2 voll., Durand, Paris 1849-1859.

P. CRIVELLI, «Aristotle's Definitions of Universals and Individuals in *de interpretatione* 7», in Gh. GUIGON – G. RODRÍGUEZ-PEREYRA (edd.), *Nominalism about Properties. New Essays*, Routledge, New York – London 2015, pp. 19-37.

M. DAL PRA, *Giovanni di Salisbury*, Fratelli Bocca, Milano 1951.

—, «Le glosse alle *Categorie* del ms. Parigi, N. lat. 13368», in *Medioevo e Rinascimento: Studi in onore di Bruno Nardi*, I, Sansoni, Firenze 1955, pp. 147-178.

—, (ed.), *Pietro Abelardo. Scritti di Logica. Introductiones dialecticae: Editio super Porphyrium; Glossae in Categorias; Editio super Aristotelem De Interpretatione; De diuisionibus. Logica Ingredientibus: Super Topica Glossae*, La Nuova Italia, Firenze 1969 (Pubblicazioni della Facoltà di Lettere e Filosofia dell'Università di Milano, 34).

—, (ed.), *Pietro Abelardo. Scritti filosofici. Editio super Porphyrium. Glossae in Categorias. Super Aristotelem De Interpretatione. De divisionibus. Super Topica glossae*, Fratelli Bocca, Milano 1954 (Nuova Biblioteca Filosofica. Serie II, 3).

L.-M. DE RIJK, «Abailard's Semantic Views in the Light of Later Developments», in H. A. BRAAKHUIS - C. H. KNEEPKENS - L. M. DE RIJK, *English Logic and Semantics*, Ingenium Publisher, Nijmegen 1981, pp. 1-58.

—, «Gilbert de Poitiers. Ses vues sémantiques et métaphysiques», in J. JOLIVET – A. DE LIBERA (éds.), *Gilbert de Poitiers et ses contemporains aux origines de la Logica modernorum*, Actes du septième symposium européen d'histoire de la logique et de la sémantique médiévales, Bibliopolis, Napoli 1987, pp. 147-171.

—, «Introduction», in *Dialectica*, First Complete Edition of the Parisian Manuscript, Van Gorcum – Hak – Prakke, Assen 1956 (2ª edizione rivista, 1970).

—, «La signification de la proposition (*dictum propositionis*) chez Abélard», in *Pierre Abélard. Pierre le Vénérable. Les courants philosophiques, littéraires et artistiques en Occident au milieu du XIIe siècle. Abbaye de Cluny, 2-9 Juillet 1972*, CNRS, Paris 1975, pp. 547-555 (Colloques internationaux du Centre National de la Recherche Scientifique, 546).

—, Logica modernorum. *A Contribution to the History of Early Terminist Logic*, 2 voll., Van Gorcum, Assen 1962-1967.

—, «Martin M. Tweedale on Abailard. Some Criticisms of a Fascinating Venture», *Vivarium*, 23 (1985) 81-97.

—, «Peter Abelard's Semantics and His Doctrine of Being», *Vivarium*, 24 (1986) 85-127.

—, «Postscriptum» (to M. M. Tweedale, «Reply to Prof. de Rijk»), *Vivarium*, 25 (1987) 23.

—, «Semantics and Metaphysics in Gilbert of Poitiers. A Chapter of Twelfth-Century Platonism», *Vivarium*, 26 (1988) 73-112; 27 (1989) 1-35.

—, «Some New Evidence on Twelfth Century Logic: Alberic and the School of Mont Ste Geneviève (*Montani*)», *Vivarium*, 4 (1966) 1-57.

—, «The Semantical Impact of Abailard's Solution of the Problem of Universals», in R. THOMAS (hrsg.), *Petrus Abaelardus (1079-1142). Person, Werk und Wirkung*, Paulinus Verlag, Trier 1980, pp. 139-151.

M. DE WULF, *Histoire de la philosophie en Belgique*, Dewit – Alcan, Bruxelles – Paris 1910.

—, *Histoire de la philosophie médiévale précédée d'un aperçu sur la philosophie ancienne*, Institut Supérieur de Philosophie – Alcan – Schepens, Louvain – Paris – Bruxelles 1900.

—, «Le Problème des Universaux dans son évolution historique du IXe au XIIIe siècle», *Archiv für Geschichte der Philosophie*, 9 (1896) 427-444.

H. Dehove, *Qui praecipui fuerint labente XII saeculo ante introductam Arabum philosophiam temperati realismi antecessores*, Lefebvre-Ducrocq, Insulis 1908.

L. Denis, «La question des universaux d'après Jean de Salisbury», *Revue des sciences philosophiques et théologiques*, 16 (1927) 425-434.

M. Dickey, «Some Commentaries on the *De inventione* and *Ad Herennium* of the Eleventh and Early Twelfth Centuries», *Medieval and Renaissance Studies*, 6 (1968) 1-41.

J. Dijs, «Two Anonymous 12th-Century Tracts on Universals», *Vivarium*, 28 (1990) 85-117.

A. Drew, «The *De eodem et diverso*», in Ch. Burnett (ed.), *Adelard of Bath. An English Scientist and Arabist of the Early Twelfth Century*, The Warburg Institute, London 1987, pp. 17-24.

P. Dronke, *Women Writers of the Middle Ages. A Critical Study of Texts from Perpetua († 203) to Marguerite Porete († 1310)*, Cambridge University Press, Cambridge 1984.

P. Dronke (ed.), *A History of Twelfth-Century Western Philosophy*, Cambridge University Press, Cambridge 1988.

A. Dufour-Malbezin, *Actes des évêques de Laon des origines à 1151*, CNRS, Paris 2001 (Documents, Études et Répertoires, 65).

L. E. Dupin, *Nouvelle Bibliothèque des auteurs ecclésiastiques, contenant l'histoire de leur vie, le catalogue, la critique, et la chronologie de leurs ouvrages; le sommaire de ce qu'ils contiennent; un jugement sur leur style et sur leur doctrine, et le dénombrement des différentes éditions de leurs oeuvres*, IX, Pralard, Paris 1697.

P. E. Dutton, «Introduction», in *The Glosae super Platonem of Bernard of Chartres*, Edited with an Introduction by P. E. Dutton, Pontifical Institute of Mediaeval Studies, Toronto 1991, pp. 1-135 (Studies and Texts, 107).

—, «The Uncovering of the *Glosae super Platonem* of Bernard of Chartres», *Mediaeval Studies*, 46 (1984) 192-221.

S. Ebbesen, «Medieval Latin Glosses and Commentaries on Aristotelian Logical Texts of the Twelfth and Thirteenth Centuries», in Ch. Burnett (ed.), *Glosses and Commentaries on Aristotelian Logical Texts: The Syriac, Arabic and Medieval Latin Traditions*, The Warburg Institute, London 1993, pp. 129-177.

K. Emery – A. I. Irving – S. M. Metzger – Ch. M. Jones, «*Quaestiones, Sententiae* and *Summae* from the Later Twelfth and Early Thirteenth

Centuries: The Joseph N. Garvin Papers (II)», *Bulletin de Philosophie Médiévale*, 48 (2006) 15-81.

K. EMERY – Ch. M. JONES – A. I. IRVING – V. KOTUSENKO, «*Quaestiones, Sententiae* and *Summae* from the Later Twelfth and Early Thirteenth Centuries: The Joseph N. Garvin Papers (I)», *Bulletin de Philosophie Médiévale*, 47 (2005) 11-68.

Ch. ERISMANN, «Alain de Lille, la métaphysique érigénienne et la pluralité des formes», in J.-L. SOLÈRE – A. VASILIU – A. GALONNIER (éds.), *Alain de Lille, le docteur universel. Philosophie, théologie et littérature au XIIe siècle*, Actes du XIe Colloque international de la Société Internationale pour l'Étude de la Philosophie Médiévale, Paris 23-25 octobre 2003, Brepols, Turnhout 2005, pp. 19-46.

—, «Dialectique, universaux et intellect chez Jean Scot Erigène», in M. C. PACHECO – J. F. MEIRINHOS (éds.), *Intellect et imagination dans la Philosophie Médiévale. Intellect and Imagination in Medieval Philosophy. Intelecto e imaginação na Filosofia Medieval*, Actes du XIe Congrès International de Philosophie Médiévale de la S.I.E.P.M., II, Brepols, Turnhout 2006, pp. 827-839.

—, «Explaining Exact Resemblance. Gilbert of Poitiers' *Conformitas* Theory Reconsidered», *Oxford Studies in Medieval Philosophy*, 2 (2014) 1-24.

—, «*Generalis essentia*. La théorie érigénienne de l'*ousia* et le problème des universaux», *Archives d'histoire doctrinale et littéraire du Moyen Âge*, 69 (2002) 7-37.

—, «Immanent Realism. A Reconstruction of an Early Medieval Solution to the Problem of Universals», *Documenti e studi sulla tradizione filosofica medievale*, 18 (2007) 211-229.

—, *L'Homme commun. La genèse du réalisme ontologique durant le haut Moyen Âge*, Vrin, Paris 2011 (Sic et Non).

—, «L'individualité expliquée par les accidents. Remarques sur la destinée "chrétienne" de Porphyre», in Ch. ERISMANN – A. SCHNIEWIND (éds.), *Compléments de substance. Études sur les propriétés accidentelles offertes à Alain de Libera*, Vrin, Paris 2008, pp. 51-66.

—, «Latin Philosophy to 1200», in J. MARENBON (ed.), *The Oxford Handbook of Medieval Philosophy*, Oxford University Press, Oxford 2012, pp. 166-191.

—, «*Non Est Natura Sine Persona*. The Issue of Uninstantiated Universals from Late Antiquity to the Early Middle Ages», in

J. Marenbon – M. Cameron (edd.), *Methods and Methodologies. Aristotelian Logic East and West, 500-1500*, Brill, Leiden – Boston 2011, pp. 75-91.

—, «Penser le commun. Le problème de l'universalité métaphysique aux XIe et XIIe siècles», in I. Rosier-Catach (éd.), *Arts du langage et théologie aux confins des XIe-XIIe siècles. Textes, maîtres, débats*, Brepols, Turnhout 2011, pp. 373-392 (Studia Artistarum, 26).

—, «*Processio idest multiplicatio*. L'influence latine de l'ontologie de Porphyre: le cas de Jean Scot Erigène», *Revue des Sciences Philosophiques et Théologiques*, 88 (2004) 401-460.

—, «*Proprietatum collectio*. Anselme de Canterbury et le problème de l'individuation», *Mediaevalia. Textos e estudos*, 22 (2003) 55-71.

—, «Realism», in H. Lagerlund (ed.), *Encyclopedia of Medieval Philosophy. Philosophy Between 500 and 1500*, Springer, Dordrecht – Heidelberg – London – New York 2011, pp. 1108-1112.

—, «*Singularitas*. Éléments pour une histoire du concept: la contribution d'Odon de Cambrai», in J. Meirinhos – O. Weijers (éds.), Florilegium Mediaevale. *Études offertes à Jacqueline Hamesse à l'occasion de son éméritat*, Fédération Internationale des Instituts d'Études Médiévales, Louvain-la-Neuve 2009, pp. 175-183 (Textes et Études du Moyen Âge, 50).

—, «The Logic of Being. Eriugena's Dialectical Ontology», *Vivarium*, 45 (2007) (*The Many Roots of Medieval Logic: The Aristotelian and the Non-Aristotelian Traditions*, ed. J. Marenbon, Brill, Leiden 2007) 203–218.

—, «The Medieval Fortunes of the *Opuscula Sacra*», in J. Marenbon (ed.), *The Cambridge Companion to Boethius*, Cambridge University Press, Cambridge 2009, pp. 155-177.

—, «The Trinity, Universals, and Particular Substances: Philoponus and Roscelin», *Traditio*, 63 (2008) 277-305.

—, «Un autre aristotélisme? La problématique métaphysique durant le haut Moyen Âge latin. À propos d'Anselme, *Monologion* 27», *Quaestio*, 5 (2005) 145-162.

—, «Un péché de nature. Péché originel et réalisme des universaux selon Odon de Cambrai», in G. d'Onofrio (ed.), *The Medieval Paradigm. Religious Thought and Philosophy. Papers of the International Congress (Rome, 29 October – 1 November 2005)*, I, Brepols, Turnhout 2012, pp. 289-307.

Ch. ERISMANN – A. SCHNIEWIND (éds.), *Compléments de substance. Études sur les propriétés accidentelles offertes à Alain de Libera*, Vrin, Paris 2008.

J. A. FABRICIUS, *Bibliotheca Latina Mediae et Infimae Aetatis*, III, Baracchi, Firenze 1758.

M. FATTORI – M. L. BIANCHI (a cura di), *Idea, VI Colloquio Internazionale. Roma, 5-7 gennaio 1989. Atti,* Edizioni dell'Ateneo, Roma 1990 (Lessico Intellettuale Europeo, 51).

M. FATTORI – M. L. BIANCHI (a cura di), *Res, III Colloquio Internazionale del Lessico Intellettuale Europeo (Roma, 7-9 Gennaio 1990),* Edizioni dell'Ateneo, Roma 1982 (Lessico Intellettuale Europeo, 26).

P. FERET, *La faculté de théologie de Paris et ses docteurs les plus célèbres. Moyen Âge*, I, Picard, Paris 1894.

K. FINE, «The Non-Identity of a Material Thing and Its Matter», *Mind*, 112 (2003) 195-234.

K. M. FREDBORG, «Abelard on Rhetoric», in C. MEWS – C. NEDERMAN – R. THOMSON (edd.), *Rhetoric and Renewal in the Latin West 1100-1540. Essays in Honour of John O. Ward*, Brepols, Turnhout 2003, pp. 55-80 (Disputatio, 2).

—, «Ciceronian Rhetoric and the Schools», in J. VAN ENGEN (ed.), *Learning Institutionalized. Teaching in the Medieval University*, University of Notre Dame Press, Notre Dame 2000, pp. 21-41 (Notre Dame Conferences in Medieval Studies, IX).

—, «Speculative Grammar», in P. DRONKE (ed.), *A History of Twelfth-Century Western Philosophy*, Cambridge University Press, Cambridge 1988, pp. 177-195.

—, «The commentaries on Cicero's *De Inventione* and *Rhetorica ad Herennium* by William of Champeaux», *Cahiers de l'Institut du Moyen-Âge Grec et Latin*, 17 (1976) 1-39.

—, «The Scholastic Teaching of Rhetoric in the Middle Ages», *Cahiers de l'Institut du Moyen-Âge Grec et Latin*, 55 (1987) 85-105.

—, «*Tractatus glosarum Prisciani* in ms. Vat. Lat. 1486», *Cahiers de l'Institut du Moyen-Âge Grec et Latin*, 21 (1977) 21-44.

A. J. FREDDOSO, «Abailard on Collective Realism», *The Journal of Philosophy*, 75 (1978) 527-538.

D. M. GABBAY – J. WOODS (edd.), *Handbook of the History of Logic*. Volume 2. *Medieval and Renaissance Logic*, North-Holland, Amsterdam 2008.

R. GALASSI, «Semantica e semiotica nella *Logica ingredientibus* di Pietro Abelardo», *Janus*, 3 (2003) 137-153.

Gallia Christiana, in provincias ecclesiasticas distributa; in qua series et historia archiepiscoporum, episcoporum, et abbatum regionum omnium quas vetus Gallia complectebatur, ab origine Ecclesiarum ad nostra tempora deducitur, & probatur ex authenticis Instrumentis ad calcem appositis, opera et studio Monachorum Congregationis S. Mauri Ordinis S. Benedicti, IX, Ex Typographia Regia, Paris 1751.

Gallia Christiana, qua series omnium Archiepiscoporum Episcoporum et Abbatum Franciae [...] *per quatuor tomos deducitur* [...]. *Opus Fratrum Gemellorum* SCAEVOLAE ET LUDOVICI SAMMARTHANORUM [...], II, Guignard, Paris 1656.

G. GALLUZZO, *Breve storia dell'ontologia*, Carocci, Roma 2011.

—, «Report of the International Conference *The Problem of Universals in the XIIIth Century*», *Bulletin de Philosophie Médiévale*, 53 (2011) 477-487.

—, «The Problem of Universals and Its History. Some General Considerations», *Documenti e studi sulla tradizione filosofica medievale*, 19 (2008) 335-369.

M. DE GANDILLAC, *Œuvres choisies d'Abélard. Logique (1ère partie) – Éthique – Dialogue entre un philosophe, un juif et un chrétien*, Aubier, Paris 1945.

F. GASTALDELLI, «La *Summa Sententiarum* di Ottone da Lucca. Conclusione di un dibattito secolare», *Salesianum*, 42 (1980) 537-546; ripubblicato in ID., *Scritti di letteratura, filologia e teologia medievali*, Centro Italiano di Studi sull'Alto Medioevo, Spoleto 2000, pp. 165-174.

—, *Scritti di letteratura, filologia e teologia medievali*, Centro Italiano di Studi sull'Alto Medioevo, Spoleto 2000.

L. GENICOT – P. TOMBEUR (éds.), *Index Scriptorum Operumque Latino-Belgicorum Medii Aevi. Nouveau répertoire des oeuvres médiolatines belges*, Troisième partie: XIIe siècle. Vol. II: Oeuvres non hagiographiques, par M. MCCORMICK, Académie Royale de Belgique, Bruxelles 1979.

L. GENTILE, *Roscellino di Compiègne e il problema degli universali*, Editrice Itinerari, Lanciano 1975 (Monografie, 4).

B. GEYER, *Friedrich Ueberwegs Grundriss der Geschichte der Philosophie. II. Die patristische und scholastische Philosophie*, Mittler & Sohn, Berlin 1928.

—, «Untersuchungen», in *Peter Abaelards Philosophische Schriften*, Aschendorff, Münster 1919-1933, pp. 589-633 (*BGPTM*, 21).

J. DE GHELLINCK, «L'entrée d'*essentia, substantia* et autres mots apparentés, dans le latin médieval», *Bulletin Du Cange: Archivium Latinitatis Medii Aevi*, 16 (1942) 77-112.

—, *L'essor de la littérature latine au XIIe siècle*, 2^a ed., Desclée De Brouwer, Bruxelles – Bruges – Paris 1954.

—, *Le mouvement théologique du XIIe siècle*, 2e édition, De Tempel – Édition universelle – Desclée De Brouwer, Bruges – Bruxelles – Paris 1948.

M. GIBSON, «Adelard of Bath», in Ch. BURNETT (ed.), *Adelard of Bath. An English Scientist and Arabist of the Early Twelfth Century*, The Warburg Institute, London 1987, pp. 7-16.

É. GILSON, *Héloïse et Abélard*, troisième édition revue, Vrin, Paris 1964 (ed. or. Vrin, Paris 1938).

—, *La philosophie au Moyen Âge. Des origines patristiques à la fin du XIVe siècle*, deuxième édition revue et augmentée, Payot, Paris 1944.

—, «Le platonisme de Bernard de Chartres», *Revue néo-scolastique de philosophie*, 25 (1923) 5-19.

—, «Notes sur le Vocabulaire de l'Être», *Mediaeval Studies*, 7 (1946) 150-158.

C. GIRAUD, *Per verba magistri. Anselme de Laon et son école au XIIe siècle*, Brepols, Turnhout 2010 (Bibliothèque d'Histoire Culturelle du Moyen Âge, 8).

—, «*Per verba magistri*. La langue des maîtres théologiens au premier XIIe siècle», in P. VON MOOS (hrsg.), *Zwischen Babel und Pfingsten / Entre Babel et Pentecôte, Sprachdifferenzen und Gesprächsverständigung in der Vormoderne (8.-16. Jahrhundert). Différences linguistiques et communication orale avant la modernité (VIIIe-XVIe siècle)*, LIT Verlag, Zürich – Berlin 2008, pp. 357-373.

C. GIRAUD – C. MEWS, «John of Salisbury and the Schools of the 12th Century», in Ch. GRELLARD – F. LACHAUD (edd.), *A Companion to John of Salisbury*, Leiden – Boston, Brill 2015, pp. 31-62.

C. GIRAUD – C. MEWS, «Le *Liber pancrisis*, un florilège des Pères et des maîtres modernes du XIIe siècle», *Archivium Latinitatis Medii Aevi (Bulletin du Cange)*, 64 (2006) 145-191.

Ch. GOMART, *Notice sur l'abbaye de Saint-Martin de Laon (de l'ordre de Prémontré)*, Coquet-Stenger, Laon 1869.

Th. GOUSSET, *Les actes de la province ecclésiastique de Reims*, II, Jacquet, Reims 1843.

R. Goy, *Die Überlieferung der Werke Hugos von St. Viktor. Ein Beitrag zur Kommunikationsgeschichte des Mittelalters*, Hiersemann, Stuttgart 1976.

M. Grabmann, «Des hl. Augustinus quaestio «*De ideis*» in ihrer inhaltlichen und geschichtlichen Bedeutung», *Philosophisches Jahrbuch*, 43 (1930) 297-307.

—, «Ein *Tractatus de Universalibus* und andere logische Inedita aus dem 12. Jahrhundert im Cod. lat. 2486 der Nationalbibliothek in Wien», *Mediaeval Studies*, 9 (1947) 56-70.

J. J. E. Gracia (ed.), *Individuality. An Essay on the Foundations of Metaphysics*, State University of New York Press, Albany 1988.

—, *Individuation in Scholasticism. The Later Middle Ages and the Counter-Reformation 1150-1650*, State University of New York Press, Albany 1994.

—, *Introduction to the Problem of Individuation in the Early Middle Ages*, 2nd edition, Philosophia Verlag, München – Wien 1988.

—, «Metaphysical, Epistemological and Linguistic Approaches to Universals: Porphyry, Boethius, and Abailard», in R. E. Houser (ed.), *Medieval Masters. Essays in Memory of Msgr. E. A. Synan*, Center for Thomistic Studies, Houston 1999, pp. 1-24 (Thomistic Papers, VII).

—, «The Transcendentals in the Middle Ages: An Introduction», *Topoi*, 11 (1992) 113-120.

—, «Thierry of Chartres and the Theory of Individuation», *The New Scholasticism*, 58 (1984) 1-23.

D. W. Graham, *Aristotle's Two Systems*, Oxford University Press, Oxford 1987.

Grande Antologia Filosofica, diretta da U. A. Padovani, coordinata da A. M. Moschetti, IV. *Il pensiero cristiano (La scolastica)*, Marzorati, Milano 1954.

N. J. Green-Pedersen, «The Doctrine of '*Maxima Propositio*' and '*Locus Differentia*' in Commentaries from the 12th Century on Boethius "Topics"», *Studia Mediewistyczne*, 18 (1977) 125-163.

—, *The Tradition of the Topics in the Middle Ages. The Commentaries on Aristotle's and Boethius' 'Topics'*, Philosophia Verlag, München – Wien 1984.

—, «William of Champeaux on Boethius' Topics according to Orléans Bibl. Mun. 266», *Cahiers de l'Institut du Moyen Âge Grec et Latin*, 13 (1974) 13-30.

T. Gregory, *Anima mundi. La filosofia di Guglielmo di Conches et la scuola di Chartres*, Sansoni, Firenze 1955.

—, «La dottrina del peccato originale e il realismo platonico: Oddone di Tournai», *Studi Storici*, 26-27 (1958) 31-51.

—, «Note sul platonismo della scuola di Chartres. La dottrina delle *specie native*», *Giornale critico della Filosofia Italiana*, 3ª serie, 7 (1953) 358-362.

—, *Platonismo medievale. Studi e ricerche*, Istituto Storico Italiano per il Medio Evo, Roma 1958.

—, «The Platonic inheritance», in P. DRONKE (ed.), *A History of Twelfth-Century Western Philosophy*, Cambridge University Press, Cambridge 1988, pp. 54-80.

Ch. GRELLARD, *Jean de Salisbury et la renaissance médiévale du scepticisme*, Les Belles Lettres, Paris 2013.

Ch. GRELLARD – F. LACHAUD (edd.), *A Companion to John of Salisbury*, Leiden – Boston, Brill 2015.

A. GRONDEUX, «Guillaume de Champeaux, Joscelin de Soissons, Abélard et Gosvin d'Anchin: étude d'un milieu intellectuel», in I. ROSIER-CATACH (éd.), *Arts du langage et théologie aux confins des XIᵉ-XIIᵉ siècles. Textes, maîtres, débats*, Brepols, Turnhout 2011, pp. 3-43 (Studia Artistarum, 26).

—, «*Res* Meaning a Thing Thought: The Influence of the *Ars donati*», *Vivarium*, 45 (2007) (*The Many Roots of Medieval Logic: The Aristotelian and the Non-Aristotelian Traditions*, ed. J. MARENBON, Brill, Leiden 2007) 189-202.

—, «Sainteté et grammaire: figures d'une mésentente. Gosvin d'Anchin, Bernard d'Anchin et les *Notae Dunelmenses*», in M. GOULLET (éd.), *Parva pro magnis munera. Études de littérature tardo-antique et médiévale offertes à François Dolbeau par ses élèves*, Brepols, Turnhout 2009, pp. 883-918 (Instrumenta Patristica et Mediaevalia).

A. GRONDEUX – I. ROSIER-CATACH, Introduzione all'edizione delle *Notae Dunelmenses*, in preparazione.

A. GRONDEUX – I. ROSIER-CATACH, «*Les Glosulae super Priscianum* et leur tradition», in I. ROSIER-CATACH (éd.), *Arts du langage et théologie aux confins des XIᵉ-XIIᵉ siècles. Textes, maîtres, débats*, Brepols, Turnhout 2011, pp. 107-179 (Studia Artistarum, 26).

A. GRONDEUX – I. ROSIER-CATACH, «Sur la nature catégorielle de la *uox* au XIIᵉ siècle. Trois versions des *Glosulae in Priscianum*», *Archives d'histoire doctrinale et littéraire du Moyen Âge*, 78 (2011) 259-333.

Gh. GUIGON – G. RODRÍGUEZ-PEREYRA (edd.), *Nominalism about Properties. New Essays*, Routledge, New York – London 2015.

K. GUILFOY, «John of Salisbury», *Stanford Encyclopedia of Philosophy*, 2005, http://plato.stanford.edu/entries/john-salisbury/.

—, *Peter Abelard's Theory of the Proposition*, Ph.D. thesis, University of Washington 1998.

—, «Peter Abelard's Two Theories of the Proposition», in A. MAIERÙ – L. VALENTE (edd.), *Medieval Theories on Assertive and Non-Assertive Language*, Acts of the 14th European Symposium on Medieval Logic and Semantics (Rome, June 11-15, 2002), Olschki, Firenze 2004, pp. 35-57 (Lessico Intellettuale Europeo, 97).

—, «William of Champeaux», *Stanford Encyclopedia of Philosophy*, 2005, http://plato.stanford.edu/entries/william-champeaux/.

J. B. HALL, «Towards a Text of John of Salisbury's *Metalogicon*», *Studi Medievali*, 3ª serie, 24 (1983) 791-816.

J. HAMESSE, «*Idea* chez les auteurs philosophiques des 12e et 13e siècles», in M. FATTORI – M. L. BIANCHI (a cura di), *Idea, VI Colloquio Internazionale. Roma, 5-7 gennaio 1989. Atti*, Edizioni dell'Ateneo, Roma 1990, pp. 99-135 (Lessico Intellettuale Europeo, 51).

—, «*Res* chez les auteurs philosophiques des 12e et 13e siècles ou le passage de la neutralité à la spécificité», in M. FATTORI – M. L. BIANCHI (a cura di), *Res, III Colloquio Internazionale del Lessico Intellettuale Europeo (Roma, 7-9 Gennaio 1990)*, Edizioni dell'Ateneo, Roma 1982, pp. 91-104 (Lessico Intellettuale Europeo, 26).

H. HANSEN, «*In Voce/In Re* in a Late XIth century commentary on Boethius' Topics», in I. ROSIER-CATACH (éd.), *Arts du langage et théologie aux confins des XIe-XIIe siècles. Textes, maîtres, débats*, Brepols, Turnhout 2011, pp. 663-676 (Studia Artistarum, 26).

N. M. HÄRING, *Life and Works of Clarembald of Arras. A Twelfth-Century Master of the School of Chartres*, Pontifical Institute of Mediaeval Studies, Toronto 1965.

—, «Notes on the Council and the Consistory of Rheims (1148)», *Mediaeval Studies*, 28 (1966) 39-59.

—, «San Bernardo e Gilberto vescovo di Poitiers», in *Studi su San Bernardo di Chiaravalle nell'ottavo centenario della canonizzazione*, Editiones Cistercienses, Roma 1975, pp. 75-91 (Bibliotheca Cisterciensis, 6).

B. HAURÉAU, *De la philosophie scolastique*, Mémoire couronné par l'Académie des Sciences Morales et Politiques, 2 voll., Pagnerre, Paris 1850.

—, *Histoire de la philosophie scolastique*, due volumi in tre tomi, Durand et Pedone-Lauriel, Paris 1872-1880.

—, *Notices et extraits de quelques manuscrits latins de la Bibliothèque Nationale*, V, Klincksieck, Paris 1892.

B. HENDLEY, «John of Salisbury and the Problem of Universals», *Journal of the History of Philosophy*, 8 (1970) 289-302.

D. P. HENRY, «Master Peter's Mereology», in G. L. BURSILL-HALL – S. EBBESEN – K. KOERNER (edd.), De ortu grammaticae. *Studies in Medieval Grammar and Linguistic Theory in Memory of Jan Pinborg*, Benjamins, Amsterdam 1990, pp. 99-115.

—, *Medieval Mereology*, Grüner, Amsterdam 1991.

—, *That Most Subtle Question (Quaestio Subtilissima). The Metaphysical Bearing of Medieval and Contemporary Linguistic Disciplines*, Manchester University Press, Manchester 1984.

A. D'HERBOMEZ, «Histoire des chatelains de Tournai de la maison de Mortagne», 2 voll., *Mémoires de la Société Historique et Littéraire de Tournai*, 24-25 (1895).

Histoire littéraire de la France. Ouvrage commencé par des religieux bénédictins de la Congrégation de Saint-Maur et continué par une Commission prise dans la Classe d'Histoire et de Littérature ancienne de l'Institut, 13. *Suite du douzième siècle*, Didot, Paris 1814 (nouvelle édition conforme à la précédente: Palmé, Paris 1869).

L. HOLTZ - D. POIREL, «Éditions critiques des oeuvres latines médiévales originaires de la Gaule (IXe-XIIe siècles)», *Sacris Erudiri*, 38 (1998-99) 143-198.

H. HURTER, *Nomenclator literarius theologiae catholicae*, II, Burt Franklin, New York [senza indicazione di data; ed. or. Innsbruck 1906].

R. IMBACH – I. ATUCHA (éds.), *Amours plurielles. Doctrines médiévales du rapport amoureux de Bernard de Clairvaux à Boccace*, Seuil, Paris 2006.

R. IMBACH – A. MAIERÙ (a cura di), *Gli studi di filosofia medievale fra Otto e Novecento. Contributo a un bilancio storiografico*, Atti del convegno internazionale, Roma, 21-23 settembre 1989, Edizioni di Storia e Letteratura, Roma 1991 (Storia e Letteratura, 179).

Y. IWAKUMA, «Alberic of Paris on Mont Ste Geneviève Against Peter Abelard», in J. L. FINK – H. HANSEN – A. M. MORA-MÁRQUEZ (edd.), *Logic and Language in the Middle Ages. A Volume in Honour of Sten Ebbesen*, Brill, Leiden – Boston 2013, pp. 27-47.

—, «Are Argumentations Propositions?», in A. MAIERÙ – L. VALENTE (edd.), *Medieval Theories on Assertive and Non-Assertive Language*, Acts of the 14th European Symposium on Medieval Logic and

Semantics (Rome, June 11-15, 2002), Olschki, Firenze 2004, pp. 81-110 (Lessico Intellettuale Europeo, 97).
—, «Influence», in J. BROWER – K. GUILFOY (edd.), *The Cambridge Companion to Abelard*, Cambridge University Press, Cambridge 2004, pp. 305-335.
—, «*Instantiae*. A Study of Twelfth Century Technique of Argumentation with an Edition of Ms. Paris BN lat. 6674 f. 1-5», *Cahiers de l'Institut du Moyen-Âge Grec et Latin*, 38 (1981) 1-91.
—, «Masters Named in the Logical Texts After ca. 1120», documento .pdf liberamente consultabile al sito: www.s.fpu.ac.jp/iwakuma/papers/MastersII.pdf.
—, «Nominalia», *Didascalia*, 1 (1995) 47-88.
—, «Pierre Abélard et Guillaume de Champeaux dans les premières années du XIIe siècle: une étude préliminaire», in J. BIARD (éd.), *Langage, sciences, philosophie au XIIe siècle*, Actes de la table ronde internationale organisée les 25 et 26 mars 1998 [...], Vrin, Paris 1999, pp. 93-123.
—, «Pseudo-Rabanus super Porphyrium (*P3*)», *Archives d'histoire doctrinale et littéraire du Moyen Âge*, 75 (2008) 43-196.
—, «The Division of Philosophy and the Place of the Trivium from the 9th to the Mid-12th Century», in S. EBBESEN – R. FRIEDMAN (edd.), *Medieval Analyses in Language and Cognition*, The Royal Danish Academy of Science and Letters, Copenhagen 1999, pp. 165-189.
—, «The *Introductiones dialecticae secundum Wilgelmum* and *secundum G. Paganellum*», *Cahiers de l'Institut du Moyen-Âge Grec et Latin*, 63 (1993) 45-114.
—, «The Realism of Anselm and his Contemporaries», in D. E. LUSCOMBE – G. R. EVANS (edd.), *Anselm. Aosta, Bec and Canterbury*, Papers in Commemoration of the Nine-Hundredth Anniversary of Anselm's Enthronement as Archbishop, 25 September 1093, Sheffield Academic Press, Sheffield 1996, pp. 120-135.
—, «'*Vocales*,' or Early Nominalists», *Traditio*, 47 (1992) 37-111.
—, «*Vocales* Revisited», in T. SHIMIZU – Ch. BURNETT (edd.), *The Word in Medieval Logic, Theology and Psychology*, Acts of the XIIIth International Colloquium of the Société Internationale pour l'Étude de la Philosophie Médiévale, Kyoto, 27 Septembre – 1 Octobre 2005, Brepols, Turnhout 2009, pp. 81-171 (Rencontres de Philosophie Médiévale, 14).

—, «William of Champeaux and the *Introductiones*», in H. A. G. BRAAKHUIS – C. H. KNEEPKENS (edd.), *Aristotle's* Peri hermeneias *in the Latin Middle Ages*, Ingenium, Groningen – Haren 2003, pp. 1-30.

—, «William of Champeaux on Aristotle's *Categories*», in J. BIARD – I. ROSIER-CATACH (éds.), *La tradition médiévale des Catégories (XIIe-XIVe siècles)*, Actes du XIIIe Symposium européen de logique et de sémantique médiévales (Avignon, 6-10 juin 2000), Éditions de l'Institut Supérieur de Philosophie – Peeters, Louvain-la-Neuve – Paris 2003, pp. 313-328.

Y. IWAKUMA – S. EBBESEN, «Logico-Theological Schools from the Second Half of the 12th Century: A List of Sources», *Vivarium*, 30 (1992) 173-210.

K. JACOBI, «Abelard and Frege: The Semantics of Words and Propositions», in V. M. ABRUSCI – E. CASARI – M. MUGNAI (a cura di), *Atti del Convegno di Storia della Logica*, Editrice Clueb, Bologna 1983, pp. 81-96.

—, «Einzelnes – Individuum – Person. Gilbert von Poitiers' Philosophie des Individuellen», in J. A. AERTSEN – A. SPEER (hrsg.), *Individuum und Individualität im Mittelalter*, Gruyter, Berlin – New York 1996, pp. 3-21.

—, «Logic (ii): The Later Twelfth Century», in P. DRONKE (ed.), *A History of Twelfth-Century Western Philosophy*, Cambridge University Press, Cambridge 1988, pp. 227-251.

—, «Peter Abelard's Investigations into the Meaning and Functions of the Speech Sign '*Est*'», in S. KNUUTTILA – J. HINTIKKA (edd.), *The Logic of Being. Historical Studies*, Reidel Publishing Company, Dordrecht – Boston – Lancaster – Tokyo 1986, pp. 145-180.

—, «Philosophy of language», in J. BROWER – K. GUILFOY (edd.), *The Cambridge Companion to Abelard*, Cambridge University Press, Cambridge 2004, pp. 126-157.

—, «William of Champeaux. Remarks on the tradition in the manuscripts», in I. ROSIER-CATACH (éd.), *Arts du langage et théologie aux confins des XIe-XIIe siècles. Textes, maîtres, débats*, Brepols, Turnhout 2011, pp. 261-271 (Studia Artistarum, 26).

K. JACOBI – Ch. STRUB, «Peter Abaelard als Kommentator», in F. DOMÍNGUEZ – R. IMBACH – Th. PINDL – P. WALTER (edd.), *Aristotelica et Lulliana magistro doctissimo Charles H. Lohr septuagesimum annum feliciter agenti dedicata*, Sint Pietersabdij, Steenbrugge 1995, pp. 11-34.

K. Jacobi – Ch. Strub – P. King, «From *intellectus verus/falsus* to the *dictum propositionis*: The Semantics of Peter Abelard and his Circle», *Vivarium*, 34 (1996) 15-40.

J. Jolivet, «À propos d'une critique abélardienne du réalisme», in J. Jolivet – H. Habrias (éds.), *Pierre Abélard. Colloque international de Nantes*, Presses Universitaires de Rennes, Rennes 2003, pp. 109-118.

—, «Abélard et Guillaume d'Ockham, lecteurs de Porphyre», in *Abélard. Le «dialogue». La philosophie de la logique*, Actes du Colloque de Neuchâtel, 16-17 novembre 1979, La Concorde, Genève – Lausanne – Neuchâtel 1981, pp. 31-57 (Cahiers de la Revue de Théologie et de Philosophie, 6).

—, *Abélard ou la philosophie dans le langage*, Seghers, Paris 1969 (seconda edizione: Éditions Universitaires Fribourg – Éditions du Cerf, Fribourg – Paris 1994).

—, «Adélard de Bath et l'amour des choses», in *Metaphysique, histoire de la philosophie. Recueil d'études offert à Fernand Brunner*, Éditions de la Baconnière, Neuchâtel 1981, pp. 77-84.

—, *Arts du langage et théologie chez Abélard*, Vrin, Paris 1969 (2ª ed. 1982).

—, *Aspects de la pensée médiévale: Abélard. Doctrines du langage*, Vrin, Paris 1987.

—, «Comparaison des théories du langage chez Abélard et chez les nominalistes du XIVᵉ siècle», in E. M. Buytaert (ed.), *Peter Abelard*, Proceedings of the International Conference, Louvain May 10-12, 1971, Leuven University Press, Leuven 1974, pp. 163-178.

—, «Données sur Guillaume de Champeaux. Dialecticien et théologien», in J. Longère (éd.), *L'abbaye parisienne de Saint-Victor au Moyen Âge*, Communications présentées au XIIIᵉ Colloque d'Humanisme médiéval de Paris (1986-1988), Brepols, Paris – Turnhout 1991, pp. 235-251 (Bibliotheca Victorina, 1), ripubblicato in J. Jolivet, *Perspectives médiévales et arabes*, Vrin, Paris 2006 (Études de Philosophie Médiévale, 89).

—, «La question de la matière chez Gilbert de Poitiers», in H. J. Westra (ed.), *From Athens to Chartres. Neoplatonism and Medieval Thought. Studies in Honour of Edouard Jeauneau*, Brill, Leiden – New York – Köln 1992, pp. 247-257.

—, *La théologie d'Abélard*, Cerf, Paris 1997 (*Initiations au Moyen Âge*) (ed. or.: *Abelardo. Dialettica e mistero*, Jaca Book, Milano 1996).

—, «Les études de philosophie médiévale en France de Victor Cousin à Étienne Gilson», in R. IMBACH – A. MAIERÙ (a cura di), *Gli studi di filosofia medievale fra Otto e Novecento. Contributo a un bilancio storiografico*, Atti del convegno internazionale, Roma, 21-23 settembre 1989, Edizioni di Storia e Letteratura, Roma 1991, pp. 1-20 (Storia e Letteratura, 179).

—, *Medievalia et Arabica*, [recueil d'articles] Vrin, Paris 2013 (Études de Philosophie Médiévale, 100).

—, «Non-réalisme et platonisme chez Abélard. Essai d'interprétation», in *Abélard en son temps*, Actes du Colloque International organisé à l'occasion du 9e centenaire de la naissance de Pierre Abélard (14-19 Mai 1979), Les Belles Lettres, Paris 1981, pp. 175-195.

—, «Note sur le "non-réalisme" d'Abélard», in J. JOLIVET, *Perspectives médiévales et arabes*, Vrin, Paris 2006, pp. 85-92.

—, «Notes de lexicographie abélardienne», in *Pierre Abélard. Pierre le Vénérable. Les courants philosophiques, littéraires et artistiques en Occident au milieu du XIIe siècle. Abbaye de Cluny, 2-9 Juillet 1972*, CNRS, Paris 1975, pp. 531-543 (Colloques internationaux du Centre National de la Recherche Scientifique, 546) (ripubblicato in J. JOLIVET, *Aspects de la pensée médiévale: Abélard. Doctrines du langage*, Vrin, Paris 1987, pp. 125-137).

—, *Perspectives médiévales et arabes*, [recueil d'articles] Vrin, Paris 2006 (Études de Philosophie Médiévale, 89).

—, *Philosophie médiévale arabe et latine*, [recueil d'articles] Vrin, Paris 1995 (Études de Philosophie Médiévale, 73).

—, «Platonisme et sémantique, de Bernard de Chartres aux Porrétains», in C. MARMO (ed.), *Vestigia, Imagines, Verba. Semiotics and Logic in Medieval Theological Texts (XIIth- XIVth Century)*, Brepols, Turnhout 1997, pp. 9-18.

—, «Quelques cas de "platonisme grammatical" du VIIe au XIIe siècle», in J. JOLIVET, *Aspects de la pensée médiévale: Abélard. Doctrines du langage*, Vrin, Paris 1987, pp. 71-77.

—, «Sens des propositions et ontologie chez Pierre Abélard et Grégoire de Rimini», in P. BÜTTGEN – S. DIEBLER – M. RASHED (éds.), *Théories de la phrase et de la proposition*, Éditions Rue d'Ulm, Paris 1999, pp. 307-321.

—, «Sur les prédicables et les catégories chez Abélard», in BIARD (éd.), *Langage, sciences, philosophie au XIIe siècle*, Actes de la table ronde internationale organisée les 25 et 26 mars 1998 [...], Vrin, Paris 1999, pp. 165-175.

—, «Sur quelques critiques de la théologie d'Abélard», *Archives d'histoire doctrinale et littéraire du Moyen Âge*, 30 (1963) 7-51, ripubblicato in J. JOLIVET, *Aspects de la pensée medievale. Abélard. Doctrines du langage*, Vrin, Paris 1987, pp. 7-51.

—, «Trois variations médiévales sur l'universel et l'individu: Roscelin, Abélard, Gilbert de la Porrée», *Revue de Métaphysique et de Morale*, 1 (1992) 111-155; ripubblicato in J. JOLIVET, *Perspectives médiévales et arabes*, Vrin, Paris 2006 (Études de philosophie médiévale, 89).

J. JOLIVET – A. DE LIBERA (éds.), *Gilbert de Poitiers et ses contemporains aux origines de la* Logica modernorum, Actes du septième symposium européen d'histoire de la logique et de la sémantique médiévales, Bibliopolis, Napoli 1987.

I. KASARSKA, *La sculpture de la façade de la cathédrale de Laon. Eschatologie et humanisme*, Picard, Paris 2008.

K. S. B. KEATS-ROHAN, «John of Salisbury and Education in Twelfth-Century Paris from the Account of his *Metalogicon*», *History of Universities*, 6 (1986-1987) 1-45.

—, «The Chronology of John of Salisbury's Studies in France: a Reading of *Metalogicon* II.10», *Studi Medievali*, 3ª serie, 28 (1987) 193-203.

—, «The Textual Tradition of John of Salisbury's *Metalogicon*», *Revue d'Histoire des Textes*, 16 (1986) 229-282.

P. KING, «Abelard on Mental Language», *American Catholic Philosophical Quarterly*, 81 (2007) 169-187.

—, «Abelard's Answers to Porphyry», *Documenti e studi sulla tradizione filosofica medievale*, 18 (2007) 249-270.

—, «Boethius' Anti-realist Arguments», *Oxford Studies in Ancient Philosophy*, 40 (2011), 381-401.

—, «Damaged Goods: Human Nature and Original Sin», *Faith and Philosophy*, 24 (2007) 247-267.

—, «Metaphysics», in J. BROWER – K. GUILFOY (edd.), *The Cambridge Companion to Abelard*, Cambridge University Press, Cambridge 2004, pp. 65-125.

—, *Peter Abailard and the Problem of Universals*, 2 voll., Ph.D. dissertation, Princeton University 1982.

—, «Peter Abelard», *Stanford Encyclopedia of Philosophy*, 2004 (revisione 2010), http://plato.stanford.edu/entries/abelard/.

—, «Pseudo-Joscelin: Treatise on Genera and Species», *Oxford Studies in Medieval Philosophy*, 2 (2014) 104-211.
—, «The Problem of Individuation in the Middle Ages», *Theoria*, 66 (2000) 159-184.
G. KLIMA, «The Medieval Problem of Universals», *Stanford Encyclopedia of Philosophy*, 2008, http://plato.stanford.edu/entries/universals-medieval/.
G. KLIMA – F. ALLHOFF – A. JAYPRAKASH VAIDYA (edd.), *Medieval Philosophy. Essential Readings with Commentary*, Blackwell, Oxford 2007.
E.-H. W. KLUGE, «Roscelin and the Medieval Problem of Universals», *Journal of the History of Philosophy*, 14 (1976) 405-414.
C. H. KNEEPKENS, «Clarembald of Arras and the *Notionistae*», in J. BIARD – I. ROSIER-CATACH (éds.), *La tradition médiévale des Catégories (XIIe-XIVe siècles)*, Actes du XIIIe Symposium européen de logique et de sémantique médiévales (Avignon, 6-10 juin 2000), Éditions de l'Institut Supérieur de Philosophie – Peeters, Louvain-la-Neuve – Paris 2003, pp. 105-126.
—, «From Eternal to Perpetual Truths: A Note on the Mediaeval History of Aristotle, *De interpretatione*, Ch. 1, 16a18», *Vivarium*, 32 (1994) 161-185.
—, «Master Guido and his View on Government: On Twelfth Century Linguistic Thought», *Vivarium*, 16 (1978) 108-141.
—, «"*Mulier Quae Damnavit, Salvavit*". A Note on the Early Development of the *Relatio simplex*», *Vivarium*, 14 (1976) 1-25.
—, «Nominalism and Grammatical Theory in the Late Eleventh and Early Twelfth Centuries. An Explorative Study», *Vivarium*, 30 (1992) 34-50.
—, «Orléans 266 and the *Sophismata* Collection: Master Joscelin of Soissons and the Infinite Words in the Early Twelfth Century», in S. READ (ed.), *Sophisms in Medieval Logic and Grammar*, Acts of the Ninth European Symposium for Medieval Logic and Semantics, held at St Andrews, June 1990, Kluwer, Dordrecht – Boston – London 1993, pp. 64-85.
H. O. KŒHLER, *Realismus und Nominalismus in ihrem Einfluss auf die dogmatischen Systeme des Mittelalters*, Perthes, Gotha 1858.
N. KRETZMANN, «The Culmination of the Old Logic in Peter Abelard», in R. L. BENSON – G. CONSTABLE, *Renaissance and Renewal in the Twelfth Century*, Harvard University Press, Cambridge (Massachusetts) 1982, pp. 488-511.

C. LAFLEUR – J. CARRIER, «Abélard et les universaux: édition et traduction du début de la *Logica «Ingredientibus»: Super Porphyrium*», *Laval théologique et philosophique*, 68 (2012) 129-210.

—, «Alexandre d'Aphrodise et l'abstraction selon l'exposé sur les universaux chez Boèce dans son *Second commentaire sur l'*Isagoge *de Porphyre*», *Laval théologique et philosophique*, 68 (2012) 35-89.

—, «Triple signification des noms universels, intellection et abstraction dans la *Logica «Ingredientibus»: Super Porphyrium* d'Abélard», *Laval théologique et philosophique*, 68 (2012) 91-128.

J. LE PAIGE, *Bibliotheca Praemonstratensis Ordinis omnibus religiosis, praesertim vero sancti Augustini Regulam profitentibus, utilis maximeque necessaria*, [senza indicazione dell'editore] Paris 1633.

Th. LEBRETON, *Biographie normande. Recueil de notices biographiques et bibliographiques sur les personnages célèbres nés en Normandie et sur ceux qui se sont seulement distingués par leurs actions ou par leurs écrits*, II, Le Brument, Rouen 1858.

J. LECLERCQ, «Textes sur Saint Bernard et Gilbert de la Porrée», *Mediaeval Studies*, 14 (1952) 107-128.

R. VAN DER LECQ, «The *Sententiae secundum magistrum Petrum*», in J. JOLIVET – A. DE LIBERA (éds.), *Gilbert de Poitiers et ses contemporains aux origines de la* Logica modernorum, Actes du septième symposium européen d'histoire de la logique et de la sémantique médiévales, Bibliopolis, Napoli 1987, pp. 43-56.

G. LEFÈVRE, «Les variations de Guillaume de Champeaux et la question des universaux. Étude suivie de documents originaux», *Travaux et mémoires de l'Université de Lille*, 6 (1898) 1-82.

M. C. LEFF, «The Logician's Rhetoric. Boethius' *De differentiis topicis*, Book IV», in J. J. MURPHY (ed.), *Medieval Eloquence. Studies in the Theory and Practice of Medieval Rhetoric*, University of California Press, Berkeley – Los Angeles – London 1978, pp. 3-24.

N. T. LEWIS, «Determinate Truth in Abelard», *Vivarium*, 25 (1987) 81-109.

A. DE LIBERA, «Abélard et le dictisme», in *Abélard. Le «dialogue». La philosophie de la logique*, Actes du Colloque de Neuchâtel, 16-17 novembre 1979, La Concorde, Genève – Lausanne – Neuchâtel 1981, pp. 59-97 (Cahiers de la Revue de Théologie et de Philosophie, 6).

—, «Des accidents aux tropes. Pierre Abélard», *Revue de Métaphysique et de Morale*, 4 (2002) 509-530.

—, «Genèse et structure des métaphysiques médiévales», in J.-M. NARBONNE – L. LANGLOIS (éds.), *La métaphysique. Son histoire, sa critique, ses enjeux*, Vrin, Paris 1999, pp. 159-181.

—, *L'Art des généralités. Théories de l'abstraction*, Aubier, Paris 1999.

—, «L'onto-théo-logique de Boèce: doctrine des catégories et théorie de la prédication dans le *De trinitate*», in O. BRUUN – L. CORTI (éds.), *Les Catégories et leur histoire*, Vrin, Paris 2005, pp. 175-222.

—, *La querelle des universaux. De Platon à la fin du Moyen Âge*, Seuil, Paris 1996 (tr. it.: *Il problema degli universali da Platone alla fine del Medioevo*, traduzione di R. CHIARADONNA, La Nuova Italia, Firenze 1999).

A. DE LIBERA – A. ELAMRANI-JAMAL – A. GALONNIER (éds.), *Langages et philosophie. Hommage à Jean Jolivet*, Vrin, Paris 1997 (Études de Philosophie Médiévale, 74).

S. LILLA, *Dionigi l'Areopagita e il platonismo cristiano*, Morcelliana, Brescia 2005.

O. LIZZINI, *Avicenna*, Carocci, Roma 2012 (Pensatori, 28).

A. C. LLOYD, *Form and Universal in Aristotle*, Cairns, Liverpool 1981.

J. H. LOEWE, *Der Kampf zwischen dem Realismus und Nominalismus im Mittelalter*, Kosmack – Neugebauer, Prag 1876.

E. LORENZETTI, *Il testo delle* Categorie *nell'Occidente latino tra il IV e il XII secolo e l'utilizzazione delle strutture categoriali nelle opere teologiche di Abelardo*, tesi di dottorato, Università degli Studi di Cassino in consorzio con Università degli Studi di Roma "La Sapienza", Anno Accademico 2002-2003.

—, «Parole, concetti, cose: alcune teorie semantiche tra Severino Boezio e Pietro Abelardo», in M. LENZI – C. MUSATTI – L. VALENTE (a cura di), *Medioevo e filosofia. Per Alfonso Maierù*, Viella, Roma 2013, pp. 55-86.

O. LOTTIN, *Psychologie et morale aux XIIe et XIIIe siècles. V. Problèmes d'histoire littéraire. L'école d'Anselme de Laon et de Guillaume de Champeaux*, Duculot, Gembloux 1959.

D. E. LUSCOMBE, «Introduction», in *The Letter Collection of Peter Abelard and Heloise*, edited with a revised translation by D. LUSCOMBE after the translation by B. RADICE, Clarendon Press, Oxford 2013.

—, «Peter Abelard», in P. DRONKE (ed.), *A History of Twelfth-Century Western Philosophy*, Cambridge University Press, Cambridge 1988, pp. 279-307.

—, «The school of Peter Abelard revisited», *Vivarium*, 30 (1992) 127-138.

—, *The School of Peter Abelard. The Influence of Abelard's Thought in the Early Scholastic Period*, Cambridge University Press, Cambridge 1969.

D. E. LUSCOMBE – G. R. EVANS (edd.), *Anselm. Aosta, Bec and Canterbury*, Papers in Commemoration of the Nine-Hundredth Anniversary of Anselm's Enthronement as Archbishop, 25 September 1093, Sheffield Academic Press, Sheffield 1996.

J. MABILLON – E. MARTÈNE, *Annales Ordinis S. Benedicti Occidentalium monachorum Patriarchae. In quibus non modo res monasticae, sed etiam ecclesiasticae historiae non minima pars continetur. Auctore domno Johanne Mabillon [...], absolvit & variis additamentis ad tomos praecedentes exornavit Domnus Edmundus Martene*, VI, Venturini, Lucca 1745.

E. MACCAGNOLO, *Rerum universitas. Saggio sulla filosofia di Teodorico di Chartres*, Le Monnier, Firenze 1976.

F. MAGNANO, *Il* De topicis differentiis *di Severino Boezio*, Officina di Studi Medievali, Palermo 2014.

A. MAIERÙ, *Terminologia logica della tarda scolastica*, Edizioni dell'Ateneo, Roma 1972.

A. MAIERÙ – L. VALENTE (edd.), *Medieval Theories on Assertive and Non-Assertive Language*, Acts of the 14th European Symposium on Medieval Logic and Semantics (Rome, June 11-15, 2002), Olschki, Firenze 2004 (Lessico Intellettuale Europeo, 97).

B. MAIOLI, *Gilberto Porretano. Dalla grammatica speculativa alla metafisica del concreto*, Bulzoni, Roma 1979 (Biblioteca di cultura, 173).

—, *Gli universali. Alle origini del problema*, Bulzoni, Roma 1973 (Biblioteca di cultura, 40).

—, *Gli universali. Storia antologica del problema da Socrate al XII secolo*, Bulzoni, Roma 1974 (Biblioteca di cultura, 63).

—, *Teoria dell'essere e dell'esistente e classificazione delle scienze in M. S. Boezio. Una delucidazione*, Bulzoni, Roma 1978 (Università degli Studi di Siena, Quaderni dell'Istituto di Scienze Filosofiche, 4).

J. MALCOLM, «A Reconsideration of the Identity and Inherence Theories of the Copula», *Journal of the History of Philosophy*, 17 (1979) 383-400.

Ch. MALONEY, «Abailard's Theory of Universals», *Notre Dame Journal of Formal Logic*, 23 (1982) 27-38.

P. Mantas, «El "sistema de la indiferecia" en el *De eodem et diverso* de Adelardo de Bath», in P. Llorente – A. Boadas – F. J. Fortuny – A. Grau – I. Roviró (edd.), *Actes del Simposi Internacional de Filosofia de l'Etad Mitjana*, Patronat d'Estudis Osonencs, Vic 1996, 319-328.

J. Marenbon, «Abelard, *ens* and Unity», *Topoi*, 11 (1992) 149-158.

—, *Abelard in Four Dimensions. A Twelfth-Century Philosopher in His Context and Ours*, University of Notre Dame Press, Notre Dame 2013.

—, «Abélard, la prédication et le verbe *être*», in J. Biard (éd.), *Langage, sciences, philosophie au XIIe siècle*, Actes de la table ronde internationale organisée les 25 et 26 mars 1998 [...], Vrin, Paris 1999, pp. 199-215.

—, «Abelard on angels», in I. Iribarren – M. Lenz (edd.), *Angels in Medieval Philosophical Inquiry. Their Function and Significance*, Ashgate, Aldershot 2008, pp. 63-72.

—, «Abelard on *Differentiae*: How Consistent is His Nominalism?», *Documenti e studi sulla tradizione filosofica medievale*, 19 (2008) 179-190.

—, «Abelard's Changing Thoughts on Sameness and Difference in Logic and Theology», *American Catholic Philosophical Quarterly*, 81 (2007) 229-250.

—, «Abelard's Theory of Universals», in Gh. Guigon – G. Rodríguez-Pereyra (edd.), *Nominalism about Properties. New Essays*, Routledge, New York – London 2015, pp. 38-62.

—, *Aristotelian Logic, Platonism, and the Context of Early Medieval Philosophy in the West*, Ashgate, Aldershot – Burlington 2000 (Variorum Collected Studies Series).

—, «Boèce, Porphyre et les variétés de l'abstractionnisme», *Laval théologique et philosophique*, 68 (2012) 9-20.

—, *Boethius*, Oxford University Press, Oxford 2003 (Great Medieval Thinkers).

—, «*Dicta*, Assertion and Speech Acts: Abelard and Some Modern Interpreters», in A. Maierù – L. Valente (edd.), *Medieval Theories on Assertive and Non-Assertive Language*, Acts of the 14th European Symposium on Medieval Logic and Semantics (Rome, June 11-15, 2002), Olschki, Firenze 2004, pp. 59-80 (Lessico Intellettuale Europeo, 97).

—, *From the Circle of Alcuin to the School of Auxerre. Logic, Theology and Philosophy in the Early Middle Ages*, Cambridge University Press, Cambridge 1981.

—, «Gilbert of Poitiers», in P. DRONKE (ed.), *A History of Twelfth-Century Western Philosophy*, Cambridge University Press, Cambridge 1988, pp. 328-352.

—, «Gilbert of Poitiers's Contextual Theory of Meaning and the Hermeneutics of Secrecy», in J. L. FINK – H. HANSEN – A. M. MORA-MÁRQUEZ (edd.), *Logic and Language in the Middle Ages. A Volume in Honour of Sten Ebbesen*, Brill, Leiden –Boston 2013, pp. 49-64.

—, «Glosses and Commentaries on the *Categories* and *De interpretatione* before Abelard», in J. FRIED (ed.), *Dialektik und Rhetorik im früheren und hohen Mittelalter*, Oldenbourg, München 1997, pp. 21-49; ripubblicato in J. MARENBON, *Aristotelian Logic, Platonism, and the Context of Early Medieval Philosophy in the West*, Ashgate, Aldershot – Burlington 2000, IX (Variorum Collected Studies Series).

—, «Life, milieu, and intellectual contexts», in J. BROWER – K. GUILFOY (edd.), *The Cambridge Companion to Abelard*, Cambridge University Press, Cambridge 2004, pp. 13-44.

—, «Logic at the Turn of the Twelfth Century», in D. M. GABBAY – J. WOODS (edd.), *Handbook of the History of Logic. Volume 2. Medieval and Renaissance Logic*, North-Holland, Amsterdam 2008, pp. 65-81.

—, «Logic at the Turn of the Twelfth Century: a synthesis», in I. ROSIER-CATACH (éd.), *Arts du langage et théologie aux confins des XIe-XIIe siècles. Textes, maîtres, débats*, Brepols, Turnhout 2011, pp. 181-217 (Studia Artistarum, 26).

—, «Medieval Latin Commentaries and Glosses on Aristotelian Logical Texts, Before c. 1150 AD», in Ch. BURNETT (ed.), *Glosses and Commentaries on Aristotelian Logical Texts: The Syriac, Arabic and Medieval Latin Traditions*, The Warburg Institute, London 1993, pp. 77-127; lo stesso articolo è ripubblicato, con un *Supplement*, in J. MARENBON, *Aristotelian Logic, Platonism, and the Context of Early Medieval Philosophy in the West*, Ashgate, Aldershot – Burlington 2000, II (Variorum Collected Studies Series).

—, *Medieval Philosophy. An historical and philosophical introduction*, Routledge, London – New York 2007.

—, «Préface», in Ch. ERISMANN, *L'Homme commun. La genèse du réalisme ontologique durant le haut Moyen Âge*, Vrin, Paris 2011, pp. V-XI.

—, «The Latin Tradition of Logic to 1100», in D. M. GABBAY – J. WOODS (edd.), *Handbook of the History of Logic. Volume 2. Medieval and Renaissance Logic*, North-Holland, Amsterdam 2008, pp. 1-63.

—, *The Philosophy of Peter Abelard*, Cambridge University Press, Cambridge 1997.

—, «The Platonisms of Peter Abelard», in J. JOLIVET, *Aristotelian Logic, Platonism, and the Context of Early Medieval Philosophy in the West*, Ashgate, Aldershot – Burlington 2000, XII (Variorum Collected Studies Series).

—, «The Tradition of Studying the *Categories* in the early Middle Ages (until c. 1200): a revised working catalogue of glosses, commentaries and treatises», in S. EBBESEN – J. MARENBON – P. THOM (edd.), *Aristotle's Categories in the Byzantine, Arabic and Latin Traditions*, The Royal Danish Academy of Sciences and Letters, Copenhagen 2013, pp. 139-173 (Scientia Danica. Series H, Humanistica, 8, 5).

—, «Vocalism, Nominalism and the Commentaries on the *Categories* from the Earlier Twelfth century», *Vivarium*, 30 (1992) 51-61.

—, «Was Abelard a Trope Theorist?», in Ch. ERISMANN – A. SCHNIEWIND (éds.), *Compléments de substance. Études sur les propriétés accidentelles offertes à Alain de Libera*, Vrin, Paris 2008, pp. 85-101.

— (ed.), *The Cambridge Companion to Boethius*, Cambridge University Press, Cambridge 2009.

— (ed.), *The Many Roots of Medieval Logic: The Aristotelian and the Non-Aristotelian Traditions*, Brill, Leiden 2007, numero speciale della rivista *Vivarium*, 45 (2007).

J. MARENBON – C. TARLAZZI, «Logic», in E. KWAKKEL – R. THOMSON (edd.), *The European Book in the Twelfth Century*, Cambridge University Press, Cambridge, in corso di stampa.

Ch. MARTIN, «A Note on the Attribution of the Literal Glosses in Paris, BnF, lat. 13368 to Peter Abaelard», in I. ROSIER-CATACH (éd.), *Arts du langage et théologie aux confins des XIe-XIIe siècles. Textes, maîtres, débats*, Brepols, Turnhout 2011, pp. 605-646 (Studia Artistarum, 26).

—, «An Amputee is Bipedal! The Role of the Categories in the Development of Abaelard's Theory of Possibility», in J. BIARD – I. ROSIER-CATACH (éds.), *La tradition médiévale des Catégories (XIIe-XIVe siècles)*, Actes du XIIIe Symposium européen de logique et de sémantique médiévales (Avignon, 6-10 juin 2000), Éditions de l'Institut Supérieur de Philosophie – Peeters, Louvain-la-Neuve – Paris 2003, pp. 225-242.

—, «*De interpretatione* 5-8: Aristotle, Boethius, and Abaelard on Propositionality, Negation, and the Foundations of Logic», in J. MARENBON – M. CAMERON (edd.), *Methods and Methodologies.*

Aristotelian Logic East and West, 500-1500, Brill, Leiden – Boston 2011, pp. 207-228.

—, «Embarrassing Arguments and Surprising Conclusions in the Development of Theories of the Conditional in the Twelfth Century», in J. JOLIVET – A. DE LIBERA (éds.), *Gilbert de Poitiers et ses contemporains aux origines de la* Logica modernorum, Actes du septième symposium européen d'histoire de la logique et de la sémantique médiévales, Bibliopolis, Napoli 1987, pp. 377-400.

—, «Imposition and Essence: What's New In Abaelard's Theory of Meaning?», in T. SHIMIZU – Ch. BURNETT (edd.), *The Word in Medieval Logic, Theology and Psychology*, Acts of the XIIIth International Colloquium of the Société Internationale pour l'Étude de la Philosophie Médiévale, Kyoto, 27 Septembre – 1 Octobre 2005, Brepols, Turnhout 2009, pp. 173-214 (Rencontres de Philosophie Médiévale, 14).

—, «Logic», in J. BROWER – K. GUILFOY (edd.), *The Cambridge Companion to Abelard*, Cambridge University Press, Cambridge 2004, pp. 158-199.

—, «Propositionality and Logic in the *Ars Meliduna*», in A. MAIERÙ – L. VALENTE (edd.), *Medieval Theories on Assertive and Non-Assertive Language*, Acts of the 14th European Symposium on Medieval Logic and Semantics (Rome, June 11-15, 2002), Olschki, Firenze 2004, pp. 111-128 (Lessico Intellettuale Europeo, 97).

—, «The *Compendium Logicae Porretanum*: A Survey of Philosophical Logic From the School of Gilbert of Poitiers», *Cahiers de l'Institut du Moyen-Âge Grec et Latin*, 46 (1983), XVIII–XLVI.

—, «The Development of Logic in the Twelfth Century», in R. PASNAU (ed.), *The Cambridge History of Medieval Philosophy*, I, Cambridge University Press, Cambridge 2010, pp. 129-145.

—, «The Logic of Growth: Twelfth-Century Nominalists and the Development of Theories of the Incarnation», *Medieval Philosophy and Theology*, 7 (1998) 1-15.

—, «The Logic of the *Nominales*, or, The Rise and Fall of Impossible *Positio*», *Vivarium*, 30 (1992) 110-126.

S. MARTINET, *Montloon, reflet fidèle de la montagne et des environs de Laon de 1100 à 1300*, Courrier de l'Aisne, Laon 1972.

—, «Un Evêque bâtisseur: Gautier de Mortagne», *Mémoires de la Fédération des Sociétés d'histoire et d'archéologie de l'Aisne*, 8 (1961-1962) 81-92; l'articolo è consultabile anche on-line al sito www.histoireaisne.fr.

R. McKeon, *Selections from Medieval Philosophers*, I, Ch. Scribner's Sons, New York 1929, pp. 218-258; traduzione selettiva di *LI*, ripubblicata in *Philosophy in the Middle Ages. The Christian, Islamic, and Jewish Traditions*, 2nd ed., ed. A. Hyman – J. J. Walsh, Hackett, Indianapolis – Cambridge 1973, pp. 169-188.

H. C. Meier, *Macht und Wahnwitz der Begriffe. Der Ketzer Roscellinus*, Ebertin Verlag, Aalen 1974.

J. Meirinhos – O. Weijers (éds.), Florilegium Mediaevale. *Études offertes à Jacqueline Hamesse à l'occasion de son éméritat*, Fédération Internationale des Instituts d'Études Médiévales, Louvain-la-Neuve 2009 (Textes et Études du Moyen Âge, 50).

C. Mews, «A neglected gloss on the *Isagoge* by Peter Abelard», *Freiburger Zeitschrift für Philosophie und Theologie*, 31 (1984) 35-55.

—, *Abelard and Heloise*, Oxford University Press, Oxford 2005 (Great Medieval Thinkers).

—, *Abelard and his Legacy*, Ashgate, Aldershot – Burlington 2001 (Variorum Collected Studies Series).

—, «Abelard, Heloise, and Discussion of Love in the Twelfth-Century Schools», in B. S. Hellemans (ed.), *Rethinking Abelard. A Collection of Critical Essays*, Brill, Leiden – Boston 2014, pp. 11-36.

—, «Aspects of the Evolution of Peter Abelard's Thought on Signification and Predication», in J. Jolivet – A. de Libera (éds.), *Gilbert de Poitiers et ses contemporains aux origines de la* Logica modernorum, Actes du septième symposium européen d'histoire de la logique et de la sémantique médiévales, Bibliopolis, Napoli 1987, pp. 15-41.

—, «*Logica* in the Service of Philosophy: William of Champeaux and his Influence», in R. Berndt (hrsg.), *Schrift, Schreiber, Schenker. Studien zur Abtei Sankt Viktor in Paris und den Viktorinern*, Akademie Verlag, Berlin 2005, pp. 77-117 (Corpus Victorinum. Instrumenta, 1).

—, «Manuscripts in Polish Libraries Copied Before 1200 and the Expansion of Latin Christendom in the Eleventh and Twelfth Century», *Scriptorium*, 56 (2002) 80-118.

—, «Nominalism and Theology before Abaelard: New Light on Roscelin of Compiègne», *Vivarium*, 30 (1992) 4-34, ripubblicato in C. Mews, *Reason and Belief in the Age of Roscelin and Abelard*, Ashgate, Aldershot 2002, VII (Variorum Collected Studies Series).

—, «On Dating the Works of Peter Abelard», *Archives d'histoire doctrinale et littéraire du Moyen Âge*, 52 (1985) 73-134; ripubblicato in C. MEWS, *Abelard and his Legacy*, Ashgate, Aldershot – Burlington 2001, VII (Variorum Collected Studies Series).

—, «On Some Recent Publications Relating to Peter Abelard», *Archa Verbi*, 1 (2004) 119-127.

—, «Patristic Notions of *Caritas* in the Writings of Abelard and Heloise and Their Contemporaries», in N. BÉRIOU – R. BERNDT – M. FÉDOU – A. OLIVA – A. VAUCHEZ (éds.), *Les receptions des Pères de l'Église au Moyen Âge: le devenir de la tradition ecclesiale*, II, Aschendorff, Münster 2013, pp. 689-706.

—, *Peter Abelard*, Variorum, Aldershot 1995 (Authors of the Middle Ages, 5).

—, «Peter Abelard on Dialectic, Rhetoric, and the Principles of Argument», in C. MEWS – C. NEDERMAN – R. THOMSON (edd.), *Rhetoric and Renewal in the Latin West 1100-1540. Essays in Honour of John O. Ward*, Brepols, Turnhout 2003, pp. 37-53.

—, «Peter Abelard's *Theologia Christiana* and *Theologia 'Scholarium'* re-examined», *Recherches de Théologie ancienne et médiévale*, 52 (1985) 109-158.

—, «Philosophy, Communities of Learning and Theological Dissent in the Twelfth Century», in G. D'ONOFRIO (ed.), *The Medieval Paradigm. Religious Thought and Philosophy. Papers of the International Congress (Rome, 29 October – 1 November 2005)*, Brepols, Turnhout 2012, I, pp. 309-326.

—, *Reason and Belief in the Age of Roscelin and Abelard*, Ashgate, Aldershot 2002 (Variorum Collected Studies Series).

—, «St Anselm and Roscelin: Some New Texts and their Implications. I. The *De incarnatione Verbi* and the *Disputatio inter christianum et gentilem*», *Archives d'histoire doctrinale et littéraire du Moyen Âge*, 58 (1991) 55-98, ripubblicato in C. MEWS, *Reason and Belief in the Age of Roscelin and Abelard*, Ashgate, Aldershot 2002, VI (Variorum Collected Studies Series).

—, «St Anselm and Roscelin of Compiègne: Some New Texts and their Implications. II. A Vocalist Essay on the Trinity and Intellectual Debate c. 1080-1120», *Archives d'histoire doctrinale et littéraire du Moyen Âge*, 65 (1998) 39-90, ripubblicato in C. MEWS, *Reason and*

Belief in the Age of Roscelin and Abelard, Ashgate, Aldershot 2002, X (Variorum Collected Studies Series).
—, «St Anselm, Roscelin and the See of Beauvais», in D. E. LUSCOMBE – G. R. EVANS (edd.), *Anselm. Aosta, Bec and Canterbury*, Papers in Commemoration of the Nine-Hundredth Anniversary of Anselm's Enthronement as Archbishop, 25 September 1093, Sheffield Academic Press, Sheffield 1996, pp. 106-199; ripubblicato in C. MEWS, *Reason and Belief in the Age of Roscelin and Abelard*, Ashgate, Aldershot 2002, VIII (Variorum Collected Studies Series).
—, «The council of Sens (1141): Abelard, Bernard and the Fear of Social Upheaval», *Speculum*, 77 (2002) 342-382.
—, «The Trinitarian Doctrine of Roscelin of Compiègne and its Influence: Twelfth-century Nominalism and Theology Re-considered», in A. DE LIBERA – A. ELAMRANI-JAMAL – A. GALONNIER (éds.), *Langages et philosophie. Hommage à Jean Jolivet*, Vrin, Paris 1997, pp. 347-364 (Études de Philosophie Médiévale, 74); ripubblicato in C. MEWS, *Reason and Belief in the Age of Roscelin and Abelard*, Ashgate, Aldershot 2002, IX (Variorum Collected Studies Series).
—, «Thèmes philosophiques dans les *Epistolae duorum amantium*: premières lettres d'Héloïse et d'Abélard?», in J. BIARD (éd.), *Langage, sciences, philosophie au XIIe siècle*, Actes de la table ronde internationale organisée les 25 et 26 mars 1998 [...], Vrin, Paris 1999, pp. 23-38.
—, «William of Champeaux, Abelard and Hugh of Saint-Victor: Platonism, Theology, and Scripture in Early Twelfth-Century France», in R. BERNDT (hrsg.), *Bibel und Exegese in der Abtei Saint-Victor zu Paris. Form und Funktion eines Grundtextes im europäische Rahmen*, Aschendorff, Münster 2009, pp. 131-163 (Corpus Victorinum. Instrumenta, 3).
—, «William of Champeaux, the Foundation of Saint-Victor (Easter, 1111), and the Evolution of Abelard's Early Career», in I. ROSIER-CATACH (éd.), *Arts du langage et théologie aux confins des XIe-XIIe siècles. Textes, maîtres, débats*, Brepols, Turnhout 2011, pp. 83-104 (Studia Artistarum, 26).
C. MEWS – C. NEDERMAN – R. THOMSON (edd.), *Rhetoric and Renewal in the Latin West 1100-1540. Essays in Honour of John O. Ward*, Brepols, Turnhout 2003 (Disputatio, 2).
E. MICHAUD, *Guillaume de Champeaux et les écoles de Paris au XIIe siècle d'après des documents inédits*, 2^a ed., Didier, Paris 1867.

B. MICHEL, «Abélard face à Boèce. Entre nominalisme et réalisme, une réponse singulière au questionnaire de Porphyre», *Archives d'histoire doctrinale et littéraire du Moyen Âge*, 78 (2011) 131-178.

J. MIETHKE, *Studieren an mittelalterlichen Universitäten. Chancen und Risiken*, Brill, Leiden – Boston, 2004.

L. MINIO-PALUELLO, *Twelfth Century Logic. Texts and Studies*, II. *Abaelardiana inedita*, Edizioni di Storia e Letteratura, Roma 1958.

Ch. DE MIRAMON, «Quatre notes biographiques sur Guillaume de Champeaux», in I. ROSIER-CATACH (éd.), *Arts du langage et théologie aux confins des XIe-XIIe siècles. Textes, maîtres, débats*, Brepols, Turnhout 2011, pp. 45-82 (Studia Artistarum, 26).

E. MOODY, *Truth and Consequence in Medieval Logic*, Greenwood, Westport 1953.

J. J. MURPHY (ed.), *Medieval Eloquence. Studies in the Theory and Practice of Medieval Rhetoric*, University of California Press, Berkeley – Los Angeles – London 1978.

C. NEDERMAN, *John of Salisbury*, Arizona Centre for Medieval and Renaissance Studies, Tempe 2005 (Medieval and Renaissance Texts and Studies, 288).

L. O. NIELSEN, «On the Doctrine of Logic and Language of Gilbert Porreta and His Followers», *Cahiers de l'Institut du Moyen-Âge Grec et Latin*, 17 (1976) 40-69.

—, *Theology and Philosophy in the Twelfth Century. A Study of Gilbert Porreta's Thinking and the Theological Expositions of the Doctrine of the Incarnation during the Period 1130-1180*, Brill, Leiden 1982 (Acta Theologica Danica, 25).

H. W. NOONAN, «Indeterminate Identity, Contingent Identity and Abelardian Predicates», *The Philosophical Quarterly*, 41 (1991) 183-193.

C. G. NORMORE, «The Tradition of Mediaeval Nominalism», in J. F. WIPPEL (ed.), *Studies in Medieval Philosophy*, The Catholic University of America Press, Washington 1987, pp. 201-217.

B. OBRIST – I. CAIAZZO (éds.), *Guillaume de Conches: Philosophie et science au XIIe siècle*, Sismel-Edizioni del Galluzzo, Firenze 2011 (Micrologus' Library, 42).

G. D'ONOFRIO, «L'"età boeziana" della teologia», in *Storia della Teologia nel Medioevo*, II. *La grande fioritura*, Piemme, Casale Monferrato, 1996, pp. 283-391.

— (ed.), *The Medieval Paradigm. Religious Thought and Philosophy. Papers of the International Congress (Rome, 29 October – 1 November 2005)*, 2 voll., Brepols, Turnhout 2012.

L. OTT, «Die Trinitätstraktat Walters von Mortagne als Quelle der *Summa Sententiarum*», *Scholastik*, 18 (1943) 78-90; 213-239.

—, *Untersuchungen zur theologischen Briefliteratur der Frühscholastik*, Aschendorff, Münster 1937 (*BGPTM*, 34).

—, *Walter von Mortagne und Petrus Lombardus in ihrem Verhältnis zueinander*, in *Mélanges Joseph de Ghellinck*, II, Duculot, Gembloux 1951, pp. 647-697.

C. OUDIN, *Commentarius de scriptoribus ecclesiae antiquae [...] tomus secundus* [...], Weidmann, Leipzig 1722.

C. PANACCIO, «Medieval Metaphysics I. The Problem of Universals», in R. LE POIDEVIN – P. SIMONS – A. MCGONIGAL – R. P. CAMERON (edd.), *The Routledge Companion to Metaphysics*, Routledge, London – New York 2009, pp. 48-57.

M. PARODI – M. ROSSINI (a cura di), *Anselmo – Abelardo – Roscellino. Fra le due rupi. La logica della trinità nella discussione tra Roscellino, Anselmo e Abelardo*, Unicopli, Milano 2000.

Ch. S. PEIRCE, «Fraser's Edition of the *Works of George Berkeley*», in Ch. S. PEIRCE, *Collected Papers*. VIII. *Reviews, Correspondence, and Bibliography*, edited by A. W. BURKS, Harvard University Press, Cambridge 1958.

F. PELSTER, «Petrus Lombardus und die Verhandlungen über die Streitfrage des Gilbertus Porreta in Paris (1147) und Reims (1148)», in *Miscellanea Lombardiana*, Istituto Geografico De Agostini, Novara 1957, pp. 65-73.

J. PÉPIN, «'Iδέα/*idea* dans la Patristique grecque et latine. Un dossier», in M. FATTORI – M. L. BIANCHI (a cura di), *Idea. VI Colloquio Internazionale. Roma, 5-7 gennaio 1989. Atti*, Edizioni dell'Ateneo, Roma 1990, pp. 13-42 (Lessico Intellettuale Europeo, 51).

M. PERKAMS, «Divine Omnipotence and Moral Theory in Abelard's Theology», *Medieval Studies*, 65 (2003) 99-116.

—, *Liebe als Zentralbegriff der Ethik nach Peter Abaelard*, Aschendorff, Münster 2001.

—, «The origins of the Trinitarian attributes *potentia*, *sapientia*, *benignitas*», *Archa Verbi*, 1 (2004) 25-41.

F. PETIT, «Gauthier de Mortagne», *Analecta Praemonstratensia*, 50 (1974) 158-170.

—, «Gauthier de Mortagne», in *Dictionnaire d'Histoire et Géographie Ecclésiastiques*, XX, Letouzey et Ané, Paris 1984, coll. 100-102.

—, «Professions canoniales d'évêques au XIIe siècle», *Analecta Praemonstratensia*, 37 (1961) 232-242.

G. PIAIA, «La 'svolta francese' (1800-1820) nell'approccio alla filosofia medievale», in J. MEIRINHOS – O. WEIJERS (éds.), Florilegium Mediaevale. *Études offertes à Jacqueline Hamesse à l'occasion de son éméritat*, Fédération Internationale des Instituts d'Études Médiévales, Louvain-la-Neuve 2009, pp. 451-467 (Textes et Études du Moyen Âge, 50).

F. PICAVET, *Roscelin. Philosophe et théologien d'après la légende et d'après l'histoire*, Imprimerie Nationale, Paris 1896.

—, *Roscelin philosophe et théologien d'après la légende et d'après l'histoire. Sa place dans l'histoire générale et comparée des philosophies médiévales*, Alcan, Paris 1911.

Pierre Abélard. Pierre le Vénérable. Les courants philosophiques, littéraires et artistiques en Occident au milieu du XIIe siècle. Abbaye de Cluny, 2-9 Juillet 1972, CNRS, Paris 1975 (Colloques internationaux du Centre National de la Recherche Scientifique, 546).

J. PINBORG, *Logik und Semantik im Mittelalter. Ein Überblick*, Frommann, Stuttgart 1972.

R. PINZANI, «Alberto non è diverso da Søren. Una teoria dell'identità parziale nel BN 17813», in F. ROSSI (a cura di), *Cristianesimo teologia filosofia. Studi in onore di Alberto Siclari*, Franco Angeli, Milano 2010, pp. 307-326.

—, «Alle origini del realismo. Appunti sull'ontologia di Scoto Eriugena», *Documenti e studi sulla tradizione filosofica medievale*, 23 (2012) 107-142.

—, «Giovanni di Salisbury sugli universali», *Documenti e studi sulla tradizione filosofica medievale*, 25 (2014) 463-491.

—, «I commenti di Boezio a *Isagoge*, 1, 9-13», *Documenti e studi sulla tradizione filosofica medievale*, 19 (2008) 53-87.

—, «Il *De Generibus et Speciebus* e la teoria della *collectio*», *Dianoia*, 16 (2011) 47-88.

—, *La grammatica logica di Abelardo*, Università di Parma, Parma 1995 (Quaderni di Philo<:>logica).

—, *La logica di Boezio*, Franco Angeli, Milano 2003.

—, «Sull'ontologia di Gilberto Porretano», *Noctua*, 1 (2014), rivista on-line disponibile al sito http://www.didaschein.net/ojs/index.php/noctua.

—, *The Logical Grammar of Abelard*, Kluwer, Dordrecht – Boston – London 2003.

H. PLATELLE, «La vie d'Hugues de Marchiennes (†1158). Les différentes facettes d'un document hagiographique», *Bulletin de la Classe des Lettres et des Sciences Morales et Politiques*, 6ᵉ série, 3 (1992) 73-97.

D. POIREL, *Livre de la nature et débat trinitaire au XIIe siècle. Le De tribus diebus de Hugues de Saint-Victor*, Brepols, Turnhout 2002 (Bibliotheca Victorina, 14).

[J.-A. POUTRAIN,] *Histoire de la ville et cité de Tournai, capitale des Nerviens et premier siège de la monarchie françoise* [...], 2 voll., Moetjens, La Haye 1750.

C. PRANTL, *Geschichte der Logik im Abendlande*, vol. II, Hirzel, Leipzig 1861, 2ª ed., Leipzig 1885 (tr. it.: C. PRANTL, *Storia della logica in Occidente, II. Età medievale. Parte Prima. Dal secolo VII al secolo XII*, versone italiana di L. LIMENTANI, La Nuova Italia, Firenze 1937).

J. PYCKE, *Le chapitre cathédral Notre-Dame de Tournai de la fin du XIe à la fin du XIIIe siècle. Son organisation, sa vie, ses membres*, Collège Érasme – Éditions Neuwelaerts, Louvain-la-Neuve – Bruxelles 1986.

—, *Répertoire biographique des chanoines de Notre-Dame de Tournai, 1080-1300*, Collège Érasme – Éditions Neuwelaerts, Louvain-la-Neuve – Bruxelles 1988.

R. QUINTO, «Gauslenus Suessionensis episcopus», articolo inedito per F. ÜBERWEG, *Grundriss der Geschichte der Philosophie*, nuova edizione.

—, «Walter von Mortagne», articolo inedito per F. ÜBERWEG, *Grundriss der Geschichte der Philosophie*, nuova edizione.

C. RAÑA DAFONTE, «El tema de los universales en Juan de Salisbury», *Revista Española de Filosofía Medieval*, 6 (1999) 233-239.

J. REINERS, *Der aristotelische Realismus in der Frühscholastik*, Inaugural-Dissertation zur Erlangung der Doktorwürde genehmigt von der philosophischen Fakultät der Rheinischen Friedrich-Wilhelms-Universität zu Bonn, Trapp, Bonn 1907.

—, *Der Nominalismus in der Frühscholastik. Ein Beitrag zur Geschichte der Universalienfrage im Mittelalter*, Aschendorff, Münster 1910 (Beiträge zur Geschichte der Philosophie des Mittelalters, 8.5).

H. J. F. REINHARDT, *Die Ehelehre der Schule des Anselm von Laon. Eine theologie- und kirchenrechtsgeschichtliche Untersuchung zu den Ehetexten der frühen Pariser Schule des 12. Jahrhunderts*, Aschendorff, Münster 1974 (*BGPTM*, Neue Folge, 14).

Ch. DE RÉMUSAT, *Abélard*, 2 voll., Ladrange, Paris 1845.

I. M. RESNICK, «Odo of Tournai, the Phoenix and the Problem of Universals», *Journal of the History of Philosophy*, 35 (1997) 355-374.

—, «Odo of Tournai's *De peccato originali* and the Problem of Original Sin», *Medieval Philosophy and Theology*, 1 (1991) 18-38.

H. RITTER, *Geschichte der christlichen Philosophie*, III, Perthes, Hamburg 1844.

V. RODRIGUES, «Pluralité et particularisme ontologique chez Thierry de Chartres», in I. ROSIER-CATACH (éd.), *Arts du langage et théologie aux confins des XIe-XIIe siècles. Textes, maîtres, débats*, Brepols, Turnhout 2011, pp. 509-536 (Studia Artistarum, 26).

G. RODRÍGUEZ-PEREYRA, *Resemblance Nominalism. A Solution to the Problem of Universals*, Oxford University Press, Oxford 2002.

F. ROMANO, *Una soluzione originale della questione degli universali nel XII secolo. Gualtiero di Mortagne: Sullo stato di genere e di specie delle cose universali*, Aracne, Roma 2007.

I. ROSIER-CATACH, «Abélard et les grammairiens: sur la definition du verbe et la notion d'inhérence», in P. LARDET (éd.), *La tradition vive. Mélanges d'histoire des textes en l'honneur de Louis Holtz*, Brepols, Paris – Turnhout 2003, pp. 143-159 (Bibliologia, 20).

—, «Abélard et les grammairiens: sur le verbe substantif et la prédication», *Vivarium*, 41 (2003) 175-248.

—, Articolo sulle teorie della *collectio* e la semantica dei nomi collettivi, in preparazione.

—, «Grammar», in R. PASNAU (ed.), *The Cambridge History of Medieval Philosophy*, I, Cambridge University Press, Cambridge 2010, pp. 196-216.

—, «La notion de *translatio*, le principe de compositionalité, et l'analyse de la prédication accidentelle chez Abélard», in J. BIARD (éd.), *Langage, sciences, philosophie au XIIe siècle*, Actes de la table ronde internationale organisée les 25 et 26 mars 1998 [...], Vrin, Paris 1999, pp. 125-164.

—, «Le commentaire des *Glosulae* et des *Glosae* de Guillaume de Conches sur le chapitre *De Voce* des *Institutiones Grammaticae* de Priscian», *Cahiers de l'Institut du Moyen-Âge Grec et Latin*, 63 (1993) 115-144.

—, «Les controverses logico-grammaticales sur la signification des paronymes au début du XIIe siècle», in Ch. ERISMANN – A. SCHNIEWIND (éds.), *Compléments de substance. Études sur les propriétés*

accidentelles offertes à Alain de Libera, Vrin, Paris 2008, pp. 103-125.
—, «Les discussions sur le signifié des propositions chez Abélard et ses contemporains», in A. MAIERÙ – L. VALENTE (edd.), *Medieval Theories on Assertive and Non-Assertive Language*, Acts of the 14th European Symposium on Medieval Logic and Semantics (Rome, June 11-15, 2002), Olschki, Firenze 2004, pp. 1-34 (Lessico Intellettuale Europeo, 97).
—, «Les *Glosulae in Priscianum*: sémantique et universaux», *Documenti e studi sulla tradizione filosofica medievale*, 19 (2008) 123-177.
—, «Prata rident», in A. DE LIBERA – A. ELAMRANI-JAMAL – A. GALONNIER (éds.), *Langages et philosophie. Hommage à Jean Jolivet*, Vrin, Paris 1997, pp. 155-176 (Études de Philosophie Médiévale, 74).
—, «Priscian, Boèce, les *Glosulae in Priscianum*, Abélard: les enjeux des discussions autour de la notion de consignification», *Histoire Épistémologie Langage*, 25 (2003) 55-84.
—, «Priscian on Divine Ideas and Mental Conceptions: The Discussions in the *Glosulae in Priscianum*, the *Notae Dunelmenses*, William of Champeaux and Abelard», *Vivarium*, 45 (2007) 219-237.
—, «Sur le verbe substantif, la prédication et la consignification. *Peri hermeneias* 16b 20-25 dans les traductions et commentaires en latin», in S. HUSSON (éd.), *Intérpreter le* De interpretatione, Vrin, Paris 2009, pp. 97-131.
—, «The *Glosulae in Priscianum* and Its Tradition», in N. MCLELLAND – A. R. LINN (edd.), Flores Grammaticae. *Essays in Memory of Vivien Law*, Nodus Publikationen, Münster 2005, pp. 81-99.
—, «*Vox* and *Oratio* in Early Twelfth-Century Grammar and Dialectics», *Archives d'histoire doctrinale et littéraire du Moyen Âge*, 78 (2011) 47-129.
— (éd.), *Arts du langage et théologie aux confins des XIe-XIIe siècles. Textes, maîtres, débats*, Brepols, Turnhout 2011 (Studia Artistarum, 26).
I. ROSIER-CATACH – F. GOUBIER, «Trivium au XIIe siècle», articolo in preparazione per F. ÜBERWEG, *Grundriss der Geschichte der Philosophie*, nuova edizione.
I. ROSIER-CATACH – J. STEFANINI, «Théories médiévales du pronom et du nom général», in G. L. BURSILL-HALL – S. EBBESEN – K. KOERNER (edd.), De ortu grammaticae. *Studies in Medieval Grammar and Linguistic Theory in Memory of Jan Pinborg*, Benjamins, Amsterdam 1990, pp. 285-303.

A. ROSMINI, *Aristotele esposto ed esaminato*, a cura di E. TUROLLA, 2 voll., Cedam, Padova 1963-1964 (Opere edite e inedite di Antonio Rosmini-Serbati, 29-30) (ed. or. Torino 1858).

—, *Psicologia*, 4 voll., a cura di G. ROSSI, Fratelli Bocca, Milano 1941-1951 (Edizione Nazionale delle Opere Edite ed Inedite di A. Rosmini-Serbati, 15-18) (ed. or. 1850).

X. ROUSSELOT, *Études sur la philosophie dans le Moyen-Âge*, 3 voll., Joubert, Paris 1840-1842.

H. SANTIAGO-OTERO, *El conocimiento de Cristo en cuanto hombre en la teologia de la primera mitad del siglo XII. De la exclusiva ciencia divina del alma de Cristo (escuela de Laon) a los primeros interrogantes sobre su saber experimental (corriente monastica)*, presentacion de J. CHÂTILLON, Ediciones Universidad de Navarra, Pamplona 1970.

—, «Gualterio de Mortagne († 1174) y las controversias cristológicas del siglo XII», *Revista Española de Teología*, 27 (1967) 271-283.

—, «La actividad sapiencial de Cristo en cuanto hombre en la "*Suma de las sentencias*"», *Revista Española de Teología*, 28 (1968) 77-91.

—, «Pedro Lombardo: su tesis acerca del saber de Cristo hombre», in *Miscelanea José Zunzunegui (1911-1974). I. Estudios históricos*, I, Seminario Diocesano, Vitoria 1975, pp. 115-125.

G. SANTINELLO – G. PIAIA (a cura di), *Storia delle storie generali della filosofia*, 5 voll., Editrice la Scuola – Antenore, Brescia – Padova 1981-2004.

A. SAPIR ABULAFIA, «Jewish-Christian disputations and the twelfth-century renaissance», *Journal of Medieval History*, 15 (1989) 105-125.

T. SHIMIZU, «From Vocalism to Nominalism: Progression in Abaelard's Theory of Signification», *Didascalia*, 1 (1995) 15-46.

—, «The Place of *Intellectus* in the Theory of Signification by Abelard and *Ars Meliduna*», in M. C. PACHECO – J. F. MEIRINHOS (éds.), *Intellect et imagination dans la Philosophie Médiévale. Intellect and Imagination in Medieval Philosophy. Intelecto e imaginação na Filosofia Medieval*, Actes du XIe Congrès International de Philosophie Médiévale de la S.I.E.P.M., II, Brepols, Turnhout 2006, pp. 927-939.

T. SHIMIZU – Ch. BURNETT (edd.), *The Word in Medieval Logic, Theology and Psychology*, Acts of the XIIIth International Colloquium of the Société Internationale pour l'Étude de la Philosophie Médiévale, Kyoto, 27 Septembre – 1 Octobre 2005, Brepols, Turnhout 2009 (Rencontres de Philosophie Médiévale, 14).

P. Sicard, Iter Victorinum. *La tradition manuscrite des œuvres de Hugues et de Richard de Saint-Victor*, Brepols, Turnhout 2015 (Bibliotheca Victorina, XXXIV).

J.-L. Solère – A. Vasiliu – A. Galonnier (éds.), *Alain de Lille, le docteur universel. Philosophie, théologie et littérature au XIIe siècle*, Actes du XIe Colloque international de la Société Internationale pour l'Étude de la Philosophie Médiévale, Paris 23-25 octobre 2003, Brepols, Turnhout 2005.

P. V. Spade, *A Survey of Medieval Philosophy*, Version 2.0, August 29, 1985, documento disponibile on-line al sito http://pvspade.com/Logic/docs/Survey%202%20Interim.pdf.

—, «Boethius against Universals: The Arguments in the *Second Commentary on Porphyry*», 1996, documento disponibile on-line al sito http://pvspade.com/Logic/docs/boethius.pdf.

—, *History of the Problems of Universals in the Middle Ages: Notes and Texts*, 1995, documento disponibile on-line al sito http://pvspade.com/Logic/docs/univers.pdf.

—, «Introduction», in John Wyclif, *On Universals*, text translated by A. Kenny, with an introduction by P. V. Spade, Clarendon Press, Oxford 1985, pp. vii-l.

—, Review of M. M. Tweedale, *Abailard on Universals*, North-Holland Publishing Company, Amsterdam – New York – Oxford 1976, *Noûs*, 14 (1980) 479-483.

— (ed. tr.), *Five Texts on the Mediaeval Problem of Universals: Porphyry, Boethius, Abelard, Duns Scotus, Ockham*, Hackett, Indianapolis 1994.

M. K. Spencer, «Abelard on Status and their Relation to Universals: A Husserlian Interpretation», *International Philosophical Quarterly*, 51 (2011) 223-240.

I. van 't Spijker, «Hugh of Saint Victor's Virtue: Ambivalence and Gratuity», in I. P. Bejczy – R. G. Newhauser (edd.), *Virtue and Ethics in the Twelfth Century*, Brill, Leiden – Boston 2005, pp. 75-94 (Brill's Studies in Intellectual History).

—, «Saints and despair. Twelfth-century hagiography as 'intimate biography'», in A. B. Mulder-Bakker (ed.), *The Invention of Saintliness*, Routledge, London – New York 2002, pp. 185-205.

G. Spinosa, «*Idea* e *idos* nella tradizione latina medievale», in M. Fattori – M. L. Bianchi (a cura di), *Idea. VI Colloquio Internazionale. Roma,*

5-7 gennaio 1989. Atti, Edizioni dell'Ateneo, Roma 1990, pp. 43-61 (Lessico Intellettuale Europeo, 51).

F. STEGMÜLLER, «*Sententiae Varsavienses*. Ein neugefundenes Sentenzenwerk unter dem Einfluss des Anselm von Laon und des Peter Abaelard», *Divus Thomas*, 45 (1942) 301-342.

A. STÖCKL, *Geschichte der Philosophie des Mittelalters*, 2 voll., Kirchheim, Mainz 1864-1866.

E. C. SWEENEY, *Logic, Theology, and Poetry in Boethius, Abelard, and Alan of Lille. Words in the Absence of Things*, Palgrave Macmillan, New York 2006 (The New Middle Ages).

C. TARLAZZI, «*Iam Corpus* or *Non Corpus*? On Abelard's First Argument Against Material Essence Realism in the *Logica 'Ingredientibus'*», *Vivarium*, 52 (2014) 1-22.

—, «La *Glosa Victorina super partem Prisciani De Constructione*», *Rivista di Storia della Filosofia*, 69/3 (2014) 533-538.

P. THOM, *The Logic of the Trinity. Augustine to Ockham*, Fordham University Press, New York 2012.

A. THOMPSON, «The Debate on Universals before Peter Abelard», *Journal of the History of Philosophy*, 33 (1995) 409-429.

Ch. THUROT, recensione di E. MICHAUD, *Guillaume de Champeaux et les écoles de Paris au XIIe siècle*, Didier, Paris 1867, *Revue critique d'histoire et de littérature*, 2/35 (1867) 132-136.

A. TURSI, «Nueve tesis sobre los universales según *Policraticus* y *Metalogicon* de Juan de Salisbury», *Patristica et Mediaevalia*, 32 (2011) 38-50.

M. M. TWEEDALE, *Abailard on Universals*, North-Holland Publishing Company, Amsterdam – New York – Oxford 1976.

—, «Abelard and the Culmination of the Old Logic», in N. KRETZMANN – A. KENNY – J. PINBORG (edd.), *The Cambridge History of Later Medieval Philosophy. From the Rediscovery of Aristotle to the Disintegration of Scholasticism, 1100-1600*, Cambridge University Press, Cambridge 1982, pp. 143-157.

—, «Logic (i): From the Late Eleventh Century to the Time of Abelard», in P. DRONKE (ed.), *A History of Twelfth-Century Western Philosophy*, Cambridge University Press, Cambridge 1988, pp. 196-226.

—, «Reply to Prof. de Rijk», *Vivarium*, 25 (1987) 3-22.

C. UBAGHS, *Du problème ontologique des universaux et de la veritable signification du réalisme*, Vanlinthout, Louvain 1861.

L. URBANI-ULIVI, «Universali», in *Enciclopedia Filosofica*, Bompiani, Milano 2006, coll. 11896-11899.

W. URUSZCZAK, «Maître A. et Gauthier de Mortagne, deux lettrés français au XIIe siècle», *Recueil de mémoires et travaux publiés par la Société d'histoire du droit et des institutions des anciens pays de droit écrit (Montpellier)*, 15 (1991) 121-131.

—, «Une polémique juridique entre deux savants français au XIIe siècle», *Recueil de mémoires et travaux publiés par la Société d'histoire du droit et des institutions des anciens pays de droit écrit (Montpellier)*, 13 (1985) 17-38.

L. VALENTE, «Alla ricerca dell'autorità perduta: *"Quidquid est in deo, deus est"*», *Medioevo*, 25 (1999-2000) 713-738.

—, «*Ens, unum, bonum*: elementi per una storia dei trascendentali in Boezio e nella tradizione boeziana del XII secolo», in S. CAROTI – R. IMBACH – Z. KALUZA – G. STABILE – L. STURLESE (edd.), *«Ad ingenii acuitionem». Studies in honour of Alfonso Maierù*, Brepols, Louvain-la-Neuve 2006, pp. 483–545.

—, «*Essentiae*. Forme sostanziali ed "esistenza" nella filosofia porretana (XII sec.)», in I. ATUCHA – D. CALMA – C. KÖNIG-PRALONG – I. ZAVATTERO (éds.), *Mots médiévaux offerts à Ruedi Imbach*, Fédération Internationale des Instituts d'Études Médiévales, Porto 2011, pp. 255-266 (Textes et études du Moyen Âge, 57).

—, «Forme, contesti e interpretazioni. La filosofia di Gilberto di Poitiers (†1154)», *Medioevo. Rivista di storia della filosofia*, 39 (2014) 89-134.

—, «Gilbert of Poitiers», in H. LAGERLUND (ed.), *Encyclopedia of Medieval Philosophy. Philosophy Between 500 and 1500*, Springer, Dordrecht – Heidelberg– London – New York 2011, pp. 409-417.

—, «*Illa quae transcendunt generalissima*: elementi per una storia latina dei termini trascendentali (XII secolo)», *Quaestio*, 5 (2005) 217-239.

—, *Logique et théologie. Les écoles parisiennes entre 1150 et 1220*, Vrin, Paris 2008.

—, «Names That Can Be Said of Everything: Porphyrian Tradition and 'Transcendental' Terms in Twelfth-Century Logic», *Vivarium*, 45 (2007) (*The Many Roots of Medieval Logic: The Aristotelian and the Non-Aristotelian Traditions*, ed. J. MARENBON, Brill, Leiden 2007) 298-310.

—, «Un realismo singolare: forme e universali in Gilberto di Poitiers e nella Scuola Porretana», *Documenti e studi sulla tradizione filosofica medievale*, 19 (2008) 191-246.

S. Vanni Rovighi, «Intentionnel et universel chez Abélard», in *Abélard. Le «dialogue». La philosophie de la logique*, Actes du Colloque de Neuchâtel, 16-17 novembre 1979, La Concorde, Genève – Lausanne – Neuchâtel 1981, pp. 21-30 (Cahiers de la Revue de Théologie et de Philosophie, 6).

—, «La filosofia di Gilberto Porretano», in S. Vanni Rovighi, *Studi di filosofia medioevale*, I, Vita e Pensiero, Milano 1978, pp. 176-247.

H. Vaupel, «Clarenbaldus von Arras und Walter von Mortagne», *Zeitschrift für Kirchengeschichte*, 65 (1953-54) 129-138.

P. Vignaux, «La problématique du nominalisme médiéval peut-elle éclairer des problèmes philosophiques actuels?», *Revue philosophique de Louvain*, 75 (1977) 293-331.

—, «Note sur le nominalisme d'Abélard», in *Pierre Abélard. Pierre le Vénérable. Les courants philosophiques, littéraires et artistiques en Occident au milieu du XIIe siècle. Abbaye de Cluny, 2-9 Juillet 1972*, CNRS, Paris 1975, pp. 523-529 (Colloques internationaux du Centre National de la Recherche Scientifique, 546).

[Ch.-J. Voisin], «Notice sur Walter de Mortagne, évêque de Laon», *Bulletins de la Société historique et littéraire de Tournai*, 14 (1870) 272-284.

F. Wade, «Abelard and Individuality», in P. Wilpert (hrsg.), *Die Metaphysik im Mittelalter. Ihr Ursprung und ihre Bedeutung*, Gruyter, Berlin 1963, pp. 165-171.

J. O. Ward, *Ciceronian Rhetoric in Treatise, Scholion and Commentary*, Brepols, Turnhout 1995 (Typologie des Sources du Moyen Âge Occidental, 58).

—, «From Antiquity to the Renaissance: Glosses and Commentaries on Cicero's *Rhetorica*», in J. J. Murphy (ed.), *Medieval Eloquence. Studies in the Theory and Practice of Medieval Rhetoric*, University of California Press, Berkeley – Los Angeles – London 1978, pp. 25-67.

—, «Master William of Champeaux and Some Other Early Commentators on the Pseudo-Ciceronian *Rhetorica ad Herennium*», in G. Donavin – D. Stodola (edd.), *Public Declamations. Essays on Medieval Rhetoric, Education, and Letters in Honour of Martin Camargo*, Brepols, Turnhout 2015, pp. 21-44 (Disputatio, 27).

J. O. Ward – K. M. Fredborg, «Rhetoric in the Time of William of Champeaux», in I. Rosier-Catach (éd.), *Arts du langage et théologie aux confins des XIe-XIIe siècles. Textes, maîtres, débats*, Brepols, Turnhout 2011, pp. 219-233 (Studia Artistarum, 26).

E. WARLOP, *The Flemish Nobility Before 1300*, 2 voll., Desmet-Huysman, Kortrijk 1976.
A. WAUTERS, *Table chronologique des chartes et diplômes imprimés concernant l'histoire de la Belgique*, II, Hayez, Bruxelles 1868.
W. WCIÓRKA, «Abelard on Porphyry's Definition of Accident», *Mediaevalia Philosophica Polonorum*, 37 (2008) 168-181.
—, «Czy Sokrates jest powszechnikiem? Teoria uniwersaliów Waltera z Mortagne», *Studia Antyczne i Mediewistyczne*, 7 [42] (2009) 137-158.
—, «Is Socrates a Universal? Walter of Mortagne on Generality», *Medioevo. Rivista di Storia della Filosofia*, 39 (2014) 57-88.
—, «Monizm, aspekty i relatywizacja predykatów», *Przegląd filozoficzny*, 77 (2011) 89-105.
—, *Piotr Abelard o związkach koniecznych i przygodnych*, Ph.D. dissertation, Uniwersytet Warszawski 2012: http://depotuw.ceon.pl/handle/item/100.
—, «Predykaty Abelardiańskie», *Estetyka i krytyka*, zeszyt specjalny 2 (2010) 211-220.
C. C. J. WEBB, *John of Salisbury*, Russell & Russell, New York 1971 (ed. or. 1932).
R. WEIGAND, «Die Überlieferung des Ehetraktats Walters von Mortagne», *Würzburger Diözesan-Geschichtsblätter*, 56 (1994) 27-44.
O. WEIJERS, «The Chronology of John of Salisbury's Studies in France (*Metalogicon*, II.10)», in M. WILKS (ed.), *The World of John of Salisbury*, Blackwell, Oxford 1984, pp. 109-116.
R. WIELOCKX, «La sentence *de caritate* et la discussion scolastique sur l'amour», *Ephemerides theologicae lovanienses*, 58 (1982) 50-86, 334-56; 59 (1983) 26-45.
I. WILKS, «Peter Abelard and His Contemporaries», in D. M. GABBAY – J. WOODS (edd.), *Handbook of the History of Logic. Volume 2. Medieval and Renaissance Logic*, North-Holland, Amsterdam 2008, pp. 83-156.
—, «Peter Abelard and the Metaphysics of Essential Predication», *Journal of the History of Philosophy*, 36 (1998) 365-385.
M. WILKS (ed.), *The World of John of Salisbury*, Blackwell, Oxford 1984.
J. R. WILLIAMS, «The Cathedral School of Reims in the Time of Master Alberic, 1118-1136», *Traditio*, 20 (1964) 93-114.
—, «The Cathedral School of Rheims in the Eleventh Century», *Speculum*, 29 (1954) 661-677.

H. Willner, *Des Adelard von Bath Traktat* De eodem et diverso, Aschendorff, Münster 1903 (Beiträge zur Geschichte der Philosophie des Mittelalters, 4).

H. Zeimentz, *Ehe nach der Lehre der Frühscholastik: eine moralgeschichtliche Untersuchung zur Antropologie und Theologie der Ehe in der Schule Anselms von Laon und Wilhelms von Champeaux, bei Hugo von St. Viktor, Walter von Mortagne und Petrus Lombardus*, Patmos, Düsseldorf 1973.

INDICE DEGLI AUTORI ANTICHI E MEDIEVALI E DELLE OPERE ANONIME

A. magister: 15, 17-19, 21-22
Abelardo *si veda* Pietro Abelardo
Acardo di S. Vittore: 58
Adamo del Petit-Pont: 65
Adelardo di Bath: XL, 105, 142, 247, 285, 288, 290, 301, 326-332, 342, 345
Agostino d'Ippona: XXXIV, 10, 45, 51, 55-56, 316-317, 321
Al-Ghazali: 63
Alano di Lilla: XXVIII, 73
Alberico di Parigi: 279, 285, 291
Alberico di Reims: 6, 10-13, 15-16, 26-27
Albericus magister: 15-18, 20-21
Alessandro di Afrodisia: 131, 261
Anselmo d'Aosta o di Canterbury: XXV, XXVIII, XXXVII, 38, 52, 111, 113
Anselmo di Laon: 4, 10, 13-14, 300
Apparatus super Thimeum: 58
Aristotele: XXVI-XXVII, XXXI, XXXIV, 31, 33-34, 39-40, 43-44, 55, 57-59, 66, 72-73, 79, 85-86, 90-91, 100-103, 119, 131, 140, 164, 171, 176, 179, 215, 218, 229, 248, 270-271, 275, 304-305, 316, 328-329, 331, 340
Arnulfo, arcidiacono di Séez: 19
Arnulfo di Laon: 14
Ars Meliduna: 66, 104-105, 271
Averroè: 63
Avicebron: 63

Avicenna: 63, 136, 263
Barthélémy di Jur: 5, 14
Bernardo di Chartres: 36, 54-55, 57-58, 60, 71-72, 76, 345
Bernardo di Clairvaux: 62
Boezio: XVIII, XXI, XXXI, XXXIV, XXXVII, 34, 40, 44, 46, 49-50, 55, 57-59, 73, 80, 85-87, 90-91, 100-102, 107-108, 115, 117-119, 121-122, 124-127, 129, 133, 136, 140-141, 149, 154, 157, 162-165, 171, 180, 184, 187-189, 193-195, 197-204, 206, 209-211, 218-223, 228-230, 246, 249, 254, 260-264, 268-269, 299, 305-307, 309, 311, 316-318, 321, 330-331, 334, 343
Cicerone: 44, 164, 204, 296
Clarembaldo di Arras: XXVIII, 46, 339
Commento B4: 299
Commento B8: 295, 303
Commento B9: 299
Commento B10: 295, 303
Commento B11: 299
Commento B12: XV
Commento C7: 295-296
Commento C8: XXVIII, 84, 102, 162, 296-297, 304-306, 315, 317-318
Commento C14: 296, 315, 318
Commento D3: 299
Commento 'Etsi cum Tullius': 296

Commento H9: 296
Commento H11: 296
Commento H13: 299
Commento H20: 299
Commento 'In Primis': 296
Commento P3: 104, 111, 114-115, 117, 295, 299, 305, 311, 313, 321
Commento P7: 38
Commento P9: 25
Commento P14: 295, 299, 321-322
Commento P17: XV, XVII-XVIII, XXXIII-XXXV, XXXIX, 45, 79-80, 82, 99-103, 106-110, 117, 121-123, 129, 138, 140-142, 154, 161-165, 167-169, 173, 180, 197, 200, 203-204, 207, 217-231, 236-237, 240-242, 245-246, 248, 253, 260-262, 273-274, 285, 287, 290, 321, 335, 339-342, 345, 347
Commento P20: 65, 80
Commento P21: 65, 80
Commento SC3: 299
Commento SH4: 25
Compendium logicae Porretanum: 334, 337
Crisantus magister*:* 15, 17-19, 22, 24
De destructione Socratis: 94-95
De dissimilitudine terminorum: 26
'*De generibus et speciebus*': XIII, XVII, XXXIII, XXXVI, XXXIX, 52, 61-62, 79-80, 82, 91-98, 103, 106-111, 113-114, 117, 119, 122-123, 128, 138, 141, 147-150, 154-156, 165, 167-169, 196-204, 218, 228, 232, 236-237, 240-247, 285, 324, 326-328, 334, 339, 344-345
De modalibus propositionibus: 299
De sacramento altaris: 300
Dialogus inter Christianum et Judaeum de fide catholica: 300
Donato: XXXV
Eraclito: 55
Galterius magister: 26
Galterus magister: 26-27
Garlando: XXXV
Gauterus magister: 25-26
Gesta abbatum Lobbiensium: 6
Giacomo Veneto: 34
Gilberto di Poitiers: XXVIII, XXXVII, XL, 16, 36, 58-60, 68, 72-73, 141, 162, 164, 198, 221, 246, 285, 290, 333-342, 345
Gillebertus magister: 15, 17-18, 22
Giovanni di Salisbury: XV-XVI, XX-XXI, XXXII-XXXIII, XXXV, XXXVII, XXXIX, XL, 7, 16-17, 28-76, 79, 81-82, 97, 235-236, 240, 244, 252, 287-290, 299, 326-327, 333-334, 342-343, 345-346
Giovanni Scoto Eriugena: XXV, XXVIII, XXXVII, 57, 111, 113, 304
Giovanni, traduttore di Aristotele: 34
Glosa Victorina: 293-294, 319
Glosae Colonienses super Macrobium: 60
Glossae secundum vocales: XIII, 89, 268-270
Glossae 'Socrates de re publica': 57

Glosulae in Priscianum Maiorem (GPma): xxx, 292-294, 296-298, 310-311, 313, 315-321
Glosulae in Priscianum Minorem (GPmi): xxx, 293-294, 311-313, 319
Gosvino d'Anchin: 13, 61
Gualtiero di Mortagne *passim*
Gualtiero, vescovo di Laon (1151-1155): 14
Guglielmo di Champeaux: xx, xxv, xxviii, xl, 13, 52, 54, 61, 82, 84-85, 89, 96, 102, 111, 113, 115-116, 131-132, 150, 169, 177, 237-238, 240, 242, 267, 285-288, 290-327, 332, 342, 345
Guglielmo di Conches: 36, 45-46, 62, 65, 298
Guillelmus de Mauritania: 3
Guillelmus monachus: 15, 17-18, 20-21
Gundissalino: 73
Henricus magister: 26
Herimannus: 9
Introductiones dialecticae artis secundum magistrum G. Paganellum: 294
Introductiones dialecticae secundum Wilgelmum: 294, 304
Introductiones montanae maiores: 300
Introductiones montanae minores: 300
Invisibilia Dei: 334
Isidorus Hispalensis: 10
Joscelin di Soissons: xxxiii, 36, 61-65, 82, 95-97

Liber Pancrisis: 24, 300, 322
Logica 'Nostrorum Petitioni Sociorum': xv, xvii, xxxiii, xxxv-xxxvi, xxxix, 40-42, 45, 62, 69, 79-82, 89-91, 103, 105, 107, 110, 113-114, 116-119, 122-123, 127-128, 130, 138, 140, 142-147, 149-150, 156, 165, 167-170, 172, 174, 179-195, 198, 201, 209-210, 228, 230, 232, 237-241, 246-248, 253-254, 256, 258, 264, 268-269, 274, 289, 298, 325, 331-332, 344, 347
Notae Dunelmenses: xxix-xxxii, 85, 96, 102, 132, 293-294, 296-298, 303, 306-307, 311, 313, 315
Notulae De divisionibus secundum magistrum Goslenum: 97
Odone di Cambrai (o di Tournai): xxv, xxviii, xxxvii, 8-9, 87, 111, 113, 336
Pe. magister: 25
Petrus magister: 26
Pier Lombardo: 16, 23
Pietro Abelardo: xiii-xiv, xix, xxi, xxviii, xxxiii, xxxv-xxxviii, 7, 13, 15, 17-24, 27, 36-45, 50-51, 54, 57, 61-63, 69-70, 82-91, 96, 104, 109, 111, 114-116, 121-123, 129-132, 134-137, 142, 149, 158, 168, 171, 173-184, 186-187, 189-193, 237-240, 247, 249-250, 254, 260, 264-283, 285-286, 288-289, 292, 295, 298, 300, 302, 304, 306-309, 311, 313, 315-

318, 320-321, 323, 325-327, 331-333, 344-345
Platone: 55-59, 71-72, 176, 328-329, 331, 333
Porfirio: XVII-XVIII, XXI, XXVI-XXVII, XXXII, XXXIII, XXXVII, 29-30, 34, 49, 55, 80, 84-85, 89-90, 99, 102, 108, 115, 117-119, 122, 125-127, 133, 136, 141, 154, 171, 180-181, 189, 193-199, 204-205, 209-212, 214, 216, 218-219, 226, 230, 247-252, 254, 261, 267, 270, 301, 307, 311
Prisciano: XXVIII, XXX-XXXI, 56, 120, 219, 272, 293, 297-298, 311, 313-316
Pullen Robert: 19-20
Quintiliano: 164
'*Quoniam de generali*': XVI-XVII, XXXIII, XXXIX, 79, 80, 82, 98-100, 103, 106-108, 110-111, 113-114, 116-117, 119-120, 122-123, 126, 128, 130, 138, 140, 142, 146, 148-161, 163, 165, 167-170, 172, 174, 180, 182, 186-187, 199-200, 203, 205-217, 227-228, 231, 236-246, 248-250, 253-254, 256, 258-260, 264, 273, 277, 285, 287-290, 295, 300, 313, 322, 325, 330, 339-340, 342, 345, 347
Raoul di Laon: 14-15

Riccardo 'Vescovo': 36
Roberto di Melun: 65-66
Robertus magister: 12, 14
Roscellino: 36-38, 69-70
Seneca, L. A.: 55-56, 59
Sententia de caritate: XXXIII, 17, 24
Sententia de universalibus secundum magistrum R.: 47, 80, 120, 149, 295, 313, 332
Sententiae secundum magistrum Petrum: 267-268
Simplicio: 127
Summa sententiarum: XXXIII, 18, 23-24
Teodorico di Chartres: XXVIII, XXXVII, 73, 339
Theodoricus magister: 15, 17-18, 20-21
Tommaso Becket: 16
Tommaso d'Aquino: 32, 50
'*Totum integrum*': 94-95
Tractatus glosarum Prisciani: 298
Ugo di Marchiennes: 7, 9-12
Ugo di San Vittore: XXXIII, 3, 6-7, 15, 17-24, 62
Vita Hugonis Marchianensis: 6-14
Vita prima Gosvini: 13, 61
W. magister: 99, 106-107, 146, 150, 158-160, 208, 227-228, 287-289, 340
Wal. magister: 25
Walterus magister: 25
Wyclif, J.: XXII

INDICE DEI NOMI MODERNI

Abeele, B. van den: 328
Achery, L. d': 4, 7, 14-15, 17, 20-22
Aertsen, J. A.: xxxvii
Agamben, G.: 62
Alessandro, M. d': xii
Allhoff, F.: 71
Amboise, F. d': 301
Annala, P.: 57
Arlig, A.: 93-95, 109, 124, 167-168, 237-238, 240, 242, 269, 273, 280, 344
Arndt, W.: 6
Atucha, I.: 50, 62
Aubenque, P.: 51
Baluze, É.: 21
Barach, C. Z.: xix
Barre, L. F. J. de la: 21
Barrow, J.: 18, 83
Bejczy, I. P.: 24
Beonio-Brocchieri Fumagalli, M. T.: 110, 138, 167, 238, 242, 264, 270
Berkeley, G.: 33
Bériou, N.: 24
Berndt, R.: 12, 24
Bertelloni, F.: 110, 138, 167, 238, 270
Bertola, E.: 9
Bianchi, M. L.: xxxv, 56
Biard, J.: xxix, 45, 274, 282, 296
Bieniak, M.: xii
Binini, I.: xii
Bisanti, A.: 328-330
Bloch, D.: 30, 34, 37

Boadas, A.: 330
Böckn, M.: 23
Bottin, F.: xi-xii, 290
Boulay, C. É. du: 3, 7, 21
Bouxin, A.: 15
Braakhuis, H. A. G.: 294
Brandt, S.: xxi, 34, 49, 55, 57, 59, 73, 101-102, 107-108, 118, 124, 126, 129, 162, 189, 199, 219, 221-222, 261-262, 269, 317
Brower, J.: 13, 35, 41, 177, 269, 280
Brumberg, J.: xii, xxxix, 104, 110-117, 125, 130, 136, 305, 344
Brunello, C.: xii
Burks, A. W.: 33
Burnett, Ch.: 18, 47, 79-80, 83, 275, 296, 328, 330-333
Bursill-Hall, G. L.: 268
Busse, A.: xxi, 127
Buytaert, E. M.: 21-23, 129-130, 177, 268-270, 272, 280-281
Caiazzo, I.: 57-58, 60, 72, 328
Calma, D.: 50, 62-63
Cameron, M.: xxvi, 286, 294
Canella, G.: xx
Cariou, M.: xii
Caroti, S.: 73
Carrier, J.: xiv, 84, 109, 125, 133, 135, 167, 170, 177, 261, 272
Catapano, G.: xii, 10
Cave, W.: 3
Ceillier, R.: 3
Châtillon, J.: 20, 291

Chiaradonna, R.: xx
Chossat, M.: 4
Clanchy, M. T.: 13
Clark, M.: xii
Cochrane, L.: 328
Colish, M.: 16, 23
Courcelle, P.: 328
Courtenay, W. J.: xx
Courtine, J.-F.: 51, 164
Cousin, V.: xix, 92-97, 168, 285-286, 327
Crivelli, P.: 86
Dal Pra, M.: xiv-xv, 30, 83, 92, 308
De Rijk, L. M.: xxx, 38, 41, 51, 66, 104-105, 116, 270, 274, 279, 282, 291, 294-295, 306, 308, 315-316, 318, 321, 334
De Wulf, M.: xix, 4, 7, 9, 31
Dehove, H.: xx, 242
Delmulle, J.: xii
Denis, L.: 31-32
Despois, E.: xix, 285
Dickey, M.: 297
Dijs, J.: xvi, xxxvi, 47, 99, 120, 126, 149, 151-153, 159, 168, 205-213, 215-217, 241-243, 287-288, 313, 330, 332
Dod, B.G.: 34
Dombart, B.: 45
Domínguez, F.: 83
Donavin, G.: 297
Dotti, U.: 67-69
Drew, A.: 328
Dronke, P.: 334
Dufour-Malbezin, A.: 5, 14
Dupin, L. E.: 3
Durand, U.: 9, 17, 21-22
Dutton, P. E.: 57-58, 60, 71

Ebbesen, S.: 79-80, 268
Elamrani-Jamal, A.: 39
Embach, M.: xii, 27
Emery, K.: 27
Erismann, Ch.: xi, xx, xxii, xxv-xxix, xxxv-xxxvii, 9, 28, 39, 51, 56, 59, 86-87, 104, 110-113, 115-116, 121, 125, 127, 130-131, 134, 260, 291, 300, 304, 334, 336, 338-339, 341-342, 344
España, P. M.: 328
Evans, G. R.: 39, 52
Fabricius, J. A.: 3
Fattori, M.: xxxv, 56
Fédou, M.: 24
Feret, P.: 4, 7
Fine, K.: 255
Fink, J. L.: 65, 334
Forlivesi, M.: xii
Fortuny, F.J.: 330
Fredborg, K. M.: xv, 83, 294, 296-298, 300, 303
Freddoso, A.: 88, 109, 167, 344
Fried, J.: 79
Friedlein, G.: 318
Gabbay, D.M.: 287
Galluzzo, G.: xxii-xxiii, xxv, 121
Galonnier, A.: xxviii, 39
Gandillac, M. de: 109, 167
Garvin, J. N.: 27
Gentile, L.: 38-39
Geyer, B.: xiii-xv, 4, 82-84, 89, 92, 125, 133, 177, 180, 183-184, 192-193, 230, 232, 269-270, 272-274
Ghellinck, J. de: 4, 7, 51
Gibbon, R.: 13
Gibson, M.: 333

Gilson, É: xx, 31-32, 51, 57, 59
Giraud, C.: xii, 4-5, 8, 12, 14, 16-17, 24, 35, 37, 290, 300, 333
Giusta, M.: 44
Godding, R.: 9-12
Gomart, Ch.: 15
Goubier, F.: xxix
Goullet, M.: xxxi
Gousset, Th.: 5, 22
Goy, R.: 18
Grabmann, M.: 56, 63, 83
Gracia, J. J. E.: xxxvi, xxxvii, 9, 31, 73, 110, 123-124, 132-133, 138, 167, 180, 189-190, 265, 269, 276, 334, 336, 339, 344
Graham, D. W.: xxvii
Granfield, P.: 328
Grau, A.: 330
Green, W. M.: 56
Green-Pedersen, N. J.: xv, 79-80, 83, 299
Gregory, T.: 9, 57
Grellard, Ch.: 30, 32-33, 35-36
Grondeux, A.: xi, xxix-xxxii, xxxv, 13, 61, 84, 102, 230, 290-294, 296-298, 305-306, 311, 315-319
Guigon, Gh.: 41, 86
Guilfoy, K.: 13, 32, 35, 37, 41, 45, 71, 177, 240, 270
Hadot, I.: 127
Hall, J. B.: xv, xxi, xxxv, 29, 37-39, 44, 47-49, 55, 57-59, 61-62, 66, 71, 73-74, 76, 299
Hamesse, J.: xxxv, 56
Hansen, H.: 14, 65, 334
Häring, N. M.: 16, 46, 59, 334, 336-339, 341

Haseldine, J. P.: 29
Hauréau, B.: xvi, xix, 4, 98-99, 168, 237, 242, 287-289, 301, 326-328, 330
Hellemans, B. S.: 18
Hendley, B.: 31, 35
Henry, D.P.: 31, 109, 268, 344
Herbomez, A. d': 6
Hertz, M.: xxx, 56, 313, 316
Hintikka, J.: 282
Hoffmann, Ph.: 127
Hurter, H.: 4
Husson, S.: xxix
Hyman, A.: 109
Imbach, R.: xii, xx, 73, 83
Irving, A. I.: 27
Iwakuma, Y.: xi, xv, 25-26, 35, 38, 46, 52, 64-65, 72, 79-80, 84, 92, 100-103, 105, 110, 114, 151, 161-162, 218-220, 222, 224-225, 227-231, 240, 260, 271, 286, 291, 294-296, 298-300, 303-305, 315, 321-323, 334
Jacobi, K.: xiv, xxxvii, 41, 83, 173, 270, 275-279, 282, 294, 296, 308, 334
Jayprakash Vaidya, A.: 71
Jeauneau, É.: 65
Jensen, P. J.: 330
Jolivet, J.: xx, xxxv, 21, 38-42, 45, 51, 57-60, 63, 81, 109-110, 129, 133-135, 138, 167, 169-170, 179, 184, 191, 193, 264-265, 268-270, 274, 290-291, 295, 306-307, 309, 326, 328, 330, 332-334, 336, 338-339, 342
Jones, Ch. M.: 27

Jourdain, C.: xix, 285
Jungmann, J.A.: 328
Kalb, A.: 45
Kalbfleisch, K.: 127
Kaluza, Z.: 73
Kasarska, I.: xii, 4-5, 7, 15
Keats-Rohan, K. S. B.: xv, xxi, 29, 37, 67, 73-74, 76
King, P.: xi, xiii, xv, xxxv-xxxvi, 9, 41, 52, 61, 71, 82, 89, 92-98, 105, 108-111, 115, 119, 123, 125- 126, 132, 135-136, 138, 148, 167-170, 173-174, 180, 183-184, 187-193, 196-204, 230, 238, 240, 242-243, 258-259, 265, 269, 273, 275, 280, 286, 324-326, 344
Klibansky, R.: 330
Klima, G.: 71
Kluge, E.-H. W.: 39, 43
Kneepkens, C. H.: 45-46, 61, 294, 296, 298-299, 308
Knuuttila, S.: 282
Kœhler, H. O.: xix
Koerner, K.: 268
König-Pralong, C.: 50, 62
Kotusenko, V.: 27
Kristeller, P. O.: 27
Kwakkel, E.: 80
Lachaud, F.: 30, 35-36
Lafleur, C.: xiv, 84, 109, 125, 133, 135, 167, 170, 177, 261, 272
Lagerlund, H.: xxxvi, 334
Lardet, P.: xxix
Le Paige, J.: 5
Lebreton, Th.: 3
Leclercq, J.: 16
Lecq, R. van der: 268

Lefèvre, G.: 237, 301, 325-326
Leff, M. C.: 164
Leibniz, G. W.: 250
Lejeune, F.: 29, 31, 71
Lenzi, M.: xxxiv
Libera, A. de: xx-xxii, xxxvi, 39, 41, 47, 104-105, 109-110, 112, 115, 117, 122, 125, 132, 134, 136, 138-139, 142, 148-149, 167-170, 174, 176, 178, 180, 184, 187-188, 238-239, 260-264, 268, 270, 274-275, 290-291, 300, 330-331, 334, 344
Lilla, S.: 56
Limentani, L.: xix
Lindsay, W. M.: 10
Linn, A. R.: xxix
Lizzini, O.: 136
Llorente, P.: 330
Lloyd, A. C.: xxvii
Locke, J.: 31
Loewe, J. H.: xix
Longère, J.: 291
Lorenzetti, E.: xxxiv, 39, 136, 293
Lottin, O.: 300, 322, 326
Luna, C.: 127
Luscombe, D.: xiv, xxi, 18, 24, 39, 52, 83, 92, 300-301
Mabillon, J.: 14, 16, 21
Maccagnolo, E.: 339
Magee, J.: 85, 87, 90-91, 122, 201-202, 306-307
Magnano, F.: 164
Maierù, A.: xx, xxix, 310
Maioli, B.: xxi, 32, 35, 38, 44-45, 54, 58-60, 64, 109-110, 132-133, 135-136, 138, 167-

168, 170, 237-238, 242, 264, 326, 329-330, 334, 337
Malcolm, J.: xxx, 282, 308
Maloney, Ch.: 41, 167, 177, 270
Mantas, P.: 330
Marenbon, J.: xii, xx, xxvi, xxxvi, xxxix, 13, 24, 40-42, 63, 69, 73, 79-82, 89, 100, 104-105, 110, 112, 114, 116, 124, 126, 129, 261, 266-267, 269-271, 273-275, 277, 280, 282, 286-287, 290, 296, 308, 334-335
Marmo, C.: 57
Martène, E.: 9, 14, 16-17, 21-22
Martin, Ch.: xi, xiii, xv, 89, 183-184, 188, 192, 230, 275-277, 286, 300, 302
Martinet, S.: 4-5
Mathoud, H.: 3, 4, 19-22
Mazzotti, C.: xii
McGarry, D. D.: 29, 71-72, 76
McKeon, R.: 109, 167
McLelland, N.: xxix
Meier, H. C.: 39
Meirinhos, J.: xx, xxv-xxvi, 270
Meiser, C.: xxxiv, 127, 187, 316
Metzger, S. M.: 27
Mews, C.: xii, xv, 12-13, 18, 21, 23-24, 27, 35, 37, 39, 61, 81, 83, 129, 268-270, 280, 291-292, 299, 300
Michaud, E.: 100, 291
Michel, B.: 41, 47
Miethke, J.: 16
Migne, J.-P.: 22
Minio-Paluello, L.: xxxiv, 34, 83, 86, 92, 95, 268
Miramon de, Ch.: 291-292

Monfrin, J.: xiv
Moody, E.: 310
Moos, P. von: 16
Mora-Márquez, A. M.: 65, 334
Moreschini, C.: 44, 46, 58, 73, 124, 129, 136, 269
Morin, P.: 136, 266, 275-278, 286
Mulder-Bakker, A. B.: 9
Murphy, J.J.: 164, 297
Musatti, C.: xxxiv
Musco, A.: 328
Mutzenbecher, A.: 56
Nauta, L.: 46, 65
Nederman, C.: xv, 30, 36-37, 83, 291
Newhauser, R. G.: 24
Nielsen, L. O.: 16, 59, 334
Nikitas, D. Z.: xiv, 83, 164, 317
Noonan, H.W.: 258, 279
Obertello, L.: 90
Obrist, B.: 328
Oliva, A.: 24
Onofrio, G. d': xxvi, 9, 13
Oosthout, H.: 55, 58
Ostlender, H.: 22
Ott, L.: 4-6, 8, 14, 17, 19-20, 22-23
Ottaviano, C.: xiii, 89
Oudin, C.: 3
Pacheco, M. C.: xxv, 270
Padovani, U. A.: 35
Palmeri, P.: 328
Pasqualin, Ch.: xii
Peirce, Ch. S.: 31, 33
Pelster, F.: 16
Pépin, J.: 56
Perkams, M.: 24
Petit, F.: 4-5, 16
Pez, B.: 23
Piaia, G.: xii, xx

Picavet, F.: xx, 38
Pike, J. B.: 67, 69
Pinborg, J.: xxxv, 310
Pindl, Th.: 83
Pinzani, R.: xxxiv, xxxvi, 32, 34-35, 50, 56, 59, 71, 74, 98, 109, 151-152, 156-158, 168, 205-209, 211, 214-215, 217, 237, 239, 249-252, 261, 267, 334, 339, 344
Platelle, H.: 9-12
Poirel, D.: 23
Poutrain, J. A.: 6
Prantl, C.: xix, 31, 35, 45, 54, 62, 64, 68, 96, 240, 242, 301
Pycke, J.: 4-5, 8
Quine, W.: 31
Quinto, R.: xii, 18, 61
Radice, B.: xiv, xxi, 300
Raña Dafonte, C.: 32
Read, S.: 61
Reiners, J.: xx, 38, 70, 240, 330
Reinhardt, H. J. F.: 24
Reinhardt, T.: 44
Rémusat, Ch. de: xix, 168, 240
Resnick, I. M.: 9
Reynolds, L. D.: 56
Ribeiro do Nascimento, C.A.: 109
Ritter, H.: xix, 96, 330
Rodrigues, V.: 339
Rodríguez-Pereyra, G.: 41-42, 86
Romano, F.: xvi, xxxiv, 54, 71, 74-75, 99, 168, 240, 287, 289, 301, 330, 344
Ronca, I.: 328
Rosier-Catach, I.: xi, xxii, xxv-xxvi, xxviii-xxxii, xxxviii, 13-14, 45, 61, 84, 88, 93, 100, 102, 104, 109-110, 114, 121, 161, 163, 173, 219-220, 230, 270, 275, 277, 279, 282, 286-287, 290-294, 296-298, 306-321, 339, 344
Rosmini, A.: 84, 301
Ross, W. D.: 34
Rossi, F.: xxxiv
Rossi, G.: 84
Rousselot, X.: xix
Roviró, I.: 330
Saccenti, R.: xii, 27
Santiago-Otero, H.: 19
Santinello, G.: xx
Sapir Abulafia, A.: 300
Schilling, J.: 55, 58
Schmitt, F. S.: 38
Schniewind, A.: xxvi, xxix, 104
Segonds, A.-Ph.: xxi
Shapiro, H.: 31
Shimizu, T.: 41, 270-271, 274-275, 296
Sicard, P.: 18
Siri, F.: xii
Solère, J.-L.: xxviii
Spade, P. V.: xxii, 109, 133, 135, 167, 170
Speer, A.: xxxvii
Spencer, M.: 270, 274
Spijker, I. van 't: xii, 9, 24
Spinosa, G.: 56
Stabile, G.: 73
Stegmüller, F.: 26-27
Stirnemann, P.: xi, 92, 98, 100
Stöckl, A.: xix
Stodola, D.: 297
Strub, Ch.: xiv, 83, 173, 275-279, 282

Stump, E.: 164
Sturlese, L.: 73
Tarlazzi, C.: 80, 104, 121, 127, 294
Thom, P.: 79, 334-336
Thomas, R.: 41
Thomson, R.: xi, xv, 80, 83-84, 89, 92, 98, 100, 291
Thurot, Ch.: 100
Turolla, E.: 84
Tursi, A.: 35, 62-64, 71
Tweedale, M. M.: 41, 109-110, 132, 138, 142, 167, 169, 179, 182, 184, 187, 189-190, 192, 237, 242, 270, 274, 279
Ubaghs, C.: xix
Überweg, F.: xxix
Urbani Ulivi, L.: 286
Uruszczak, W.: 10, 22
Valente, L.: xi, xxix, xxxiv-xxxv, 16, 50, 59-60, 73, 334-339, 342
Van Engen, J.: 297
Vanni Rovighi, S.: 35, 71, 286, 334
Vasiliu, A.: xxviii
Vauchez, A.: 24
Verheijen, L.: 10

Voisin, Ch.-J.: 4-5, 8, 16
Wade, F.: 265
Waitz, G.: 9
Walsh, J. J.: 109
Walter, P.: 83
Ward, J.O.: 297, 300
Warlop, E.: 6
Waszink, J. H.: 330
Wauters, A.: 3
Wciórka, W.: xi, xxxiv, 116, 146, 157, 168, 182, 209, 247-248, 252-260, 271, 279-280, 344
Webb, C.: xv-xvi, 29-31, 48, 67-69, 73-74, 76
Weigand, R.: 18
Weijers, O.: xx, xxvi, 37
Westra, H. J.: 339
Wielockx, R.: 17, 24
Wilks, I.: 41, 123, 269, 280-282
Wilks, M.: 30, 37
Williams, J. R.: 10, 12, 26-27
Willner, H.: 288, 328
Wilpert, P.: 265
Woods, J.: 287
Zavattero, I.: 50, 62
Zeimentz, H.: 24

INDICE DEI MANOSCRITTI

Assisi
Biblioteca del Sacro Convento, 573: 295-296

Avranches
Bibliothèque municipale, 232: 271, 285

Berlin
Staatsbibliothek
lat. fol. 624: xiv, 83

Città del Vaticano
Biblioteca Apostolica Vaticana
Ottob. 284: 18, 21
Reg. lat. 230: 295-296, 305
Reg. lat. 278: 16
Vat. lat. 1486: 298
Vat. lat. 3874: 60

Dublin
Trinity College, 494: 295

Durham
Cathedral Library, C.IV.29: 96, 297

El Escorial
Biblioteca del Real Monasterio de San Lorenzo, e IV 24: 294

Köln
Dombibliothek, B. 201: 293

Laon
Bibliothèque municipale, 341: 5, 15

London
British Library
Burney 238: 293
Harley 2713: 293
Royal 7.D.XXV: 296

Lunel
Bibliothèque municipale, 6: xv, xxxiii, 79, 89

Metz
Bibliothèque municipale, 1224: 293

Milano
Biblioteca Ambrosiana, M 63 sup.: xiii-xiv, xxxiii, 79, 82-83

München
Bayerische Staatsbibliothek, Clm 14458: 295-296

Orléans
Bibliothèque municipale
90: 293
266: xiii, xxxiii, xxxvi, 25-26, 52, 61, 79, 92, 94-95, 97-98, 107, 119, 147, 196-200, 202-204, 240-243, 267, 295-296, 299, 308

Oxford
Bodleian Library
Digby 174: 105
Laud. lat. 67: 295

Laud. misc. 277: 19

Padova
Biblioteca Universitaria, 2087: 291

Paris
Bibliothèque de l'Arsenal
910: xv, 83, 293, 295

Bibliothèque nationale de France
lat. 544: 271
lat. 2389: 328
lat. 3237: xv, xxxiii, xxxv, 79, 99
lat. 7493: xv, 83
lat. 13368: xiii, xxxiii, 25, 79, 92-95, 97, 168, 199, 286, 295-296, 299
lat. 14193: 18-20
lat. 17813: xvi, xxxiii, 79, 98, 149, 152, 288, 295-296, 313, 322, 332

Salamanca
Biblioteca Universitaria, 2311: 58

Salzburg
Archiv von St. Peter, a VI 8: 23

Sankt Gallen
Stiftsbibliothek, 134: 295

Warszawa
Biblioteka Narodowa, Cod. Lat. O.1.16: 26-27

Wien
Österreichische Nationalbibliothek, 2499: 294

Collection « Textes et Études du Moyen Âge »

publiée par la Fédération Internationale des Instituts d'Études Médiévales

Volumes parus :

1. *Filosofia e Teologia nel Trecento. Studi in ricordo di Eugenio Randi* a cura di L. BIANCHI, Louvain-la-Neuve 1995. VII + 575 p.   54 Euros

2. *Pratiques de la culture écrite en France au XVe siècle*, Actes du Colloque international du CNRS (Paris, 16-18 mai 1992) organisé en l'honneur de Gilbert Ouy par l'unité de recherche « Culture écrite du Moyen Âge tardif », édités par M. ORNATO et N. PONS, Louvain-la-Neuve 1995. XV + 592 p. et 50 ill. h.-t.   67 Euros

3. *Bilan et perspectives des études médiévales en Europe*, Actes du premier Congrès européen d'études médiévales (Spoleto, 27-29 mai 1993), édités par J. HAMESSE, Louvain-la-Neuve 1995. XIII + 522 p. et 32 ill. h.-t.   54 Euros

4. *Les manuscrits des lexiques et glossaires de l'Antiquité tardive à la fin du Moyen Âge*, Actes du Colloque international organisé par le «Ettore Majorana Centre for Scientific Culture» (Erice, 23-30 septembre 1994), édités par J. HAMESSE, Louvain-la-Neuve 1996. XIII + 723 p.   67 Euros

5. *Models of Holiness in Medieval Studies*, Proceedings of the International Symposium (Kalamazoo, 4-7 May 1995), edited by B.M. KIENZLE, E. WILKS DOLNIKOWSKI, R. DRAGE HALE, D. PRYDS, A.T. THAYER, Louvain-la-Neuve 1996. XX + 402 p.   49 Euros

6. *Écrit et pouvoir dans les chancelleries médiévales : espace français, espace anglais*, Actes du Colloque international de Montréal (7-9 septembre 1995) édités par K. FIANU et D.J. GUTH, Louvain-la-Neuve 1997. VIII + 342 p.   49 Euros

7. P.-A. BURTON, *Bibliotheca Aelrediana secunda (1962-1996)*. Ouvrage publié avec le concours de la Fondation Universitaire de Belgique et de la Fondation Francqui, Louvain-la-Neuve 1997. 208 p.   27 Euros

8. *Aux origines du lexique philosophique européen. L'influence de la « latinitas »*, Actes du Colloque international de Rome (23-25 mai 1996) édités par J. HAMESSE, Louvain-la-Neuve 1997. XIV + 298 p.   34 Euros

9. *Medieval Sermons and Society : Cloisters, City, University*, Proceedings of International Symposia at Kalamazoo and New York, edited by J. HAMESSE, B.M. KIENZLE, D.L. STOUDT, A.T. THAYER, Louvain-la-Neuve 1998. VIII + 414 p. et 7 ill. h.-t.   54 Euros

10. *Roma, magistra mundi. Itineraria culturae medievalis*. Mélanges offerts au Père L.E. Boyle à l'occasion de son 75e anniversaire, édités par J. HAMESSE. Ouvrage publié avec le concours de la Homeland Foundation (New York), Louvain-la-Neuve 1998. vol. I-II : XII + 1030 p. ; vol. III : VI + 406 p.   épuisé

11. *Filosofia e scienza classica, arabo-latina medievale e l'età moderna. Ciclo di seminari internazionali (26-27 gennaio 1996)* a cura di G. FEDERICI VESCOVINI, Louvain-la-Neuve 1999. VIII + 331 p.   39 Euros

12. J.L. JANSSENS, *An annotated Bibliography of Ibn Sînæ. First Supplement (1990-1994)*, uitgegeven met steun van de Universitaire Stichting van België en het Francqui-Fonds, Louvain-la-Neuve 1999. XXI + 218 p.   26 Euros

13. L.E. BOYLE, O.P., *Facing history: A different Thomas Aquinas*, with an introduction by J.-P. TORRELL, O.P., Louvain-la-Neuve 2000. XXXIV + 170 p. et 2 ill. h.-t.   33 Euros

14. *Lexiques bilingues dans les domaines philosophique et scientifique (Moyen Âge – Renaissance)*, Actes du Colloque international organisé par l'École Pratique des Hautes Etudes – IVe Section et l'Institut Supérieur de Philosophie de l'Université Catholique de Louvain (Paris, 12-14 juin 1997) édités par J. HAMESSE et D. JACQUART, Turnhout 2001. XII + 240 p., ISBN 978-2-503-51176-4   35 Euros

15. *Les prologues médiévaux*, Actes du Colloque international organisé par l'Academia Belgica et l'École française de Rome avec le concours de la F.I.D.E.M. (Rome, 26-28 mars 1998) édités par J. HAMESSE, Turnhout 2000. 716 p., ISBN 978-2-503-51124-5   75 Euros

16. L.E. BOYLE, O.P., *Integral Palaeography*, with an introduction by F. TRONCARELLI, Turnhout 2001. 174 p. et 9 ill. h.-t., ISBN 978-2-503-51177-1   33 Euros

17. *La figura di San Pietro nelle fonti del Medioevo*, Atti del convegno tenutosi in occasione dello *Studiorum universitatum docentium congressus* (Viterbo e Roma, 5-8 settembre 2000) a cura di L. LAZZARI e A.M. VALENTE BACCI, Louvain-la-Neuve 2001. 708 p. et 153 ill. h.-t.   85 Euros

18. *Les Traducteurs au travail. Leurs manuscrits et leurs méthodes.* Actes du Colloque international organisé par le « Ettore Majorana Centre for Scientific Culture » (Erice, 30 septembre – 6 octobre 1999) édités par J. HAMESSE, Turnhout 2001. XVIII + 455 p., ISBN 978-2-503-51219-8   55 Euros

19. *Metaphysics in the Twelfth Century.* Proceedings of the International Colloquium (Frankfurt, june 2001) edited by M. LUTZ-BACHMANN et al., Turnhout 2003. XIV + 220 p., ISBN 978-2-503-52202-9   43 Euros

20. *Chemins de la pensée médiévale. Études offertes à Zénon Kaluza* éditées par P.J.J.M. BAKKER avec la collaboration de E. FAYE et Ch. GRELLARD, Turnhout 2002. XXIX + 778 p., ISBN 978-2-503-51178-8   68 Euros

21. *Filosofia in volgare nel medioevo*. Atti del Colloquio Internazionale de la S.I.S.P.M. (Lecce, 27-28 settembre 2002) a cura di L. STURLESE, Louvain-la-Neuve 2003. 540 p., ISBN 978-2-503-51503-8   43 Euros

22. *Bilan et perspectives des études médiévales en Europe (1993-1998).* Actes du deuxième Congrès européen d'études médiévales (Euroconference, Barcelone, 8-12 juin 1999), édités par J. HAMESSE, Turnhout 2003. XXXII + 656 p., ISBN 978-2-503-51615-8   65 Euros

23. *Lexiques et glossaires philosophiques de la Renaissance.* Actes du Colloque International organisé en collaboration à Rome (3-4 novembre 2000) par l'Academia Belgica, le projet « Le corrispondenze scientifiche, letterarie ed erudite dal Rinascimento all' età moderna » et l'Università degli studi di Roma « La Sapienza », édités par J. HAMESSE et M. FATTORI, Louvain-la-Neuve 2003. IX + 321 p., ISBN 978-2-503-51535-9   39 Euros

24. *Ratio et superstitio. Essays in Honor of Graziella Federici Vescovini* edited by G. MARCHETTI, V. SORGE and O. RIGNANI, Louvain-la-Neuve 2003. XXX + 676 p. – 5 ill. h.-t., ISBN 978-2-503-51523-6   54 Euros

25. *« In principio erat verbum »* . *Mélanges offerts à Paul Tombeur par ses anciens élèves* édités par B.-M. TOCK, Turnhout 2004. 450 p., ISBN 978-2-503-51672-6   54 Euros

26. *Duns Scot à Paris, 1302-2002.* Actes du colloque de Paris, 2-4 septembre 2002, édités par O. BOULNOIS, E. KARGER, J.-L. SOLÈRE et G. SONDAG, Turnhout 2005. XXIV + 683 p., ISBN 2-503-51810-9   54 Euros

27. *Medieval Memory. Image and text,* edited by F. WILLAERT, Turnhout 2004. XXV + 265 p., ISBN 2-503-51683-1   54 Euros

28. *La Vie culturelle, intellectuelle et scientifique à la Cour des Papes d'Avignon.* Volume en collaboration internationale édité par J. HAMESSE, Turnhout 2006. XI + 413 p. – 16 ill. h.t., ISBN 2-503-51877-X   43 Euros

29. G. Murano, *Opere diffuse per «exemplar» e pecia*, Turnhout 2005. 897 p., ISBN 2-503-51922-9   75 Euros

30. *Corpo e anima, sensi interni e intelletto dai secoli XIII-XIV ai post-cartesiani e spinoziani*. Atti del Colloquio internazionale (Firenze, 18-20 settembre 2003) a cura di G. Federici Vescovini, V. Sorge e C. Vinti, Turnhout 2005. 576 p., ISBN 2-503-51988-1   54 Euros

31. *Le felicità nel medioevo*. Atti del Convegno della Società Italiana per lo Studio del Pensiero Medievale (S.I.S.P.M.) (Milano, 12-13 settembre 2003), a cura di M. Bettetini e F. D. Paparella, Louvain-la-Neuve 2005. xvi + 464 p., ISBN 2-503-51875-3   43 Euros

32. *Itinéraires de la raison. Études de philosophie médiévale offertes à Maria Cândida Pacheco*, éditées par J. Meirinhos, Louvain-la-Neuve 2005. xxviii + 444 p., ISBN 2-503-51987-3   43 Euros

33. *Testi cosmografici, geografici e odeporici del medioevo germanico*. Atti del XXXI Convegno dell'Associazione italiana di filologia germanica (A.I.F.G.), Lecce, 26-28 maggio 2004, a cura di D. Gottschall, Louvain-la-Neuve 2005. xv + 276 p., ISBN 2-503-52271-8   34 Euros

34. *Écriture et réécriture des textes philosophiques médiévaux. Mélanges offerts à C. Sirat* édités par J. Hamesse et O. Weijers, Turnhout 2006. xxvi + 499 p., ISBN 2-503-52424-9   54 Euros

35. *Frontiers in the Middle Ages*. Proceedings of the Third European Congress of the FIDEM (Jyväskylä, june 2003), edited by O. Merisalo and P. Pahta, Louvain-la-Neuve 2006. xii + 761p., ISBN 2-503-52420-6   65 Euros

36. *Classica et beneventana. Essays presented to Virginia Brown on the Occasion of her 65th Birthday* edited by F.T. Coulson and A. A. Grotans, Turnhout 2006. xxiv + 444 p. – 20 ill. h.t., ISBN 978-2-503-2434-4   54 Euros

37. G. Murano, *Copisti a Bologna (1265-1270)*, Turnhout 2006. 214 p., ISBN 2-503-52468-9   44 Euros

38. *«Ad ingenii acuitionem». Studies in honour of Alfonso Maierù*, edited by S. Caroti, R. Imbach, Z. Kaluza, G. Stabile and L. Sturlese. Louvain-la-Neuve 2006. viii + 590 p., ISBN 978-2-503-52532-7   54 Euros

39. *Form and Content of Instruction in Anglo-saxon England in the Light of Contemporary Manuscript Evidence*. Papers from the International Conference (Udine, April 6th-8th 2006) edited by P. Lendinara, L. Lazzari, M.A. D'Aronco, Turnhout 2007. xiii + 552 p., ISBN 978-2-503-52591-0   65 Euros

40. *Averroès et les averroïsmes latin et juif*. Actes du Colloque International (Paris, juin 2005) édités par J.-B. Brenet, Turnhout 2007. 367 p., ISBN 978-2-503-52742-0   54 Euros

41. P. Lucentini, *Platonismo, ermetismo, eresia nel medioevo*. Introduzione di L. Sturlese. Volume publié en co-édition et avec le concours de l'Università degli Studi di Napoli « l'Orientale » (Dipartimento di Filosofia e Politica). Louvain-la-Neuve 2007. xvi + 517 p., ISBN 978-2-503-52726-0   54 Euros

42.1. *Repertorium initiorum manuscriptorum Latinorum Medii Aevi* curante J. Hamesse, auxiliante S. Szyller. Tome I : *A-C*. Louvain-la-Neuve 2007. xxxiv + 697 p., ISBN 978-2-503-52727-7   59 Euros

42.2. *Repertorium initiorum manuscriptorum Latinorum Medii Aevi* curante J. Hamesse, auxiliante S. Szyller. Tome II : *D-O*. Louvain-la-Neuve 2008. 802 p., ISBN 978-2-503-53045-1   59 Euros

42.3. *Repertorium initiorum manuscriptorum Latinorum Medii Aevi* curante J. HAMESSE, auxiliante S. SZYLLER. Tome III : *P-Z*. Louvain-la-Neuve 2009, 792 p., ISBN 978-2-503-53321-6
59 Euros

42.4. *Repertorium initiorum manuscriptorum Latinorum Medii Aevi* curante J. HAMESSE, auxiliante S. SZYLLER. Tome IV : *Supplementum. Indices*. Louvain-la-Neuve 2010. 597 p., ISBN 978-2-503-53603-3
59 Euros

43. *New Essays on Metaphysics as «Scientia Transcendens»*. Proceedings of the Second International Conference of Medieval Philosophy, held at the Pontifical Catholic University of Rio Grande do Sul (PUCRS), Porto Alegre / Brazil, 15-18 August 2006, ed. R. H. PICH. Louvain-la-Neuve 2007. 388 p., ISBN 978-2-503-52787-1   43 Euros

44. A.-M. VALENTE, *San Pietro nella letteratura tedesca medievale*, Louvain-la-Neuve 2008. 240 p., ISBN 978-2-503-52846-5
43 Euros

45. B. FERNÁNDEZ DE LA CUESTA GONZÁLEZ, *En la senda del «Florilegium Gallicum». Edición y estudio del florilegio del manuscrito Córdoba, Archivo Capitular 150*, Louvain-la-Neuve 2008. 542 p., ISBN 978-2-503-52879-3   54 Euros

46. *Cosmogonie e cosmologie nel Medioevo*. Atti del convegno della Società italiana per lo studio del pensiero medievale (S.I.S.P.M.), Catania, 22-24 settembre 2006. A cura di C. MARTELLO, C. MILITELLO, A. VELLA, Louvain-la-Neuve 2008. XVI + 526 p., ISBN 978-2-503-52951-6
54 Euros

47. M. J. MUÑOZ JIMÉNEZ, *Un florilegio de biografías latinas: edición y estudio del manuscrito 7805 de la Biblioteca Nacional de Madrid*, Louvain-la-Neuve 2008. 317 p., ISBN 978-2-503-52983-7
43 Euros

48. *Continuities and Disruptions Between the Middle Ages and the Renaissance*. Proceedings of the colloquium held at the Warburg Institute, 15-16 June 2007, jointly organised by the Warburg Institute and the Gabinete de Filosofia Medieval. Ed. by C. BURNETT, J. MEIRINHOS, J. HAMESSE, Louvain-la-Neuve 2008. X + 181 p., ISBN 978-2-503-53014-7
43 Euros

50. *Florilegium mediaevale. Études offertes à Jacqueline Hamesse à l'occasion de son éméritat*. Éditées par J. MEIRINHOS et O. WEIJERS, Louvain-la-Neuve 2009. XXXIV + 636 p., ISBN 978-2-503-53146-5
60 Euros

51. *Immaginario e immaginazione nel Medioevo*. Atti del convegno della Società Italiana per lo Studio del Pensiero Medievale (S.I.S.P.M.), Milano, 25-27 settembre 2008. A cura di M. BETTETINI e F. PAPARELLA, con la collaborazione di R. FURLAN. Louvain-la-Neuve 2009. 428 p., ISBN 978-2-503-53150-2   55 Euros

52. *Lo scotismo nel Mezzogiorno d'Italia*. Atti del Congresso Internazionale (Bitonto 25-28 marzo 2008), in occasione del VII Centenario della morte di del beato Giovanni Duns Scoto. A cura di F. FIORENTINO, Porto 2010. 514 p., ISBN 978-2-503-53448-0
55 Euros

53. E. MONTERO CARTELLE, *Tipología de la literatura médica latina: Antigüedad, Edad Media, Renacimiento*, Porto 2010. 243 p., ISBN 978-2-503-53513-5   43 Euros

54. *Rethinking and Recontextualizing Glosses: New Perspectives in the Study of Late Anglo-Saxon Glossography*, edited by P. LENDINARA, L. LAZZARI, C. DI SCIACCA, Porto 2011. XX + 564 p. + XVI ill., ISBN 978-2-503-54253-9   60 Euros

55. *I beni di questo mondo. Teorie etico-economiche nel laboratorio dell'Europa medievale*. Atti del convegno della Società italiana per lo studio del pensiero medievale (S.I.S.P.M.) Roma, 19-21 settembre 2005. A cura di R. LAMBERTINI e L. SILEO, Porto 2010. 367 p., ISBN 978-2-503-53528-9   49 Euros

56. *Medicina y filología. Estudios de léxico médico latino en la Edad Media*, edición de A. I. MARTÍN FERREIRA, Porto 2010. 256 p., ISBN 978-2-503-53895-2   49 Euros

57. *Mots médiévaux offerts à Ruedi Imbach*, édité par I. ATUCHA, D. CALMA, C. KONIG-PRALONG, I. ZAVATTERO, Porto 2011. 797 p., ISBN 978-2-503-53528-9   75 Euros

58. *El florilegio, espacio de encuentro de los autores antiguos y medievales*, editado por M. J. MUÑOZ JIMÉNEZ, Porto 2011. 289 p., ISBN 978-2-503-53596-8   45 Euros

59. *Glossaires et lexiques médiévaux inédits. Bilan et perspectives*. Actes du Colloque de Paris (7 mai 2010), Édités par J. HAMESSE et J. MEIRINHOS, Porto 2011. XII + 291 p., ISBN 978-2-503-54175-4   45 Euros

60. *Anselm of Canterbury (1033-1109): Philosophical Theology and Ethics*. Proceedings of the Third International Conference of Medieval Philosophy, held at the Pontifical Catholic University of Rio Grande do Sul, Porto Alegre / Brazil (02-04 September 2009), Edited by R. Hofmeister PICH, Porto 2011. XVI + 244 p., ISBN 978-2-503-54265-2   45 Euros

61. *L'antichità classica nel pensiero medievale*. Atti del Convegno de la Società italiana per lo studio del pensiero medievale (S.I.S.P.M.), Trento, 27-29 settembre 2010. A cura di A. PALAZZO. Porto 2011. VI + 492, p., ISBN 978-2-503-54289-8   59 Euros

62. M. C. DE BONIS, *The Interlinear Glosses to the* Regula Sancti Benedicti *in London, British Library, Cotton Tiberius A. III*. ISBN 978-2-503-54266-9   (en préparation)

63. J. P. BARRAGÁN NIETO, *El «De secretis mulierum» atribuido a Alberto Magno: Estudio, edición crítica y traducción*. I Premio Internacional de Tesis Doctorales Fundación Ana María Aldama Roy de Estudios Latinos, Porto 2012. 600 p., ISBN 978-2-503-54392-5   65 Euros

64. *Tolerancia: teoría y práctica en la Edad Media*. Actas del Coloquio de Mendoza (15-18 de Junio de 2011), editadas por R. PERETÓ RIVAS, Porto 2012. XXI + 295 p., ISBN 978-2-503-54553-0   49 Euros

65. *Portraits de maîtres offerts à Olga Weijers*, édité par C. ANGOTTI, M. BRÎNZEI, M. TEEUWEN, Porto 2012. 521 p., ISBN 978-2-503-54801-2   65 Euros

66. L. TROMBONI, *Inter omnes Plato et Aristoteles: Gli appunti filosofici di Girolamo Savonarola*. Introduzione, edizione critica e comento, Prefazione di G. C. GARFAGNINI, Porto 2012. XV + 326 p., ISBN 978-2-503-54803-6   55 Euros

67. M. MARCHIARO, *La biblioteca di Pietro Crinito. Manoscritti e libri a stampa della raccolta libraria di un umanista fiorentino*. II Premio de la Fundación Ana María Aldama Roy de Estudios Latinos, Porto 2013. 342 p., ISBN 978-2-503-54949-1

55 Euros

68. *Phronêsis – Prudentia – Klugheit. Das Wissen des Klugen in Mittelalter, Renaissance und Neuzeit. Il sapere del saggio nel Medioevo, nel Rinascimento e nell'Età Moderna*. Herausgegeben von / A cura di A. FIDORA, A. NIEDERBERGER, M. SCATTOLA, Porto 2013. 348 p., ISBN 978-2-503-54989-7   59 Euros

69. *La compilación del saber en la Edad Media. La Compilation du savoir au Moyen Âge. The Compilation of Knowledge in the Middle Ages*. Editado por M. J. MUÑOZ, P. CAÑIZARES y C. MARTÍN, Porto 2013. 632 p., ISBN 978-2-503-55034-3   65 Euros

70. W. CHILDS, *Trade and Shipping in the Medieval West: Portugal, Castile and England*, Porto 2013. 187 p., ISBN 978-2-503-55128-9   35 Euros

71. L. LANZA, *«Ei autem qui de politia considerat ...» Aristotele nel pensiero politico medievale*, Barcelona – Madrid 2013. 305 p., ISBN 978-2-503-55127-2   49 Euros

72. *«Scholastica colonialis». Reception and Development of Baroque Scholasticism in Latin America, 16th-18th Centuries*, Edited by R. H. PICH and A. S. CULLETON, Barcelona – Roma 2016. VIII + 338 p., ISBN 978-2-503-55200-2   49 Euros

73. *Hagiography in Anglo-Saxon England: Adopting and Adapting Saints' Lives into Old English Prose (c. 950-1150)*, Edited by L. Lazzari, P. Lendinara, C. Di Sciacca, Barcelona – Madrid 2014. xviii + 589 p., ISBN 978-2-503-55199-9   65 Euros

74. *Dictionarium Latinum Andrologiae, Gynecologiae et Embryologiae. Diccionario latino de andrología, ginecología y embriología (DILAGE)*, dir. E. Montero Cartelle.   (en préparation)

75. *La Typologie biblique comme forme de pensée dans l'historiographie médiévale*, sous la direction de M.T. Kretschmer, Turnhout 2014. xii + 279 p., ISBN 978-2-503-55447-1   54 Euros

76. *Portuguese Studies on Medieval illuminated manuscripts*, Edited by M. A. Miranda and A. Miguélez Cavero, Barcelona – Madrid 2014. xv + 195 p., ISBN 978-2-503-55473-0   49 Euros

77. S. Allés Torrent, *Las «Vitae Hannibalis et Scipionis» de Donato Acciaiuoli, traducidas por Alfonso de Palencia (1491)*, III Premio de la Fundación Ana María Aldama Roy de Estudios Latinos, Barcelona – Madrid 2014. clxxvi + 245 p., ISBN 978-2-503-55606-2   55 Euros

78. *Guido Terreni, O. Carm. (†1342): Studies and Texts*, Edited by A. Fidora, Barcelona – Madrid 2015. xiii + 405 p., ISBN 978-2-503-55528-7   55 Euros

79. *Sigebert de Gembloux*, Édité par J.-P. Straus, Barcelona – Madrid 2015. ix + 210 p. et 24 ill. h.-t., ISBN 978-2-503-56519-4   45 Euros

80. *Reading sacred scripture with Thomas Aquinas. Hermeneutical tools, theological questions and new perspectives*, Edited by P. Roszak and J. Vijgen, Turnhout 2015. xvi + 601 p., ISBN 978-2-503-56227-8   65 Euros

81. V. Mangraviti, *L'«Odissea» marciana di Leonzio tra Boccaccio e Petrarca*, IV Premio de la Fundación Ana María Aldama Roy de Estudios Latinos (accésit), Barcelona – Roma 2016. clxxvii + 941 p., ISBN 978-2-503-56733-4   79 Euros

82. *Formal Approaches and natural Language in Medieval Logic*, Edited by L. Cesalli, F. Goubier and A. de Libera, with the collaboration of M. G. Isaac, Barcelona – Roma 2016. viii + 538 p., ISBN 978-2-503-56735-8   69 Euros

83. *Les « Auctoritates Aristotelis », leur utilisation et leur influence chez les auteurs médiévaux*, édité par J. Hamesse et J. Meirinhos, Barcelona – Madrid 2015. x + 362 p., ISBN 978-2-503-56738-9   55 Euros

84. *Formas de acceso al saber en la Antigüedad Tardía y en la Alta Edad Media. La transmisión del conocimiento dentro y fuera de la escuela*, editado por D. Paniagua y M.ª A. Andrés Sanz, Barcelona – Roma 2016. xii + 311 p., ISBN 978-2-503-56987-1 50 Euros

85. C. Tarlazzi, *Individui universali. Il realismo di Gualtiero di Mortagne nel XII secolo*, IV Premio Internacional de Tesis Doctorales de la Fundación Ana María Aldama Roy de Estudios Latinos, Barcelona – Roma 2018. xl + 426 p., ISBN 978-2-503-57565-0   55 Euros

Orders must be sent to // Les commandes sont à adresser à :
Brepols Publishers
Begijnhof 67
B-2300 Turnhout (Belgium)
Phone +32 14 44 80 30   Fax +32 14 42 89 19
http://www.brepols.net   E-mail: orders@brepols.net

Imprimé par Gràfiques 92, s.a.
Barcelona